Ihr Vorteil als Käufer dieses Buches

Auf der Bonus-Webseite zu diesem Buch finden Sie zusätzliche Informationen und Services. Dazu gehört auch ein kostenloser **Testzugang** zur Online-Fassung Ihres Buches. Und der besondere Vorteil: Wenn Sie Ihr **Online-Buch** auch weiterhin nutzen wollen, erhalten Sie den vollen Zugang zum **Vorzugspreis**.

So nutzen Sie Ihren Vorteil

Halten Sie den unten abgedruckten Zugangscode bereit und gehen Sie auf **www.galileocomputing.de**. Dort finden Sie den Kasten **Die Bonus-Seite für Buchkäufer**. Klicken Sie auf **Zur Bonus-Seite / Buch registrieren**, und geben Sie Ihren **Zugangscode** ein. Schon stehen Ihnen die Bonus-Angebote zur Verfügung.

Ihr persönlicher **Zugangscode** cmn9-fsr2-wy7b-3tdi

Oliver Liebel

Linux Hochverfügbarkeit

Einsatzszenarien und Praxislösungen

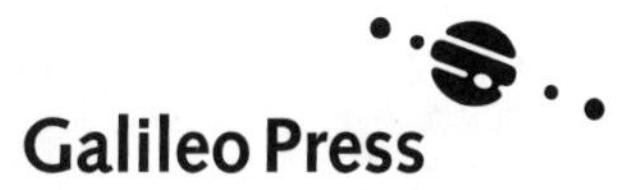

Liebe Leserin, lieber Leser,

die Tatsache, dass Sie dieses Buch in Händen halten, zeigt, dass Ihnen das Thema Hochverfügbarkeit als Administrator wichtig ist. Ganz sicher zu Recht: Denn es ist kein Geheimnis, dass ungeplante Ausfälle unternehmenskritischer Systeme ein echtes Risiko für jedes Unternehmen darstellen. Doch bleibt die Frage, wie solche ungeplanten Ausfälle verhindert werden können – möglichst ohne zusätzliche Kosten, also auf Basis bereits vorhandener, im Normalfall eher moderater Hardware-Ressourcen und in Verbindung mit geeigneter Software.

Der Klärung dieser Frage hat sich unser Autor und Linux-Experte Oliver Liebel mit diesem Buch angenommen. Mit vielen erprobten Beispielen aus seiner langjährigen Berufspraxis als Systemadministrator und Berater im Linux-Enterprise-Segment vermittelt er Ihnen, wie Sie Ihre Systeme hochverfügbar halten.

Immer an der alltäglichen Praxis von Administratoren orientiert, geht er neben wichtigem Grundlagenwissen zur Ausfallsicherheit umfassend, leicht nachvollziehbar auf alle relevanten Themen der Hochverfügbarkeit ein: Lokale HA und HA auf Netzwerkebene sowie Virtualisierung im Cluster. Ein Kapitel zu Backup und Disaster Recovery unterstützt Sie dabei, die Sicherheit Ihrer Daten und Systeme selbst im Notfall zu gewährleisten. Nicht unerwähnt bleiben dürfen natürlich die für Ihre Arbeit wertvollen, geprüften Praxistipps, Skripte und Konfigurationsdateien. Diese erhalten Sie zum sofortigen Einsatz in elektronischer Form unter *www.galileocomputing.de/1999*.

So anspruchsvoll das Thema Hochverfügbarkeit ist: Oliver Liebel zeigt mit seinem dritten Buchprojekt erneut, dass sich auch professionelle Themen bei aller fachlicher Präzision in verständlicher Sprache und unterhaltsam darstellen lassen. Das Buch wurde mit großer Sorgfalt geschrieben, lektoriert und produziert. Sollten sich dennoch Fehler eingeschlichen haben, wenden Sie sich bitte an mich. Ihre Anmerkungen und Ihre Kritik sind immer willkommen.

Sebastian Kestel
Lektorat Galileo Computing

sebastian.kestel@galileo-press.de
www.galileocomputing.de
Galileo Press · Rheinwerkallee 4 · 53227 Bonn

Auf einen Blick

Der Name Galileo Press geht auf den italienischen Mathematiker und Philosophen Galileo Galilei (1564–1642) zurück. Er gilt als Gründungsfigur der neuzeitlichen Wissenschaft und wurde berühmt als Verfechter des modernen, heliozentrischen Weltbilds. Legendär ist sein Ausspruch *Eppur si muove* (Und sie bewegt sich doch). Das Emblem von Galileo Press ist der Jupiter, umkreist von den vier Galileischen Monden. Galilei entdeckte die nach ihm benannten Monde 1610.

Lektorat Sebastian Kestel
Korrektorat Dr. Monika Oertner, Konstanz
Cover Barbara Thoben, Köln
Titelbilder oben: Cesar Andrade/Fotolia.com; Mitte links: Peer Frings/Fotolia.com; Mitte: Chantal Cecchetti/Fotolia.com; Mitte rechts: Galileo Press
Typografie und Layout Vera Brauner
Herstellung Norbert Englert
Satz Typographie & Computer, Krefeld
Druck und Bindung Bercker Graphischer Betrieb, Kevelaer

Dieses Buch wurde gesetzt aus der Linotype Syntax Serif (9,25/13,25 pt) in FrameMaker. Gedruckt wurde es auf chlorfrei gebleichtem Offsetpapier.

Gerne stehen wir Ihnen mit Rat und Tat zur Seite:
sebastian.kestel@galileo-press.de bei Fragen und Anmerkungen zum Inhalt des Buches
service@galileo-press.de für versandkostenfreie Bestellungen und Reklamationen
britta.behrens@galileo-press.de für Rezensions- und Schulungsexemplare

Bibliografische Information der Deutschen Nationalbibliothek
Die Deutsche Nationalbibliothek verzeichnet diese Publikation in der Deutschen Nationalbibliografie; detaillierte bibliografische Daten sind im Internet über *http://dnb.d-nb.de* abrufbar.

ISBN 978-3-8362-1339-4

1. Auflage 2011

Inhalt

Vorwort

HA – High Availability. Hochverfügbarkeit. Ein Wort mit mächtig hohem Anspruch. Ein Anspruch, den sich viele Unternehmen auf die Fahne schreiben, der jedoch bei genauerer Betrachtung leider oft genug Lücken im Detail aufweist. Anderen fehlen oftmals einfach die technischen und personellen Ressourcen, das Know-how und damit schlichtweg die Einarbeitungszeit, um überhaupt grundlegende Sicherheitsmaßnahmen zur Prävention ihrer Systeme zu implementieren. Oft genug mit fatalen Konsequenzen.

Ein unterbrechungsfreier Betrieb kann im Extremfall entscheidend für den Fortbestand eines Unternehmens sein. Längere Ausfallzeiten, die aus fehlerhafter bzw. nicht vorhandener Redundanz resultieren, noch dazu kombiniert mit etwaigen Datenverlusten nach einem Crash, können – je nach Größenordnung – sogar das komplette Aus für ein Unternehmen bedeuten.

Hochverfügbarkeit war und ist dabei nicht nur allein ein Punkt, der von rein technischen Aspekten bzw. Defekten abhängt. In der Praxis spielen viele Faktoren eine Rolle, die die Verfügbarkeit eines Systems gravierend beeinflussen können: angefangen bei den gerade genannten technischen Defekten über menschliches Versagen oder gar Naturkatastrophen, ständig steigende Komplexität und wachsende Datenvolumen der Systeme bis hin zu gezielten Attacken auf genau jene Systeme – und das ist nur ein Teil der Faktoren, die jedem Admin den Tag vermiesen können.

Um Hochverfügbarkeit zu gewährleisten, benötigen wir in der Praxis vor allem eine sorgfältige Planung, bevor es losgeht: redundante Hardware-Komponenten in unseren Servern, ausfallsichere Services, sowie Prozeduren zur lückenlosen Überwachung der Systeme, die sich in logischer Konsequenz zu einem Gesamtpaket ergänzen, das eine maximale Ausfallsicherheit bietet. Und da kein isoliertes, technisches System auf diesem Planeten eine hundertprozentige Ausfallsicherheit garantieren kann, müssen wir – mit entsprechend gut dokumentierten und vor allem regelmäßig getesteten Notfall-Prozeduren und zugehörigen Tools – auf den Fall der Fälle stets so gut wie möglich vorbereitet sein.

Meine Intention, dieses Buch zu schreiben, lag vor allem darin begründet, dass ich als Administrator oft genug gezwungen war, aus Systemen mit relativ moderater Hardware-Ausstattung die maximale Ausfallsicherheit herauszuholen – oder die Systeme nach einem fatalen Crash schnellstmöglich wieder herzustellen. In den Anfängen meines Jobs Mitte der Neunziger drehte es sich zumeist noch um einfache Fileserver, deren Platten in einem einfachen Software-RAID-SFT3-Mirror

(Security Fault Tolerance Level 3 nannte sich das einfache, aber robuste Spiegel-Konstrukt zu Novell 3.11-Zeiten) zusammengefasst werden konnten. Je weiter die Zeit fortschritt, desto komplexer wurden – aufgrund der an sie gestellten Anforderungen – auch die Systeme. Zur lokalen Hochverfügbarkeit einfacher Fileserver kamen verteilte und redundant vorzuhaltende Verzeichnisdienste und schließlich ausfallsichere Cluster mit verschiedensten Storage-Konzepten.

Und nicht immer waren Konzepte, Software und/oder Hardware dabei wirklich ausgereift – wie auch heute noch viel zu oft. Wenn ich zurückblicke, fallen mir einige Episoden aus den frühen Tagen ein, die man rückblickend nur sehr wohlwollend unter der Rubrik »Wie macht man sein Leben spannender« ablegen kann. Dabei kommt mir ein Micropolis Level 5 Hardware-Raid in den Sinn, von dessen fünf Platten (inklusive 2 Spares) sich 3 innerhalb von nur zehn Stunden verabschiedeten. Eigentlich eine logische Konsequenz, bei qualitativ absolut miserabler Hardware, deren Disks noch dazu aus ein und derselben Baureihe stammten.

Die Nacht war endlos lang und das Sodbrennen vom vielen Kaffee nicht wirklich schön, aber bevor sich die letzte der Platten verabschiedete, die den Raid-Verbund noch aufrecht hielt, konnte ich mit Ach und Krach gerade noch die letzten Bits auf einen anderen, notdürftig zusammengestrickten Ersatz-Server schaufeln. Und das Backup? Ja, sicher ... das gute, alte Backup. Es war natürlich auf den Bändern, wie es sich gehört. Nur leider in den letzten zwei Monaten ungeprüft, sonst hätte ich damals sehr wahrscheinlich nicht erst in jener Nacht bemerkt, dass trotz unauffälliger Logs die Daten durch einen mechanischen Fehler im Streamer beschädigt und nicht mehr zu gebrauchen waren. Wie so oft im Leben sind es immer die kleinen Dinge, die richtig Freude bereiten ...

Danach schwor ich mir, jedes System so optimal wie möglich vor Ausfällen zu schützen – und es im Ausfall-Fall so schnell wie möglich wiederherstellen zu können. Eine aufwändige Angelegenheit, klar. Aber ein ausgefallenes System ohne Redundanz und entsprechende Backups, Prozeduren und *Disaster-Recovery*-Tools verleiht dem Begriff »aufwändige Angelegenheit«, was die Wiederherstellung angeht, ganz locker eine völlig neue Dimension. Und jedem Admin sehr schnell ein sehr persönliches, sehr unerfreuliches und sehr lautes Gespräch mit der Chefetage.

Leider wird sich kaum jeder Leser dieses Buches in der glücklichen Lage befinden, bereits mit einem Multi-Node-Cluster und redundanten High-End-SAN oder -NAS gesegnet zu sein, die je nach Typ schon aus redundanten RAID-Leveln bestehen und ebenfalls über eine redundante Anbindung verfügen.

Und genau das ist der Punkt: Dieses Buch kann – und wird – keine speziellen Hardware-Lösungen berücksichtigen; dies ist das Spezialgebiet von kommerziellen Storage-Anbietern, die kostspielige High-End-Lösungen auf diesem Sektor zur Genüge anbieten, Gleiches gilt für proprietäre Software, beispielsweise im Backup- oder Virtualisierungsumfeld.

Mir geht es zum einen vor allem darum, auf der Basis von praxiserprobten Szenarien, bewährten Standard-Tools und Software-Lösungen aus dem Open-Source-Umfeld, – auch in »normalen« Server-Welten, in denen mit moderaten Budgets und/oder Hardwarelösungen gearbeitet werden muss – jederzeit ausfallsichere und hochverfügbare Server bereitstellen zu können. Lösungen, die es in einigen Belangen durchaus mit kommerziellen Produkten aufnehmen können, und ihnen in anderen zum Teil sogar überlegen sind.

Zum anderen geht es mir auch darum, grundlegende Konzepte zu vermitteln. Ein stures Abarbeiten der erlernten Prozeduren A, B und C zur Sicherstellung der Hochverfügbarkeit mag auf System X völlig ausreichend sein, System Y benötigt vielleicht jedoch eine ganz andere Weise des Herangehens. Es geht darum, eine gewisse Sensibilität für neuralgische Punkte zu entwickeln, die eine Schwachstelle innerhalb der Hochverfügbarkeitslösung bilden könnten. Das Ganze gilt insbesondere unter der Prämisse, dass auch die eingesetzten Software-Lösungen einem ständigen Evolutionsprozess unterworfen sind. Insofern bringt eine alleinige Fokussierung auf ganz bestimmte Versionen bestimmter Tools und Pakete – die wir im Folgenden natürlich dennoch benötigen, um praxisnahe Setups konkret zu erläutern – nur unter dem Aspekt etwas, dass die dahinter liegenden theoretischen Basics verinnerlicht werden. Nur so lassen sich im Hier und Jetzt anwendbare und angewendete Verfahren auf die nächste Evolutionsstufe portieren.

Linux bringt eine gewaltige Palette an Tools mit, die es uns erlauben, unsere Systeme hochverfügbar zu halten, aber das am Ende vorliegende Gesamtkonstrukt ist immer nur so gut oder schlecht wie das ihm zugrunde liegende Konzept. Und deswegen werden wir vor jedem neuen Abschnitt zunächst die theoretischen Basics erörtern, dann mögliche Konzepte und Ansätze für Lösungsstrategien unter die Lupe nehmen, und die am besten geeigneten konkret anhand von praxiserprobten Setups verifizieren.

Vielleicht findet so auch der Admin einer größeren Serverfarm noch den einen oder anderen wertvollen Hinweis oder Denkanstoß, der die Sicherheit und Hochverfügbarkeit seiner Systeme noch um das entscheidende Quentchen erhöhen kann.

Ein Begriff ist und bleibt dabei aber immer der Kernpunkt unserer Betrachtungen: *Redundanz*. Und hierbei reden wir nicht nur von Festplatten, Netzteilen oder Netzwerkkarten, sondern von ganzen Maschinen und ihren Services, die per Clustering und vollautomatischem Monitoring ausfallsicher gehalten werden, das Ganze im idealen Fall natürlich noch ergänzt über netzwerkweit redundante Storage-Lösungen per DRBD und/oder iSCSI.

Im Folgenden werden wir daher Schritt für Schritt aller erforderlichen Punkte und Konzepte detailliert betrachten, die die Redundanz und Hochverfügbarkeit unsere Systeme – zunächst auf lokaler Server-Ebene und später im Netzwerk – sicherstellen, und sie anschließend zu einem hochfunktionellen und sicheren Paket zusammenschnüren, das uns im Endeffekt die größtmögliche Ausfallsicherheit bietet.

Ich habe versucht, mit diesem Buch einen einfachen, aber dennoch möglichst kompletten Einstieg in das Thema zu ermöglichen; ebenso wie die Umsetzung komplexerer und vor allem praxisorientierter Setup-Szenarien. Das Ganze gehe ich wie in meinen anderen Publikationen Schritt für Schritt anhand von praktischen Beispielen durch, und zwar exakt mit den von der Verlagsseite herunterladbaren Konfigurationsdateien *(http://www.galileocomputing.de/1999)*, die ihre Funktionalität auf meinen Testsystemen und etlichen Produktivumgebungen in der Praxis unter Beweis gestellt haben. Aber schließlich bin ich auch nur ein Mensch, und daher – so wie wir alle – sicherlich nicht perfekt. Sollten sich daher also Fehler in bestimmten Konfigurationen eingeschlichen haben, oder falls ich an irgendeiner Stelle im Buch ein Detail übersehen haben sollte: Geben Sie mir ein kurzes Feedback, damit ich reagieren und eine fehlerbereinigte Version des entsprechenden Kontextes über die Website des Verlages zur Verfügung stellen kann.

Die Anforderungs- und Themenliste, die diesem Buch zugrunde liegt, entstammt ebenfalls – so wie bei meinen anderen Publikationen – primär den Fragen, Themen und Problematiken, die mir im Rahmen von Consulting-Aufträgen, Praxis-Workshops und Schulungen von den Administratoren genannt wurden. Daher soll auch dieses Buch vor allem eines sein: ein praxisorientierter Leitfaden für hochverfügbare Systeme unter Linux, und zwar auf der Basis praxiserprobter Szenarien und Setups. Ein Leitfaden, der dem Administrator beim Setup des Systems, und vor allem auch bei der Lösung von real anfallenden Problematiken helfen kann. Ich hoffe, dass ich die Aufgabe so gut wie möglich gelöst habe.

Dieses Buch hat einen sehr langen Weg hinter sich, genau genommen sind es nun fast 15 Jahre. Was mit losen Aufzeichnungen aus meinen Anfängen als Administrator begann, verdickte sich im Laufe der Zeit zu kompletten Manuals, und neben Seminarleitfäden für HA-Schulungen im Enterprise-Segment entstanden nach und nach immer umfangreichere und komplexere Howtos, die wiederum verschiedensten, realen Projekten für mittelständische Unternehmen, Bankengruppen, Städte und Institutionen auf Kommunaler-, Landes- und Bundes-Ebene entstammten.

Letztlich ging es mir vor allem um eines: Dass ich Ihnen *die* Nachtschichten ersparen kann, aufgrund derer dieses Buch existiert. Also, gehen wir's an...

Oliver Liebel

Danksagungen

Mein ganz spezieller Dank geht an meinen Vater, der mir das Redundanzprinzip schon in Kindertagen anschaulich demonstrierte, während er im knietiefen Wasser unseres vollgelaufenen Kellers hart daran arbeitete, die einzige, defekte Pumpe wieder in Gang zu bekommen – seit jener Nacht hatten wir zwei; und einen Generator.

Vielen Dank für die Geduld und die Unterstützung durch meine Freunde während der ganzen Zeit, und vor allem auch für ihr Verständnis für die ausgefallenen Motorradtouren und andere gesellschaftliche Verpflichtungen, denen ich in dieser Zeit aufgrund meines extrem zeitaufwändigen »Zweitjobs« als Autor nicht nachkommen konnte. Mein besonderer Dank ebenfalls an Susann Kähne für ihre Unterstützung auf der Zielgeraden. Ebenso geht mein Dank an meinen Co-Lektor und Dozenten-Kollegen Axel Miesen, der sich seine Sporen und Erfahrungen im HA-Segment ebenfalls schon vor langer Zeit erarbeitet hat. Und last but not least möchte ich mich beim Galileo-Team bedanken, meinem Lektor Sebastian Kestel und meinem alten »Mentor« Jan Watermann, mit dem ich nun mittlerweile das dritte Buchprojekt auf den Weg gebracht habe.

Ich widme dieses Buch dem Andenken an meine Mutter Elisabeth – du fehlst.

»Geh weg, mir geht's gut!«
– Die letzten Worte von H.G. Wells

1 Risky Business – ausfallsichere Server

Tja... nicht nur der Erfinder der Zeitmaschine unterlag zuletzt einem mächtig großen Irrtum – auch wir können uns unversehens in einem Szenario wiederfinden, das wir leidgeprüften Admins nur zu gut kennen, das wir so wenig brauchen wie eine Steuerprüfung und das wir daher auch nur zu gern aus unseren Gedanken verbannen: Der firmentechnische IT-GAU – angefangen vom einfachen Service-Crash bis zum Totalausfall aller unternehmenskritischen Systeme.

Und das betrifft nicht nur die Admins kleinerer und mittelständischer Betriebe – auch ganze Serverfarmen in größeren Rechenzentren wurden schon Opfer von Bauteilen im Cent-Bereich, die während der Planung eben nicht redundant ausgelegt wurden. Gibt's nicht? Von wegen ...

1.1 Grundsätzliche Überlegungen zur Redundanz

Wir Admins wissen: Nichts ist absolut sicher. (Gut, die stete Zusage alle Politiker vor der Wahl, Steuern zu senken, und sie danach deftig zu erhöhen, sei hier mal außen vor gelassen.) Denn neben dem Ausfall einzelner Software-Dienste kann es im Hardware-Bereich eines jeden Servers jederzeit zu einem Ausfall einer oder mehrerer vitaler Komponenten kommen. Und um dem hard- und softwaretechnischen Desaster vorzubeugen, müssen wir uns mit dem Begriff *HA* in all seinen Facetten auseinandersetzen.

HA steht – wie bereits im Vorwort erläutert – für den englischen Begriff *High Availability*. Auf Deutsch: Hochverfügbarkeit. Und dieser Terminus wird in freier Wildbahn üblicherweise immer in Verbindung mit etwas Hochprozentigem angetroffen – jedoch nicht dem Stoff, von dem wir im Ausfall-Fall gern mal ein Glas oder mehr hätten.

Nun gut: was bedeuten dann eigentlich die ganzen *99,irgendwas* Prozent (Hoch-)Verfügbarkeit, die uns irgendwelche Reseller oder Consulter andauernd versprechen? Pro Jahr gerechnet, entsprechen 99,9 % beispielsweise einer

Downtime von grob gerechnet 9 Stunden, 99,9999 % hingegen nur noch einer Downtime von rund 30 Sekunden. Wir sehen schon, auch ein paar kleine Nachkommastellen können einen mächtig großen Unterschied machen. Und wenn wir wissen, dass schon ein normaler Reboot-Vorgang auf einem Linux-System – je nach gestarteten Diensten – ein paar Minuten in Anspruch nehmen kann, ahnen wir, wie klein ein Downtime-Zeitfenster von 30 Sekunden wirklich ist.

Was soll nun mit HA erreicht werden? Ausfallsicherheit, klar. Und die beginnt, was die Hardware angeht, schon bei den typischen Einzelkomponenten wie Festplatten, Netzwerkkarten oder Netzteilen. Jede Komponente, die hohen Belastungen unterworfen ist und keinesfalls den Geist aufgeben darf, muss in Produktiv-Serverumgebungen mit dem Anspruch der Hochverfügbarkeit zwangsweise redundant ausgelegt sein. Dabei liegen ein paar Lösungen zur redundanten Auslegung systemkritischer Komponenten natürlich nahe:

Mehrere lokale Platten lassen sich zur Erhöhung der Redundanz sehr einfach per Hard- oder Softraid zusammenfassen, zwei oder mehr Netzwerkkarten sorgen für die nötige Konnektivität auch beim Wegfall einer der Verbindungen, und weitere redundante Komponenten runden die Ausfallsicherheit unsers Servers ab. Daneben kann die Gesundheit des Mainboards und der CPU, zumindest was Temperatur uns Spannung angeht, üblicherweise ebenfalls relativ einfach überwacht werden. Aber irgendwann stößt eben auch jede lokal redundant ausgelegte Hardware an ihre Grenzen: Spätestens dann, wenn sich Mainboard, CPU und/oder RAM aus dieser Welt verabschieden, oder unser Server dank höherer Gewalt oder unüberlegter menschlicher Interaktion geschreddert ist.

Je nach thermischer und mechanischer Beanspruchung gibt jede Komponente irgendwann den Geist auf, soviel ist sicher. Was uns dabei vor allem interessiert: Es soll möglichst spät passieren, und am Besten erst dann, wenn wir gerade nichts mit der Administration des Systems zu tun haben. Und fernab der Hardware kann noch ein typisches Problem dem – wenn auch hardwaretechnisch redundant ausgelegten – Standalone-Server den Garaus machen, und zwar auf Software-Ebene. Denn ist der Prozess, der zur Kernaufgabe unseres Servers gehört, so festgefressen, dass er ohne Reboot des Systems nicht wieder zu beleben ist, stehen wir ebenfalls dumm da.

Diese Beispiele stellen nur eine sehr schmale Palette der möglichen Ereignisse dar, die den Betrieb unserer Systeme stören können, und das bringt uns zu folgender Erkenntnis: Lokale Redundanz, bezogen auf einen Server, ist ein guter Ansatz, aber mit Sicherheit nicht die finale Lösung für hochverfügbare Produktivumgebungen. Ohne eine im Idealfall räumlich getrennte zweite (oder dritte bis *n*-te) Maschine, die im Fehlerfall der ersten für sie einspringen kann, haben wir ein Problem. Echte Hochverfügbarkeit beginnt bei redundanten Einzelkomponenten der Server und endet frühestens bei redundanten, physikalischen Servern, die zudem räumlich klar getrennt sind.

Geht es darum, bestimmte Services ausfallsicher zu machen, müssen wir zunächst analysieren, ob diese Services nicht schon selbst für die Replikation ihrer Daten sorgen. Typische Beispiele hierfür wären MySQL und OpenLDAP. File-/Content-basierte Dienste wie Apache oder Samba 3 wären hingegen in der Regel Fälle, die das nicht selbst erledigen, sondern andere, intelligente Replikationslösungen, wie z. B. DRBD *(Distributed Replicated Blockdevices)*, benötigen.

Allerdings löst dies auch nur das Problem der reinen Datenverfügbarkeit – eine echte, applikationsbezogene Hochverfügbarkeit erreichen wir nur in Verbindung mit einer entsprechenden Cluster-Software, die sich um das Monitoring und Management unserer Ressourcen kümmert und sie im Notfall auf einen anderen Node transferiert.

Fassen wir die zuvor gemachten Betrachtungen zusammen, müssen wir uns in logischer Konsequenz im Folgenden auf 3 Schwerpunkte konzentrieren, von denen die beiden folgenden den größten Teil des Spektrums »Hochverfügbarkeit« ausmachen:

- lokale Hochverfügbarkeit
- Hochverfügbarkeit auf Netzwerkebene

Der dritte Bereich tritt dann in Kraft, wenn die Kuh längst ins Eis gekracht, der Eimer in den Brunnen gefallen ist, das rote Telefon mit Direktleitung zum Chef Sturm klingelt und der firmentechnische Super-GAU trotz aller Redundanz dennoch eingetreten sein sollte. Und falls wir nicht gerade zufällig ein One-Way-Ticket nach Maui oder Pago-Pago in der gepackten Tasche haben sollten, müssen wir uns ganz fix um die Wiederherstellung unserer Systeme kümmern:

- Disaster Recovery

Aber: es geht hierbei nicht nur um isolierte, rein technische Betrachtungen, sondern vor allem auch darum, wie wir uns der jeweiligen Thematik und ihren Problemstellungen optimal nähern können. Um zu verstehen, was Hochverfügbarkeit im Detail bedeutet, müssen wir uns zunächst mit dem Konzept als Ganzes und zumindest einigen seiner Fachtermini auseinandersetzen.

1.1.1 Parallelität, MTBF, MTTR und einiges mehr ...

Parallelität? Richtig gelesen. Allerdings kein banaler Exkurs in Grundschul-Geometrie, sondern die erste, unabdingbare und grundsätzliche Voraussetzung für ein redundantes System jedweder Art. Dazu ein ganz einfaches Beispiel: Jeder von uns kennt eine Kette, egal ob es sich nun um eine Fahrrad-, Motorrad- oder

Halskette handelt (okay – je nach musikalischer Vorliebe und/oder Geschlecht können die beiden ersten durchaus auch der letzten Gruppe zugeordnet werden).

Fakt ist jedoch: Jede von ihnen ist nach dem gleichen Prinzip aufgebaut; ein Kettenglied greift in das nächste. Irgendwann – bei zunehmender Last und/oder mechanischem bzw. alterungsbedingtem Verschleiß – reißt das schwächste von ihnen, und die gesamte Kette ist unbrauchbar; sie kann ihrer zugedachten Funktion nicht mehr nachkommen.

Beziehen wir die Kette nun auf ein konkretes System in der IT-Welt, setzt sich diese Kette der Informationsverarbeitung – hier stark simplifiziert – aus verschiedenen Komponenten zusammen: Der Stromversorgung, dann dem Server selbst mit all seinen Komponenten, dem Betriebssystem, der Applikation, der Informationsweiterleitung über die Netzwerkkarten und schließlich den Switches und Routern. Bei nur *einem* fehlerhaften Glied dieser Kette ist die Informationsübermittlung zum Ziel unterbrochen. Wir sehen also:

Einfache Serialität und redundante Systeme sind Begrifflichkeiten, die sich gegenseitig ausschließen. Allein parallel arbeitende Systeme bringen uns die notwendige Redundanz. Und diejenigen, die schon einmal einen Motorradmotor zerlegt haben, erinnern sich vielleicht noch an die guten alten Duplex- oder Triplex- Steuerketten. Und damit an eine ganz einfache und klare Manifestation einer Form des Redundanz-Prinzips.

Prinzipiell sind die beiden Verfahren, seriell und parallel, auch mit logischen Verknüpfungen zu vergleichen: Das serielle Konzept funktioniert nur dann, wenn Komponente 1 UND Komponente 2 UND Komponente (n) funktionieren. Jede zusätzliche Komponente verringert die Wahrscheinlichkeit eines funktionierenden Konstrukts, da jede von ihnen als *SPoF (Single Point of Failure)* das komplette Gesamtkonstrukt lahmlegen kann. Völlig anders hingegen das einer ODER-Verknüpfung entsprechende, parallel arbeitende System: Jede zusätzliche Komponente erhöht die Verfügbarkeit, da das System erst nach dem Ausfall der letzten verfügbaren Komponente den Dienst einstellt. Allerdings müssen in diesem Parallelitäts-Beispiel für jede der eben genannten Komponenten aus dem Beispiel der IT-Kette ein oder mehrere redundante Gegenparts existieren: multiple USV (Unterbrechungsfreie Spannungsversorgung), redundante Komponenten im Server selbst, redundante Server, Switches usw. Genau genommen reden wir also von redundanten, seriellen Ketten, die den Ausfall von defekten Komponenten verkraften können, ohne dass die Kette »reißt«.

Statistische Spielereien

Und das bringt uns direkt zum nächsten Punkt: Dem Ausfall einer Komponente. Und da wir längst wissen, dass die Frage niemals lauten muss, *ob* eine Komponente ausfällt, sondern immer nur *wann*, stellt sich die nächste Frage ebenso logisch: *Wann also?* Und dafür gibt es wie so oft in unserer IT-Welt zumindest Näherungswerte. Diese Näherungswerte spezifizieren zum Beispiel, wie lange eine Komponente im Durchschnitt arbeitet, bis sie ausfällt. Je weniger komplex die Komponente, desto exakter kann dabei in der Regel die Zeitspanne bis zum Ausfall angegeben werden.

Dabei existieren zwei Begriffe, die die Zuverlässigkeit bzw. die Lebensdauer einer Komponente oder eines Systems spezifizieren:

MTBF (engl.: Mean Time Between Failures)
liefert nach allgemein gültiger Definition die durchschnittliche Zeit in Stunden zwischen zwei Ausfällen eines reparierbaren Systems oder einer Komponente. MTBF kann als Inversion der Fehlerrate für konstante Fehlerraten von Systemen berechnet werden, z. B.:

Hätten wir eine Komponente, die statistisch betrachtet eine Fehlerrate von 2 Ausfällen in einer Million Stunden hätte, wäre die MTBF die Inversion der Fehlerrate:

MTBF = (1.000.000 Stunden) / (2 Fehler) = 500.000 Stunden

MTTF (engl.: Mean Time To Failure)
MTTF stellt die Maßeinheit der Zuverlässigkeit für nicht-reparable Systeme dar, welche z. B. nach dem Romberg-Verfahren berechnet werden kann und, stark vereinfacht ausgedrückt, definiert, wie lange die vakante Komponente in unserem System im Durchschnitt hält, bevor sie sich und die Materialien, aus denen sie gefertigt wurde, wieder in den Recycling-Zyklus eingliedert. In der Praxis hat sich jedoch eher der eben erläuterte Begriff MTBF durchgesetzt, da er grob gesehen nichts anderes definiert als eben die Zeitspanne bis zum Ausfall einer beliebigen Komponente.

Kommen wir zurück zur Komplexität der Komponente. Typischerweise geben viele Festplattenhersteller statt der MTBF dennoch die MTTF ihrer Platten an, da es sich um eine relativ isoliert arbeitende und in der Regel nicht reparable Komponente handelt. Hierbei spielen natürlich etliche Faktoren hinein, z. B. Anzahl der Zugriffe auf die Platte, Kühlung und Umgebungstemperatur, Spannungsschwankungen oder -spitzen, mechanische Stöße und/oder Vibrationen, denen sie ausgesetzt ist. Dennoch lässt sich die MTTF/MTBF für eine Komponente wie eine Harddisk relativ gut extrapolieren, insofern die eben beschriebenen externen Faktoren wie Wärme, Vibration, Zugriffe etc. innerhalb gewisser Normwerte spezifiziert sind, die dem Profil einer üblichen Nutzung entsprechen. Ähnliche

Parameter gelten z. B. für Netzteile, USV, Netzwerkkarten (insofern es sich nicht um Onboard-Komponenten handelt).

Und das bringt uns wiederum zum nächsten Punkt. Denn die Sache sieht schon ganz anders aus, wenn wir ein typisches Mainboard betrachten. Jede Menge hochkomplexer Komponenten auf dem einen (Zahl: 1) Board, die miteinander interagieren, dazu separate Einzelkomponenten, die unter Umständen von anderen Herstellern stammen, jedoch integraler Bestandteil des Boards sind, wie RAM oder Multi-Core-CPU. Eine MTBF für eine solche Gesamt-Komponente bzw. ein Konstrukt der vorgenannten Komponenten anzugeben bzw. auszurechnen, ist logischerweise oft nur schwer möglich, insofern der Hersteller des Gesamtpakets selbst keine durch Tests fundierten Näherungswerte vorgibt.

Eine weitere Abkürzung, die dann relevant wird, wenn eine Komponente bzw. das System ausgefallen ist, stellt die MTTR dar. MTTR beziffert die *Mean Time to Repair*, also die erforderliche Reparaturzeit.

Die Verfügbarkeit einer Komponenten oder eines Systems lässt sich anhand der bereits bekannten MTBF und der MTTR einfach mittels einer mathematischen Formel ableiten:

$$Verfügbarkeit\ (\%) = \left(\frac{MTBF}{MTBF + MTTR}\right) \cdot 100$$

Als Ergebnis dieser einfachen Berechnungsvorschrift erhalten wir die Verfügbarkeitsklasse des Systems in Prozent, die sich entsprechend der folgenden Tabelle 1.1 aufschlüsselt:

Verfügbarkeits-Klasse	Prozentuale Verfügbarkeit	Ausfallzeit pro Jahr
2	99 %	3,6 Tage
3	99,9 %	8,76 Stunden
4	99,99 %	52 Minuten
5	99,999 %	5 Minuten
6	99,9999 %	30 Sekunden
7	99,99999 %	3 Sekunden

Tabelle 1.1 Verfügbarkeits-Klassen nach IEEE

Die Verfügbarkeit eines Systems wird von der Harvard Research Group (HRG) in sechs verschiedene Klassen, entsprechend ihrer *Availability Environment Classification* (kurz: AEC-0–5), eingeteilt. Schauen wir uns die zugehörigen Definitionen an:

Verfügbarkeits-Klasse (AEC)	Bezeichnung	Beschreibung
AEC-0	*Conventional*	Funktion kann unterbrochen werden, Datenintegrität ist nicht essentiell.
AEC-1	*Highly Reliable*	Funktion kann unterbrochen werden, Datenintegrität muss jedoch gewährleistet sein.
AEC-2	*High Availability*	Funktion darf nur innerhalb festgelegter Zeiten oder zur Hauptbetriebszeit minimal unterbrochen werden.
AEC-3	*Fault Resilient*	Funktion muss innerhalb festgelegter Zeiten oder während der Hauptbetriebszeit ununterbrochen aufrechterhalten werden.
AEC-4	*Fault Tolerant*	Funktion muss ununterbrochen aufrechterhalten werden, 24/7-Betrieb (24 Stunden, 7 Tage die Woche) muss gewährleistet sein.
AEC-5	*Disaster Tolerant*	Funktion muss unter allen Umständen verfügbar sein.

Tabelle 1.2 Verfügbarkeitsklassen nach AEC

Gehen wir von den Spezifikationen der Tabellen aus, würde bereits eine durchschnittliche Downtime von 3,6 Tagen (!) pro Jahr in die Klassifikation »AEC-2, High Availability« fallen, entsprechend einer Downtime von gut 1,5 Stunden pro Woche. Unvorstellbar, aber wahr.

Fakt ist natürlich, dass jede kleine 9 hinter dem Komma eine ganze Menge an Zahlen vor dem Komma mehr in Euros kostet. Im Durchschnitt sind mit ca. 10.000 € bereits Systeme realisierbar, die nur mit rund 10 Stunden Downtime pro Jahr betrieben werden können, was bereits einer Verfügbarkeit von rund 99,9 % entspricht. Der Sprung auf die nächste Nachkommastelle wird in der Regel aufgrund der Sicherstellung der Redundanz von »externen« Komponenten – wie der redundanten Anbindung externer Außenstellen oder zusätzlicher Rechner, Klimaanlagen und USV – wesentlich teurer; hier sind Beträge im hohen, fünfstelligen Bereich und mehr keine Seltenheit. Ein Betrag, den wohl die wenigsten von uns im Firmenbudget, geschweige denn »mal eben« in der Brieftasche haben dürften.

Aber das ist auch nicht die Liga, in der wir spielen werden. Wir bleiben dabei, mit moderaten Hardware-Ausstattungen und Open-Source-Software-Paketen unsere Systeme so hochverfügbar wie eben möglich aufzusetzen.

1.2 Tool-Time

»Real men don't need instructions«
– Tool Time, USA 1991–1999

Nein, kein Review von Tim Taylors tiefschürfenden Weisheiten über Werkzeuge, Frauen, das Leben im Allgemeinen und den Rest des Universums. Aber nichtsdestotrotz sollten wir uns mit einem prinzipiellen Aspekt beschäftigen, der sich um *die* Werkzeuge dreht, mit denen wir unser System überwachen wollen.

Als Leser dieses Buches werden Sie vielleicht schon wissen, dass Linux für die meisten Aufgaben die passenden Werkzeuge mitbringt, und zwar von Haus aus. Und das bringt uns zum nächsten Aspekt: Dem Lebenszyklus der Werkzeuge. Denn die meisten Linux-Werkzeuge existieren – anders als ihre Pendants aus dem fröhlichen Fensterland – üblicherweise seit etlichen Linux-Generationen, sind beständig gepflegt worden und erfreuen sich in der Regel größter Stabilität und Ausgereiftheit.

Und das sollte uns zu einer weiteren wichtigen, konzeptionellen Überlegung führen. Nämlich der, welches Werkzeug wir für welchen Zweck einsetzen. Sicher existieren zur Überwachung des Systems relativ umfangreiche Tools aus der Liga »eierlegende Wollmilchsäue« – aber: macht es wirklich in jedem Fall Sinn, ein gegebenenfalls sehr komplexes Tool zur Überwachung eines recht simplen Teils bzw. Teilbereiches unseres Systems einzusetzen? Wohl kaum. Denn mit dem Grad der Komplexität steigt immer gleichzeitig die Wahrscheinlichkeit möglicher Fehlkonfigurationen und/oder -funktionen; das gilt sowohl für das Zielsystem als auch für das, das es überwacht. *Und wer überwacht die Wächter?*

Sicher gilt – zumindest ab einer gewissen Komplexität des zu überwachenden Systems – dass die Überwachung nur noch mit relativ komplexen, zentralisierten Tools erschlagen werden kann. Dennoch: Der größte Feind der Hochverfügbarkeit ist die Komplexität, wie wir bereits aus unseren Vorbetrachtungen im letzten Abschnitt wissen. Und so sollten wir, bevor wir unser System mit hochkomplexen Funktionalitäten zur Überwachung ausstatten, immer zuerst die Frage der Verhältnismäßigkeit stellen. Und das bringt uns zurück zu den Werkzeugen, die Linux von Haus aus mitbringt. Verquicken wir nun den Grundgedanken: »Keep it simple« (KIS) mit ein wenig Hirnschmalz und den richtigen Standard-Werkzeugen, erhalten wir in der Regel die effizienteste und vor allem stabilste Überwachung für den jeweiligen Anwendungsfall.

Anmerkung

Stark vereinfacht geht es vor allem darum, ein Gespür dafür zu erlangen, WIE an ein Problem bzw. eine Aufgabenstellung herangegangen werden kann. Das WOMIT ergibt sich nach der richtigen Analyse der Aufgabenstellung ohnehin meist in logischer Konsequenz. Sicher werden wir in den folgenden Kapiteln etliche Szenarien aus der Praxis mithilfe der vorgenannten Tools durcharbeiten – das Wichtigste ist und bleibt jedoch, das WARUM der dahinterliegenden Thematik zu verinnerlichen. Auch wenn die Tools aus unserem Linux-Universum üblicherweise eine längere Halbwertzeit als ihre kommerziellen Gegenparts haben: Irgendwann werden auch sie abgelöst oder ersetzt, und dann bringt uns nur das richtige Verständnis weiter, nicht die sture Abarbeitung auswendig gelernter Prozeduren...

Bevor wir uns in den folgenden Kapiteln ans Eingemachte begeben, vorab ein paar Worte zu den verwendeten Paketen, Prozeduren und Termini – denn entgegen der Philosophie des Heimwerker-Kings Tim Taylor lesen auch echte Kerle trotz allem hier und da mal eine Betriebsanleitung.

1.2.1 Päckchen...

Bei den Paket- und Konfigurationsangaben beziehe ich mich größtenteils auf zwei in Deutschland relativ weit verbreitete Linux-Distributionen: Ubuntu 10.04 LTS »Lucid Lynx« und openSUSE 11.3, im Folgenden üblicherweise auch oft nur als »SUSE« oder »OSS« bezeichnet. Als Basis der durchgeführten Betrachtungen beziehe ich mich auf die jeweils zum Zeitpunkt der Erstellung des Buches aktuellsten Paketversionen, die entweder über die Repositories der jeweiligen Distribution bezogen werden können oder alternativ als Tarball von der Seite des jeweiligen Maintainers (in diesem Fall sind die entsprechenden Kompilationsoptionen üblicherweise im jeweiligen Abschnitt gelistet).

Hinweis

Dabei sollte allerdings jedem Leser klar sein, dass ich kaum jede noch so kleine Besonderheit aller möglichen Versionen eines Tools und/oder einer bestimmten Distribution »erschlagen« kann; ebenso wenig alle Abweichungen zu anderen Distributionen, dies ist schlichtweg nicht realisierbar. Hier hilft wie üblich wirklich nur ein Studium der versionsbezogenen Manpages der jeweiligen distributionsspezifischen Komponenten.

An dieser Stelle weise ich auch explizit darauf hin, dass ich für alle folgenden Konfigurationen keines der distributionsspezifischen Konfigurationstools, wie z. B. SUSE's *YaST*, verwende, sondern stets ein »manuelles« Setup beschreibe.

Ebenfalls im Anhang findet sich – neben den Paketlisten – eine Übersicht der wichtigsten Manpages, jeweils nach den entsprechenden Abschnitten dieses Buches unterteilt (z. B. Softraid, LVM, Clustering, Virtualisierung usw.).

1.2.2 ... und Betriebsanleitungen

Apropos Manpages:

Wenn ich im Folgenden auf *Manpages* verweise, dann geschieht dies üblicherweise in den Formen:

man (<Manpage-Sektion>) <Programmname | Konfigurationsdatei>

oder

<Programmname | Konfigurationsdatei> (<Manpage-Sektion>)

Bezogen auf den *smartd*-Daemon zur Überwachung der Festplatten verweise ich also z. B. auf *smartd(8)*, was der ausgeschriebenen Form *man 8 smartd* entspricht. Infos zu den Manpages selbst, ihren Sektionen und vielem anderen mehr finden sich in *man man*.

Mann, Mann ...

Um die Existenz eines bestimmten Pakets zu prüfen, hilft bei SUSE z. B. ein schnelles:

```
#> rpm -qa | grep <Teil des Paketnamens>
```

oder

```
#> zypper search <Teil des Paketnamens>
```

bzw. bei Ubuntu:

```
#> aptitude search <Teil des Paketnamens> | grep ^i
```

So kann einfach bestimmt werden, welche Pakete bereits installiert sind, und welche noch nachinstalliert werden müssen.

Hinweis

Das verwendete »#>« steht hier und in allen folgenden Beispielen für den Kommandoprompt der Shell.

»Es ist so, als wäre man Klempner.«
»Als wäre man Klempner?«
»Als wäre man Klempner, genau. Mach Deinen Job richtig, und keiner merkt was. Aber wenn Du's vermasselst, ist alles voller Sch...«
– Wag the Dog, USA 1997

2 Lokale Hochverfügbarkeit

Genau so sieht es aus. Leider, möchte man fast sagen. Denn wir Admins werden wohl in den wenigsten Fällen mit Geschenken und freundlichen Sprüchen überhäuft, wenn die IT rund läuft. Solange sie läuft. Und tritt dennoch im Wahrscheinlichkeitsbereich der möglichst kleinen *0,irgendwas*-Prozentzahl der Fall der Fälle ein, in dem unsere Systeme nicht verfügbar sind, werden die User schnell zu einer wütenden Meute, die gegen die Tür unseres Büros hämmert und sich hoffentlich noch rechtzeitig daran erinnert, dass Lynchjustiz in unseren Breitengraden üblicherweise gegen das Gesetz ist.

Um die Häufigkeit dieser Situation von vornherein auf einen absolut minimalen Wert zu drücken, müssen wir uns zunächst um die richtige Ausstattung unserer Server kümmern, und im Vorfeld die notwendigen Überlegungen anstellen, wie z. B.:

- Welche Komponenten unseres Servers müssen redundant ausgelegt sein?
- Welche Komponenten *müssen* überwacht werden (CPU-Temperaturen, Disks, Lüfter etc.)?
- Welche können überwacht werden?
- Prävention: Wie können wir sich anbahnende Fehler im Vorfeld erkennen (z. B. Analyse von SMART-Werten und Prozesslasten)?
- Wie erhalten wir im Fehlerfall aussagekräftige Meldungen des Systems bzw. der Applikationen?
- Wie überwachen wir die Wächter?

Wir sehen schon – es gibt einige Punkte abzuarbeiten. Kommen wir aber zunächst zu einer der Kernproblematiken der lokalen Hochverfügbarkeit bzw. der hitzigen Kollegin, der unserem Server bzw. seinen Komponenten üblicherweise den Garaus macht – oder es zumindest versucht, die:

Temperatur

Jeder An/Aus/An/Aus-Vorgang (und damit logischerweise Kalt/Warm/Kalt) beansprucht jedes Bauteil mechanisch, bis es irgendwann den Geist aufgibt; das lehrt uns schon die einfache Physik. In einem Server werden wir jedoch weniger mit Material verschleißenden Ein-/Ausschaltvorgängen konfrontiert sein, sondern mehr mit einem anderen Problem: der permanenten Wärmeentwicklung. Prinzipiell gilt, abgesehen von eventuellen, fertigungstechnischen Schwachstellen einer Komponente, immer: *Je heißer, desto eher*. Das *eher* gibt dabei einfach an, dass die MTBF im Falle eines nicht ausreichend gekühlten Systems drastisch verringert wird, egal um welche Baugruppen es sich handelt.

Je nach Ausstattung des Servers – und damit all seinen Strom verbrauchenden und Wärme emittierenden Komponenten – produziert dieser bisweilen genug Abwärme, um locker als Heizungsersatz für kleinere Räumlichkeiten zu fungieren. Und das bringt uns wieder zurück zum Temperaturproblem: Zur Lüftung sollten neben den Netzteil- und CPU-Lüftern generell weitere Lüfter im Gehäuse vorhanden sein, die für eine ausreichende Wärmeabfuhr der heißen Komponenten – wie z. B. CPUs und Festplatten – sorgen. Ein klimatisiertes Umfeld stellt natürlich immer die optimale Ergänzung dar, denn sobald sich mehrere unserer Serverkameraden ihre (in der Regel nicht allzu große) Behausung teilen, kann diese – ohne den Einsatz einer Klimaanlage – bereits nach kurzer Betriebszeit jederzeit als Sauna-Ersatz durchgehen.

G-Force

Ein weiterer Punkt ist die entsprechende Unterbringung unserer Server – und auch ihrer Komponenten. In vielen kleineren Firmen bzw. Unternehmen parken verwaiste Kollegen der Server-Fraktion leider oft genug irgendwo in einem Gang bzw. an jedermann zugänglichen Orten. Abgesehen von der sicherheitstechnisch fatalen Entscheidung, einen Server frei zugänglich aufzustellen, kann unser Server so auch bisweilen heftigen kinetischen Energien ausgesetzt sein. Und ein harter Stoß ist etwas, was Server oder PCs und natürlich insbesondere ihre beweglichen Komponenten wie die Disks im laufenden Betrieb am allerwenigsten gebrauchen können.

Im schlimmsten Fall und bei entsprechend großer Erschütterung können – und werden – alle Nicht-SSD(Solid State)-Disks mit ziemlicher Sicherheit mechanische

Beschädigungen erleiden, denn die Schreib-/Leseköpfe rauschen üblicherweise gerade mal in einem Abstand von knapp 10 Nanometern über die Disk-Scheiben. Ein Luftspalt, der »nur« 7000-mal dünner ist als ein menschliches Haar. Ist die kinetische Energie des Stoßes groß genug, fliegen die Späne: Es kommt zu einem *Head Slap* oder auch *Head Crash* – die Köpfe setzen auf den Disks auf und zerstören in der Regel sich selbst und gleichfalls einen Teil der Sektoren, mit denen sie in Berührung kommen.

Ein wichtiger Punkt – neben einem sicheren Aufstellungsort der Server (von physikalischer Zugänglichkeit und der möglichen Kompromittierung der Systeme noch einmal ganz zu schweigen) – stellt somit auch die Unterbringung der Disks innerhalb des Gehäuses dar. Platten-Montagerahmen mit einer adäquaten Stoßdämpfung sind hier mit Sicherheit keine verkehrte Lösung. Dabei sollte aber auch nicht vergessen werden, dass es selbst im ausgeschalteten Zustand, wenn sich die Köpfe der Disks in Parkposition befinden, zu mechanischen Beschädigungen kommen kann: dabei könnte es theoretisch schon ausreichen, wenn ein ausgebautes Laufwerk, das senkrecht abgestellt wurde, auf einer harten, nicht stoßdämpfenden Fläche umkippt. Bei neuen, leeren Disks nicht schön, aber noch verschmerzbar. Bei Disks mit Daten, die archiviert werden sollen, absolut fatal. Die heutzutage in den meisten Servern verbauten 3,5-Disks verpacken im ausgeschalteten Zustand eine kinetische Stoßenergie von 300 *g* (300-fache Erdbeschleunigung), jedoch nur für eine maximale Impulsdauer von 2 Millisekunden. Zum Vergleich: Die primär für den mobilen Einsatz konzipierten 1,8- oder 2,5-Disks vertragen mehr als das dreifache (1000 *g*), stellen jedoch aufgrund der schlechteren Performance keine Alternative für Server dar, bei denen hoher Datendurchsatz gefordert ist.

Dies sind nur zwei der Kernpunkte, die wir unter thermischen und mechanischen Gesichtspunkten beachten müssen. Bevor wir erneut auf die Thermik (der CPU) zurückkommen, schauen wir uns an, welche Komponenten wir – zunächst bezogen auf ein Single-Server-System – überwachen sollten (und vor allem: müssen).

2.1 Netzteile, CPUs und mehr

»Get myself connected«
– The Stereo MCs, 1992

Den Ansatzpunkt unserer Überlegungen stellen natürlich die Kernkomponenten wie Netzteil, CPU und Festplatten dar. Und genau die nehmen wir uns nun vor.

2.1.1 Redundante Netzteile

Jepp – ohne Saft geht nüscht, das weiß jedes Kind. Und um die Stromversorgung unserer Server sicherzustellen, sollte jeder von ihnen – wenn möglich – über ein zweites Netzteil verfügen, das im Fehlerfall automatisch auf sein Fallback-Modul umschaltet. Denn wenn das einzige Netzteil ausfällt, kann auch die schönste USV unseren Server weder am Leben erhalten, noch ihn als Defibrillator wieder zum Leben erwecken. Wir sind also wieder bei der Redundanz.

Bei einigen redundanten Netzteilen sind zwei oder mehr Netzteileinschübe in einem gemeinsamen Netzteilrahmen montiert, der gleichzeitig auch die Netzzuleitung herstellt. Dieses Konstrukt stellt eine Schwachstelle dar, da die Elektronik des Einbaumoduls nur einmal vorhanden ist – und somit keine Redundanz bietet. Empfehlenswert sind immer Geräte mit einer passiven Backplane, bei denen jeder Netzteil-Slot einen eigenen Netzanschluss aufweist. In diesem Fall kann eines der Netzteile an die USV angeschlossen werden, das andere direkt ans Netz. Bei dieser Anschlussvariante läuft der Server auch weiter, wenn die USV durch einen Defekt ausfällt, erst ein Doppelfehler führt zum Ausfall. Apropos USV – hier darf natürlich auch nicht vergessen werden, die Akkus in regelmäßigen Intervallen zu prüfen und auszutauschen. Die meisten USV besitzen eine Indikator-Anzeige für wechselreife Akkus, so dass dies kein Problem darstellen sollte. Falls wir eine USV einsetzen, die keinen Bericht über ihren Akku-Status via SNMP *(Simple Network Management Protocol)*-Remote an uns erstatten kann, müssen wir uns eben ab und zu mal auf einen Besuch vor Ort einstellen, auch wenn der Server scheinbar friedlich vor sich hinbrummt.

Der nächste Punkt: Die Dimensionierung. Unser(e) Netzteil(e) sollten in jedem Fall ausreichend Leistung besitzen, um die Verbraucher, die in unserem Server stecken (CPU(s) und Lüfter, Disks, Wechsellaufwerke, alle sonstigen Lüfter etc.) jederzeit problemlos zu versorgen, ohne am Leistungslimit zu kratzen. Denn ständig am Leistungslimit zu arbeiten, würde erhöhte Temperatur und damit wiederum einen früheren Tod des Netzteils bedeuten. Eventuell muss auch ein Backup-Laufwerk (wie z. B. ein Streamer) im Server selbst untergebracht werden, das ebenfalls versorgt werden will.

Eine ausreichend dimensionierte USV schützt das oder die Netzteile zum einen vor Überlast (Spannungspeaks) und sorgt zum anderen natürlich bei Stromausfall für einen sauberen, kontrollierten Shutdown des Systems – wichtig vor allem für die Konsistenz unserer Filesysteme. Voraussetzung ist natürlich die korrekte Einrichtung des entsprechenden Services, der sich um die Kommunikation zwischen USV und Server-OS kümmert, und unserem Server sagt, wann es höchste Zeit wird, den Shutdown zu initiieren und ein Nickerchen zu halten. Und natürlich gilt auch hier: Testen, testen und noch einmal testen.

2.1.2 Kernfrage, Teil 1: CPU

An dieser Stelle alle möglichen Punkte aufzuzählen und zu bewerten, die als Einsatzkriterium für die geeignete Server-CPU eine Rolle spielen, ist schlichtweg nicht möglich. Daher betrachten wir nur einige grundlegenden Punkte, die vor allem im Hinblick auf Zuverlässigkeit und Einsatzzweck eine große Rolle spielen.

Wie auch im »normalen« Desktop-Betrieb gilt in der Regel: Je leistungsfähiger eine CPU ist, desto mehr Abwärme produziert normalerweise, zumindest nach dem heutigen Stand der Technik. Hier kommen also gleich zwei Punkte ins Spiel: Die Hitze, die sie produziert, und die damit auch über ihre Lebensdauer entscheidet, sowie ihr zugehöriges Kühlsystem, das sich um die Entsorgung dieser Abwärme kümmert.

Welche CPU ausgewählt wird (Single-/Dual-/Quad- oder sonstige Multi-Core-Prozessoren) hängt primär vom Einsatzbereich des Servers ab. Soll unser Server primär als einfacher Standalone-Fileserver (z. B. für kleine Arbeitsgruppen) ohne großartige weitere Aufgaben seinen Dienst verrichten, dreht die CPU normalerweise die meiste Zeit Däumchen, denn mit dem üblichen File-I/O hat sie in der Regel keine großen Schwierigkeiten. Hier würde also jederzeit eine »normal« dimensionierte CPU völlig ausreichend sein, sie verrichtet in diesem Umfeld noch recht zuverlässig ihren Dienst.

Anders sieht die Sache schon aus, wenn umfangreichere Tätigkeiten gefragt sind. Das könnten Server sein, die z. B. große und komplexe Datenbanken oder mehrere virtualisierte Gäste hosten. In diesen Fällen ist natürlich ausreichende Rechenleistung der CPU gefragt. Und – auch wenn wir uns das Thema »Virtualisierung« später noch sehr ausführlich in Kapitel 4 anschauen werden – es darf nicht vergessen werden, dass mit einem Schlag *alle* virtuellen Gäste den Geist aufgeben, wenn der Host, auf dem sie laufen, den Dienst einstellt. Insofern spielt die Redundanz aller Hardware-Komponenten bei Hosts, auf denen virtuelle Gäste laufen, eine besonders große Rolle. Insbesondere dann, wenn kein zweiter Server existiert, der im Fehlerfall einspringen kann.

Noch eine Anmerkung zur *Virtualisierung:* Insofern wir unseren Server als Host für multiple Server-Gäste einsetzen wollen, sollte die gewählte CPU je nach Virtualisierungs-Art und Einsatzbereich Idealerweise auch über entsprechende Virtualisierungsfunktionalitäten wie *Intel-VT/Vanderpool* oder *AMD-V/Pacifia* verfügen. Hierzu später ebenfalls mehr in Kapitel 4, »Virtualisierung im Cluster«.

Was die Auswahl des CPU-Kühlers angeht: In der Regel spielt seine Lärmentwicklung (sowie die der übrigen Lüfter) eine eher untergeordnete Rolle bei einem Server. Hier sollte nur die optimale Kühlung im Vordergrund stehen. Allerdings gilt auch hier wieder: Hoch drehende Lüfter mit kleinerem Durchmesser weisen in der Regel eine kürzere Lebensdauer auf als größer dimensionierte Lüfter mit niedriger Drehzahl, die den gleichen Luftmengendurchsatz haben.

Gleiches gilt für die Gehäuselüfter, zudem sollten die Lüfter im Gehäuse so untergebracht sein, dass sie einen konstanten Luftdurchfluss sicherstellen (d. h. die kühlere, externe Luft über separate Lüfter ansaugen (z. B. im vorderen oder seitlichen Bereich des Servers) und sie an anderer Stelle (z. B. im hinteren Bereich) wieder ausblasen. Zudem überwachen nahezu alle modernen Mainboard-BIOSs Parameter wie CPU-Temperaturen und -Spannung sowie Lüfterdrehzahlen, sodass sich diese Werte in der Regel per SNMP relativ komfortabel kontrollieren lassen, bzw. ein entsprechender Alarm beim Erreichen eines Grenzwertes getriggert wird.

Flüssigkeitsgekühlte Systeme, die allen erforderlichen Sicherheitsstandards entsprechen, finden sich bei Markenherstellern u. a. im Rack-Segment. Dabei werden die Server allerdings in der Regel nicht direkt wassergekühlt, sondern ihre Abwärme wird über Wasser-/Luft-Wärmetauscher entsorgt. So bleibt das rein elektronische Serversystem frei von Flüssigkeit führenden Komponenten, was sicherheitstechnisch immer noch die beste Lösung ist. Systeme, deren Wasser- bzw. Kühlflüssigkeit führende Bauteile sich innerhalb des Servers befinden, sind aus sicherheitstechnischen Aspekten immer als potenzielle Gefahrenquelle zu sehen, denn bereits die geringste Leckage kann das System zerstören.

Noch eine kurze Anmerkung zur GPU, der grafischen Ausgabe der CPU, auch wenn die Thematik eigentlich keiner größeren Erörterung bedürfen sollte. Hochleistungs-GPUs (z. B. auf separaten Grafikkarten), die jedes Gamer-Herz höher schlagen lassen, sind in einem Server logischerweise herausgeschmissenes Geld. Jeder Onboard-VGA-Chip reicht für die Belange, die im Server-Umfeld nötig sind, locker aus. Insbesondere bei einem Linux-Server, der in der Regel ohne X11 betrieben wird. Wenn separate Grafikkarten verwendet werden, dann in der kleinstmöglichen Variante, die am wenigsten Abwärme produziert.

Betrachten wir nun noch einen wichtigen Aspekt: Die Redundanz der CPU. Redundante CPUs? Ja, die gibt's. Z. B. hardwareseitig implementiert in *SPS* (Speicherprogrammierbaren Steuerungen bzw. Automatisierungssystemen, dort nennt sich das sicherheitstechnisch absolut unentbehrliche Konzept dann *FMR – Flexible Modular Redundancy)* und noch im teuren SAN-Segment. Kommerzielle Unixe, wie z. B. Sun, unterstützen ebenfalls CPU-Failover auf spezieller Hardware. Aber wie schaut es in unserem Linux-Umfeld mit »normaler« Hardware und CPU-Failover aus?

Zunächst: Die Wahrscheinlichkeit eines CPU-Ausfalls ist, verglichen mit der anderer Komponenten unseres Servers, recht gering. Arbeitet die CPU mit der ihr zugedachten Taktfrequenz und Spannung, und vor allem unter normalen klimatischen Bedingungen, ist ihr in der Regel ein langes Leben beschert.

Ein Multi-Core-System arbeitet üblicherweise mit allen verfügbaren Kernen. Fällt einer dieser Kerne aus, sterben alle Prozesse/Threads, die dieser Core verarbeitet hat: Im Normalfall bedeutet das das Aus für den Server – selbst wenn der oder die anderen Kerne noch aktiv sind. Ohne spezielle Hardware, die ein CPU-Failover unterstützt, und ein OS, das dies (bezogen auf genau diese Hardware) ebenfalls unterstützt, läuft üblicherweise nichts mehr.

Aber: Deswegen müssen wir in diesem Punkt noch lange nicht auf Hochverfügbarkeit verzichten. Nur müssen wir sie dann eben nicht mehr lokal implementieren, sondern auf Netzwerkebene. Sollte die CPU unseres ersten Servers den Geist aufgeben, springt der zweite Server ein und übernimmt dessen Aufgaben. Und wie das funktioniert, schauen wir uns in Kapitel 3 an, wenn es um Hochverfügbarkeit auf Netzwerkebene geht.

Wie aber ist es um die Auslastung unserer CPU bestellt? Denn die hat, wie wir bereits wissen, nicht nur direkten Einfluss auf ihre Temperatur, sondern auch auf die Reaktionszeiten und damit auf die Gesamtperformance des Systems.

Und auch hier bietet unser Linux-Werkzeugkasten wieder die richtigen Tools, von denen wir uns im Folgenden zwei Vertreter genauer anschauen werden. Das erste Tool, *cpuset*, kümmert sich mithilfe der korrespondierenden Bibliotheken – stark vereinfacht ausgedrückt – u. a. darum, Ressourcen und Prozesse auf Multi-Core-Systemen auf verschiedene Kerne zu verteilen, was die Stabilität unserer Systeme entscheidend erhöhen kann. Das zweite Tool, *monit*, besitzt eher Wächter-Qualitäten, aber dazu mehr im übernächsten Abschnitt 2.1.4.

2.1.3 Kernfrage, Teil 2: Control Groups und Cpusets

Cpusets wurden bereits 2004 erstmalig von BULL SA. präsentiert, später wurde die Arbeit von *Silicon Graphics* fortgeführt und erweitert. Das erste Mal tauchten *cpusets* im Mainline-Kernel 2.6.12. auf. Seit 2008 mischt auch Novell an dem sehr interessanten Projekt mit und stellt den derzeitigen Maintainer Alex Tsariounov.

Beginnen wir mit den *Control Groups (cgroups)*. Sie stellen ein Filesystem-Interface zur Verfügung, um z. B. Anwendungsgruppen (sogenannte *Task Groups)* managen zu können. Per Spezifikation stellt das python-basierte *cpuset*-System, welches das *cgroups*-Interface nutzt, einen Mechanismus zur Verfügung, um logische Entitäten (die sogenannten cpusets) zu erstellen.

Über diese *cpusets* können bestimmte Tasks bestimmten Kernen eines Multi-Core-Systems zugewiesen werden. Auf Maschinen, die mit einer *NUMA*-Architektur *(Non Uniform Memory Architecture*, stark vereinfacht: diese Architektur macht explizite, CPU-bezogene Memory-Zuweisung möglich) ausgestattet sind, kann auch der zugehörige Speicher der Tasks/Prozesse explizit bestimmten Speicher-Segmenten zugeordnet werden. Ebenso können bestimmte Tasks auch zur Laufzeit von einem (oder mehreren) Kern(en) auf einen (oder mehrere) andere(n) verschoben werden. By the way – ein Konzept, das M$ bezeichnenderweise auch in ihren aktuellsten Server-Versionen weder besonders praxistauglich noch vernünftig umgesetzt hat.

Konkret bedeutet das, dass Prozesse, die in *cpuset*-Gruppen laufen, an diese *cpuset*-Gruppe fix gebunden sind. Sie können z. B. auf Multi-Core-Systemen nicht auf anderen Cores laufen als denen, die ihnen explizit zugewiesenen wurden. Dadurch ergibt sich in der Praxis die Möglichkeit, neben einer effektiveren Lastverteilung auch die Stabilität und Sicherheit des Systems drastisch zu erhöhen.

Herrsche und Teile

Worum geht's en détail? Ganz einfach: Stellen wir uns vor, auf unserem Multi-Core-System mit 2 oder mehr Kernen werkeln wie üblich jede Menge Prozesse, die – je nach ihren Multi-Core-Kapabilitäten – ihre Ressourcen auf alle verfügbaren Kerne verteilen oder auch nicht. Stellen wir uns weiter vor, dass bestimmte (User-)Prozesse, wie z. B. größere Datenbank-Applikationen, ebenfalls munter auf allen Kernen unseres Systems arbeiten. Und nun stellen wir uns ebenfalls vor, was passiert, wenn unsere Datenbank-Prozesse durch Software-Bugs, äußere Einflüsse usw. auf allen Cores eine Dauerlast von 100 % generieren.

Unser System würde aller Wahrscheinlichkeit nach einknicken, in die Knie gehen und dort bleiben. Denn neben den Datenbank-Prozessen, die auf allen Kernen laufen, müssen unsere eigentlichen System-Tasks ebenso ihren Dienst verrichten. Nur wird das aufgrund der hohen Auslastung gegebenenfalls schwierig bis Mission Impossible. C'est la vie?

Nein. Denn dank der *cpusets* sind wir nicht nur in der Lage, Ressourcen wie Prozesse in sogenannten *sets* zu gruppieren und diese explizit bestimmten Kernen unseres Multi-Core-Systems zuzuordnen, sondern auch eine Art Loadbalancing für die Auslastung unserer Kerne zu erzielen. Als Resultat erhöhen wir die Stabilität und Sicherheit unseres Servers drastisch, denn nun können etwaige mutierende Prozesse unser eigentliches System nicht mehr ohne Weiteres ins absolute Aus schießen.

Klingt theoretisch gut, aber natürlich schauen wir uns die Systematik nun auch konkret in der Praxis an.

Über das Kommandozeilen-Interface *cset* können die *cpuset*-Gruppen verwaltet werden. Die meisten aktuellen Distributionen bringen die entsprechenden cpuset-Pakete (Userland-Tools und Bibliotheken) bereits mit, bei SUSE sind es z. B. *cpuset* und *libcpuset1*.

Die Sourcen können über *http://code.google.com/p/cpuset/* heruntergeladen werden; aktuelle Version zum Zeitpunkt der Erstellung des Buches ist 1.5.3)

Achtung

Einige Kernel, wie z. B. der Desktop-Kernel von SUSE, unterstützen gegebenenfalls keine cpusets. Die Meldung beim Initiieren des cset-Kommandos (z. B. `cset shield`) könnte dann wie folgt lauten:

```
mount: unknown filesystem type 'cpuset'
cset: **> mount of cpuset filesystem failed, do you have permission?
```

Die cset-Unterteilung unterscheidet 3 Gruppierungen:

- *root*: alle CPUs und der komplette Speicher
- *system*: systemrelevante Prozesse und der zugehörige Speicher
- *user*: userbezogene und systemrelevante Prozesse/Applikationen (+ Speicher)

Achtung

Je nach VM-Emulation (Mapping echter Multi-Cores) lässt sich das Beispiel gegebenenfalls nicht exakt in einer VM nachbilden!

Vorgegeben sei eine 2-Kern-Maschine ohne NUMA. In diesem Fall sind keine *cset*-spezifischen Memory-Zuweisungen nötig bzw. machbar, sondern es werden »nur« die Prozesse aufgeteilt.

Typischerweise würden wir bei einem Dual-Core 1 CPU (oder bei 4 Kernen: 3 CPUs, eben so viele wie möglich) ein cset per *shield* zuweisen, also einem »abgeschirmten« Bereich, und die verbleibende CPU für den normalen Systembetrieb belassen. Konkret: das System selbst läuft mit 1 CPU, die andere wäre für lastintensive User-Tasks, wie z. B. eine umfangreiche und ressourcenhungrige MySQL-Datenbank-Applikation oder Ähnliches, reserviert. Zudem stören sich beide CPUs und die darauf laufenden Applikationen/Prozesse nicht gegenseitig und beeinflussen damit nicht mehr das Lastverhalten des gesamten Systems.

cset-Setup

Nach dem Setup der Pakete existiert der neue, zusätzliche Ordner */cpusets/** unterhalb des Systemroots, der sich auch in der Liste der gemounteten Dateisysteme wiederfinden sollte:

```
none  on  /cpusets type cpuset (rw)
```

Um nun einen *shield* mit 1 CPU für das System, und 1 CPU für *user*-Tasks in einem Dual-Core System aufzusetzen, starten wir als User *root* das folgende Kommando:

```
#> cset shield -c 1

cset: --> activating shielding:
cset: moving 105 tasks from root into system cpuset...
[==================================================]%
cset: "system" cpuset of CPUSPEC(0) with 105 tasks running
cset: "user" cpuset of CPUSPEC(1) with 0 tasks running
```

Was im Detail passiert:

Zunächst wird mit der `-c <n=CPU-Nummer>`-Option ein geschütztes *(shielded) user*-cpuset (CPUSPEC = *CPU Spec*ification) für CPU Nummer 1 erzeugt. Für die verbleibende(n) CPU(s) (hier: 0) wird automatisch ein *system* cpuset generiert, das für den »Alltagsbetrieb« des Systems verantwortlich ist. In diesen (»unshielded«) Bereich (CPUSPEC(0) bzw. CPU0) werden nun alle Systemtasks/Prozesse verschoben. Dadurch sind alle restlichen CPUs »idle« und bereit, lastintensive »User«-Prozesse, wie z. B. Datenbanken, Web- oder Mailservices, zu bedienen. Über die Subdirektiven `--sysset` und `--userset` können den *sets* optional Namen zugeordnet werden. Weitere Informationen zur Befehlssyntax liefern *cset(1), cset-set(1)* und *cset-shield(1).*

Kontrollieren wir nun kurz den aktuellen Ist-Stand unseres Systems:

```
#> cset shield

cset: --> shielding system active with
cset: "system" cpuset of CPUSPEC(0) with 105 tasks running
cset: "user" cpuset of CPUSPEC(1) with 0 tasks running
```

Nach der Aktivierung des Shieldings existieren unterhalb des */cpuset*-Ordners die beiden Sub-Ordner */system* und */user*, unter denen sich die entsprechenden Statusdateien befinden. Für das Auslesen der Files gilt hier natürlich das Gleiche wie für das */proc*- bzw. */sys*-FS: niemals mit einem Editor öffnen/bearbeiten. Diese Daten können z. B. per *cat* ausgelesen werden, sollten jedoch immer nur über die *cset*-Tools bearbeitet werden.

Auf einem Quad-Core System würde z. B. der Befehl

```
#> cset shield --cpu=1-3
```

(oder `--cpu=1,2,3`) dafür sorgen, dass die erste CPU0 für das *system*-cpuset verwendet wird, die übrigen drei (CPU1, CPU2, CPU3) für das abgeschirmte *user*-cpuset.

Achtung

Kernel-spezifische Threads/Prozesse sind von diesem »Umzug« regulär immer ausgenommen, da es je nach Anwendungsfall erwünscht sein kann, dass diese speziellen Threads/Prozesse alle verfügbaren Kerne nutzen. Das Verhalten kann jedoch explizit deaktiviert werden, sodass auch alle Kernel-Threads in das *system* cpuset verschoben werden:

```
#> set shield -k on
```

```
cset: --> activating kthread shielding
cset: kthread shield activated, moving 22 tasks into system cpuset...
[==================================================]%
cset: done
```

Kontrolle:

```
#> cset shield
```

```
cset: --> shielding system active with
cset: "system" cpuset of CPUSPEC(0) with 127 tasks running
cset: "user" cpuset of CPUSPEC(1) with 0 tasks running
```

Detailliertes Listing:

```
#> cset shield --unshield -v   # System-Tasks
#> cset shield --shield -v     # User-Tasks
```

Applikation explizit im shielded-Mode ausführen

Natürlich ist es zwingend nötig, die von uns als würdig erkorenen Prozesse direkt im *shielded*-Mode zu starten. Im realen Umfeld könnten wir so z. B. einen OpenLDAP-Verzeichnisdienst-Server, der ein paar tausend Client-Authentifizierungsanfragen simultan bedienen soll, im geschirmten Bereich ausführen, z. B. so (Pfadangaben hier für eine OSS 11.3):

```
#> cset shield -e /usr/lib/openldap/slapd -u ldap -g ldap
```

Achtung

Im konkreten Fall würde das natürlich bedeuten, dass wir das Startscript des Services entsprechend anpassen (und dies bei Upgrades/Patches gegebenenfalls wiederholen) müssen. Wird der betreffende Service in einem Cluster nicht über die LSB-, sondern OCF-Agenten/Scripte (siehe Kapitel 3) gesteuert, müssen diese entsprechend angepasst werden!

Im folgenden kleinen Beispiel starten wir eine bash-Session auf diese Art:

```
#> cset shield -e bash

cset: --> last message, executed args into cpuset "/user", new pid is: 5670
```

Kontrolle:

```
#> cset shield --shield -v

cset: "user" cpuset of CPUSPEC(1) with 2 tasks running
   USER       PID  PPID SPPr TASK NAME
   -------- ----- ----- ---- ---------
   root      5670  5585 Soth bash
   root      5693  5670 Roth /usr/bin/python /usr/bin/cset shield --shield -v
```

Die neue bash-Instanz wird nun im *shielded*-Mode (also dem *user*-cpuset) ausgeführt, so wie die von ihr gestarteten Child-Prozesse. Wird sie per »exit« beendet, erfolgt damit auch die Entfernung aus dem *user*-cpuset.

Die Status-Spalte *SPPr* steht für *State*, *Policy* und *Priority*. Das Kürzel *»oth«* steht einfach für »other«; hier können sich je nach Applikation auch andere Werte finden. Ein Beispiel wäre z. B. eine Realtime-Applikation mit einer Vordergrund-Priorität von 20: [Sf20]. Das »S« bzw. »R« vor dem »oth« steht einfach nur für *S*topped oder *R*unning.

Natürlich kann auch ein Single-Shot-Befehl im *shielded*-Mode ausgeführt werden:

```
#> cset shield --exec "/bin/ls"
```

Applikation im shielded-Mode mit weiteren Parametern

Im letzten Beispiel lief unsere bash-Instanz als root bzw. mit root-Rechten. Um eine *user-cpuset*-Applikation mit den Rechten eines bestimmten Benutzers zu starten, wird z. B. folgender Aufruf benötigt:

```
#> cset shield --user=snoopy --group=users -e bash
```

Laufende Applikationen in den shielded-Mode transferieren und entfernen

Schauen wir uns hier noch kurz an, wie wir eine »normal« gestartete bash-Instanz (PID: 5321) in den geschirmten Bereich (-s <PID>) transferieren:

```
#> bash
#> echo $$

5321

#> cset shield -s 5321

cset: --> shielding following pidspec: 5321
cset: done
```

```
#> cset shield --shield -v
```

```
cset: "user" cpuset of CPUSPEC(1) with 2 tasks running
   USER       PID  PPID SPPr TASK NAME
   -------- ----- ----- ---- ---------
   root      5321  5042 Soth bash
   root      5333  5321 Roth /usr/bin/python /usr/bin/cset shield --shield -v
cset: done
```

Das Entfernen der gleichen Applikation aus dem *shielded*-Mode erfolgt per:

```
#> cset shield -u 5321
```

```
cset: --> unshielding following pidspec: 5321
cset: done
```

Tasks von einem cpuset in ein anderes moven

Ebenso ist es natürlich möglich, Tasks von einem cpuset in ein anderes zu verschieben. Wollen wir z. B. einen oder mehrere Prozesse moven, stehen uns verschiedene Syntax-Varianten zur Verfügung, die funktionell gleich sind.

```
#> cset proc --move 2442,3000-3200 user
#> cset proc --move --pid=2442,3000-3200 --toset=user
```

Die Prozess-IDs können in Komma-Notation oder Ranges (z. B. für kurz nacheinander geforkte Multi-Child-Prozesse) angegeben werden. Die optionale verfügbare `--fromset`-Direktive wird in der Regel nicht benötigt, da nur die Ziel-Set Direktive `--toset` von Belang ist. Aber auch die kann in der Kurz-Syntax (nur Nennung des Setnamens) verwendet werden.

Um z. B. alle Tasks von einem cpuset komplett in ein anderes zu moven, kann *cset* wie folgt aufgerufen werden:

```
#> cset proc --move --fromset=mycpuset1 --toset=mycpuset2
```

Weitere Infos hierzu liefert u. a. *cset-proc(1)*.

Weitere cset-Kommandos

Vorhandenes cpuset löschen (alle dort gegebenenfalls noch vorhandenen Tasks werden automatisch in das verbleibende *cpuset* transferiert):

```
#> cset set --destroy user
```

```
cset: --> processing cpuset "user", moving 1 tasks to parent "/"...
cset: --> deleting cpuset "/user"
```

Neues cpuset mit dem Namen »test1« für Core 1 erzeugen:

```
#> cset set -c 1 test1
```

```
cset: --> created cpuset "test1"
```

Vorhandene cpusets listen:

```
#> cset set -l
```

```
cset:
         Name       CPUs-X    MEMs-X Tasks Subs Path
 ------------ ---------- - ------- - ----- ---- ----------
         root        0-1 y       0 y    18    2 /
       system          0 y       0 n   134    0 /system
         user          1 y       0 n     0    0 /user
```

Um den Ausgangszustand des ungeschirmten Systems wiederherzustellen, können wir das cpuset komplett resetten:

```
#> cset shield --reset
```

```
cset: --> deactivating/reseting shielding
cset: moving 0 tasks from "/user" user set to root set...
cset: moving 127 tasks from "/system" system set to root set...
[==================================================]%
cset: deleting "/user" and "/system" sets
cset: done
```

Um unsere *cpusets* persistent zu machen, sodass sie uns auch nach dem nächsten Reboot zur Verfügung stehen, muss ein entsprechendes Startup-Script (z. B. /etc/init.d/cset) erzeugt und in die entsprechenden Runlevel verlinkt werden. Ein Template hierzu findet sich unter dem Namen *cset.init.d* in den aktuellen Sourcen.

Weitere Infos und Beispiele finden sich unter anderem in den folgenden Quellen:

*/usr/share/doc/packages/cpuset/**
/usr/src/<kernel>/Documentation/(cgroups)/.txt*
http://rt.wiki.kernel.org/index.php/Cpuset_management_utility/tutorial

Soviel zur expliziten Aufteilung von Tasks bzw. bestimmten Applikationen und Services auf bestimmte Kerne zur Erhöhung der Stabilität.

Dabei ist und bleibt es dennoch wichtig, sich anbahnende Engpässe möglichst frühzeitig zu lokalisieren, oder ständig am Limit arbeitende CPUs, die zu schwachbrüstig sind und das System ausbremsen, zu erkennen und durch leistungsfähigere zu ersetzen. Natürlich gibt's für den Job im Linux-Land auch ein paar Kandidaten, und einen davon schauen wir uns nun kurz an.

2.1.4 monit

Was ist *monit*? Ganz einfach: So ein bisschen wie unser Lieblingswauwau, der anfängt zu bellen, wenn irgendetwas auf unserem System nicht mehr im Lack ist. Im Detail: Mit monit haben wir die Möglichkeit, bestimmte Parameter des Systems (z. B. Last, Plattenplatz u. v. m.) sowie laufende Dienste sehr einfach zu überwachen, und beim Eintritt bestimmter Bedingungen, die wir exakt festlegen können, eine Aktion zu triggern (Mailbenachrichtigung, Dienst stoppen usw.). Monit kennt den *active mode* (der Default-Modus: im Fehlerfall werden Alarme und/oder Reparaturaktionen für den zu überwachenden Dienst getriggert), den *passive mode* (keine automatischen Reparaturversuche, nur Alarme) und den Manual-Mode für geclusterte Umgebungen, in denen sich im Normalbetrieb der Cluster um die Dienstkontrolle und Überwachung der betreffenden Services kümmert. Für monit bedeutet das in dem Fall: Der betreffende Dienst wird nur dann von monit selbst überwacht, wenn er zuvor explizit mit monit gestartet wurde, z. B.:

```
#> monit start sybase
```

In diesem Fall ruft monit den Start von Sybase auf und aktiviert das Monitoring.

Monit stellt zwar auch ein Webinterface zur Verfügung, für uns ist das jedoch eher unnütz, denn hier wäre der Admin als zweiter, ständiger Wächter gefragt, der jeden Server einzeln kontrolliert. Was wir brauchen liegt unter der Haube von monit – die automatische Benachrichtigung des Admins per Mail, sobald eine kritische Bedingung eintritt.

Vorkonfigurierte Pakete sind für die meisten Distributionen erhältlich; die Sourcen *(http://mmonit.com/monit/download/)* lassen sich aber ebenfalls problemlos kompilieren (benötigte Pakete je nach Distribution z. B.: gcc, make, bison und flex). Soll SSL verwendet werden, wird unter SUSE z. B. das Paket openssl-devel benötigt. Nach dem Entpacken der Sourcen einfach das **configure**-Script aufrufen, danach **make** und **make install**. Dann noch die Datei *monitrc* anpassen, z. B. nach */usr/local/etc* kopieren und monit anschließend per:

```
#> /usr/local/bin/monit -c /usr/local/etc/monitrc
```

abfeuern. Bei Ubuntu finden wir die Datei z. B. unter */etc/monit/monitrc* (Achtung: hier muss zusätzlich unter */etc/default/monit* noch die Startup-Variable auf »1« gesetzt werden), SUSE legt die monit-Konfigurationsdatei unter */etc/monit.rc* ab.

Schauen wir uns nun eine kleine Beispielkonfiguration anhand der Datei monit(.)rc (in Auszügen) an:

```
set daemon  120
# laeuft als Daemon, Monitoring alle 2 Minuten
set logfile syslog facility log_daemon # log facility
set mailserver localhost             # primary mailserver
set eventqueue
  basedir /var/lib/monit
```

```
# set the base directory where events will be stored
#  slots 100              # optionaly limit the queue size
set alert root@localhost
set httpd port 2812 and      # monit-Webserver
  use address 192.168.50.1 # benutze selbst diese adresse
  allow 192.168.50.0/24     # erlaube host/netz xyz
  allow admin:monit         # erlaube 'admin' m. pass 'monit'
check system 192.168.50.1
  if loadavg (1min) > 4 then alert #uptime (letzte min)> 4?
  if loadavg (5min) > 2 then alert #uptime (letzt.5 min)> 2?
  if memory usage > 75% then alert
  if cpu usage (user) > 70% then alert  # userprozesse
  if cpu usage (system) > 30% then alert # systemprozesse
  if cpu usage (wait) > 20% then alert
# cpu wartet auf externe operationen (netz)
check process apache with pidfile /var/run/httpd2.pid
  start program = "/etc/init.d/apache2 start"
  stop program  = "/etc/init.d/apache2 stop"
  if cpu > 60% for 2 cycles then alert   # (4 Minuten)
  if cpu > 80% for 5 cycles then restart # (10 Minuten)
  if totalmem > 2000.0 MB for 5 cycles then restart
  if children > 750 then restart
   f loadavg(5min) greater than 10 for 8 cycles then stop
  group webserver # zur unterscheidung verschiedener
# monitoring-gruppen
```

Wie wir unschwer erkennen können, liefert uns *monit* schon einige wichtige Informationen, die wir im täglichen Betrieb recht gut gebrauchen können. Die eingetragenen Werte müssen natürlich auf das jeweilige System angepasst werden: In diesem Beispiel liegt der Grenzwert für die Durchschnittslast (`loadavg`) in der letzten Minute bei »4« – ein Wert, der z. B. nur in Verbindung mit einer Quad-Core-CPU Sinn machen würde. Die Prozeduren zur Messung und Kontrolle der CPU-Last sind uns vielleicht schon vom Tool *uptime* bekannt, und dort wie hier gilt: *Der Integer-Grenzwert, ab dem es in der Regel für das System ungemütlich wird, ist gleich der Anzahl der Kerne.*

Exkurs: (No?) Limits – Limitierung per ulimit

Apropos Last: Ein wichtiges kleines Tool, das in diesem Zusammenhang erfahrungsgemäß in der Praxis leider viel zu selten Beachtung findet, ist das PAM *(Plugable-Authentication-Modules)*-Modul *pam_limits.so*. Es findet sich in der Regel bei den restlichen PAM-Modulen unter */lib/security/pam_**, und kümmert sich effektiv darum, beim Login eines Users Grenzwerte für denselben zu setzen, wie z. B. die maximale Anzahl der Prozesse (Stichwort Fork-Bomben), die er starten darf, die maximale Größe von Dateien, die er anlegen darf, CPU-Zeitlimits, maximale Priorität seiner Prozesse und vieles andere mehr. Per

```
#> ulimit -a
```

können wir die aktuell gültigen Settings auslesen.

Wer wissen will, wie effektiv das kleine PAM-Modul arbeitet, kann – auf ein Testsystem! – eine Kommandozeilen-Forkbombe loslassen, die einen wildgewordenen, sich ständig selbst forkenden Prozess erzeugt. Zuvor sollten die entsprechenden Settings in der */etc/security/limits.conf* gesetzt sein, die in diesem Fall die Anzahl der gestarteten Prozesse für den User »snoopy« auf 20 limitieren:

```
snoopy     hard     nproc    20
```

Der User sollte sich anschließend neu angemeldet haben, damit die Settings über die entsprechenden Modul-Konfigurationen (z. B. über die /etc/pam.d/common-*-Dateien):

```
session    required     pam_limits.so
```

greifen. Die nachstehend gelistete Kommandozeilen-Forkbombe sieht zwar aus wie das Gehüpfe eines Schimpansen auf der Tastatur, könnte aber ohne ulimit unangenehme Nebenwirkungen für unser System haben:

```
#> :() { :|:&};:
```

Die Erläuterungen in Kurzform:

`:()` – Funktion (`:` = einfaches Kommando, das nur $?=0 zurückgibt)

`{` – Beginn der Funktionsdefinitionen

`:` – s. o.

`|` – Pipe

`:` – s. o.

`&` – schiebe den Output in den Hintergrund

`};` – Ende der Funktionsdefinitionen

`:` – ruft sich selbst erneut auf

Zurück zu *monit*:

Wir sollten nicht vergessen, dass automatische Restart-Aktionen zwar via monit möglich, aber keineswegs ein Allheilmittel sind – im Gegenteil. In einem konkreten Fall in der Praxis führte eine unüberlegt gesetzte Restart-Anweisung in Verbindung mit einem zu niedrig angesetzten Timeout zu folgender Problematik: Das System hielt den OpenLDAP-Authentifizierungs-Request, der nach einem Timeout von 30 Sekunden nicht reagierte (weil er auf eine Rückmeldung des jeweiligen Samba-Prozesses wartete, der wiederum dank fehlerhafter Konfiguration extrem träge wurde) für nicht mehr funktionell und restartete ihn. Die mehreren Hundert laufenden Authentifizierungsvorgänge wurden unterbrochen, die Samba-Prozesse blieben jedoch im System »hängen« und müllten es bei jedem weiteren Restart weiter zu – bis zum Stillstand des Systems. Hier hätte eine sinnvolle Monitoring-Konfiguration (die »nur« alarmiert) – z. B. in Verbindung mit einer angepassten *ulimit*-Prozesslimitierung – Schlimmeres verhindern können.

Denn auch wenn wir bestimmte Services später durch unsere Cluster-Software überwachen und steuern lassen, kann ein Überwachungsservice wie monit eine sinnvolle Ergänzung darstellen. Denn unser Cluster »sieht« – je nach Art und Weise, wie er den vakanten Service überwacht – manchmal nur, ob dieser noch läuft oder nicht, aber gegebenenfalls nicht, dass er gerade dabei ist, unser System voll auszulasten.

Neben *monit* existieren natürlich noch etliche andere und zum Teil weitaus komplexere Tools, die unsere Systeme überwachen können, wie z. B. *Zabbix, Munin* oder *Nagios* (wobei das letztere aufgrund seiner zahllosen Features längst eigene Bücher füllt). Das Wichtigste ist jedoch, dass wir uns vor der Implementierung des Überwachungstools genau überlegen, welche Features wir für unsere hochverfügbaren Server wirklich benötigen, denn wie wir bereits aus unseren früheren Vorbetrachtungen wissen, kann weniger manchmal tatsächlich mehr sein. Denn spätestens wenn wir mehr Zeit mir der Konfiguration und Überwachung der Wächter verbringen, läuft irgendwas falsch im Staate Dänemark. Und vielleicht erinnern wir uns dann einfach mal an den altbekannten Spruch:

»If you don't know what you want – you don't need it.« Aber fahren wir nun mit der Betrachtung unserer redundant ausgelegten lokalen Komponenten fort und schauen uns einen echten Fesselkünstler an.

2.1.5 Fessel-Spielchen – Netzwerkkarten-Bondage

Bondage? Klingt wirklich ein wenig seltsam an dieser Stelle, aber zur Erhöhung der Performance – und vor allem der Ausfallsicherheit – lassen sich mehrere physikalische Netzwerkkarten recht einfach zu einem logischen Device per *Bonding* (engl.: *Gebundenheit, Verbund)* zusammenfassen. Die Bonding-Patches hielten bereits im Rahmen des *Beowulf*-Projekts von Donald Becker im Kernel 2.0 Einzug.

Beim Bonding werden mehrere physikalische Ethernet-Schnittstellen zusammengeschaltet bzw. gebündelt: Zwei Ethernet-Interfaces können so – je nach Bonding-Konfiguration – die doppelte Datenmenge transportieren. (Der Begriff »Trunking« oder »Link Aggregation« wird je nach Hersteller häufig auf der Switch-Seite verwendet, auf der Seite der Netzwerkkarten wird üblicherweise der Begriff »Bonding« benutzt). Ein weiterer Vorteil des Bondings ist natürlich die erhöhte Ausfallsicherheit, denn der logische Übertragungskanal wird erst dann komplett ausfallen, wenn alle zugehörigen Devices den Geist aufgegeben haben. Natürlich vermindert sich der Datendurchsatz entsprechend der ausgefallenen Verbindungen, insofern alle NICs *(Network Interface Cards)* gleichzeitig aktiv sind (s. u.).

Vorbetrachtung und Auswahlkriterien

Bei der Auswahl unseres Server-Systems sollten wir – in Bezug auf die Bonding-Kapabilitäten – daher auf ein paar Punkte achten, die uns das Leben später erleichtern können: Ist unser vorhandener Server nur mit Onboard-NICs ausgestattet, die sich noch dazu gegebenenfalls bestimmte Chipsätze teilen, sollten wir in ein paar zusätzliche NICs investieren, die physikalisch voneinander getrennt sind. Daneben bleibt natürlich die ewige Gretchenfrage, ob unser präferiertes Linux-OS den Chipsatz der Karten auch unterstützt, insofern es sich um brandneue Hardware handelt.

Und wie sieht's in der Praxis aus?

Unter Linux ziemlich einfach: Für das Bündeln mehrerer NICs unter Linux existiert ein spezielles Bonding-Modul, das es uns ermöglicht, mehrere physische Interfaces *(ethX)* zu einem logischen Interface *(bondX)* zusammenzufassen. Das Bonding-Modul überprüft den Medienstatus der physikalischen Schnittstellen dabei über das sogenannte *Media Independent Interface (MII)*. Die Kommunikation erfolgt nach der Bündelung der physikalischen Interfaces nur noch über das logische Interface. Alternativ kann auch eine Art Heartbeat via ARP *(Adress Resolution Protocol)* realisiert werden, wodurch auch Probleme lokalisiert werden können, die nicht unbedingt zu einem direkten Ausfall des NICs führen würden. Allerdings dürfen beide Überwachungsmethoden *(mii* und *arp)* nicht miteinander kombiniert werden.

Und das bringt uns auch gleich zum nächsten Punkt, denn es existieren verschieden Modi, mit denen wir die NICs »aneinanderfesseln« können:

Mode 0 (balance-rr)

Round-robin Policy: Überträgt Pakete sequenziell über alle im Bonding enthaltene NICs. Dieser Modus bietet Lastverteilung und Redundanz.

Mode 1 (active-backup)

Active-backup Policy: Nur eine NIC ist aktiv. Die andere(n) NIC(s) sind im Standby und springen nur im Fehlerfall ein. Dieser Modus bietet »nur« Redundanz.

Mode 2 (balance-xor)

XOR Policy: Mac-Adresse der NIC wird per XOR mit der Mac-Adresse des Ziels verknüpft. Dieser Modus stellt sicher, dass für ein bestimmtes Ziel immer das gleiche Interface verwendet wird. Dieser Modus bietet Lastverteilung und Redundanz.

Mode 3 (broadcast)

Broadcast Policy: Alle Pakete werden über alle NICs im Bonding verschickt. Dieser Modus bietet nur Redundanz.

Mode 4 (802.3ad)

IEEE 802.3ad Dynamic Link Aggregation. Erstellt ein Bonding mit NICs, die die gleiche Geschwindigkeit und Duplex-Einstellung haben müssen. Voraussetzungen: *ethtool(8)*-Support im Treiber-Modul der Netzwerkkarte, damit Speed- und Duplex-Settings von jedem Slave erfasst werden können. Zudem muss der Switch gegebenenfalls *Dynamic Link Aggregation* nach IEEE 802.-3ad unterstützen und entsprechend konfiguriert werden.

Mode 5 (balance-tlb)

Adaptive Transmit Load Balancing (TLB): Ausgehender Verkehr wird, abhängig von der Last, über alle NICs verteilt. Eingehender Verkehr wird von der jeweiligen NIC empfangen. Fällt eine NIC aus, übernimmt eine andere NIC im Bonding die Mac-Adresse der ausgefallenen Karte. Der Mode benötigt keine spezielle Unterstützung durch den angeschlossenen Switch. Voraussetzung: *ethtool*-Support im Treiber-Modul der Netzwerkkarte, damit Speed-Settings von jedem Slave erfasst werden können.

Mode 6 (balance-alb)

Adaptive Load Balancing: Wie balance-tlb (Mode 5), jedoch zusätzlich mit Eingangs-Lastverteilung (rlb = *recieve load balancing)* für IPV4-Traffic. Dazu werden die ARP-Replies des Linux-Servers modifiziert und den Clients so verschiedene MAC-Adressen übermittelt. Voraussetzung: *ethtool*-Support im Treiber-Modul der Netzwerkkarte, damit Speed-Settings von jedem Slave erfasst werden können. Das Treiber Modul muss ebenfalls das Setzen der MAC bei aktivem Device unterstützen.

Die Anzahl der beteiligten Netzwerkkarten an einem Bonding-Interface wird durch den Bonding-Treiber nicht begrenzt. Eine gute Dokumentation zum Thema »*Bonding unter Linux*« liefert z. B. die Datei

/usr/src/linux/Documentation/networking/bonding.txt

aus den Kernel-Sourcen, weitere Infos liefert *ifcfg-bonding(5)*.

Genug der Vorrede, kommen wir nun zu einem konkreten, praktischen Beispiel:

Angenommen, wir haben zwei Interfaces auf unserem System, *eth0* und *eth1*, die wir per Bonding zu einem logischen Interface *bond0* zusammenfassen möchten, gehen wir wie folgt vor:

Die Netzwerkkarten eth0 und eth1 selbst werden nicht wie üblich eingerichtet, d. h. ihnen wird *keine* IP zugewiesen, und sie werden beim Start des Systems *nicht* automatisch eingebunden. Lediglich die zur Hardware gehörigen Module werden geladen. Zudem sollten wir darauf achten, dass die für das Bonding verwendeten NICs keinerlei Routing-Einträge aufweisen bzw. gesetzt haben. Eine »leere« Konfigurationsdatei für eines der eth*-Devices (hier am Beispiel der Datei: */etc/sysconfig/network/ifcfg-eth0* unter OSS 11.3) könnte z. B. so aussehen:

```
BOOTPROTO='none'
BROADCAST=''
ETHTOOL_OPTIONS=''
IPADDR=''
MTU=''
NAME='79c970 [PCnet32 LANCE]'
NETMASK=''
NETWORK=''
REMOTE_IPADDR=''
STARTMODE='off'
USERCONTROL='no'
```

Interessanter stellt sich schon die Konfigurationsdatei des Bonding-Devices (hier am Beispiel von OSS 11.3: */etc/sysconfig/network/ifcfg-bond0)* dar:

```
BONDING_MASTER='yes'
BONDING_MODULE_OPTS='mode=balance-rr miimon=100'
BONDING_SLAVE0='eth0'
BONDING_SLAVE1='eth1'
BOOTPROTO='static'
BROADCAST=''
ETHTOOL_OPTIONS=''
IPADDR='192.168.198.21/24'
MTU=''
NAME=''
NETWORK=''
REMOTE_IPADDR=''
STARTMODE='auto'
USERCONTROL='no'
```

Betrachten wir nun kurz die Bonding-spezifischen Parameter:

`BONDING-MASTER` muss immer auf YES stehen, damit das Interface als Bonding-Device erkannt wird.

Über die `BONDING_MODULE_OPTS` können wir zusätzliche Optionen für das Bonding-Kernelmodul übergeben, so z. B. den gewünschten Mode (hier: *balance-rr*), den wir bereits weiter oben betrachtet haben. Alternativ könnten wir an dieser Stelle den Mode auch direkt numerisch ansprechen, z. B. via `'mode=0'`. Die Bonding-Modul-Option `'miimon=100'` legt fest, in welchen Millisekunden-Intervallen die MII-Verbindung beobachtet werden soll. Nur so kann der *miimon* feststellen, ob die NIC noch aktiv ist. Sollte die Link-Erkennung per *miimon* nicht sauber arbeiten (z. B. wurde bei einigen Blades davon berichtet), könnten wir alternativ auch die Moduloptionen `arp_interval=<Zeit in ms>` und `arp_ip_target=<kommaseparierte Liste von bis zu 16 IPs>` verwenden, um per ARP-Request zu erkennen ob der jeweilige Link up oder down ist. Die Bonding-Modul-Option `'downdelay=<Wert in ms>'` (nur in Verbindung mit miimon) legt fest, wie lange nach einem Verbindungsversagen gewartet werden soll, bevor die Verbindung deaktiviert wird. Der Wert sollte ein Vielfaches des Wertes betragen, der im `miimon`-Parameter gesetzt wurde. Falls der Wert abweicht, wird automatisch auf den nächsten, zulässigen Wert gerundet (Default 0). Analog dazu existiert der Wert `updelay`, mit dem festgelegt werden kann, wie lange gewartet werden soll, bevor das Device wieder reaktiviert wird, wenn der wieder Link »up« ist. Über die Bonding-Modul-Option `primary=<device>` kann eine NIC als primäres Gerät festgelegt werden (z. B. wenn diese NIC einen höheren Datendurchsatz aufweist).

Achtung

Insbesondere die Parameter ›BONDING_SLAVE[0-n]=eth[0-n]‹ sind von elementarer Wichtigkeit. Ohne sie werden die physikalischen ethX-Devices dem Bonding-Device nicht zugeordnet!

Mit dem folgenden *ethtool(8)*-Befehl können wir sehr einfach feststellen, ob die Treiber unserer NICs das MII-Tool unterstützen, hier z. B. für eth0:

```
#> ethtool eth0 | grep -i "link detected:"
```

Wichtig dabei: Immer die physikalischen Interfaces abfragen – nicht das *bond*-Device. Wird MII unterstützt, sollten wir folgenden Output erhalten:

```
Link detected: Yes
```

Über die Direktiven `BONDING_SLAVE(0-n)` werden die involvierten physikalischen Interfaces angegeben, um deren Bündelung sich die kleine Binary *ifen-*

slave(8) kümmert (bei SUSE z. B. im Paket *iputils* enthalten, bei Debian/Ubuntu als separate Pakete *iputils-**).

Der Start des Bonding-Devices lässt sich in der *dmesg*-Ausgabe gut beobachten:

```
bonding: bond0: Setting MII monitoring interval to 100.
bonding: bond0: Adding slave eth0.
r8169: eth0: link up
r8169: eth0: link up
bonding: bond0: enslaving eth0 as an active interface with an up link.
bonding: bond0: Adding slave eth1.
r8169: eth1: link up
r8169: eth1: link up
bonding: bond0: enslaving eth1 as an active interface with an up link.
```

Die Einbindung des *Bonding*-Moduls erfolgt wie üblich via *modprobe(8)* (bei SUSE z. B. automatisch über das Script */etc/sysconfig/network/scripts/functions*, das wiederum über das *network*-Startskript aufgerufen wird). Als MAC-Adresse des Bonding-Devices wird üblicherweise die MAC des ersten Slave-Devices verwendet.

Via

```
#> cat /proc/net/bonding/bond<Nr>
```

bzw.

```
#> ifconfig status
```

erhalten wir jederzeit Auskunft über den Status aller beteiligten Devices.

Damit wir möglichst zeitnah vom Ausfall einer der NICs erfahren, können wir den Output eines der o. g. Befehle z. B. nach dem Schlüsselstring »*MII Status: down*« greppen, das Ganze natürlich in periodischen Abständen via cron. Zur Fehler-Simulation sollte es ausreichen, das Netzwerkkabel von einer der Karten des Bonding-Paares zu entfernen, der Link-Status sollte sofort auf »down« gehen.

Bei Ubuntu lässt sich die Bonding-Konfiguration z. B. über die Datei */etc/network/interfaces* erschlagen. Dort benötigen wir z. B. folgende Einträge, deren Direktiven mittlerweile selbsterklärend sein sollten:

```
auto bond0
iface bond0 inet static
    address 192.168.198.4
    netmask 255.255.255.0
    slaves all
    bond-mode 0
    bond-miimon 100
```

Nach dem Restart der Netzwerk-Konfiguration sollte das Bonding-Modul automatisch geladen worden sein:

```
#> lsmod | grep bond
```

```
bonding                 96512  0
```

Um das Setup des Bonding-Devices komplett manuell zu erschlagen, müssen wir die folgenden Schritte abarbeiten und später in die geeigneten Init-Scripte einbinden:

```
#> modprobe bonding mode=0 miimon=100
#> modprobe <Modul(e) der Netzwerkkarten>
#> ifconfig bond0 192.168.198.21/24 up
#> ifenslave bond0 eth0 eth1
```

Hochdynamische Fesselung per sysfs

Seit Version 3.0.0 kann Bonding via *sysfs* erschlagen werden. Im Detail bedeutet das: dynamische Konfigurationsänderungen zur Laufzeit sind möglich, ohne das Bonding-Modul zu entladen; ebenso können zur Laufzeit neue Bonding-Devices hinzugefügt oder entfernt werden. Allerdings werden keine Online-Änderungen der Betriebs-Modi (0–6) unterstützt, hierzu muss das Bonding-Modul nach wie vor zunächst entladen werden. Das Tool *ifenslave(8)* wird im Rahmen der *sysfs*-Konfiguration nicht mehr benötigt. Hier ein kleines Beispiel für die Änderung des *miimon*-Intervalls zur Laufzeit:

```
#> echo 50 > /sys/class/net/bond0/bonding/miimon
```

Oder um eine dritte NIC (gemäß den vorangegangenen Beispielen entsprechend vorkonfiguriert) dem Bonding-Interface als Slave hinzuzufügen:

```
#> echo +eth2 > /sys/class/net/bond0/bonding/slaves
```

Ausführliche Infos zu dieser Konfigurationsvariante liefert ebenfalls die bereits benannte Doku unter */usr/src/linux/Documentation/networking/bonding.txt.*

Exkurs: Redundante Switches

Auch wenn wir eigentlich noch bei der lokalen Hochverfügbarkeit sind, sollten wir im Rahmen unseres Bonding-Setups noch einen kurzen Blick auf eine redundante Verkabelung für ein hochverfügbares Netzwerk werfen. Denn was nützen uns redundante Netzwerkkarten, wenn der Switch, an den beide angeschlossen sind, den Geist aufgibt?

Richtig: rein gar nichts. Also kommen wir an dieser Stelle nicht um einen zweiten Switch herum, wenn wir keinen SPoF (Single Point of Failure) in Kauf nehmen wollen. Dabei spielen jedoch die Kapabilitäten der von uns eingesetzten Switches eine große Rolle, sowie die entsprechenden Vorab-Überlegungen hinsichtlich der optimalen Verkabelung:

So sollten beispielsweise Switches Verwendung finden, die das *Rapid Spanning Tree Protocol* (*RSTP*, 802.1w) beherrschen, um durch die Crossover-Verkabelung der Switches etwaige Endlosschleifen in der Netzwerkkonfiguration zu vermeiden. Die korrekte Verkabelungsvariante ergibt sich dann zwangsläufig durch die vorhandene Switch-Hard-/-Firmware und die Wahl des passenden Bonding-Modes.

Aber selbst das heißt noch lange nicht, dass alle Switches potenziell in der Lage wären, jeden beliebigen Bonding-Mode zu unterstützen, da einmal mehr etliche Anbieter und/oder Institutionen ihre eigenen »Standards« definieren: Bonding/Trunking findet sich bei verschiedenen Herstellern unter verschiedenen Bezeichnern, als Beispiel seien an dieser Stelle *Etherchannel* (Cisco), *Trunking* (Sun) oder auch *Link Aggregation* (IEEE) genannt. Hier ist also im Vorfeld ebenfalls sorgfältige Recherche angeraten.

Ziehen wir an dieser Stelle ein kurzes Fazit und fassen die wichtigsten Punkte zusammen.

- Für unseren Server benötigen wir – einzeln betrachtet – lokal redundante Baugruppen
- Diese Baugruppen sollten qualitativ hochwertig und zudem auf unsere speziellen Anforderungen zugeschnitten sein (z. B. Dimensionierung CPU, RAM, Netzteil, NIC-Durchsatz etc.)
- Die thermische Gesundheit unserer physikalisch zugangsgeschützen Server muss in jeder klimatischen Situation gegeben sein und optimalerweise permanent überwacht werden.
- Software wie *cpusets* zur selektiven Ressourcen-Aufteilung kann die Stabilität und damit Verfügbarkeit unserer Systeme erheblich verbessern.
- Geeignete Software zur Ressourcen-Überwachung ist für die Stabilität unserer Systeme unerlässlich.

Soviel zu den Komponenten unserer Server, von denen jedoch eine unser ganz besonderes Augenmerk verdient, stellt sie doch die zentrale Ablage unserer Daten dar. Gestatten – *Disk, Harddisk...*

2.2 Lokaler Storage

Frage dich niemals, ob Festplatten ausfallen werden.
Frage dich immer nur: Wann?

Die altbekannte Admin-Weisheit trifft es im Kern – ohne *Wenn* und *Aber*. Statistisch gesehen wird eine Platte eher seltener mit einem Schlag das Zeitliche segnen, z. B. durch einen defekten Controllerchip in der Laufwerkselektronik. In den meisten Fällen schwächeln die mechanischen Komponenten und erzeugen seltsame bis unschöne Geräusche und/oder eindeutige Fehlermeldungen in den Systemlogs bzw. SMART-Reports (SMART steht für: *Self-Monitoring, Analysis and Reporting Technology*, grob übersetzt: *System zur Selbstüberwachung, Analyse und Berichtserstellung*, hierzu gleich mehr) – allesamt eindeutige Vorboten eines nahenden Crashs der Disk.

Die Hörbarkeit der Geräuschkulisse können wir dabei getrost vernachlässigen. Zum einen ist die Platte mit ziemlicher Sicherheit ohnehin schon fast über den Jordan, wenn die Geräuschkulisse bereits derart offenkundig ist, zum anderen werden wohl die wenigstens Admins ihre Serverfarm direkt unter ihrem Schreibtisch parken oder ihren Schreibtisch im Serverraum.

Der normale Admin begibt sich also selbst auf die Pirsch (bzw. lässt seine Skripte und Tools von der Leine), um Unregelmäßigkeiten bei der Datenhaltung auf die Schliche zu kommen.

Wer Disk-bezogene Error-Meldungen in seinen Logs findet, muss nicht gleich zu schwerem Gerät greifen, den Server aufmeißeln und die vermeintlich defekte Platte auswechseln. Jede Platte hat hier und da mal einen defekten Sektor, und das Gute daran ist: Sie kümmert sich in der Regel auch selbst darum, den Inhalt des defekten Sektors auf einen anderen, intakten zu transferieren und den defekten Sektor anschließend für zukünftige Zugriffe zu sperren. Wie im realen Leben gilt: Kritisch wird's immer genau dann, wenn der gleiche Fehler (z. B. in den Logs) innerhalb eines definierten Zeitintervalls unnatürlich häufig auftritt. Ist schließlich der Punkt erreicht, an dem dies bei nahezu jedem Schreib-/Lesevorgang passiert, dann steht der Exitus der Platte mit ziemlicher Wahrscheinlichkeit kurz bevor. Deutliche Symptome sind immer: erheblich längere Zugriffszeiten und Datenfehler beim Lesen und Schreiben der Daten.

Für uns ergeben sich dadurch vorab zwei primäre Punkte, über die wir uns Gedanken machen müssen:

- Welche Platten sind am besten für unseren Einsatzzweck geeignet (Server-Langzeitbetrieb)?
- Wie überwachen wir den Gesundheitszustand unserer Datenspeicher, um möglichen Signalen für Ausfälle frühzeitig auf die Schliche zu kommen?

Eines vorab: Aufgrund der Vielfalt der Disk-Typen, -Hersteller und -Spezifikationen ist eine komplette Betrachtung der Materie schlichtweg unmöglich, und selbst diese wäre trotzdem immer nur eine Momentaufnahme, die im Rahmen der rasanten Entwicklung zu schnell unbrauchbar werden würde. Daher macht es deutlich mehr Sinn, prinzipielle Kriterien zu betrachten, die sich gegebenenfalls auch auf die nächsten Evolutionsstufen der Hard- und Software portieren lassen. Doch auch dazu müssen wir vorab wenigstens einen kurzen Blick auf die vorhandenen Storage-Systeme, ihre Geschichte und ihre mögliche Weiterentwicklung werfen.

In grauer Computer-Vorzeit, als sich die Evolution noch auf lediglich zwei Spezies der Disk beschränkt hatte, war die Selektion sehr einfach: Beim Rennen zwischen SCSI*(Small Systems Computer Interface)*- und IDE*(Integrated Device Electronics:* Schnittstelle, die per ATA/ATAPI-Protokoll Daten auf Massenspeicher transferiert)-Disks gab es lange Zeit nur einen Sieger für den Einsatzzweck »Serverbetrieb«: Die teureren, aber auch schnelleren und langlebigeren Vertreter der SCSI-Truppe, die für Dauereinsätze in Serverumgebungen konzipiert waren. Zudem konnten SCSI-Disks ihre Hotplug-Kapabilitäten ausspielen, die sie den simplem IDE-Disks voraus hatten – eine unabdingbare Eigenschaft, um Disks im laufenden Betrieb austauschen zu können. Einen weiteren Pluspunkt konnte SCSI ausspielen, wenn es um die Anzahl der Geräte geht, die an den Bus angeschlossen werden können – je nach Controller bis zu 16 Devices. Seit 2004 existiert mit SAS *(Serial Attached SCSI)* ein Nachfolger des SCSI-Standards, der per Edge Expander aktuell 36 Geräte verwalten kann, theoretisch bis zu 128, und via Fanout Expander theoretisch sogar bis zu 16.384 Devices. Die theoretisch erreichbare SAS/SCSI-Maximal-Geschwindigkeit liegt zum Zeitpunkt der Erstellung dieses Buches bei ca. 6 GBit/s.

Im Laufe der Zeit kamen weitere Vertreter hinzu, insbesondere die Enkel der IDE-Gattung, die SATA 1 (Datendurchsatz bis zu 1,5 Gbit/s) und SATA 2 (Datendurchsatz bis zu 3,0 Gbit/s) -Disks holten gegenüber den SCSI-Vertretern auf. Der Datendurchsatz wurde entscheidend verbessert und Hotplug-Kapabilitäten hinzugefügt. Die SATA Spezifikation 3.0 (Datendurchsatz bis zu 6,0 Gbit/s) wurde Mitte 2009 fertiggestellt. Allerdings gilt für alle vorgenannten Geschwindigkeits-Spezifikationen: es handelt sich um *theoretische* Maximalwerte, die in der Praxis kaum erreicht werden. Vergleichen wir jedoch die reinen Zugriffszeiten über etliche Evolutionsstufen, ergeben sich für SAS/SCSI-Disks weitere Pluspunkte: Je nach Standard/Modell greifen SAS/SCSI-Disks in der Regel doppelt bis dreimal so schnell auf die Daten zu wie ihre IDE/SATA-Pendants.

Welche der beiden unterschiedlichen Architekturen eignet sich nun besser für den Dauereinsatz in unserem Server? Betrachten wir einige Vorteile der jeweiligen Disk-Konzepte kurz und vereinfacht im Überblick:

SCSI/SAS

- SCSI/SAS-Disks sind für unternehmenskritischen Dauereinsatz konzipiert, SATA-Disks nach wie vor nicht. Als sehr stark vereinfachte Faustregel gilt: SATA-Disks sind für den Einsatz 8 Std./Tag und 5 Tage/Woche konzipiert, SCSI/SAS für 24 Std./Tag und 7 Tage/Woche.
- SAS ermöglicht Multipath I/O: multiple, physikalische Verbindungen zwischen der CPU bzw. dem Controller und der Disk zur Vermeidung eines SPoF (Beispiel: eine SAS-Disk, die gleichzeitig an zwei Controller desselben Servers angeschlossen ist). Zusätzlich werden Verfahren wie dynamisches z. B. Load Balancing ermöglicht.
- Die Fehler-Korrektur und Fehler-Report-Kapabilitäten von SAS/SCSI-Disks haben üblicherweise eine erweiterte Funktionalität gegenüber den SMART-Kommandos von SATA-Disks.
- SAS-Controller können bei Bedarf SATA-Disks ansteuern, umgekehrt ist dies nicht möglich.
- Eine höhere Anzahl von Laufwerken als bei IDE/SATA ist möglich.

IDE/SATA

- zum Teil deutlich höhere Speicherkapazität als SAS/SCSI-Disks bei gleichzeitig erheblich niedrigerem Preis (SAS im Schnitt 5 bis 10 mal teurer bei gleicher Kapazität)
- einfache Konfiguration
- Disk-Monitoring per SMART ist möglich, wenn auch etwas eingeschränkter als bei SAS/SCSI-Disks.

Ungeachtet der Neuentwicklungen im Storage-Bereich hat sich die »Rivalität« zwischen SAS/SCSI und (IDE/)SATA nur wenig verändert. Beide Systeme bieten Vor- und Nachteile, die je nach Einsatzzweck den Ausschlag geben können. Auf der einen Seite wird es wahrscheinlich auch in Zukunft Disk- oder Speicher-Systeme geben, die – wie SATA – eine hohe Speicherkapazität und einfache Konfiguration bei niedrigen Kosten bieten, als Abschlag müssen jedoch wahrscheinlich eine geringere Flexibilität und Lebensdauer im Dauerbetrieb in Kauf genommen werden. Auf der anderen Seite werden ebenso wahrscheinlich nach wie vor Disk-

oder Speicher-Systeme stehen, die Zuverlässigkeit, Redundanz, Skalierbarkeit und eine hohe Performance bieten, allerdings zu einem weitaus höheren Preis, bezogen auf die gleiche Speicherkapazität.

Fassen wir zusammen:

Server, auf denen sensible, unternehmenskritische Daten gespeichert werden und die zudem rund um die Uhr in Betrieb sind, sollten in jedem Fall mit qualitativ hochwertigen SAS/SCSI-Disks ausgestattet werden. Trotz des erheblich höheren Anschaffungspreises bei vergleichsweise niedrigerem Nutzspeicher ergeben sich mehrere Vorteile: Eine hohe Zuverlässigkeit – und damit eine hohe Lebensdauer – der einzelnen Disk-Komponente, sowie eine sehr gute Performance. Ein weiterer Vorteil: SATA-Disks können bei Verwendung eines SAS-Controllers im Einzelfall auch als (temporärer) Ersatz für eine ausgefallene SAS-Disk verwendet werden.

Die günstigeren SATA-Laufwerke mit hoher Kapazität eignen sich als ideale Ergänzung für Storage-Pools, die als kostengünstiges Backup-System fungieren und somit alle Vorteile ihrer Einsatzspezifikation ausspielen können.

In kleineren Unternehmen, denen nur ein sehr eingeschränktes Budget zur Verfügung steht, können natürlich auch SATA-Disks oder ihre zukünftigen Pendants als zentraler Datenspeicher Verwendung finden. Natürlich muss der Redundanz bei dieser Konfiguration ebenfalls allerhöchste Aufmerksamkeit geschenkt werden. Single-Disk-Systeme sind für Server ohnehin tabu, dies gilt umso mehr bei der Verwendung von SATA-Disks. Zudem müssen die Disks in regelmäßigen Intervallen vollautomatisiert überwacht werden; diese Aufgabe beherrschen z. B. einige professionelle, aber dann meist auch relativ teure Hardware-Raid-Controller.

Was die Auswahl der Disks angeht (Kapazität, Performance, Preis, Hersteller), so sollten möglichst aussagekräftige Tests als Bewertung herangezogen werden. Allerdings können auch die einschlägigen Fachzeitschriften kaum mehr als Momentaufnahmen liefern – zu breit ist die Palette, zu schnell der Modellwechsel und das Zeitfenster für Langzeitstudien somit ebenfalls zu klein. In der Regel sollte auf renommierte Markenhersteller zurückgegriffen werden, die bereits seit vielen Jahren am Markt sind und ausgereifte Produkte anbieten. Qualitativ minderwertige Produkte verschwinden üblicherweise meist ebenso schnell wieder in der Versenkung wie ihre Hersteller.

Ein weiterer wichtiger Punkt: Auch Disks von Markenherstellern, die brandneu auf den Markt gekommen sind, mit sehr neuen Technologien arbeiten und am oberen Ende des erreichbaren Leistungs-/Speicherlimits liegen, sollten nicht unbedingt direkt in unseren neuen Server wandern, da oft schlichtweg einfach

Erfahrungswerte fehlen, denn: Weitschweifende Garantien und Versprechungen des Herstellers nützen uns herzlich wenig, wenn alle Disks der gleichen Serie nach kurzer Zeit die gleichen Fehler aufweisen und im schlimmsten Fall den Dienst quittieren. Eine eher konservative Auswahlstrategie kann hier der bessere Ansatz sein.

Size matters – Part 1

Bevor wir uns am Beispiel von SMART anschauen, wie wir den Gesundheitszustand von SATA-Disks überwachen können, werfen wir einen Blick auf eine recht aussagekräftige Langzeitstudie über die Ausfallwahrscheinlichkeit von Disks. Was die Aussagekraft dieser Studie angeht, gilt ganz einfach: *Size matters*. Und damit ist schlichtweg gemeint: Je größer die Informationsmenge ist, die Rückschlüsse auf die Haltbarkeit der Disks bzw. die Effizienz ihrer Überwachungs-Tools zulässt, desto besser lässt sich diese Aussage extrapolieren.

2006 führte Google eine Studie (»Failure Trends in an Large Disk Drive Population«, Download über: *http://labs.google.com/papers/disk_failures.pdf*) über den Zeitraum von neun Monaten (2005-2006) durch, die alle größeren Disk-Hersteller und insgesamt etwa 100.000 Festplatten mit einem Volumen zwischen 80 und 400 GB einbezog, die seit 2001 in Dienst gestellt worden waren.

Das Ergebnis war in mehrerlei Hinsicht relativ aussagekräftig:

Nahezu 2/3 aller Festplattenausfälle (64%) lassen sich mit SMART vorhersagen. Eine sehr hohe Ausfallrate wurde bei den Platten ermittelt, die zuvor per SMART Scanfehler *(Scan Errors)* meldeten; diese deuten in der Regel auf eine Beschädigung der Medienoberfläche hin. Ein weiteres Indiz war zudem eine sehr große Anzahl an belegten Reservesektoren *(Reallocated Sector Count)*.

Zudem ließ sich eindeutig belegen, dass arg gestresste Disks (viele Schreib-/Lese-Operationen) klar die Nase vorn hatten, was vorzeitigen Totalausfall angeht, allerdings war hier ein bestimmter zeitlicher Trend zu beobachten: Bei Laufwerken, die zumindest das erste Jahr heil überstanden, spielte das Verhältnis von Leerlaufanteil zu aktiven Operationen keine wesentliche Rolle mehr, zumindest bis zum vierten Betriebsjahr. Denn vor allem im ersten und nach dem vierten Jahr verdoppelte sich nach den Aussagen der Studie die Ausfallrate bei permanenten Lese-/Schreib-Operationen.

Die Studie zeigt ebenfalls, dass auch die Temperatur des Laufwerks erwartungsgemäß einen deutlichen Einfluss auf die Lebensdauer hat. Laufwerke, die mindestens drei Jahre alt waren, bereiteten Temperaturen von mehr als 45 °C eindeutig Probleme – anders ihren jüngeren Kollegen, die nichts gegen ein paar Grad mehr auf der Skala hatten. Die wiederum taten sich jedoch eher schwer mit

Betriebstemperaturen zwischen 15 und 30 °C. Das Endergebnis der Studie belegt, dass Platten mit einer durchschnittlichen Temperatur von ca. 40 °C die geringsten Ausfallraten aufwiesen. Hier spielt natürlich intern ein weiterer Punkt mit hinein: die Drehzahl. Denn: je höher die Drehzahl bei gleichem Formfaktor, desto höher in der Regel auch die Wärmeentwicklung der Disk. Und jeder, der z. B. einmal etwas intensiver mit Motoren zu tun hatte, kennt das gleiche Problem: je höher die kleinen Biester drehen, desto geringer ist eben die Lebenserwartung für alle involvierten beweglichen Komponenten.

Und der Vergleich lässt sich weiter fortführen, denn im Kern gilt dabei für jede Disk das Gleiche wie für ein Auto, Motorrad oder jedes andere technische Bauteil: Je höher die Laufleistung, desto wahrscheinlicher der Ausfall. An sich nur die Bestätigung einer logischen Schlussfolgerung, denn wir reden hier nach wie vor über – zu einem großen Teil – mechanisch arbeitende Komponenten. Ein Lager ist ein Lager und bleibt ein Lager, das eben mechanischem Verschleiß unterworfen ist – umso mehr bei zunehmendem Alter und hohen Temperaturen, die das Schmiermittel umso höheren Belastungen aussetzen.

2.2.1 The road ahead – (un-)solide SSDs?

Nicht weit weg von der Wahrheit: Die neue Generation der *Solid State Drives*, kurz »SSD« ist im Gegensatz zu klassischen Harddisks ein *Speichermedium*, das wie eine herkömmliche magnetische *Festplatte* eingebaut und angesprochen werden kann. Jedoch enthalten SSDs konzeptbedingt keine beweglichen/rotierenden Komponenten mehr, da nur noch *Halbleiterspeicherbausteine* verbaut sind. Den Vorteilen eines Solid State Drives wie mechanischer Robustheit (gegenüber Schmutz, Erschütterungen, Druckschwankungen etc.), niedrigem Energieverbrauch, sehr kurzen Zugriffszeiten und einem geräuschlosen Betrieb stehen jedoch noch einige Nachteile gegenüber, die zumindest derzeit gegen einen Einsatz im hochverfügbaren Server-Umfeld sprechen:

Je höher die Datenmenge (Anzahl an Löschzyklen), die eine SSD in ihrem Lebenszyklus schreiben muss, desto eher ist mit einem Ausfall (der Flash-Chips) zu rechnen. Klingt zwar zunächst verfügbarkeitstechnisch wie bei einer konventionellen Disk, ist aber in der Praxis – zumindest derzeit noch – tatsächlich eher kritisch zu sehen. Vor allem, da die SSD eine bereits beschriebene Speicherzelle derzeit nicht direkt mit neuen Daten überschrieben kann – wie eine Disk –, sondern sie erst vollständig löschen muss, wodurch sich mittelfristig auch Performance-Einbußen ergeben, was viele Anwenderberichte bestätigen.

Wenn mehrere SSDs zu einem Raid zusammengeschaltet werden, wird zudem gegebenenfalls – je nach OS – die *ATA-Trim*-Funktionalität (stark vereinfacht: das

OS teilt der SSD mit, welche Sektoren das Dateisystem nicht mehr braucht) nicht unterstützt. Dazu kommt, dass die SSD-Preise zum Zeitpunkt der Erstellung des Buches – im Verhältnis €/GB zu konventionellen Disks – oft über der Schmerzgrenze der meisten Firmen-Budgets liegen.

Was uns die Zukunft im Hinblick auf Solid-State-Disks und ihre MTBF – und damit ihre Eignung für das Server-Segement – bringen wird, wird allein die Zeit zeigen. Mechanischer Verschleiß dürfte hier jedenfalls wahrscheinlich das geringste Problem darstellen. Ob sich dafür jedoch in anderen Bereichen Verschleißerscheinungen zeigen (s. o.), bleibt mittelfristig abzuwarten – hier zu orakeln, wäre müßig. Eines ist dabei jedoch ziemlich sicher: Allzu viele mechanische Geräusche werden die SSDs wohl kaum von sich geben. Ob im Betrieb oder vor ihrem Ableben ...

Apropos Orakel und Ableben: Nachdem wir nun wissen, dass der Einsatz von SMART in jedem Fall eine effiziente Präventivmaßnahme darstellt, um Plattenausfällen vorzubeugen, kommen wir nun zum praktischen Teil. Also, ab an die Werkbank!

2.2.2 Disk-Überwachung: Clever mit SMART

SMART bzw. S.M.A.R.T hat nichts mit dem gleichnamigen Kleinstwagen des Typs »Elefantenrollschuh« oder gar dem stets verwirrten Agent 86 der Uralt-Fernsehserie »Mini Max« zu tun, sondern steht, wie bereits erwähnt, für *Self-Monitoring, Analysis and Reporting Technology*. Seit etlichen Jahren gehört es üblicherweise zur Standardausstattung jeder Festplatte und kümmert sich dabei recht zuverlässig um die interne Aufzeichnung wichtiger Parameter seines Platten-Schützlings, und kann – richtig eingesetzt – der Früherkennung und damit der Prävention eines Plattencrashs dienen.

Das Schlüsselwort im letzten Satz ist unschwer zu erkennen: »richtig eingesetzt«. Um jedoch zu wissen, wie wir SMART am effektivsten einsetzen können, müssen wir zunächst verstehen, wie der Kollege seine Arbeit verrichtet.

Die hinter SMART steckende Technologie lässt sich vereinfacht wie folgt beschreiben: Jede Disk, die über diese Kapabilitäten verfügt, protokolliert mithilfe von internen Sensoren ihre eigenen Messwerte, z. B. Informationen über fehlerhafte Blöcke, Betriebsdauer, Temperaturen etc. und speichert sie intern ab. Dabei spielt es keine Rolle, ob die Funktionalität im BIOS der jeweiligen Maschine aktiviert ist – die SMART-Kapabilitäten arbeiten autark, und die BIOS-Settings geben im Fehlerfall beim Booten des Systems lediglich eine kurze und logischerweise wenig aussagekräftige Meldung über den detaillierten Zustand der Platte. Da zudem der (Re-)Bootvorgang kaum zu den täglichen Jobs unserer Server zählt (bzw. zählen sollte), interessiert uns primär das Tool, mit dem wir die internen Logs der Disks zur Laufzeit auslesen können: die *smartmontools*, zu denen je nach Distribution etliche zum Teil auch grafische Erweiterungen und Frontends existieren.

Der Initiator des *smartmontools*-Projekts (*http://smartmontools.sourceforge.net*), Physikprofessor Bruce Allen, musste sich seit jeher projektbedingt mit dem Sterben etlicher Platten auseinandersetzen, denn sein beileibe nicht alltägliches Tätigkeitsfeld fokussiert sich auf einen Bereich, in dem jede Menge Daten anfallen, die gespeichert und analysiert werden müssen: *Feldstudien im Bereich der Gravitationswellen*. Auch wenn wir hier keinen Exkurs zur nächsten Singularität vornehmen werden; Fakt ist, wie wir uns unschwer vorstellen können, dass aufgrund der gewaltigen Datenmengen ebenso gewaltige Speichergrößen benötigt werden. Um nun sicherzustellen, dass sein Atlas-Cluster mit über 2.400 Disks und schlappen 100 TB Storage-Volumen insgesamt rund läuft, brauchte er ein Tool, das ihn über jede Disk benachrichtigt, die in nächster Zeit beabsichtigt, frecherweise wieder ihren Weg in den Recycling-Prozess anzutreten.

smartmontools

Zunächst: Unser smarter Kumpel besteht primär aus zwei Komponenten, die er für seinen Job mitbringt. Da wäre einerseits der smart-Daemon *smartd(8)*, der sich, vereinfacht ausgedrückt, primär darum kümmert, SMART-Informationen in festen Zeitintervallen (Default: 30 Minuten) und nach vorgegebenem Detailgrad aus den angeschlossenen lokalen Laufwerken zu pollen und diese (default) in die Standard-Syslog-Datei (z. B. */var/log/messages*) zu schreiben. Natürlich kann *smartd* sinnigerweise so einjustiert werden, dass es uns via E-Mail über definierte Ereignisse im Rahmen der Plattenaktivität sofort in Kenntnis setzt.

Die Konfiguration unseres smarten Kollegen wird standardmäßig in der Datei */etc/smartd.conf* hinterlegt, alternativ kann mit `-c` ein anderer Pfad angegeben werden; dort finden sich bereits etliche Beispielkonfigurationen für verschiedenste Anwendungsfälle (auch für Disks an Hardware-RAID-Controllern) die je nach Bedarf nur noch aktiviert werden müssen. Unter Ubuntu muss smartd in der Datei */etc/default/smartmontools* aktiviert werden, zudem können dort die zu überwachenden Disks und das Polling-Intervall angegeben werden. Da es logischerweise den Rahmen sprengen würde, jede Einzelkonfiguration im Detail zu beschreiben, werden wir uns hier auf einige exemplarische Szenarien beziehen, mit denen sich typische Anwendungsfälle aus der Praxis abdecken lassen sollten. Ergänzende Infos zu allen nachfolgenden und weiteren Konfigurationsoptionen finden sich in *smartd.conf(5)*.

Existiert keine Konfigurationsdatei, sammelt smartd beim Start zunächst die Informationen von allen verfügbaren Laufwerken; unter Linux beispielsweise nach dem Schema /dev/hd[a-z] für alle (IDE/)ATA-Devices und /dev/sd[a-z] für alle SCSI/SATA-Devices.

Die SMART-Testfunktionen lassen sich grob in drei Kategorien unterteilen:

Die (für den Benutzer performancetechnisch üblicherweise relativ unbemerkt arbeitende) *Online-Data-Collection* sammelt Daten zur aktuellen Funktionsfähigkeit und dem Gesundheitszustand der Disk und legt sie in einer internen Attributtabelle ab, Fehlermeldungen wandern in das interne Errorlog.

Die *Offline-Data-Collection* sammelt Daten, die dem Onlinetest aus technischen Gründen versagt bleiben. Auch sie beeinträchtigt die Performance in der Regel nicht, da reguläre Zugriffe auf das Medium Vorrang haben.

Die *Self-Tests* prüfen die Disk-Hardware tatsächlich als Test (die beiden oberen kollektieren nur Daten, und im Gegensatz zu den beiden anderen Varianten, die bei Aktivierung in regelmäßigen Abständen automatisiert ablaufen, startet der performanceintensive Selbsttest nur auf explizite Anforderung.

Zur Auswahl stehen ein kurzer Test, der nur wenige Minuten dauert, und ein eingehender, der je nach Größe des Mediums wesentlich länger brauchen kann. Da die Disk »nebenbei« ihren normalen Dienst versieht, hängt die für den Test benötigte Zeit natürlich stark von der Anzahl der nicht-smart-bezogenen Zugriffe ab. Im sogenannten *Captive Mode* nimmt der Test das Gerät aber voll in Beschlag und sollte daher auch nur auf Disks ohne gemountete Partitionen durchgeführt werden.

Um uns einen Überblick zu verschaffen, schauen wir uns zunächst den Output des Kommandozeilentools *smartctl(8)* an, mit dem die SMART-Informationen der Disks ausgelesen werden können. Über smartctl -a <devicenode> können wir alle verfügbaren SMART-Attribute auslesen; der Befehl

```
#> smartctl -a /dev/sdb | grep VALUE -A 16
```

listet in den folgenden Beispielen eine Teilmenge des Outputs (siehe Abbildungen 2.1 und 2.2)

Die Werte der beiden Listings entstammen zu Demonstrationszwecken ganz bewusst einer ziemlich betagten Disk aus einer ca. 9 Jahre alten Workstation, die nicht rund um die Uhr gelaufen ist, wie man dem Power_Cycle_Count (Anzahl der Einschaltvorgänge) unschwer entnehmen kann. Neuere Disk-Modelle präsentieren uns an dieser Stelle ggf. noch weitere Attribute, wie z. B. Calibration_Retry_Count, Read_Soft_Error_Rate und einige andere; dazu gleich mehr.

```
SMART Attributes Data Structure revision number: 10
Vendor Specific SMART Attributes with Thresholds:
ID# ATTRIBUTE_NAME          FLAG     VALUE WORST THRESH TYPE      UPDATED  WHEN_FAILED RAW_VALUE
  1 Raw_Read_Error_Rate     0x000e   075   055   025    Old_age   Always       -       215155847
  3 Spin_Up_Time            0x0002   070   070   000    Old_age   Always       -       0
  4 Start_Stop_Count        0x0033   099   099   020    Pre-fail  Always       -       1191
  5 Reallocated_Sector_Ct   0x0033   100   100   036    Pre-fail  Always       -       0
  7 Seek_Error_Rate         0x000f   039   033   030    Pre-fail  Always       -       18494167757378
  9 Power_On_Hours          0x0032   084   084   000    Old_age   Always       -       14590
 10 Spin_Retry_Count        0x0013   100   100   097    Pre-fail  Always       -       0
 12 Power_Cycle_Count       0x0033   099   099   020    Pre-fail  Always       -       1234
194 Temperature_Celsius     0x0022   053   062   000    Old_age   Always       -       56
195 Hardware_ECC_Recovered  0x001a   070   051   000    Old_age   Always       -       71040517
197 Current_Pending_Sector  0x0012   100   100   000    Old_age   Always       -       0
198 Offline_Uncorrectable   0x0010   100   100   000    Old_age   Offline      -       0
199 UDMA_CRC_Error_Count    0x003e   200   192   000    Old_age   Always       -       8
200 Multi_Zone_Error_Rate   0x0000   100   084   000    Old_age   Offline      -       0
202 TA_Increase_Count       0x0032   100   253   000    Old_age   Always       -       0
```

Abbildung 2.1 SMART – Listing 1

```
ID# ATTRIBUTE_NAME          FLAG     VALUE WORST THRESH TYPE      UPDATED  WHEN_FAILED RAW_VALUE
  1 Raw_Read_Error_Rate     0x000e   075   055   025    Old_age   Always       -       215155847
  3 Spin_Up_Time            0x0002   070   070   000    Old_age   Always       -       0
  4 Start_Stop_Count        0x0033   099   099   020    Pre-fail  Always       -       1229
  5 Reallocated_Sector_Ct   0x0033   100   100   036    Pre-fail  Always       -       0
  7 Seek_Error_Rate         0x000f   039   033   030    Pre-fail  Always       -       18494167758741
  9 Power_On_Hours          0x0032   084   084   000    Old_age   Always       -       15199
 10 Spin_Retry_Count        0x0013   100   100   097    Pre-fail  Always       -       0
 12 Power_Cycle_Count       0x0033   099   099   020    Pre-fail  Always       -       1272
194 Temperature_Celsius     0x0022   053   062   000    Old_age   Always       -       57
195 Hardware_ECC_Recovered  0x001a   063   050   000    Old_age   Always       -       81123846
197 Current_Pending_Sector  0x0012   100   100   000    Old_age   Always       -       0
198 Offline_Uncorrectable   0x0010   100   100   000    Old_age   Offline      -       0
199 UDMA_CRC_Error_Count    0x003e   200   192   000    Old_age   Always       -       8
200 Multi_Zone_Error_Rate   0x0000   100   084   000    Old_age   Offline      -       0
202 TA_Increase_Count       0x0032   100   253   000    Old_age   Always       -       0
```

Abbildung 2.2 SMART – Listing 2

Das weitaus Interessantere daran ist jedoch die zeitliche Differenz zwischen den beiden *smartctl*-Momentaufnahmen, denn sie liegen nur knapp vier Monate auseinander, in der die Platte jedoch weiter rapide abgebaut hat.

Um das nachvollziehen zu können, betrachten wir zunächst ein paar wichtige Eckdaten, die später der Ansatzpunkt unserer Analyse werden. *smartctl* präsentiert uns zu jedem der angezeigten SMART-Attribute *drei* in Spalten geordnete Werte, als da wären:

- VALUE – zeigt uns den aktuellen Wert des jeweiligen Attributs an,
- WORST – wie der Name unschwer vermuten lässt, den schlechtesten Wert, den das Attribut bisher hatte, und, last but not least:
- TRESH – (abgekürzt für *Treshold)*, was dem vom Hersteller angegebenen Grenzwert entspricht.

Aber – bei den korrespondierenden Zahlenwerten, die uns *smartctl* in diesen drei Spalten des Outputs präsentiert, handelt es sich üblicherweise um *normalisierte* Werte der eigentlich übermittelten Roh-Daten *(Raw-Values)* in der letzten Spalte der Tabelle. Diese *Raw*-Daten (mit Ausnahme der Temperatur, dazu gleich mehr) erschließen sich dem Betrachter nicht auf den ersten Blick, denn ihre Bedeutung kann je nach Hersteller variieren: so kann die Betriebsdauer der Disk bei einem Hersteller in Minuten, bei einem anderen in Stunden gezählt werden. Eine der Ausnahmen bei der direkten »Lesbarkeit« der Daten bilden z. B. die Temperatur (`Temperature_Celsius`, die in der Regel zwischen 25 und 40 C liegen sollte) oder der bereits erwähnte `Power_Cycle_Count`, Wie wir dennoch tendenzielle Rückschlüsse aus den normalisierten Daten, wie z. B. der signifikanten `raw_read_error_rate`, ziehen können, schauen wir uns nun an.

Wie bereits erwähnt wird jeder Wert zuerst als *Raw-Value* gespeichert. Dieser wird intern umgerechnet und auf einer ganzzahligen Werteskala von 0 bis <Maximum> einsortiert. Die unterschiedliche Skalierung dient dabei einer feineren Abstufung, wo der Hersteller sie für sinnvoll erachtet. Mit dem Skalenmaximum startend, nähert sich der Wert *(Value)* bei zunehmender Fehlerquote dem Wert Null. Häufig ist die kritische Grenze *(Threshold)* aber schon weit darüber angesiedelt.

Vereinfacht ausgedrückt: Je höher der Zahlenwert ist, den wir in der Spalte »VALUE« vorfinden, desto besser geht es unserer Disk. Je mehr er sich dem »TRESH«-Wert annähert, desto wahrscheinlicher wird ein Ausfall der Disk. Unterschreitet VALUE den Wert von TRESH, wirft smartctl einen Fehler aus.

Betrachten wir nun auszugsweise einige Attribute, die uns Rückschlüsse auf den Gesundheitszustand unseres Blockdevices geben:

`Raw_Read_Error_Rate`: Lesen-Fehlerrate, deutet auf Fehler der Lese-/Schreib-Köpfe oder der Plattenoberfläche hin.

`Reallocated_Sector_Ct`: Dieser Parameter zählt das Verschieben von defekten Sektoren in Reserve-Sektoren.

`Seek_Error_Rate`: Fehler beim Ausrichten des Festplattenkopfes

`Power_On_Hours`: Laufzeit der Festplatte

`Power_Cycle_Count`: Anzahl der Anschaltvorgänge

`Temperature_Celsius`: Temperatur der Festplatte

`Multi_Zone_Error_Rate`: Fehlerrate beim Schreiben

Den Werten in der Spalte »TYPE« kommt dabei stark simplifiziert folgende Bedeutung zu:

`old_age`: wenn Wert = Treshold triggere Event: »ich bin alt, tausche mich bitte aus«; `pre-fail`: wenn Wert = Treshold triggere Event: »ich könnte bald den Geist aufgeben«

Achtung

»Pre-Fail«-Events sind dabei kritischer zu sehen, denn sie können beim Erreichen des Treshold-Grenzwertes unter Umständen indizieren, dass die Platte bald stirbt. »Old_Age« bedeutet hingegen nur, dass das »Verfallsdatum« bzw. Mindesthaltbarkeitsdatum der Komponenten erreicht wurde, wenn der Treshold-Grenzwert des Feldes erreicht bzw. überschritten wurde.

Fassen wir unsere »smarten« Vorbetrachtungen also zusammen:

SMART bleibt logischerweise auf den oder die Disks unseres lokalen Servers beschränkt und kann daher natürlich keine Aussage zur Gesamtzuverlässigkeit unseres Server-Systems liefern.

Des Weiteren stellt das System keine Norm dar. Es bleibt den Festplattenherstellern überlassen, welche Parameter sie überwachen, wie diese dargestellt werden und in welche Grenzen sie diese einbetten. Unter Anwendern wird auch die Genauigkeit der Überwachung diskutiert. So gelten manche Temperatursensoren als zu optimistisch eingestellt oder platziert, da sie beim Start des Systems deutlich unter Raumtemperatur liegen. Noch schwieriger zu entdecken sind Überläufe einzelner Parameter. Ähnlich der PKW-Laufleistung wird etwa die Betriebszeit der Festplatten mitgezählt. Die Null-Durchläufe dieser Zähler werden weder protokolliert, noch sind sie durch Sichtprüfung erkennbar.

Auch trotz Einsatz von SMART dürfen wir uns nie in absoluter Sicherheit wiegen, was unsere Disks angeht. Eine Disk, deren SMART-Werte gut aussehen, kann dennoch durch ein Staubkorn zwischen Disk und Kopf oder eine defekte Laufwerkselektronik in der nächsten Minute den Geist aufgeben. Anders herum betrachtet kann eine Disk, deren SMART-Werte alles andere als optimal sind, durchaus noch länger durchhalten, als man vermuten würde.

Fakt ist: Die Summe aller Erfahrungswerte und groß angelegten Studien haben klar unter Beweis gestellt, dass SMART in 2/3 aller Fälle einen nahenden Plattenausfall korrekt vorhersagen kann und dem Admin so den entscheidenden Zeitvorteil verschaffen kann. Und damit gehören die *smartmontools* in jedem Fall zum Werkzeug eines jeden verantwortungsbewussten Admins, der auf die Sicherheit seiner Daten bedacht ist.

Fazit:

Wir haben uns an dieser Stelle beispielhaft mit Tools wie SMART, monit und Cpusets beschäftigt, inwiefern sie in kommenden Generationen von anderen Tools bzw. Konzepten abgelöst werden, bleibt abzuwarten. Vor der Auswahl eines Tools sollten wir uns jedoch wie immer vorab Gedanken über folgende Punkte machen:

- Eignet es sich für die Aufgabe?
- Ist es »stable«?
- Arbeitet es nach Standards (z. B. gemäß RFC)?
- Gibt es andere, ähnliche Tools, die eventuell besser passen würden?
- Steht der Administrations-/Konfigurationsaufwand im Verhältnis zum Nutzen des Tools?
- Welche der Tools in unserer Auswahl sind am verbreitetsten, und welche werden aktiv und von mehreren Maintainern seit Längerem betreut?

Aber wie bereits mehrfach erwähnt: Die hier unter anderem betrachteten Single-Disk-Systeme gehören Storage-technisch überall hin – nur nicht in einen Server. Sich auf die Überwachung einer Disk zu verlassen, ist die eine Sache. Aber redundante Komponenten sind auch an dieser Stelle wieder das oberste Gebot, und das führt uns direkt zu unserem nächsten Schwerpunkt: redundante Storage-Systeme mit RAID.

2.3 RAID

»Unter Redundanz versteht man in der Sprachtheorie eines der wichtigsten rhetorischen Instrumente von Politikern und Brokern: die multiple Nennung von Informationen, die für das Verständnis eines Gesamtkontexts weder notwendig noch erforderlich sind, oder es gar sein sollen.

Sie [...die Redundanz...] stellt lediglich ein Mittel der Rhetorik dar, um die Aufmerksamkeit des Rezipienten und somit potenziellen Wählers/Kunden von essenziell wichtigen und vorrangigen, aber in der Regel unbequemen Thematiken auf absolut unwichtige Inhalte zu lenken, die der Rezipient als positiv und ermutigend empfindet.«

– Aus dem Leitfaden für Politiker und Broker,
Amt für Information und Wiederbeschaffung

Gott sei Dank ist Redundanz auf Disk-Ebene Millionen Lichtjahre von dem fiktiven Zitat, aber durchaus realen Wahnsinn entfernt und kümmert sich um eine wirklich sinnvolle Form der Redundanz: nämlich die der Daten, wobei sowohl das reine Betriebssystem als auch die Nutzdaten stets redundant vorgehalten werden sollten. Auf Disk-Ebene sorgen dafür üblicherweise Raid-Systeme. Sie können als Hard- oder Softwarelösung implementiert werden und bieten – je nach Level – den besten Ausfallschutz.

Dass redundante Festplattensysteme jedoch ein Backup ersetzen können, ist leider immer noch ein viel zu weit verbreiteter Irrglaube: Zum einen stellen auch gespiegelte Disks immer nur die Momentaufnahme des aktuellen Systems dar, zum anderen werden im schlimmsten Fall auch korrupte Daten sofort brav auf die anderen Disks des Raid-Sets gesynct bzw. aufgeteilt. Also: redundante Festplattensysteme: gut. Ergänzend dazu regelmäßiges und verifiziertes Backup: Pflicht.

RAID – Redundant Array (of) Independent Disks – so lautet gemäß der Abkürzung die Definition für redundante Disk-Systeme nach der Idee der UCLA-Studenten Patterson, Gibson und Katz. Bis heute streiten sich einige Gemüter, ob das »I« darin für *Independent* (unabhängig) oder *Inexpensive* (kostengünstig) steht. Egal, denn beide Begrifflichkeiten treffen zu, und die Funktionalität bleibt trotzdem die gleiche: ein Verbund mehrerer Festplatten, die entweder über einen speziellen Controller oder über eine Software-Lösung angesteuert werden, und die die Daten auf den Platten – in den meisten Raid-Leveln – redundant verfügbar halten.

Raid-Systeme, die Redundanz bzw. Hochverfügbarkeit auf Storage-Ebene gewährleisten, dürften uns auch in Zukunft noch eine Weile erhalten bleiben, auch wenn die dem Konzept unterliegende Technologie gegebenenfalls auf andere Medientypen, wie z. B. SSDs, schwenken mag oder durch bereits vorhandene Volume-Management-Systeme wie LVM bzw. deren Kapabilitäten ergänzt wird. Denn das Redundanz-Konzept, ob nun per Hardware-/Software-Raid oder Raid auf Dateisystemebene realisiert, bleibt dabei vom Prinzip her gleich – bis auf Weiteres werden nach wie vor mindestens 2 identische und normalerweise physikalisch getrennte Storage-Komponenten benötigt, um minimale Redundanz zu gewährleisten. Ebenso sollten insbesondere zukünftige Software-Raid-Lösungen immer auch – und vor allem – unter den Aspekten der einfachen Erweiterbarkeit, einer einfach herzustellenden Bootredundanz sowie den Kriterien Performance/MTDL *(Mean Time to Data Loss)* und *Disaster-Recovery*-Fähigkeiten beurteilt werden.

Die meisten Raid-Level erhöhen die Ausfallsicherheit, jedoch gibt es – wie im Fall von Level 0 – auch Ausnahmen von dieser Regel. Wir betrachten im Folgenden zunächst die gängigsten Level in Theorie und Praxis; die, die von den meisten Hardware-Lösungen abgebildet werden können, und die, die auch für ein Software-Raid unter Linux kein Problem darstellen.

2.3.1 Raid-Level

Raid 0 – Oder: Wen kümmerts?

Genau so könnte die Philosophie lauten. Denn wir sprechen hier eigentlich über redundante Plattensysteme, und ein allein stehendes Raid 0 ist davon soweit entfernt wie die Erdöl-Lobby von der Förderung alternativer Energien. Wir schauen es uns nur deshalb kurz an, um die eklatanten Nachteile aufzuzeigen.

Ein Raid 0 besteht normalerweise 2 oder mehr Platten, die unterschiedlich groß sein können. Allerdings wird keine Redundanz gebildet, sondern die Daten werden – in der Regel – über alle Platten verteilt, meistens nach einem Striping-Verfahren (Ausnahme: lineare Allocierung) und einer vordefinierten Chunk-Size (siehe auch Abschnitt »Raid 5: A + B = ?«). Das bringt zwar einige Vorteile, was die Performance angeht, da die Daten aufgesplittet und dann parallel (in »Stripes« = Streifen) auf die Platten geschrieben werden, aber die MTBF des Raid 0 sinkt – im Gegensatz zu einem Single-Disk-Storage – mit jeder weiteren Disk (s. u.). Werden viele kleine Dateien gelesen, schrumpft der hart erkaufte Performancevorteil sogar gegen Null bzw. schlägt ins Gegenteil um.

Und nun das Entscheidende: Gibt nur eine der Platten den Geist auf, sind ALLE Daten futsch, zumindest bei einem gestripten Raid 0 (erinnern wir uns an die serielle Kette aus Abschnitt 1.1.1, bei der jedes weitere Kettenglied die potenzielle Wahrscheinlichkeit eines Fehlers erhöht). Ein linear allociertes Raid 0, auf dem die Daten in sequenziellen Blöcken hintereinander geschrieben werden, verliert zumindest alle Daten auf der defekten Platte.

Die kurze Formel zur zeitlichen Ausfallwahrscheinlichkeit des Raid 0 spricht ein klare Sprache: `MTBF / n`, wobei n für die Anzahl der beteiligten Platten steht. Fazit, kurz und knapp: Finger weg davon für alle Maschinen, auf denen wichtige Daten lagern sollen. Ein Raid 0 ist standalone (d. h. nicht mit einem anderen, redundanten Raid-Level kombiniert, s. u.) weder für eine OS- noch eine Daten-Partition in irgendeiner Form geeignet.

Die einzige Alternative wäre ein Raid 0 in Kombination mit einem unterliegenden, redundanten Level, wie z. B. Raid 1; das Ganze nennt sich dann Raid 10. Minimal wären 4 Platten erforderlich, da jede Platte (jedes »Leg«) des Stripesets einen Spiegel benötigt.

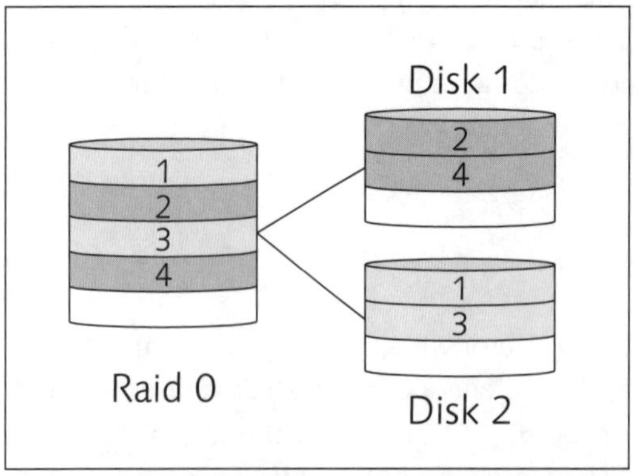

Abbildung 2.3 Schematische Darstellung eines einfachen, gestripten Raid Level 0 mit 2 Disks

Raid 1: Spieglein, Spieglein …

Praktisch, einfach, bewährt und gut. Zwei oder mehr gleich große Platten werden parallel mit identischen Daten beschrieben. Fällt eine der Platten aus, fungieren die anderen als Rettungssystem, da sie wie ein Spiegel der anderen auch alle ihre Daten enthalten. Nach dem Austausch der defekten Platte – oder der Aktivierung einer gegebenenfalls vorhandenen Online-Spare-Platte – erfolgt ein Resync, bei dem die Datenbestände der verbliebenen Platte zurück auf die neue geschrieben werden. In der ganzen Zeit kann auf die Daten weiter zugegriffen werden. Hardwarelösungen erledigen den Resync üblicherweise automatisch, bei Software-Raids unter Linux muss er kurz manuell angestoßen werden, falls keine Online-Spare eingebunden ist.

Zweckmäßigerweise sollten beide Platten oder zumindest die auf ihnen verwendeten Partitionen gleich groß sein. Sind sie es nicht, kann das Mirrorset immer nur maximal so groß sein, wie die kleinere der beiden Partitionen. Die Performance eines Raid 1 gleicht bei einem Software-Raid in etwa dem einer einzelnen Platte. Während einer Resync- bzw. Rebuild-Phase nach einem Defekt geht die Performance bei Hard- und Software-Raids natürlich etwas in die Knie, da dann alle Datenbestände von der laufenden auf die neu eingebundene Platte gesynct werden. Fällt während des Resync auch die aktive Platte aus, ist natürlich Hängen im Schacht, dann hilft in der Regel nur noch ein Backup bzw. Image.

Prinzipiell stellt ein Raid 1 die kostengünstigste Variante dar, um Daten-Redundanz zu erreichen. Minimal sind 2 Platten erforderlich, es kann jedoch immer nur die Kapazität einer Disk genutzt werden:

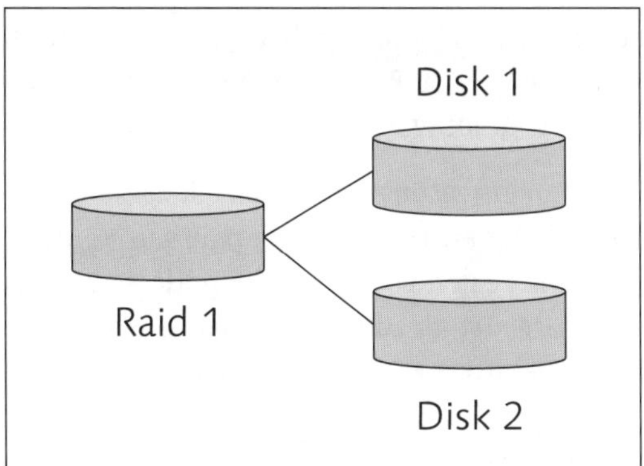

Abbildung 2.4 Schematische Darstellung eines Raid Level 1 mit 2 Disks

Interessant sind in diesem Kontext auch die Kombinationslevel aus den beiden vorgenannten Raid-Leveln: 01 und 10. Beide kombinieren sich aus Raid 0 und 1, benötigen im Normalfall 4 Disks und bieten eine etwas bessere Performance und

Skalierbarkeit als ein reines Raid 1. Mehr Details zu den Raid-Kombi-Leveln schauen wir uns in den folgenden Abschnitten noch an.

Raid 5: A + B = ?

Ein Raid-5-Verbund benötigt minimal 3 gleich große Platten und bietet dabei die reine Nutz-Kapazität von n-1 Platten, bei 3 Disks also exakt 2. Werden Daten auf die Platten geschrieben, läuft das Ganze beispielhaft folgendermaßen ab: Nehmen wir an, ein 128 k großer Datenblock wird in das Raid-5-Array geschrieben. Das Array besitzt dabei eine Chunk-Size von 64 k (die bei der Erzeugung des Arrays angegeben werden kann). Sie definiert die Blockgröße des Stripesets, wenn Daten über die Disks des Arrays verteilt werden. Der 128-k-Datenblock wir nun in zwei 64-k-Blöcke (Chunks) aufgeteilt und auf Platte 1 und 2 geschrieben. Platte 3 speichert die zugehörigen Paritätsinformationen in einem weiteren 64 k großen Block. Die Paritätsinformationen dienen der Kontrolle der übermittelten Daten und werden aus einer EXclusive-OR(XOR)-Verknüpfung des gesplitteten Datenpaketes berechnet. Das nächste Datenpaket, das in das Array geschrieben wird, landet z. B. auf Platte 2 und 3, während Nummer 1 die zugehörigen Paritätsdaten speichert. Anhand dieser Informationen können die Datenblöcke jederzeit gelesen und wiederhergestellt werden, auch wenn eine der Platten ausfällt. Dabei spielt es aufgrund der Verteilung der Daten- und Paritätsblöcke *(Rotating Parity)* keine Rolle, um welche der Platten es sich handelt. Die maximal verfügbare Speicherkapazität eines Raid-5-Arrays berechnet sich – aufgrund der Paritätsinformationen, die gespeichert werden müssen – nach der Formel:

```
(n * s) - 1 * s
```

`n` steht für die Anzahl *(Numbers)* der Platten im Array, `s` *(Size)* für die Größe in GB. In einem Raid-5-Array mit vier 500 GB großen Platten (ohne Spare) könnten also 1,5 TB für die Datenspeicherung verwendet werden.

Die Leseperformance eines Raid 5 liegt deutlich über der einer einzelnen Festplatte, da die Daten parallel von den beteiligten Disks gelesen werden können. Beim Schreiben hingegen, sieht es – wie im realen Leben – leider anders aus. Das klappt nicht so schnell wie der Lesevorgang, da die Performance durch die Berechnung und das Schreiben der Paritätsinformationen ausgebremst wird.

Wie gerade schon erläutert, verträgt ein Raid 5 durchaus den Wegfall einer Platte, da es die Daten jederzeit aufgrund der vorhandenen Infos (XOR-Verknüpfung: Nutzdatenblock/Paritätsblock) rekonstruieren kann. Allerdings läuft ein Raid 5 im Degraded-Mode (also wenn eine der Platten futsch ist) auch eher wie ein V8 auf sechs Töpfen, da die Daten nicht nur gelesen, sondern zum Teil auch neu berechnet werden müssen. Fällt dann die Zweite von Dreien aus, oder bei der

Rekonstruktion der ausgefallenen Platte oder bei anderen I/O-Prozessen stellt sich ein einzelner Sektor auf den verbliebenen Disks als schadhaft bzw. nicht lesbar heraus, ist endgültig Sense. Dann können die Daten ohne Backup bzw. Image keinesfalls wiederhergestellt werden.

Daher wird ein Raid-5-System üblicherweise immer mit einer *Hot-Spare*-Platte betrieben: Fällt eine Platte im Verbund aus, springt die Hot-Spare (oder auch: Online-Spare) automatisch ein und beginnt sofort damit – anhand der vorhandenen Informationen auf den verbliebenen Platten – die Daten auf sich selbst zu rekonstruieren. Nach der Rekonstruktion läuft das Level 5 Array im Normalfall (s. u.) wieder rund, es sollte danach nur so schnell wie möglich für eine neue Hot-Spare gesorgt werden.

Apropos Rebuild: Ebenso muss insbesondere bei einem RAID-5-Array (egal ob Hard- oder Software-Raid) berücksichtigt werden, dass Synchronisations-Probleme, sogenannte *»write holes«* auftreten können. Der Begriff *write hole* definiert eine Situation, die bei Schreibzugriffen entstehen kann, wenn die Nutzdaten bereits auf die Festplatten geschrieben wurden, die zugehörige Paritätsinformation jedoch noch nicht. Sollte während dieser Phase ein Problem beim Schreiben oder Berechnen der Paritätsinfos (s.o.) auftreten, passen die – gegebenenfalls inkonsistenten – Paritätsdaten nicht mehr zu den gespeicherten Nutzdaten. Im schlimmsten Fall könnten diese inkonsistenten Daten bei einem unplanmäßigen Shutdown mit anschließendem Rebuild korrekte Datenblöcke überschreiben.

Das vom allzeit gefräßigen Assimilator *Oracle* geschluckte *Sun* liefert seit einiger Zeit mit dem ZFS-Dateisystem (»Raid Z«) eine Möglichkeit, dieses *»write hole«* im wahrsten Sinne des Wortes durch ein »Copy-before-Write«-Verfahren zu schließen. Leider steckt die Portierung von ZFS auf Linux aufgrund von Lizenzquerelen immer noch als wenig performante Userspace-Implementierung in der Alpha-Phase. Denn leider ist Oracles (ehemalige Sun-)Abteilung unter dem Strich eben doch nicht so *Open* was die *Source* betrifft, wie sie bisweilen hier und da mal gern propagieren möchten.

Seit Kernel 2.6.17 und *mdadm* (das Softraid-Verwaltungstool) Version 2.6 kann Linux ein laufendes Softraid Level 5 im laufenden Betrieb vergrößern, und genau das werden wir in Abschnitt 2.3.11 auch unter die Lupe nehmen und testen.

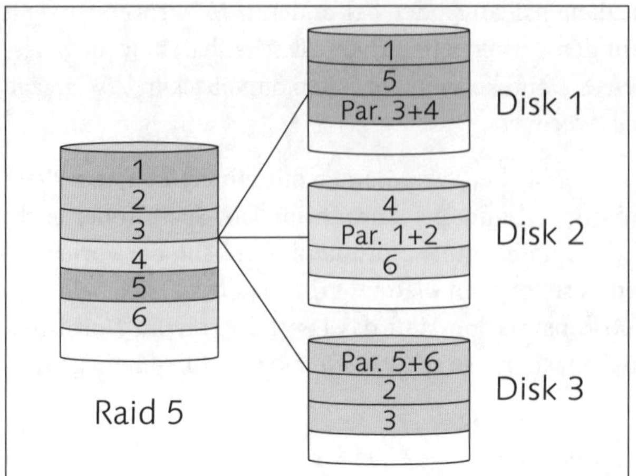

Abbildung 2.5 Schematische Darstellung eines Raid Level 5 mit 3 Disks

Raid 6

Noch ein kurzes Wort zu Level 6: Raid 6 ist nichts anderes als ein Raid 5 mit einer zusätzlichen Disk, damit die Paritätsinformationen ebenfalls rotierend und redundant gespeichert werden können. Allerdings werden diese Informationen nicht einfach von gegebenenfalls bereits bestehenden Paritätsdaten kopiert (da sonst das potenzielle Risiko bestehen würde, gegebenenfalls fehlerhafte Paritätsinfos zu kopieren), sondern werden komplett neu berechnet. Der nutzbare Plattenplatz liegt immer bei n-2 Platten, minimal werden also 4 Platten (ohne Online-Spare) benötigt, um die gleiche Nutzkapazität wie ein vergleichbares Raid 5 zu erhalten.

Achtung

Raid 6 bietet zusätzliche Sicherheit, da bei einem Raid 5 während der Rebuild-Phase (die je nach Größe des Arrays unter Umständen sehr zeitaufwändig sein kann!) kein Schutz gegen einen weiteren Ausfall besteht.

Die zusätzliche erkaufte Sicherheit geht jedoch auf Kosten der Performance, da eine zusätzliche XOR-Berechnung durchgeführt werden muss. Das gilt natürlich auch für den Resynchronisations-Prozess. Raid 6 wird hardwaremäßig oft in Storage-Systemen eingesetzt; der Einsatz eines Softraids Level 6 sollte – je nach Leistungsfähigkeit der CPU(s) des Hosts – vorab performancetechnisch genau unter die Lupe genommen und unter möglichst realen Einsatzbedingungen getestet werden.

Mit Benchmarkingtools kann man sich hier im Vorfeld zumindest einen tendenziellen Überblick über die zu erwartende Performance verschaffen. Als mögliche Tools seien an dieser Stelle beispielhaft *bonnie++* und/oder *iozone* genannt, und wer es lieber mit Bordmitteln mag: Daten per *dd(1)* aufs Raid schieben und dessen Host-CPU gleichzeitig ein paar Kernel kompilieren lassen (um gleichzeitige Lasteinflüsse auf die CPU für Softwareraids zu simulieren). Das sollte das System hinreichend in Wallung bringen.

2.3.2 Exkurs: Raid-Kombilevel

Die bereits vorgestellten Raid-Level lassen sich natürlich auch kombinieren, einige typische Vertreter aus der Praxis wären:

- *10*: Zwei Raid 1 bilden ein Raid 0, es werden minimal 4 Disks benötigt, maximal darf – pro »Leg« – eine Disk ausfallen.
- *15*: Drei Raid 1 bilden ein Raid 5. Es werden minimal 6 Disks benötigt, maximal darf 1 komplettes Leg (ein Raid 1) wegfallen.
- *50*: Minimal zwei Raid 5 werden zu einem Raid 0 zusammengefasst. Minimal sind 6 Disks erforderlich; beim Ausfall eines kompletten Legs sind alle Daten hin.
- *51*: Im Prinzip wie Raid 15, jedoch in umgekehrter Anordnung: Hier bilden zwei Raid 5 einen Raid-1-Spiegel.

Die Level *60* und *61* verhalten sich wie *50* und *51*, nur mit jeweils einer zusätzlichen Paritäts-Disk.

Einige der Kombilevel werden wir uns im Folgenden noch anhand konkreter Setup-Beispiele anschauen.

2.3.3 Hard- oder Software-Raids

Hart ...

Hardware-Raid-Controller werden hier nur kurz unser Thema sein, denn die entscheidenden Kriterien für ihren Einsatz unter Linux sind unter anderem die Performance des Controllers und ob ein entsprechendes Treiber-Modul für den Kernel unserer Wahl vorliegt. Existiert ein entsprechendes Open-Source-Modul, das alle Funktionalitäten des Raid-Controllers stabil unterstützt, ist alles im grünen Bereich. Dem OS wird das unterliegende Raid dann als 1 (virtuelle) Disk präsentiert, die es auch genau wie eine normale »Single Disk« verwalten und partitionieren kann. Ein Vorteil dabei: auch alle bootrelevanten Daten werden automatisch auf allen Disks redundant gehalten, das gilt selbst für den MBR *(Master Boot*

Record). Diesem Punkt muss bei einem Softraid hingegen besondere Aufmerksamkeit geschenkt werden, da es sich primär um die Redundanz der eigentlichen Raid-Partitionen kümmert.

Liegt kein entsprechendes Modul für den Controller vor, bleiben dem Linux-Admin in der Regel noch zwei weitere Alternativen: Einsatz eines proprietären Moduls, insofern der Hersteller ein passendes für die von uns verwendete Kernelversion zur Verfügung stellt und etwaige Dependencies – z. B. mit anderen Modulen – korrekt aufgelöst werden können. Die andere wäre der Einsatz des Raid-Controllers als »normalen« Controller und die Verwendung eines Software-Raids.

Insbesondere beim Einsatz eines proprietären Moduls ist Vorsicht angeraten. Die lapidare Meldung in den Logs beim Einsatz dieser Module lautet dann üblicherweise: *»Modul <XYZ> taints Kernel ...«*, und das nicht ohne Grund, denn es trifft den Kern(el) der Sache. Die Kernel-Entwickler lassen die offizielle Aufnahme von proprietären Treibern in den Kernel, die ihn »verschmutzen« (engl.: *taint)* können, nicht zu – was aus Open-Source-Sicht die einzig korrekte Vorgehensweise darstellt. Denn nur so kann das Risiko von Black-Box-Failures des Systems durch ebensolche Closed-Source-Treiber bzw. proprietäre Module minimiert werden. Zudem können Kernel-Upgrades im Zusammenhang mit proprietären Treibern ebenfalls durchaus zu einer problematischen Angelegenheit werden, insofern kein entsprechendes Modul für den neuen Kernel zur Verfügung steht bzw. kompiliert werden kann.

Werden kompatible Open-Source-Treiber für einen speziellen Raid-Controller verwendet, muss u. U. eine schlechtere Performance und/oder der Verlust einiger Management- und Kontroll-Features in Kauf genommen werden. Einige Module bieten, wie bereits erwähnt, gegebenenfalls nur die Möglichkeit, den Raid-Controller – und damit die angeschlossenen Platten – *ohne* Raid-Feature als »normalen« Controller anzusprechen, auf dessen Basis dann wiederum problemlos ein Software-Raid implementiert werden kann.

Seit Kernel 2.6 werden die sogenannten Hardware-Fake-Raids bzw. Host-Raid-Controller (s. u.) nicht mehr unterstützt, jedoch existiert mit `dmraid` ein Tool, das einige Controller via `device-mapper` (den wir uns insbesondere in Bezug auf LVM noch genau anschauen werden) erkennen und ansprechen kann.

Eine – leider nicht mehr ganz aktuelle – Liste der unterstützen Hardware findet sich z. B. unter: *http://people.redhat.com/~heinzm/sw/dmraid/readme*

Weiter Infos zum Thema »Fake-Raid« finden sich auch hier:

https://help.ubuntu.com/community/FakeRaidHowto

Was den direkten Vergleich von Controllern verschiedener Hersteller angeht, sollten stets aktuelle und renommierte Fachzeitschriften zu Rate gezogen werden. Aber betrachten wir zumindest einige grundsätzliche Konzepte.

Prinzipiell ist von Raid-Controllern abzuraten, die keinen eigenen Prozessor verwenden, sondern die CPU des Systems zusätzlich belasten (Host- oder sogenannte Fake-Raid-Controller).

Bei Raid-Controllern, die auf den Mainboards integriert sind (Host-/Fake-Raids, s.o.), ist eine Reparatur oft mit dem Austausch des Mainboards gleichzusetzen. Ein weiterer Schwachpunkt von Host-Raids liegt darin, dass diese meist nur RAID-Level 0 und 1 bieten, und Raid-BIOS-Updates können sich u. U. diffizil gestalten.

Dazu kommt, dass bei einem Ausfall des Raid-Controllers oder Mainboards gegebenenfalls nur mit einem Controller der gleichen Baureihe (oder einem kompatiblen) auf die Daten des RAID-Verbunds zugegriffen werden kann. Ein Upgrade auf ein neues Mainboard ohne vorheriges Backup könnte also ein böses Erwachen bringen, ebenso wie ein abgerauchter Raid-Controller, für den kein Ersatz da ist. Durch die immer kürzer werdenden Produktzyklen kann dies alles ein durchaus beachtenswertes Problem darstellen.

Achtung

Zudem kann ein Host-Raid-Controller, der im Mainboard-BIOS als normaler S-ATA-Controller betrieben (Native/Legacy/AHCI-Mode) und erst im Nachhinein auf RAID umgestellt wurde, nicht unerhebliche Probleme verursachen. Denn nach einer derartigen Umstellung identifiziert sich der Controller gegenüber dem OS üblicherweise mit einer anderen PCI-Device-ID, und für diese hat das bereits installierte OS im ersten Teil des Bootvorgangs keine entsprechenden Treiber assoziiert. Resultat: Abbruch des Bootvorgangs. Gegebenenfalls lassen sich die Probleme anschließend über eine Reparaturinstallation lösen, alternativ steht dem erfahrenen Admin auch noch die Möglicheit offen, dem OS die benötigten Module und Anpassungen nachträglich unterzuschieben.

De facto sollte eine solche Umstellung im BIOS nie getätigt werden, ohne zuvor ein aktuelles Backup/Image des OS in der letzten funktionierenden Konfiguration erstellt zu haben.

Ob ein SCSI-, SAS- oder ein SATA-Raid-Controller und die zugehörigen Platten verwendet werden, hängt natürlich (wie bereits in Abschnitt 2.2 erläutert) zum großen Teil vom Budget ab, denn SCSI-/SAS-Platten sind in der Regel oft nicht mit den GB-Kapazitäten wie SATA-Platten der gleichen Preiskategorie verfügbar. (IDE-/)ATA-Raid-Controller dürften kaum noch anzutreffen sein, aufgrund ihrer mangelnden Hotplug-Fähigkeit spielten sie im Server-Bereich ohnehin nie eine ernstzunehmende Rolle.

SATA-Raid-Controller haben sich im Low-Cost-Bereich mittlerweile bewährt und bieten neben einer guten Performance auch die Hotplug-Fähigkeit zum Austauschen defekter Platten, wie sie bei SCSI-Controllern seit Langem gang und gäbe ist. Zudem stehen im SATA-Segment eine große Auswahl von Disks aller Kapazitäten zur Verfügung.

Einige professionelle Raid-Controller können zudem die SMART-Informationen der angeschlossenen Disks analysieren: So können sie z. B. bei einer rapiden Zunahme von defekten Sektoren bzw. Fehlerkorrekturen die Disk präventiv aus dem Raid-Verbund ausklinken, die – hoffentlich vorhandene – Spare aktivieren und den Admin darüber in Kenntnis setzen, dass er – falls er gerade nichts besseres zu tun haben sollte – doch bitte zügig einen Ersatz für die defekte Disk in den Server implantieren möge. Für das optimale Zusammenspiel des »intelligenten« Raid-Controllers und der angeschlossenen Disks ist natürlich eine entsprechende Disk-Firmware Voraussetzung. Einige Disks unterstützen in Verbindung mit den passenden Controllern bestimmte Mechanismen (niedrige Timeouts bei Fehlerkorrekturversuchen), um bei fehlerhaften Blöcken nicht gleich das ganze Laufwerk als *faulty* zu markieren und aus dem Raid-Verbund zu kicken, sondern die fehlenden Daten von einem anderen Laufwerk zu rekonstruieren und auf einen intakten Block zu schreiben.

... oder lieber weich?

Ein Software-Raid stellt bis heute eine kostengünstige, performante und vor allem über alle Lebenszyklen von Hardware-Raid-Controllern erhabene Raid-Variante dar.

Im Kernel, der zum Zeitpunkt der Erstellung des Buches aktuell ist (2.6.34), werden unter anderem die Level 0, 1, 4, 5, 6, 10 und Kombinationen davon unterstützt, die wir uns gleich anschauen werden. Raid 4 (Parity auf einer dedizierten Disk) wird – wie Level 2 und 3 – schon seit vielen Jahren nicht mehr eingesetzt und wird im Folgenden daher auch nicht weiter betrachtet.

Ein Software-Raid benötigt keinen speziellen Raid-Controller, sondern kann die normalen Festplatten-Controller als Schnittstelle nutzen; ein nicht zu unterschätzender Vorteil, wie bereits im letzten Abschnitt erläutert. Die Steuerung des Raid-Verbunds übernimmt dabei die entsprechende Raid-Software. Ein weiterer großer Vorteil des Software-Raids spielt insbesondere bei *Disaster-Recovery*-Prozeduren eine wichtige Rolle, denn aufgrund seiner Konzeption können die einzelnen Platten des (zuvor redundanten) Raid-Verbunds auch gegebenenfalls außerhalb des Arrays ohne spezielle Software ausgelesen werden.

Für viele Server, die zwar mit Raid-Controllern, aber ohne dazu passende Linux-Unterstützung ausgeliefert werden, ist es zudem die einzig praktikable Möglichkeit, ohne zusätzliche Hardware ein Raid aufzusetzen; sogar Multipathing ist machbar. Natürlich darf man dabei nicht vergessen, dass die Performance durch die zusätzliche CPU-Belastung – vor allem beim Einsatz von Raid 5 oder 6 – etwas hinter einer guten, aber dann auch in der Regel recht teuren Hardware-Lösung zurückbleiben kann. Allerdings fällt dies bei aktuellen Multi-Core-Systemen mit hoher CPU-Leistung nur noch minimal ins Gewicht.

Was die Hot-Plug(oder auch Hot-Swap)-Fähigkeiten des Controllers angeht, sollte man sich vor dem Einsatz des Softraids über die Kapabilitäten des eigenen Systems besser genau informieren. Denn sonst könnte das hochgradig verdutzte Gesicht des Admins die einzige Reaktion nach dem Austausch einer defekten Disk im laufenden Betrieb sein. Daher sollte zuvor immer sicherheitshalber ein Blick in die jeweiligen Hersteller-Spezifikationen geworfen werden. Wenn der Controller Hotplugging voll unterstützt, steht auch bei einem Softraid dem Austausch einer defekten Komponente im laufenden Betrieb nichts entgegen.

Achtung

Dennoch sind zwei extrem wichtige Details im Hinblick auf Hot-Plug und den Austausch einer defekten Disk zu berücksichtigen, auch wenn sie auf den ersten Blick noch so trivial erscheinen mögen:

Erstens: Erst ein erfolgreicher Testlauf – natürlich auf einem Nicht-Produktiv-System – verschafft eindeutige Klarheit und dem Admin einen ruhigeren Schlaf.

Zweitens: Vor dem Entfernen einer defekten (oder simuliert defekten) Disk aus dem Array – egal ob Hard- oder Softraid – immer erst vorab absolut eindeutig sicherstellen, dass es auch wirklich die richtige (defekte) Disk ist, die wir entstöpseln! Ein `hdparm -i /dev/<device>`, das die eindeutige Bezeichnung und Seriennummer der Disk ausliest, kann hierbei durchaus hilfreich sein.

2.3.4 Softraids unter Linux

Die Grundlage für ein Softraid bildet natürlich die Einbindung der entsprechenden Kernel-Module per `modprobe(8)`. Bei einem aktuellen 2.6er-Kernel finden wir sie meist unter:

```
/lib/modules/2.6.<Minor-Number-und-id>/kernel/drivers/md/*
```

`md` stellt unter Linux in der Regel immer den typischen Bezeichner für sogenannte »*Multiple Devices*« dar, und auch die Device-Nodes für Softraids unterhalb von */dev* folgen daher dieser Nomenklatur, z. B.: */dev/md0* für das erste Softraid-Device. Etwas andere Bezeichner ergeben sich bei partitionierbaren Raids, diese werden wir natürlich ebenfalls noch unter die Lupe nehmen.

Die meisten Distributionen bringen Raid-Module für die gängigsten Einsatzzwecke mit, als da wären: *raid0*, *raid1*, *raid10*, *raid456* (zusätzlich werden die korrespondierenden Module zur XOR-Paritätsberechnung benötigt, wie z. B. *xor/async_xor*). Das Modul *raid10* entspricht – vereinfacht ausgedrückt – einem Zusammenschluss von Level 0 + 1, der ein etwas vereinfachteres Handling bietet als der reine Einsatz der einzelnen Module *raid0* und *raid1*.

Allein die entsprechenden Kernel-Module reichen jedoch nicht, sie stellen nur das Fundament dar – ein entsprechendes Paket zur Administration unserer Softraid-Verbünde ist unabdingbar. Zu Zeiten von Kernel 2.2/2.4 waren die `raidtools/raidtools2` noch recht verbreitet, diese werden aber schon lange nicht mehr weiterentwickelt und wurden vom deutlich leistungsfähigeren **`mdadm`** abgelöst, das die meisten aktuellen Distributionen bereits paketiert mitbringen; die Sourcen finden sich unter:

http://www.kernel.org/pub/linux/utils/raid/mdadm/

und weitere Infos unter:

http://neil.brown.name/blog/mdadm

Soviel zur grauen Theorie – *mdadm(8)* werden wir uns im praktischen Einsatz ab Abschnitt 2.2.9 detailliert vornehmen. Was das weitere Vorgehen betrifft, geht es für uns nun an die Vorplanung bzw. Konzeptionierung unseres Software-Raids. Das heißt konkret:

Welcher Raid-Level soll gewählt werden?

Empfehlungen zu geben, ist immer eine heikle Sache, insbesondere, wenn – wie im konkreten Fall – sehr viele Variationen und Kombinationsmöglichkeiten existieren, die alle spezielle Vor- und Nachteile besitzen. Hinzu kommen jede Menge unterschiedlicher Anforderungsprofile (z. B. File-, Datenbank- oder Webserver) sowie beeinflussende Randbedingungen, daher beschränke ich mich im Folgenden auf einige praxistaugliche und bewährte Beispiele, die im Server-Bereich Redundanz mit relativ guter Performance und Erweiterbarkeit kombinieren, sowie auf eher grundsätzliche Vorbetrachtungen.

Achtung

Auch wenn die folgende Erklärung nicht mehr explizit nötig sein sollte: Ein Raid, dessen Partitionen ausschließlich oder zum Großteil auf ein und derselben physikalischen Platte liegen, bringt – bis auf zusätzlichen Administrations-Aufwand – rein gar nichts.

2.3.5 Softraid-Performance

Ein Aspekt, der über die Auswahl des Raid-Levels entscheiden kann ist natürlich seine Performance. Hierüber lassen sich jedoch unmöglich für alle denkbaren Anwendungsfälle verbindliche Aussagen treffen, denn zu viele Faktoren spielen in diesem Kontext eine Rolle, und die Abhängigkeiten sind extrem komplex.

Abgesehen von den für alle Raid-Level gleichen Randbedingungen – wie zum Beispiel der allgemeinen Performance des Host-Systems, seines Controllers und der angeschlossenen Disks – kommen individuelle Faktoren hinzu, die zum Teil nicht unerheblichen Einfluss auf die Leistung unseres Raid-Verbundes haben – u. a. zum Beispiel sein Layout, das gewählte Dateisystem, die Blockgröße, die Mount-Optionen (Journaling-Mode, *atime*-Settings usw.) und auch die *Chunk-Size* (s. u.). Mehr zu den Dateisystemen und ihren jeweils relevanten Optionen in den Abschnitten »Journalisten« (2.3.8) für lokale FS und »Cluster-Dateisysteme« (3.8.14). Daneben spielt natürlich auch der primäre Einsatzzweck des Arrays eine Rolle: Muss ein Daten-Array z. B. hauptsächlich lesende Requests bedienen und weniger schreibende (wie z. B. im Fall von LDAP-Verzeichnisdiensten), kann ein Raid 5 oder 6 eine gute Wahl sein. In Systemen mit unterschiedlichen Last-Anforderungen, insbesondere in Verbindung mit LVM, können multiple Raid 1 bzw. Raid 10 als Unterbau gute und zuverlässige Dienste verrichten.

Exkurs: Kleine oder große Brocken – Chunk-Size und Raid-Performance

In der Psycholinguistik definiert *Chunk* einen kleinen Block (oder in der englischen Umgangssprache genauer gesagt »Brocken«) sprachlicher Information. Die verbreitete Faustregel hierzu besagt, dass unser Kurzzeitgedächtnis, der primäre Sprachverarbeitungsspeicher, in etwa 7 (+/– 2) *Chunks* verarbeiten kann. Die Größe der Chunks kann dabei von einem Wort bis zu einem komplexen Satz oder mehr variieren. *Hat nichts mit unserem Raid zu tun?* Doch, denn die Größe der – Gott sei Dank nicht flüchtigen – Chunks, die auf unserem Raid gespeichert sind, spielen eine elementare Rolle, insbesondere für seine Performance.

Wie wir bereits wissen, werden in bestimmten Raid-Leveln (z. B. 0, 5 und 10) die Daten über multiple Disks bzw. Partitionen gestriped. Das Stripeset wird dabei in sogenannte *Chunks* (siehe Abschnitt 2.3.1 unter der Überschrift »Raid 5: A + B = ?«) unterteilt, deren Default-Größe 64 k ist, was für die meisten Anwendungsfälle, in denen der Softraid-Storage von verschiedenen Anwendungen (mit unterschiedlichen File-I/O-Anforderungen) genutzt wird, völlig ausreichend sein sollte.

In bestimmten Anwendungsfällen, in denen ein Raid-Storage ganz bestimmten Nutzungsanforderungen unterworfen ist, kann eine explizit geänderte Chunk-Size die Performance des Raids gegebenenfalls verbessern. Stellt sich logischerweise die Frage: Was sieht die optimale Chunk-Size aus? Antwort: Die optimale Chunk-Size hängt konkret vom Anwendungsfall und dem gewählten Raid-Level ab, zudem spielen auch die Blockgröße des unterliegenden FS und natürlich das FS selbst mit seinen Raid-relevanten Optionen eine Rolle. Es sei an dieser Stelle nochmals ausdrücklich betont: Die Bezüge der Faktoren untereinander sind keineswegs trivial, und daher kann geht es im Folgenden auch ausschließlich um eine rein tendenzielle Betrachtung der Thematik.

Für eine Client-Applikation, die auf einen Schlag große Datenmengen (z. B. Video-Bearbeitung) auf dem Array anfordert/abspeichert, würde eine große Chunk-Size auf den ersten Blick einen geringeren Overhead und damit eine bessere Performance bedeuten, wohingegen Arrays, die fast ausschließlich kleine Dateien speichern und ausliefern, von einer kleineren Chunk-Size profitieren könnten.

Betrachtet man die Performance unter dem Aspekt der File-I/Os, stellt sich die Situation wieder etwas anders dar. Nehmen wir eine Datenbank-Applikation, die viele kleine Requests bedienen muss, also einen hohen I/O benötigt. Nehmen wir weiter an, jeder I/O der Datenbank könnte mit einem einzelnen Request bedient werden, der im Schnitt weniger als 64 k Daten anfordert. Ist die Chunk-Size nun auf einen Wert >= 64 k gesetzt, können die meisten I/Os von einer einzelnen Disk des Arrays beantwortet werden; sie muss nicht auf weitere Chunks des angeforderten Datenpakets einer anderen Disk des Arrays warten, wodurch insgesamt die I/O-Kapazität des Arrays verbessert wird.

Unter Berücksichtigung der vorgenannten Aspekte kann sich ein nicht zu klein gewählter Chunk-Size-Wert für ein Raid 5 bzw. gestriptes Raid durchaus positiv auf die Gesamtperformance auswirken. Aber wie bereits erwähnt, spielt logischerweise auch der gewählte Raid-Level eine wichtige Rolle: Für ein Raid 1 z. B. ist die Chunk-Size bei Schreibvorgängen eher irrelevant, da ohnehin alle Daten identisch auf alle Disks des Arrays geschrieben werden müssen. Wir sehen also: Performance-Optimierung des Arrays über Chunk-Size – keineswegs trivial, aber bei entsprechenden Vorbetrachtungen durchaus im Rahmen des Machbaren. Ergänzende Performance-Tests mit den entsprechenden Tools sind natürlich in jedem Fall unabdingbar, um tendenzielle Veränderungen im Hinblick auf das gewählte Setup eindeutig verifizieren zu können.

2.3.6 Einsatzzweck und Bootloader

Als Erstes sollten wir den Einsatzzweck unseres Softraids kategorisieren: OS- oder Daten-Partition.

Warum diese Unterscheidung? Ganz einfach: Je nach verwendetem Bootloader und dessen Version ist ein bootbares/bootredundantes Softraid für das eigentliche OS auf Level 1 beschränkt. Der Einsatz eines bootbaren und bootredundanten Softraid 5 ist z. B. nur in Verbindung mit GRUB2 (Version >= 1.95) möglich, denn weder sein Vorgänger noch LILO, der »klassische« Linux-Loader, beherrschen diese Variante. Der Grund dafür liegt – sehr stark vereinfacht – darin, dass bei einem Raid 1 die bootrelevanten Informationen en bloc identisch auf beiden Disks vollständig vorhanden sind – bei einem Raid 5 sind sie jedoch aufgrund der konzeptbedingten Splittung auf mehrere Devices aufgeteilt.

Zudem kommt hinzu, dass das Booten von neuen FS, wie z. B. ext4, erst ab GRUB2 (1.97) unterstützt wird.

Wer also aus Support-technischen Gründen (z. B. im Enterprise-Segment) nicht in der Lage ist, den von der Distribution mitgelieferten Bootloader durch einen neueren zu ersetzen, dem bleibt nur die Alternative, ein bootredundantes Raid 1 aufzusetzen. Doch selbst hier lässt sich mit einem kleinen Trick ein Raid 5 für das Root-FS (»/«) verwenden, indem wir einen kleinen Teil der (minimal) 3 Disks für ein Raid 1 (mit Spare) verwenden und darauf z. B. die Boot-relevanten Daten hosten.

Aktuell ist Ubuntu 10.04 Lucid mit GRUB2 (Release 1.98) ausgestattet, openSUSE stellt GRUB2 (ebenfalls Release 1.98, Default: GRUB(1), Version 0.97) über seine Repositories zur Verfügung.

2.3.7 Weitere Vorbetrachtungen zum Raid-Setup

Size does matter – Part 2

Auf die Größe kommt's an – zumindest was die Größe der Disks angeht, die an unserem Raid-Verbund beteiligt sind. Wie wir bereits wissen, müssen die Disks, insofern der maximal verfügbare Platz in einem redundanten Raid dafür allociert wurde, in jedem Fall exakt gleich groß sein. Wurden nun z. B. für ein Raid 1 Mirrorset Disks mit der aktuell maximal verfügbaren Speicherkapazität gewählt und eine von ihnen gibt den Geist auf, kann dies definitiv zu Problemen führen, denn: Falls genau der gleiche Disk-Typ nicht verfügbar sein sollte, und die Disk eines anderen Herstellers nur wenige Byte kleiner ist, wird der Rebuild des Mirrors in jedem Fall fehlschlagen. Insofern sollte – insbesondere im Segment der maximal verfügbaren Disk-Kapazitäten – aus Kompatibilitätsgründen eventuell doch darauf verzichtet werden, die Raid-Partition bis zum letzten verfügbaren Bit auszureizen.

Alles super oder was? – Der Raid-Superblock

Es war einmal vor langer, langer Zeit, als *mdadm* noch in weiter Ferne schwebte und die *raidtools* das Reich der MDs beherrschten und die Infos über ihre Arrays in einsamen, kleinen Dateien speicherten. Das Problem kurz und knapp: Externe Datei (*/etc/raidtab*) nicht erreichbar – no Array.

Um von externen Konfigurationsdateien, die alle wichtigen Infos über das Array enthielten, wegzukommen, wurden sogenannte *Persistente Superblocks* definiert. Diese haben nichts mit den Superblocks des jeweiligen Dateisystems zu tun (für ext2/3/4 z. B.: `dumpe2fs /dev/<device> | grep -i superblock`) und liegen aktuell in den Versionen 0.90 (Default, max. 28 Raid-Devices, Limit: 2 TB je Device), 1.0, 1.1 und 1.2 vor. Die verfügbaren Raid-Features der Superblocks steigen mit höherer Nummerierung (1.x: 384 Raid-Devices), und benötigen je nach Version bestimmte zusätzliche Parameter. So erwartet ein 1.x-Superblock z. B. einen Namen für das Array. Wird ihm keiner mit auf den Weg gegeben, wählt mdadm einen Namen basierend auf der letzten Device-Komponente, auf deren Name das Array erzeugt wird. Beispiel: Wird z. B. */dev/md/myraid1* erzeugt, heißt unser neues Array nun »myraid1«:

```
#> mdadm -C -l1 -n2 --metadata=1.0 /dev/md/myraid1 /dev/sd[bcde]1
```

oder (Zeile umbrochen):

```
#> mdadm -C -l1 -n2 --metadata=1.0 \
     --name "TEST" /dev/md0 /dev/sd[bcde]1
```

Der Array-Name wird in der `Name:`-Sektion des Raid-Superblocks hinterlegt (Anzeige z. B. per: `mdadm -D <device>`). Alle Superblöcke haben jedoch eines gemeinsam:

Der persistente Superblock (Default-Einstellung bei der Erzeugung eines Arrays per mdadm) wird auf allen Disks des Arrays gespeichert, je nach Version z. B. am Ende (0.90 und 1.0) oder Anfang (1.1, 1.2 am Anfang mit 4 k Offset) des jeweiligen Devices. Jeder Superblock auf jeder Disk enthält nun alle benötigten Informationen (z. B. Superblock-Version, Raid-Level, Chunk-Size, Anzahl der Disks usw.), um das Array zu (re-)assemblieren und Kenntnis über seinen Zustand zu haben (z. B. *reshape/recover in Progress*).

Weitere Infos zum Superblock – und dem, was (hoffentlich nie) zu tun ist, falls sich selbiger irgendwann einmal ungefragt ins Nirwana aller Bits verdrückt haben sollte und nicht mehr auffindbar/nutzbar ist – gibt es in Abschnitt 2.3.16 unter der Überschrift »Zerstörter Superblock«.

Raid-Autodetection

Die vollautomatische Erkennung und Assemblierung von Raid-Devices – eine nützliche Sache in einfachen Setup-Szenarien, jedoch u. U. kontraproduktiv in anderen. Stellen wir uns einfach vor, wir würden Teile (Disks) eines alten Raids in einem anderen Server verbauen, ohne die Disks und ihre Partitionstabellen zuvor komplett gelöscht zu haben und beobachten dann beim Hochfahren unseres Systems sehr fasziniert, wie sich die Teile des alten Arrays mit dem vorhandenen syncen und unsere Daten mit hochgradiger Sicherheit schreddern. Aus diesem Grund wird die Raid-Autodetection für neuere Installationen nicht mehr empfohlen, sondern nur die Erkennung und Assemblierung durch mdadm (auf boot-/root-Raids per initrd/initramfs).

Konkret bedeutet das: Jedes md-Array (Partitionstyp: 0xfd) mit einem Superblock der Version 0.9 kann von einem Standard-Kernel mit einkompiliertem md-Treiber automatisch assembliert werden. Separat geladene Raid-Module und nicht persistente sowie 1.x-Superblocks unterstützen keine Auto-Assemblierung mehr.

2.3.8 Exkurs: Journalisten – Journaling-Dateisysteme unter Linux

Was das geeignete Dateisystem für unsere möglichst hoch verfügbaren Linux-Server angeht, sind natürlich vorab ein paar wichtige Unterscheidungen zu treffen, denn es dreht sich in der Regel um mindestens zwei der nachfolgend aufgeführten Anwendungsfälle:

- das Dateisystem für die Partition, auf der unser OS liegt
- das Dateisystem für den Datenbereich unseres Servers, wenn er nicht geclustert betrieben wird (oder geclustert, aber jeweils immer nur über einen Server auf die Datenpartition zugegriffen wird)
- das Dateisystem für den Datenbereich unseres Server, wenn er geclustert betrieben wird und mehrere Server gleichzeitig auf den Datenbereich zugreifen können (z. B. DRBD im Dual-Primary-Mode)

Den letzten Anwendungsfall und die möglichen Alternativen – bezogen auf Cluster-Dateisysteme wie OCFS2 und GFS2 – werden wir uns in Kapitel 3 über Hochverfügbarkeit im Netzwerk genau anschauen.

Was unsere »lokalen« Filesysteme (oder kurz: FS) angeht, ist in jedem Fall einem Journaling-Dateisystem der Vorzug zu geben, denn Journaling-Dateisysteme bieten eine weitaus höhere Sicherheit als ein »konventionelles« Linux-Dateisystem, wie z. B. ext2, das kein Journal besitzt. Über Journaling-FS lässt sich ohne Weiteres eine mittelgroße Abhandlung schreiben, die mit Sicherheit ein weiteres Buch füllen würde. Trotzdem möchte ich wenigstens kurz auf grundlegende Funktionsweisen eingehen und ein paar Infos zu verbreiteten Journaling-FS wie ext3 (sowie seinen Nachfolgern ext4 und btrfs), xfs und Reiser liefern, da sie direkt mit der Verfügbarkeit unserer Server zusammenhängen.

Journaling-Basics

Dateisysteme erfordern üblicherweise bei Veränderungen an Dateien oder Verzeichnissen (wie z. B. Verschieben und Umbenennen) Schreiboperationen an mehreren Stellen auf dem Speichersystem. Wird die erste Schreiboperation ausgeführt, befindet sich das Dateisystem in einem inkonsistenten Zustand, d. h. es enthält je nach zeitlichem Ablauf nur einen Teil aller erforderlichen Änderungen. Erst wenn der letzte Schreibvorgang zu dieser Transaktion abgeschlossen wurde, kann das Dateisystem wieder als konsistent bezeichnet werden.

Ein Journaling-FS funktioniert – sehr stark abstrahiert ausgedrückt – wie folgt: Je nach gewähltem Journaling-Mode besitzt das System Kenntnis über die Transaktionen des Dateisystems. Das können im einfachsten Fall nur die geänderten Metadaten einer Datei sein, ob die letzte Speicherung oder Umbenennung der Datei erfolgreich war oder sogar, wie der komplette Inhalt der letzten Änderung einer Datei aussah. Diese Transaktionen werden in einem separaten Journal gespeichert (bei ext3 z. B. eine reguläre Datei, die über »hidden Inodes« angesprochen wird), und besitzen je nach ihrem aktuellen Zustand den Status »abgeschlossen« oder eben »noch nicht abgeschlossen«.

Kommt es nun zu einem Crash, garantiert diese Transaktionskontrolle im positiven Fall, dass z. B. alle an einer abgeschlossenen Transaktion beteiligten Blöcke des Dateisystems einen gültigen Dateisystemstatus repräsentieren, heißt: die vakanten Blöcke wurden korrekt in das Dateisystem kopiert. Wurde eine Transaktion nicht vollständig abgeschlossen, versucht das System in den Zustand vor Beginn der Transaktion zurückzukehren – im schlimmsten Fall ist der Inhalt des Journals *nach* dem letzten Wiederherstellungspunkt im Nirwana. Nimmt man z. B. den sichersten ext3-Journaling-Mode (`data=journal`), ist die Datei selbst immer nur für ein sehr kleines Zeitfenster geöffnet: während die Deltas aus dem Journal in die Datei geschrieben werden. Bei einem Nicht-Journaling-FS wie ext2 haben die Daten im Falle eines Crashs mit viel Pech nur noch Schrottwert, da sie im Worst Case kein *EOF* (End of File) mehr besitzen.

Bei einem Recover des Systems nach einem unsauberen Shutdown werden durch das Journal nur die Dateisystemoperationen geprüft, die als unvollständig markiert sind. Dadurch ist es nicht mehr notwendig, jede einzelne Datei des Systems auf ihre Konsistenz zu prüfen, und die Reboot-Phase nach einem Crash beschleunigt sich drastisch. Im kommerziellen Umfeld – bei den heutigen Storage-Kapazitäten – stellt dies sogar eine zwingende Voraussetzung dar. Das Journal kann bei vielen FS aus performancetechnischen Gründen auch auf einer anderen physikalischen Platte untergebracht werden.

Von der Funktionalität weist das Journal bzw. Log durchaus Parallelen zu einem Transaktionslog auf, das einige Admins eventuell aus der Datenbankwelt kennen, z. B. von der guten alten (nun Oracle-)Berkeley-DB. Damit nun auch »Wiederherstellungspunkte« gespeichert werden können, muss das Journal von Zeit zu Zeit geschlossen und gespeichert werden. Das Journal selbst »merkt« sich die Änderungen solange, bis sie vollständig und erfolgreich abgeschlossen wurden.

Werfen wir nun der Reihe nach einen Blick auf vier aktuelle Vertreter der Gattung im Linux-Umfeld: ext3, ext4, XFS, Reiser sowie das neue btrfs, das aller Voraussicht nach das Linux-FS der Zukunft wird.

ext3

Kommen wir zuerst zu einem interessanten und recht verbreiteten Repräsentanten der Spezies »Filesystem«, dessen direkter Vorfahre und Namensgeber ext2 heißt. Dr. Stephen Tweedie entwickelte das *Extended 3 FS* als Journaling-fähigen Bruder des klassischen Linux-Dateisystems ext2. Damit vereint es seine Robustheit mit den Fähigkeiten und der zusätzlichen Sicherheit eines Journaling-FS. Neben Posix-ACLs werden u. a. auch extended Attributes unterstützt. Durch die enge Verwandtschaft zu ext2 ist jederzeit eine Auf- und Abwärtskompatibilität gewährleistet, die in vielen Fällen sehr hilfreich sein kann. So kann ein bestehendes ext2 jederzeit über

```
#> tune2fs -j <device>
```

in ein Journaling-fähiges ext3 konvertiert werden, *und zwar ohne Datenverlust*. Natürlich sollte das Device dabei nicht gemountet sein. Auf der anderen Seite kann ext3 umgekehrt auch jederzeit als ext2 gemountet werden, sollte kein entsprechendes Treibermodul verfügbar sein. Zudem kann es, falls nötig, sogar in ein ext2-Dateisystem zurückkonvertiert werden, und das ebenfalls ohne Datenverlust. Das Dateisystem sollte dabei nicht eingehängt sein:

```
#>tune2fs -O ^has_journal /dev/<device>  &&  e2fsck/dev/<device>
```

ext3 unterstützt seit Kernel 2.6.10 zudem das *Online-Resizing* von Partitionen. Scharfgeschaltet wird die Funktionalität über das Flag `resize_inode`, das z. B. beim Anlegen des Dateisystems per

```
#> mke2fs -j -O resize_inode /dev/<device>
```

gesetzt werden kann (Kontrolle per *dumpe2fs)* bzw. seit den *e2fsprogs* >= 1.39 Default gesetzt wird. Kleiner Tipp am Rande: Über */etc/mke2fs.conf* können viele Parameter und Optionen als Default-Einstellungen gesetzt werden, Hilfe hierzu liefert *mke2fs.conf (5)*.

ext3 besitzt verschiedene Betriebsmodi, mit denen die Daten in das Journal bzw. das Transaktionslog geschrieben werden. Sie können beim Mounten des Dateisystems als Option angegeben werden und unterscheiden sich primär in der Art und Weise, wie die Daten hineingeschrieben werden. Damit entscheiden sie auch über die Performance des gemounteten Dateisystems:

Journaling-Modes:

- *Writeback* (Mountoption: `data=writeback`): In diesem Modus werden nur Metadaten in das Journal geschrieben, die eigentliche Dateioperation wir nicht überwacht. (Bei Metadaten handelt es sich um Daten, die Informationen über die eigentlichen Daten enthalten, wie z. B. Autor und Erstellungsdatum eines Dokuments.) Um die korrekte Aktualisierung der Dateiinhalte kümmert sich der dafür zuständige Systemprozess, nicht das Journal. Die bessere Performance wird durch ein hohes Risiko erkauft, denn die Gefahr von Datenkorruption im Absturzfall erhöht sich natürlich. Jede Datei, die zum Zeitpunkt des Crashs im Schreibzugriff befindet, kann beim nächsten Mounten des Dateisystems an ihrem – falls noch vorhandenen – Dateiende im schlimmsten Fall nur noch Datensalat enthalten.

Achtung

Von Kernel 2.6.30–2.6.35 wird ext3 default mit der Mountoption `data=writeback` gemountet, was die Performance etwas erhöht, aber eindeutig zu Lasten der Sicherheit geht! Im Server-Bereich in jedem Fall ein No-Go.

- *Ordered* (Mountoption: `data=ordered`): Dieser Modus entspricht weitestgehend dem eben beschriebenen writeback. Im Gegensatz zu *writeback* werden jedoch zunächst die Dateiinhalte (sprich: die Änderungen an den Dateien selbst) direkt in das Dateisystem geschrieben. Wurde die Operation erfolgreich abgeschlossen, werden im Anschluss die Daten im Journal aktualisiert. Dies ist die Standardeinstellung für Kernel < 2.6.30 und > 2.6.35 und stellt einen akzeptablen Kompromiss zwischen Performance und Sicherheit dar.
- *Journal* (Mountoption: `data=journal`): In diesem Modus werden sowohl die Datei-Inhalte als auch die Metadaten zunächst in das Journal geschrieben, dann erst in das Dateisystem. Diese Einstellung bringt natürlich die höchste Sicherheit, ist performancetechnisch aber eher ungünstig, da alle Daten zwei Mal geschrieben werden müssen. Alle ext-FS sind aber in der Lage, über die erweiterten Dateiattribute (e2fsprogs: *lsattr(1), chattr(1))* gezielt ein Journaling-Flag »j« für kritische Dateien zu setzen, sodass das FS im `data=ordered`-Mode betrieben werden kann, die vakanten Dateien jedoch im `data=journal`-Mode behandelt werden.

Achtung

Ein weiterer performancerelevanter Aspekt, der gerade auf Fileservern mit hohem Datenaufkommen für die Performance eine gewaltige Rolle spielen kann, ist das ext3/4-Feature `dir_index`. Dir_index sorgt dafür, dass die Verzeichnisse und Dateinamen in einer H-Tree(B-Tree-Abwandlung)-artigen Datenbankstruktur gespeichert werden. Ist diese Option nicht aktiviert (z. B. gegebenenfalls auf älteren ext3-Partitionen), speichert ext3 wie sein Vorgänger ext2 diese Daten als lange, verkettete Liste, die bei sehr vielen Einträgen unweigerlich zu Performance-Einbrüchen führt.

Dieses Feature kann – falls notwendig – jederzeit nachträglich per

```
#> tune2fs -O dir_index <device>
```

aktiviert werden, gilt dann allerdings nur für neu angelegte Dateien und Verzeichnisse. Um die bestehenden ebenfalls auf `dir_index` umzustellen, muss das Dateisystem ausgehängt und der Index per **`e2fsck -fD <device>`** initialisiert werden.

Ein weiterer, wichtiger Unterschied zu seinem Vorgänger ext2 besteht darin, dass ext3 bei Löschvorgängen die Block-Pointer der Inodes mit Nullen *überschreibt* (ext2 markierte nur die Blocks als unbenutzt und die Inode als gelöscht). Eine Wiederherstellung von gelöschten Dateien ist somit ohne Weiteres nicht mehr möglich; das Verhalten sorgt jedoch dafür, dass die Integrität des Dateisystems auch nach einem unsauberen Shutdown gewährleistet werden kann. Eine Möglichkeit, mit dem *un*-undelete-Verhalten von ext3 zu leben, bietet im Fileserver-Einsatz z. B. das Samba-VFS-Objekt »recylce«, das zumindest auf den Shares einen Netzwerk-Papierkorb bereitstellen kann, über den sich gelöschte Objekte leicht wiederherstellen lassen. Eine andere Recover-Alternative stellt das Paket *ext3grep (http://www.xs4all.nl/~carlo17/howto/undelete_ext3.html)* zur Verfügung.

Die maximale Dateisystemgröße von ext3 liegt – in Abhängigkeit von der Größe der Speicherseite der jeweiligen Maschinenarchitektur – bei maximal 16 Terabyte, bedingt durch die 32-bittigen Blocknummern bei Datenblöcken von 4 KByte. Ein Wert, der insbesondere bei größeren Storages im LVM-Umfeld durchaus eine Limitierung darstellen kann. Neben der Limitierung auf 32.000 Unterverzeichnisse muss zudem die recht ungenaue Timestamp-Auflösung von 1 Sekunde für viele aktuelle Applikationen, insbesondere im Datenbank-Umfeld, als unzureichend angesehen werden.

Weitere Infos zu ext3 finden sich in der Kernel-Dokumentation, üblicherweise unter: */usr/src/linux-<kernel-version>/Documentation/filesystems/ext3.txt*, wenn die Kernel-Sourcen installiert sind.

ext4

Auch wenn es bis heute zuverlässig seinen Dienst verrichtet – das bewährte und stabile ext3 stößt aufgrund der ständig steigenden Anforderungen an ein FS – vor allem im Server-Bereich – mehr und mehr an seine Grenzen.

Wie beim Versionssprung von Samba 3 auf 4 wurde auch im Fall von ext4 kein Patch-Ansatz verfolgt, sondern ein neues FS entworfen, das die Fähigkeit haben sollte, ein vorhandenes ext3 zu mounten und es in das neue Format zu konvertieren. Abgesehen von diesem Kompatibilitäts-Feature hatten die Entwickler völlige Handlungsfreiheit, um notwendige Verbesserungen hinzuzufügen. ext4 bringt auch eine neue Version des Journaling Block-Devices (jdb2) mit, die dafür sorgen soll, dass die (ext3) Originalversion stabil gehalten werden kann. ext4 und jdb2 wurden in Kernel 2.6.19 erstmals – ausdrücklich als experimentell markiert – veröffentlicht. Seit Kernel 2.6.28 verließ es das Hauptentwicklungsstadium. ext4 unterstützt wie sein Vorgänger u. a. Posix-ACLs und extended Attributes.

Die wichtigsten Änderungen bringt ext4 vor allem in den Bereichen Skalierbarkeit und Performance mit. Dazu gehören unter anderem ein auf Extents (siehe auch LVM: PE, LE) basierendes Format, Multi-Block-Allocierung, 48-bittige Blocknummern, mehr als 32.000 Unterverzeichnisse pro Verzeichnis, Zeitstempel mit Nanosekunden-Granulierung, Inode-Versionen und Prüfsummen für das Journal. Hinzu kommt ebenfalls die neue, persistente Pre-Allocierung, die es ext4 ermöglicht, Speicherplatz für eine Datei im Voraus zu reservieren, der mit hoher Wahrscheinlichkeit zusammenhängend ist, wovon insbesondere Applikationen mit großen, zusammenhängenden Dateien profitieren können.

Die maximale FS-Größe von ext4 liegt bei maximal 1 Exabyte (1024 Petabyte) und sollte insofern für die nächsten Jahre noch ausreichend skalieren. Das Dateisystem-Feature `huge_file` gibt an, dass das Dateisystem mit 48-bittigen Blocknummern arbeitet. Die Größe einzelner Dateien ist bei Blöcken von 4 KB derzeit dennoch auf 16 TB beschränkt, da sich mit der aktuellen Extent-Struktur keine größeren Dateien verwalten lassen. *Extended Attributes* werden nunmehr direkt in den Inodes gepeichert, deren Größe von 128 Byte (ext3) auf 256 angewachsen ist.

Die meisten Mountoptionen sind abwärtskompatibel mit ext3, neu hinzugekommen sind u. a. die sicherheits- und performancerelevanten `barrier`-Settings sowie die `*_batch_time`-Optionen und, speziell für Raid 5 – und Raid 6 -Implementierungen, die `stripe`-Option. Weitere Infos hierzu finden sich in mount(8), Sektion: *Mount options for ext4*.

Zur Performance: Hier haben die ext4-Entwickler den Wald vor lauter Bäumen leider nicht mehr so ganz im Blick behalten. Das (fatale) Feature nennt sich »Delayed Allocation« und bewirkt Folgendes:

Alle Schreibzugriffe werden zunächst gepuffert, sodass der *Block Allocator* (reserviert in Ext3- und Ext4-FS die Datenblöcke für Schreiboperationen) nicht mehr für jeden 4-KByte-Block Daten unverzüglich aufgerufen werden muss, sondern erst einmal mehrere Blöcke in einem Rutsch allocieren kann *(Delayed Allocation)*. Durch die verzögerte Allocierung lassen sich bei größeren Datenmengen multiple Blöcke auf einmal und zudem als Extent am Stück belegen *(Multiblock Allocation)*, was für die Performance nicht unerheblich ist. Aber: dank der Verzögerung wird der zum Schreiben neuer Daten erforderliche Platz gegebenenfalls erst nach 60 Sekunden (ext3: ca. 5 Sekunden) festgelegt.

Crasht das System innerhalb dieses Zeitraums, ist es durchaus möglich, dass für vakante Daten noch gar kein Platz auf der Platte allociert wurde – mehr als dumm gelaufen, und in diesem Fall bringt uns auch das Journal nicht weiter. Ext3 hingegen verhält sich in seinem Standard-Journaling-Mode »ordered« deutlich vorsichtiger und nimmt die Änderungen an den Metadaten erst genau dann vor, wenn die Daten auf die Platte geschrieben wurden. Allerdings ist das »Verzögerungs«-Verhalten von Ext4 eigentlich POSIX-konform und taucht auch bei anderen FS, wie z. B. XFS, auf. Über verschiedene Mountoption `nodelalloc / auto_da_alloc` sowie `barrier (barrier=1)` kann das sicherere ext3-Verhalten nachgeahmt werden.

Ein kompletter *fsck*-Lauf arbeitet bei ext4 deutlich schneller als bei seinem Vorgänger. Dank der FS-Option `uninit_bg` (standardmäßig gesetzt) initialisiert *mkfs.ext4(8)* nicht alle Blockgruppen, wodurch einerseits das Anlegen des FS beschleunigt wird. Zum anderen müssen bei einem e2fsck-Lauf nun lediglich die initialisierten Inodes überprüft werden; die Dauer des *fsck*-Laufs hängt somit nicht mehr von der Zahl der insgesamt vorhandenen Inodes (und damit der Größe des Dateisystems) ab, sondern nur noch von der Zahl der Dateien.

Was die gern angesprochene Kompatibilität mit ext3 angeht, ist aufgrund der tief greifenden Änderungen durchaus ein gewisser Vorbehalt angesagt: Ein ext3-FS lässt sich durchaus als ext4 mounten, jedoch hat das keine Auswirkungen auf das FS selbst. Ext4 kann das »echte« ext3 genauso lesen und beschreiben wie das herkömmliche ext3, es kann anschließend un-gemountet und nach wie vor als ext3 weiterverwendet werden. Erst wenn explizit die wichtigsten ext4-Features per

```
#> tune2fs -O extents,uninit_bg,dir_index /dev/<device>
```

aktiviert werden, wird das Dateisystem konkret als ext4 angesprochen. Danach sollte sicherheitshalber ein *fsck* auf das ungemountete FS abgesetzt werden:

```
#> e2fsck -fDC0 /dev/<device>
```

Die gegebenenfalls auftauchende Fehlermeldung über fehlerhafte Gruppendescriptoren ist bei diesem Vorgang normal. Vorhandene Dateien bleiben allerdings unverändert im ext3-Format gespeichert. Ausschließlich Dateien, die *nach* der Umwandlung und dem Mounten neu angelegt werden, basieren komplett auf den neuen ext4-Datenstrukturen (`extents`). Insofern bringt eine Konvertierung für vorhandene Dateien keine echten Vorteile; nur eine Datensicherung, ext4-Formatierung und anschließende Rücksicherung aller Daten stellen eine echte Umstellung dar.

Aber: Danach ist keine einfache Umstellung auf ext3 mehr möglich, wie es bei ext2/3 möglich ist. Ein ext4 lässt sich de facto auch nicht mehr als ext3 mounten, was dem Admin insbesondere beim Einsatz von etwas betagteren Rescue-Systemen ohne ext4-Unterstützung den Tag durchaus vermiesen kann.

Sowohl bei ext2/3 als auch 4 können beim Erzeugen des FS per *mkfs.ext3/4(8)* die Parameter `stride` (vergl.: Chunk-Size) und `stripe-width` (FS-Blocks pro Stripe) festgelegt werden, die ebenfalls Einfluss auf die Raid-Performance haben können.

Bootloader-Support für ext4 existiert in GRUB2 seit Version 1.97.

Weitere Infos zu ext4 liefert unter anderem:

http://ext4.wiki.kernel.org/index.php/Main_Page

XFS

XFS entstammt dem kommerziellen Unix-Stammbaum und wurde ursprünglich von Silicon Graphics entwickelt. Es ist eines der am längsten verfügbaren Journaling-FS; es unterstützt Quotas und in diesem Kontext auch sogenannte Projekt-Quotas, die sich auf ein spezielles Verzeichnis und alle untergeordneten Dateien und Verzeichnisse bezieht. Allerdings lassen sich Projekt- und Gruppenquotas nicht mischen, Projekt- und Userquotas hingegen schon.

XFS unterstützt *extended Attributes* und ACLs, dazu besitzt es vollständige 64 Bit Unterstützung, und wurde mit Version 2.6 offizieller Bestandteil des Kernels. Die Größe des Dateisystems und die Anzahl der Inodes lassen sich im laufenden Betrieb dynamisch per **`xfs_growfs`** vergrößern, allerdings nicht shrinken. Aufgrund seiner erweiterten B-Tree-artigen internen Struktur besitzt es von Haus aus eine gute Performance. XFS kann durch seine kommerzielle Unix-Herkunft auch mit sehr großen Datei(-system)en performant umgehen. Die maximale Datei- und Dateisystemgröße liegt bei 8 Exabyte. Mit **`xfsdump`** und **`xfsrestore`** existieren »On-board«-Tools, um inkrementelle Backups zur Laufzeit inklusive ACLs zu erstellen und zurückzusichern, z. B.:

```
#> xfsdump -f dump0.xfs -l 0 -L Test1 -M Montag /data
#> xfsdump -f dump1.xfs -l 1 -L Test2 -M Dienstag /data
#> xfsrestore -r -f xfsdump.0 /data/
#> xfsrestore -r -f xfsdump.1 /data/
```

LVM-Snapshots eines XFS-Dateisystems werden intern mithilfe von `xfs_freeze` erstellt – der Name ist Programm. Mit `xfs_fsr` existiert ein Online-Defragmentierungstool (`r` = `"reorganization"`), das anderen Journaling-FS wie ext4 derzeit noch fehlt. Allerdings hält sich die Fragmentierung bei Linux-FS ohnehin weitaus stärker in Grenzen, als dies z. B. aus dem tollen Fensterland bekannt ist.

Das Journal wird bei XFS seriell abgespeichert und kann entweder auf dem eigentlichen FS oder auch auf externen Datenträgern abgelegt werden. Transaktionen werden dem Journal asynchron hinzugefügt, wodurch Operationen schneller durchgeführt werden können als auf vergleichbaren Systemen; im Falle eines Crashs ist die Gefahr einer Inkonsistenz des Journals jedoch etwas größer. Zudem ist es auch in aktuellen Implementierungen nicht möglich, gelöschte Dateien wiederherzustellen. Die Journaling-Funktionalität von XFS ist zudem architekturabhängig, heißt: Bei einem Wechsel der Architektur, beispielsweise von *i586* auf *x86-64*, muss das Journal vor der erneuten Benutzung explizit mit *xfs_repair* geleert werden.

Weitere ausführliche Infos zu XFS finden sich unter:

http://oss.sgi.com/projects/xfs/

ReiserFS/Reiser4

Das von Hans Reiser und seinem Team ehemals für SUSE und mp3.com entwickelte Dateisystem *ReiserFS* war das erste unter Linux standardmäßig verfügbare Journaling-FS (Kernel 2.4) und bietet auf dem Papier eine Menge Vorzüge: Gute Performance durch die interne Verwendung einer B-Tree-artigen Datenstruktur, eine optimierte Anordnung von Dateien und Verzeichnissen verbessert die Zugriffszeiten zusätzlich, und die automatische Verwaltung der Blockgröße pro Inode nutzt den Platz vor allem bei vielen kleinen Dateien effektiver aus als Dateisysteme, die pro Datei einen Datenblock belegen. Eine Vergrößerung des Dateisystems im laufenden Betrieb ist ebenfalls möglich.

Leider stehen dem auch einige gravierende Nachteile gegenüber. Einige Reiser-Versionen sind nicht kompatibel zu älteren oder neueren und können auch nicht konvertiert werden. Da Reiser in bestimmten Situationen immer noch sogenannte BKLs *(Big Kernel Locks*, eine Art »globaler« Lockings) nutzt, skaliert es auf

Multi-Core-Systemen gegebenenfalls schlechter als andere Linux-FS, da funktionskritische Codesegmente immer nur von einem Core ausgeführt werden. Einige Verzeichnisoperationen, wie z. B. *unlink(2)*, führt Reiser ansynchron aus, was für Applikationen oder Dienste, die file-based Lockings benötigen, in kompletter Datenkorruption enden kann (s. u.). Zudem steht nach der Verurteilung des ursprünglichen Entwicklers und Auflösung seiner Firma die Zukunft des FS eher in den Sternen; über eine Aufnahme der letzten Version Reiser4 in kommende Kernel-Releases steht weiterhin ein mehr als großes Fragezeichen. ReiserFS wurde von SUSE/Novell bis Version 10.x als Default-Dateisystem verwendet, mittlerweile ist auch SUSE/Novell auf ext3/4 als Default-FS umgeschwenkt.

Der für mich persönlich entscheidende Punkt ist jedoch die praktische Erfahrung, die ich (und etliche andere Administratoren) in vielen Jahren mit ReiserFS gesammelt habe – kurz zusammengefasst: unter dem Strich durchweg alles andere als optimal. In den unterschiedlichsten Reiser-Versionen und normalen Server-Einsatzszenarien (aktueller System-Patchlevel, zertifizierte Hardware, durchschnittliche File-I/Os) kam es leider viel zu oft zu nicht nachvollziehbaren und vor allem nicht reproduzierbaren Crashs des Dateisystems, die – was noch weitaus schlimmer war – in fast allen Fällen komplett *irreparabel* waren. Zum Vergleich: Crashs traten bei gleicher Hardware und Einsatzbedingungen mit ext3 kein einziges Mal auf – bei identischer Performance.

btrfs – The next Generation

The next Generation? – Nein, es geht nicht um die achthundertste Wiederholung von Picards angestaubter Star-Trek-Truppe, die eher mittelmäßig animiert durch die unendlichen Weiten gondelt. Es geht um die nächste Generation der Linux-Dateisysteme. Und auch wenn *btrfs* leider noch kein Stable-Kandidat ist, lohnt es sich allein aufgrund seiner Fähigkeiten, die auch die Chefdenker des Linux-Kosmos komplett überzeugen, einen Blick auf das neue FS-Päckchen im FS-Stall zu werfen.

Warum? Ganz einfach. Das Thema dieses Buches ist Hochverfügbarkeit unter Linux. Wir wissen, der Feind jedweder Hochverfügbarkeit ist die Komplexität. Je mehr Komponenten benötigt werden, um eine bestimmte Funktionalität abzubilden, desto größer ist die mathematische Wahrscheinlichkeit, dass eine von ihnen Probleme bereitet und damit unter Umständen das gesamte System kompromittiert.

Betrachten wir als Beispiel das typische Konstrukt für ein Softraid- oder LVM-System unter Linux (das wir in den nächsten Abschnitten natürlich auch konkret und ausführlich in der Praxis testen werden) – die typische Struktur ist immer recht ähnlich (hier sehr stark vereinfacht und abstrahiert):

physikalische Devices (Disk/Partition/Raid)
<-> Abstraktionsebene (md/device-mapper)
<-> logisches Device (Softraid/Logical Volume)

Für Softraids benötigen wir mdadm sozusagen als Abstraktionsebene zwischen den Disks und dem eigentlichen Raid; für Logical Volumes und ihre Snapshot-Kapabilitäten, die für Backup- und Rollback-Szenarien in Produktiv- und Q&S-Umgebungen unerlässlich sind, den Device-Mapper als Abstraktionsebene. Packen wir beide noch aufeinander (LVM on Top of Raid), wie es in vielen Server-Setup-Szenarien üblich ist, erhöht sich die Abstraktion und Komplexität um eine weitere Ebene. Natürlich handelt es sich sowohl bei *mdadm* als auch bei den LVM-Tools um ausgereifte Pakete, die ihre Stabilität längst unzählige Male unter Beweis gestellt haben.

Dennoch – ein zukünftiges Dateisystem, das genau diese Funktionen oder ein Subset davon bereits mitbringt, bräuchte diese Abstraktionsebene(n) nicht mehr: es hätte bereits Raid-Redundanz und Snapshots auf FS-Ebene. Und damit mindestens eine potenzielle Fehlerquelle weniger. Ein Beispiel aus dem kommerziellen Umfeld ist seit Längerem Oracle's/Sun's recht interessantes ZFS (Raid »Z«), dessen Linux-Portierung aus bereits benannten Gründen wohl eher nicht final realisiert werden wird.

»ButterFS« oder »BetterFS«, wie *btrfs* der Einfachheit halber auch umgangssprachlich schon genannt wird, bringt selbst in seiner frühen, aktuellen Version 0.19 etliche Features mit, die seinen Mitstreitern neidische Blicke abluchsen, hier ein paar Auszüge:

- btrfs adressiert als 64-Bit-Dateisystem maximal 16.384 Petabyte, sowohl für Volumen- als auch für Dateigröße.
- Datenblöcke werden – wie im ext4 – über Extents statt über Blocklisten angesprochen. Zur Vermeidung von Overheed kann btrfs kleine Dateien direkt in den Leafs (Blättern) des internen Trees (Baumes) speichern.
- btrfs verwendet zwei Tree-Strukturen zur Speicherung der Daten und Metadaten: jeweils eine für Datenblöcke und für Verzeichnis- und Dateinamen.
- CoW – Copy on Write: Geänderte Daten werden von btrfs zunächst in neue Datenblöcke geschrieben – die alten Daten, auf die der Datei-Eintrag zeigt, bleiben erhalten; der Tree wird erst nach dem Schreiben der Daten aktualisiert. Das CoW-Verfahren wird unter anderem schon seit Langem für LVM-Snapshots eingesetzt, dort wie hier ermöglicht es das Erstellen von beschreibbaren Snapshots.

- btrfs arbeitet ähnlich wie ext3 in einer Art »data=ordered«-Modus, was die Datenkonsistenz nach einem Crash verbessert.
- Raid-Funktionalität (0, 1, 10) ist im FS integriert, Devices lassen sich dabei im laufenden Betrieb hinzufügen und entfernen. Raid 5 und 6 stehen auf der To-Do-Liste.
- Inodes sind nicht statisch bzw. fix, sondern werden dynamisch nach Bedarf angelegt. Zudem sichern Checksummen die Metadaten- und Datenblöcke ab. Das FS lässt sich dank der flexiblen Inodes auch online resizen.
- btrfs beherrscht über eine Art Logical Volume Manager mehrere FS (»nested«-Volumes/Subvolumes) auf einem Volume (bzw. einer Partition). Posix-ACLs werden ebenfalls unterstützt.
- Dateien können beim Schreiben komprimiert werden. Eine Verschlüsselung der Daten on the fly ist geplant.

Sowohl Ubuntu als auch SUSE bringen die btrfs-Pakte in Version 0.19 mit, die aktuellste Version kann bei SUSE z. B. über den Build-Service heruntergeladen werden, ansonsten stellt die Kompilierung aus den Sourcen auch kein großes Hindernis dar.

Da wir im weiteren Verlauf des Buches – aufgrund des noch experimentellen Status von btrfs – nicht mehr weiter auf dieses leistungsfähige FS eingehen werden, tun wir es an dieser Stelle etwas ausführlicher als bei den anderen Mitstreitern. Werfen wir dazu als Erstes einen kurzen Blick auf einige der praktischen Features, wie z. B. die Erstellung eines Raids auf FS-Ebene. btrfs kennt derzeit die Modi *raid0, raid1, raid10* und *single*, wobei Letzterer auch für Hardware-Raids verwendet werden würde. Per

```
#> mkfs.btrfs -m raid1 -d raid1 /dev/sd[bc] -L DATA

WARNING! - Btrfs Btrfs v0.19 IS EXPERIMENTAL
WARNING! - see http://btrfs.wiki.kernel.org before using
adding device /dev/sdc id 2
fs created label DATA on /dev/sdb
        nodesize 4096 leafsize 4096 sectorsize 4096 size 2.00GB
Btrfs Btrfs v0.19
```

lässt sich ein Raid 1 on the fly für die kompletten Disks sdb und sdc erzeugen. In diesem Beispiel werden sowohl die Metadaten (`-m`) als auch die Nutzdaten (`-d`) über beide Disks gespiegelt, zudem wird ein Label (`-L`) gesetzt. Sollte dabei der Fehler

```
failed to open /dev/btrfs-control skipping device registration
```

auftauchen, ist das Modul `btrfs` wahrscheinlich noch nicht geladen.

```
#> btrfs-show
```

liefert anschließend in etwa folgende Ausgabe:

```
Label: DATA  uuid: e33e8e6f-7edf-4dab-a8d3-0182870d5551
        Total devices 2 FS bytes used 28.00KB
        devid    1 size 8.00GB used 2.03GB path /dev/sdb
        devid    2 size 8.00GB used 2.01GB path /dev/sdc
```

Nun kann eine der Disks gemountet werden, entweder explizit oder einfach per Label:

```
#> mount -L DATA /mnt
```

Per **mount | grep btrfs** können wir erkennen, welche Disk nun tatsächlich eingehängt wurde (z. B. sdc), allerdings spielt das für btrfs keine Rolle, da alle Daten nun direkt über das FS gesynct werden. Zum Test erstellen wir unter dem Mountpunkt eine (Text-)Datei mit beliebigem Inhalt und mounten anschließend die zweite Disk auf einen anderen Mountpunkt, z. B. */test*. Und siehe da, alles ist da. Selbst das File-Locking funktioniert in diesem Fall via FS.

Wollen wir dem Raid eine dritte Disk hinzufügen, erledigen wir das einfach per:

```
#> btrfs-vol -a /dev/sdd /mnt
```

Anschließend müssen die Daten noch auf die neue Disk gesynct werden:

```
#> btrfs-vol -b /mnt
#> btrfs-show
```

```
Label: DATA  uuid: e33e8e6f-7edf-4dab-a8d3-0182870d5551
        Total devices 2 FS bytes used 28.00KB
        devid    1 size 8.00GB used 2.03GB path /dev/sdb
        devid    2 size 8.00GB used 2.01GB path /dev/sdc
        devid    3 size 8.00GB used 2.01GB path /dev/sdc
```

Ein weiterer wichtiger Punkt sind die Snapshot-Kapabilitäten von btrfs. Die bereits vorgestellten Subvolumes sind im Prinzip das Gleiche wie Snapshots: ein eigenständiger Subvolume-Tree innerhalb des Mutter-Dateisystems. Jedes per *mkfs.btrfs(8)* angelegte FS enthält im Grunde bereits ein Subvolume mit der Kennung »Default«. Dieses Subvolume belegt das komplette Dateisystem, solange keine anderen Subvolumes/Snapshots existieren, denn Snapshots sind letztlich nur Subvolumes, die – zumindest am Anfang – auf den gleichen Verzeichnis- und Dateibaum zeigen wie das ursprüngliche Subvolume. Schauen wir uns nun die Praxis dazu an:

Ein Snapshot des Dateisystems kann zu jeder Zeit per:

```
#> btrfsctl  -s /mnt/snap /mnt/
```

```
operation complete
Btrfs Btrfs v0.19
```

angelegt werden. Wichtig dabei ist, dass der Snapshot (hier: »snap«, der Name ist frei wählbar) im Mount-Ordner der btrfs-Volumes erzeugt wird.

Der Snapshot selbst ist nun über das Verzeichnis */mnt/snap/** erreichbar; das Unterverzeichnis wird beim Erzeugen des Snapshots anhand des übergebenen Namens (»snap«) angelegt.

Die nun folgenden Basics zu Snapshots finden sich zum großen Teil auch im Abschnitt 2.4 über LVM, daher an dieser Stelle nur das wichtigste. Nach der Erzeugung des Snapshots verweisen sowohl das Original-Dateisystem als auch der Snapshot zunächst auf die gleichen Datenblöcke. Da auch der Snapshot (das eigentliche Origin) sofort schreibbar unter */mnt/snap* gemountet ist, ist z. B. im Hinblick auf konsistente Backups Vorsicht angesagt. Alle Daten, die nun geändert werden, laufen – stark abstrahiert ausgedrückt – in eine Art Puffer, der maximal so groß ist wie der restliche verbleibende Platz des Volumens.

Das Problem dabei: Die Standard-Linux-Tools wissen nichts über Subvolumes innerhalb eines Dateisystems, die btrfs-Tools geben das aktuell (0.19) ebenfalls nicht her, ebenso wenig wie eine dringend nötige Füllstandsanzeige des verbleibenden Snapshot-Delta-Puffers. Immerhin sind die Snapshots oder Subvolumes auch über einen Neustart hinweg persistent – nur löschen lassen sie sich derzeit leider auch noch nicht komplett (der Ordner bleibt bestehen).

Bleibt zu hoffen, dass die fehlenden Raid-Level und Snaphot-Mankos sobald wie möglich ergänzt werden und btrfs möglichst bald ein Stable-Kandidat wird, denn:

Achtung

Insbesondere unter dem Aspekt der Hochverfügbarkeit verfügt ein FS, das ohne Zusatztools gleichzeitig Raid- und Snapshot-Kapabilitäten besitzt, unschätzbare Vorteile: Keine zusätzlichen Abstraktionsebenen durch Softraid/LVM, dazu native Ausfallsicherheit kombiniert mit der Möglichkeit, konsistente Backups des Systems zu erstellen und ein problemloser Umgang mit Patch- und Rollback-Szenarien.

Was das Potenzial von btrfs angeht, deuten aktuelle Benchmarks darauf hin, dass es nicht nur bereits einen Großteil der notwendigen Features für ein Highend-FS mitbringt, sondern dabei auch noch eine z. T. höhere Performance an den Tag legt als beispielsweise ext4.

Weitere, detaillierte Infos zum Thema btrfs liefert:

http://btrfs.wiki.kernel.org/index.php/Main_Page

Fazit

Eine kurze Anmerkung zum Schluss dieses kleinen Exkurses: Da es viel zu weit führen würde, alle Leistungsparameter aller vorgestellten Raid-Systeme und Journaling-FS in Verbindung mit allen denkbaren, möglichen und unmöglichen Betriebssystem- und Kernel-technischen Variationen, Limitationen und Hardware-Architekturen zu betrachten, geschweige denn zu vergleichen, sei für weitere Details auf die Dokumentationen, Manpages und Links der jeweiligen FS und (Raid-)Tools verwiesen.

Fassen wir daher nur das Wichtigste zunächst im Hinblick auf die vorgestellten FS möglichst einfach zusammen:

Wer keine extrem großen Storage-Einheiten verwalten muss und auf Bewährtes setzen will, der ist mit ext3 in jedem Fall wortwörtlich auf der sicheren Seite. Wer auf Sicht an die Grenzen der von ext3 adressierbaren Größenordnungen stößt, sollte sich gegebenenfalls mit seinem Nachfolger ext4 (in der aktuellsten Version) oder XFS befassen. In den folgenden Beispielen werden wir uns natürlich einige der FS-Tools (bis auf btrfs, da noch experimentell) noch genauer im Praxiseinsatz anschauen. Eine distributionsabhängige Auflistung der benötigten Pakete für das jeweilige FS und seine Tools findet sich im Anhang.

Hinweis

Allerdings sollen die geführten Vorbetrachtungen nur eine sehr grobe Richtung angeben, denn wie bereits erwähnt sind die Querverbindungen zum einen extrem komplex, zum anderen hat die Vergangenheit leider viel zu oft gezeigt, dass Empfehlungen für oder gegen ein bestimmtes FS unter Linux nur zu mittelschweren Glaubenskriegen und Diskussionen führen. Insofern soll es natürlich jedem Admin schön selbst überlassen bleiben, sein bevorzugtes FS anhand der für ihn relevanten Parameter zu wählen.

Das Gleiche gilt für die Wahl des Raid-Levels, die wir uns im Folgenden anschauen werden. Jeder von ihnen besitzt bestimmte Vorzüge und Nachteile, und welches Setup für welche Anforderungen und unter welchen Gesichtspunkten (Erweiterbarkeit, Performance und/oder maximale Ausfallsicherheit etc.) am besten passt, muss der Admin nach Abwägung der für ihn relevanten Aspekte und entsprechenden Tests im Vorfeld selbst entscheiden.

Denn wie heißt es doch so schön: *Choose your Poison!*

Daher seien an dieser Stelle zumindest die wichtigsten Raid-Level und ihre grundlegenden Eckdaten noch einmal in kompakter Form zusammengestellt:

Variante a: Raid 1

Die einfachste und problemloseste Variante verkraftet den Ausfall von 1 Disk/Partition. Kleinste Kapazitäts-Erweiterungsstufe*: 2 Disks/Partitionen (* = 1 weiteres Raid 1).

Variante b: Raid 01

Kombinations-Raid: Zwei Raid 0 (zu je 2 Disks/Partitionen) werden zu einem Raid 1 zusammengeschlossen. Mindestanzahl: 4 Disks/Partitionen; die ebenfalls mögliche Variante mit nur 3 Disks/Partitionen werden wir hier nicht berücksichtigen. Der effektive Nutzdatenspeicher ist halb so groß wie die Summe des Speicherplatzes auf den Disks/Partitionen. Allerdings ist die Raid-1-Schicht einer Raid-0+1-Implementation nicht in der Lage, einen Schaden in einem der untergeordneten Raid 0 explizit den einzelnen Festplatten/Partitionen zuzuordnen. Verkraftet den Ausfall von max. 1 Disk/Partition (bzw. 2 im gleichen Leg), da im Raid 0 vom Ausfall einer Platte fast immer ein ganzes Stripeset betroffen ist. Kleinste Kapazitäts-Erweiterungsstufe: 2 Disks/Partitionen. In der Praxis eher ungeeignet, wird daher in den folgenden Setup-Beispielen nicht mehr behandelt.

Variante c: Raid 10

Kombinations-Raid: Zwei Raid-1-Mirrorsets (zu je 2 Disks/Partitionen) werden zu einem Raid 0 zusammengeschlossen. Der zur Verfügung stehende Nutzdatenspeicher ist ebenfalls halb so groß wie die Summe des Speicherplatzes auf den beteiligten Disks/Partitionen. Raid 10 bietet gegenüber 01 eine bessere Ausfallsicherheit und schnellere Rekonstruktion nach einem Plattenausfall, da nur ein Teil der Daten (die Hälfte eines Mirrors und nicht der gesamte Mirror wie bei 0+1) rekonstruiert werden muss. Sehr gute Lese-, gute Schreibperformance (je nach Layout). Kleinste Kapazitäts-Erweiterungsstufe: 2 Disks/Partitionen (= 1 Raid 1).

Variante d: Raid 5

Raid 5 benötigt mindestens 3 Disks/Partitionen (ohne Online-Spare). Der zur Verfügung stehende Nutzdatenspeicher liegt bei dieser Variante bei n-1 (n = Anzahl der Disks). Das Verhältnis der verwendeten Disks/Partitionen zur Nutzkapazität verbessert sich jedoch mit jeder zusätzlichen Disk/Partition. Gute Lesegeschwindigkeit bei reduzierter Schreibgeschwindigkeit. Kleinste Kapazitäts-Erweiterungsstufe: 1 Disk/Partition. Mindestens 1 Online-Spare ist bei einem Raid 5 Pflicht, bei größerer Anzahl von Disks gegebenenfalls mehr.

Variante e: Raid 6

Raid 6 mit 4 Disks/Partitionen ohne Online-Spare. Der zur Verfügung stehende Nutzdatenspeicher liegt bei dieser Variante bei n-2 (n = Anzahl der Disks). Das

Verhältnis der verwendeten Disks/Partitionen zur Nutzkapazität verbessert sich jedoch mit jeder zusätzlichen Disk/Partition. Kleinste Kapazitäts-Erweiterungsstufe: 1 Disk/Partition. 1 Online-Spare sollte auch bei einem Raid 6 Pflicht sein, bei größerer Anzahl von Disks gegebenenfalls mehr. Bietet höhere Sicherheit als Level 5 bei etwas reduzierter Schreibgeschwindigkeit.

Betrachten wir die vorgenannten Varianten kurz im tabellarischen Überblick. Faktisch bieten alle im betrachteten Level (1, 01, 10, 5 und 6) Ausfallsicherheit. (Noch einmal: Ausfallsicherheit hat *nichts* mit Backups zu tun!)

Legende:

N = Anzahl der Disks/Partitionen, die minimal für das Raid benötigt werden

K = Nutz-Kapazität der Raid-Variante bezogen auf *N*

R = Redundanzfaktor: Wie viele Platten dürfen *maximal* ausfallen?

P = Performance (Read/Write) im Verhältnis zu einem Single-Disk-System:
(o) = normal, (+) = besser, (-) = schlechter
Die angegebenen Werte stellen lediglich sehr grobe und tendenzielle Näherungen dar!

E = für eine Kapazitäts-Erweiterung mindestens erforderliche Disks/Partitionen

Variante	Raid- Level	N	K	R	P (r|w)	E
a	1	>= 2	= 1	N – 1	(+)|(o)	2(*)
b	01	>= 4	N / 2	2 im selben Leg**	(++)|(+)	2
c	10	>= 4	N / 2	1 pro Leg	(++)|(+)	2
d	5	>= 3	N – 1	1	(++)|(-)	1
e	6	>= 4	N – 2	2	(++)|(--)	1

Tabelle 2.1 Raid-Level im stark vereinfachten Überblick

Noch eine kurze Anmerkung an dieser Stelle: Die optimale Flexibilität und Skalierbarkeit bietet ein (Soft-)Raid ohnehin erst in Verbindung bzw. als Unterbau eines Logical Volumes; diese Funktionalität werden wir in Abschnitt 2.4 über LVM sehr eingehend erörtern.

Achtung

Und noch ein kleiner, aber wichtiger Punkt, dem oft leider zu wenig Beachtung geschenkt wird: Wenn wir das Raid mit den exakt gleichen Platten – Hersteller, Typ,

Baureihe und Fertigungsdatum – ausstatten, ist die Wahrscheinlichkeit immer deutlich höher, dass alle Platten des Verbunds ihr Leben innerhalb einer relativ engen Zeitspanne aushauchen.

Klingt eher unwahrscheinlich? Leider nicht...

Die Zeit ist da – die theoretischen Basics auch: Werden wir also wieder praktisch.

2.3.9 Mirror, Mirror – Teil 1: Softraid Level 1

Fangen wir zum Einstieg mit der einfachsten Softraid-Variante an: Einem Softraid für ein reines Daten-Storage. So können wir zunächst die Basics zur Verwaltung eines Softraids kennenlernen, bevor wir sie in komplexeren Szenarien wie bei bootredundanten Raid-1- und Raid-5-Systemen untersuchen und in die Praxis umsetzen werden.

Hinweis

Ein Tipp vorab: Um die folgenden Beispiel-Setups nachzuvollziehen, bietet sich vorzugsweise der Einsatz einer virtuellen Maschine (VM) an. Frei verfügbare Lösungen gibt es genug, an dieser Stelle seien nur Xen, KVM, Vmware Server oder Virtualbox genannt. Jeder dieser Virtualisierer bietet bestimmte Vorzüge, detailliertere Infos liefern die Webseite des jeweiligen Produkts und natürlich die korrespondierenden Manpages.

Bei allen vorgenannten Virtualisierern lassen sich sehr einfach neue virtuelle Disks zum virtuellen Testsystem hinzuaddieren, sofern das Hostsystem oder der zentrale Storage die entsprechenden Speicher-Kapazitäten besitzen. Zudem bieten fast alle Virtualisierer die Möglichkeit, einen oder mehrere Snapshots der virtuellen Maschinen zu speichern, sodass zerschossene Konfigurationen relativ einfach revertiert werden können.

Zum Setup: Die meisten größeren Distribution bringen heutzutage fortschrittliche Setup-Tools bzw. Frontends mit, die die Einrichtung eines Softraids (und LVMs) – auch während der Installation – zu einer relativ unkomplizierten Angelegenheit machen.

Aber das nützt uns alles herzlich wenig, wenn uns gerade keines dieser tollen Frontends zur Verfügung steht und wir auf die Kommandozeile und gute alte Handwerksarbeit zurückgreifen müssen. Zudem lässt sich nur so nachvollziehen, wie die Frontends hinter ihrer Fassade bei der Erzeugung/Administration eines Softraid-Arrays wirklich werkeln. Schauen wir uns also zunächst das Handmade-Setup eines Softraids Level 1 auf der Kommandozeile an.

Im Folgenden fügen wir unserem (virtuellen) System 2 weitere Disks hinzu, auf denen wir den redundanten Datenbereich erstellen werden. Für unsere folgenden Betrachtungen müssen nur gegebenenfalls die Device-Bezeichner entsprechend den tatsächlichen Erfordernissen angepasst werden. Unter VMWare werden virtuelle Disks vorzugsweise als SCSI-Disks (/dev/sdX) eingebunden.

Achtung

Nachdem wir ein Backup aller wichtigen Daten erstellt und vor allem auch getestet haben (!) – sofern es sich *nicht* um eine reine (virtuelle) Testmaschine handelt –, kann es losgehen.

Die beiden im folgenden Beispiel verwendeten SCSI-Disks sind idealerweise gleich groß und über die Device-Nodes */dev/sdb* und */dev/sdc* ins System eingebunden. Zunächst erstellen wir eine identische Partitionierung mit korrekter Partitions-ID auf beiden Disks und fügen sie anschließend zu einem Array zusammen. Wer kein Auto-Detect (siehe Abschnitt 2.3.7 unter der Überschrift »Raid-Autodetection«) benötigt, kann auch alternativ die kompletten Disks verwenden.

Sollten die (realen) Platten nicht gleich groß sein, stellt das auch kein unüberwindbares Hindernis dar: Es muss nur darauf geachtet werden, dass die kleinere der beiden zuerst partitioniert und vorbereitet wird, anschließend lässt sich die komplette Partitionstabelle per `sfdisk` problemlos auf die größere übertragen.

Exkurs: Hot-Plugging von SCSI-/SATA-Disks

Wollen wir neue Disks, für die noch keine Device-Nodes existieren, zur Laufzeit dem (virtuellen) Test-System hinzufügen (je nach Virtualisierungs-Software online möglich), kann es gegebenenfalls erforderlich sein, den SCSI-Bus neu zu scannen, bzw. die notwendigen Infos zu aktualisieren, damit die für den Zugriff erforderlichen Device-Nodes per *udev* generiert werden.

Das Debian/Ubuntu-Tool *scsiadd* beispielsweise erfindet dabei das Rad auch nicht neu; wie so oft wird auch hier »nur« die korrespondierende Information aus dem */proc*-Filesystem ausgelesen bzw. aktualisiert. Involvierte Datei ist in diesem Fall */proc/scsi/scsi*, deren Inhalt sich relativ einfach aufschlüsselt (das folgende Listing entstammt einer VMware-VM; bis auf die Revisionsnummern und die Modellbezeichner unterscheidet es sich in der Regel nicht von einer realen Umgebung):

```
#> cat /proc/scsi/scsi

Attached devices:
Host: scsi1 Channel: 00 Id: 00 Lun: 00
  Vendor: NECVMWar Model: VMware IDE CDR10 Rev: 1.00
```

```
  Type:   CD-ROM                           ANSI  SCSI revision: 05
Host: scsi2 Channel: 00 Id: 00 Lun: 00
  Vendor: VMware,  Model: VMware Virtual S Rev: 1.0
  Type:   Direct-Access                    ANSI  SCSI revision: 02
```

Ergänzend dazu die Ausgabe von `lsscsi`, die den gleichen Output nur etwas vereinfacht darstellt:

```
[1:0:0:0]    cd/dvd  NECVMWar VMware IDE CDR10 1.00  /dev/sr0
[2:0:0:0]    disk    VMware,  VMware Virtual S 1.0   /dev/sda
```

Der SCSI-relevante Output schlüsselt sich bei beiden nach dem Muster

```
[  Host : Channel   : (Target) ID :  Lun ]
```

auf. Wollen wir nun eine neue Disk zur Laufzeit hinzuaddieren, reicht das folgende Kommando:

```
#> echo "scsi add-single-device" 2 0 1 0 > /proc/scsi/scsi
```

Ebenso kann eine Disk durch den Substring `'remove-single-device'` wieder entfernt werden. Wichtig hierbei ist die Nummerierung der ID, auf das obere Beispiel bezogen die nächste freie, also »1«. Die zweite Disk mit ID »2« kann nun analog dazu addiert werden. Anschließend sollte `lsscsi` die beiden neuen Disks korrekt auflisten

```
[2:0:1:0]    disk    VMware,  VMware Virtual S 1.0    /dev/sdb
[2:0:2:0]    disk    VMware,  VMware Virtual S 1.0    /dev/sdc
```

und udev die korrespondierenden Device-Nodes erzeugt haben:

```
#> ls -la /dev/sd[bc]
```

```
brw-rw---- 1 root disk 8, 48 2010-08-19 17:28 /dev/sdb
brw-rw---- 1 root disk 8, 64 2010-08-19 17:53 /dev/sdc
```

Die Device-Bezeichner und -Nodes werden dabei aufsteigend vergeben.

Nun erzeugen wir mit dem Werkzeug unserer Wahl (z. B. per `fdisk /dev/sdb`, -> n -> p -> 1 -> Größe festlegen) eine Partition auf */dev/sdb*. Für einen reinen Test sollte die Partition nicht allzu groß gewählt werden, damit die Resync-Phasen nicht zu viel Zeit in Anspruch nehmen.

Falls wir eine Auto-Assemblierung (unter den bereits genannten, entsprechenden Vorgaben) wünschen, müssen wir die IDs der am Array beteiligten Partitionen explizit auf »fd« *(Linux Raid Autodetect)* setzen. Das erledigen wir im *fdisk*-Menü per: »t«, »L« liefert eine Liste aller verfügbaren IDs. Nachdem wir die Partitionstabelle gespeichert haben (im fdisk-Menü: »w«), kopieren wir sie per `sfdisk` einfach auf die zweite Platte:

```
#> sfdisk -d /dev/sdb | sfdisk /dev/sdc
```

Sollte *fdisk* zuvor unnötigerweise meckern, dass die Partitionstabelle erst beim nächsten Reboot aktualisiert werden kann (kann passieren, wenn eine neue Partition auf dem aktiven Systemlaufwerk angelegt wird, z. B. /dev/sda5), stört uns das herzlich wenig. Per `partprobe` wird die neue Partitionstabelle umgehend im Kernel aktualisiert. Eine schnelle Kontrolle per

```
#> sfdisk -l /dev/sd[bc]
```

sollte nun eine identische Partitionierung für beide Platten ausgeben. Im nächsten Schritt erzeugen wir das eigentliche Array mit dem bereits erwähnten Tool *mdadm(8)*.

mdadm – das Multi-Talent

mdadm(8) (Multiple Device Administration) ist der Nachfolger der veralteten *raidtools* und beherrscht fast jede denkbare Softraid-Konfiguration. Zentraler Maintainer des Pakets ist Neil Brown, zum Zeitpunkt der Erstellung des Buches liegt aktuell Version 3.1.x (verfügbar seit Nov 2009) vor, den meisten aktuellen Distributionen liegt mdadm in Version 3.0.x (verfügbar seit September 2009), oder zumindest 2.6.7 (verfügbar seit Mitte 2008) bei. Die Version stellt im Hinblick auf Bugfixes und Features einen wichtigen Punkt dar, als Beispiele seien hier nur folgende Details aufgeführt: mdadm beherrscht erst ab Version 2.6.x das Online-Reshaping (die Vergrößerung) eines Raid 5 oder 6 mit V1.x Superblocks sowie *partitionable Raids*. Seit Version 3.0 kommt mdadm auch mit Metadaten-Formaten zurecht, die dem Kernel nicht bekannt sind, wie z. B. das SNIA(*Storage Networking Industry Association*)-Standardformat DDF (*Common Raid Disk Data Format*) sowie Intel Matrix, das bei neueren ICH-Controllern des Chip-Herstellers zum Einsatz kommt. Seit Version 3.0.3 gibt es etliche Ergänzungen im Hinblick auf Raid-Container, und erst seit Version 3.1 kann z. B. beim Reshaping die Chunk-Size verändert werden und ein Raid 1 in ein Raid 5 in ein Raid 6 und zurück konvertiert werden.

Die aktuellste Version kann über

http://www.kernel.org/pub/linux/utils/raid/mdadm/

heruntergeladen werden (dort findet sich auch ein ausführliches ChangeLog für Version 3.x). Nach dem Entpacken reicht ein simples `make && make install` aus, um *mdadm* zu kompilieren und installieren.

Bevor wir loslegen, sollten wir uns noch einen kurzen Überblick über die Hierarchie des Tools verschaffen, denn es liefert verschiedene Haupt-Optionen, die jeweils eigene »help«-Sektionen besitzen. Eine Kurz-Übersicht der verfügbaren Haupt-Optionen liefert:

```
#> mdadm --help
```

Die Auflistung der jeweils zugehörigen Sub-Optionen liefert:

```
#> mdadm --<Haupt-Option> --help
```

Hier die Auflistung der Haupt-(Major-)Optionen:

`--create (-C)` – neues Array anlegen

`--assemble (-A)` – vorhandene Array-Teile zusammenfügen

`--build (-B)` – wie *assemble*, jedoch nur für Raid 0

`--manage` – Array(-Devices) managen

Wird z. B.: `-a (add)`, `-r (remove)`, `-f (faulty)` angegeben, muss `--manage` nicht mehr explizit angegeben werden.

`--detail (-D)` – detaillierte Infos zum Array

`--monitor (-F)` – Array-Überwachung

`--grow (-G)` – mach es größer (z. B. Level 1, 5)

Ausführlichere Infos liefern die Hilfen der Haupt-/Suboptionen sowie *mdadm(8)* und *mdadm.conf(5)*.

Um unser Raid-1-Array nun neu anzulegen, wählen wir den Hauptmodus `--create` bzw. `-C` und die Kurzform der korrespondierenden `--create`-Suboptionen:

```
#> mdadm -C -l1 -n2 /dev/md1 /dev/sd[bc]1
```

Der Parameter `-C` (`--create`) legt das Array an, `-l1` (`--level=1`) gibt den Raid-Level (1) an, `-n2` (`--raid-devices=2`) bestimmt die Anzahl der zugehörigen Raid-Devices. Danach folgt der eigentliche Device-Bezeichner des Softraids (hier: */dev/md1*) und die Partitionen, aus denen es besteht (hier: */dev/sdb1* und */dev/sdc1*). Optional kann die Chunk-Size (`-c` oder `--chunk=<wert>`) angegeben werden, siehe hierzu auch den Abschnitt 2.3.5, »Softraid-Performance«, jedoch wird dieser Parameter primär für gestripte Raid-Level, wie z. B. Level 5, eingesetzt.

Der Befehl sollte uns nach der Bestätigung mit (Enter) mit folgender Ausgabe belohnen:

```
mdadm: array /dev/md1 started.
```

Im nächsten Schritt müssen wir nur noch das Array wie ein normales Blockdevice mit dem Dateisystem unserer Wahl formatieren.

Damit unser Array auch beim nächsten Reboot wieder sauber re-assembliert werden kann, sollte mdadm mit den entsprechenden Optionen (`-A -s` = Assemble, scan) in ein entsprechendes Init-Script eingebunden werden. Bei SUSE erledigt das die permanente Einbindung von */etc/init.d/boot.md* per `insserv` oder `chkconfig`; bei Ubuntu ist die notwendige Raid-Unterstützung seit 9.04 fest im Kernel integriert.

Exkurs: Sperrige Blöcke ...

Regulär werden die notwendigen md-Devices beim `mdadm --create`-Aufruf per udev erzeugt, sodass keine Notwendigkeit zur manuellen Intervention bestehen sollte. Falls das System exakt an dieser Stelle dennoch meckern sollte, dass kein derartiges Blockdevice (*/dev/md1*) existiert – was bei korrekt arbeitendem udev regulär nicht passieren sollte –, kann temporär einfach eines per:

```
#> mknod /dev/md1 b 9 1
```

angelegt werden. Das Tool `mknod` dient zum Anlegen von Spezialdateien, wie in unserem Fall eines Blockdevices. Das `b` im Befehl steht also für Blockdevice, 9 gibt die Major-Device-Number an. Darüber werden die Gerätetdateien mit den entsprechenden Gerätetreibern im Kernel verbunden. Die Minor-Device-Number dient zur Unterscheidung bei mehreren gleichartigen Geräten und beginnt in unserem Fall bei 1 (und nicht bei 0), da zum einen noch kein anderes Device dieser Art (md = multiple device) vorhanden ist, zum anderen halten wir die 0 frei für */dev/md0*, welches wir im nächsten Abschnitt für unser bootredundantes Systemroot benötigen. Über `-m` können zusätzlich die Rechte gesetzt werden, analog zum `chmod`-Kommando. Bei den meisten Distributionen wird für Blockdevices 660 verwendet, also `brw-rw---`. Die `mknod`-Binary ist üblicherweise Bestandteil des Pakets »coreutils«.

... und allgemeines Raid-Alzheimer

Sollte unser Softraid seine Konfiguration nach dem nächsten Test-Reboot trotz korrektem Setup und korrekter Partitions-IDs schon wieder »vergessen« haben, sollten wir dabei nicht vergessen: Dies ist das korrekte Verhalten für Systeme ohne fest einkompilierte Raid-Unterstützung und Arrays mit 0.90-Superblocks. Also gehe nicht über LOS, massakriere nicht den Rechner und vor allem: Erstelle nach einer manuell durchgeführten, korrekten Re-Assemblierung des Arrays (`mdadm -A -s`) die Datei mdadm.conf (bei SuSE unter */etc*, bei Debian/Ubuntu unter */etc/mdadm/*) mit den aktuellen Einstellungen des jeweiligen Arrays, um dem raidschen Alzheimer präventiv entgegenzuwirken, z. B.:

```
#> mdadm --detail --scan | grep /dev/md1 >> /etc/mdadm/mdadm.conf
```

(mit Angabe der Metadatenversion) oder alternativ:

```
#> mdadm --examine --scan| grep /dev/md1 >> /etc/mdadm/mdadm.conf
```

Die neu hinzugefügte Zeile in der *mdadm.conf* könnte beispielsweise wie folgt aussehen (Zeile hier umbrochen):

```
ARRAY /dev/md1 level=raid1 num-devices=2
   UUID=6a44896a:330f2455:17cf5892:0727fb1e
```

Zur Überwachung des/der Arrays kann mdadm auch im Daemon-Mode aufgerufen werden. Bei SUSE muss hierzu nur das Init-Script */etc/init.d/mdadmd* eingebunden werden; über die korrespondierende SUSE-typische Konfigurations-Datei */etc/sysconfig/mdadm* können mdadm verschiedene (Monitoring-)Parameter mit auf den Weg gegeben werden: Scan-Intervall, Benachrichtigungsmailadresse, mdadm-Konfigurationsdatei usw. Bei Ubuntu ist mdadm als Daemon nach seiner Installation regulär meistens schon aktiv, korrespondierende Einstellungen können dort über */etc/default/mdadm* bzw. **`dpkg-reconfigure mdadm`** gesetzt werden, dazu gleich mehr.

Weiter im Text: Per **`cat /proc/mdstat`** können wir schnell kontrollieren, ob das Array korrekt gestartet wurde, und wie der aktuelle Synchronisationsstatus aussieht:

```
Personalities : [raid1]
md1 : active raid1 sdb1[0] sdc1[1]
     8388544 blocks [2/2] [UU]
unused devices: <none>
```

Wichtig sind – nach erfolgter Synchronisation – vor allem die Infos `[2/2]` und `[UU]`, denn sie besagen uns, dass sich 2 von 2 Platten im Array befinden, beide »U«p und damit auch synchronisiert sind. Wesentlich mehr Details liefert die Major-Option **`-D`** (**`--detail`**), die meisten angezeigten Parameter dürften selbsterklärend sein:

```
#> mdadm -D /dev/md1
```

```
/dev/md1:
        Version : 0.90
  Creation Time : Tue Sep 21 20:41:12 2010
     Raid Level : raid1
     Array Size : 8388544 (8.00 GiB 8.59 GB)
  Used Dev Size : 8388544 (8.00 GiB 8.59 GB)
   Raid Devices : 2
  Total Devices : 2
Preferred Minor : 0
    Persistence : Superblock is persistent
    Update Time : Tue Sep 21 22:37:24 2010
          State : clean
 Active Devices : 2
Working Devices : 2
 Failed Devices : 0
  Spare Devices : 0
           UUID : 6fe8fb27:53973d5a:7eee48bd:2b202456 (local to host ... )
         Events : 0.39
    Number   Major   Minor   RaidDevice State
       0       8       16        0      active sync   /dev/sdb
       1       8       48        1      active sync   /dev/sdc
```

Der Parameter »Events« in der oberen Ausgabe zeigt den Status des Event-Counters (wird aus dem Superblock ausgelesen). Er gibt an, welche »Events« unserem Array in letzter Zeit widerfahren sind. Dies wird von mdadm während einer (Re-) Assemblierung ausgewertet, um z. B. Kenntnis über fehlerhafte und Out-of-Sync-Komponenten des Arrays zu erlangen.

Sollte später im laufenden Betrieb statt einem der beiden U's in */proc/mdstat* ein »_« (Underscore) stehen, hat sich durch einen Fehler eine der beiden Platten aus dem Array-Verbund verabschiedet, was sich in etwa so darstellen würde:

```
md1 : active raid1 sdb1[0](F) sdc1[1]
      8388544 blocks [2/1] [U_]
```

Mit einem kleinen Einzeiler lässt sich per *cron* eine einfache, aber effektive Überwachung für ein Softraid erstellen:

```
#> grep \(F\) /proc/mdstat >/dev/null && cat /proc/mdstat | \
                                mail -s "RAID ERROR" raidadmin@mydomain
```

Das »grep« nach dem »(F)« hat einen einfachen Grund: Existiert eine Online-Spare, springt sie sofort ein, und beide Devices sind wieder »Up«. Dass die ehemalige Spare nun als Reserve bereits im Einsatz ist, bekommt *grep* per »_« nicht mit – dass eine der Disks nun Faulty ist, jedoch sehr wohl.

Das Skript richtet sich allerdings eher an Puristen, denn **mdadm** bringt diese automatische Überwachungsfunktionalität von Haus aus mit; wir müssen sie nur noch aktivieren, damit sie uns zu gegebener Zeit darüber in Kenntnis setzt, dass wir beizeiten, und falls wir gerade nichts Besseres zu tun haben, mal im Serverraum vorbeischlurfen sollten, um dem Server eine neue Disk zu spendieren. Im Detail sieht das Ganze so aus:

```
#> mdadm --monitor  /dev/md1 -f  -m raidadmin@mydomain
```

Über **--monitor** wird das Array in parametrierbaren Intervallen überwacht, Standard sind 60 Sekunden. Die Option **-f** lässt den mdadm-Monitor als Daemon laufen; nach dem Aufruf meldet sich der Prozess von der Konsole ab und läuft im Hintergrund. Der hinter der Option **-m** angegebene User erhält im Fehlerfall eine Mail.

Sinnigerweise sollte der Aufruf über das entsprechende Init-Script erfolgen, */etc/init.d/mdadm* ist standardmäßig aktiviert bei Debian/Ubuntu, das *mdadmd*-Skript muss bei SUSE erst wie üblich per *chkconfig* oder *insserv* in die Runlevel eingebunden werden. Über die korrespondierende Konfigurationsdatei */etc/sysconfig/mdadm* können *mdadm*, wie bereits erwähnt, zusätzliche Monitoring-Parameter mit auf den Weg gegeben werden.

Wollen wir das Array zwischenzeitig stoppen und anschließend Re-Assemblieren, ist das ebenfalls schnell erledigt (Stop: `--stop | -S`):

```
#> mdadm -S /dev/md1
```

und wieder starten (`--assemble | -A`):

```
#> mdadm -A /dev/md1 /dev/sd[bc]1
```

Disk-Failure

Zum nächsten Schritt: Unser Array läuft, und von uns aus könnte es das gern bis in alle Ewigkeit oder zumindest bis zum nächsten offiziellen Servertausch tun. Tut es aber meistens nicht, wie wir leidgeprüften Admins nur zu gut wissen, also tun wir das, was wir tun müssen, und testen bzw. simulieren den Fehlerfall.

> **Achtung**
>
> Bevor wir loslegen, bitte nochmals sicherstellen, dass für das System, sofern es sich NICHT um ein reines Testsystem handelt, aktuelle und vor allem verifizierte Backups bzw. Images existieren!

Die einfachste und materialschonendste Variante ist sicher zunächst die softwaremäßige Fehlersimulation per mdadm. Über den Parameter `-f` (»faulty«, Suboption von `--manage`, die in diesem Sonderfalle direkt und ohne Major-Option abgesetzt werden kann: wenn die erste Befehlsoption `-a [add]`, `-f[fail]` oder `-r[remove]` ist, wird automatisch als Major-Option `'--manage'` angenommen) markieren wir eine Disk explizit als fehlerhaft:

```
#> mdadm -f /dev/md1  /dev/sdc1
```

/proc/mdstat sollte uns nun den bereits weiter oben gezeigten Output liefern, der uns mitteilt, dass etwas faul(ty) im Staate Dänemark ist. Per `mdadm -r /dev/md1 /dev/sdc1` kicken wir das fehlerhafte Device softwaremäßig nun komplett aus dem Verbund und könnten es jetzt, sofern es sich um ein reales System mit verifizierten Disk-Hotplug-Kapabilitäten handelt, entfernen.

> **Achtung**
>
> An dieser Stelle – in realen Umgebungen und unter realen Bedingungen – vorher auf jeden Fall noch einmal verifizieren, dass wir auch die richtige Disk entnehmen (wir erinnern uns: `hdparm -i <device>`).

Nach dem Einsetzen und Partitionieren der Ersatz-Disk können wir sie per

```
#> mdadm -a /dev/md1  /dev/sdc1
```

dem Array wieder hinzufügen. Anschließend startet automatisch der Resync:

```
md1 : active raid1 sdc1[0](F) sdd1[1]
      8388544 blocks [2/1] [U_]
      [==>.......]  recovery = 14.3% (...) finish=0.4min speed=240000K/sec
```

Ein Statuswechsel der SCSI-Disks zur Fehlersimulation ist im laufenden Betrieb ebenso möglich:

```
#> echo offline > /sys/block/sdb/device/state
```

Danach muss gegebenenfalls eine kleine Schreiboperation getriggert werden, z. B. per

```
#> dd if=/dev/zero of=/dev/md1 bs=1024 count=10
```

um den Fehlerstatus der Disk in */proc/mdstat* sichtbar zu machen. Die Disk kann natürlich auf dem gleichen Weg wieder aktiviert werden:

```
#> echo running > /sys/block/sdb/device/state
```

Natürlich muss auch hierbei unsere »fehlerhafte« Disk vorab per `mdadm -r` aus dem Array entfernt werden und kann nach der Aktivierung per `echo running...` über `mdadm -a` dem Array wieder hinzugefügt werden.

Eine weitere, relativ »weiche« Möglichkeit zur Fehlersimulation wäre im Fall von SCSI/SATA-Disks der »Hot«-Remove per

```
#> echo "scsi remove-single-device" <Wert>  > /proc/scsi/scsi
```

den wir uns bereits im vorletzten Abschnitt angeschaut haben. Auf diese Art wird der Disk-Ausfall auch umgehend in */proc/mdstat* getriggert und angezeigt.

Damit sind wir auch schon mit der Erstellung unseres einfachen Softraids Level 1 durch. Kommen wir nun zu einem ebenfalls wichtigen Punkt, dem Typ namens »Spare«, der meist auf der Reserve-Bank herumhängt...

Ersatzspieler aufs Feld – Raid 1 mit zusätzlicher Online-Spare

Schauen wir uns an dieser Stelle noch kurz an, wie wir eine Online-Spare konfigurieren, die im Fehlerfall automatisch für eine defekte Platte unseres Raid 1 einspringt. Eine einfache Übung. Zunächst sorgen wir per *sfdisk* dafür – insofern die Disks unseres bestehenden Arrays partitioniert sind – das die neue, dritte Disk eine identische Partitionstabelle erhält:

```
#> sfdisk -d /dev/sdb | sfdsisk /dev/sdd
```

und binden sie dann in bekannter Weise ein:

```
#> mdadm -a /dev/md1 /dev/sdd1
```

Ein `cat /proc/mdstat` gibt uns nun folgende Ausgabe:

```
Personalities : [raid1]
md1 : active raid1 sdd1[2](S) sdb1[1] sdc1[0]
      155775296 blocks [2/2] [UU]
unused devices: <none>
```

Die neue Spare können wir nun unschwer am (S) erkennen. In der *mdadm.conf* wird die zusätzliche Spare über die Direktive `spares=1` gesetzt.

Wollen wir direkt ein Raid 1 mit zusätzlicher Spare generieren, sieht die Befehlssyntax beispielsweise wie folgt aus:

```
#> mdadm -C -l1 -n2 -x1 /dev/md1 /dev/sd[bcd]1
```

Debugging

Sollte bis hierher irgendetwas nicht geklappt haben, folgende Punkte checken:

- Alle erforderlichen Pakete installiert?
- Raid-Module geladen?
- Alle am Array beteiligten Partitionen auf *0xfd* (nur für Raid-Autodetect) getoggelt?
- Bei partitionierten Disks im Array: identische Partitionen?
- MD-Device-Nodes vorhanden?
- mdadm.conf erstellt?

2.3.10 Dynamisches Duo – Softraid Level 1 + 0 und 10

Nach dem vorangegangenen Setup ist diese Nummer bereits eine leichte Übung für uns. Als Devices verwenden wir sdb, sdc, sdd und sde. Falls das alte Array aus dem letzten Beispiel noch aktiv ist, dieses natürlich zunächst per `mdadm -S` stoppen.

Im ersten Beispiel setzen wir für ein Raid 1 + 0 ein Bein vors andere (hier zunächst ein manuelles Setup, um den Aufbau zu verdeutlichen: erst die beiden Legs mit jeweils einem Raid 1, dann aus beiden md's das Raid 0 erzeugen):

Leg 1 (Raid 1):

```
#> mdadm -C -l1 -n2 /dev/md1  /dev/sd[bc]1
```

Leg 2 (Raid 1):

```
#> mdadm -C -l1 -n2 /dev/md2  /dev/sd[de]1
```

... und dann im Gleichschritt (beide Raid 1 zum Raid 0 zusammenfassen):

```
#> mdadm -C -l0 -n2 /dev/md3  /dev/md[12]
```

Der große Nachteil bei dieser Variante: Dieses Raid 1 + 0 wird von *mdadm* tatsächlich wie ein Verbund-Konstrukt aus 3 Arrays behandelt, wie auch die entsprechende Ausgabe von */proc/mdstat* unschwer zeigt, d. h. der administrative Aufwand wird durch die 2 md-Ebenen unnötig vergrößert. Hinzu kommt eine etwas schlechtere Performance durch den etwas größeren Overhead.

Per `-l 10` und dem korrespondierenden Modul [*raid10*] lässt sich seit *mdadm* 2.6.9 das Raid 10 in einem Rutsch erzeugen:

```
#> mdadm -C /dev/md1 -v -n4  -l10 /dev/sd[bcde]1
```

Nach erfolgter Synchro präsentiert sich der Output von */proc/mdstat* in etwa wie folgt:

```
Personalities : [raid1] [raid10]
md0 : active raid10 sde1[3] sdd1[2] sdc1[1] sdb1[0]
      16777088 blocks 64K chunks 2 near-copies [4/4] [UUUU]
```

Der Wert »2 near-copies« im o. a. Output ist der Default-(Block-)Layout-Wert für Raid-10-Arrays. Er gibt an, dass in diesem Fall das sogenannte »Near-Layout« verwendet wird. Dazu sind ein paar Erläuterungen nötig:

Wenn ein Raid-10-Array angelegt wird, kann per `-p <Layout><Anzahl>` optional festgelegt werden, welches Raid-Layout verwendet wird und wie viele Replicas für jeden Datenblock existieren sollen.

Würden wir in einem Raid-10-Array eine Anzahl von 4 Replicas angeben (z. B.: -p n4), hätten wir anschließend ein Raid 1 mit 4 Disks und der Nutzkapazität von genau 1(!) dieser Disks. Insofern wird für ein Raid 10 regulär eine Default-Anzahl von 2 Replica-Blöcken angenommen.

Kurz zu den Layouts: Hier existieren die Varianten »near«, »far« und »offset«. Da die Layouts nicht unwesentlich für die Performance (und damit auch indirekt für die Rebuild-Zeiten) sind, werfen wir einen kleinen Blick darauf. Die ersten beiden sind namentlich einfach zu klassifizieren, stark vereinfacht steckt Folgendes dahinter:

`near` – multiple Kopien des jeweiligen Chunks werden nacheinander (»nah« beieinander) über das Array gestriped, sodass die Kopien eines bestimmten Datenblocks mit dem gleichen Offset (an Blöcken) auf den beteiligten Devices abgelegt werden. Performancemäßig orientiert sich das Layout eher an einem Raid 1.

`far` – multiple Kopien eines bestimmten Chunks werden, wie der Name schon sagt, in einiger Entfernung voneinander abgelegt. Die erste Kopie aller Datenblöcke wird über den Anfang der am Array beteiligten Devices – wie beim Raid 0 – gestriped, der nächste Block beginnt etwa ab der Hälfte der jeweiligen Devices, wobei sichergestellt wird, dass alle Kopien natürlich auf jeweils unterschiedlichen Devices abgelegt werden. Der Vorteil der »far«-Allocierung liegt in einer Erhöhung der sequenziellen Lesegeschwindigkeit, in etwa wie bei einem Raid 0, allerdings zu Lasten einer etwas reduzierten Schreib-Geschwindigkeit.

`offset` – das Layout (jeder Stripe wird dupliziert) besitzt ähnliche Charakteristika wie »far« bezogen auf die Leseperformance, wenn die Chunk-Size groß genug dimensioniert wurde, aber etwas bessere Schreibperformance.

Weiter Infos hierzu liefert ebenfalls *md(4)*.

Hinweis

Natürlich kann auch für diese Raid-Variante eine Chunk-Size festgelegt werden; Details zur Chunk-Size und zu ihren Auswirkungen auf die Performance siehe Abschnitt 2.3.5, »Softraid-Performance«.

2.3.11 Softraid Level 5

»Five to one, one in five, no one here gets out alive ...« Gott sei Dank treffen Jim Morrisons alte Lyrics des *Doors*-Songs von 1968 im Hinblick auf ein Raid Level 5 in der Regel nicht zu. Es sei denn, mit einem Schlag geben 2 Disks synchron den Geist auf – oder die zweite während eines Rebuilds. In der Praxis eher ein Event aus dem Unwahrscheinlichkeitsdrive, wobei wir jedoch in Erinnerung behalten sollten, dass ein Rebuild – je nach Größe unseres Arrays – auf einem Raid 5 bisweilen dauern kann, sehr arbeitsintensiv für die verbleibenden Disks ist und eine zweite Spare während dieser speziellen Phase keine Hilfe beim Crash einer zweiten Disk bringt. Wem das jetzt den Schweiß auf die Stirn treibt, der sollte – wenn er mit einer etwas niedrigeren Write-Performance als beim 5er leben kann – einen Blick auf das Raid 6 im nächsten Abschnitt werfen.

Das Softraid 5 lässt sich in bekannter Weise per mdadm recht einfach aufsetzen. Neben den bereits erläuterten Vorbetrachtungen ist zu beachten, dass in jedem Fall eine Online-Spare inkludiert wird. Zunächst aber müssen wir natürlich dafür sorgen, dass die entsprechenden Module zur Verfügung stehen: `raid4/5/6` und `xor`, Letzteres wird zur Berechnung der Paritätsinformationen benötigt. Dann können wir loslegen, z. B.:

```
#> mdadm -C -l5 -n3 -x1 /dev/md1 /dev/sd[bcde]1
```

Ein Blick auf */proc/mdstat* zeigt uns nun, dass das Level-5-Array aus 3 Platten assembliert wird. Der Parameter `-x1` gibt an, dass eines der Devices als Online-(extra-)Spare verwendet werden soll; im nachfolgenden Beispiel ist es *sde1*, die zusätzlich mit einem (S) gekennzeichnet ist.

```
Personalities : [linear] [raid6] [raid5] [raid4]
md1 : active raid5 sdd1[2] sde1[3](S) sdc1[1] sdb1[0]
      16777088 blocks level 5, 64k chunk, algorithm 2 [3/3] [UUU]
```

Das Standard-Layout eines Raid 5 ist »left-symmetric«, die Variante kann ebenfalls über den Schalter `-p` bei der Erzeugung des Arrays bestimmt werden. Die Symmetrie bestimmt bei einem Raid 5 darüber, nach welchen Rotationsverfahren und Algorithmen die Stripes und Paritätsdaten auf den beteiligten Devices abgelegt werden. Möglich sind die 4 Varianten `left|right-symmetric|asymmetric` oder kurz: `la, ls, ra, rs`.

Wie beim Raid 10 hat diese Anordnung (das im Superblock gespeicherte Layout) Einfluss auf die Performance des Arrays und damit wiederum auch auf die Rebuild-Dauer im Fall der Fälle:

`left-asymmetric` ist der Standard für ein Raid-5-Layout, jedoch nicht unter Linux bzw. für mdadm. Die Stripes werden im Round-Robin-Style vom letzten bis zum ersten (last-to-first) Array-Member verteilt, die Paritätsdaten entgegengesetzt.

`left-symmetric` ist der Standard für ein Raid-5-Layout unter Linux bzw. für mdadm: Die Stripes »folgen« hier, vereinfacht ausgedrückt, den ebenfalls im Round-Robin-Style (last-to-first) verteilten Paritätsdaten, was insbesondere bei Lesevorgängen einen Performancevorteil bringt.

`right-asymmetric`: wie left-asymmetric, jedoch first-to-last Reihenfolge
`right-symmetric`: wie left-symmetric, jedoch first-to-last Reihenfolge

Soviel zur Symmetrie unseres Raid 5; wollen wir unserem Array nachträglich noch eine zusätzliche (zweite) Spare gönnen, können wir dies ganz einfach per

```
#> mdadm -a /dev/md1  /dev/sdf1
```

erledigen.

Und damit unsere Nummer 5 auch für zukünftige Datenmengen immer genug Reserven besitzt, betrachten wir nun die Vergrößerung eines Raid-5-Arrays im laufenden Betrieb.

Size does matter – Part 3: Online-Vergrößerung eines Softraid 5

Size does matter ... betonten vor etlichen Jahren auch schon die Werbeplakate von Emmerichs Godzilla-Remake. Im Fall seiner mutierten CGI-Echse vielleicht – im Fall von Raid 5 mit Sicherheit.

Ein wichtiges Wort vorab: Dieser Abschnitt bezieht sich nur auf Kernel-Versionen >= 2.6.17, ältere sollten im Hinblick auf aktuelle Distributionen ohnehin nicht mehr anzutreffen sein. Das als *resizing* oder auch als *reshaping* bezeichnete

Feature muss als Kernel-Feature aktiviert sein. Wer ganz sicher gehen will, kann einen Blick in die *.config*-Datei der distributionsspezifischen Kernel-Sourcen werfen; wer es mit Try & Error versuchen möchte: auch gut. Falls Reshaping nicht unterstützt wird, gibt es in etwa folgende oder ähnliche Fehlermeldung:

```
mdadm: Cannot set device size/shape for /dev/md0: Invalid argument
```

Ebenso muss z.B. in Verbindung mit ext3 darauf geachtet werden, dass die e2fsprogs (resize2fs) minimal in Version >= 1.39 vorliegen, in aktuellen Distributionen sollte das kein Problem sein.

Blow up

Nun zum Szenario selbst. Wir kennen alle die Situation: Der Fileserver ist voll bis unter die Dachkante, es gibt keine unwichtigen Daten, die gelöscht oder umgelagert werden können – zumindest nach Meinung der User –, und genau die schreien mal wieder kollektiv nach mehr Speicherplatz. Ein LVM, das diese Aufgabe noch etwas eleganter lösen könnte, haben wir leider noch nicht implementiert. Also – was nun?

Ganz einfach: a) jede Menge Oropax und b) einen ausgeprägten Hang zur völligen Ignoranz oder c) wirklich mehr Speicherplatz – und den am besten, ohne die vorhandenen Daten unseres Arrays zu schreddern, das Array auszuhängen und damit den laufenden Betrieb zu stören.

Bleiben wir bei c) und entspannen uns, denn wir haben unseren Datenbereich mit ext4 auf einem Softraid 5 eingerichtet, zu dem die Devices sdb, sdc, sdd und als Spare sde gehören, das Ganze gemountet unter */data*.

Achtung

Natürlich gilt auch hier wieder, bevor wir beginnen: Backup schon erstellt und verifiziert?

Nachdem wir eine neue Platte (sdf) eingebaut und – falls nötig – identisch partitioniert haben, rufen wir das altbekannte *mdadm* auf, um die neue Platte zum Array hinzuzufügen. Bevor wir jedoch loslegen, sollten wir einen genauen Blick auf einen unscheinbaren und optionalen, aber für die bevorstehende Aktion sicherheitstechnisch wichtigen mdadm-Parameter werfen: `--backup-file`, eine Suboption von `--grow` und `--assemble`. Der Parameter ist primär als Backup dazu gedacht, wenn ein Reshape-Vorgang für ein Raid 5 durchgeführt wird, das keine Spare in petto hat. Aber auch wenn eine Spare vorhanden ist: die zusätzliche Sicherheit, die die externe Datei (die logischerweise nicht auf dem Raid selbst abgelegt werden sollte) bietet, kann in keinem Fall schaden. Falls das Array beim reshape während der sogenannten »critical section« (s. u.) crasht, kann das

Backup-File beim Re-Assemblieren die sehr wahrscheinlich korrumpierten Daten wieder restaurieren.

Legen wir also los:

```
#> mdadm /dev/md0 -a /dev/sdf1
```

Ein Blick in */proc/mdstat* sollte uns die neu hinzugekommene Disk/Partition (sdf1) als zusätzliche Spare (S) anzeigen. Nun kommt der entscheidende Punkt, die Vergrößerung unseres Arrays.

```
#> mdadm --grow /dev/md0 -n4 --backup-file=/tmp/raid5_grow.bak
```

Der kleine, aber entscheidende Parameter `--grow` sorgt dafür, dass das Array nun auf insgesamt 4 Platten – im wörtlichen Sinne des Parameters (`n`) – wächst. Die Ausgabe sollte wie folgt aussehen:

```
mdadm: Need to backup 384K of critical section..
mdadm: ... critical section passed.
```

Falls ein zu niedriger Wert des `stripe_cache_size` angemeckert werden sollte, kann dieser per:

```
#> echo 1024 > /sys/block/md0/md/stripe_cache_size
```

auf einen ausreichenden Wert eingestellt werden.

Der nun gestartete *reshaping*-Vorgang kann je nach Größe des Arrays und den bereits hinreichend benannten, korrespondierenden Faktoren einige Zeit in Anspruch nehmen. Ein Blick auf */proc/mdstat* während des Reshapes zeigt uns nun in etwa:

```
Personalities : [linear] [raid6] [raid5] [raid4]
md0 : active raid5 sdf1[3] sdd1[2] sde1[4](S) sdc1[1] sdb1[0]
      16777088 blocks super 0.91 level 5, 64k chunk, algorithm 2 [4/4] [UUUU]
      [====>................]  reshape = 24.9% (2096708/
8388544) finish=1.4min speed=72300K/sec
```

Nach erfolgtem Reshape müssen wir im letzten Schritt noch das verwendete Dateisystem über den entsprechenden *resize*-Befehl des verwendeten FS auf die neue Größe anpassen, in diesem Fall ext4 per resize2fs:

```
#> resize2fs /dev/md0
```

```
resize2fs 1.41.11 (14-Mar-2010)
Filesystem at /dev/md0 is mounted on /data; on-line resizing required
old desc_blocks = 1, new_desc_blocks = 2
Performing an on-line resize of /dev/md0 to 6291408 (4k) blocks.
The filesystem on /dev/md0 is now 6291408 blocks long.
```

Tauchen hier Fehlermeldungen auf (z. B.: »*resize2fs: Filesystem does not support online resizing*«), können mehrere Ursachen dafür vorliegen, nachfolgend zwei

Möglichkeiten: Entweder liegt *resize2fs* in einer viel zu alten Version (< 1.39) vor, oder falls bei der ursprünglichen Einrichtung des Arrays ein älteres ext3 verwendet wurde, hat das FS auf dem Array eventuell kein `resize_inode`-Flag gesetzt (Test per: **`dumpe2fs <device> |grep feature`**). Dann wurde das ext3-Dateisystem sehr wahrscheinlich mit *mke2fs* < 1.39 angelegt. In diesem Fall sollte das Dateisystem beim Resizing nicht gemountet sein, und zuvor und danach per *fsck* die Integrität der »geshapten« Daten geprüft werden. Zudem kann in den meisten Fällen per *tune2fs* das `resize_inode` Flag nachträglich aktiviert werden.

Sollte alles ohne Fehlermeldungen über die Bühne gegangen sein, steht dem Einsatz unseres aufgebohrten Raid 5 nichts mehr im Wege. Zuletzt prüfen wir noch fix per **`df -h`** die neue Größe unseres Arrays, die um die ergänzte Platte gewachsen sein sollte.

Was das Shrinken eines Raid 5 angeht, gibt es genau 2 Antworten: Shrinken der Größe eines oder mehrerer Devices im Verbund – nicht trivial, aber: ja. Shrinken auf eine geringere Anzahl von Disks – nein. Auf letztere Aktion erhalten wir ein eindeutiges:

```
Cannot reduce number of data disks (yet).
```

Bei diesem – von einigen Admins geforderten – Feature stellt sich aber auch die Frage, ob es in realen Einsatzszenarien überhaupt einen praktikablen Sinn ergeben würde.

Zum einen geht es in der Regel meist darum, zusätzlichen Speicherplatz bereitzustellen, zum anderen ist das Shrinken eines von der Größe her regulär fixen Arrays, das aller Wahrscheinlichkeit nach mit Nutzdaten befüllt ist, die noch dazu in Rotation über alle beteiligten Devices verteilt sind, wohl kaum als trivial geschweige denn Risikoarm einzustufen. Wer derart tief greifende Änderungen in der Struktur des Arrays möglichst risikolos durchführen will, ist in jedem Fall mit einem verifizierten Backup und einer Neu-/Re-Strukturierung seines Arrays besser beraten.

Der Admin, der maximale Flexibilität in Bezug auf Storage-/Volumen-Größe sucht, ist zweifelsohne mit einem LVM am glücklichsten, denn dort sind, bei Berücksichtigung bestimmter Vorgaben, auch Shrink-Manöver realisierbar. Aber keine Panik, den LVM-Kollegen nehmen wir uns im nächsten großen Abschnitt (2.4) detailliert zur Brust.

Und soll einer noch mal sagen, Größe spiele keine Rolle ...

2.3.12 Softraid Level 6

Rufen wir uns noch einmal in Erinnerung, dass alle Disks unseres Arrays gegebenenfalls vom gleichen Hersteller aus der gleichen Serie stammen, und schon erscheint Level 6 in einem anderen Licht, und flüchtige Begriffe wie »Overkill« oder Ähnliches tauchen schnell wieder in der Versenkung ab.

Die MTDL *(Mean Time to Data Loss)* liegt bei einem Raid 6 in jedem Fall höher als bei einem Raid 5, und nicht zuletzt schützt es uns – zumindest etwas besser – gegen Fehler auf OSI-Layer 8 als sein Kollege Nummer 5. Denn falls wir – aufgrund eines kurzfristigen mentalen Formtiefs – nach einem Disk-Defekt rein zufällig doch die falsche Platte entstöpselt haben sollten, müssen wir uns bei einem Raid 6 nicht gleich nach optimalen Fluchtmöglichkeiten und Ländern ohne Auslieferungsantrag umschauen. Unter dem Aspekt der Hochverfügbarkeit betrachtet, liefert ein Raid 6 – standalone gesehen – eindeutig die höchste Verfügbarkeit.

Kommandomäßig gibt's nicht viel Neues, die theoretischen Basics zu Nummer 6 sind uns ebenfalls hinreichend bekannt, legen wir also mit 5 identischen bzw. identisch partitionierten Disks (Array: 4, Spare: 1) los:

```
#> mdadm -C -l6 -n4 -x1 /dev/md0 /dev/sd[bcdef]1
```

Testen wir den F-Fall (Fehler-Fall), indem wir nacheinander 2 Disks auf Faulty setzen, und warten ab, bis der Rebuild durchgelaufen ist.

```
md0 : active raid6 sdf[4] sde[3] sdd[2] sdc[5](F) sdb[6](F)
      16777088 blocks level 6, 64k chunk, algorithm 2 [4/2] [__UU]
      [===>.................] recovery = 19.0% (1599488/
8388544) finish=1.3min speed=84764K/sec
```

Anschließend setzen wir eine weitere Disk auf Faulty.

```
md0 : active raid6 sdf[0] sde[3] sdd[4](F) sdc[5](F) sdb[6](F)
      16777088 blocks level 6, 64k chunk, algorithm 2 [4/2] [U__U]
```

Wir sehen also: Nummer 6 verkraftet – die Spare eingeschlossen – insgesamt sogar 3 defekte Disks, 2 davon gleichzeitig.

Die anschließend folgende Rebuild-Phase erfolgt logischerweise in 2 Stufen, je eine pro neu hinzugefügter Disk – insofern sind es eigentlich 2 Rebuild-Phasen, die natürlich entsprechend mehr Zeit in Anspruch nehmen und das Array ausbremsen.

Die Verfahren zum Reshapen eines Raid 6 entsprechen den bereits im letzten Abschnitt vorgestellten.

2.3.13 Partitionable Raids

Der nächste wichtige Punkt im Softraid-Universum sind die sogenannten *partitionable Raids*, denn sie vereinfachen sehr viele Dinge und nehmen dem Admin im Fehler- bzw. F-Fall wie bei einem Hardware-Raid einen sehr wichtigen Punkt ab: die manuelle Vorbereitung der neuen Ersatz-Disk, sprich: der Partitionierung.

Der lange Zeit »normale« Ansatz zur Erzeugung eines Softraid-Arrays, den wir in den vorangegangenen Beispielen hinreichend kennengelernt haben, erwartet bereits im Vorfeld genaue Überlegung unsererseits, was z. B. die Partitionierung oder Flags angeht. Sollen auf einem Array mehrere Partitionen mit verschiedenen FS untergebracht werden, muss das Array zuvor in mehrere md-Devices unterteilt und entsprechend erzeugt werden. Machbar: sicher. Flexibel: ganz sicher nicht.

Die hinter den *partitionable Raids* liegende Idee ist einfach und macht Sinn: Das Array wird aus kompletten, identisch großen Disks erzeugt bzw. assembliert und kann anschließend wie ein Hardware-Raid, das dem System gegenüber als Single-Disk auftritt, partitioniert werden.

Wie funktioniert's? Im Prinzip ganz einfach. Seit mdadm 2.6 werden partitionable Raids unterstützt, der kleine, aber entscheidende Schalter im `--create`-Mode ist dabei `--auto=mdp` (oder »`part`« oder »`p<Anzahl>`«). De facto ist es seit Kernel 2.6.28 möglich, die Devices auch ohne den *mdadm*-Schalter zu partitionieren (danach sind die md-Subpartitionen in der Regel über `/dev/mdXpY` (X = md-Nummer, Y = Partition) anzusprechen), dies ist jedoch nicht die angedachte Vorgehensweise, zudem sind die Subpartitionen gegebenenfalls nicht über einen Reboot hinweg persistent.

Die *partitionable Raids* erhalten – je nach Version – Device-Namen nach der Konvention */dev/md_d<Zahl>*, wobei die Partitionen in der Form (hier für md0) */dev/md_d<Zahl>p(1..n)* vorliegen. Ebenfalls je nach Version möglich ist die klassische Namenskonvention */dev/md<Zahl>* (Partitionen: */dev /md<Zahl>p1..n)*. Um Probleme zu vermeiden, sollte zum einen ein 1.x-Superblock verwendet werden, zum anderen sollten bei der Partitionierung des Arrays die ID's auf 0xDA *(non fs-Data)* gesetzt werden, andernfalls können bei einem Raid-Recover z. B. eines bootredundanten, partitionable Raids via Live-CD/DVD möglicherweise Probleme auftreten.

Setup am Beispiel eines Raid 1

Zunächst stoppen wir alle gegebenenfalls noch aktiven Test-Arrays, säubern danach alle zuvor verwendeten Disks (keine Partitionierung), und löschen etwaige alte Einträge aus der *mdadm.conf*. Danach rufen wir mdadm auf (Zeile ist umbrochen):

```
#> mdadm -C /dev/md0 --metadata=1.0 \
            --auto=mdp -n 2 -l 1 /dev/sd[bc]
```

Anschließend startet der Initial Sync wie gehabt, nach Beendingung sollte */proc/mdstat* folgenden Output liefern:

```
md0 : active raid1 sdc[1] sdb[0]
      1048564 blocks super 1.0 [2/2] [UU]
```

Nun können wir das neue Device examinieren:

```
#> mdadm --examine --scan
```

```
ARRAY /dev/md/0 metadata=1.0 UUID=d4b28f05:<...snip...>:2a4a24f0 name=jake:0
```

Mit den o. a. Daten aktualisieren wir unsere *mdadm.conf*. Anschließend partitionieren wir */dev/md0* wie eine reguläre Disk, im folgenden Test-Setup mit 2 jeweils 1 GB großen Partitionen. Diese sind anschließend über die Device-Nodes */dev/md_d0p1* und */dev/md_d0p2* ansprechbar und können formatiert werden.

```
#> fdisk -l /dev/md0
```

```
Device Boot          Start         End       Blocks   Id  System
/dev/md0p1               1      244142       976566   da  Non-FS data
/dev/md0p2          244143      488284       976568   da  Non-FS data
```

Falls weitere, ähnliche Device-Nodes, wie z. B. */dev/md/d0p1*, gesichtet werden: Keine Panik – das sind nur Softlinks auf die o. g. Device-Nodes.

Als ersten Test können wir das Array per `-S` stoppen und anschließend per `-A -s` automatisch re-assemblieren. Läuft das ohne Fehler ab, sollte das partitionable Raid auch den nächsten Reboot persistent überstehen. Aber Probieren geht über Studieren – insofern: *Testen*.

Wird nun eine unpartitionierte Spare-Disk ergänzt, übernimmt sie im Ausfall-Fall eines Devices alle notwendigen Informationen und synct diese automatisch wie ein Hardware-Raid.

Debugging

- Alte Partitionstabellen gelöscht?
- Aktuelle mdadm Version?
- Superblock-Version?
- Partitions-ID korrekt gesetzt?
- mdadm.conf nach Assemblierung/Erzeugung aktualisiert?

Der nächste wichtige Punkt: Ein Raid sollte – wie bereits erwähnt – nicht nur für den Datenbereich unseres Servers eingerichtet werden, sondern natürlich auch für das System selbst – denn ohne das geht nüscht.

Die relativ einfachen Setups aus den letzten Abschnitten sollte uns noch nicht allzu sehr ins Schwitzen gebracht haben.

Dafür sorgen wir jetzt.

2.3.14 Bootredundante Arrays für das OS

Die meisten aktuellen Distributionen bringen veritable Konfigurations-Frontends mit, auf deren Basis sich bootredundante Raidsysteme mittlerweile sehr einfach zusammenstellen bzw. -klicken lassen. Die Schwierigkeiten liegen dabei jedoch meist im Detail.

So ist es derzeit z. B. ohne manuelle und in der Regel nicht ganz triviale Intervention nur schwer möglich, ein bootredundantes Array für das OS zu erstellen, das *nachträglich* partitioniert werden kann – also die Installation des OS auf dem gerade eben vorgestellten *partitionable Raid*, was im Gegensatz zur nachfolgend beschriebenen, konventionellen Methode etliche Vorteile bietet, dazu mehr im übernächsten Abschnitt.

Bei der Erstellung des Arrays gilt jedoch für beide Varianten, dass wir uns natürlich auch Gedanken über eine sinnvolle Partitionierung für die üblichen Verdächtigen machen müssen: also neben »/« minimal z. B. »*/var*«, denn wie wir wissen, reicht ein wildgewordener Prozess mit hohem Log-Level und root-Rechten völlig aus, um auf einer bereits gut vorgefüllten root-Partition (die auch */var/log/** beherbergt) auch die letzte 5 %-Standard-Reserve an Blöcken niederzumetzeln). Daneben können/sollten für */usr*, */home* und was sonst noch beliebt bzw. für die jeweiligen Anforderungen passt, die entsprechenden Raid-Partitionen erstellt werden.

Zudem sollten die möglichen Varianten im Vorfeld auf echte Praxistauglichkeit hin genau ausgeleuchtet werden. Beispiel: Mit GRUB2 ist es bereits möglich, auch ohne Umwege und Tricks ein bootredundantes Softraid 5 für die root-Partition einzurichten. *Nice to have* – stellt sich jedoch unweigerlich die Frage, ob dies wirklich unbedingt Sinn macht. Unter dem Aspekt der Erweiterbarkeit: ja. Aber zum einen ist die reine Systempartition eines Linux-Servers eher in den wenigsten Fällen gewaltigen Größenänderungen unterworfen, zum anderen bietet ein Raid 5 ohne Spare auch keinen wirklichen Redundanzvorteil gegenüber einem Raid 1, wartet jedoch mit höherer Komplexität auf, die im Recover-Fall für eine System-Partition durchaus nach hinten losgehen kann.

In der Praxis ist es daher in der Regel kein unkluger Ansatz, das OS auf einem hinreichend dimensionierten, bootredundanten Raid 1 (optional mit LVM, dazu mehr in Abschnitt 2.4.10: »LVM für das root-Dateisystem«) abzulegen und die Datenpartition mit einem geeigneten Raid-Level (optional mit LVM kombiniert) unserer Wahl aufzusetzen. Um eine optimale Verfügbarkeit zu gewährleisten, sollten sich die beiden Arrays nicht die gleichen physikalischen Disks teilen.

2.3.15 Raid-Upgrade: Single-Disk mit installiertem Linux-OS zum bootredundanten Softraid Level 1 aufbohren

Ein nicht ganz alltägliches Szenario; wohl aber eins, das der Admin durchaus benötigt, wenn er die Ausfallsicherheit seines bereits installierten und sorgfältig durchkonfigurierten Single-Disk-Linux-Systems drastisch erhöhen und seine Nachtruhe verbessern will. Den Datenbereich unseres Servers haben wir bereits mit einem Softraid des Levels unserer Wahl hochverfügbar aufgebohrt.

Falls jedoch das eigentliche Linux-System noch auf einer einzelnen Disk läuft: Ein Zustand, den wir optimieren können – und müssen.

Um – basierend auf dieser Ausgangssituation – eine Redundanz herstellen zu können, existieren verschiedene Ansätze, die jedoch alle für aktuelle Linux-Verhältnisse vom Aufwand her nicht mehr wirklich zeitgemäß sind.

Bevor wir uns jedoch einen möglichen Lösungsansatz anschauen, gilt einmal mehr die wichtigste Frage, die man sich grundsätzlich immer stellen sollte, bevor eine Operation an den Eingeweiden des Systems ansteht:

Achtung

Backup bzw. Image schon erstellt? Und vor allem – funktioniert es auch?

Bevor wir also loslegen, sollte in jedem Fall ein Backup aller relevanten Daten und ein aktuelles, verifiziertes Image des OS erstellt werden. Wer noch keine zündende Idee hat, was, wie, wann und wohin er denn alles sichern sollte und kann: In Kapitel 5 »Backup und Disaster Recovery« sollten einige hilfreiche Tipps zu finden sein.

Nun zum Prozedere an sich. Wie gesagt, wir nehmen an, unser Linux-System läuft auf einer einzelnen Disk (*/dev/sda*). Dieses System hat nun eine oder mehrere Partitionen und Mountpunkte, die aber alle nach der gleichen Prozedur behandelt werden. Wir betrachten daher beispielhaft den Mountpunkt »/« und die zugehörige Partition (in diesem Fall */dev/sda2*) unseres Systemroots. Für unsere späteren Betrachtungen in punkto Bootredundanz nehmen wir weiterhin an, dass der Ordner »/boot« keinen separaten Mountpunkt hat und daher Bestandteil des Systemroots (»/«) ist.

Erstellung des Mirrors per Live-System

Ans Werk. Handelt es sich bei unserem System bereits um einen Produktivserver, leiten wir wie üblich den Beginn unseren eigentlichen Tätigkeit per `shutdown -h now` oder `halt` ein, nachdem alle anderen mit dem adäquaten Befehl bzw. Mausgeschubse sonstiger Klicki-Bunti-OS ihren Feierabend eingeläutet haben.

Nachdem wir die neue Disk hinzugefügt haben, booten wir das System von einer Live-CD; die meisten Distributionen, wie z. B. Ubuntu, erlauben das Booten eines kompletten Live-Systems, unter SUSE kann von der Installations-DVD ein Rescue-System gestartet werden. So oder so, wichtig dabei ist, dass das reale System auf */dev/sda2* nach dem Booten nicht in Benutzung ist. Bevor wir an die Erstellung unseres Arrays gehen, sollten wir die Integrität des Dateisystems auf der Originaldisk bzw. Partition (hier: sda2) testen. Der Parameter `-f` forciert die Prüfung auch bei gesetztem »clean«-Flag, `-y` nimmt uns die Bestätigung etwaiger Fehlerkorrekturen ab:

```
#> e2fsck -fy /dev/sda2
```

Der nächste wichtige Punkt: wir müssen etwas Platz (exakt 128 k) für unseren Raid-Superblock schaffen. Superblocks der Version 0.90 und 1.0 werden default am Ende des Devices bzw. der Partition abgelegt und bringen somit unseren Bootloader nicht aus dem Tritt. Um die paar Bytes freizuschaufeln, gehen wir wie folgt vor: Zunächst lesen wir die absolute Größe des Dateisystems auf */dev/sda2* aus sowie die korrespondierende Blockgröße:

```
#> dumpe2fs /dev/sda2 | egrep  "(Block\ count|Block\ size)"

Block count: 1903702
Block size: 4096
```

Damit haben wir alles, was wir brauchen. Um die nötigen 128 k freizuschaufeln, müssen wir das FS um 32 Blöcke á 4 k verkleinern; wir geben *resize2fs* dazu also den neuen Absolutwert der Blöcke (hier 1903702-32) an die Hand:

```
#> resize2fs /dev/sda2   1903670

Resizing the filesystem on /dev/sda2 to 1903670 (4k) blocks.
The filesystem on /dev/sda2 is now 1903670 blocks long.
```

Im nächsten Schritt ändern wir per `fdisk` in bekannter Weise den Partitionstyp von */dev/sda2* auf `fd` *(Linux Raid autodetect).* Sollte fdisk hier etwas über einen notwendigen Reboot anmeckern, reicht ein **partprobe** an dieser Stelle aus, um die Änderungen im Kernel zu aktualisieren.

Danach sind wir soweit und können das »degradierte« Raid 1 anlegen. Degradiert (engl.: *degraded),* weil wir das Array sicherheitshalber mit nur 1 Disk abfeuern, nämlich der unseres Systems, damit der Initial Sync nicht rein zufällig in die falsche Richtung losgeht und uns den Tag mittelschwer versaut.

```
#> mdadm -C -l1 -n2 /dev/md0 /dev/sda2 missing
```

```
mdadm: /dev/sda2 appears to contain an ext2fs file system
    size=7614296K  mtime=Wed Sep 22 19:27:16 2010
Continue creating array? y
mdadm: array /dev/md0 started.
```

Die Frage, ob wir das Device trotz bestehendem Filesystem in das Array aufnehmen wollen, können wir beruhigt bejahen, denn den erforderlichen Platz für den neuen Superblock haben wir ja bereits geschaffen. Der Parameter **missing** steht für die zweite Disk */dev/sdb*, die wir noch außen vor lassen. **mdadm -D /dev/md0** sollte uns nun in etwa folgenden Output zeigen:

```
        Version : 0.90
  Creation Time : Wed Sep 22 21:57:50 2010
     Raid Level : raid1
     Array Size : 7614720 (7.26 GiB 7.80 GB)
  Used Dev Size : 7614720 (7.26 GiB 7.80 GB)
   Raid Devices : 2
  Total Devices : 1
Preferred Minor : 0
    Persistence : Superblock is persistent
    Update Time : Wed Sep 22 21:57:50 2010
          State : clean, degraded
 Active Devices : 1
Working Devices : 1
 Failed Devices : 0
  Spare Devices : 0
           UUID : 8379ab66:ef26848d:14a75d6a:bbcc0774 (local to host Rescue)
         Events : 0.1
    Number   Major   Minor   RaidDevice State
       0       8       2        0      active sync   /dev/sda2
       1       0       0        1      removed
```

So weit, so gut. Wer eine etwaige Nervosität partout nicht abschütteln kann, sollte */dev/md0* temporär unter */mnt* Readonly mounten und sich vergewissern, dass alle Daten noch da sind, wo sie sein sollen. Danach wird es Zeit, das Array komplett in Betrieb zu nehmen. Dazu kopieren wir die Partitionstabelle in der bekannten Weise per *sfdisk* von sda auf sdb:

```
#> sfdisk -d /dev/sda | sfdisk /dev/sdb
```

wodurch auch das Boot-Flag für sdb2 mit übernommen wird. Nun stöpseln wir */dev/sdb2* unserem Array hinzu:

```
#> mdadm -a /dev/md0 /dev/sdb2
```

Dann holen wir uns eine Tasse Kaffee, beobachten den Sync-Status und lehnen uns zurück, bis der Prozess *md0_resync* (md* immer entsprechend des Devicenamens) seinen Job erledigt hat.

Wer allerdings meint, wir wären an dieser Stelle nun schon fertig, der irrt leider gewaltig, denn insbesondere, was die Bootredundanz angeht, ist noch einiges zu tun. Warum? Nun, unser System läuft zwar, ist gespiegelt und bootet auch (sda2, nicht das Raid!) – aber nur solange unsere ursprüngliche Systemdisk sda2 auch im Spiel ist. Gibt sie den Geist auf, steht sdb2 dumm da, denn ihr fehlen die entscheidenden Settings im MBR *(Master Boot Record)* und an anderen Stellen des Systems.

Fassen wir daher zusammen: Aktuell haben wir 2 gespiegelte Partitionen mit identischem Inhalt. Punkt. Was fehlt: Anpassung der */etc/fstab*, des *Bootloaders* und – je nach Distribution – die Anpassung der *initrd*, der *Initial Ram Disk*, sofern die bootrelevanten Module (Dateisystem, Raid etc.) dort gehostet sind. Bei Ubuntu ist das Stichwort *initramfs*.

Kümmern wir uns daher als Erstes um den Bootloader.

Bootloader und Bootredundanz

Wie eben schon erwähnt, ist bei einem Softraid Level 1, das das eigentliche OS bzw. root-Dateisystem beherbergt, eine kleine, aber entscheidende Besonderheit zu beachten: *Bootredundanz*. Schon wieder Redundanz? Wir sind doch schon redundant, schließlich verwenden wir doch ein Mirrorset, oder? Richtig, aber der Knackpunkt kommt spätestens beim Reboot, wenn das System nach dem Ausfall einer Platte partout nicht mehr von der verbliebenen Disk booten will, obwohl doch alle Daten vorhanden sind – oder sein sollten. Auf einem Hardware-Raid 1 würde die komplette Disk blockweise gespiegelt und damit auch alle bootrelevanten Daten, inklusive MBR und mit ihm der First-Stage-Loader. Bei einem Softraid mit »manueller« Partitionierung müssen wir uns um diese Synchronität leider selbst kümmern.

Den Typen, der nun ganz entscheidend dazu beiträgt, ob's denn klappt oder nicht, kennt jeder Linuxer: den Bootloader. Er hört üblicherweise auf den Namen LILO oder GRUB (oder auch GRUB2, auch wenn's denn eigentlich noch ein 1.x ist) und verrichtet seinen Dienst fast immer zuverlässig und unauffällig, es sei denn ... eine fehlerhafte Raid-Boot-Konfiguration schießt ihn ins *Aus*. Aber das biegen wir den beiden Jungs schon bei.

Aktuell schwirren 3 verschiedene populäre Bootloader-Varianten durch die Distributionsvielfalt, als da wären

- der »alte« GRUB *(Grand Unified Bootloader)*, Versionen < 1.x,
- der neue GRUB(2)-Bootloader, Version >= 1.95 sowie
- LILO, der gute alte Linux-Loader,

und jeder von ihnen will ganz individuell behandelt werden, was im Normalfall bei einfachen Bootkonfigurationen auch kein Problem darstellt; wir jedoch wollen ein bootredundantes Raid, und das benötigt ein paar spezielle Settings.

GRUB Legacy

Die Anpassung des Bootloaders betrachten wir zuerst am Beispiel von GRUB Legacy, der z. B. in der aktuellen SUSE (11.3) und im SLES (11) in Version 0.97 eingesetzt wird.

Hierzu ist es erforderlich, dass wir das fertig synchronisierte Array */dev/md0* unter */mnt* schreibend einhängen. Danach modifizieren wir die Datei */mnt/boot/grub/menu.lst* (Achtung: Pfad beginnt mit */mnt/*...! Und vorher Backup erstellen) wie folgt:

```
...
title LINUX (sda)
    root (hd0,1)
    kernel /boot/vmlinuz root=/dev/md0 vga=normal
    initrd /boot/initrd-raid
## Neu erstellter Eintrag fuer sdb ##
title LINUX (sdb)
    root (hd1,1)
    kernel /boot/vmlinuz root=/dev/md0 vga=normal
    initrd /boot/initrd-raid
## Failsafe-Boot - muss vorhanden sein !!##
title LINUX (sda - Failsafe)
    root (hd0,1)
    kernel /boot/vmlinuz root=/dev/sda2 vga=normal
    initrd /boot/initrd
```

Die Einträge sorgen dafür, dass das System von beiden root-Partitionen der Disks booten kann, die in der GRUB-Terminologie (die in diesem Punkt leider erschreckend an M$ erinnert) als (hd0,1) -> sda2 und (hd1,1) -> sdb2 geführt werden. Insbesondere die fett markierten Einträge sind wichtig, denn:

Die Disk-Bezeichner in der Form `root (hd0,1)` sorgen dafür, dass GRUB auf die »echten«, physikalischen Partitionen zugreifen kann: in diesem Fall also auf die ersten Disk (0: entspricht sda) innerhalb der zweiten, primären Partition (1: entspricht [sda]2). GRUB unterscheidet nicht zwischen SCSI und IDE/SATA-Platten, hier gilt immer nur:

```
hd<Devicenummer,Partitionsnummer>
```

Des Weiteren sind die Einträge `root=/dev/md0` extrem wichtig. Damit weiß GRUB, unter welchem Blockdevice *(/dev/md0)* das Systemroot eingehängt ist, in unserem Fall geben wir natürlich unser Raid 1 -Array an.

Der dritte Eintrag (»Failsafe«) in der *menu.lst* sorgt dafür, dass wir im schlimmsten Fall zumindest noch über sda mit der Default-initrd booten und sda2 unter »/« mounten können.

Alle Details zu GRUB sowie die aktuellste Version zum Download finden sich unter *http://www.gnu.org/software/grub/.*

Jetzt müssen wir noch die GRUB-Settings für beide root-Partitionen aktualisieren. Sie sorgen dafür, dass der Bootloader komplett innerhalb des Bootsektors der jeweiligen Partitionen liegt. Auf diese Art werden alle relevanten Daten des Bootloaders beim Resync mitkopiert, und der 512 Byte große MBR kann entweder in vorliegender Form weiter verwendetet oder per *testdisk (http://www.cgsecurity.org/wiki/TestDisk)* durch einen sogenannten einfachen Ur-Loader ersetzt werden, der einfach nur nach bootbaren Partitionen sucht.

Unser Array */dev/md0* darf für die folgende Bootloader-Aktualisierung nicht mehr gemountet sein. Nachdem wir das kontrolliert bzw. es ausgehängt haben, stoppen wir das Array per **`mdadm -S /dev/md0`** und installieren GRUB in den beiden root-Partitionen unseres Arrays, sda2 und sdb2 – in GRUB-Terminologie also (hd0,1) und (hd1,1), damit seine Dateien beim nächsten Resync automatisch mitgezogen werden. Nun rufen wir die GRUB-Shell des Live-Systems auf (Zeilen z. T. umbrochen):

```
#> grub
grub> root (hd0,1)

filesystem type ist ext2fs, partition type 0xfd

grub> setup (hd0,1)

Checking if "/boot/grub/stage1" exists... yes
 Checking if "/boot/grub/stage2" exists... yes
 Checking if "/boot/grub/e2fs_stage1_5" exists... yes
 Running "embed /boot/grub/e2fs_stage1_5 (hd0,1)".failed (this is not fatal)
 Running "embed /boot/grub/e2fs_stage1_5 (hd0,1)".failed (this is not fatal)
 Running "install /boot/grub/stage1 (hd0,1) /boot/grub/stage2 p /boot/grub/menu.lst ".
.. succeeded
Done.
```

Nun noch einmal der gleiche Vorgang für (hd1,1), also sdb2, danach können wir die GRUB-Shell per

```
grub> quit
```

verlassen. Anschließend dürfen wir nicht vergessen, noch den MBR von sda -> sdb zu kopieren:

```
#> dd if=/dev/sda of=/dev/sdb bs=512 count=1
```

LILO

Falls wir LILO als Bootloader auswählen wollen: warum nicht? Bootredundante Softraids liegen dem alten, bewährten Linux-Kämpen in der Konfiguration, auch wenn ihm oft – nur zum Teil berechtigterweise – eine backsteinartige Flexibilität nachgesagt wird. Warum? Weil er eben bei jeder Änderung an seiner Konfiguration, dem Kernel oder der *initrd* aufgerufen werden will: Er braucht das nun mal, um seine interne Map aktualisieren zu können; nur so weiß er, wo alle bootrelevanten Date(ie)n liegen.

Schauen wir uns daher an, wie er die Sache angehen würde. Vorab lässt sich aber schon sagen, dass er uns das ganze Softraid-Boot-Handling im Gegensatz zu GRUB(2) erheblich vereinfacht, wenn man sich an seine Regeln hält. Hier der Ausschnitt einer LILO-Konfiguration für unser vorgenanntes Szenario (*/etc/lilo.conf*):

```
...
default = Linux
lba32
boot = /dev/md0
raid-extra-boot = /dev/sda,/dev/sdb
image = /boot/vmlinuz
    label = Linux
    initrd = /boot/initrd-raid
    root = /dev/md0
    ...
```

Die Einträge sind relativ selbsterklärend, daher hier nur die wichtigsten:

`boot=/dev/md0` gibt LILO den Namen des Devices an, das den Bootloader beinhaltet. Da es sich bei md0 natürlich nicht um ein echtes physikalisches, sondern um ein »virtuelles« Device handelt, müssen wir LILO durch die Direktive `raid-extra-boot` mitteilen, in welche Bereichen er den Bootloader zusätzlich schreiben soll. Statt dieser Direktive kann auch die Kommandozeilen-Option `-x` mit den entsprechenden Devices übergeben werden. Achtung: Alte LILO-Versionen vor 22.0 verhalten sich anders und verwenden andere Direktiven, z. B. zur direkten physikalische Adressierung der beteiligten Devices über den BIOS-Device-Code 0x80, 0x81 usw.

Wie es bei LILO üblich ist, muss nach *jeder* (!) Umkonfiguration der */etc/lilo.conf* der Befehl `lilo` aufgerufen werden, um die Konfiguration zu aktualisieren. (Letzteres ist – wie bereits erwähnt – auch dann immer fällig, wenn eine neue initrd erstellt oder ein Kernel-Upgrade gemacht wurde.)

Die Ausgabe für unsere oben verwendete simple Konfiguration sieht dann etwa so aus:

```
#> lilo
...
Added linux  *
The boot record of  /dev/md0  has been updated.
The boot record of  /dev/sda  has been updated.
Warning: /dev/sdb is not on the first disk
The boot record of  /dev/sdb  has been updated.
```

Wie wir unschwer erkennen können, hat `lilo` nun die Bootrecords beider Harddisks aktualisiert, sowie den »virtuellen« Bootrecord unseres Raid-Devices. Die Warnmeldung kann ignoriert werden, sie besagt nur, dass */dev/sdb* physikalisch nicht die erste Platte ist. Sollte nun eine der beiden Platten ausfallen, kann jederzeit problemlos von der verbleibenden gebootet werden. Separate Booteinträge für beide Platten sind hier nicht notwendig, da die Bootrecords aller beteiligten Devices nun alle notwendigen Infos enthalten.

Weitere Informationen und Konfigurationsbeispiele finden sich in der mitgelieferten Dokumentation des Paketes. Der Download (der leider recht alten Version) ist über *http://ibiblio.org/pub/Linux/system/boot/lilo/* möglich. Im Hinblick auf GRUB Legacy und GRUB2 ist wohl damit zu rechnen, dass LILO irgendwann ganz von der Bildfläche verschwinden wird. Schade eigentlich.

GRUB2

GRUB2 (1.97 beta/1.98) ist zum Zeitpunkt der Erstellung des Buches immer noch in der Entwicklung, daher ist es schwierig, an dieser Stelle detaillierte Aussagen über Funktionalitäten bzw. Features zu treffen, die sich noch ändern können.

Grundsätzlich ist GRUB2 so ausgelegt, dass eine manuelle Konfiguration durch den User nicht mehr notwendig ist. Über die Kommandos **`update-grub`** bzw. **`grub-mkconfig`** werden die installierten OS automatisch gefunden und über Templates (*/etc/grub.d/**) und die Einstellungen in */etc/default/grub* (z. B. für Ubuntu) in das Auswahlmenü unter */boot/grub/grub.cfg* aufgenommen. Wichtig sind insbesondere die *insmod*-Direktiven im unteren Listing, denn über sie lädt GRUB2 die benötigten Module, um z. B. direkt von einem Raid starten zu können. Hier ein Beispieleintrag für ein bootredundantes Raid 5 in einer Ubuntu 9.10 (Karmic):

```
### BEGIN /etc/grub.d/10_linux ###
menuentry "Ubuntu, Linux 2.6.31-19-server" {
  recordfail=1
  if [ -n ${have_grubenv} ]; then save_env recordfail; fi
  set quiet=1
  insmod raid
  insmod raid5rec
  insmod mdraid
  insmod ext2
  set root=(md0)
  search --no-floppy --fs-uuid --set f5179...[snip]...1e622164
  linux /boot/vmlinuz-2.6.31-19-server root=UUID=<...snip...> ...
        initrd  /boot/initrd.img-2.6.31-19-server
}
```

/etc/fstab

Auf dem immer noch aktiven Live-/Rescue-System re-assemblieren wir unser frisch erstelltes Array */dev/md0* nun wieder (**mdadm -A -s**) und mounten es erneut schreibbar nach */mnt*.

Danach führen wir ein **chroot /mnt** aus, es bewirkt, dass das unter */mnt* eingehängte Array mit seinem Dateisystem nun als neues Systemroot betrachtet wird und alle Aktion auf ihm direkt ausgeführt werden.

Im ersten Schritt passen wir die »echte« */etc/fstab* auf die neue Situation an, denn zukünftig wird das »/« (root-) Dateisystem über */dev/md0* eingehängt, nicht mehr über */dev/sda2*:

```
# alt: /dev/sda2    /        ext4       acl,user_xattr         1 1
/dev/md0            /        ext4       acl,user_xattr         1 1
```

Optional können wir per **e2label /dev/md0 <Label>** auch ein Label für */dev/md0* setzen und es darüber mounten, um etwaige Verwechslungen mit anderen MDs im Vorfeld auszuschließen, siehe hierzu *e2label(8)* und *mount(8)*.

Anpassung der initrd

Ein bootbares und vor allem bootredundantes (das sind zwei Paar Schuhe) Softraid impliziert natürlich auch, dass die entsprechenden Dateisystem- und Raid-Module bereits während einer sehr frühen Phase des Bootprozesses zur Verfügung stehen. In vielen Fällen geschieht dies über die *Initial Ramdisk* oder kurz *initrd*, wie sie in fast allen Linux-Distributionen Verwendung findet. Hier eine kurze, sehr stark vereinfachte Erläuterung zur initrd:

Die *initrd* enthält ein gepacktes, temporäres Dateisystem, das vom Kernel während einer sehr frühen Bootphase, in der er selbst noch keine Kenntnis von Dateisystem (ext3/4, XFS) sowie Controllern und/oder Raid-Modulen hat, in den Speicher geladen wird. Der Kernel entpackt dort den Inhalt der initrd, lädt über sie die benötigten Module in seinen Speicher und kann anschließend die »echten« Partitionen, Arrays und ihre Dateisysteme ansprechen und mounten. Im Prinzip also nur etwas zur Lösung des Henne/Ei-Problems, wenn der Kernel selbst nicht alle erforderlichen Module hart einkompiliert hat.

Eine Liste der in die Ramdisk zu integrierenden Module kann üblicherweise über den Parameter `-m` des Befehls **`mkinitrd`** übergeben werden.

Alternativ zur Kommandozeilenoption `-m` des `mkinitrd`-Kommandos existiert bei SUSE die Datei */etc/sysconfig/kernel*, die vom *mkinitrd(8)*-Kommando ausgelesen wird. Dort können die zusätzlich einzubindenden Module angegeben werden. Bei Debian/Ubuntu kümmert sich **`initramfs`** um den Job, siehe hierzu **`mkinitramfs(8)`** und **`initramfs.conf(5)`**; zusätzliche Module können dort bei Bedarf über */etc/initramfs-tools/modules* eingebunden werden.

In der SUSE Konfigurationsdatei */etc/sysconfig/kernel* liegt der für uns relevante Part in der Zeile, die mit der Direktive `INITRD_MODULES=` beginnt. Dort müssen wir nun ergänzend (!) zu den bereits vorhandenen Modul-Einträgen unsere Kandidaten einpflegen, die unser Array für den Bootvorgang benötigt. Als da minimal für ein Raid 1 -Array wären, das mit ext4 formatiert ist:

```
INITRD_MODULES="...<andere Module>... ext4 raid1"
```

Nun kommt der entscheidende Part, die eigentliche Erzeugung der initrd. Hierzu existiert, wie bereits erwähnt, eine entsprechende Binary mit dem eindeutigen Namen *mkinitrd*. Damit wir unsere initrd-Originalkonfiguration im Fehlerfall weiterhin benutzen können, verpassen wir der neuen *initrd* einen anderen, eindeutigen Namen:

```
#> mkinitrd -k /boot/vmlinuz -i /boot/initrd-raid -d /dev/md0
```

Die Befehlsparameter sind relativ selbsterklärend: `-k` = Kernel, für den die initrd erstellt werden soll (hier nur *vmlinuz*: in der Regel ein Softlink auf den »echten« Kernel mit der jeweiligen Releasenummer), `-i` = Name der neuen initrd, `-d` = Angabe des neuen »root«-Devices anstelle von */dev/sda2*. Gegebenenfalls muss ohne Konfigurationsdatei per `-m` eine Liste der Module angegeben werden.

Die Rückmeldung sollte die folgenden, wichtigen Punkte enthalten:

```
Kernel image:   /boot/vmlinuz
Initrd image:   /boot/initrd-raid
Root device:    /dev/md0 (mounted on / as ext4)
Kernel Modules: hwmon thermal_sys ...<gekürzt> ext4 raid1 ...<gekürzt>
...
```

Nun sind wir soweit, und es ist Zeit für einen ersten Test.

Zunächst fahren wir das Live-System herunter und booten nacheinander von beiden Disks unseres Raid-Arrays, was – wenn wir alle zuvor genannten Punkte korrekt abgearbeitet haben – funktionieren sollte. Falls nicht, findet sich am Ende dieses Abschnitts eine Debugging-Checkliste mit den wichtigsten Punkten.

Der nächste Test für den Fehler- bzw. F-Fall: das System herunterfahren, unsere ursprüngliche, primäre Disk sda entstöpseln und booten.

Wenn's wider Erwarten nicht geklappt haben sollte: Keine Panik, Server *nicht* mit der Axt bearbeiten, sondern in aller Ruhe den Failsafe-Boot über sda starten und dann Folgendes kontrollieren:

- Wurde die initrd/initramfs korrekt erstellt?
- Raid-Partitionen fd geflaggt?
- Ram Disk (initrd/initramfs) auf beiden Disks identisch?
- Alle erforderlichen Module geladen?
- /etc/fstab angepasst und auf beiden Disks identisch?
- Bootloader-Dateien angepasst und Bootloader korrekt installiert?

Was man nicht vergessen sollte: Nach einem Kernel-Upgrade kann bei einem bootbaren und bootredundanten Raid eventuell manuelle Nacharbeit angesagt sein – was im Detail einfach heißt: Aktualisierung der initrd wie bereits beschrieben. Nachdem sie erzeugt wurde, wird sie automatisch gespiegelt. Wenn LILO eingesetzt wird, will der auch noch mal gern aufgerufen werden.

Reconstruction

Die Rekonstruktion unseres Arrays, das im Degraded-Mode vor sich hindümpelt, treibt uns mittlerweile keinen Schweiß mehr auf die Stirn. Nachdem wir die neue Disk on- oder offline dem System hinzugefügt haben, erhält sie per sfdisk die Partitionstabelle der verbliebenen Array-Disk, anschließend per dd den MBR, und dann können wir per **`mdadm -a <Device>`** den Resync anstoßen.

Wer die Sicherheit noch etwas erhöhen möchte, sollte sich Gedanken über eine zusätzliche, entsprechend vorbereitete (Partitionstabelle, MBR) Online-Spare machen, die im Fehlerfall direkt einspringt.

Gespiegelter Swap?

Zum Schluss dieses Abschnitts noch kurz etwas über Swap-Devices bzw. Partitionen im Raid-Verbund. Wir haben aus unserer letzten Konfiguration (Migration Single Disk zu Raid 1) noch 2 getrennte, ungenutzte swap-Partitionen, sda1 und sdb1, übrig behalten. Diese können wir nun entweder separat einbinden oder ebenfalls spiegeln, was folgende Vor- und Nachteile bietet:

Gespiegelter Swap: Etwas verbesserte Verfügbarkeit, weil Speicherinhalte von geswappten Prozessen doppelt vorliegen. Allerdings sollte ein performantes System immer so ausgelegt sein, dass alle wichtigen Prozesse immer im RAM ablaufen können, ohne dass das System anfängt zu pagen; zum anderen existieren bis heute sehr geteilte Meinungen über die Stabilität eines gespiegelten Swap-Spaces im Dauerbetrieb.

Swap nicht gespiegelt, sondern verteilt: Bessere Performance, da der Kernel standardmäßig den unterteilten Swapspace ohnehin immer wie ein gestriptes Raid 0 verwendet. Unterschiedliche Prioritäten der Swapspaces können über den `pri=<Wert>`-Parameter z. B. in der */etc/fstab* gesetzt werden. Der Betrieb wird auch im Crashfall als relativ sicher angesehen.

Hier eine Konfiguration für separate (2 unterteilte) Swapspaces für unser eben assembliertes OS-Raid 1, im folgenden Beispiel mit gleicher Priorität:

```
# /etc/fstab - Auszug:
/dev/sda1    none     swap    pri=1     0 0
/dev/sdb1    none     swap    pri=1     0 0
```

Danach gegebenenfalls den Swapspace bitte noch einmal erneut erzeugen und aktivieren:

```
#> mkswap /dev/sda1

Setting up swapspace version 1, size = 771084 KiB
no label, UUID=fe2b2fbd-e86d-4712-8576-29a904dc6505
```

und analog dazu für sdb1. Anschließend noch `swapon -a` hinterherschicken mit anschließender Kontrolle:

```
#> cat /proc/swaps

Filename                Type            Size      Used     Priority
/dev/sda1               partition       771080    0         1
/dev/sdb1               partition       771080    0         1
```

und wir haben für heute genug geswappt.

System-Installation/-Migration auf ein partitionable Raid

Zunächst die Kernfrage: Warum sollten wir unser Linux-OS auf einem partitionable Raid installieren bzw. es von einem Single-Disk-System dorthin migrieren? Ganz einfach: Die ganzen Aktionen, die wir im letzten Abschnitt unternehmen mussten (Partitionstabelle anpassen, MBR einrichten), bevor wir ein neues Device dem Array hinzufügen konnten, wären damit völlig obsolet, denn durch das *partitionable Raid* werden die Disks wie in einem Hardware-Raid behandelt: Im F-Fall kann die neue Disk ohne Vorbereitung eingestöpselt werden und wird anschließend nur noch per `mdadm -a` dem Array hinzugefügt.

Die Vorgehensweise entspricht weitestgehend der bereits im letzten Abschnitt vorgestellten, nur dass hier die komplette Disk für das Array verwendet wird und anschließend die Subpartitionen (z. B. */dev/md0p1* oder */dev/md/d0p1*) verwendet werden.

Aber – genau hier liegt leider auch derzeit noch das größte Problem, das sich meist erst bei der Erstellung der bootrelevanten Dateien, wie z. B. der initrd/initramfs, manifestiert: Durch die neuen Device-Bezeichner kann es bei fast allen Distributionen bei der Generierung der initrd bzw. ihres Pendants zu Problemen kommen; je nach Distribution und Version existieren zum Zeitpunkt der Erstellung dieses Buches einige mehr oder weniger gute Workarounds.

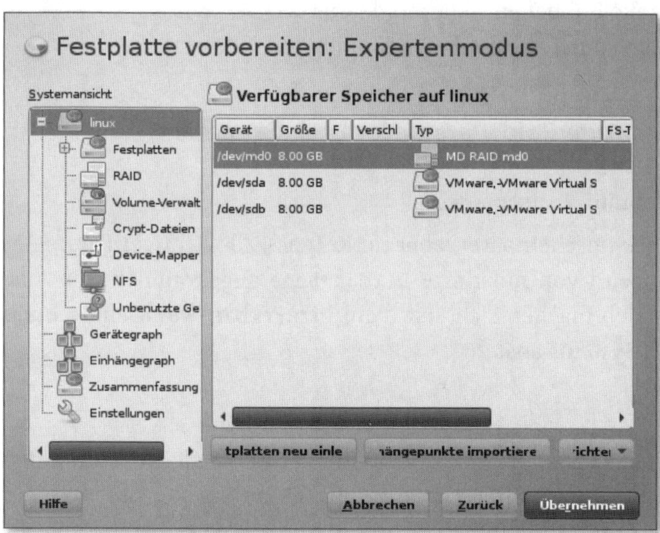

Abbildung 2.6 Manuell während der Installation erzeugtes partitionable Raid

Auf einer Ubuntu 10.04 LTS oder openSUSE 11.3 können wir beispielsweise während der Installation (vor der Erkennung der Disks) auf einer zweiten Textkonsole beide Disks manuell – wie in Abschnitt 2.3.13 erläutert – per *mdadm* zu einem partitionable Raid (*/dev/md0* bzw. */dev/md_d0*) zusammenfassen. Anschließend wechseln wir zurück in das Installer-Menü, partitionieren das nun erstellte Raid (hier: */dev/md0*) – nicht die Disks! – und installieren das eigentliche System.

Dennoch können beim nächsten Reboot eventuell Probleme auftauchen, je nach Bootloader und der erzeugten initrd bzw. initramfs, siehe oben. Die o. a. Konfiguration auf einer OSS 11.3 in Verbindung mit dem guten, »alten« GRUB (0.97) arbeitet relativ problemlos mit unserem partitionable Raid zusammen, bootet auch noch brav nach der physikalischen Entfernung einer Disk und lässt sich ebenso brav wiederherstellen bzw. resyncen.

Da es aber bisher dennoch keinen wirklich einheitlichen, einfach reproduzierbaren und vor allem ausgereiften Ansatz gibt, das System auf einem partitionable Raid aufzusetzen bzw. es dorthin sauber zu migrieren, bleibt nur zu hoffen, dass die Distributoren und Maintainer der involvierten Pakete bald und endlich eine praktikable Lösung finden, die – basierend auf dem aktuellen Stand – keine weltbewegenden Probleme bereiten sollte und sich vor allem nahtlos in das Setup der jeweiligen Distributionen integriert. Auf diese Art würde auch endlich eines der größten Mankos des bootredundanten Softraids behoben.

Aber vielleicht liegen die Prioritäten derzeit einfach bei wichtigeren Dingen, denn neue Micky-Maus-Bubbelgum-Plasmoide für KDE4 oder sonstiger Eye-Candy sind ja schließlich auch absolut lebenswichtig, oder etwa nicht?

2.3.16 Weitere wichtige Raid-Parameter und -Szenarien

Raid-Bitmaps und Rebuild-Performance

Ein auf den ersten Blick unscheinbarer, aber im Resync-Fall wichtiger Parameter ist `--bitmap`. Default wird von mdadm `--bitmap=none` angenommen; die Auswirkung im Praxisbetrieb machen sich erst dann bemerkbar, wenn ein Rebuild nach einem Crash des Systems ansteht.

Hintergrund

Die sogenannten Bitmaps haben in einem Softraid in etwa die gleiche Funktionalität wie das Journal eines Journaling-Dateisystems. Ohne das Journal muss das Dateisystem in einem Crashfall komplett gecheckt werden, da es keine Kenntnis darüber hatte, welche Dateien zum Zeitpunkt des Crashs geöffnet waren und damit potenziell beschädigt sein könnten. Das aktivierte Bitmap in einem Softraid erfüllt, stark vereinfacht ausgedrückt, die gleiche Aufgabe: Ist es aktiviert (z. B. `--bitmap=internal`, was in etwa bedeutet: *»Speichere das ›Journal‹ bitte* *auf dem Array selbst«*), reduziert sich die Recover-Zeit nach einem Crash deutlich. Einziger kleiner Schwachpunkt: das interne Journaling kann minimal zu Lasten der Performance gehen, in der Praxis jedoch meist nur im niedrigen einstelligen Prozentbereich. Es ist ebenfalls kein Problem, ein bereits existierendes Raid um die »Journaling«-Funktionalität aufzubohren; dies kann sogar im laufenden Betrieb erfolgen, hier ein Beispiel:

```
#> mdadm --grow --bitmap=internal /dev/mdX
```

Ein Reset auf die ursprüngliche Einstellung kann ebenfalls online per

```
#> mdadm --grow --bitmap=none /dev/mdX
```

erfolgen. Eine externe Bitmap-Datei kann ebenfalls verwendet werden, jedoch treten möglicherweise Probleme auf, wenn auf die externe Bitmap-Datei nicht zugegriffen werden kann.

Die entsprechende Bitmap-Zeile in */proc/mdstat*, z. B.

```
bitmap: 1/128 pages [4KB], 32KB chunk
```

gibt uns dabei über mehrere Dinge Auskunft: Die aktuell allocierten Speicherseiten (1 von 128 Pages), die eine effizientere In-Memory-Repräsentation der On-Disk-Bitmap darstellen, und deren Größe (4 k) sowie die aktuell verwendete Chunk-Size der In-Memory-Bitmap.

Softraid Rebuild-Speed und andere Raid-Infos

Ein sehr wichtiger Faktor im alltäglichen Betrieb unseres Raids stellt natürlich die Geschwindigkeit dar, mit der das Array im Fehlerfall resynct werden kann. Denn je schneller der Rebuild erfolgt, desto kleiner ist das Zeitfenster, in dem unser Raid im Degraded-Mode läuft und damit sehr nah am Nirwana aller Bits herumturnt.

Die aktuell gesetzten Werte für unser Raid können wir schnell direkt über das /proc-Dateisystem oder per *sysctl* holen (und setzen):

```
#> cat /proc/sys/dev/raid/speed_limit_max
200000
#> cat /proc/sys/dev/raid/speed_limit_min
1000
#> sysctl -a | grep raid
dev.raid.speed_limit_min = 1000
dev.raid.speed_limit_max = 200000
```

Bei aller freudigen Erwartung über höhere Rebuild-Speeds dürfen wir die anderen Systemprozesse nicht vergessen, die gegebenenfalls unter dieser Einstellung leiden könnten. Hier kann u. U. bei großen Storage-Kapazitäten und langwierigen Resync-Vorgängen ein Splittung und Priorisierung über unser freundliches Helferlein *cpuset* erfolgen, hier für ein Raid 5 während des Resync-Vorgangs:

```
#> ps aux | grep raid

PID 9798     86%      md0_resync / md0_raid5

#> cset proc --move 9798  user
#> cset shield --shield -v

cset: "user" cpuset of CPUSPEC(1) with 1 task running
   USER       PID  PPID SPPr TASK NAME
   -------- ----- ----- ---- ---------
   root      9798     2 Soth [md0_raid5]
```

Weitere nützliche Infos zum Status unseres Raids finden wir auch unter:

*/sys/block/md0/md/**

Ab in den Fahrstuhl: Level Changing per Raid-Conversion

Nehmen wir an, wir hätten uns bereits entscheiden, unseren Datenbereich auf einem Raid 5 abzulegen. Nach ein paar unruhigen Nächten wird uns klar, dass wir uns mit einer zweiten Parity-Disk erheblich wohler fühlen würden. Was aber nun tun? Das Raid 5 läuft bereits, werkelt auch friedlich vor sich hin – wie erhöhen wir nun von 5 auf 6? Mathematisch kein Problem, und für mdadm seit Version 3.1 ebenfalls keines mehr.

Die Raid-Conversion läuft, stark vereinfacht, folgendermaßen ab: Das bestehende Raid 5 wird in ein Level 6 mit einem Non-Standard-Layout, das die Paritätsblöcke normal verteilt hat, umgewandelt. Alle neuen Paritätsblöcke werden zunächst nicht rotierend, sondern ausschließlich auf dem Device angelegt. Auf diese Art und Weise haben wir ein Raid 6 mit einem Nicht-Standard-Layout, auf dem anschließend »nur noch« das Layout auf ein Standard-Raid-6-Layout geändert werden muss, und wir sind durch. Umgekehrt (6 -> 5) kann eine solche Konversion ebenfalls stattfinden. Ebenso kann z. B. ein Raid 1 mit 2 Disks in ein 2-Disk-Raid 5 konvertiert werden und umgekehrt.

Schauen wir uns den Vorgang am konkreten Beispiel an. Nehmen wir hierzu an, wir hätten ein bestehendes Raid 5 mit 4 Disks (3 + Spare). Zuerst addieren wir eine weitere Disk für die 2. Parity und starten anschließend die Conversion:

```
#> mdadm --grow /dev/md1 --level=6 --raid-disk=5

mdadm level of /dev/md1 changed to raid6
mdadm: Need to backup 3072K of critical section..
```

Den ganzen Vorgang könnten wir theoretisch auch im gemounteten Zustand abfeuern, aber neben dem performancetechnischen sollten wir auch den sicherheitstechnischen Aspekt im Hinterkopf behalten, insofern keine zwingende 24/7-Uptime gefordert ist. Hier die Ausgabe während der Conversion:

```
#> cat /proc/mdstat
```

```
md1 : active raid6 sdf[5] sdd[4] sde[3] sdc[1] sdb[0]
  2096128 blocks super 1.2 level 6, 512k chunk, algorithm 18 [5/4] [UUU_U]
  [==>..................] reshape = 13.4% (141312/1048064) finish=3.3min speed=4558K/sec
```

Raid-Container

Unter einem Raid-Container verstehen wir seit mdadm 3.x einen Verbund aus (physikalischen) Geräten, die ein oder mehrere Daten-Arrays umfassen können und die über ein gemeinsames Set von Metadaten beschrieben und gemanaged werden. In etwa kann man sich das Ganze vorstellen wie ein Set von Devices, das über einen gemeinsamen Hardware-Raid-Controller verwaltet wird. Der Container beschreibt insofern zunächst nur die Metadaten, und die »normalen« Arrays werden innerhalb des Containers angelegt.

Jeder Container wird durch eine Instanz von *mdmon(8)* überwacht, die auch die Metadaten aktualisiert. mdadm überlässt auf Systemen mit *udev* die Verwaltung der Geräte diesem Tool, andernfalls legt mdadm die erforderlichen Devices und symbolischen Links wie in früheren Versionen selbst unter */dev* an und entfernt diese auch wieder bei Deaktivierung des Arrays.

Um das Ganze etwas besser zu verdeutlichen, schauen wir uns ein Praxisbeispiel an. Hierzu erzeugen wir zunächst folgenden Container mit der hohen md-Ordnungszahl »100«, um später etwas besser differenzieren zu können:

```
#> mdadm --create /dev/md100 -e ddf -n5 /dev/sd[bcdef]
```

```
mdadm: container /dev/md0 prepared.
```

/proc/mdstat sollte uns nun folgende Ausgabe anzeigen:

```
Personalities :
md100 : inactive sdf[4](S) sde[3](S) sdd[2](S) sdc[1](S) sdb[0](S)
        163840 blocks super external:ddf
```

Wie wir unschwer erkennen können, wurde der Container *md100* nach unserem Wunsch mit dem Superblock im Standardformat *DDF (Common Raid Disk Data Format)* erzeugt. Zudem wurde der Container inaktiv und seine Disks als (S)pares angelegt, was völlig in Ordnung ist, denn schließlich handelt es sich nicht um ein »echtes« Array. Dies erzeugen wir erst im nächsten Schritt innerhalb des zuvor bereitgestellten Containers *md100*.

```
#> mdadm -C /dev/md0 -l1 -n2 /dev/md100
```

```
mdadm: array /dev/md0 started.
```

/proc/mdstat zeigt uns nun folgenden Status:

```
Personalities : [raid1]
md100 : inactive sdf[4](S) sde[3](S) sdd[2](S) sdc[1](S) sdb[0](S)
      163840 blocks super external:ddf
md0 : active (read-only) raid1 sdc[1] sdb[0]
      1015808 blocks super external:/md100/0 [2/2] [UU]
```

Wie wir anhand der unteren Ausgabe ebenfalls erkennen können, wird das eigentliche Array md(0) nun als Member des Containers geführt: */md100/0*. Triggern wir nun sdb (aus Array md0) als »faulty«, wird sofort – auch ohne Angabe einer Extra-Spare – eine freie Disk aus dem Container als Spare zur Verfügung gestellt und der Resync initiiert. Die Überwachung unseres Containers und seiner Arrays erfolgt, wie bereits beschrieben, per *mdmon*, das wir nun auch in der Prozessliste finden sollten:

```
#> ps aux | grep mdmon | grep -v grep
```

```
root     23331  0.0  0.4   2364  2360 ?        SLsl 13:59   0:00 mdmon md100
```

Das hier erzeugte Array md0 über die kompletten Disks sdb und sdc kann nun wie das im letzten Abschnitt bereits vorgestellte *partitionable Raid* behandelt werden. Die entsprechende *mdadm.conf* für die oben verwendete Konfiguration könnte z. B. so aussehen:

```
ARRAY /dev/md/ddf0 metadata=ddf UUID=be92705b:77da72e0:52a4cf18:acf246a4
ARRAY /dev/md/0 container=/dev/md/ddf0 member=0
```

Ein kleines Manko bleibt allerdings: der »grow«-Mode für Container – oder Arrays innerhalb des Containers – wird in der zum Zeitpunkt der Erstellung des Buches verwendeten Version 3.1.2 noch nicht unterstützt.

Zerstörter Superblock

Da wir längst wissen, wie wichtig der Superblock für das Array ist – was passiert, wenn ein Superblock nicht mehr lesbar ist? Beispiel: Durch Datenkorruption und/oder defekte Blöcke wurde der Superblock geschreddert, ein Mount-Versuch des Arrays liefert in etwa Folgendes :

```
mount: /dev/md1: can't read superblock
```

Die traurige Ausgabe von **mdadm -A -s** liefert auch nichts anderes als:

```
mdadm: no devices found for /dev/md1
```

Und/oder in den Logs taucht das Folgende oder etwas Ähnliches auf:

```
mdadm: RAID superblock has disappeared from /dev/<device>
```

Was tun?

Zunächst: *KEINE PANIK*.

Die einfachste Variante besteht darin, das ehemalige Array mit völlig identischen (!) Einstellungen wie md-Nummer, Level, Anzahl und Reihenfolge der Disks neu zu erzeugen. Aus diesem Grund kann es auch immer sehr hilfreich sein, nach Erzeugung eines Arrays alle relevanten Infos auf einem externen Storage abzuspeichern, z. B. per:

```
#> mdadm -D /dev/md0 > /external_backup/raidconfig.txt
```

mdadm ist intelligent genug, um bei der erneuten Erzeugung zu erkennen, dass die Disks/Partitionen bereits Teil eines ehemaligen Arrays waren, und wird versuchen, das neue Array *nicht-destruktiv* zu erzeugen bzw. zu regenerieren.

Wichtig dabei: die zusätzliche mdadm-Option **--assume-clean**, um potenzielle Datenfehler durch einen Resync zu vermeiden. Anschließend sollten die Nutzdaten zunächst fix gesichert werden, dann kann das Array nach einem Stopp z. B. per

```
#> mdadm -A /dev/md1 --update=resync
```

neu synchronisiert werden. Die andere Alternative wäre, das Array zunächst per

```
#> echo check > /sys/block/md<Nummer>/md/sync_action
```

auf Fehler zu prüfen, und falls notwendig kann anschließend per

```
#> echo repair > /sys/block/md<Nummer>/md/sync_action
```

eine Reparaturaktion getriggert werden. Nach der Verifikation, dass alle Nutzdaten unbeschädigt sind, kann noch über die fsck*-Tools des verwendeten Dateisystems eine zusätzliche Integritätsprüfung durchgeführt werden.

Soviel zu unserem Freund dem Softraid, das die Redundanz unserer Daten und damit unserer Systeme fernab von proprietären Hardware-Abhängigkeiten entscheidend verbessern kann. Was ihm jedoch konzepttechnisch bedingt abgeht, ist eine gewisse backsteinartige Flexibilität hinsichtlich der einmal gefixten Partitionsgrößen. Aber da kennen wir jemanden...

2.4 LVM – Storage-Virtualisierung mit dem Logical Volume Manager

»Eine rein logische Entscheidung, Käpt'n.«
– Mr. Spock – Star Trek

Abstrakt, virtuell und trotzdem logisch. Unvereinbar? Nicht ganz, Käpt'n Kirk. Alle genannten Eigenschaften treffen auf den von IBM für Unix entwickelten, später von der Firma Sistina auf Linux portierten und noch etwas später von Red Hat »assimilierten« *Logical Volume Manager* zu, besser auch als *LVM* bekannt.

Aber wofür genau brauchen wir LVM? Wir haben doch schon Raid, das uns Redundanz und in gewissen Punkten auch Erweiterbarkeit bringt. Wo kann uns also LVM noch weiterbringen? Einfache Antwort: *in der Virtualisierung physikalischen Festplatten-Speichers.* Na prima. Nächste Frage: Und wozu soll das gut sein?

Die Erklärung wird etwas ausführlicher und um sie zu verstehen, müssen wir uns einige neue Begrifflichkeiten aneignen, ohne die wir in der Welt des LVM nicht allzu weit kommen.

LVM stellt, vereinfacht ausgedrückt, eine Art Abstraktionsschicht zwischen echten und virtuellen Speichermedien zur Verfügung. Diese Abstraktionsschicht nennt sich in der LVM-Terminologie *Volume Group* oder auch kurz VG. In dieser VG sind die eigentlichen Festplatten/Partitionen des Systems zusammengefasst. Diese heißen in der LVM-Welt *Physical Volumes* oder auch kurz PV. Die Volume Group stellt also, vereinfacht, nichts anderes dar als einen Zusammenschluss aller physikalisch vorhandenen Disks bzw. Partitionen.

Nun zum entscheidenden Punkt, der LVM die spezielle Flexibilität beschert: die *Logical Volumes* oder kurz LVs. Die LVs sind die virtuellen Disks, die letztendlich ganz normal mit dem favorisierten Dateisystem formatiert und für die Datenspeicherung genutzt werden können.

Stellen wir uns die VG als Kuchen vor, sind die LVs nichts anderes als beliebig große Kuchenstücke. Und das Schöne daran wie im wirklichen Leben: Wenn uns das Kuchenstück zu klein sein sollte, nehmen wir uns einfach noch ein Stück dazu, bis wir genug auf dem Teller haben.

Und wenn uns der Kuchen (die VG) im Ganzen zu klein sein sollte, machen wir ihn mit ein paar neuen PVs einfach noch größer. Und da innerhalb der VG keine Platzbeschränkungen durch die Einzelgrößen oder Partitionsgrenzen der unterliegenden PVs existieren, kann jedes LV eine beliebige Größe annehmen – solange die Gesamtkapazität der LVs nicht die der VG überschreitet. Zudem sind wir natürlich nicht nur auf eine LV beschränkt, seit LVM Version 2 existieren keine Beschränkungen mehr für die Anzahl der LVs (LVM 1: 255).

Die relativ statische (weil auf einzelne Devices beschränkte) Partitionierbarkeit von »normalen« Devices wird durch LVM also komplett aufgehoben. Hinzu kommt, dass LVs (so wie die unterliegenden VGs) im laufenden Betrieb durch Hinzufügen oder Wegnehmen von PVs nahezu beliebig erweitert oder auch verkleinert werden können. So kann der Admin das System jederzeit relativ einfach an neue Anforderungen anpassen, vor allem ohne den Betrieb zu unterbrechen. Betrachten wir die ganze Mimik grafisch (siehe Abbildung 2.7).

Die wichtigsten Punkte zur obigen Darstellung im Klartext:

Die Disks /dev/sd[bcde] sind die PVs, die in der Volume Group VG1 zusammengefasst werden. Die VG kann jederzeit durch Hinzufügen/Entfernen von PVs vergrößert/verkleinert werden.

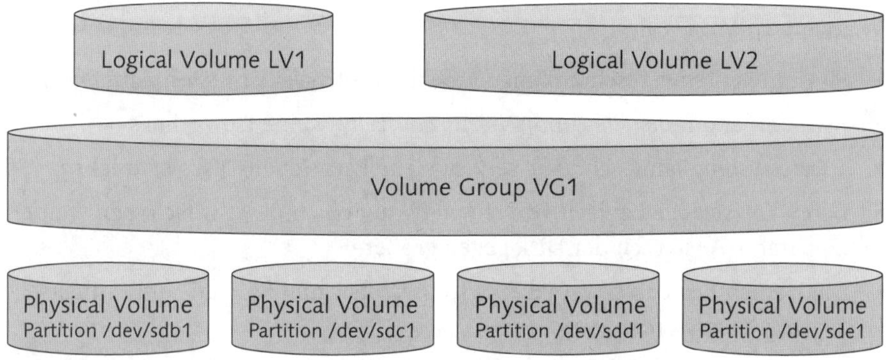

Abbildung 2.7 Schematische Darstellung der Funktionsweise eines LVMs

Die Logical Volumes LV1 und LV2 sind die »virtuellen« Disks/Logical Volumes, die einen bestimmten Bereich der VG für sich beanspruchen und dem Nutzer oder den Applikationen als eigentlicher Datenspeicher zur Verfügung stehen. Sie können innerhalb der Grenzen der VG beliebig vergrößert oder verkleinert werden, solange beide zusammen nicht größer sind als die VG.

So viel zur grundlegenden Arbeitsweise von LVM. Schauen wir uns nun an, welche Rolle der Device-Mapper dabei spielt, was LVM kann – und was nicht.

2.4.1 How it works

Ermöglicht wird diese spezielle »Abstraktions«-Funktionalität in LVM (Version 2) über den sogenannten Device-Mapper. Dieses Paket ist – neben den eigentlichen LVM-Tools – unabdingbar notwendig, denn es sorgt wie ein Wegweiser für die Umsetzung aller Dateioperation von den »virtuellen« Devices über die VG auf die echten PVs und wieder zurück. Da es sich, wie man dem Namen entnehmen kann, nur um ein Mapping, also eine Umsetzung auf Ebene der Blockdevices handelt, wird klar, dass sich für die Performance in der Regel kaum nennenswerte Einbußen ergeben. Hinzu kommt, dass die Daten eines LVs bei Bedarf auch wie ein RAID 0 auf die PVs gestriped werden können, wodurch es performanter arbeiten kann, als es die einzelnen Blockdevices könnten.

Was höre ich? Raid 0? Hat doch weder Redundanz noch Fehlertoleranz!

Stimmt genau. Aber bevor wir das weiter erörtern, schauen wir uns die Vorzüge – und auch Nachteile – des LVM-Systems im Überblick an. Nicht um abzulenken, sondern weil die Frage durch die folgenden Punkte schon so gut wie geklärt sein sollte.

Im Detail:

Was kann LVM ...

- Flexibilität: keine Beschränkungen mehr auf physikalische Festplattengrößen
- Erweiterbarkeit der VGs und LVs *zur Laufzeit* – keine Downtimes
- 1 Dateisystem kann sich über verschiedene Partitionen/Disks erstrecken.
- Daten können *zur Laufzeit* von einem PV auf ein anderes verschoben werden (Reparatur/Austausch der Disk gegen größere).
- Die Namen der LVs sind (nahezu) frei wählbar und können somit inhaltsbezogen gesetzt werden.
- Bessere Performance durch Striping (bei Bedarf – Default: lineare Allocierung). Zur Gewährleistung der Ausfallsicherheit sollte das LVM redundante Raids als PVs verwenden. Andere Alternative: LVM-Mirroring:
- LVM-Mirroring: Seit LVM2 kann jedes LV ohne zusätzliche Raids redundant gespiegelt werden.
- Snapshots-LV: Das Original-LV wird im laufenden Betrieb »eingefroren«, während der Arbeitsbetrieb – mittels eines Pufferspeichers für alle schreibenden Änderungen – weitergeht. So können konsistente Backups oder Disk-Clones erstellt werden; alternativ kann auch auf den Snapshot schreibend zugegriffen werden. Seit Kernel 2.6.33 und LVM-Tools >= 2.02.58 kann auch der Originalzustand via Snapshot wiederhergestellt werden (Stichwort: *merging*, dazu mehr in Abschnitt 2.4.6).
- Clustering: LVM kann eingesetzt werden, um den Speicher innerhalb eines Clusters mit einem SAN oder NAS optimal zu verwalten. Voraussetzung: clvmd (vereinfacht: die Cluster-Extension für LVM).
- Daten auf LVs können bei Bedarf verschlüsselt werden.

... und was nicht:

- Nicht alle Kommandos sind trotz Cluster-Erweiterung clusterfähig.
- keine vollautomatische Reparatur des LVs mithilfe von »Online-Spares« im Mirrorbetrieb wie bei Raid (manuelle Interaktion notwendig)
- als »reines« LV (ohne Raid-Unterbau) für das root-Dateisystem eher ungeeignet (und auch nicht gedacht)
- Snapshots können nicht unbeschränkt lange eingesetzt werden, sie werden automatisch ungültig, sobald der eingestellte Pufferspeicher voll ist.
- Daten auf Snapshot-LVs können auch Inkonsistenzen aufweisen (z. B. bei aktiven Datenbanken mit speziellen Locking-Mechanismen).

Fazit unserer Vorbetrachtungen:

LVM wird insbesondere dann interessant, wenn das System sich schnell und vor allem flexibel auf geänderte Speicheranforderungen einstellen soll und muss. Die Verwaltung großer Datenspeicher oder Storages mit vielen Komponenten wird erheblich vereinfacht und flexibilisiert, aber auch im kleineren Bereich lassen sich einige Vorteile mit LVM erzielen.

Allerdings sollte der LVM in der Praxis stets mit redundanten Raids (anstelle von einfachen Disks) als PVs arbeiten, um die entsprechende Ausfallsicherheit zu gewährleisten. Das Mirroring von LVs ist zwar ebenfalls möglich – und für den Praxisbetrieb auch durchaus performant genug – aber die fehlende Auto-Rekonstruktion kann dem Admin den Arbeitstag – oder die Nacht – etwas erschweren. Natürlich könnten hier auch skriptbasierte Lösungen eingesetzt werden, mehr dazu später im Abschnitt 2.4.9.

Die LVM -Sourcen finden sich unter: *http://sources.redhat.com/lvm2/*

2.4.2 Logische Schaltzentrale – lvm.conf

Zentrales Steuerelement der Konfiguration ist die *lvm.conf(5)*, meist anzutreffen unter */etc/lvm/*. In ihr finden wir verschiedene Abschnitte, die das globale LVM-Verhalten betreffen, nicht die Konfiguration einzelner LVs. Die *lvm.conf* wird während der Initialisierungsphase von *lvm(8)* eingelesen, je nach Einstellungen und Distribution z. B. über die normalen Init-Scripte. Sobald Einstellungen geändert werden, wird aufgrund des Timestamp-Checks die *lvm.conf* – und gegebenenfalls inkludierte Dateien – neu eingelesen. Um die aktuellen Einstellungen komplett auslesen zu können, existiert das Kommando

```
#> lvm dumpconfig
```

Die Unterteilung der *lvm.conf* zeigt in aktuellen Versionen üblicherweise die folgende Gliederung, wobei die Subdirektiven zu jeder Sektion innerhalb der geschweiften Klammern eingebracht werden müssen. Hier einige Auszüge:

- `devices` – legt fest, welche Devices durch das LVM-System verwaltet werden sollen. Hier können u. a. über reguläre Ausdrücke und/oder Wildcards bestimmte Devices in- oder exkludiert werden.
- `backup` – bezieht sich nicht auf ein konventionelles Backup z. B. eines LVs, sondern auf die Backup-Einstellungen hinsichtlich der Meta-Daten/Informationen eines LVs (z. B. welche Disks gehören zu einer VG, welche Eigenschaften besitzt sie, aus welchen PVs besteht sie und welche LVs stellt sie zur Verfügung). Die Metadaten werden typischerweise bei Konfigurationsänderungen automatisch aktualisiert.
- `global` – verschiedene globale Settings, wie z. B. Lokation des /proc-Dateisystems, Locking-Directory, Locking-Types usw.
- `activation` – Werte/Aktionen, die bei der Aktivierung von LVs gelten/greifen sollen
- `metadata` (Advanced Metadata Settings) – z. B. Anzahl der Metadaten-Kopien und eine Liste von Directories mit Kopien der Metadaten
- `dmeventd` – legt Einstellungen für den *Device Mapper Event Daemon* fest, der beim Eintreten bestimmter Bedingungen (z. B. Snapshot-Füllstand kritisch, LV-Mirror degraded) auf Basis der dort definierten Libraries bestimmte Aktionen triggern soll
- `log` – logspezifische Settings

2.4.3 Let's get physical – Erstellen und Administrieren der PVs

Grundlage für die LVM-Funktionalität bildet – wie bei dem im letzten Kapitel vorgestellten Softraid – die Einbindung der entsprechenden Kernel-Module. Die LVM-relevanten Module befinden sich, wie auch die Raid Module, unter:

```
/lib/modules/2.6.<Minor-Number>/kernel/drivers/md/
```

Minimal ist das Modul `dm_mod` erforderlich. Bevor wir den LVM aufsetzen, schauen wir uns kurz an, wie die eigentlichen Daten von den LVs verwaltet und auf den eigentlichen Speichermedien, den PVs, gespeichert werden. Das geschieht mittels sogenannter Extents, von denen es (natürlich) zwei Sorten gibt: Logische und Physikalische.

Ein *Physical Extent*, oder auch kurz *PE*, stellt in der LVM-Welt, vereinfacht ausgedrückt, die Entsprechung zu der Blockgröße eines Datenträgers dar und damit gleichfalls die kleinste physikalische Speichereinheit. Jedes *Physical Volume (PV)* unterteilt sich in gleich große *PEs*. Deren Größe kann beim Setup der Volume Group (VG) festgesetzt werden. Der Default-Wert beträgt 4 MByte, das Maximum liegt bei 1 GByte. Das Physical Volume versieht die PEs zur eindeutigen Adressierung mit IDs, die bei 0 beginnen.

Analog zu den PVs und PEs besteht jedes *Logical Volume (LV)* aus – wir ahnen es – *Logical Extents* (LE). Die *LEs* besitzen default die gleiche Größe wie die PEs der Volume Group, in der sich das LV befindet. Daraus ergibt sich bei Verwenden des Default-Wertes: 1 PE = 1 LE = 4 MByte. Auch die Logical Extents bekommen in jedem Logical Volume von 0 an beginnend eine ID. Außerdem bildet LVM sie 1 : 1 auf die PEs ab. Liegen zwei Spiegelhälften (LVM-Mirror) vor, entspricht ein Logical Extent zwei Physical Extents. Bei LVM-Implementationen, die keine Spiegelung unterstützen, entspricht ein Logical Extent immer genau einem Physical Extent.

Beim Setup machen wir's mal wieder wie im richtigen Leben – wir arbeiten uns von unten nach oben, heißt also: Wir bereiten die PVs zur Verwendung mit dem LVM vor. Natürlich bringen mittlerweile fast alle Distributionen mehr oder weniger ausgereifte grafische Frontends zur Administration des LVM mit, aber: Die sollten wir erst verwenden, wenn wir genau wissen, was die eigentlichen LVM-Tools und -Funktionen machen, die über die APIs der grafischen Tools aufgerufen werden.

Eine grundsätzliche Anmerkung zu allen LVM-Tools: Für jeden der drei Bereiche (PV, VG und LV) existieren Kommandozeilentools, die fast immer mit den Schlüsselbezeichnern pv*, vg* und lv* beginnen und oftmals auch auf die Funktion bezogen ähnlich lauten (pvcreate, vgcreate, lvcreate). Einen schnellen Überblick über die Tools eines Bereiches kann man sich z. B. per

```
#> apropos  ^pv
```

(oder `^vg`, `^lv`) verschaffen. In den jeweiligen Manpages dabei wie üblich natürlich auch immer auf die Querverweise in der Sektion *SEE ALSO* achten.

Bevor wir an die Arbeit gehen, machen wir natürlich den üblichen Check: Alle wichtigen Daten gesichert und Backup brauchbar? Wenn ja, können wir loslegen. Mit **lvmdiskscan** verschafft man sich schnell einen Überblick über die gesamten im System vorhanden Devices und ihre Zuordnungen (normale Disk, Softraid, LVM-Bestandteil usw.).

Wollen wir einzelne Partitionen zur Verwendung mit LVM vorbereiten, sollte die Partitions-ID (z. B. per fdisk) auf 8e geflaggt werden. Vorhandene Disks, die im Ganzen einer Verwendung durch LVM zugeführt werden sollen, müssen sich ihrer gegebenenfalls bestehenden Partitionstabelle entledigen.

Achtung

Hier ist natürlich Vorsicht geboten: Mit der Löschung der Partitionstabelle sind auch alle Daten auf der Platte im Nirwana aller Bits (spezielle Rekonstruktionsverfahren seien an dieser Stelle mal ausgenommen). Falls sich also noch Daten auf der Platte befinden, die gesichert werden sollten, ist das natürlich vorab zu erledigen!

Die Partitionstabelle selbst kann per

```
#> dd if=/dev/zero of=<Device> bs=512 count=1
```

gelöscht werden.

Um die Disks/Partitionen auf den Einsatz unter LVM vorzubereiten, stehen zwei Möglichkeiten zur Verfügung. Sind die Disks absolut neu und jungfräulich (keine Partitionen und/oder Daten darauf), reicht ein einfaches

```
#> pvcreate /dev/sd[bcde]
```

um die *gesamte* Disk als PV zu initialisieren. Sollte es sich um einzelne Partitionen handeln, die bereits die korrekte Partitions-ID besitzen, könnte der Befehl z. B. so lauten:

```
#> pvcreate /dev/sdb1 /dev/sdc3
```

Beim Erzeugen der PVs werden – in den *pvcreate*-Standardeinstellungen (– die Metadaten (welche später die eigentliche Konfiguration des LVs enthalten, dem die PVs angehören), nur am Anfang (ab dem 5. Sektor) des PVs gespeichert. Redundante Kopien (am Sektoren-Ende des PV) sind ebenfalls möglich. In unserem Beispiel verwenden wir zunächst 4 (virtuelle) SCSI-Disks zu je 1 GB.

Der andere Fall könnte natürlich so aussehen, dass existierende Disks bzw. Partitionen in den LVM übernommen werden sollen und auf diesen bereits Daten liegen. Aber auch das stellt kein Problem dar. Eine einfache Möglichkeit wäre es natürlich, die Disks als PVs einer VG zuzuordnen, ein LV zu erstellen, es zu formatieren und die Daten dann vom zuvor erstellten Backup (das natürlich getestet sein sollte!) auf das neue LV zu schreiben.

Eine andere Variante könnte so aussehen: Wir erstellen mit einer unbenutzten Disk ein LV, dessen VG aus diesem einzelnen PV besteht. Wir formatieren und mounten es, dann kopieren wir die Daten von den übrigen Disks Step-by-Step auf das LV. Sobald eine der alten Platten leer geräumt ist, machen wir per *pvcreate* ein PV aus ihr, ordnen sie der VG zu und erweitern anschließend den Speicherplatz unseres LVs um die neu hinzugekommene Platte. Dann machen wir mit der nächsten Platte weiter, bis alle Platten mitsamt ihren Daten zu unserem LV gehören.

Natürlich funktioniert die ganz Mimik auch hervorragend mit Softraid-Devices. Wir können aus jedem redundanten Softraid-Device (/dev/md*) ebenso einfach per *pvcreate* ein PV machen. Allerdings muss diese Einstellung gegebenenfalls in der *lvm.conf(5)* aktiviert werden, die zuständige Direktive wäre

```
md_component_detection = 1
```

Die Platten eines unterliegenden, redundanten Hardware-Raids können über ihre entsprechenden Device-Nodes ebenso direkt angesprochen werden. Bei der Verwendung von redundanten Raids als PVs bietet es sich aus Performancegründen natürlich immer an, das/die LV(s) direkt im Striping-Modus zu erstellen (Default: Linear), da die Wahrscheinlichkeit eines Datenverlustes durch das unterliegende Raid bereits minimiert ist.

Für unser erstes Beispiel nehmen wir 4 leere, unpartitionierte Disks, die wir in einer VG mit dem Bezeichner VG1 zusammenfassen. Anschließend erstellen wir darauf ein LV mit dem Bezeichner *LV1*.

Zunächst legen wir die PVs mit `pvcreate` an, wie im vorangegangenen Beispiel beschrieben. Mit `pvscan`, `pvs` und `pvdisplay` können wir uns detaillierte Informationen über die PVs anzeigen lassen. Als weitere Tools stehen u. a. `pvremove` (Entfernen eines PVs), `pvchange` (z. B. PE-Allocierung für ein defektes PV unterbinden), `pvmove` (bei Online-Reparatur Daten von einem PV auf ein anderes schieben) oder `pvck` (Metadaten prüfen) zur Verfügung.

2.4.4 Gruppentherapie – Administration der Volume Groups

Anschließend fassen wir die zuvor initialisierten PVs in der Volume Group VG1 zusammen:

```
#> vgcreate VG1 /dev/sd[bcde]
```

Detaillierte Informationen zur unserer neu erstellten VG können wir uns analog per `vgscan`, `vgdisplay` und `vgs` anzeigen lassen. Der Schalter `-v` schraubt auch in diesem Fall den Verbose-Grad des Outputs in die Höhe. Bei Bedarf können wir u. a. über den Schalter `-s` (`--physicalextentsize`) auch die Größe der Extents ändern (denn die Default-Größe von 4 MB ist für den einen oder anderen Anwendungsfall doch eher verschwenderisch), die maximale Anzahl der PVs limitieren, die diese VG enthalten darf (Default: umlimited) oder auch die Anzahl der maximal zulässigen LVs für diese VG festlegen (Default: unlimited).

Schauen wir uns kurz den Output von *vgs* an:

```
#> vgs -v
```

```
Finding all volume groups
   Finding volume group "VG1"
VG   Attr   Ext   #PV #LV #SN VSize VFree VG UUID
VG1  wz--n- 4.00M   4   0   0 3.98G 3.98G HTQTk1-mGWq-1E1d-DmJy-yhr1-Z0e...
```

Außer dem Namen unserer VG finden wir noch weitere interessante Informationen. Die Attribute z. B. liefern uns detaillierte Auskünfte: Unsere VG ist *(w)riteable*, *resi(z)eable* und verwendet eine *(n)ormale* Allocation Policy. Die *Allocation Policy* bestimmt, wie die Physical Extents auf der VG allociert werden. Sie wird üblicherweise bei der Erstellung eines LVs von der VG auf das LV vererbt *(inherit)* und kennt verschiedene Modi. Der Standardmodus *(normal)* sorgt z. B. dafür, dass – sofern im LV eingestellt – parallele Stripes nicht auf ein und dasselbe PV geschrieben werden. Im Gegensatz dazu platziert *continguous* neue Extents (mit Limitierungen!) direkt angrenzend an bestehende. Weitere Policys sind *cling* und *anywhere*, Infos hierzu finden sich unter *lvm(8)*.

Weiter in der Auswertung: Die Größe der Extents in unserem oben erzeugten Output liegt bei 4 MB, die VG besitzt 4 PVs, die Gesamtgröße der VG liegt bei 3.98 GB, ebensoviel ist frei, da wir noch kein LV erzeugt haben. Am Ende findet sich die (in der Darstellung gekürzte) eindeutige UUID unserer Volume Group VG1.

Analog zu den pv*-Tools existieren auch hier wieder jede Menge Kommandozeilen-Tools, die uns viele Möglichkeiten bieten, die VG zu administrieren, hier einige Auszüge: Über **vgreduce/vgresize/vgextend** können wir die Größe der VG durch Hinzufügen oder Entfernen von PVs ändern. Mit **vgmerge** können mehrere VGs zusammengefügt werden, **vgmknodes** checkt die speziellen Blockdevice-Files in */dev* und erzeugt fehlende bei Bedarf neu. **vgsplit** ermöglicht die Aufsplittung bestehender VGs in zwei Teile, **vgremove** löscht ganze VGs, insofern keine LVs mehr auf diesen VGs existieren. **vgimport/vgexport** dienen dazu, VGs von einem Host zu einem anderen zu transferieren. Mit **vgcfgbackup** können wir die aktuellen Metadaten (Konfigurationsdaten, NICHT etwaige Daten, die sich in einem LV auf dieser VG befinden!) unserer VG sichern, und diese mit **vgcfgrestore** wiederherstellen.

Wir werden gleich an der Konfiguration unserer VG etwas herumschrauben. Damit das jedoch auch praktischen Nährwert hat, sollten wir uns zuvor an die Erstellung eines LVs machen, denn sonst bringt uns das alles noch recht wenig.

2.4.5 Administration der Logical Volumes

Wir ahnen es: Auch hier geht's mit einem *create* los, natürlich in diesem Fall einem *lvcreate*. Minimal erforderliche Parameter sind hierbei der Name der unterliegenden Volume Group und die Größe (-L) des neu anzulegenden LVs:

```
#> lvcreate -L 3GB VG1 -n LV1
```

Der Parameter »-n« gibt den Namen des neuen LVs vor, wird er nicht angegeben, nimmt das System den Bezeichner *lvol*[0,1,2....n]. Infos zu unserem frisch erstellten LV erhalten wir über die LVM-Tools **lvs**, **lvscan** und **lvdisplay**, deren Geschwätzigkeit wir ebenfalls per -v erhöhen können.

Schauen wir uns nun zunächst an, wie der *lvcreate*-Befehl die Daten wirklich auf den PVs verteilt hat:

```
#> pvscan
```

```
PV /dev/sdb   VG VG1   lvm2 [1020.00 MB / 0       free]
PV /dev/sdc   VG VG1   lvm2 [1020.00 MB / 0       free]
PV /dev/sdd   VG VG1   lvm2 [1020.00 MB / 0       free]
PV /dev/sde   VG VG1   lvm2 [1020.00 MB / 1008.00 MB free]
Total: 4 [3.98 GB] / in use: 4 [3.98 GB] / in no VG: 0 [0   ]
```

Darf gestrippt werden?

No way, jedenfalls nicht, was unser frisch erstelltes LV angeht. *lvcreate* hat als Datenbereich die ersten drei PVs (sd[bcd]) ganz und das vierte PV (sde) zu einem kleinen Teil (weil alle Devices nicht exakt 1024 MB groß waren) verwendet. Die Daten werden zwar über drei PVs verteilt, jedoch nicht explizit gestriped.

Wenn wir dieses Verhalten wünschen, müssen wir es beim Setup unseres LVs direkt angeben. Die Performance ist sicherlich besser, jedoch ist hier Vorsicht angesagt, was die Erweiterbarkeit angeht. Warum? Schauen wir uns das Ganze im Beispiel an. Zuvor löschen wir das bestehende LV1, auf dem sich zu diesem Zeitpunkt weder ein Filesystem noch Daten befinden, per lvremove

```
#> lvremove VG1/LV1
```

```
Do you really want to remove active logical volume "LV1"? [y/n]: y
  Logical volume "LV1" successfully removed
```

und legen es gestriped (per Parameter -i) über die in diesem Fall maximal möglichen 4 PVs neu an. Mehr Stripes anzulegen, als PVs vorhanden sind, ist in unserem Raumzeitgefüge derzeit noch nicht möglich:

```
#> lvcreate -L 3GB VG1 -n LV1 -i 4
```

Dann werfen wir erneut einen Blick per *pvscan* auf die Verteilung, und siehe da, schon die Rückmeldung des Befehls liefert uns einen eindeutigen Hinweis auf den geänderten Verteilungsalgorithmus der Daten:

```
Using default stripesize 64.00 KB
  Logical volume "LV1" created
```

Und *pvscan* zeigt uns erwartungsgemäß die folgende, gleichmäßige Aufteilung:

```
PV /dev/sdb   VG VG1   lvm2 [1020.00 MB / 252.00 MB free]
PV /dev/sdc   VG VG1   lvm2 [1020.00 MB / 252.00 MB free]
PV /dev/sdd   VG VG1   lvm2 [1020.00 MB / 252.00 MB free]
PV /dev/sde   VG VG1   lvm2 [1020.00 MB / 252.00 MB free]
```

Wie bereits erwähnt, gibt es einen kleinen Haken, was die Erweiterbarkeit unseres gestripten LVs angeht: Wir können zwar das LV um die letzten freien (ca.) 1000 MB erweitern, danach bräuchten wir jedoch wiederum mindestens 4 (oder 8/12/16 usw.) neue PVs, um das LV gestriped erweitern zu können. Eine nachträgliche Umstellung auf den linearen Modus (oder umgekehrt) ist nicht mehr möglich! Ebenso wenig kann die Anzahl der Stripes verändert werden.

Achtung

Wenn gestripte LVs Verwendung finden sollen – wogegen performancetechnisch sicherlich nichts spricht –, muss bedacht werden, dass eine Erweiterung dieses LVs (nachdem der Platz auf den zugehörigen PVs erschöpft ist) immer i zusätzliche PVs benötigt, wobei »i« für die Anzahl der bei der Erstellung verwendeten Stripes steht.

In unserem konkreten Beispiel würde dies bedeuten, dass wir bei mehr als 4 GB (der maximalen Kapazitätssumme der verfügbaren PVs) 4 *zusätzliche* PVs in die unterliegende VG1 implantieren müssten, bevor wir unser LV erweitern können. Daher sollte bei einer eher überschaubaren Anzahl der zur Verfügung stehenden PVs die Anzahl der verwendeten Stripes ebenso überschaubar gehalten werden.

Noch ein kleiner Hinweis für den nächsten Neustart: Damit sich unsere LVs beim nächsten Reboot in alter Frische präsentieren, nicht vergessen, die entsprechenden Bootskripte einzubinden (bei SUSE z.B.: `chkconfig -a boot.lvm && chkconfig -a boot.device-mapper`).

Blow up

Aufblasen? Genau das werden wir jetzt tun: Nachdem wir unser 4-fach gestriptes LV1 per *lvremove* wieder entfernt haben, legen wir es neu an, dieses Mal mit 2 Stripes.

```
#> lvcreate -L 3GB VG1 -n LV1 -i 2
```

Bisher haben wir noch nichts Produktives mit dem LV angestellt, also wird es höchste Zeit, es zu formatieren und mit Daten zu füllen. Schließlich wollen wir wissen, ob sich das Ding wirklich so einfach – und vor allem ohne Datenverlust – zur Laufzeit erweitern lässt.

Für die meisten der folgenden Betrachtungen verwenden wir ext4 als Dateisystem und greifen daher natürlich auf die Werkzeuge des Pakets *e2fsprogs* zurück. Allen Reiser- und/oder XFS-Freunden sei ein Blick in die Manpages der korrespondierenden FS-Tools empfohlen.

Der erste wichtige Punkt, was die spätere *Online(!)*-Erweiterbarkeit unseres LVs – und damit des Dateisystems – betrifft, ist die Versionsnummer der gerade erwähnten *e2fprogs:* Alles was kleiner als Version 1.39 ist, könnte genau an dieser Stelle Probleme bereiten, denn:

Das Standard-Tool *resize2fs(8)* kann in Versionen < 1.39 – wenn überhaupt – nur offline, also in ungemountetem Zustand, die nutzbare Größe des ext-Dateisystems und damit des LVs verändern. Dreh- und Angelpunkt des Problems ist das kleine, aber für späteres Online-Resizing unabdingbare ext-Flag `resize_inode`. In neueren Versionen werden alle per *mke2fs(8)* erzeugten ext-Dateisysteme default mit diesem Flag angelegt. Nachträgliches Tuning des FS per **tune2fs -O resize_inode <device>** führt üblicherweise ebenfalls zum gewünschten Erfolg. Klarheit über das Vorhandensein des Flags verschafft *dumpe2fs(8).* Ein weiterer, korrespondierender *mke2fs*-Parameter wäre **-E resize=<Number of blocks>**, falls beim Erweitern des Dateisystems für das LV ab bestimmten Größen Probleme auftreten sollten. Detaillierte Informationen zu allen vorgenannten Tools und den möglichen Parametern liefern natürlich die jeweiligen Manpages.

Erzeugen wir nun auf unserem LV ein ext4-Dateisystem und kontrollieren, ob das entsprechende Flag gesetzt wurde (die zusätzliche Option *–O resize_inode* ist bei mke2fs > = 1.39 obsolet):

```
#> mkfs.ext4 /dev/VG1/LV1  &&  dumpe2fs /dev/VG1/LV1 | less
```

An dieser Stelle noch einmal kurz der Hinweis auf *mke2fs.conf(5)*; über die Konfigurationsdatei lassen sich etliche mk(e2)fs*-Parameter als Default-Werte einstellen.

Im Listing der Features per *dumpe2fs* sollte sich in der Zeile *Filesystem features* auf jeden Fall das Attribut `resize_inode` finden:

```
Filesystem features: has_journal ext_attr resize_inode dir_index filetype extent flex_
bg sparse_super large_file huge_file uninit_bg dir_nlink extra_isize
```

Nun geht's zur Sache: Zunächst hängen wir unser frisch formatiertes LV unterhalb des neu angelegten Ordners */daten* ein.

```
#> mount /dev/VG1/LV1  /daten
```

und befüllen es mit einigen lesbaren Dateien. Um etwas Substanz zu haben, können wir z. B. die Paket-Dokus (bei SUSE z. B. meist unterhalb von */usr/share/doc/*

packages) rekursiv hinüberkopieren. Ein schnelles `df -h` zeigt uns die aktuelle Größe und Auslastung des LVs:

```
Filesystem            Size  Used Avail Use% Mounted on
/dev/mapper/VG1-LV1   3.0G  203M  2.7G   8% /daten
```

Ein wichtiges Detail an dieser Stelle: Das LV kann sowohl über die hierarchisch gegliederten Softlinks der Blockdevices,

```
/dev/<VolumeGroup>/<LogicalVolume>
```

als auch direkt über das vom Device-Mapper verwaltete Blockdevice angesprochen werden:

```
/dev/mapper/<VolumeGroup>-<LogicalVolume>
```

Nun geht's ans Aufblasen: Wir müssen zunächst per `vgextend` die neuen PVs der bestehenden Volume Group hinzufügen, und da wir ein 2-fach gestriptes LV verwenden, sollten es auch derer 2 sein:

```
#> vgextend -v VG1 /dev/sd[fg]
```

```
    Checking for volume group "VG1"
    Archiving volume group "VG1" metadata (seqno 43).
    Adding physical volume '/dev/sdf' to volume group 'VG1'
    Wiping cache of LVM-capable devices
    Adding physical volume '/dev/sdg' to volume group 'VG1'
    Volume group "VG1" will be extended by 2 new physical volumes
    Creating volume group backup "/etc/lvm/backup/VG1" (seqno 44).
  Volume group "VG1" successfully extended
```

Im Verbose-Modus lässt sich ebenfalls gut erkennen, dass sich der `vgextend`-Befehl außer um das Hinzufügen der beiden PVs netterweise auch noch um ein Backup der alten VG-Konfigurationsdaten kümmert.

Ein `vgdisplay` zeigt uns, dass wir jetzt 2,98 GB statt nur knapp 1 GB in der Volume Group VG1 zur Verfügung haben. Als Nächstes müssen wir unser LV erweitern, entweder per `lvresize` oder `lvextend`, die beide die gleiche Syntax verwenden:

```
#> lvextend -v -L+1.5GB VG1/LV1
```

erweitert unser bestehendes LV um 1,5 GB. So sieht es zumindest aus. Aber ein neues `df -h` bringt uns schnell auf den Boden der Tatsachen zurück. Denn unser LV, das nach wie vor unter */daten* eingehängt ist, zeigt uns immer noch stur eine Größe von 3 GB an. Natürlich wissen wir, worin das bockige Verhalten unseres LVs begründet liegt: Blöcke haben wir nun tatsächlich en masse, aber unser ext4-Dateisystem kann sie dank (noch) limitierter Inodes nicht adressieren. Also schieben wir ein schnelles `resize2fs` hinterher, das für die Anpassung des Dateisystems und der Inodes sorgt. Sollten an dieser Stelle Probleme auftreten, noch einmal prüfen, ob das erzeugte FS das Dateisystemattribut `resize_inode` besitzt, und falls ja, ggf. die bereits erwähnte *mke2fs*-Zusatzoption –E resize=<Blocks> anwenden.

Übergeben wir *resize2fs* keine weiteren Parameter, übernimmt es die Einstellungen der Blockgröße des vorhandenen Dateisystems.

```
#> resize2fs /dev/VG1/LV1

resize2fs 1.41.11 (14-Mar-2010)
Filesystem at /dev/VG1/LV1 is mounted on /daten; on-line resizing required
old desc_blocks = 1, new_desc_blocks = 1
Performing an on-line resize of /dev/VG1/LV1 to 1179648 (4k) blocks.
The filesystem on /dev/VG1/LV1 is now 1179648 blocks long.
```

Eine anschließende Prüfung per `df -h` bringt es an den Tag: 4,5 GB anstelle der eben noch vorhandenen 3 GB. Und natürlich alles online und vor allem: ohne Neuformatierung oder Datenverlust. So soll es sein.

Sollte es wider Erwarten einmal erforderlich sein, das LV dank Wegfall defekter PVs zu schrumpfen, muss natürlich der umgekehrte Weg gegangen werden, allerdings mit einigen Einschränkungen, die in einem Reparaturmodus aber durchaus zu verschmerzen sind, hier die Kurzform:

```
#> umount <Mountpunkt>
#> e2fsck -f <LV-Blockdevice>
#> resize2fs  <LV-Blockdevice>  <reduzierte Anzahl von Blöcken>
#> vgreduce <VG> <PV-Blockdevice, das entfernt werden soll>
#> pvremove <PV-Blockdevice>
```

2.4.6 Bitte lächeln – Snapshots

Die Analogie ist gar nicht so weit von der fotografischen »Realität« entfernt, denn: Ein Snapshot stellt eine effiziente Lösung dar, um *Momentaufnahmen* (»Snapshots«) eines beliebigen LVs zu einem bestimmten Zeitpunkt zu erstellen. Der Einsatz dieser Technik bietet sich aufgrund des (nahezu) konsistenten Zustands natürlich als praktikable Backup-Möglichkeit an. Allerdings sind z. B. bei ständig geöffneten Datenbank-Dateien gewisse Maßnahmen und Einschränkungen zu beachten. Dazu gleich mehr, schauen wir uns zunächst an, wie die ganze Geschichte überhaupt funktionieren kann.

Die Bezeichnungen *Snapshot* (Snapshot-LV) und *Origin* (Original-LV) sind zwar korrekt, treffen jedoch sachlich nicht ganz den Kern der Sache, denn die exakte Funktionsweise stellt sich hinter den Kulissen etwas anders dar:

Wird ein Snapshot für ein Logical Volume angelegt, *friert* der Zustand des Origins zum Zeitpunkt (t) ein. Das »Einfrieren« des Origins geschieht mithilfe von speziellen Locking-Mechanismen, die üblicherweise Bestandteil des jeweiligen Dateisystems und/oder Kernels sind. Dieser »eingefrorene« Zustand des Origins wird nun als eigenständiges, mountbares Snapshot-LV (in LVM 1 Readonly, seit LVM 2 auch schreibbar) ab dem Zeitpunkt (t) zur Verfügung gestellt. De facto handelt es sich beim Snapshot also um das (eingefrorene) Origin, und nicht um eine Kopie davon.

Hinter dem scheinbar aktuellen Origin, mit dem wir in der Zwischenzeit weiterarbeiten, verbirgt sich hingegen ein ganz anderes Prinzip:

Stellen wir uns die typische *Mittagspausen-Chef-Chefsekretärin-Situation* vor: Wir, der stets gestresste Admin, müssen den Chef dringend über ein paar wichtige Umstellungen informieren. Der hält jedoch gerade, wie jeden Mittag, seinen wohltuenden Schönheitsschlaf in der beruhigenden Gewissheit der Existenz seines 8-stelligen Spargroschens auf den Cayman Islands. Seine pflichtbewusste Sekretärin blockt uns effizient ab, nimmt den Wust an Infos aber ebenso pflichtbewusst entgegen. Wir verkrümeln uns, und nachdem el Presidente aus seiner Stasis erwacht ist, bringt ihn seine Sekretärin mit den aktuellen Informationen auf den neuesten Stand.

Und nun die Legende zur kleinen Darstellerriege: Die Modifikationsanfrage (wir), der schlafende Chef (das Origin) und last but not least die Sekretärin (der Zwischenspeicher – wie im Leben je nach Fähigkeit von kleiner bis zu immens großer Kapazität).

Im Detail: Ab dem Zeitpunkt *t* (dem Erstellungszeitpunkt des Snapshots, also des eingefrorenen Origins) wird – durch die Erzeugung des Snapshots – ein Puffer-/Zwischenspeicher einer definierten Größe auf unserer Volume Group angelegt, die auch das Origin hostet. Dieser Zwischenspeicher nimmt nun als »Stellvertreter« des Origins alle *modifizierenden* Dateioperationen (create/modify/delete) entgegen, während alle read-Anfragen einfach zum Original-LV durchgeschleust werden. Die modifizierenden Anfragen werden dabei durch einen *Copy-on-Write*(*CoW*)-Mechanismus behandelt, den wir bereits im Abschnitt über das Dateisystem *btrfs* kurz angesprochen haben. Dabei wird, vereinfacht ausgedrückt, der zu modifizierende Block vom eingefrorenen Original-LV zunächst in den – zuvor definierten – Zwischenspeicher auf der Festplatte kopiert und anschließend die Modifikation des Blocks vorgenommen. Der sehr geringe Overhead dieses Verfahrens wirkt sich natürlich vorteilhaft auf die Gesamt-Performance während der Snapshot-Phase aus.

Beispiel: Die Datei xyz.txt besteht aus drei Blöcken (A, B, C), die auf dem Origin liegen. Der Snapshot wird erstellt und mit ihm eine fiktive »Kopie« der Datei xyz.txt, denn solange die Datei unmodifiziert ist, ist jeder (lesende) Zugriff ein

Zugriff auf die Original-Datei des Origins. Wird nun eine Modifikation an Block C der Datei *xyz.txt* vorgenommen, kopiert das System diesen Block C vom eingefrorenen Origin – das als Snapshot fungiert – in den Zwischenspeicher. Somit existieren nun zwei Versionen des Blocks C: eine unveränderte auf dem eingefrorenen Origin (dem Snapshot) und eine modifizierte im Zwischenspeicher.

Um nun ein Backup zu erstellen, muss das Snapshot-LV (das eingefrorene Origin) nun lediglich noch gemountet werden, anschließend können die Daten per *tar, star, rsync* oder ähnlichen Tools unserer Wahl gesichert werden. Alle Änderungen *(Deltas)*, die ab dem Zeitpunkt (*t+*) der Snapshot-Erstellung am Original-LV vorgenommen wurden, werden nach Entfernung des Snapshots vom Pufferspeicher in das Original-LV zurückgeschrieben bzw. ge-merged.

Der entscheidende Punkt dabei: Der Delta-Puffer bzw. Pufferspeicher benötigt IMMER Zugriff auf die Originaldaten, sprich: das Original LV oder kurz *Origin*. Um ein unabsichtliches Löschen des Original-LVs zu vermeiden, kann es nur dann per `lvremove` entfernt werden, wenn es keinen zugehörigen Snapshot mehr besitzt!

Wir wisssen: Solange die Snapshot-Phase aktiv ist, laufen alle schreibenden Dateioperationen, die für das Origin bestimmt sind, über den bereits angesprochenen Zwischenspeicher, den Delta-Puffer. Seine Größe (`-L`) MUSS daher bei Erstellung des Snapshots angegeben werden und sollte je nach zu erwartetenden Deltas bzw. der Laufzeit des Snapshots ausreichend dimensioniert sein. Bei Erreichen der maximalen Puffergröße des Zwischenspeichers wird der Snapshot ungültig und muss entfernt werden, da er keine Änderungen mehr speichern kann.

Aber auch das muss nicht der Weisheit letzter Schluss sein, denn solange wir noch Platzreserven auf unserer VG haben, können wir auch den Puffer bei Bedarf per `lvextend` noch etwas »aufblasen«. Wie das in Verbindung mit einer einfachen Überwachung aussehen kann, schauen wir uns in diesem Abschnitt noch an. Weiter im Text:

Nach dem Entfernen des Snapshots wird der Zwischenspeicher mit den Deltas wieder in das Origin zurückgeschrieben. Die Anwendungen, die mit dem involvierten Origin arbeiten, merken von dieser Aktion rein gar nichts und können zu jeder Zeit ganz normal weiterlaufen.

Der Snapshot selbst ist in der Regel konsistent, man sichert also Daten von einem Volumen, dessen Inhalte sich in einem definierten, fixen Zustand befinden und sich während des Backup-Vorgangs nicht ändern. Achtung an dieser Stelle: Seit

LVM2 werden Snapshots (das Origin) Read/Write gemountet, falls nicht explizit Readonly als Mount-Option angegeben wird. Betrachten wir nun die

Vorteile des Snapshot-Verfahrens:

- (Im Normalfall) konsistente Daten des Origins, von denen sich leicht ein Backup erstellen lässt.
- Je nach Änderungen und Laufzeit meist nur relativ niedriger Speicherplatzverbrauch, da nur die Deltas im Zwischenspeicher gesichert werden.
- Durch schreibbare Snapshots kann in verschiedenen Versionen des Datenbestandes gearbeitet (getestet) werden.
- Wichtig für beschreibbare Snapshots: Geänderte Datenblöcke eines explizit modifizierten Snapshots werden als solche markiert und bei einem Restore automatisch exkludiert.
- Verwendungsmöglichkeit für virtuelle Maschinen: Erstellung eines »linked Clone«-Diskimages (s. u.) für Xen.

... und die Nachteile:

- Ist das Origin durch Datenkorruption zerstört, nützt auch der Delta-Puffer nichts mehr, da es sich »nur« um den Inhalt des Zwischenspeichers handelt.
- Snapshots von Datenbank-Anwendungen gilt ein besonderes Augenmerk.

Gerade der letzte Punkt der Auflistung verdient spezielle Beachtung, wie bereits gesagt. Denn, mal ganz ohne rosa Brille gefragt: Kann die eingesetzte DB wirklich zu einem x-beliebigen Zeitpunkt gesichert und vor allem aus diesem Snapshot jederzeit wieder hergestellt werden?

Dies ist häufig nur dann möglich, wenn die Datenbank selbst eine Art *Transaktionslog* besitzt, in dem sie, vereinfacht ausgedrückt, »Buch« über alle Operationen führt. So kann die DB die im Recovery-Fall wiederhergestellten (und meistens nicht wirklich konsistenten) Daten einfach als »Crashfall« betrachten und ein Rollback zu dem – vom Snapshot-Zeitstempel aus gesehenen – letzten Wiederherstellungspunkt ihres Transaktionslogs fahren.

Andere Szenarien könnten z. B. so aussehen, dass die Datenbank temporär gelockt wird und die Daten vom Speicher in die Datenbankdateien geflusht werden, *bevor* der Snapshot erstellt wird. Das klappt z. B. in den meisten MySQL-Versionen relativ einfach innerhalb der *mysql*-Kommandozeile mit dem Befehl

```
mysql> FLUSH TABLES WITH READ LOCK;
```

bevor der Snapshot erstellt und von ihm gesichert wird. Allerdings können natürlich auch zu nachtschlafender Zeit – insofern ein 24/7-Szenario vorliegt –

erhebliche Zugriffe auf die DB stattfinden. In dem Fall wird der Befehl erst dann beendet, wenn die Zugriffe auf ALLE Tables beendet sind und MySQL sie locken kann. Eine weitere Variante wäre die Sicherung einer Readonly-Replikation der eigentlichen DB, die vor Erstellung des Snapshots vom Master abgekoppelt wird.

Schauen wir uns an dieser Stelle einmal grafisch und stark vereinfacht an, wie das Snapshot-Konzept funktioniert:

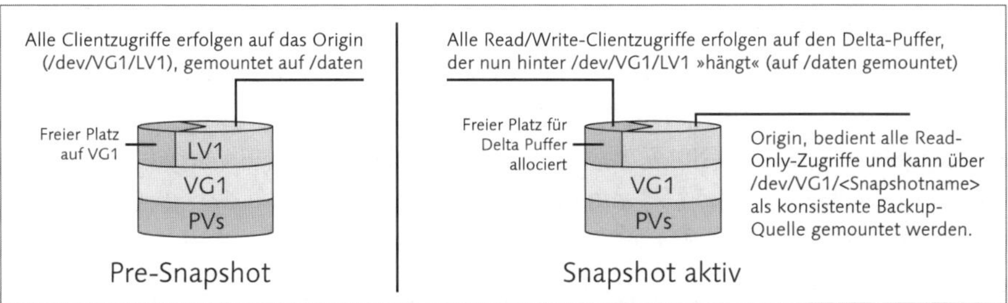

Abbildung 2.8 Vereinfachte, schematische Snapshot-Funktionsdarstellung

Kommen wir nun zum praktischen Teil, dem Erzeugen des Snapshots. Voraussetzung für diese Funktionalität ist das geladene Modul `dm-snapshot`. Die Syntax des **`lvcreate`**-Aufrufs stellt sich wie folgt dar:

```
#> lvcreate  -L 300Mb -s -n SNAP /dev/VG1/LV1
```

Eine kurze Erläuterung zu den Parametern:

`-L` gibt die Größe des Snapshots an. Wer sich wundert, dass das Ding gerade mal ein Zehntel so groß ist wie das Origin: Immer daran denken, dass wir damit nur den Zwischenspeicher angeben, der die Änderungen während der »Lebenszeit« des Snapshot-LVs speichert. Die Faustregel besagt, dass ca. 15 bis 20 % der Größe des Origins ausreichend sind. Natürlich sollte jeder Admin diesen Wert in Abhängigkeit der zu erwartenden Deltas und der Laufzeit seines Snapshot-LVs selbst eruieren. Der Parameter **`-s`** gibt an, dass es sich um einen Snapshot handelt, **`-n`** gibt den Namen des Snapshot-LVs an (*SNAP*), das auf Basis des zuletzt genannten LVs erstellt wird. Mit dem Parameter **`-c`** kann optional eine Chunksize im Wertebereich 4 – 512k (in 2er-Potenzen) angegeben werden.

Achtung

Wichtig hierbei: Der Snapshot (das eingefrorene Origin) wird seit LVM2 default immer writeable »erstellt«! Soll der Snapshot Readonly sein (für ein konsistentes Backup sicher nicht verkehrt), muss dies entweder bei der Snapshot-Erstellung per lvcreate (Switch: **`-p r|w`**, default: **`w`**) oder beim Mounten explizit angegeben werden, z. B. per Mountoption <**`-o ro`**>! (Siehe hierzu auch *mount(8)).*

Mounten wir das Snapshot-LV temporär, zeigt uns `df -h`, dass der Snapshot (natürlich) im ersten Moment nach der Erstellung exakt so groß wie das Origin ist, da es sich ja um eine Art »verlinkte Kopie« handelt.

```
/dev/mapper/VG1-LV1   4.5G  221M  4.0G   6% /daten
/dev/mapper/VG1-SNAP  4.5G  126M  4.1G   3% /mnt
```

Die Ausgabe von *lvs(8)* lässt da schon tiefer hinter die Kulissen blicken:

```
LV   VG   Attr   LSize   Origin   Snap%  Move Log Copy%
LV1  VG1  owi-ao   4.50g
SNAP VG1  swi-ao 300.00m LV1       0.01
```

Die meisten Spalten dürften selbsterklärend sein. Interessant sind vor allem die Attributspalte und die *snap*- bzw. *copy*-Spalte. Die Attribute sagen uns unter anderem, dass es sich bei LV1 um das Origin (o) handelt und dass es (o)*pen* bzw. *gemountet* ist. Im Fall des ebenfalls gem(o)unteten Snapshot-LVs wird sein (s)napshot-Status in der ersten Attributspalte angezeigt. Die *snap%*-Spalte gibt uns die derzeitige Speicherbelegung des Snapshot-Puffers an.

Kleiner Tipp

`lvs` ist manchmal etwas träge, daher kann es bisweilen ein paar Sekunden oder auch länger dauern, bis eine Dateioperation Wirkung zeigt. Sein Parameter `--unbuffered` schafft in der Praxis leider oft auch nur wenig Abhilfe.

Sobald 100 % erreicht sind, werden die Daten auf dem Snapshot mit ziemlicher Sicherheit unbrauchbar. Kleiner Test dazu: Wir legen per

```
#> dd if=/dev/zero  of=/daten/file_1  bs=10000 count=10000
```

eine ca. 100 MB große Datei auf unserem gemounteten Origin an, und betrachten danach erneut den *snap*%-Status per `lvs`. Das Tool informiert uns zum einen über den etwa zu einem Drittel verbratenen Pufferspeicherplatz (*snap%*), und zum anderen über das nun ungemountete Snapshot-LV ((-) in der letzten Attributspalte).

```
LV    VG    Attr   LSize   Origin Snap%  Move Log Copy%  Convert
LV1   VG1   owi-ao   4.50g
SNAP  VG1   swi-a- 300.00m LV1     31.95
```

Muss ein Snapshot-LV aufgrund bestimmter Einflüsse länger im Einsatz bleiben als geplant, sollte entweder per *dmeventd* in Verbindung mit der korrespondierenden Library *libdevmapper-event-lvm2snapshot.so.2.02* und den entsprechenden Settings in *lvm.conf(5)* bzw. per Skript – oder einem cron-gesteuerten Einzeiler – der *snap%*-Status (Füllstand des Delta-Puffers) regelmäßig überwacht werden, um einen unbrauchbaren Snapshot zu vermeiden. Hier ein kleines Script-Beispiel (Zeilen sind umbrochen):

```
#> [ "$(lvs --noheadings | grep SNAP | awk '{print $6}' | \
    cut -d "." -f1)" -ge 75 ] && lvs | \
    mail lvm-admin@local.site -s "Snapshot-Alarm"
```

Eine andere Variante wäre eine (gescriptete, automatisierte) Vergrößerung des Snapshot-LVs im laufenden Betrieb per *lvextend*, allerdings muss hierbei berücksichtigt werden, dass das Origin danach nicht mehr verkleinert werden darf, zumindest solange der Snapshot besteht.

Beim Erstellen einer zweiten Datei per *dd* mit 300 MB erhalten wir keine Fehlermeldung, obwohl nun insgesamt 400 MB des Snapshot-Pufferspeichers verwendet werden. Die Meldung erscheint jedoch bei der *lvs*-Status-Abfrage und spätestens beim Removen des Snapshot-LVs, da der snap%-Status bei 100 % liegt:

```
Error: /dev/<device>: read failed after 0 of 4096 at 0: Input/output error
```

Der maximale Inhalt des Delta-Puffers ist jedoch in diesem Fall bereits überschritten worden, mit einer wenig vorteilhaften Konsequenz: Der Snapshot wird sofort unbrauchbar, obwohl noch vorhanden, und es ist nur der aktuelle (Ist-) Stand des Systems verfügbar, kein Origin-Stand mehr.

Hinweis

Bei entsprechenden Systemvoraussetzungen, die wir uns im folgenden Abschnitt anschauen, wäre sogar ein direkter »*merge*«, ein Verschmelzen des Delta-Puffers mit dem Origin möglich, um den alten Zustand wiederherzustellen. Doch auch diese Kapabilitäten nützen nichts mehr, wenn der Füllstand des Delta-Puffers überschritten wurde:

```
/dev/dm-1: read failed after 0 of 4096 at 0: Input/output error
Merging of volume snap started.
LV1: Merging snapshot invalidated. Aborting merge.
```

Völlige Verschmelzung – Snapshot-Merging statt Restore

Wie wir bereits wissen, wird der Delta-Puffer eines »normalen« Snapshots am Ende seiner Lebenszeit mit dem Origin zusammengeführt (merged); der Zustand des LVs entspricht dabei also dem aktuellsten, inklusive aller Änderungen, die der Delta-Puffer während seiner Lebensdauer entgegengenommen hat.

Hier wird der Vorgang einfach umgekehrt: Der Original-Content wird mit dem des Delta-Puffers gemerged, jedoch ist der Content des Origins hier der Tonangebende – sprich: der Originalzustand wird wiederhergestellt. Insofern handelt es sich um ein echtes, vollwertiges Rollback und nur nicht um das Wiederherstellen eines Backups. Leider ist die zuletzt genannte Funktionalität – obwohl eigentlich unentbehrlich für (Rollback-)Szenarien – erst recht spät in den Mainline-Kernel und die LVM-Tools eingeflossen.

Im Detail: Benötigt werden hierzu mindestens ein Kernel >= 2.6.33 sowie die LVM-Tools ab Version 2.02.59. Letztere liegen zum Zeitpunkt der Erstellung des Buches in Version 2.02.71 vor und finden sich z. B. unter:

ftp://sources.redhat.com/pub/lvm2/LVM2.2.02.71.tgz

Was den Kernel angeht, können die entsprechenden Kernel-Pakete für ältere Distributionen gegebenenfalls über die Repos der jeweiligen Distribution bezogen werden, bei SUSE und Ubuntu z. B. über:

http://download.opensuse.org/repositories/Kernel:/(HEAD)
http://kernel.ubuntu.com/~kernel-ppa/mainline/

Alternativ kann natürlich auch ein Vanilla-Kernel verwendet werden

http://www.kernel.org/pub/linux/kernel/v2.6/

der per `make oldconfig` auf die distributionsspezifischen Einstellungen weitestgehend angepasst werden kann. Erläuterungen hierzu finden sich u. a. nach dem Entpacken unter */usr/src/* in der README-Datei der jeweiligen Kernel-Sourcen, z. B.: */usr/src/linux-2.6.33/README*

Hinweis

openSUSE 11.3 bringt z. B. von Haus aus einen Kernel 2.6.34 sowie die LVM-Tools in Version 2.02.67 mit, sodass sich die folgenden Beispiele ohne Änderungen am System durchexerzieren lassen.

Testen wir das Setup zunächst an einem »normalen« LV, das wir per *merging* wieder in den Urzustand vor Erstellung des Snapshots bringen:

Wir erzeugen auf Basis von 4 jeweils 1 GB großen PVs (hier: */dev/sd[bcde])* die Volume Group VG1 und darauf das 3 GB große Volume LV1, das wir mit ext4 formatieren und temporär unter */daten* einhängen. Der Befehl `lvs` sollte uns nun etwa folgenden Output zeigen:

```
LV   VG   Attr   LSize Origin Snap%  Move Log Copy%  Convert
LV1  VG1  -wi-a- 3.00g
```

Anschließend legen wir die Datei */daten/testfile1.txt* mit beliebigem Inhalt an. Nun erzeugen wir einen 100 MB großen Delta-Puffer namens »SNAP«, und `lvs` sollte uns nun folgenden Output zeigen:

```
LV   VG   Attr   LSize   Origin Snap%  Move Log Copy%  Convert
LV1  VG1  owi-ao   3.00g
SNAP VG1  swi-a- 100.00m LV1      0.01
```

Nun nehmen wir ein paar Modifikation vor, indem wir den Inhalt der Datei *testfile1.txt* ändern und andere Dateien anlegen oder nach */daten* kopieren, z. B. per

```
#> cp -a /etc /daten
```

Der Füllgrad des Delta-Puffers sollte kurz darauf die neuen Daten anzeigen:

```
LV   VG   Attr   LSize   Origin Snap%  Move Log Copy%  Convert
LV1  VG1  owi-ao   3.00g
SNAP VG1  swi-a- 100.00m LV1     57.79
```

Bis hierher alles wie gehabt, der entscheidende Part folgt nun. Im regulären Fall würden wir */dev/VG1/SNAP* z. B. Readonly nach */backup* mounten und unser konsistentes Backup von dort ziehen, um später damit den Originalinhalt von */dev/VG1/LV1* wiederherstellen zu können.

An dieser Stelle kommen die neuen Merging-Kapabilitäten des Kernels (>= 2.6.33) und der LVM-Tools (>= 2.02.59) ins Spiel, mit denen wir den Originalzustand von */dev/VG1/LV1* ohne »konventionelles« Restore wiederherstellen. Zunächst stellen wir sicher, dass weder der Delta-Puffer (*/dev/VG1/LV1* auf */daten)* noch das Origin (*/dev/VG1/SNAP)* gemountet sind. Dann rufen wir den Befehl

```
#> lvconvert --merge VG1/SNAP
```

auf. Die Ausgabe sollte uns in etwa Folgendes zeigen:

```
Merging of volume SNAP started.
LV1: Merged: 23.81%
LV1: Merged: 0.0%
Merge of snapshot into logical volume LV1 has finished.
Logical volume "SNAP" successfully removed
```

Der Delta-Puffer wurde nach erfolgreichem *merge* entfernt und der Originalzustand *vor* der Erstellung des Snapshots wieder hergestellt. Das verbleibende LV besitzt natürlich den Namen des Origins, seine Device-Minor-Number und seine UUID.

Sollte eines der beiden LVs zwingend geöffnet sein (wie z. B. bei einem root-FS), wird der *merge*-Vorgang bei der nächsten Aktivierung initiiert. Während des *merge*-Prozesses werden alle Read-/Write-Operationen an das Original geleitet.

In aktuellen Versionen der LVM-Userspace-Tools können multiple Snapshots bzw. Delta-Puffer per @-Syntax seriell gemerged werden, per Zusatz-Schalter

`--background` startet der *merge*-Prozess parallel. Weitere Infos hierzu liefert *lvconvert(8)*.

Voilà, so einfach geht's. Und später portieren wir die Mimik auf unser root-FS, denn dies kann bei fehlgeschlagenen System-Upgrades, fehlerhaften Patches oder Fehlern auf OSI Layer 8 mehr als hilfreich sein.

Schon wieder strippen – Snapshots und Stripes

Wenn ein Snapshot für ein gestriptes LV angelegt wird, werden – falls vorhanden – immer »freie« PVs bevorzugt für den Snapshot verwendet, die nicht zum Stripeset gehören. Sind jedoch außer dem Stripeset keine freien PVs vorhanden, wird der Snapshot dort angelegt – allerdings nur auf *einer* der Platten, falls der Platz für die angegebene Snapshot(Zwischenspeicher)-Größe ausreicht.

Ein »striped« Snapshot (hier wie unser letztes Origin ebenfalls auf 2 Stripes verteilt), der eine etwas bessere Performance bietet, ist auch möglich:

```
#> lvcreate -i2 -L 500MB -s -n snap /dev/VG1/LV1
```

2.4.7 Spieglein, Spieglein ... LVM-Mirror statt unterliegendem RAID

Gespiegeltes Raid ade? Mit Sicherheit nicht, denn ein LVM-Mirror birgt trotz höherer Flexibilität hinsichtlich Platzverteilung und Erweiterbarkeit im Vergleich zu einem reinen Raid auch nicht unwesentliche Nachteile; dazu gleich mehr.

Zunächst – wie funktioniert's? Prinzipiell ähnlich wie ein gestriptes LV, nur dass sich in diesem Fall die – seit LVM2 neu hinzugekommenen – Module `dm-mirror` und `dm-log` (Achtung: in einigen Ubuntu-Releases nicht vorhanden) explizit um die Redundanz kümmern: Jeder Datenblock wird einmal auf jede Hälfte des Spiegels und somit logischerweise auf verschiedene PVs geschrieben. Anstatt das LV wie üblich rein linear oder komplett gestriped zu betreiben, werden die unterliegenden PVs in zwei gleich große »Hälften« *(Legs)* aufgeteilt, die gegeneinander gespiegelt werden. Das bringt uns zum nächsten Punkt: Für einen LV-Mirror kann zwangsläufig immer nur eine gerade Anzahl PVs verwendet werden. Daher gilt: Besteht die unterliegende Volume Group aus einer ungeraden Zahl PVs, kann immer nur die höchste gerade Anzahl PV/2 bzw. die adäquate Speicherkapazität verwendet werden.

Im Fall von gespiegelten LVs bleiben wir nicht auf ein Mirrorset beschränkt, es können bei Bedarf multiple Kopien (`-m <Anzahl>`) der Spiegel angelegt werden, natürlich auf Kosten der Nutzkapazität im Verhältnis zu den beteiligten PVs.

Gespiegelte logische Volumen müssen immer ein und derselben Volumengruppe angehören. Es können keine Volume-Group-übergreifenden Spiegelungen erstellt werden. Ebenfalls ist es nicht möglich, das LV im Striping-Mode zu betreiben, Linearität ist angesagt.

Allerdings werden im Mirror-Mode nicht die üblichen Logical Extents zur Synchronisation der Datenblöcke auf den LVs herangezogen, sondern sogenannte *Regions*. Sie unterteilen die zugehörigen Legs in üblicherweise 512 k große Datenblöcke, über deren Synchronisationsstatus das *Mirrorlog* wacht.

Dieser Geselle erledigt eine der wichtigsten Aufgaben im Mirror-Betrieb, denn er ist der einzige, der wirklich weiß, wie aktuell welches Leg (Mirrorhälfte) ist und was gegebenenfalls wohin gesynct werden muss. Das Mirrorlog lässt sich in seiner Funktion am ehesten mit einem Datenbank-Transaktionslog vergleichen. Wird nichts anderes angegeben, nimmt *lvcreate* bei der Erzeugung des gespiegelten LVs an, dass das Mirrorlog persistent auf einem PV abgelegt wird, was der Direktive **`--mirrorlog disk`** entspricht. Wird die maximal verfügbare Kapazität der PVs aller Legs für das Mirrorset verwendet, benötigt das persistente Log einen relativ kleinen Teil eines zusätzlichen PVs, auf dem es sich häuslich niederlassen kann. Die andere Variante wäre, das Log innerhalb des Speichers zu halten (**`--mirrorlog core`**), was zumindest einen entscheidenden Nachteil mit sich bringt: Nach jedem Reboot müssen die Legs komplett geprüft werden, damit das Log den aktuellen Stand kennt.

Kommen wir nun zum Setup unseres gespiegelten LVs. Unsere VG1 besitzt seit dem letzten *vgextend* 6 PVs, daher verwenden wir die Kapazität von 4 PVs für das Mirror-LV, 1 PV fällt für das Log ab. Der zusätzliche Parameter **`-m`** kümmert sich um die Anzahl der Mirrors, also in unserem Fall 1 Kopie, der optionale Parameter **`--nosync`** unterdrückt den initialen Sync bei der Erstellung des Mirrors. Er sollte nur dann verwendet werden, wenn beide Legs leer sind und wirklich nichts gesynct werden muss.

```
#> lvcreate  -L 1.5GB VG1 -n LV1M -m 1 --nosync
```

```
WARNING: New mirror won't be synchronised. Don't read what you didn't write!
Logical volume "LV1M" created
```

Taucht an dieser Stelle folgende oder ähnliche Fehlermeldung auf,

```
"Required device-mapper target(s) not detected in your kernel"
```

ist höchstwahrscheinlich das `dm-mirror`-Modul nicht geladen.

Wie sieht aber nun die Aufteilung unseres Mirrors tatsächlich aus? Welche PVs gehören zu welchem Leg? **`lvdisplay -m`** bringt uns zwar schon etwas weiter, aber echte Aufklärung liefert hier *lvs*, den wir mit angepassten (-o) Optionen ins Rennen schicken, die uns nur die relevanten Spalten auflisten:

```
#> lvs -a -o lv_name,lv_attr,lv_size,mirror_log,devices
```

```
LV               Attr   LSize Log        Devices
LV1M             Mwi-a- 1.50G LV1M_mlog  LV1M_mimage_0(0),LV1M_mimage_1(0)
[LV1M_mimage_0] iwi-ao 1.50G            /dev/sdb(0)
[LV1M_mimage_0] iwi-ao 1.50G            /dev/sdc(0)
[LV1M_mimage_1] iwi-ao 1.50G            /dev/sdd(0)
[LV1M_mimage_1] iwi-ao 1.50G            /dev/sde(0)
[LV1M_mlog]      lwi-ao 4.00M            /dev/sdc(129)
```

Nun wissen wir, dass das Mirror-LV *(LV1M*, Flag »`M`« für *Mirror ohne Initial-sync* in der Attributspalte), mit dem wir letztlich arbeiten, aus zwei Legs bzw. *Mirror (*`i`*)mages* besteht *(LV1M_mimage_0* und *_1)*, dass die erste Hälfte unseres Mirrorlegs *(LV1M_mimage_0)* aus den PVs *sdb* und *sdc* zusammen gesetzt ist, sein Gegenpart *(LV1M_mimage_1)* aus den PVs *sdd* und *sde*. Das Mirrorlog *LV1M_mlog* unseres Spiegels schlägt mit 4 MB auf *sdf* zu Buche.

2.4.8 Just me, myself and I – lineares LV zu einem Mirror erweitern

Betrachten wir einen anderen Anwendungsfall aus der Praxis: Ein bestehendes LV, das auch wunderbar läuft und mit Daten befüllt ist, bis dem gestressten Admin einfällt, dass es leider nicht mit redundanten Raid-Devices unterlegt ist. Was tun? Am besten nachträglich mit dem geringsten Aufwand spiegeln. Aber wie? Kein Problem – die einzigen Voraussetzungen: Wir brauchen ausreichend freie PVs in der VG und das LV darf nicht gestriped sein.

Nachdem wir das bestehende Mirror-LV aus dem letzten Beispiel gelöscht haben, legen wir ein neues, lineares LV über 1,5 GB und 2 PVs (je 1 GB groß) an:

```
#> lvcreate -L 1.5GB VG1 -n LV1
```

Anschließend formatieren wir es, mounten es nach */daten* und befüllen es mit einigen Testdaten. Dann folgt der entscheidende Part, die Konvertierung im laufenden Betrieb in einen einfachen Mirror (`-m1`):

```
#> lvconvert -m1 VG1/LV1
```

```
VG1/LV1: Converted: 28.9%
VG1/LV1: Converted: 56.8%
VG1/LV1: Converted: 85.4%
VG1/LV1: Converted: 100.0%
Logical volume LV1 converted.
```

Nachdem die Online-Synchronisation abgeschlossen ist (lässt sich während der Konvertierung auch sehr gut auf einer zweiten Konsole per `watch lvs -a` verfolgen), läuft unser ehemals lineares LV nun redundant.

Sollte eine Rückkonvertierung erforderlich sein, wird statt `-m1` einfach `-m0` beim Aufruf von *lvconvert* verwendet.

In der zum Zeitpunkt der Erstellung des Buches vorliegenden Version lässt sich ein Mirror-LV ebenfalls problemlos im aktiven Zustand vergrößern, vorausgesetzt, es stehen genügend Disks zur Verfügung. Besitzer älterer Versionen, die dies gegebenenfalls nicht unterstützen (die Funktion war lange Zeit aufgrund möglicher Inkonsistenzen deaktiviert: den Ball spielten sich LVM- und Kernel-Entwickler eine Weile gegenseitig zu), können sich mit einem relativ simplen Workaround behelfen: das LV aushängen, den Status per `lvchange` auf *deaktiviert* (Parameter: `-an`) setzen und es dann vergrößern, z. B.:

```
#> umount /<LV-Mountpunkt>
#> lvchange -an /dev/VG1/LV1M
#> lvresize -L +250M VG1/LV1M
#> lvchange -ay /dev/VG1/LV1M
#> mount /<LV-Mountpunkt>
#> resize2fs /dev/VG1/LV1M
```

2.4.9 Auto-Rebuild von defekten PVs im LVM-Mirrorset

Ein wichtiger Punkt, der im Praxisbetrieb relevant ist: Was passiert, wenn eines der PVs in einem der Legs urplötzlich das Zeitliche gesegnet hat? Hierbei tun wir einfach mal so, als hätte es keine eindeutigen Frühwarnsignale in den Logs und/oder von unserem wachsamen Kumpel *smartd* gegeben, die uns freundlich auf das nahende Ende der Disk aufmerksam gemacht hätten. Fakt soll sein, dass ein PV futsch ist, und unser LV-Mirror mit Schlagseite vor sich hindümpelt. Der entscheidende Punkt im Fehlerfall: Das LV sollte – je nach getroffenen Einstellungen – beim Wegfall eines PVs (und damit eines kompletten Legs, falls die PVs nur Single-Disks sind) automatisch in ein lineares LV umgewandelt werden, damit ein weiterer Zugriff überhaupt möglich ist. So zumindest die Theorie. Denn ein anschließendes, vollautomatisiertes Rebuild à la *mdadm* ist bis heute in vergleichbarer Art und Weise nicht möglich.

In der Praxis gibt es daher immer noch mehr oder minder große Problematiken, die die Tauglichkeit eines reinen LV-Mirrors für den Produktivbetrieb eher disqualifizieren. Eine Rolle spielt dabei der sogenannte *dmeventd (Device Mapper Event Daemon),* der z. B. bei SUSE Bestandteil des Device-Mapper-Pakets ist, Standalone muss er per `--enable-dmeventd --enable-cmdlib` mitkompiliert werden. Er soll sich als Event-gesteuerter Daemon in Verbindung mit den korrespondierenden Librarys (im Fall eines LV-Mirrors z. B. über die `mirror_library = "libdevmapper-event-lvm2mirror.so.2.02"`-Direktive der *lvm.conf(5)* um genau solche Belange kümmern.

Wie schon angesprochen, sorgen in der Praxis verschiedene Gründe dafür, dass der mehr oder minder völlig undokumentierte *dmeventd* trotz korrekter Settings nicht korrekt arbeitet. Beispiele aus der Praxis sind u. a. fehlerhafte Verlinkungen zu korrespondierenden Bibliotheken sowie Fehler in etlichen Versionen des dmeventd selbst, der meist unter */sbin* zu finden ist. Zunächst muss sichergestellt sein, dass der *dmeventd* überhaupt gestartet wurde:

```
#> ps aux | grep dmeventd |grep -v grep

root      1235  0.0  0.1   2072   708 ?      S<s  10:13   0:00 /sbin/dmeventd
```

Zwingende Voraussetzung für die Überwachung ist in jedem Fall die Aktivierung des Monitorings für die VG des gespiegelten LVs. Sie wird aktiviert per:

```
#> vgchange --monitor y VG1M

4 logical volume(s) in volume group "VG1M" monitored
```

Fällt nun ein PV aus, besteht Handlungsbedarf, und als Reaktion auf den Fehler muss die VG um die defekte Disk und ihren Mirror-Part verkleinert werden. Darum sollte sich dmeventd kümmern. Über die Meldung

```
Repair of mirrored LV VG1/LV1M finished successfully.
```

in */var/log/messages* tut LVM kund, dass er die »Reparatur« (sprich Konvertierung in ein lineares LV) erfolgreich beendet hat. Falls er es nicht tut:

```
#> vgreduce --removemissing VG1

...
WARNING: Bad device removed from mirror volume, VG1/LV1M
WARNING: Mirror volume, VG1/LV1M converted to linear due to device failure.
Wrote out consistent volume group VG1
```

Nun haben wir ein lineares, aber wieder intaktes LV, mit dem weitergearbeitet werden kann. Im nächsten Schritt muss der gespiegelte Zustand wieder hergestellt werden. Die VG wird zunächst per *vgextend* um die neue Spare erweitert, bevor das lineare LV zurück in den Mirror-Mode konvertiert wird:

```
#> vgextend VG1 /dev/sdf && lvconvert -m1 VG1/LV1M
```

Soweit so gut – oder besser: schlecht. Denn: Für die Praxis taugt ein reiner LV-Mirror aufgrund seiner absolut mangelhaften Auto-Rebuild-Kapabilitäten nicht. Dieses dicke Minus lässt sich nicht wegdiskutieren und bringt trotz allem keine echte Redundanz in den LVM-Mirror. Fazit für Produktivumgebungen: Finger weg und die VGs mit ihren LVs auf den PVs eines Hard- oder Software-Raids ablegen.

Dann klappt's auch deutlich geschmeidiger mit der Redundanz ...

2.4.10 LVM für das root-Dateisystem

LVM für unser Root-FS? Stellt sich die Frage, wieso. Gründe dafür und dagegen gibt es, daher heißt es für uns im Vorfeld einmal mehr genau abzuwägen, was für uns relevant ist.

Kernpunkt dieses Buches ist Hochverfügbarkeit, und hierzu gehört auch die Sicherstellung der Integrität des Systems. Denn genau diese kann erfahrungsgemäß durch fehlerbehaftete Patches oder Applikations- oder gar Kernel-Upgrades (unüberlegte Administrator-Aktivitäten können natürlich auch dazu gehören) nicht unerheblich beeinträchtigt werden, sogar im Enterprise-Segment.

Aber schließlich haben wir in diesem Kapitel bereits jemanden kennengelernt, der sich seit Kernel 2.6.33 um genau diese Problematik kümmern kann, indem er die Zeitmaschine für unser Root-FS anwirft und uns zurück an den Zeitpunkt bringt, an dem unser System noch gesund war – den Logical Volume Manager.

Zunächst: Unser Root-FS (»/«) auf einem Logical Volume anzulegen, bringt natürlich eine weitere Abstraktionsebene für die unterliegenden Blockdevices mit ins Spiel, im Fall eines dem LV unterliegenden Raid 1 (wie es sich gehört!) sogar 2, aber dem stehen einige Vorteile gegenüber, die in Produktivumgebungen einen zusätzlichen Sicherheitsmechanismus darstellen. Und mal ehrlich – welcher Fallschirmspringer würde schon bewusst auf seinen Reserveschirm verzichten?

Solange uns im Linux-Bereich noch kein stabiles FS mit entsprechenden Raid- und Snapshot-Kapabilitäten zur Verfügung steht, müssen wir auf die bewährten Standard-Tools wie Raid und LVM zurückgreifen. Für zukünftige Generationen heißt das jedoch auch: Sobald ein FS mit den entsprechenden Kapabilitäten (wie z. B. *btrfs*) zur Verfügung steht und wirklich stable ist, sollte unser KIS-Grundsatz (»Keep it simple!«) wieder zur Anwendung kommen.

Betrachten wir also im Folgenden die beiden größten Vorteile, die der Einsatz eines LVs für unser Root-FS bringt:

- Rollback-Kapabilitäten durch Snapshots, mit denen das Root-FS nach einem Fehler (fehlerhafte Patches, Datenkorruption nach Upgrade) mithilfe eines zuvor erstellten Snapshots – ohne zusätzliche Image-Files – per Merging und Reboot in kurzer Zeit in den Ausgangszustand zurückversetzt werden kann
- Online-Vergrößerung des Root-FS, falls dies aus unterschiedlichen Gründen notwendig werden sollte

Wie funktioniert's?

Wie wir bereits aus dem Abschnitt »Völlige Verschmelzung« (2.4.6) wissen, wird der Delta-Puffer ins Origin zurück-»gemerged«, wobei das Origin die dominante

Komponente ist, und der Delta-Puffer wird – stark abstrahiert ausgedrückt – verworfen.

Wie wir ebenfalls wissen, dürfen sowohl Delta-Puffer (das »scheinbare« Original) als auch der Snapshot (das »echte« Original) nicht gemountet sein. Beim Root-FS daher etwas problematisch, zumindest im laufenden Betrieb. Die Lösung gibt uns allerdings schon die entsprechende Rückmeldung von *lvconvert* vor, falls wir versuchen, den *merge*-Vorgang zu starten, während eines der LVs noch gemountet ist:

```
Can't merge over open origin volume
Merging of snapshot SNAP will start next activation.
```

Wie wir unschwer erkennen können, wird der *merge*-Vorgang bei der nächsten Aktivierung der LVs gestartet, solange sie noch nicht gemountet sind – hoffentlich. Doch alle Theorie ist grau, schauen wir uns den *merge* eines Root-FS in der Praxis an. Für dieses Beispiel wurde eine Ubuntu 10.04 LTS Standard-Installation, jedoch mit Kernel 2.6.33 und LVM 2.02.71 (Bezugsquellen siehe Überschrift »Völlige Verschmelzung« in Abschnitt 2.4.6), verwendet. Sollte kein Bootmenü nach der Installation des neuen Kernels sichtbar sein, einfach die folgenden Zeilen in */etc/default/grub* (GRUB2) auskommentieren,

```
# GRUB_HIDDEN_TIMEOUT=0
# GRUB_HIDDEN_TIMEOUT_QUIET=true
```

und anschließend als root den Befehl `update-grub` ausführen.

Das Root-FS (hier: ca. 6 GB) sowie der Swapspace (1 GB) wurden als LVs auf der Volume Group VG1 aufgesetzt, die ein Softraid 1 (*/dev/sd[ab]*) mit der Nutzkapazität von 12 GB als Unterbau verwendet. Schauen wir uns den Ist-Zustand kurz nach dem Anlegen eines 1 GB großen Delta-Puffers an:

```
LV   VG   Attr   LSize   Origin Snap%  Move Log Copy%  Convert
LV1  VG1  owi-ao   5,59g
SNAP VG1  swi-a-   1,00g LV1      0,01
swap VG1  -wi-ao 952,00m
```

Nun installieren wir einige Pakete auf unserem Testsystem nach (z. B. Samba, OpenLDAP, nmap), um eine signifikante Veränderung des Ist-Standes zu triggern. Kurz nach der Installation zeigt uns `lvs` je nach Umfang der installierten Pakete etwa folgenden Status:

```
LV   VG   Attr   LSize   Origin Snap%  Move Log Copy%  Convert
LV1  VG1  owi-ao   5,59g
SNAP VG1  swi-a-   1,00g LV1     10,48
swap VG1  -wi-ao 952,00m
```

Nun verwerfen wir per

```
#> lvconvert --merge VG1/SNAP
```

```
Can't merge over open origin volume
Merging of snapshot SNAP will start next activation.
```

die durchgeführten Änderungen. Als Rückmeldung erhalten wir erwartungsgemäß ein nettes, aber nur temporäres »No-Go«, da unser Root-FS ja schließlich zwingendermaßen gemountet ist. Aber: De facto findet der *merge* bereits statt, was wir anhand der Plattenaktivität auch bemerken dürften. Ein kurzer Blick per `lvs` bestätigt unsere Vermutung, der Snapshot ist verschwunden:

```
LV   VG   Attr   LSize   Origin Snap%  Move Log Copy%  Convert
LV1  VG1  Owi-ao   5,59g
swap VG1  -wi-ao 952,00m
```

Allerdings ist der alte Stand ebenso de facto noch aktiv, wie ein schnelles

```
#> nmap localhost
```

zeigt, da das neu installierte Paket *nmap* die Ports 389 für OpenLDAP und 445 für Samba anzeigt. Aber nach dem nächsten Reboot sollte alles wieder so sein, wie es war – zumindest theoretisch, denn:

Hinweis

Der zum Zeitpunkt der Erstellung des Buches verfügbare GRUB2 (1.98) weist leider immer noch einen Bug in der Datei lvm.c auf, der u. U. einen sauberen Reboot bei einem aktiven Snapshot des Root-FS (bei Ubuntu z. B. dokumentiert unter: *https://bugs.launchpad.net/ubuntu/+source/grub2/+bug/563895*) verhindert. Es existieren zwar mehr oder weniger brauchbare Workarounds, jedoch dürfte der Bug bis zum Erscheinen dieses Buches wahrscheinlich behoben sein.

Unter dem Strich also kein großer Aufwand, kein umfangreiches Restore-Prozedere. Ein *merge*, ein Reboot, und unser Root-FS ist wieder im Original. Der Tag ist gerettet, und der Admin darf sich entspannt zurücklehnen – aber nur fürs Erste.

Fazit

Ziehen wir nun am Ende dieses Kapitels ein kleines Resümee, was den lokalen Storage und die betrachteten Konzepte angeht.

Der Datenbereich bzw. das eigentliche Betriebsystem unseres Servers sollte in jedem Fall auf einem redundanten (Soft-)Raid untergebracht sein, in den meisten Fällen dürfte ein Spiegel für diese Aufgabe ausreichend sein. Nur so können wir die Ausfallsicherheit unserer lokalen Daten effektiv erhöhen. Wichtig dabei ist ebenfalls, dass im Recover-Fall die defekte Disk so simpel wie möglich ausgetauscht werden kann – insofern sind und bleiben partitionable Raids hier die optimale Wahl, da sie keine Vorbereitungen benötigen. Hardware-Raids disqualifizieren sich durch Inkompatibilitäten untereinander – selbst Controller des gleichen Herstellers, die nur eine (Zahl:1) Minor-Generation neuer sind, können vorhandene Arrays gegebenenfalls nicht mehr sauber re-assemblieren und/oder lesen; das Gleiche kann sogar bei Firmware-Upgrades des Hardware-Raid-Controllers der Fall sein, wie einige traurige Beispiele aus der Praxis zeigen.

Sowohl für den Daten- als auch für den Systembereich kann LVM (bis auf Mirror-LVs) eine nützliche und sinnvolle Erweiterung sein – im wahrsten Sinne des Wortes. Nur so sind wir derzeit in der Lage, flexibles Storage-Management gepaart mit Snapshot-Kapabilitäten unter einen Hut zu bekommen. Auf Ebene des Root-FS kann LVM (mit unterlegtem, redundantem Raid) dafür sorgen, dass wir fehlerhafte Updates und Patches zukünftig mit minimalem Aufwand revertieren können, Gleiches gilt für den Restore von Nutzdaten und/oder virtuellen Maschinen, die auf dem Daten-LV gehostet werden.

De facto eines der wichtigsten Features, auf das wir unser Augenmerk in Zukunft richten sollten, ist das *btrfs*-Dateisystem. Ohne es an dieser Stelle (schon) zur eierlegenden Wollmilchsau zu propagieren: Allein durch die Raid- und Snapshot-Kapbilitäten würden zukünftig die beiden Abstraktionsschichten Raid/LVM obsolet, womit wir eine deutliche Simplifizierung des Gesamtkonstrukts »lokale Hochverfügbarkeit« erhalten.

Wohin der Weg führen, und ob der Kandidat nun (wahrscheinlich) tatsächlich *btrfs* heißen wird, oder ein anderer Mitstreiter ins Rennen geht, der den Job vielleicht noch besser erledigen kann, soll an dieser Stelle keine Rolle spielen – uns geht es schließlich jetzt und in Zukunft nur darum, mit dem Tool, das für den Job am besten geeignet ist, unsere lokale Hochverfügbarkeit so effizient wie möglich sicherzustellen. Punkt.

Aber wir sind noch lange nicht am Ende, und nun werfen wir einen Blick über den Rand unseres Standalone-Servers und die lokale Hochverfügbarkeit hinaus und schauen mal, ob die anderen kleinen Server nicht mit uns spielen wollen.

»›Team‹ ist die Abkürzung für: Toll – ein anderer macht's.«

3 HA auf Netzwerkebene

Was denn – die Abkürzung für »Team« klingt unsozial? Zwischenmenschlich betrachtet mit Sicherheit. Bezogen auf einen Server-Verbund, genannt *Cluster*, mit absoluter Sicherheit das Gegenteil.

Denn genau das definiert den Job eines ausfallsicheren Clusters: Dass die vitalen Dienste eines Servers bei seinem Ausfall jederzeit von einem anderen Server innerhalb des Clusters übernommen werden können.

Das dahinter steckende Prinzip ist konzeptionell relativ einfach und effektiv, in der Praxis birgt es jedoch viele Stolpersteine, die eine scheinbare Hochverfügbarkeit im Fehler- oder Failover-Fall *(F-Fall)* ganz schnell zu einer *Leider-doch-nicht-verfügbar*-Situation degradieren können. Aber schauen wir uns genau deshalb zunächst das Konzept an.

3.1 How it works – Clustertypen

Ein *Cluster*, was englisch umgangssprachlich soviel bedeutet wie »Gruppe«, »Schwarm« oder »Haufen«, besteht in der Regel per Definition aus 2–n Servern (»Nodes« genannt). Diese sind, je nach Setuptyp, gleichzeitig aktiv (z. B. um die Rechenleistung zu erhöhen und/oder verschiedene Ressourcen auf verschiedenen Nodes zu hosten) oder springen erst im Fehlerfall für einen völlig gleichartig konfigurierten und leider ausgefallenen Artgenossen ein, wenn dieser das letzte Bit über die Leitung gehaucht hat (Ausfallsicherheit). Die Nodes sind untereinander typischerweise über mindestens zwei Netzwerkverbindungen konnektiert, von denen mindestens eine oft als breitbandige Peer-to-Peer-Verbindung implementiert ist. Zum einen, um den Switch als potenziellen *SPoF (Single Point of Failure)* auszuschließen, und zum anderen, um höhere Datentransferraten zu erzielen – z. B. bei der Verwendung von Datenbank-Replikationen oder dem Sync per DRBD *(Distributed Replicated Block Device,* auch als Netzwerk-Raid [Level 1] bekannt). Hochverfügbare Cluster sollten z. B. auch immer räumlich separiert sein, um die Redundanz selbst im Fall äußerer Einwirkung wie Feuer, Wasserschaden etc. gewährleisten zu können.

Der Cluster selbst tritt für den End-User in der Regel nicht als solcher in Erscheinung, d. h. der Client verbindet sich bzw. seine Client-Applikationen nur scheinbar mit einem Single-Server, der die gewünschten Dienste anbietet.

Wir unterscheiden dabei primär zwischen 3 Cluster-Arten, die in der freien Wildbahn am häufigsten anzutreffen sind, als da wären:

3.1.1 Hochverfügbarkeits-Cluster

HA-Cluster *(High-Availability-Cluster)* werden – wie der Name unschwer vermuten lässt – eingesetzt, um eine optimale Verfügbarkeit bzw. Ausfallsicherheit zu erzielen. Eben genau die Sorte, die wir im Folgenden unter die Lupe nehmen werden. Einfache HA-Cluster sind oft als 2-Node-Lösungen implementiert, die je nach Setup-Typ symmetrisch oder asymmetrisch sein können. Unter einem asymmetrischen Cluster verstehen wir einen sogenannten Active/Passive-Cluster, d. h. der zweite, passive Node befindet sich im (Hot-)Standby und springt erst dann als Reserve ein, wenn der erste ausfällt. Der symmetrische Cluster (Active/Active-Cluster) ist auf beiden Nodes aktiv, die jeweils unterschiedliche Services anbieten können und im Fehlerfall die Services des anderen mit übernehmen. Die Unterschiede zwischen diesen beiden Varianten werden wir gleich noch etwas ausführlicher betrachten.

3.1.2 Load-Balancing-Cluster

Dieser Clustertyp zur optimalen Lastverteilung kann im weitesten Sinne als ein Active/Active-Cluster mit identischen Services angesehen werden. Auf diese Art können eingehende Client-Requests von multiplen, gleichartig konfigurierten Maschinen bedient werden. Die Verteilung der eingehenden Requests erfolgt in der Regel über eine redundant ausgelegte, zentrale Instanz. Ein typisches Beispiel aus der Praxis wäre z. B. ein Apache-Loadbalancer mit multiplen Workern (Member), die die eigentlichen http(s)-Requests bedienen, und einem redundanten Loadbalancer, der als Disponent die Requests nach einstellbaren Kriterien auf die Worker/Member verteilt.

3.1.3 High-Performance-Computing-Cluster

HPC-Cluster dienen primär zur Steigerung der Rechenleistung. Grundvoraussetzung ist natürlich, dass die Software – je nach HPC-Typ – die quasi-parallele Abarbeitung der Tasks auf multiplen Nodes komplett unterstützt. Je nach HPC-Typ werden die eigentlichen Tasks entweder in verschiedene Pakete aufgeteilt und parallel auf mehreren Nodes abgearbeitet, oder verschiedene Tasks *(Jobs)* werden explizit auf einzelne Knoten verteilt, wobei die Aufgabe des Disponenten in der

Regel ebenfalls von einer speziellen Software übernommen wird. HPC-Cluster werden primär in wissenschaftlichen Bereichen eingesetzt, wo sehr hohe Rechnerkapazitäten gefragt sind.

Exkurs: Grids – alles vernetzt oder was?

Der vierte Vertreter fällt eigentlich nicht wirklich unter die Cluster-Gattung im traditionellen Sinn, denn beim *Grid-Computing* (das begrifflich zudem doch etwas flexibel interpretierbar ist) handelt es sich eher um eine »lose« Zusammenfassung (im wörtlichen Sinne von Grid: Vernetzung/Vermaschung) von diversen Recheneinheiten und Datenspeichern per Internet. Ziel des Grid-Computing ist es, die Ressourcen auf diese Art mit minimalem Administrationsaufwand und maximaler Leistung zu vernetzen, im typischen Consulter-Deutsch ausgedrückt: »Rechenleistung on Demand«. Der Nutzer lässt dabei seine Tasks mithilfe der Grid-Computing-Technologie in einem virtuellen Netzwerk erledigen, wobei sich das Grid selbst um das Auffinden und Abspeichern der Daten kümmert und die Zuteilung von freien Prozessor-Ressourcen übernimmt.

Exkurs: Stark bewölkt – Cloud Computing

Der fünfte Vertreter fällt eigentlich ebenso wenig unter die Cluster-Gattung wie sein Grid-Kumpan, da es aber im weitesten Sinne auch um verteilte Ressourcen geht, an dieser Stelle wenigstens ein paar grundsätzliche Anmerkungen:

Unter Cloud Computing verstehen wir – sehr stark vereinfacht ausgedrückt – die IT-Infrastruktur von einem oder mehreren Anbietern, die ihre zur Verfügung stehenden Ressourcen (Rechenleistung, Speicherplatz etc.) über eine virtuelle »Wolke« (als metaphorischer Begriff) von Rechnern gegen Bezahlung zur Verfügung stellen. Der Zugriff der Clients auf die entfernten Systeme erfolgt über ein *Netzwerk*, in der Regel das *Internet*. Daneben existieren auch sogenannte *»Private Clouds«*, die ihre Services über ein firmeninternes *Intranet* bereits stellen.

Cloud Computing stellt einmal mehr unter Beweis, das künstlich getriggerte Hypes und Marketing Strategien fernab von technisch ausgereiften Lösungen dennoch zum Erfolg führen können, denn bei aller Euphorie gibt es bis heute genügend Punkte, die dem Einsatz von Cloud Computing einen faden Beigeschmack geben. Abgesehen von bis heute nicht Wegzudiskutierenden Performanceproblemen – wie kann einhundertprozentig sichergestellt sein, das meine übermittelten Daten nicht doch irgendwo auf einer Strecke zwischen Wolke 7 und 9 während des Transfers von Timbuktu nach Lummerland unverschlüsselt über die Leitung rauschen? Und wer garantiert mir, das die Server, auf denen meine Daten liegen, nicht bereits kompromittiert sind? Liegen meine Daten auf einem Server im Ausland, und welche Datenschutzbestimmungen gelten dort tatsächlich, werden diese wirklich umgesetzt und was passiert, wenn sie es nicht werden?

De facto ist hier noch einiges zu tun, bevor sich ein solches Konzept halbwegs effizient und vor allem sicher nutzen lässt.

Denn was immer uns die tollen Marketingabteilungen auch versprechen: die Realität sieht bei genauerer Analyse doch meist etwas anders aus. Aber wer weiß – vielleicht sind die sprechenden Gummibärchen aus der Werbung ja doch echt...

3.1.4 Active/Passive – (Hot-)Failover-Cluster

Active/Passive-Cluster mit 2 oder mehr Nodes dienen ausschließlich der Hochverfügbarkeit bzw. Ausfallsicherheit und somit der Redundanz der angebotenen Services.

In einem typischen 2-Node-Active/Passive-Setup ist genau 1 Node aktiv, auf dem die entsprechenden Dienste bzw. Ressourcen (oder Ressourcen-Gruppen bzw. -Klone) laufen. Der aktive Node ist dabei für die Clients über eine Service-IP erreichbar, die ebenfalls als Cluster-Ressource implementiert ist. Fällt der aktive Node oder einer seiner Services aus, übernimmt der zweite (»schlafende« und typischerweise identisch konfigurierte) Node die Ressourcen des ersten, inklusive der Service-IP. Somit bedient immer nur genau 1 Node über 1 IP-Adresse die Anfragen der Client-Applikationen und User.

Active/Passive-Cluster bieten neben der »klassischen«, aber in der Regel mit hohen Transitionszeiten verbundenen Variante der einfachen Service-Übernahme (Fehler auf Node 1 -> Neustart des gleichen Dienstes auf Node 2) die hochverfügbarkeitstechnisch weitaus bessere des »Hot Standby«. Vereinfacht bedeutet dies: Die Ressource ist bereits auf allen Nodes gestartet, und der zweite Node ist nach Übernahme der Service-IP (regulär innerhalb von wenigen Sekundenbruchteilen) sofort mit allen Ressourcen aktiv und für die Clients verfügbar.

Vorteile

Hohe Verfügbarkeit und gute Performance. Da beide Maschinen mit exakt den gleichen Services konfiguriert sind, ist die zu erwartende Downtime durch Restart/Übernahme (Hot-Standby) der Services in der Regel deutlich niedriger als eine vollständige Service-Migration innerhalb einer Aktiv/Aktiv-Konfiguration (s. u.). Zudem kann in einem Active/Passive-Cluster jeweils 1 Node zu Wartungs- oder Upgrade-Zwecken temporär deaktiviert werden. Steht für diese Phase allerdings kein weiterer Server als Failover zur Verfügung, besteht solange natürlich keine Redundanz. Im Failover-Fall sind von der Performance regulär keine Einbußen zu erwarten, da beide Maschinen typischerweise auch hardwaretechnisch identisch konfiguriert sind und die gleichen Services bedient werden.

Nachteile

Die inaktive Maschine kann als Ressourcen-Verschwendung angesehen werden.

3.1.5 Active/Active-Cluster

In einem Active/Active-Cluster sind beide bzw. alle Nodes des Clusters aktiv und stellen gleiche oder unterschiedliche Ressourcen zur Verfügung, letztere können dabei jedoch im Ausfall-Fall üblicherweise von einem anderen Node übernommen werden.

Eine Active/Active-Konfiguration könnte z. B. eine Datenbank bedienen, die in mehreren Instanzen auf allen Nodes aktiv ist. Fällt einer der Nodes aus, übernimmt ein anderer Node die Verarbeitung seiner Requests. Bis auf gegebenenfalls kurz auftretende Session-spezifische Abbrüche gibt es in der Regel keine größeren Ausfallzeiten, jedoch sinkt die Performance, da die verbleibenden Nodes nun alle Requests bedienen müssen. Eine andere Variante wäre, dass die Nodes verschiedene Ressourcen zur Verfügung stellen, die im Ausfall-Fall von einem anderen Node übernommen werden. Dies kann jedoch neben den bereits erwähnten hohen Transitionszeiten ebenfalls zu deutlichen Performance-Einbrüchen führen, da der Zielnode nun die vakanten Services zusätzlich übernehmen muss.

Vorteile

Dadurch, dass alle Nodes aktiv sind, können mehr Services zur Verfügung gestellt werden, und die Ressourcen werden effektiver genutzt. Die Ressourcen müssen nicht redundant vorhanden sein, und der Ausfall eines Knotens hat primär »nur« leistungsabhängige Auswirkungen auf den Cluster.

Nachteile

Falls multiple Instanzen der gleichen Ressource auf allen Nodes aktiv sind, muss diese Ressource softwaretechnisch auch eine Active/Active-Konfiguration unterstützen, andernfalls muss sie – gegebenenfalls mit hohem Aufwand – erst entsprechend angepasst werden. Bei einer Active/Passive-Konfiguration hingegen können die verschiedensten Ressourcen ohne Aufwand verfügbar gemacht werden, sodass der Zugriff auf die Ressource immer nur durch den jeweils aktiven Node erfolgt. Bei verschiedenen Ressourcen auf den Nodes eines Active/Active-Clusters fallen zudem hohe Transitionszeiten durch Service-Neustarts auf dem jeweiligen Zielnode negativ ins Gewicht. Zudem ist insgesamt eine höhere Anzahl an Transitionen (und damit möglichen Fehlern) als bei einem Active/Passive-Cluster erforderlich, da die Services – nach der Reparatur des defekten Nodes – in der Regel auch wieder auf ihrem angedachten Zielnode laufen sollen.

3.1.6 Cluster-Reigen

Der typische 2-Node-Cluster, dem wir uns auch im Folgenden hauptsächlich widmen werden, ist anzahlmäßig ein recht typischer Vertreter seiner Gattung. Wie jedoch bereits angemerkt, können auch durchaus mehr Nodes am munteren Cluster-Reigen beteiligt sein. Im einfachsten Fall und stark abstrahiert betrachtet wäre ein Active/Passive-Cluster mit 3 Nodes funktionstechnisch sehr grob vergleichbar mit einem Raid 1 plus Online-Spare. Dieser 3-Node-Active/Passive-Cluster wäre, was die reine Hochverfügbarkeit angeht, natürlich optimal ausgestattet, was die reine Nutzkapazität angeht, jedoch eher verschwenderisch.

Neben dem gerade erläuterten *n+1*-Node-Setup sind natürlich auch *n-to-n*-Setups möglich. Bei diesem Konzept kann, sofern alle Nodes auf einen *Shared Storage* als Datenablage zugreifen, jeder Node potenziell z. B. als Loadbalancer arbeiten (Active/Active) oder als Failover-Node für jeden anderen Node dienen. Hierbei sind natürlich auch Split-Site-Cluster möglich, die z. B. nicht mit einem klassischen Shared Storage oder SAN arbeiten, sondern die Daten zwischen verschiedenen Standorten syncen (z. B. via DRBD).

Insbesondere der Einsatz des *Shared Storage* bietet größtmögliche Flexibilität hinsichtlich Einsatz, Austausch und Migration einzelner Ressourcen bzw. Nodes, daher werden wir uns diesem Thema in den folgenden Abschnitten ebenfalls sehr ausführlich widmen. Aber zuvor werfen wir einen Blick auf eine Cluster-Situation, die uns in der Praxis ereilen und bei ungenügenden Sicherheitsvorkehrungen fatale Folgen haben kann.

3.1.7 Cluster-Lobotomie: Split-Brain, Fencing und Stonith

Willkommen in der künstlichen Neurologie – beginnen wir mal mit dem Split-Brain, dem wortwörtlich »geteilten Gehirn«. In einem typischen Cluster beherbergt jeder Node eine Kopie der Clusterdatenbank *(CIB = Cluster Information Base)* und damit des eigentlichen Cluster-Gehirns. Was passiert nun, wenn die Verbindung zwischen einem Node und dem oder den anderen Node(s) getrennt ist? Im Klartext: Beide Cluster-Teile funktionieren noch autonom, können jedoch schlichtweg nicht mehr (oder nur noch temporär) miteinander kommunizieren. Hinzu kommt, dass in der Praxis die Netzwerkanbindung in Richtung Client oft genug (leider) noch funktioniert. Der Fehler selbst kann dabei multiple Ursachen haben – Fakt ist jedoch, dass sich nur ein Teil unsers Clusters in einem »korrekten« Zustand befindet. Aber das wirklich Fatale an dieser Situation ist:

Der defekte Node (oder Teil-Cluster) weiß aufgrund der fehlenden Kommunikation/Koordination mit dem Rest des Clusters nichts über seinen Zustand, denn ohne zusätzliche Hilfsmittel kann ihn niemand darüber in Kenntnis setzen. Oder ihn dazu überreden, sich endlich abzuschalten und auch wirklich unten zu bleiben, bis die Fehlerursache geklärt ist.

Der defekte Node (oder Teil des Clusters) denkt nun fälschlicherweise, er sei der einzig aktive Part, und der andere Node (oder Teil-Cluster) wäre defekt bzw. tot. De facto glauben also beide Teile des Clusters, obwohl einer von ihnen fürchterlich falsch liegt, sie wären völlig in Ordnung, und starten die Ressourcen, für die sie sich zuständig fühlen. Und nun kommt das eigentliche Problem zustande: Üblicherweise bieten die Nodes Services an, auf die die Client-Applikationen *schreibend* zugreifen. Im schlimmsten Fall wären nun schreibende Zugriffe über zwei verschiedene Nodes auf ein und denselben Datenbestand möglich, obwohl dieser gegebenenfalls (z. B. durch ein nicht clusterfähiges Filesystem) nicht dafür ausgelegt ist. Das unweigerliche Resultat sind in jedem Fall inkonsistente Daten bis hin zu einem komplett geschredderten Datenbestand.

Wie so oft in der IT lässt sich auch diese Situation mit dem kurzen, aber prägnanten und vor allem zutreffenden Spruch beschreiben: »*Bad things will happen.*« Dem ist wenig hinzuzufügen, aber wir haben ihm etwas entgegenzusetzen.

Wenn einer unserer Nodes nicht wirklich defekt ist, sondern z. B. nur durch Fehler einer Hardware-Komponente (Netzwerkkarte, Switch or whatever) nur temporär erreichbar ist, liegt eine Funktionsstörung des sogenannten *Cluster Interconnect* vor, also in der Regel ein Fehler auf dem Cluster-Messaging-Layer.

In der Cluster-Welt gibt es Gott sei Dank Maßnahmen, um das Eintreten der *Bad-things-will-happen*-Situation zu unterbinden. Der globale Begriff, mit dem defekte Nodes *(Node Level Fencing)* oder Ressourcen *(Resource Level Fencing)* aus dem Cluster-Verbund ausgeschlossen werden, nennt sich schlicht *Fencing*, das wortwörtliche »Ausgrenzen«. Die Bedingungen für das Triggern eines Fencings lassen sich üblicherweise in der globalen Cluster-Konfiguration festlegen, z. B. im einfachsten Fall für das Überschreiten eines zulässigen Timeouts der Rückmeldung eines Nodes innerhalb des Clusters. Intern können dafür wiederum verschiedene Ursachen vorliegen: die bereits erläuterten Probleme auf Ebene des Cluster-Messagings, nicht stoppbare Ressourcen, festgefressene Cluster-Software auf einem der Nodes, Kernel Panic u. v. m.

Die Urteilsfindung innerhalb des Clusters, um nun zu bestimmen, ob ein Node oder Teil-Cluster wirklich defekt ist, ist ebenfalls keine triviale Angelegenheit, wie wir uns unschwer vorstellen können. Bei einem 2-Node-Cluster tritt bei einem Split-Brain immer eine Pari/Pari-Situation auf – es kann z. B. keine Mehrheitsentscheidung (»Quorum«, siehe nächster Abschnitt) geben, da eben nur 2 Nodes vorhanden sind und jeder von beiden denkt, er sei der korrekte. Um diese Situation zu lösen, werden in der Praxis sogenannte *Stonith*-Devices eingesetzt, die als externe Geräte implementiert sind und im F-Fall wie ein Schiedsrichter über die Situation innerhalb des zwiespältigen Duos entscheiden.

Stonith steht dabei für »*Shoot the other/offending node in the head*« – und das ist wortwörtlich zu nehmen. Denn das externe Stonith-Device zieht im F-Fall den Stecker aus dem defekten Node und sorgt dafür, dass unser partiell lobotomierter Cluster-Geselle wirklich unten bleibt. Diese externen Stonith-Devices können als komplett autarke Geräte implementiert werden, ebenso ist es möglich, Stonith z. B. über die USV oder entsprechende Zusatzkarten/-geräte (»Lights-out«-Adapter) im Server selbst zu realisieren, leider sind jedoch viele dieser Management-Schnittstellen bis heute nicht wirklich standardisiert sondern herstellerspezifisch.

Achtung

Ein reiner Software-Stonith (z. B. ssh, ssh-external usw.), der ebenfalls als Cluster-Ressource in verschiedenen Varianten existiert, bietet sich definitiv nur zu Testzwecken an. Denn für seine Funktionalität wird ein intakter Cluster-Interconnect vorausgesetzt, und genau dieser ist in der Regel bei einem Split-Brain oft nicht mehr vorhanden! Einen Stonith dieses Typs (external/ssh) werden wir in Abschnitt 3.10 betrachten.

Exkurs: High Noon – Stonith Deathmatch

Unglücklicherweise kann es durch Fehlkonfigurationen des Stonith-Verhaltens in der globalen Cluster-Konfiguration zu einem echten Stonith-»Deathmatch« kommen: Die Nodes fencen sich gegenseitig aus und schießen sich – im Extremfall – in einer unendlichen Schleife per Stonith andauernd gegenseitig über den Haufen – Reboots bis zum jüngsten Tag. Die primäre Ursache für dieses Verhalten liegt dabei meist in der globalen Cluster-Konfigurations-Direktive *stonith-action*, die default leider häufig auf *Reboot* eingestellt ist. Ein paar einfache Verhaltensregeln können hier schon Abhilfe schaffen:

- multiple Netzanbindungen, gegebenenfalls zusätzlich per Bonding zusammengefasste Netzdevices, um Kommunikationsfehler auf dem Messaging-Layer so weit wie möglich auszuschließen
- kontrollieren, ob die eingesetzten Switches-Multicasts korrekt handeln
- die Cluster-Software gegebenenfalls nicht automatisch starten
- in der Cluster-Konfiguration die *stonith-action* auf *poweroff* einstellen
- in der Cluster-Konfiguration die *no-quorum-policy* auf *ignore* stellen, wenn es sich um einen 2-Node-Cluster handelt

Die oben angesprochenen Cluster-Konfigurations-Direktiven werden wir uns natürlich zusammen mit ihren Kollegen in Abschnitt 3.6.4 noch anschauen.

Aber der letzte Punkt der Liste bringt uns direkt zum nächsten Abschnitt – denn was passiert eigentlich, wenn mehr als 2 Nodes in unserem Cluster werkeln und wir die Jungs mehr oder minder demokratisch darüber entscheiden lassen, wer wann wie zu fencen ist...?

3.1.8 Volksentscheid: Cluster-Quorum

Wie bereits in den letzten Abschnitten erwähnt, ist der 2-Node-Cluster zwar sehr häufig anzutreffen, aber nicht unbedingt immer die Regel. Und wie wir ebenfalls bereits aus dem letzten Abschnitt wissen, benötigt selbst ein 2-Node-Cluster sorgfältig implementierte Überwachungs- und Kontrollmechanismen, um Split-Brain-Situationen sauber zu erkennen und den Stecker aus dem »richtigen«, defekten Node zu ziehen.

Bei einem typischen 2-Node-Cluster kümmert sich das Stonith-Device in der Praxis recht zuverlässig um diese Aufgabe, aber was passiert bei einer Split-Brain-Situation, wenn unser Cluster ein paar Nodes mehr im munteren Cluster-Reigen hat? Der Lösungsansatz heißt in diesem Fall: *Quorum* – eine Mehrheits-Abstimmung. Das Prinzip ist recht einfach: Alle Nodes führen zunächst eine Zählung der aktiven Cluster-Member durch (1 Node hat dabei genau 1 »Stimme«), vergleichen sie und geben – wenn erfolgreich – sich selbst als Quorum-fähigen Cluster bekannt. Im Idealfall besteht der komplette Cluster im laufenden Betrieb nur aus einem einzigen Teil-Cluster, der alle aktiven Nodes enthält.

Entsteht nun durch einen Fehler die typische Split-Brain(SB)-Situation (Partitionierung des Clusters in 2 oder mehr Teil-Cluster), wird geprüft, welche Member den jeweiligen Teil-Clustern noch angehören. Der Teil-Cluster mit der Mehrheit (> n/2) gewinnt, die Nodes des unterlegenen Teil-Clusters werden ausgegrenzt (Fencing). Zudem darf der Teil-Cluster ohne Quorum keine Ressourcen starten oder andere Nodes fencen.

Was aber passiert, wenn beide Teil-Cluster die gleiche Anzahl an Nodes (und damit Stimmen) besitzen? In diesem Fall hilft wiederum nur eine externe Instanz, eine Art externer *Tiebreaker* (im Sinne eines Schiedsrichters), der nicht dem Cluster selbst angehört. Eine mögliche Variante wäre ein »Hardware«-Quorum per externer *Quorum Disk* (die typischerweise als *Shared Storage* implementiert ist, in *Red Hats Cluster Suite* z. B. per *qdisk* konfigurierbar): jeder erfolgreiche Write eines Nodes auf den Shared Storage wird als Vote (Stimme) gewertet. Allerdings ist dieses Verfahren – je nach Bandbreite der Verbindung und den daraus resultierenden Latenzzeiten – nicht unbedingt für Split-Site-Cluster in WAN-Szenarien geeignet.

3.1.9 Exkurs: Alles oder nichts – Shared-all-/Shared-nothing-Cluster

Apropos *Shared Storage:* Bevor wir mit den HA-Basics loslegen, noch ein kurzer Blick auf die verschiedenen Storage-Konzepte, die wir in den folgenden Abschnitten natürlich ebenfalls noch en détail durchleuchten werden.

Wir unterscheiden hier zunächst unter Shared-all- (den typischen SANs) und Shared-nothing – Storage-Konzepten. Das erste sollte zumindest von der Bezeichnung her den meisten Admins schon einmal vor die Füße gekommen sein, im einfachsten Fall ausgedrückt: Ein mächtig dicker Klotz mit jeder Menge Platten, die im Optimalfall als Raid und/oder LVM abgebildet sind und über multiple Schnittstellen mit dem Cluster verbunden sind. Na prima. Klingt doch toll, ist es aber nicht. Zumindest dann nicht, wenn unser SAN-Klotz der einzige auf breiter Flur ist. Denn dann kann er – viel schneller, als uns lieb sein könnte – zu einem *AveSPof* mutieren: »*A very expensive Single Point of Failure*«.

Daher stehen wir vor der Wahl: *AveSPof* – oder einfach mal einen ehrlichen Blick auf das Shared-nothing-Konzept werfen. Klingt im ersten Moment nach gar nichts, bringt aber in der Praxis eine Menge Vorteile, denen wir uns ab Abschnitt 3.8 sehr ausführlich widmen werden.

3.2 HA-Basics

»Dieses Schiff ist unsinkbar! Selbst Gott könnte es nicht versenken!«
– Thomas Andrew, Erbauer der Titanic, und
Edward J. Smith, Kapitän der Titanic, Mai 1911

Na ja, manchmal kann man sich irren. Und ein Schiff bleibt eben ein Schiff – egal wie unsinkbar das Ding angeblich sein soll ...

Wie bereits im ersten Abschnitt des Buches erläutert, beginnt die Hochverfügbarkeit eines isoliert zu betrachtenden Single-Server-Systems immer bei Einzelkomponenten wie Festplatten, Netzwerkkarten oder Netzteilen. Mit der Redundanz dieser lokalen Baugruppen bzw. Komponenten eines Servers haben wir uns in den vergangenen Abschnitten ausführlich beschäftigt.

Aber wie bereits zuvor schon angemerkt: Irgendwann stößt jede lokal redundant ausgelegte Hardware und/oder Software an ihre Grenzen, allein aus der Tatsache begründet, dass es sich eben um genau ein (1) System handelt. Ist kein Ersatzspieler vorhanden, der aufs Feld kann, stehen wir dumm da.

Und so elegant beispielsweise ein Blade-Center mit einem angeschlossenen SAN und vielen redundanten realen und virtuellen Maschinen darauf auch sein mag – solange es das Einzige seiner Hardware-Gattung in einer Firma ist und keinen externen Failover-Bruder hat, ist es zwar teueres Hightech, aber kann dennoch wieder nur unter der Ausgabensparte »*A very expensive Single Point of Failure*« verbucht werden. Na prima.

Aber auch HA-Cluster können nie eine 100 %-Verfügbarkeit aller Services zu jeder Zeit garantieren. Der simple Grund: Die Failover-Downtime. Wenn ein Service oder ein ganzer Node wegschmiert, muss der andere Node den Service übernehmen – im ungünstigsten Fall also den Service starten oder im Hot-Standby versuchen, die eingehenden Requests sofort zu bedienen. Je nach Art der Übernahme und des daraus resultierenden Timeout-Fensters kommt es bei der klassischen Übernahme (Neustart des Dienstes auf dem 2. Node) in der Regel immer zu einer Unterbrechung des Dienstes, der je nach Architektur und Funktionsweise des Dienstes abgefangen werden kann *(stateless)* oder zu einer endgültigen Unterbrechung der Verbindung führt *(statefull)*. Einen Ausweg bieten sogenannte *Multi-State Resources* oder auch *Clonesets*, die auf dem schlafenden Node einer Active/Passive-Konfiguration bereits aktiv sind und nach dem Switchen der Service-IP sofort einsatzbereit sind. Aber selbst dort reichen je nach Art der laufenden Session bereits Unterbrechungen im Millisekunden-Bereich, um den Client-Request zu terminieren.

Und nicht zuletzt deswegen kommt es auch auf den allwissenden Judge, den Richter und Entscheider an, der innerhalb unseres Clusters werkelt. Denn er gibt vor, wann welche Ressource gemäß welcher Kriterien wohin transferiert werden muss. Und genau an diesem Punkt kommt die eigentliche Cluster-Software ins Spiel, die sich genau um diese und noch eine andere wichtige Aufgabe kümmert:

- die Verwaltung der eigentlichen Ressourcen innerhalb des Clusters
- die Kommunikation der Cluster-Nodes untereinander

Damit wir nun verstehen, was Heartbeat, OpenAIS, Corosync und Pacemaker überhaupt sind, wie sie funktionieren und vor allem miteinander agieren, um unsere Server im Netz hochverfügbar zu machen, müssen wir zunächst einen Blick hinter die Kulissen werfen.

Ressourcen und Agenten

Zunächst: Jede Cluster-Software kümmert sich, wie eben bereits erläutert, neben der Konnektivität zu den anderen Nodes um die Überwachung und Verwaltung von Ressourcen, womit üblicherweise und im klassischen Sinne Services bzw. Dienste oder auch Applikationen gemeint sind. Die Überwachung und Steuerung dieser Dienste obliegt in einem Cluster nicht mehr dem Init- oder Upstart-System, sondern der Cluster-Software, die die Applikationen mithilfe sogenannter *Resource Agents* (RAs) steuert und überwacht. Klingt – wie leider so oft in unserer wundervollen und tollen IT-Welt – erst mal fürchterlich hochtrabend, aber dahinter stecken im einfachsten Fall auch nichts anderes als die LSB*(Linux Standard Base)*-kompatiblen (Init-)Skripte unterhalb von */etc/init.d/*, welche auch im Normalbetrieb für die Kontrolle eines Dienstes zuständig sind.

Daneben existieren natürlich auch noch deutlich komplexere *OCF(Open Cluster Framework)*-Agenten, die gegenüber den Init-Scripten in der Regel eine deutlich erweiterte Funktionalität besitzen.

Als konkretes Beispiel hierzu können wir das Apache-LSB-Script und sein OCF-Pendant betrachten. Ersteres kann sich lediglich um die Dienstkontrolle kümmern und mithilfe der »*status*«-Option des Scripts den Dienst bei Bedarf neu starten – ob der Apache-Service seinen Pflichten wirklich nachkommt und seine Status-Page (mod_status muss hierzu aktiviert und entsprechend konfiguriert sein) via *http://localhost:80/server-status* auch wirklich erreichbar ist, kann nur sein OCF-Pendant bestimmen. Allerdings muss die vorgegebene Funktionsweise eines OCF-Agenten nicht immer und unbedingt der Weisheit letzter Schluss sein, wie sich am Beispiel des Apache OCF-RAs feststellen lässt: Für Produktivsysteme mit hohem Workload sollte gegebenenfalls eine andere Monitoring-Lösung in Betracht gezogen werden, da *mod_status* unnötig die Performance verschlechtert.

Über das OCF-API kann der geneigte Admin seine eigenen Agents bzw. Schnittstellen zu bestimmten Services gemäß der OCF-Spezifikation bauen, siehe hierzu auch *http://opencf.org*

Kommt es nun zu einem Fehlerfall, kann – je nach Konfiguration der Cluster-Software und den Kapabilitäten des RAs – zunächst versucht werden, die Ressource lokal neu zu starten, oder es wird direkt (oder nach *n* Restart-Versuchen) ein Failover der Ressource vom defekten auf einen intakten Node eingeleitet, um einen möglichst unterbrechungsfreien Betrieb zu gewährleisten. Was der Cluster letztlich als Fehlerfall interpretieren soll, kann natürlich definiert werden – im einfachsten Fall wird der Failover durchgeführt, wenn ein Node nicht mehr oder nur noch eingeschränkt erreichbar ist; alternativ kann er auch erfolgen, wenn ein einzelner Service nicht mehr reagiert oder beispielsweise mehrfach neu gestartet werden musste.

Hinweis

Eine komplette Auflistung aller verfügbaren Agenten an dieser Stelle würde nicht nur den Rahmen sprengen und wäre ziemlich ineffizient, sondern auch immer nur eine kurzlebige, statische Momentaufnahme, die zum Zeitpunkt der Veröffentlichung des

Buches sehr wahrscheinlich schon wieder veraltet wäre – sowohl was die RAs als auch die möglichen Parameter angeht, die von ihnen unterstützt werden. Die nachfolgende Vorstellung der wichtigsten RAs in konkreten, praxisorientieren Setups veranschaulicht ihre Kern-Funktionalitäten weitaus besser, und die aktuellsten Informationen zu den verfügbaren RAs und ihren korrespondierenden Parametern liefern ohnehin *apropos ^ocf* und *man 7 ocf_<heartbeat|pacemaker>_<RA-Name>*.

3.2.1 Alles eine Frage der Kommunikation: konzeptionelle Cluster-Übersicht

Werfen wir nun einen Blick auf das konzeptionelle Cluster-Modell, nach dem alle in den folgenden Abschnitten vorgestellten Cluster-Pakete arbeiten. Von der höchsten Ebene aus betrachtet, splittet sich der Cluster – stark abstrahiert – konzeptionell in 3 Teile:

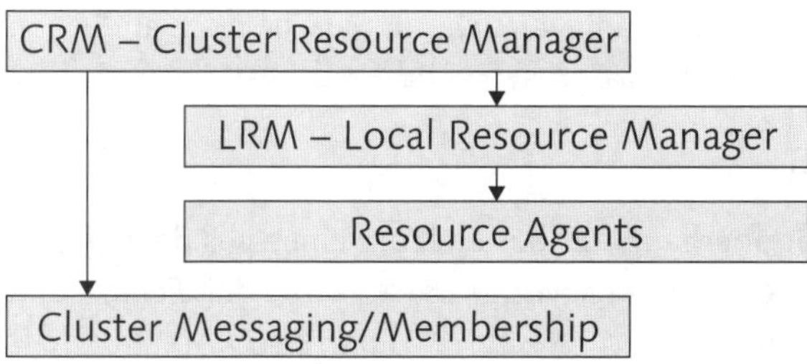

Abbildung 3.1 Konzeptionelle Cluster-Übersicht

- Die sogenannte *Core Cluster Infrastruktur* (in der Abbildung der unterste Block). Sie beinhaltet alle *Messaging*- und *Membership*-spezifischen Funktionalitäten, d.h. sehr stark vereinfacht alles, was mit der Kommunikation der Cluster-Nodes untereinander zu tun hat.
- Alle *nicht clusterspezifischen Komponenten* (in der Abbildung der mittlere Block mit 2 Komponenten). Sie beinhalten den *LRM (Local Resource Manager)* und die *Resource Agents,* die sogenannten *RAs*. In einem Heartbeat|OpenAIS|Corosync / Pacemaker -Cluster sind letztere nicht nur die LSB-Scripte, die »ihre« Services steuern und gegebenenfalls auch überwachen können, sondern ebenfalls die leistungsfähigeren OCF-Agenten.
- Das eigentliche Gehirn des Clusters, das »*Cluster-Brain*«: der *CRM (Cluster Resource Manager,* in der Abbildung der obere Block). Dem CRM obliegt die komplette clusterspezifische Steuerung: die Verwaltung der *CIB (Cluster Information Base,* die eigentliche Cluster-Datenbank*)*, alle Konfigurations-Änderungen, Reaktionen auf Events, wie z. B. den Ausfall eines Services, das Triggern bestimmter Aktionen oder die Verwaltung von Nodes, die dem Cluster beitreten oder ihn verlassen. Die CIB versucht dabei, in jeder Situation die

optimale Lösung zu finden, um den Cluster betriebsbereit zu halten: Das kann im einfachsten Fall das Verschieben von Ressourcen, aber auch das »harte« Entfernen eines Nodes aus dem Cluster-Verbund beinhalten.

3.2.2 Das technische (Schichten-)Modell von Heartbeat | OpenAIS/Corosync und Pacemaker

Um nun zu verstehen, wie die interne Kommunikation unseres Clusters funktioniert, müssen wir uns das zugrunde liegende Modell verinnerlichen, das sich in drei verschiedene Schichten oder Layer einteilen lässt.

Messaging-Layer (1) [Heartbeat | OpenAIS/Corosync]

Der unterste Layer wird als Messaging-/Infrastruktur-Layer bezeichnet. In dieser Abstraktionsschicht geht es ausschließlich um die Kommunikation zwischen den einzelnen Nodes, die sich gegenseitig ständig versichern, dass sie noch am Leben sind. Auf dieser Ebene arbeiten OpenAIS/Corosync und Heartbeat.

Ressource Allocation Layer (2)

Der komplexeste der vier Layer überhaupt. Er besteht zum einen aus dem *Cluster Resource Manager (CRM)*, der *Cluster Information Base (CIB)*, der *Policy-* und *Transition-Engine (PE, TE)* sowie dem *Local Resource Manager (LRM)*. Aber der Reihe nach:

CRM

Zunächst zum *Cluster Resource Manager* (nachstehend als *CRM* bezeichnet, der Daemon hört entsprechend auf den Namen *crmd):* Jede Aktion, die über den *Resource Allocation Layer* abgewickelt wird, muss den CRM passieren. Das Gleiche gilt für Applikationen auf höheren Layern, die miteinander kommunizieren müssen – auch ihre Konversation läuft durch den CRM. Der CRM verwaltet auf jedem Node eine *Cluster Information Base (CIB);* sie enthält unter anderem die aktuelle globale Konfiguration des Clusters, den aktuellen Status und alle verfügbaren Ressourcen. Die CIB liegt dabei als ein in XML gehaltenes Abbild der Cluster-Konfiguration (s. o.) im Speicher und auf der Platte eines jeden Nodes.

Exkurs: DC – reine Chefsache

Eines jeden? Moment – schließlich läuft auf diesem Planeten ja nichts gleichberechtigt, also muss einer wieder den Chef spielen. Und jetzt keinen Anfall bekommen – der Typ heißt *DC*. Hat Gott sei Dank nichts mit irgendeinem pseudostandardisierten Produkt aus Redmond zu tun, sondern einzig und allein mit dem Begriff *Designated Coordinator* (DC). Sein Name ist Programm, er hält die

Master-Kopie der CIB. Sobald eine Änderung ansteht, propagiert er sie auf die anderen Nodes bzw. CIB-Replicas. Alle Read/Write-Operationen, die andere Nodes entgegennehmen, werden von ihnen immer zum DC propagiert, denn nur er darf Chef spielen und beispielsweise Nodes »fencen« oder Ressourcen hinzufügen, moven und löschen. Pro Cluster existiert natürlich immer nur genau ein (1) DC, bei dem sich jeder andere Node anmelden muss.

Stellt sich natürlich die Frage, wie der Chef unserer Cluster-Truppe denn gewählt wird. Im Prinzip ganz einfach: In der Regel der Node, der zuerst oben ist, heißt: der den Messaging-Layer und Pacemaker zuerst gestartet hat. Die anderen Nodes werden sofort darüber informiert, wer nun das Sagen hat.

Wer der DC ist, spielt jedoch eine untergeordnete Rolle, da zum einen alle Aktionen innerhalb des Clusters auf alle Nodes propagiert werden (jeder Node besitzt eine Replica der CIB), zum anderen übernimmt beim Ausfall des DCs sofort ein anderer Node seine Rolle.

CIB

Die *Cluster Information Base* wird komplett im Speicher aller Nodes vorgehalten, wobei der DC die Master-Copy der CIB hält. Ihre XML-Repräsentation als Datei (bei SUSE z. B. unter */var/lib/heartbeat/crm/cib**) enthält die komplette Konfiguration des Clusters, also alle Nodes und ihren Status, globale Settings, die Ressourcen und natürlich ihre Relationen zueinander. Die CIB (und ihre Signatur-Datei) wird bei jeder Änderung aktualisiert und die alte Version ebenfalls als XML-File mit steigender Nummerierung im gleichen Ordner aufbewahrt. Die XML-Repräsentation der CIB sollte *niemals, niemals, niemals* bei laufendem Cluster händisch manipuliert werden – das Resultat wäre mit hoher Wahrscheinlichkeit nichts anderes als eine inkonsistente CIB des gesamten Clusters. Denn die CIB wird nicht einfach direkt manipuliert, frei nach dem Motto: »*Machen Sie es so, Nummer eins*«, sondern jede von uns angeforderte Änderung durchläuft innerhalb des Clusters zunächst eine Validierung, um die Cluster-Integrität durch fehlerhafte Eingaben nicht zu ruinieren. Und genau darum kümmern sich die:

Policy Engine (PE) und Transition Engine (TE)

Die Aufgabe dieser beiden Vertreter ist es, sich bei Änderungen an der CIB darum zu kümmern, dass diese vom DC auf die Replicas gesynct werden. Im Detail: Die PE kontrolliert zunächst, ob die angeforderten Modifikationen den Richtlinien (Policies) entsprechen, und berechnet dann welche Aktionen – basierend auf der aktuellen Konfiguration – ausgeführt werden müssen. Dazu produziert die PE zusätzlich einen sogenannten *Transition Graph*, der die komplette

Aktion (inklusive der Ressourcen und ihrer Bezüge untereinander) grafisch darstellt. Hierzu später mehr im Abschnitt 3.7.5 über *ptest*.

Ist alles erledigt, kümmert sich die TE um die Propagierung der Änderungen; heißt, sie schickt die Informationen an die CRMs aller Nodes, die – wie so oft im realen Leben – die Arbeit an einen ihnen unterstehenden Mitarbeiter delegieren: den *Local Resource Manager* (LRM), den wir uns gleich anschauen. Die PE und TE sind zwar nur auf dem DC wirklich »aktiv«, laufen aber auf allen Nodes, um einen eventuellen DC-Failover zu beschleunigen.

LRM

Der LRM kümmert sich als braver Adjutant des CRM auf allen Nodes um die Erledigung der Jobs, die ihm sein Boss zugeteilt hat. Im Klartext: Der LRM verwaltet die lokalen Resource-Agents nach den Vorgaben des CRMs, wodurch er in der Lage ist, den ihm wiederum unterstellten Tross an RAs zu steuern und den Erfolg oder Misserfolg an seinen Boss zurückzumelden. Wir sehen, auch hier geht nichts ohne eine geordnete Hierarchie.

Resource Layer (3)

Der dritte und letzte Layer beinhaltet die vorab bereits erläuterten *Resource Agents* (RAs). Die RAs werden nur durch den lokalen LRM auf dem jeweiligen Node gesteuert.

> **Hinweis**
>
> Durch die Splittung zwischen Kommunikations-Layer (Cluster Messaging) und dem eigentlichen »Cluster-Brain« (Pacemaker) wurde ein weiterer Layer bzw. eine API eingeführt, um unterschiedliche Cluster-Stacks (Heartbeat | OpenAIS/Corosync) vollautomatisch und transparent mit Pacemaker kombinieren zu können: Der *Cluster Abstraction Layer*.

3.2.3 Cluster-Kommunikation am konkreten Beispiel

Die Layer Geschichte ist ja ganz nett und hilfreich, um die theoretischen Grundlagen zu verstehen, aber ein konkretes Beispiel ist als Ergänzung mit Sicherheit nicht verkehrt.

Eine typische Änderung innerhalb eines Clusters wäre das Hinzufügen einer Ressource wie beispielsweise eine Service-IP. Für die folgenden Betrachtungen ist es völlig unerheblich, ob die Modifikation via Kommandozeile oder per GUI durchgeführt wird, der Prozessablauf ist der gleiche. Ebenso ist es unerheblich, auf welchem Node wir die Änderungen durchführen – sie werden ohnehin an den

DC propagiert. Dort angekommen, berechnet der DC über seine PE alle erforderlichen Schritte zur Integration der neuen Ressource und startet anschließend die Synchronisation der neuen CIB auf alle Replicas. Die Kommunikation läuft dabei über den Messaging-Layer und wird von den CRMs auf den anderen Nodes empfangen und an ihre lokalen LRMs delegiert, die ihrerseits wiederum die Erfüllung des Auftrags über den CRM an den DC melden. Sobald der DC alle Rückmeldungen erhalten hat, die ihm bestätigen, dass alle CIBs konsistent und vor allem synchronisiert sind, gibt er das Signal, dass den Cluster wieder in einen »idle«-Zustand versetzt. Alles okay, Adoption der Ressource geglückt.

3.3 Clustersoftware

Soviel zur Theorie, schauen wir uns nun die einzelnen Vertreter der Gattung »Cluster-Software« genauer an.

3.3.1 Heartbeat

Linux-HA (www.linux-ha.org), damals auch Synonym für das Heartbeat-Projekt (HA = High Availability = Hochverfügbarkeit) entstand bereits 1997, der erste Heartbeat-Cluster ging 1998 in Betrieb und trat damit als Kontrahent der bis dahin im Open-Source-Segment größtenteils tonangebenden *Beowulf*-Cluster-Software auf die Bildfläche. Bis 2005 unterstützte Heartbeat nur statische und recht primitive Ressourcen-Installationen (Heartbeat Version 1), die darauf folgende Version 2 hob mit Einführung des *CRM (Cluster Resource Manager)* etliche der vorhandenen Einschränkungen auf und erweiterte Heartbeat um viele dringend benötigte Features, wie z. B. integrierte, dynamische Ressourcenverwaltung und -überwachung auf Basis des CRMs sowie die Möglichkeit zur Definition komplexerer Abhängigkeiten/Bedingungen *(Constraints)* für Ressourcen. Mit *Pacemaker (www.clusterlabs.org)* entstand 2007 ein Spin-Off des Heartbeat-Projekts, unter dem nun die alleinige Weiterentwicklung des *CRM* – des eigentlichen Cluster-»Gehirns«, welches die CIB verwaltet – und des zugehörigen *GUI* (hb_gui/crm_gui) erfolgt.

Heartbeat läuft typischerweise in einem 2- oder *n*-Node-Cluster als Dienst auf jedem der Nodes, wobei sich die Nodes gegenseitig auf Lebenszeichen – ihren »Herzschlag« (engl.: *heartbeat)* – überwachen.

Heartbeat wird im Folgenden nur grundlegend behandelt, da es immer noch in einigen Installationen anzutreffen ist und seit neuestem mit *Linbit* (DRBD) auch wieder einen »offiziellen« Sponsor und Maintainer hat. Kurz vor Jahresende 2009 wurde die erste offizielle 3.x-Release des Heartbeat-Paketes seit 2 Jahren veröffentlicht. Neuerungen oder Erweiterung sollen jedoch nach Aussagen von Linbit nicht in Heartbeat 3.x (entspricht funktionell Version 1) einfließen, es gehe lediglich um Bugfixing und die Aufrechterhaltung der Kompatibilität zu Pacemaker, und damit die Wahlfreiheit, welcher Cluster-Messaging-Layer vom Admin präferiert wird: Heartbeat, OpenAIS und/oder Corosync. Heartbeat 3.x stellt – bezogen auf aktuelle Paketsplittungen –, sehr grob simplifiziert, in etwa folgendes ›mathematische‹ Konstrukt dar:

Heartbeat 3.x = Heartbeat 2.x – Pacemaker 0.x – ClusterGlue 1.x – Resource-Agents 1.x

Jedoch wird Heartbeat auf Sicht seinem bereits etablierten und vor allem zu den Industrie-Standards kompatiblen Nachfolger das Feld überlassen müssen:

3.3.2 OpenAIS/Corosync

OpenAIS/Corosync implementieren den OSI-zertifizierten und gültigen Cluster-Industriestandard für Cluster-Kommunikationsprotokolle, unter anderem arbeiten Oracle, Red Hat und Novell gemeinsam an den Projekt. OpenAIS/Corosync ist – neben Heartbeat – derzeit der einzige verfügbare Cluster-Stack, der von Pacemaker ebenfalls unterstützt wird.

An dieser Stelle vorab schon einmal etwas zur Erläuterung der Begrifflichkeiten – denn das Kuddelmuddel, das sich leider im Zuge der letzten Monate rings um diverse Linux-Cluster-Software-Projekte entwickelt hat, ist selbst für erfahrenere Cluster-Admins zum Teil nur schwer zu durchschauen und erzeugt bisweilen leichten Unmut. Das Wirrwarr gründet sich dabei primär auf der Tatsache, dass *Heartbeat* früher die komplette Arbeit (Cluster Messaging, CRM, LRM, GUI, RAs) als stoischer Monolith à la 2001 im Alleingang auf allen Nodes erledigt hat und nach und nach durch Forks und Split-Offs die ehemals integrierten Funktionalitäten in eine modulare Struktur überführt wurden.

OpenAIS/Corosync stellt (wie Heartbeat) einen Messaging- und Membership-Layer für die Cluster-Infrastruktur und ihre Interkommunikation zur Verfügung. Die gemeinsame Nennung erfolgt hier deswegen, weil beide – je nach Version – diese Kapabilitäten zur Verfügung stellen, dazu gleich mehr im Abschnitt »Spin Off«. OpenAIS/Corosync teilt Pacemaker (dem *Cluster Brain*, dazu im nächsten Abschnitt mehr) mit, welche Nodes Teil des Clusters sind, und stellt einen entsprechenden Kommunikations-Layer bereit, über den die einzelnen Nodes des Clusters Nachrichten miteinander austauschen können.

Die reinen Messaging-Kapabilitäten hierzu besitzt Pacemaker ebenfalls, jedoch nicht in der Art und Weise wie OpenAIS/Corosync und Heartbeat; zudem implementiert OpenAIS/Corosync als »unterste« Übertragungsschicht den hierfür gültigen Industriestandard, wie sich auch am Namen des Projekts erkennen lässt: *AIS (Application Interface Specification)*, nach dem Standard des *Service Availability Forums (SAF)*.

Auf der anderen Seite besitzt OpenAIS (in Versionen <= 0.80.6 »Whitetank«) auf Plugin-Basis rudimentär ähnliche Management-Funktionen wie Pacemaker, die jedoch im Zusammenspiel mit Pacemaker wiederum *nicht* verwendet werden. Aus diesem Grund haben die OpenAIS-Entwickler einen Split der Pakete durchgeführt, der auch die Grundlage für die zukünftige Aufteilung der Pakete darstellt.

Split off

Nach über sechs Jahren Entwicklung an der OpenAIS-Engine wurde eine »abgespeckte« OpenAIS-Version unter der Projektbezeichnung »*Corosync*« herausgebracht, da die Entwickler feststellten, dass die Cluster-Infrastruktur – und vor allem die Interprozess-Kommunikation – eine weitaus größere Herausforderung darstellten, als zunächst angenommen. Zudem sollte eine klare Splittung zwischen den APIs realisiert werden, was zur Aufsplittung in OpenAIS und Corosync führte.

Corosync beinhaltet somit »nur« noch die reinen Messaging- und Infrastruktur-Kapabilitäten von OpenAIS (und fügt ihnen noch ein paar hinzu, s. u.) und überlässt Pacemaker 1.x die eigentliche Verwaltung des Clusters. Corosync verwendet dabei über 80 % des Original-OpenAIS-Codes, der restliche Part – die APIs/Plugins – wurden dabei außen vor gelassen. Konkret bedeutet dies aber auch, dass das OpenAIS der »Wilson«-Release (1.x) die API-spezifischen Plugins für Corosync 1.x »Flatiron« stellt und standalone nicht mehr für die Cluster-Infrastruktur bzw. -Interkommunikation eingesetzt werden kann. Beide Projekte sind dabei völlig interoperabel und ergänzen sich.

Sehr stark vereinfacht ausgedrückt, stellen sich die Bezüge in etwa so dar:

OpenAIS 0.8x = OpenAIS 1.x + Corosync

Leider ist die Dokumentation derzeit noch etwas spärlich, jedoch ist dieses Manko unter dem Aspekt verständlich, dass die Entwickler ihren Aktivitätsfokus vorrangig auf Stabilität und Funktionalität gesetzt haben. Eine ausführliche Doku steht eigentlich für 2010 auf der Roadmap.

Exkurs: Statefull Application Failover

Mithilfe des internen *Checkpointing Service* von Corosync und einer entsprechend programmierten Applikation ist es erstmals möglich, einen sogenannten

Statefull Application Failover zu triggern. Damit kann der größte konzeptionelle Schwachpunkt eines jeden Clusters – auch im Hot-Standby – ausgeglichen werden.

Normalerweise findet selbst im Hot-Standby bei einem Schwenk eine minimale Unterbrechung zwischen dem anfragenden Client und der Applikation auf dem Cluster Node statt, die im ungünstigsten Fall dafür sorgt, dass der Client die Applikation neu laden bzw. eine neue Verbindung initiieren muss.

Die entscheidende Änderung, die Corosync mit dem Statefull Application Failover einbringt, können wir uns am ehesten wie eine Art Status-Snapshot vorstellen. Es erfolgt also nicht nur ein simpler Failover (bei dem die Applikation auf dem Zielnode bereits aktiv ist, sich jedoch bezogen auf den anfragenden Client in einem undefinierten Zustand befindet), sondern die Applikation wird auf dem Zielnode gestartet bzw. in dem gleichen Status aktiviert, der auf dem »alten« Node *vor* dem Schwenk vorlag – der Client nimmt keine Unterbrechung zu seiner Applikation auf dem neuen Zielnode wahr.

Ereignis-Horizont

Damit diese Systematik funktionieren kann, muss die Applikation natürlich auf zwei oder mehreren Nodes des Clusters aktiv, und vor allem in der Lage sein, miteinander zu kommunizieren. Diese Funktionalität wird durch die folgenden Neuerungen von Corosync zur Verfügung gestellt: Der *event*-Service stellt hierfür – stark vereinfacht ausgedrückt – ein sogenanntes publish/subscribe-Modell für Ereignisse zur Verfügung, wodurch ereignisbasiert Aktionen getriggert werden können. Der *Messaging*-Service stellt die applikationsspezifische End-to-End-Kommunikation zur Verfügung, und durch den *Distributed Lock Service* erfolgt die Synchronisation zwischen den Nodes. Eine weitere Variante ist das EVS-Toolkit. Hierüber können von einem Sender per *Extended Virtual Synchrony* gleichzeitig mehrere Empfänger angesprochen werden. Ein solches EVS-Szenario würde sich z. B. für verteilt arbeitende Datenbanksysteme in einem Cluster eignen.

Weitere Infos hierzu finden sich auch unter *corosync_overview*(8).

3.3.3 Pacemaker

Seit dem Spin-Off aus dem Heartbeat-Projekt stellt *Pacemaker* das eigentliche Cluster-Brain dar, das die CIB verwaltet und alle Aktionen per CRM dirigiert.

Pacemaker baut dabei auf der eigentlichen Cluster-Infrastruktur auf (wie bereits zuvor erläutert: entweder Heartbeat oder OpenAIS/Corosync, je nach Version), um die Services/Ressourcen zu überwachen, zu verknüpfen und im Fehlerfall vordefinierte Aktionen zu triggern. Der CRM erkennt automatisch den ihm unterliegenden Messaging-Layer (Heartbeat | OpenAIS/Corosync) und stellt sich darauf ein.

Pacemaker verfügt über die Kapabilitäten, Cluster nahezu jeder Größenordnung zu managen, und durch seine Fähigkeiten (bzw. die des CRM) lassen sich zwischen den einzelnen Cluster-Ressourcen leistungsfähige Abhängigkeitsmodelle implementieren, sogenannte *Constraints*.

Vereinfacht ausgedrückt: Der CRM stellt über Constraints, wie z. B. *Orderings* und *Co-Locations*, die Möglichkeit zur Verfügung, relativ einfach auch komplexe Abhängigkeitsmodelle zu definieren, z. B.: »*Starte den Samba-Dienst erst nachdem der DRBD-Schwenk stattgefunden hat und OpenLDAP als Authentifizierungsbackend gestartet wurde. Starte zudem alles nur auf ein und derselben Maschine.*«

Der Änderungen zwischen Pacemaker 0.6 (der »Heartbeat«-Version) und Pacemaker >= 1.x, der ersten »echten« standalone Pacemaker-Release, waren sehr umfassend, siehe hierzu auch: *http://www.clusterlabs.org/wiki/FAQ*

Achtung

Ab Pacemaker 1.0.5 werden von der ursprünglichen Heartbeat-Software die nun exkludierten Teile bzw. Pakete *cluster-glue* (enthält den *lrmd* und die stonith-RAs) und *resource-agents* (enthält die aktuellen OCF-RAs, siehe hierzu auch man 7 ocf_heartbeat_*) benötigt.

Zudem existiert zur Verwaltung der CIB eine GUI, welche derzeit jedoch Featuretechnisch nicht erweitert wird. Bis ein Maintainer für das GUI-Projekt gefunden wird, kümmert sich das Pacemaker-Mastermind Andrew Beekhof zumindest um das Bugfixing. Auch wenn die GUI einen guten und relativ einfachen Einstieg in die Erstellung und Konfiguration von Cluster-Ressourcen und Constraints gibt: in Anbetracht der deutlich erweiterten Leistungsfähigkeit der *crm-Shell* wird das komplette Management des Clusters auf der Kommandozeile auch für Einsteiger deutlich transparenter. Insbesondere besteht schon lange keine Notwendigkeit (wie etwa zu Heartbeat/Pacemaker 0.6 Zeiten) mehr, mit irgendwelchen – in der Regel recht unübersichtlichen – XML-Snippets mehr oder weniger elegant herumzuhantieren, und diese in die CIB zu implantieren, und sie bei minimaler Fehlkonfiguration auch ganz schnell zu schreddern.

Pacemaker ist seit Fedora 12 auch Bestandteil dieser Distribution, und da Andrew Beekhof zudem von Novell/SUSE zu Red Hat gewechselt hat, dürfte es nur eine Frage der Zeit sein, bis Pacemaker ebenfalls einen festen Platz in Red Hats Cluster Suite bzw. in ihrem Enterprise-Segment erhält.

Die aktuelle Release von Pacemaker ist zum Zeitpunkt der Erstellung des Buches Version 1.1.x, auf die sich auch alle folgenden Betrachtungen und Beispiele beziehen. Hierbei gilt: Gerade Nummern (1.0.x, 1.2.x) stellen die stable Releases dar und erhalten nur Bugfixes, aber keine Feature-Erweiterungen. Die ungeraden (1.1, 1.3) Feature-Releases dienen primär dem Test neuer Features.

Die Roadmap für zukünftige Releases stellt sich wie folgt dar:

- Version 1.1 – die aktuelle Feature-Serie mit neuen Features und Erweiterungen
- Version 1.2 – die nächste Stable-Serie (nur Bugfixing, ca. ab dem 4. Quartal 2010)

Wer die aktuellen Testing-Branches ausprobieren möchte, findet z. B. unter

http://www.clusterlabs.org/rpm-next

die Pacemaker1.1-Pakete und -Sourcen für RPM-basierte Distributionen. Weitere Infos zu Versionen und Abhängigkeiten finden sich unter:

http://www.clusterlabs.org/wiki/Install

Anmerkung

Diejenigen unter uns, die sich vielleicht die Frage stellen sollten, wie zuverlässig Pacemaker eigentlich arbeitet, und ob sie sich auf den Cluster-Kollegen verlassen können, sollten sich einfach überlegen, ob sie in den letzten Jahren rein zufällig in Europa geflogen sind.

Wenn ja, haben sie sich bereits auf unser Cluster-Brain verlassen, denn die Deutsche Flugsicherung GmbH (DFS) verwendet Pacemaker bereits seit Jahren für ihre *Air Traffic Control Systems*...

3.3.4 Upgrade der Cluster-Software und einzelner Applikationen

Irgendwann kommt dieser Tag immer – sei es durch Fehler in einer alten Version, die nicht mehr gefixt, oder seien es neue Features, die dringend benötigt werden: Es ist Upgrade-Tag. Und dass das im Fall eines Clusters eher untrivial ist, können wir uns mittlerweile schon recht gut vorstellen. Denn falls etwas falsch läuft, ist unser angestrebtes Ziel – die maximale Verfügbarkeit unserer Ressourcen – nur noch eine blitzschnell verblassende Erinnerung.

Das Upgrade bestimmter Applikationen ist in der Regel weniger problematisch, hier ist insbesondere darauf zu achten, ob die vorhandenen RAs – falls es sich um OCF-RAs handelt – eventuell vorhandene, neue Features und/oder Einstellungen/Parameter der aktualisierten Applikation beherrschen oder ob für die Applikation bereits entsprechend angepasste RAs existieren. Hierzu wird das unten angegebene Verfahren »*Disconnect and Re-Attach*« verwendet.

Das Upgrade der Cluster-Software selbst ist – wie gerade erwähnt – berechtigterweise durchaus kritischer zu sehen. Daher haben die Entwickler 2 Verfahren bzw. Ansätze zusammengestellt, die je nach vorliegender Situation zur Anwendung kommen können. Das dritte Verfahren (Disconnect und Re-Attach) bezieht sich wie bereits erwähnt primär auf Applikationen. Die Unterteilung stellt sich in etwa wie folgt dar:

- *Shutdown des Clusters:* Alle Nodes werden heruntergefahren und aktualisiert. Dies ist jedoch in 24/7-Umgebungen nicht zu realisieren.
- *Rolling Upgrade:* Selektives Upgrade der einzelnen Nodes, der/die verbliebene(n) Node(s) bedient/bedienen währenddessen die Anfragen.
- *Disconnect and Re-Attach* (nur beim Applikations-Upgrade, s. o.): Die vakanten Ressourcen werden im Cluster auf »nicht mehr gemanaged« geschaltet, d. h. der Cluster kümmert sich nicht mehr um diese Ressourcen. Sie werden aktualisiert und anschließend wieder in die Verwaltung durch den Cluster integriert.

Achtung

In jedem Fall muss bei einem Upgrade *vorab* auf einem Testsystem evaluiert werden, ob die anstehenden Prozeduren ohne Kompatibilitäts-Probleme durchgeführt werden können. Punkt. Das zuvor ein Image des aktuell funktionierenden und validierten Real-Systems auf allen Nodes gemacht wird, sollte sich von selbst verstehen (im 24/7 z. B. durch abwechselnden Shutdown). Laufen die Cluster-Nodes als virtuelle Instanzen, existieren natürlich verschiedene Backup-/Snapshot-Szenarien, die wir zum Teil bereits kennen, weitere Konzepte werden in Kapitel 5 vorgestellt. Denn etwaige Zusicherungen der Entwickler, dass ein Upgrade in jedem Fall ganz sicher und bestimmt völlig problemlos läuft, nützen uns herzlich wenig, wenn das System nach dem »problemlosen Upgrade« abgeraucht und der »Bad-things-will-happen«-Tag da ist.

Auf der Website des Pacemaker-Projekts finden sich zum Thema *Upgrade* etliche hilfreiche Hinweise, die sich auch auf konkrete Prozeduren und Versionsstände beziehen:

http://www.clusterlabs.org/wiki/Upgrade

Fazit

Die Qual der Wahl haben wir nicht wirklich, was den Cluster-Messaging-Layer angeht – auch wenn mit Linbit ein neuer Maintainer des Heartbeat-Projektes existiert: der jetzige und zukünftige Standard ist Corosync/OpenAIS.

Wünschenswert ist und bleibt vor allem eine baldige übersichtlichere Strukturierung der Pakete; es geht nicht darum, wieder einen Monolith zu erschaffen wie einst Heartbeat 2.x, sondern nur um ein transparentes Konzept, das für den Admin schnell ersichtlich werden lässt, welche Pakete er benötigt, ohne das er sich etliche Gedanken über etwaige Querbezüge machen muss.

Bevor wir nun zum praktischen Teil, dem Setup unseres Clusters, kommen, müssen wir uns noch mit einem Typen auseinandersetzen, dessen Job einzig und allein das richtige Timing ist, und der leider viel zu oft sträflich vernachlässigt wird. Denn wenn er falsch tickt, kann alles Mögliche in die Hose gehen ...

3.4 NTPD – The Time Machine

> *»Ich bin mir sicher, 1985 kann man Plutonium in jeder Apotheke kaufen, aber 1955 kommt man da nur sehr viel schwerer dran.«*
> *– Back to the Future, USA 1985*

Jepp, so ist das eben mit Zeitmaschinen. Dinge ändern sich schlagartig, wenn mit der Zeit etwas schief läuft, und wenn diese Aussage auf jemanden ganz besonders zutrifft, dann nicht nur auf Doc Brown und seinen aufgemotzten De Lorean, sondern mit Sicherheit auch auf unseren Zeitarbeiter *ntpd*. Denn ohne einen korrekt aufgesetzten und exakt arbeitenden NTP(*Network Time Protocol*)-Dienst hätten wir in unserem Cluster-Verbund alles Mögliche, aber mit Sicherheit keine synchrone Zeit auf den Nodes, die miteinander sprechen müssen.

Schön. Und warum ist das von dermaßen elementarer Wichtigkeit für uns? Ganz einfach: Die Zeit-Synchronisation spielt eine entscheidende Rolle, sowohl für die Cluster-Nodes untereinander als auch für die hochverfügbaren Applikationen, die auf ihnen laufen sollen.

Betrachten wir die Problematik einer nicht vorhandenen oder netzwerkweit ungenauen Zeit-Synchro bezogen auf unsere Cluster-Nodes genauer. Wie wir bereits wissen, tauschen die Nodes unseres Clusters in bestimmten Intervallen Nachrichten aus, um sich gegenseitig zu versichern, dass sie noch am Leben sind. Verzögern sich diese Nachrichten nun durch ungenügende oder nicht vorhandene Zeit-Synchro, könnte ein Node anhand der scheinbar überhöhten Latenzzeiten fälschlicherweise für »tot« erklärt werden, obwohl er es eigentlich nicht ist.

Zum anderen spielt eine exakte Zeit-Synchro eine wichtige Rolle bei nahezu allen Applikationen, deren Datenbestand ständigen Änderungen unterworfen ist, wie z. B. im Datenbank-Umfeld. Nehmen wir OpenLDAP im Multimaster-Modus (multiple OpenLDAP-Instanzen bedienen auf verschiedenen Nodes ein und denselben Verzeichniskontext mit schreibendem Zugriff) als Applikation, so lassen sich die Probleme beispielhaft exakt konkretisieren:

Die Objekte innerhalb des Verzeichnisses werden anhand von Zeitstempeln im Millisekundenbereich daraufhin überprüft, welches Objekt das aktuellere ist und wohin es gegebenenfalls repliziert werden muss. Wir können uns also unschwer vorstellen, was passiert, wenn diese Systematik außer Tritt gerät. Ein weiterer wichtiger Punkt liegt darin, dass sich manche Fehler gegebenenfalls nicht sofort als NTP-bezogene erkennen lassen, wodurch das Debugging nicht unbedingt erleichtert wird.

Da das NTP-Setup nun unsere volle Aufmerksamkeit genießt, schauen wir uns zunächst kurz ein paar Basics zu NTP an, bevor wir ans eigentliche Setup gehen:

NTP ist die freie Implementierung eines Zeitsynchronisationsdienstes im TCP/IP-Stack und arbeitet verbindungslos per UDP auf dem für NTP reservierten Port 123. NTP ist längst das führende Zeitsynchronisationsprotokoll im Internet und in privaten Netzwerken aller Art. Je nach Hardwareausstattung kann man per NTP einen Rechner bis in den Nanosekundenbereich hinein synchronisieren. Wie weit das tatsächlich machbar ist, hängt natürlich von den verwendeten Betriebssystemen (und ihren NTP-Zeitscheiben) und der Hardwarequalität der Hosts und des Netzwerkes ab.

Um NTP zur Zeitsynchronisierung im Netzwerk einzurichten, gibt es natürlich verschiedene Ansätze, zwei seien hier als Beispiel angeführt:

- Die Installation eines lokalen NTP-Servers auf dem Internet-Gateway, der sich die Zeit wiederum von einem der bekannten Referenz-Timeserver im Internet holt. Alle Server und Clients des jeweiligen lokalen Netzes holen sich die Zeit dann von diesem »lokalen« Timeserver – das ideale Verfahren für ein Wide-Area-Network, das z. B. Daten von einem Netz in ein anderes zeitkritisch überträgt bzw. repliziert, das den gleichen, externen Referenz-Timeserver als primäre Quelle nutzt.
- Man ernennt einen beliebigen Rechner im lokalen Netz zum Timeserver (ohne externe Zeitquelle) und synchronisiert alle Rechner mit diesem selbst ernannten Zeitdienst. Das ist allerdings nur praktikabel, wenn keine zeitkritischen Daten mit anderen, entfernten Netzwerken ausgetauscht bzw. repliziert werden müssen.

Da die »Atomzeit« an Universitätsdiensten oder beim Physikalisch-Technischen Bundesamt (z. B. *www.ptbtime.ptb.de)* kostenlos bereitgestellt wird, läuft es in der Regel auf die erste Variante hinaus, mit der man immer auf der sicheren Seite ist.

In unserer Beispielkonfiguration betrachten wir daher diese Methode. Die erforderlichen NTP-Pakete sind Bestandteil aller aktuellen Distributionen; die genaue Installation mit allen Feinheiten und Optionen lässt sich den Manpages und der

Dokumentation der Pakete entnehmen. Wir werden hier eine konzeptionell etwas vereinfachte, aber für unsere Zwecke vollkommen ausreichende Konfiguration vornehmen.

In unserem Beispiel verwenden wir einen Gateway-Rechner, der sich seine Zeit von einem externen Referenzserver holt und als zentraler Timeserver für das lokale Netz fungiert. Von ihm holen sich unsere Cluster-Nodes die aktuelle Zeit. Die NTP-Konfigurationsdatei */etc/ntp.conf* muss natürlich auf allen Nodes entsprechend einheitlich angepasst werden. Dort benötigen wir folgenden Eintrag, der auf unseren lokalen Timeserver zeigt:

```
server <IP/FQHN des Timeservers>  minpoll 4  maxpoll 10
```

Der Eintrag `server <IP/FQHN des Timeservers>` gibt unserem NTP-Daemon die externe Quelle an, die als Zeitgeber fungieren soll. Natürlich muss der Server erreichbar sein, und bei Verwendung des *Full Qualified Hostnames* muss die Namensauflösung ebenfalls funktionieren.

Achtung

Die absolut sicherste Variante für eine Cluster-Umgebung ist immer filebasierte Namensauflösung (ohne DNS): Alle Nodes verfügen über eine identische */etc/hosts*, in der *alle* Cluster-Nodes – sowie andere Server mit benötigten Diensten, wie z. B. NTP – aufgeführt sind, wodurch die Hostnamen so jederzeit auch ohne DNS aufgelöst werden können. Diese Art der Namensauflösung werden wir daher auch in allen folgenden Cluster-Setups verwenden.

Die optionalen, zusätzlichen Parameter `minpoll` und `maxpoll` steuern dabei, wie oft der lokale NTP-Dienst versucht, sich mit dem angegebenen Server zu synchronisieren. `minpoll <Wert>` gibt dabei das Intervall an, das maximal zwischen zwei Versuchen verstreicht, wenn der Timeserver *nicht erreichbar* ist. `maxpoll` gibt den Wert an, nach welchem sich der lokale NTP-Dienst *in jedem Fall* erneut mit der Zeitquelle resynchronisiert, auch wenn diese erreichbar ist. Bei den angegebenen Werten handelt es sich allerdings nicht um Sekunden, sondern um numerische Gegenwerte zu bestimmten Zeitintervallen, die sich gemäß der folgenden Tabelle aufschlüsseln:

Wert	Intervall
4	16 Sekunden
5	32 Sekunden
6	64 Sekunden

Tabelle 3.1 Werte für NTP – Polling-Intervalle

Wert	Intervall
...	...
17	36,4 Stunden

Tabelle 3.1 Werte für NTP – Polling-Intervalle (Forts.)

Der Parameter `stratum` in den lokalen `server/fudge`-Einstellungen (sofern gesetzt) sorgt dafür, dass die lokale Uhr als Fallback-Reserve verwendet wird, sollten die externen Dienste nicht erreichbar sein. Diese Fallback-Reserve sollte immer nur auf realen Maschinen eingesetzt werden, und einen hohen *stratum*-Wert (> 9 = sehr niedrige Priorität) aufweisen, damit die Prioritäten zwischen den Zeitdiensten klar bleiben. NTP verwendet ein hierarchisches System verschiedener *strata* (plural von *stratum*). Als Stratum 0 wird das Zeitnormal, z. B. eine Atom- oder Funkuhr, bezeichnet. Die unmittelbar mit dem Referenzzeitgeber gekoppelten NTP-Server haben in der Regel Stratum 1. Jede tiefer kaskadierte NTP-Einheit kann weitere Zeitversätze von einigen Millisekunden verursachen und erhält daher eine höhere Nummer (Stratum 2-n). Jede NTP-Software eines bestimmten Stratum-Werts ist zugleich Client des darüberliegenden Stratums als auch Server des darunterliegenden Stratums, sofern vorhanden.

Zusätzlich kann es nützlich sein, zu Resynchronisations-Zwecken den NTP-*Driftwert* zwischenzuspeichern: Kommt es zu einem Restart des Systems, wird er vom ntpd wieder eingelesen; so lässt sich der Synchronisationsprozess deutlich verkürzen. Erreichen lässt sich das über folgende Zeile in der *ntp.conf*, die in der Regel bereits aktiviert ist:

```
driftfile    /<pfad zu>/ntp.drift
```

Nachdem wir die NTP-Dienste auf beiden Nodes gestartet haben, sollten wir mit dem Befehl

```
#> ntpq -p <Name von Node1> <Name von Node2>
```

überprüfen, ob alle Nodes auch brav mit dem lokalen Timeserver sprechen – und vor allem möglichst synchron arbeiten. Der Output könnte so aussehen (hier aus Darstellungsgründen etwas vereinfacht):

```
server    remote     refid      st t when poll reach   delay   offset  jitter
==============================================================================
(node1)   (IP 1)     (IP 2)      2 u   12   16  377    0.327   -0.416  0.753
(node2)   (IP 1)     (IP 2)      2 u    7   16  377    0.258    0.602  1.726
```

Die Erläuterung der wichtigsten Parameter: Die Spalte `remote` gibt die IP des Timeservers im lokalen Netz an, von dem sich unsere beiden Cluster-Nodes die Zeit holen, `refid` die IP des Timeservers im Internet, von dem sich unser lokaler

Timeserver die Zeit holt. Die Spalte `st` gibt den aktuellen Stratum-Wert unseres Timeservers an, `poll` das Intervall in Sekunden zwischen den Aktualisierungen. Per `reach` wird angezeigt, wie gut der entfernte Timeserver erreichbar ist – ein Wert von `377` gibt an, dass der NTP-Server die letzten acht Male ohne Probleme erreicht werden konnte.

Der Parameter `delay` gibt etwaige Verzögerungen der Paketlaufzeit beim *NTP-Message-Exchange* zwischen Timeserver und lokaler Maschine an. Die Spalte `offset` zeigt die Zeitabweichung zwischen Timeserver und lokaler Maschine in *Millisekunden* an. Ein positiver oder negativer *Offset* kann durchaus vorhanden sein; er sollte jedoch auf allen beteiligten NTP-Clients möglichst identisch sein, bzw. sollte der Absolutwert keinesfalls eine applikationsspezifisch zulässige Grenze übersteigen. Über die Spalte `jitter` wird die Schwankungsbreite der Antwortzeiten (die Streuung der letzten Offset-Werte) angegeben.

Nach dem erfolgreichem Test dürfen wir natürlich nicht vergessen, die NTP-Dienste permanent einzubinden, und zwar autonom und nicht über den Cluster. Die NTP-Sourcen, eine ausführliche Dokumentation sowie FAQs zu NTP unter Linux finden sich z. B. hier:

http://www.ntp.org/

3.4.1 Exkurs: Virtual Time Machines

Natürlich spricht nichts dagegen, unsere Cluster in virtuellen Umgebungen aufzusetzen, aber wir müssen im Vorfeld zumindest ein paar wichtige Punkte abklopfen, in welchem Rahmen dies überhaupt Sinn und vor allem möglichst wenig Ärger macht. Die Details zu verschiedenen Virtualisierungstechniken und ihre Vor- und Nachteile werden wir uns in Kapitel 4, »Virtualisierung im Cluster«, natürlich noch genauer anschauen, aber wir müssen hier schon einmal etwas vorgreifen, denn:

VM-Hostsysteme, die ihre Gäste in einer voll virtualisierten/emulierten Umgebung betreiben (wie z. B. VMWare Server) disqualifizieren sich aufgrund mehrerer Punkte für den Einsatz in Produktivumgebungen. Zum einen wird die Hardware des Gastes – angefangen vom BIOS bis hin zu allen Hardware-Komponenten – in der Regel komplett emuliert, was die Performance des/der Gastsystems/e nachteilig beeinflusst, zum anderen stellt die VM-Umgebung auch nur eine Applikation auf dem OS des Hosts dar und ist damit allen Lastschwankungen desselben unterworfen. Der u. a. daraus resultierende, bisweilen extrem starke Zeitdrift der VM-Gäste stellt ein gewaltiges Problem dar – und diese Umschreibung ist noch harmlos.

Gründe hierfür gibt's genug. En détail: Die VM (der Gast) teilt sich bei voller Virtualisierung ihre Prozessor-Ressourcen mit anderen Prozessen des Host-Systems, das dadurch resultierende ungenaue Timing der virtuellen Interrupt-Controller (apic, lapic) und die automatische CPU-Frequenzanpassung in verschiedenen Betriebsmodi und/oder Lastfällen auf dem Host- und Gastsystem sind nur einige davon. Und genau deswegen hakt es bei den VMs und der Zeitdriftproblematik. Denn die Last-Schwankungen des Hosts wirken sich direkt auf den virtuellen *Interrupt-Timer* der Gast-VM aus, und er ist nun mal derjenige, der den Zeit-Takt in der VM vorgibt. Nur hat er in seinem voll virtualisierten Käfig leider niemanden, der ihm sagt, wie schnell oder langsam sein Takt wirklich ist.

Zum elementaren Verständnis der Funktionsweise des *Interrupt Timers* – hier stark vereinfacht erläutert: abhängig von der eingestellten, internen Frequenz (siehe unten) löst der Interrupt-Timer in festgelegten Intervallen Unterbrechungen aus, anhand derer die interne Zeit bestimmt wird. Die Höhe der Frequenz ist dabei maßgeblich für die Größe und Genauigkeit der Zeitscheiben. Kurz: Der Interrupt-Timer ist das Taktgeber-Herz des Systems. Alles – die Prozesse, ihre Zeitscheiben, Ausführungszeiten etc. – basiert auf der Genauigkeit des Interrupt-Timers. Auf echter Hardware kein großes Problem. Auf virtueller – kann's schnell ein großes werden.

Um nun herauszufinden, mit welcher Zeitscheiben-Genauigkeit wir tatsächlich arbeiten, lesen wir die relevanten Einstellungsparameter einfach aus:

```
#> grep -i config_hz /boot/config-<kernel-version>
```

Im einer OSS 11.3 mit 2.6.34er Kernel findet sich hier beispielsweise:

```
# CONFIG_HZ_100 is not set
CONFIG_HZ_250=y
# CONFIG_HZ_300 is not set
# CONFIG_HZ_1000 is not set
CONFIG_HZ=250
```

Der Wert `CONFIG_HZ_1000` würde die Zeitscheiben auf einen recht guten Wert von einer Millisekunde festlegen. Allerdings kann dies auch (zumindest bei virtuellen Gästen mit relativ schwachbrüstiger Host-CPU) mit Nachteilen verbunden sein, da die höhere Rate mehr Overhead und somit Last erzeugt. Der o. a. Wert von 250 HZ für den Interrupt-Timer besagt, dass der Kernel mit einer Zeitscheiben-Genauigkeit von etwa 4 Millisekunden (1000/250) arbeitet.

Aber bleiben wir gelassen, denn im Vergleich dazu verwenden die Winzigweich-Jungs aus Redmond (je nach OS) meistens Systemzeitscheiben von etwa zehn Millisekunden (adäquates Linux-Kernel-Timing: `CONFIG_HZ=100`, dies wurde in den meisten 2.4er Kerneln verwendet).

Paravirtualisierte Systeme, die einen Teil der Requests ihrer Gäste an die echte Hardware durchreichen (Hypervisor wie z. B. Xen oder typische Bare-Metal-Hypervisor à la VMWare ESXi), haben in der Regel weniger Probleme mit einem starken Drift, aber auch hier kann u. U. Nacharbeit angesagt sein. Im Einzelfall helfen schlichtweg nur die Beobachtung des Drifts der Gäste über einen vakanten Zeitraum und produktspezifische Gegenmaßnahmen.

Um die Zeitdrift-Problematik in VMs in den Griff zu bekommen, gibt es verschiedene Ansätze. VMware Server/Workstation gestattet z. B. über die Konfigurationsdatei der VMs (manuell adjustierbar oder per *vmware-toolbox)* beispielsweise eine Zeitsynchro mit dem Hostsystem, welche jedoch für wirklich exakte Timings im Cluster-Umfeld bzw. für sensitive Applikationen in der Regel zu ungenau ist.

Auf Systemebene der VMs können wir, um möglichst kurze Intervalle beim NTP-Resync zu erzielen, den *maxpoll*-Wert des *ntpd* innerhalb der VM analog zur bereits vorgestellten Vorgehensweise auf ein möglichst kurzes Zeitintervall stellen:

```
server <IP/FQHN des ext. Timeservers>  minpoll 4  maxpoll 4
```

Der `maxpoll`-Wert von 4 entspricht dabei einem ständigen Resync-Intervall von 16 Sekunden. Zusätzlich helfen die folgenden Direktiven in der *ntp.conf*, die Timesync-Problematik zu verbessern:

```
# allow large clock skews
tinker panic 0
# Permit time sync with our time source, but do not permit
# the source to query or modify the service on this system.
restrict 127.0.0.1
restrict default kod nomodify notrap nopeer noquery
```

Wichtig ist vor allem die `tinker panic 0`-Direktive. Sie teilt dem NTP mit, die Flinte nicht sofort frustriert ins Korn zu werfen, auch wenn er mal weiter in der Zeit danebenliegen sollte als Doc Brown mit seinem Flux-kompensierten De Lorean. Dies ist insbesondere auch dann wichtig, wenn VMs aus dem Suspend-Mode wieder erweckt werden.

Die ungenaue lokale Fallback-Uhr muss in jedem Fall deaktiviert werden. Das können wir mit dem Auskommentieren der folgenden Einträge in der *ntp.conf* erledigen:

```
# server 127.127.1.0             ### lokale Uhr deaktiviert
# fudge 127.127.1.0 stratum 10   ### s.o.
```

Achtung

Die Directive `tinker panic 0` muss als erster Eintrag in der ntp.conf stehen. Zudem sollte die Synchronisation mit dem Zeitgeber des Hosts per VMWare-Tools bei Verwendung eines externen NTP-Servers deaktiviert sein.

Zusätzlich sollten alle Daemons permanent deaktiviert sein, die sich um Power-Saving-Funktionen kümmern, da auch dies Einfluss auf das Frequenzverhalten der (virtuellen) CPU hat. Ebenfalls sollte der *stratum*-Wert kontrolliert werden; er sollte in jedem Fall besser (kleiner) als 5 sein:

```
#> ntpq -c rv | grep stratum

processor="i686", system="Linux/2.6.33-31-pae", leap=00, stratum=3,
```

Fassen wir kurz einige der wichtigsten Checkpunkte für einen virtuellen Linux-Gast zusammen:

- Synchronisation mit externem NTP-Server
- ntpd mit niedrigen Poll-Intervallen (maxpoll 4) konfigurieren
- etwaige Powersaving-Daemons abschalten
- Kernel: gegebenenfalls clocksource (Kernel-Append-Parameter) setzen
- optional: ntpd in Intervallen per cron restarten
- Optional: Systemzeit in CMOS Uhr schreiben (`hwclock --systohc`)
- VMware-Synchro mit Host deaktiviert (Default)

Zur Zeitdrift-Thematik existieren (je nach Virtualisierungssoftware und eingesetzten Versionen) etliche Vorgehensweisen; Lösungsansätze für VMWare und zusätzliche Hintergrundinformationen liefern z. B.:

http://kb.vmware.com/kb/1006427
http://www.vmware.com/files/pdf/Timekeeping-In-VirtualMachines.pdf

Simples Fazit: Wer virtuelle Cluster in reinen Testumgebungen betreiben will, muss sich je nach Art der Virtualisierung auf einige Unzulänglichkeiten einstellen. Wer Cluster in Produktivumgebungen betreiben und wirklich auf der sicheren Seite sein will, dem bleibt unter dem Strich nur eines: wirklich redundant ausgelegte, reale und leistungsfähige Hardware.

Okay, klingt alles nach mächtig viel Aufwand für so etwas scheinbar Simples wie NTP – und, zugegeben, das ist es auch. Eine perfekte Zeitsynchro ist jedoch die unabdingbare Grundvoraussetzung für eine sauber arbeitende Cluster-Konfiguration. Wer hier schludert, sucht später vielleicht sonstwo nach Fehlern, obwohl eigentlich *nur* die ntpd's voneinander abdriften. Wir haben die Wahl ...

3.5 Setup der Cluster-Kommunikation

»Shit.«
»What?«
»Rollers.«
»No.«
»Yes.«
»Shit.«
– Blues Brothers, USA 1980

Nicht nur unsere guten alten Blues Brüder kommunizierten schon sehr effizient, während Ihnen die Streifenwagen der Cops auf den Fersen waren – auch im folgenden Abschnitt geht es um hocheffiziente Kommunikation. Denn hier werfen wir einen detaillierten Blick auf die Software-Pakete, die sich um die Cluster-Kommunikation und damit um das hoffentlich stets ungestörte und hochgeistige Frage/Antwort-Spielchen »Bist Du da?« – »Na sicher!« in unserem Cluster drehen.

Zunächst betrachten wir das Setup des Cluster-Messaging-Layers auf Basis des AIS-standardisierten Duos Corosync/OpenAIS, und anschließend werfen wir noch einen kurzen Blick auf das Setup von Heartbeat, jeweils für einen 2-Node-Cluster.

Derzeit erfolgt die Konfiguration von OpenAIS/Corosync (und Heartbeat sowieso), d.h. des Messaging Layers, (noch) über statische Konfigurationsdateien. Regulär werden diese Änderungen daher nicht automatisch auf die anderen Cluster-Nodes repliziert bzw. propagiert. Wer einen automatischen, Event-getriggerten Sync dieser Dateien per rsync/csync2 verwenden will, muss bei der Erstellung/Änderung sehr sorgfältig arbeiten, da bei einer Fehlkonfiguration und nachfolgendem (automatischen) Restart/Reload gleich alle Nodes involviert bzw. down wären.

Die komplette Liste der hier benötigen Pakete findet sich im Anhang, und alle benötigen Dateien zu den folgenden Abschnitten in den herunterladbaren Beispieldaten unter: *http://www.galileocomputing.de/1999*.

Unabhängig von den nachfolgend vorgestellten Cluster-Messaging-Paketen müssen wir – wie bereits erwähnt – auf allen Nodes darauf achten, dass jeder Node eine identische */etc/hosts* besitzt, über die alle Cluster-Nodes auch ohne DNS namentlich aufgelöst werden können. Für unser Beispielsetup verwenden wir zwei Jungs, denen der (Heart-)Beat oder besser: *Blues* voll im Blut liegt:

```
192.168.198.203 jake.local.site   jake
10.0.0.203      jake.local.site   jake
192.168.198.204 elwood.local.site elwood
10.0.0.204      elwood.local.site elwood
```

3.5.1 OpenAIS/Corosync-Setup

Das Format der zentralen Konfigurationsdatei hat sich seit OpenAIS 0.80.x – welches noch die kompletten Messaging-Fähigkeiten inkludiert hatte – zu Corosync nur unwesentlich geändert.

Wird OpenAIS in einer älteren »Standalone«-Variante (0.80.x) eingesetzt, findet sich die zentrale Konfigurationsdatei typischerweise unter */etc/ais/openais.conf*, bei einem Corosync-basierten Setup (mit oder ohne OpenAIS-Plugins) unter */etc/corosync/corosync.conf*.

Nun zum Format der Datei selbst, hier anhand der *corosync.conf(5)* erläutert. Dort finden wir verschiedene Haupt-Sektionen, die für bestimmte Funktionalitäten verantwortliche sind, u. a.:

- `service` – zusätzliche Services (wie z. B. *Pacemaker* oder *cman)* sollen gestartet werden
- `totem` – Direktiven für das eigentliche Cluster-Kommunikationsprotokoll
- `logging` – Log-spezifische Settings
- `event` – Direktiven für ereignisgesteuerte Kommunikation zwischen den Nodes
- `amf` – Direktiven für das *Availability Management Framework*

Falls OpenAIS in einer älteren Standalone-Version eingesetzt werden muss, müssen zusätzlich noch die folgenden Direktiven in der *openais.conf* gesetzt werden, die den User und die Gruppe festlegen, mit deren Rechten *aisexec* gestartet wird:

```
aisexec {
        group:  root
        user:   root
}
```

Die im Folgenden aufgeführten Direktiven müssen nicht alle gesetzt sein, viele können mit ihren Default-Settings betrieben werden (Ausnahme z. B. alle Interface-spezifischen Settings).

Der Top-Level Parameter `compatibility` gilt nur für Corosync: Er aktiviert die Abwärts-Kompatibilität zu OpenAIS 0.80.x. Wird `<None>` verwendet oder die Direktive nicht gesetzt, besteht nur Kompatibilität zu Corosync 1.x.

```
compatibility: whitetank
```

In der nachfolgenden `service` -Sektion wird Pacemaker als »Cluster-Brain« und ebenfalls zu startende Applikation *(mgmtd)* angegeben.

```
service {
        use_mgmtd: yes
        ver: 0
```

```
        name: pacemaker
}
```

Totem stellt das eigentliche OpenAIS/Corosync-Kommunikations-Protokoll dar. In der nachfolgenden `totem`-Sektion werden die Protokoll-spezifischen Parameter des Messaging-Layers eingestellt. Viele der nachstehend aufgeführten Werte dienen nur zur Erläuterung und müssen nicht explizit gesetzt werden, sondern können auch je nach Anforderung mit ihren Default-Settings betrieben werden:

```
totem {
    rrp_mode: passive
    join: 100
    max_messages: 20
    vsftype: none
    token: 1000
    consensus: 1200
    send_join: 45
    secauth: on
    token_retransmits_before_loss_const: 4
    threads: 2
    version: 2
  # nodeid: 1234
  # clear_node_high_bit: yes
```

`rrp_mode` – Der Mode für die Cluster-Kommunikation per *redundant ring*. <`None`> wird (automatisch) verwendet, wenn nur 1 Interface verfügbar ist, andernfalls kann <`active`> (niedrigere Übertragungs-Performance) oder <`passive`> gesetzt werden. <`passive`> ist die schnellere Übertragungsvariante zwischen den Nodes, <`active`> erkennt Fehler schneller.

`join` – Wie lange auf Join-Messages des Membership-Protocols gewartet wird (Default 100 Millisekunden).

`max_messages` – Die maximale Anzahl an Nachrichten, die der Node pro Prozessor nach Erhalt einer Nachricht senden darf (Default 17, Limit 256000).

`vsftype` – Gibt den Typ des »Virtual Synchrony Filters« an. Er wird dazu verwendet, um primäre Komponenten (z. B. einen neuen Node) zu erkennen. Default: `ykd` für Cluster > 32. Dies kann aber Probleme in Verbindung mit AMF (s. u.) erzeugen, daher wird der Parameter meist default auf <`none`> gesetzt.

`token` – Timeout in Millisekunden, bevor eine Nachricht als verloren gilt (Default 1000).

`consensus` – Zeit (in Millisekunden), die der Node wartet, bis Übereinstimmung über die Mitgliedschaft im Cluster herrscht und eine neue Membership-Abfrage initialisiert werden kann. Default: 1,2 * Tokenwert (s. o.)

`send_join` – Der Timeout gibt den oberen Grenzwert (in Millisekunden, untere Grenze: 0 ms) an. Innerhalb dieser Grenzen wird die *send_join*-Message der Nodes verschickt. Wird in größeren Clustern mit Streuung eingesetzt, um den Traffic durch *send_join*-Messages zu minimieren/verteilen. Default-Wert ist 0, andere Werte sind in der Regel nur notwendig für Cluster > 32 Nodes.

`secauth` – Wenn auf `on` gesetzt, wird HMAC/SHA1 verwendet um alle Nachrichten per Key mit einem zusätzlichen 36-Byte-Header zu signieren und zu verschlüsseln. Achtung: höhere CPU-Last, aber aus Sicherheitsgründen immer zu empfehlen.

`token_retransmits_before_loss_const` – Anzahl der Versuche, um eine Nachricht erfolgreich zu verschicken, bevor eine neue Konfiguration errechnet wird (Default 4). Siehe hierzu auch `token_retransmit`, der angibt, ab welcher Zeit (Default 238 Millisekunden, sollte nicht verändert werden) ein Token neu übertragen werden muss, wenn keine Antwort zurückgekommen ist.

`threads` – Gibt an, wie viele Prozess-Threads geöffnet werden, wenn ausgehende Multicast-Nachrichten verschlüsselt werden (Achtung: nur bei `secauth: on`). Für ein Single-Core-System sollte »0« genommen werden, für Multicore-Systeme die Anzahl der Kerne.

`version` – Version der Konfigurationsdatei: Einzig gültige Option derzeit: 2

`nodeid` – Die ID des Nodes ist ein 32-Bit-Wert, der an den *Cluster Membership* - Service übergeben wird. Er muss in IPV6-Netzen in jedem Fall angegeben werden und auf jedem Node eindeutig sein. In IPV4-Netzen ist die Angabe optional (es wird ansonsten die IP der Schnittstelle – welche `ringnumber: 0` [s. u.] zugeordnet ist – als ID genutzt). ID 0 ist unzulässig.

`clear_node_high_bit` – ist nur relevant für IPV4 und auch nur dann, wenn keine Node-ID angegeben wurde. Das Setting dient dazu, Probleme mit möglichen negativen Zahlen bei der Auto-Berechnung (per IP) zu verhindern.

Interface-Konfiguration

Die Spezifikation des/der *Interfaces* stellen eine extrem wichtige Subsektion der *totem*-Konfiguration dar. Für unsere Konfiguration verwenden wir 2 Interfaces, sowohl aus Redundanzgründen als auch um später eine explizite Schnittstelle zur DRBD-Synchronisierung verwenden zu können. Selbstverständlich können zur weiteren Erhöhung der Redundanz und des Datendurchsatzes die beiden Schnittstellen zusätzlich als Bonding-Devices (siehe Abschnitt 2.1.5) implementiert sein:

```
interface {
    bindnetaddr: 192.168.198.0
```

```
    mcastaddr: 225.94.1.1
    mcastport: 5404
    ringnumber: 0
    }
interface {
    bindnetaddr: 10.0.0.0
    mcastaddr: 225.94.2.1
    mcastport: 5406
    ringnumber: 1
    }
```

Die `bindnetaddr` gibt die IP-Adresse(n) an, an die sich Corosync binden soll. Achtung: Falls IPV4 verwendet wird, sollte(n) die Adresse(n) nicht explizit mit der vollen Interface-IP angegeben werden, sondern immer auf .0 enden. Die Adresse wird logisch zur Netzmaske ge-AND-ed (z. B. 192.168.198.203/24 -> 192.168.198.0), wodurch der komplette Hostanteil gelöscht wird. Im Rahmen einer IPV4-Konfiguration hat das Interface-Setup (IP-Adress-Endung auf .0) den Vorteil, dass die Konfigurationsdatei auf allen Nodes identisch ist.

Achtung: Falls IPV6 eingesetzt wird, muss jedoch die volle, »normale« Adresse angegeben werden, es findet keine automatische Interface-Selektion statt.

Die `mcast` und `mcastport`-Direktiven spezifizieren die Multicast-Adresse und den zugehörigen Port, welche vom Cluster für die Kommunikation genutzt werden.

Achtung

Die Settings für `mcastport` müssen für jedes Interface unterschiedlich und eindeutig gewählt werden, zudem sollten 224.x.x.x Adressen aus dem Multicast-»config-« Bereich vermieden werden (IPV6 kann ebenfalls verwendet werden). Die Portnummern sollten – zumindest in der vorliegenden Version – um mindestens 2 getrennt sein (hier: 5404 für Ring 0, 5406 für Ring 1). Der Grund liegt darin, dass *totem* intern 2 Ports verwendet (in unserem Beispiel 5404 und 5405 für Ring 0 und 5406 und 5407 für Ring 1). Andernfalls kann bei der Kontrolle der Rings per **`corosync-cfgtool -s`** (s. u.) folgender Fehler auftauchen:

```
Printing ring status.
Local node ID 1892067520
RING ID 0
        id      = 192.168.198.112
        status  = ring 0 active with no faults
RING ID 1
        id      = 10.0.0.112
        status  = Marking ringid 1 interface 10.0.0.112 FAULTY -
                                    administrative intervention required.
```

Die `ringnumber` muss ebenfalls pro Interface eindeutig gesetzt werden, angefangen bei »0«. Sie wird für das *Redundant Ring Protocol* benötigt. Achtung: Falls `bindaddress/mcastadrr` falsch konfiguriert wurden, kann dies auch im Idle-Zustand zu 100 % CPU-Load des corosync- bzw. aisexec-Prozesses führen!

Exkurs: »Cast«-ings

Da wir gerade im Interface-Setup eine Multicast-Adresse zur Kommunikation der Nodes untereinander eingerichtet haben, schauen wir uns hier kurz die wichtigsten Unterschiede zwischen den *cast(ing)-Arten zur Paketübertragung an:

- *Broadcast* – Aussendung an alle Empfänger
- *Multicast* – Aussendung an eine Teilmenge von Empfängern
- *Unicast* – Aussendung nur an einen expliziten Empfänger

Soweit die grobe Klärung. Der Rundfunk stellt übrigens einen typischen Broadcast dar: Ein Sender sendet, alle können empfangen. Daher auch der Name des guten alten Senders BBC -> British *Broadcasting* Company. Im Detail:

Broadcast: Ein Sender schickt an alle Clients im angeschlossenen Netzwerksegment simultan einen Datenstrom. Dieser überquert bei einem *limited Broadcast* normalerweise den Router nicht, sondern die Clients müssen sich im gleichen, lokalen Netzwerk befinden. Ein Broadcast wird typischerweise verwendet, wenn der eigentliche Empfänger des Paketes noch unbekannt ist.

Multicast: Ein Sender schickt seinen Datenstrom simultan an eine limitierte Gruppe von Empfängern, die durch eine Multicast-»Gruppenadresse« repräsentiert wird. Da über die gemeinsame Gruppenadresse alle Nodes der Gruppe gleichzeitig angesprochen werden können, reduziert sich auch der anfallende Traffic sehr stark.

Unicast: Ein Sender schickt, stark vereinfacht ausgedrückt, in einer Art Point-to-Point-Verbindung an einen bestimmten Client einen eigenen, exklusiven Datenstrom.

Soviel zu den »Cast«-ings, weiter mit den Konfigurationseinstellungen.

Der nächste Abschnitt *(logging)* in der *corosync.conf/openais.conf* legt die Einstellungen fest, nach denen Ereignisse geloggt werden.

```
logging {
        fileline: off
        to_stderr: yes
        to_logfile: yes
        to_syslog: yes
```

```
        logfile: /var/log/corosync.log
        debug: off
        timestamp: on
}
```

Die Direktiven `to_stderr`, `to_logfile`, `to_syslog` legen das Ziel der Logmeldungen (per yes/no) fest. Alle denkbaren Kombinationen dieser Direktiven sind möglich. Wenn nichts angegeben wird, erfolgt die Log-Ausgabe default nach *syslog* und *stderr*.

Die Direktive `timestamp` sorgt dafür, dass der Log-Ausgabe ein Zeitstempel hinzugefügt wird, `fileline` legt fest, dass zusätzlich die Datei und Zeilennummer eingefügt werden, und `debug` bestimmt wie üblich den Verbositäts-Grad der Ausgabe. Über die optionalen `logger_subsys`-Direktiven können für bestimmte Sektionen explizit andere Log-Settings gewählt werden, die die weiter oben getroffenen überschreiben, z. B.:

```
logging {
...
        logger_subsys {
                subsys: AMF
                debug: on
        }
}
```

Achtung: Falls die Log-Option `to_file` gewählt wird, muss durch einen entsprechenden Eintrag in der *logrotate(8)*-Konfiguration sichergestellt sein, dass das Logfile entsprechend rotiert wird. Ein sehr einfaches Snippet für eine */etc/logrotate.d/corosync*-Datei einer OSS 11.3 könnte in etwa so aussehen:

```
/var/log/corosync.log {
   missingok
   compress
   notifempty
   daily
   rotate 7
   copytruncate
}
```

Der Corosync-Service selbst erlaubt aus Sicherheitsgründen nur den Zugriff durch User oder Gruppe *root*. Um Prozessen mit anderen User/Gruppen-IDs ebenfalls den Zugriff zu gewähren, muss im Ordner */etc/corosync/uidgid.d/* eine Datei angelegt werden, die ihre Bedeutung eindeutig spezifiziert, z. B. */etc/corosync/uidgid.d/myclustermanager*. Alle Dateien in dem oben genannten Directory werden gescannt, daher können multiple, nach Gruppierung unterschiedlich benannte Files angelegt werden. Das Format ist simpel und selbsterklärend:

```
uidgid {
    uid: myclustermanager
    gid: clustergroup
}
```

AMF

Die folgende Sektion der *corosync.conf* definiert Optionen für AMF. AMF steht für das *Availability Management Framework,* worüber u. a. das bereits vorgestellte *Statefull Application Failover,* Event (EVT) und Distributed Locks (DLOCK) bereitgestellt werden.

```
amf {
#         mode:   disabled
         mode:   enabled
}
```

Stark vereinfacht ausgedrückt, stellt AMF eine Schnittstelle für Nicht-SA (*SA = Service Availability*)-AWARE-Komponenten zur Verfügung, die es ermöglicht, diese trotzdem als SA-AWARE-Komponenten zu managen.

Damit die AMF-Funktionalitäten zur Verfügung stehen, muss gemäß der aktuellen Paketsplittung OpenAIS in Version 1.x installiert sein. Danach findet sich – üblicherweise im Corosync-Unterordner – eine entsprechende Beispieldatei (*amf.conf.example*), die bereits ein Demo-Setup enthält. Um AMF zu aktivieren, muss der o. a. Eintrag in der `amf`-Sektion der *corosync.conf* existieren und der `mode` auf `enabled` gesetzt sein. Des Weiteren muss eine Datei */etc/corosync/amf.conf* angelegt werden, die die entsprechenden Direktiven für die AMF-Settings und Applikationen enthält.

Weitere Infos hierzu liefert *amf.conf(5)* sowie die begleitende README.amf (bei SUSE z. B. unter */usr/share/doc/packages/openais/README.amf*).

Der Schlüsselmeister – authkey

Soll die Kommunikation in unserem Cluster verschlüsselt erfolgen, was für Produktivumgebungen in jedem Fall Pflicht ist, wird ein Key-File in identischer Ausführung auf allen Nodes unseres Clusters benötigt. Über diesen Key und die entsprechende Direktive in der Konfigurationsdatei (`secauth: on`, Erläuterung siehe letzter Abschnitt) wird auf allen Nodes die Verschlüsselung des Datenstroms aktiviert.

Je nach Cluster-Messaging-Infrastruktur werden unterschiedliche Tools benötigt. OpenAIS 0.8x bringt das Tool **ais-keygen** mit, das ohne weitere Parameter aufgerufen wird. Corosync bringt hierzu das Tool **corosync-keygen** mit.

> **Achtung:**
>
> **corosync-keygen** verwendet Eingaben (wie Maus, Keyboard oder File-I/O) als Entropie-Generator. Maus oder Keyboard als Entropie funktionieren dabei jedoch nicht über remote-Sessions!

```
#> corosync-keygen
```

```
Corosync Cluster Engine Authentication key generator.
Gathering 1024 bits for key from /dev/random.
Press keys on your keyboard to generate entropy.
Press keys on your keyboard to generate entropy (bits=408).
Press keys on your keyboard to generate entropy (bits=792).
...
Writing corosync key to /etc/corosync/authkey.
```

Die Rechte des erzeugten Keys dürfen nur *400* betragen, User und Gruppe sind default *root.root*. Die korrekten Rückmeldungen bei aktivierter Verschlüsselung sollten in den Logs in etwa so aussehen:

```
corosync [TOTEM ] Initializing transmit/receive security: libtomcrypt SOBER128/
SHA1HMAC (mode 0).
corosync [TOTEM ] Initializing transport (UDP/IP).
corosync [TOTEM ] Initializing transmit/receive security: libtomcrypt SOBER128/
SHA1HMAC (mode 0).
corosync [TOTEM ] The network interface [192.168.198.112] is now up.
```

Um Zugriff über die *crm_gui*, das grafische Cluster-Interface, auf den Cluster zu erhalten, muss ein Passwort für den System-User *hacluster* auf jedem Node gesetzt werden:

```
#> passwd hacluster
```

> **Achtung**
>
> Natürlich ist es möglich, diesen (und auch andere) System-User in einem LDAP-Verzeichniss, wie z. B. OpenLDAP, abzulegen. Dies birgt jedoch die Gefahr, dass der User-Account – z. B. durch eine Fehlfunktion in der (Cluster-) Ressource *ldap*, die dadurch nicht gestartet wird – nicht zur Verfügung steht!

Startup

Zum Starten verwenden wir – je nach eingesetzten Paketen und Distribution – z. B. das entsprechende Startscript unter */etc/init.d*:

```
#> /etc/init.d/corosync start
```

bzw. `openais` für OpenAIS (und ebenfalls `openais` für Corosync unter OSS 11.3!)

Oder wir rufen, falls manuell kompiliert, die entsprechende Binary direkt in ihrem Pfad auf. Die Binary kann z. B. zu Debugging-Zwecken mit dem Schalter `-f` im Vordergrund aufgerufen werden.

Unter Ubuntu 10.04 muss in der Datei */etc/default/corosync* ergänzend der Parameter `START=yes` gesetzt werden.

Exkurs: cman

Wollen wir z. B. unter Ubuntu das (im Folgenden nicht weiter erörterte) *cman*-Tool (Pakete *cman* und *libcman3*) für das Cluster-Management verwenden, muss der Default-Start von Corosync deaktiviert und eine minimale XML-Konfiguration unter */etc/cluster/cluster.conf(5)* erzeugt (und auf den zweiten Node kopiert) werden, z. B. durch den Aufruf des Befehls `system-config-cluster`. Zudem darf der Network-Manager *nicht*, und das Meta-Paket »redhat-cluster-suite« *muss* installiert sein. Allerdings stellt *cman* weder von den verfügbaren Ressourcen noch der Konfigurierbarkeit her eine Alternative zu Pacemaker dar.

Der Cluster-Monitor crm_mon

Sind die Nodes ohne Fehler hochgefahren, können wir den aktuellen Status des Clusters z. B. per *crm_mon* prüfen:

```
#> crm_mon  -n

============
Last updated: Fri Sep  3 10:17:53 2010
Stack: openais
Current DC: jake - partition with quorum
Version: 1.1.2-8b9ec9ccc5060457ac761dce1de719af86895b10
2 Nodes configured, 2 expected votes
0 Resources configured.
============
Node jake: online
Node elwood: online
```

Das Tool *crm_mon* werden wir in den folgenden Abschnitten immer wieder verwenden, um uns – unabhängig von jeder GUI – einen schnellen Überblick über den Zustand unseres Clusters zu verschaffen. Weitere interessante Optionen, die wir später noch benötigen werden, sind u. a. `-f` (Failcounts anzeigen), `-r` (inaktive Ressourcen anzeigen) und `-o` (Operations History). Über die Optionen `-d` und `-h` arbeitet *crm_mon* als Daemon (`-d`) im Hintergrund und schreibt seinen Output in Intervallen in die unter `-h` angegebene HTML-Seite, die dann z. B. bequem per Webserver ausgeliefert werden kann. So kann der Zustand des Clusters jederzeit grafisch eingesehen werden, ohne den Personen administrativen Zugriff über die GUI zu gestatten. Weitere Infos zu dem Tool liefert *crm_mon(8)*.

Alternativ können wir uns auch per `crm_node -l` die Nodes inklusive ID anzeigen lassen. Bevor wir gleich an den globalen Konfigurationseinstellungen unseres Clusters herumdrehen und/oder Ressourcen implantieren, sollten wir zunächst den Status unserer Devices sorgfältig kontrollieren, und zwar mit dem bereits vorgestellten:

```
#> corosync-cfgtool -s
```

```
Printing ring status.
Local node ID 1892067520
RING ID 0
        id      = 192.168.198.112
        status  = ring 0 active with no faults
RING ID 1
        id      = 10.0.0.112
        status  = ring 1 active with no faults
```

Sollte nach eine fehlerhaften Ringkonfiguration (und trotz korrekter Re-Konfiguration) die Fehlermeldung über ein »Faulty Device« nach wie vor hartnäckig über unseren Schirm flimmern, hilft in der Regel ein

```
#> corosync-cfgtool -r
```

um den ehemals fehlerhaften Ring-Status zu resetten.

Debugging

Wie üblich, nachstehend ein paar Punkte zum Debugging, falls etwas schiefgelaufen sein sollte:

- Laufen die relevanten Prozesse (aisexec/corosync)?
- Stimmen die Interface-Settings?
- Stimmen die übrigen Settings in der Konfigurationsdatei?
- Hat das Keyfile die richtigen Rechte/Eigentümer (400/root.root)?
- Sind die Konfigurationsdateien auf beiden Nodes identisch?
- Können die Hostnamen auf beiden Nodes korrekt aufgelöst werden?
- Wurden alle erforderlichen Pakete (siehe Anhang) installiert?
- Wurde der User hacluster mit Passwort angelegt?

3.5.2 Heartbeat-Setup

ha.cf

Die zentrale Heartbeat-Konfiguration erfolgt über die Datei *ha.cf*, die sich üblicherweise unter */etc/ha.d/* findet. Für unser Setup gehen wir von der gleichen Hardware-Infrastruktur aus, die wir bereits im OpenAIS/Corosync-Setup verwendet haben, also von 2 Netzwerkinterfaces.

Im nächsten Schritt wird die Heartbeat-Konfigurationsdatei *ha.cf* erstellt und anschließend auf alle beteiligten Cluster-Nodes kopiert. Eine umfangreich kommentierte Beispieldatei findet sich nach der Installation bei SUSE z. B. unter */usr/share/doc/packages/heartbeat/ha.cf*. Etliche Konfigurationsdirektiven stehen zur Verfügung, wer es ganz eilig hat und/oder es simpel halten will, muss zumindest die nachfolgend beschriebenen Settings für `node`, `ucast|mcast|bcast` pro Device und einen Wert für `auto_failback` definieren. Zudem spielt die Reihenfolge der Direktiven eine wichtige Rolle, da einige der Heartbeat-Direktiven als globale Settings interpretiert werden. Zwei dieser Direktiven sind `use_logd` und `udpport`. Es wird empfohlen, sie immer als Erstes in der *ha.cf* zu platzieren. Weitere Direktiven wären z. B. `baud` und Logging-spezifisch zudem die folgenden drei:

```
# debugfile /var/log/ha-debug
# logfile   /var/log/ha-log
# logfacility  local0
```

Diese sollten jedoch zugunsten von

```
use_logd yes
```

nicht mehr verwendet werden. Das explizite Setzen der `use_logd`-Direktive bedeutet ohnehin, dass die zuvor genannten Logging-Direktiven ignoriert werden. Der ha_logd, der durch diese Konfiguration aktiviert wird, benötigt eine separate Konfigurationsdatei *(logd.cf)*, die sich als Beispieldatei bei SUSE z. B. unter */usr/share/doc/packages/cluster-glue/logd.cf* findet. Per

```
udpport 694
```

kann explizit ein Port für die Heartbeat-Kommunikation per `bcast` gewählt werden (Default: 694). Bei `mcast` und `ucast` wird der Port im Rahmen der jeweiligen Direktive gesetzt.

```
node jake
node elwood
```

Die `node`-Direktiven definieren, welche Nodes Bestandteil des Clusters sind. Hier muss immer *exakt* das eingetragen werden, was **`uname -n`** auf dem jeweiligen

Node ausgibt. Wer den Cluster später erweitern will, ohne gleich die Namen aller Nodes explizit festzulegen, kann sich dies per `autojoin` offen halten. Mit ihrer Hilfe können alle Nodes dem Cluster beitreten, die den Key kennen. Über die Suboptionen `none|any|other` wird festgelegt, ob kein *autojoin* zulässig ist (`none`) oder zumindest der eigene Knoten per `node` definiert sein muss und andere beliebig hinzu-joinen dürfen (`other`) oder ob jeder Node (`any`), inklusive des eigenen, per *autojoin* joinen darf.

Über die »Casting«-Direktiven `bcast|mcast|ucast` wird spezifiziert, in welcher Form die Cluster-Kommunikation stattfindet. Hier kann z.B. analog zu der bereits im OpenAIS/Corosync-Setup beschriebenen Weise auf `mcast` (Multicast) zurückgegriffen werden. Die Syntax stellt sich in dem Fall wie folgt dar:

```
mcast  eth0 239.0.0.1   694  1  0
mcast  eth1 239.0.10.1  694  1  0
```

ethX spezifiziert logischerweise das Interface, 239.x.x.x die Multicast-Adresse und 694 den korrespondierenden UDP-Port. Der vorletzte Eintrag definiert die TTL *(Time to Live)*. Der Wert muss größer als 0 sein, in lokalen Netzen reicht der Wert 1 (max = 255). Der letzte Boolean-Schalter definiert, ob der Multicast-Heartbeat ebenfalls über das eigene Loopback-Device zu dem Interface zurückgeschickt wird, das es ausgesendet hat.

Achtung

Bei virtuellen Karten (und nicht nur dort) auch immer auf die korrekten Device-Bezeichner (ethX) in der Heartbeat-Konfiguration achten! Falls die Device-Bezeichner – z. B. durch eine geänderte UUID einer VM und/oder (virtuelles) Entfernen/Hinzufügen einer Netzwerkkarte – automatisch hochgezählt wurden, kann alternativ der Originalstatus durch entsprechende Anspassung der korrespondierenden Dateien (bei SUSE z. B. die Device-Konfigurationsdateien unter */etc/sysconfig/network/ifcfg-ethX* und die udev-Konfiguration unter */etc/udev/rules.d/30-net_persistent_names.rules)* wiederhergestellt werden.

Nun noch einige kommunikationsspezifische Parameter, die das globale Timing-Verhalten von Heartbeat festlegen. Die angegeben Zahlenwerte werden dabei immer als Sekunden interpretiert. Falls Millisekunden angegeben werden sollen, muss explizit das Format `<Zahlenwert> ms` gewählt werden.

```
keepalive 2
```

legt die Zeitspanne zwischen zwei Heartbeats fest (Default: 2 Sekunden).

```
warntime 10
```

legt die Zeit in Sekunden fest, nach der ein Eintrag über eine ausbleibende Nachricht eines anderen Nodes in das Log geschrieben wird (Default: 10 Sekunden). Diese Direktive korrespondiert mit der `deadtime`-Direktive (s. u.), daher sollten beide Werte aufeinander abgestimmt sein. Um die optimale `wartime` zu finden, sollte der (Test-)Cluster eine hinreichende Zeitspanne (einige Tage bis Wochen) in allen Lastfällen betrieben werden. Danach extrahiert man den Wert für die höchste `warntime` aus den Logs und setzt den doppelten Wert für die `deadtime` an.

```
deadtime 30
```

legt die Zeitspanne fest (Default: 30 Sekunden), nach der ein Node für tot erklärt wird, wenn innerhalb dieser Zeit keine Nachrichten mehr von ihm eingetroffen sind. Der Werte sollte keinesfalls zu niedrig angesetzt werden und muss immer höher als die `wartime` gesetzt werden.

```
initdead 120
```

Legt den Timeout fest, der einem System zum Boot/Reboot und dem Starten seiner Ressourcen und des Netzwerks gewährt wird, bis es für die anderen Nodes wieder erreichbar sein muss. Die Zeit sollte keinesfalls zu klein gewählt werden. Der Default-Wert beträgt 120 Sekunden und sollte im Zweifelsfall an die tatsächlichen Gegebenheiten des Systems angepasst werden.

```
auto_failback off
```

Die auto_failback-Direktive bestimmt darüber, ob sich ein ehemals defekter Node nach seiner Wiederherstellung seine »alten« Ressourcen zurückholen soll. Diese Direktive hat die ältere Direktive `nice_failback` ersetzt. `auto_failback` kennt 3 Werte:

`on` – Der Node holt sich »seine« Ressourcen zurück. Dies bedeutet jedoch immer zusätzliche Transitionen und birgt damit die potenzielle Gefahr von Service-Unterbrechungen.

`off` – Die Ressourcen verbleiben auf dem Node, der sie übernommen hat.

`legacy` (Default) – aktiviert automatische Failbacks auf Systemen, auf denen noch nicht alle Nodes diese Option unterstützen.

Als grobe Faustregel kann gelten: `on` wird typischerweise bei Active/Active-Cluster-Konfigurationen gesetzt, `off` für Active/Passive-Konfigurationen.

Über die Direktive `apiauth` und ihre Optionen wird festgelegt, welchen Benutzern und/oder Gruppen die Nutzung bestimmter Services gestattet ist, z. B.:

```
apiauth ipfail gid=haclient uid=hacluster
```

Wird nichts explizit definiert, gelten die folgenden Default-Settings:

```
ipfail          uid=hacluster
ccm             gid=haclient
ping            gid=haclient
cl_status       gid=haclient
lha-snmpagent   uid=root
crm             uid=hacluster
```

Über die `crm`-Direktive wird der Pacemaker-Cluster-Manager aktiviert (Default: `crm off`). Hier sollte immer

```
crm respawn
```

gesetzt werden.

Achtung

Ein »on« statt dem »respawn« kann unter bestimmten Umständen, wie z. B. einer (temporär) inkonsistenten CIB, zu einem harten Reboot des Nodes führen. Die Verwendung von `crm respawn` sorgt hingegen dafür, dass die CRM-relevanten Dienste ohne harten Reset einfach neu gestartet werden.

Bei gesetzter `crm respawn`-Direktive werden automatisch die folgenden Sub-Direktiven impliziert:

```
apiauth stonithd     uid=root
apiauth crmd         uid=hacluster
apiauth cib          uid=hacluster
respawn hacluster    ccm
respawn hacluster    cib
respawn root         stonithd
respawn root         lrmd
respawn hacluster    crmd
```

Natürlich sollte auch hier nicht vergessen werden, ein entsprechendes Passwort für den User *hacluster* auf allen Nodes zu setzen.

Hinweis

Bei Konfigurationsänderungen in der *ha.cf* reicht ein **`heartbeat reload`** aus und sollte auch einem **`restart`** immer vorgezogen werden. Wird *restart* verwendet, wird der Node eventuell – wenn auch nur temporär – heruntergefahren.

Weitere Infos und Beispiele zu den Direktiven der ha.cf liefern *ha.cf(5)* sowie die recht gut kommentierte Beispieldatei.

Eine von Florian Haas (Linbit) überarbeitete Version des Heartbeat-User-Guides findet sich unter *http://www.linux-ha.org/doc/*.

Und wieder der Schlüsselmeister – authkeys

In einem Cluster mit Heartbeat als Messaging-Layer wird die Datei */etc/ha.d/authkeys* zur Authentifizierung der Cluster-Nodes benötigt. Die Datei ist einfach und im Klartext aufgebaut und muss auf jedem Node identisch sein. Benötigt werden 2 Direktiven:

```
auth 1
1  sha1  dasistmeinsupergeheimerschluessel
```

Über den numerischen Wert hinter `auth` können, falls erwünscht, alternative Schlüssel angegeben werden, z. B. um Schlüssel zur Laufzeit zu wechseln. Diese müssen ebenfalls numerisch gelistet werden (z. B. `2 md5 megageheimerschluessel`). Natürlich müssen wir auch hier auf die maximal zulässigen Dateirechte achten, 600 ist das Maximum, andernfalls bricht Heartbeat den Start mit einer entsprechenden Fehlermeldung ab.

Eine Alternative zum Klartext-Secret kann mit folgendem kleinen Shellscript erzeugt werden:

```
( echo -ne "auth 1\n1 sha1 "; \
  dd if=/dev/urandom bs=512 count=1 | openssl md5 ) \
  > /etc/ha.d/authkeys
```

Weitere Infos zu dieser Datei liefern *authkeys(5)* sowie der Heartbeat-User-Guide.

Zur Propagierung der Dateien *ha.cf* und *authkeys* auf alle beteiligten Nodes kann z. B. bei SUSE das Python-Script **`ha_propagate`** (unter */usr/share/heartbeat/*) eingesetzt werden. Das Script liest alle in der *ha.cf* konfigurierten Nodes aus, kopiert die Daten per **`scp`** auf die Maschinen und bindet den Heartbeat-Service per **`chkconfig`** ein.

Startup

Zum Starten von Heartbeat verwenden wir – je nach eingesetzten Paketen – die entsprechenden Startscripte unter /etc/init.d:

```
#> /etc/init.d/heartbeat start
```

Debugging

- Laufen die relevanten Prozesse?
- Stimmen die Interface-Settings und sind eth-Bezeichner auf beiden Nodes identisch?
- Stimmen die übrigen Settings in der Konfigurationsdatei?
- Hat das Keyfile die richtigen Rechte/Eigentümer (600/root.root)?
- Sind die Konfigurationsdateien auf beiden Nodes identisch?
- Können die Hostnamen auf beiden Nodes korrekt aufgelöst werden?
- Wurden alle erforderlichen Pakete (siehe Anhang) installiert?
- Wurde der User hacluster mit Passwort angelegt?
- Falls einer der Nodes trotz Neustart des heartbeat-Services nicht oder sehr langsam reagiert (oder *stopped* als Status anzeigt, obwohl er läuft): Die Prozessliste checken, ob einer der Subprozesse (oft: lrmd) hängt, einzeln abschießen.
- Der Wert in der Datei */var/lib/heartbeat/hb_generation* sollte in einem typischen 2-Node Cluster auf dem DC immer um mindestens 1 höher sein als auf dem zweiten Node, sonst taucht gegebenenfalls die Fehlermeldung `attempted replay attack` auf.

3.6 First Contact

»Borg? Klingt schwedisch.«
– Star Trek – First Contact, USA 1996

Den Cluster-Messaging-Layer haben wir erfolgreich aufgesetzt, nun ist es an der Zeit, unseren Cluster mit Informationen zu füttern. Also Zeit für den Erstkontakt mit unserem *Cluster Brain*, das uns hoffentlich freundlicher gegenübersteht als die ewig mies gelaunten Borg den tapferen Trekkies.

Zur Kommunikation mit Mister Pacemaker stehen uns verschiedene Tools und Mittel zur Verfügung, die wir uns im Folgenden ansehen und ihre Praxistauglichkeit dabei kritisch unter die Lupe nehmen werden.

Zunächst: Es ist für alle etwas dabei. Relativ simple Klicki-Bunti-Administration per *crm_gui* sowie die *crm-Shell* für die professionelle Administration des Clusters und der Ressourcen und ihrer Abhängigkeiten. Und wer es partout lieber etwas komplizierter mag, kann auch mit XML-Snippets und den entsprechenden Werkzeugen hantieren. Dies werden wir im Folgenden ebenfalls tun, da XML bis auf Weiteres die elementare Sprache der CIB ist und wir auch im Umgang mit den entsprechenden Tools eine Sicherheit entwickeln müssen, ebenso das Verständnis für den Aufbau der jeweiligen XML-Sektionen.

Vorab aber noch ein paar wichtige Infos zum grundsätzlichen Verständnis – und ein elementarer Sicherheitshinweis zu unserer CIB-Datenbank:

3.6.1 Zählerstände, Klebrigkeiten, Regeln, Platzanweiser und Rangordnungen

Scores

Was ein High-Score ist, weiß so ziemlich jeder, der irgendwann einmal irgendeine Form von Spiel gedaddelt hat, ob nun auf dem Computer oder anderweitig. Das Prinzip ist in diesem Fall das gleiche: Sieger ist in der Regel immer der mit der höchsten Punktzahl.

Unser CRM verwendet nun ebenfalls ein Punktesystem, um stets eindeutig entscheiden zu können, auf welchem Node welche Ressource zu laufen hat. Anhand definierter Regeln werden einer Ressource dann pro Node bestimmte Punkte, sogenannte »Scores«, bei zutreffenden Bedingungen vergeben oder – bei nicht zutreffenden – abgezogen. Hat eine Ressource einen sehr hohen negativen Score auf einem bestimmten Node (z. B. –INFINITY durch mehrere fehlgeschlagene Startversuche), kann sie dort nicht mehr automatisch gestartet werden. Der CRM sucht für diese spezielle Ressource dann automatisch den Node mit dem höchsten Score aus, der Node stellt gewissermaßen den »Sieger« beim Rennen um die Übernahme der Ressource dar. Ist der Score überall, sprich auf allen Nodes, im unendlichen Keller oder kleiner 0, kann die betreffende Ressource auf keinem der Nodes mehr gestartet werden.

Natürlich können Scores bestimmten Ressourcen auch manuell zugewiesen werden, um ein bestimmtes Verhalten (Zuordnung einer Ressource zu einem bestimmten Node) zu erzwingen. Ein viel genutztes Werkzeug ist dabei der INFINITY-Score (entspricht 1 Million Punkten), der den folgenden 3 mathematischen Regeln folgt:

Irgendein Wert + INFINITY = (+)INFINITY
Irgendein Wert – INFINITY = –INFINITY
INFINITY – INFINITY = –INFINITY

Und genau dies bringt uns zum nächsten, echt klebrigen Punkt, der mit der Stickiness unserer Ressourcen auf Basis der bereits erläuterten Scores zu tun hat. Mal sehen, wer kleben bleibt...

Stickiness

Die Ressource-Stickiness definiert im übertragenen Sinne nur, wie fest die Ressource an »ihrem« Node klebt, auf dem sie gerade aktiv ist. Eine `resource-stickiness` mit einem Score von +INFINITY sorgt beispielsweise dafür, dass jede neu angelegte Ressource stets versucht, auf dem Node zu bleiben, auf dem sie ursprünglich gestartet wurde. Die `resource-stickiness`-Werte gelten natürlich nur solange, bis sie von den tatsächlichen Werten der jeweiligen Ressourcen (z. B. durch Fehlstarts) überschrieben werden.

Durch die Granulierung der Zahlenwerte kennt unser Cluster nicht nur schwarz/weiß bzw. ja/nein als Entscheidungskriterium, ob eine Ressource auf einem Node aktiv sein darf, sondern er kann anhand der Scores genau gewichten, welcher Node für welche Ressource am besten geeignet ist. Wichtig dabei ist es, immer im Hinterkopf zu behalten, dass die Stickiness einer Ressource immer im konkreten Bezug zu einem Node steht.

Beispiel:

Hat eine Ressource einen Stickiness-Wert von 0 (Default), versucht der Cluster, die Ressource bestmöglich zu platzieren.

Bei positiven Stickiness-Werten > 0 versuchen die Ressourcen, auf dem aktuellen Node zu bleiben, können aber bei Bedarf wechseln. Je höher der Stickiness-Wert, desto größer die Tendenz der Ressource, auf dem Node zu bleiben. Liegt im Extremfall beispielsweise ein Wert von +INFINITY vor, verlassen die Ressourcen den Node nur dann, wenn er heruntergefahren wird oder auf Standby geht.

Negative Stickiness-Werte < 0 sorgen dafür, dass die betreffende Ressource versuchen wird, den Node zu verlassen, sofern dies möglich ist. –INFINITY als Extremfall (z. B. nach dem Fehlstart einer Ressource automatisch für diese gesetzt) sorgt dafür, dass die Ressource den Node in jedem Fall verlässt, bzw. es versucht, bzw. nicht zu ihm migriert werden kann.

Rules

Die Regeln *(Rules)*, die wir explizit für eine Punkteverteilung setzen können, lassen sich recht einfach erläutern. Regeln bestehen aus einem Vergleichsausdruck *(Rule)* und einem Score. Der Ausdruck vergleicht dabei ein Attribut mit einem Wert. Als Vergleichsoperatoren für die *Rule* stehen ähnliche Parameter zur Verfügung, wie man sie vom *test*-Befehl unter Linux kennt:

```
lt: less then - weniger als
gt: greater then - mehr als
lte: less then or equal - kleiner gleich
```

```
gte: greater then or equal - groesser gleich
eq: equal - gleich
ne: not equal - ungleich
```

und

```
defined: definiert
not_definied: nicht definiert
```

um (un)definierte Attribute auswerten zu können.

Natürlich müssen die Vergleichsoperatoren vom Typ her dem Typ des auszuwertenden Attributwertes entsprechen; es ergibt beispielsweise herzlich wenig Sinn, einen String-Value, wie z. B. eine Node-Name(**uname -n**)-Ausgabe per `lt`, auszuwerten, sondern nur per `eq`. Je nachdem, ob die Rückgabe des Vergleichs *true* oder *false* ergibt, werden dem Score der Ressource Punkte hinzuaddiert oder subtrahiert.

Ist z. B. die Ressource *ldap* auf unserem Node *jake* aktiv, könnte die entsprechende Regel dafür vorschreiben, dass im *true*-Fall ein Bonus von 1000 Punkten dem Score-Count der Ressource hinzuaddiert wird. Damit wird ihre Wahrscheinlichkeit, dass sie stets auf diesem Node aktiv sein wird, erhöht.

Besitzen zwei Nodes die gleiche Punktzahl, um eine Ressource für sich zu beanspruchen, wählt der Cluster nach der hochkomplexen mathematischen *Kopf-oder-Zahl*-Regel (grob verwandt mit */dev/random)* aus, wo die Ressource aktiv sein soll.

(Co-)Locations

Eine *Location* ist schnell erklärt – sie legt nur fest, auf welchem Node eine Ressource nach Möglichkeit aktiv sein soll. Beispiel: Die DRBD-Ressource soll nur auf einem Node aktiv sein, dessen Kernelversion >= 2.6.33 ist und damit die DRBD-Unterstützung fest implantiert hat. Intern erfolgt dabei die Auswertung immer über drei Attribute: die eindeutige ID der Ressource, den Namen des Nodes, auf dem sie laufen soll, und den Score-Wert. Soll eine Ressource in jedem Fall immer nur auf einem bestimmten Node aktiv sein, können wir ihr einen (+)INFINITY-Score zuweisen.

Eine *Co-Location* legt hingegen fest, dass Ressource A immer zusammen mit Ressource B auf dem gleichen Node laufen muss. Typisches Beispiel für die meisten Fälle wäre der Zusammenschluss von Service-IP und dem entsprechenden Service, der die Anfragen, die über diese IP hereinkommen, bedienen muss, wie z. B. Samba, OpenLDAP oder Apache. Allerdings spielen hier intern mehrere Faktoren bzw. Attribute eine Rolle: ausgewertet werden neben der Ressource-ID auch ihre

Rolle (im Fall eines klassischen DRBDs z. B. Master/Slave), die ID der zweiten Ressource und deren Rolle, sowie das optionale `node_attribute` und der Score-Wert.

Achtung

Eine solche Beziehung funktioniert z. B. nicht, wenn ein Cloneset mit einer Primitive-Ressource »verheiratet« werden soll, da über das Cloneset keine eindeutige Beziehung zum Node, auf dem es läuft, hergestellt werden kann, selbst wenn man – was man keinesfalls tun sollte – die Child(primitive)-Ressource des Clonesets als Co-Location-Bezug verwendet.

Vorab bemerkt: Solche Verbindlichkeiten der Ressourcen untereinander lassen sich in vielen Fällen auch durch eine schlichte Gruppierung lösen, d. h. die Ressourcen werden zu einer Gruppe zusammengefasst und können bedingungsabhängig zusammen migriert werden. Der Vorteil kommt unserem KIS*(Keep it simple!)*-Prinzip wiederum zugute, denn Constraints wie Co-Locations verlieren bei steigender Anzahl und Komplexität an Transparenz für den Admin und erschweren damit seinen täglichen Job.

Orderings

Egal, ob wir Ressourcen später per Co-Location oder Gruppierung miteinander verknüpfen – eine Sache muss dennoch geregelt werden: die Startreihenfolge. Das simpelste Beispiel hierfür wäre das klassische DRBD-Master/Slave-Szenario, das wir uns später auch noch anschauen werden. In diesem Setup ist immer nur einer der beiden Nodes DRBD-Master, d. h. auf seiner Seite ist das Dateisystem gemountet, und nur auf ihn darf schreibend zugegriffen werden. Stellen wir uns nun einfach vor, was passiert, wenn unser Cluster versuchen würde, nach einem Schwenk die Ressource »Dateisystem« schreibend zu mounten, bevor der ehemalige (Readonly-)DRBD-Slave zum Master promoted wurde... Wir sehen also, Orderings spielen eine entscheidende Rolle.

Die Definition der Orderings erfolgt über mehrere Attribute: Minimal erforderlich ist per `first` die Angabe der ID der Ressource, welche zuerst gestartet werden soll, dann per `then` die danach zu startende. Ein `score`-Wert kann optional ebenfalls angegeben werden, ebenso wie die Angabe `symmetrical`, welche festlegt, ob die umgekehrte Reihenfolge auch beim Stoppen der Ressourcen gelten soll (Default: *true*). Weitere Parameter sind `first-action` (Default: *start*) und `then-action`, die bestimmen, welche Aktion die *first*-Ressource durchgeführt haben muss, bevor die *then*-Ressource ihre Aktion startet. Um auf unser eben genanntes DRBD-Beispiel zurückzukommen, müsste das Ordering so aussehen: Promote zunächst Ressource *DRBD* zum Master auf Node *elwood*, bevor Ressource *Dateisystem* dort gestartet wird.

Zudem können bestimmte Schalter gesetzt werden; einer von ihnen ist `mandatory`, also »zwingend notwendig« bzw. verpflichtend. Der zusätzliche Schalter sollte immer dann gesetzt werden, wenn die *then*-Ressource nicht ohne die *first*-Ressource aktiv sein kann. Zusätzlich kann ein Score > 0 gesetzt werden, um eine Reaktion zwingend zu triggern, wenn die *first*-Ressource ihren Status wechselt: *first* gestoppt -> *then* wird ebenfalls gestoppt, *first* kann nicht gestartet werden -> *then* wird gestoppt (falls sie läuft), *first* wird restartet -> *then* ebenfalls.

Auf der anderen Seite kann ein Ordering auch als Advisory-Ordering (`advisory`) – also etwas abstrahiert ausgedrückt: irgendwo zwischen *netter Ratschlag* und *optional* – interpretiert werden, wenn der Score auf Null gesetzt wird: Erinnert etwas an die typische anti-autoritäre Erziehungsmethode (»*Bitte hör doch mal auf, Papas Auto mit dem Hammer zu verschönern, äh ist aber auch nicht schlimm, wenn Du es nicht tust*«). Für uns bedeutet das: Ein Statuswechsel der »*first*«-Ressource hat dann keinen Effekt mehr bis auf Start und Stopp der Ressource.

Doch alle Theorie hierzu ist grau, daher werden wir uns zu allen eben vorgestellten Punkten im Folgenden natürlich noch praktische Anwendungsfälle ausführlich anschauen.

3.6.2 Konfigurations-Layout

Zunächst müssen wir jedoch verstehen, wie das Konfigurations-Layout des Clusters aufgebaut ist. Grob unterteilt, unterscheiden wir zwischen 2 Sektionen: Konfiguration und Status.

Die *Status*-Sektion (`<status>` im XML-Layout) enthält den aktuellen Status des Clusters: Node-ID, Zustand des *crmd* auf jedem Node usw. Die Autorität für die Status-Sektion stellt unser bereits vorgestellter Kollege *lrmd*, der *local resource manager daemon* auf jedem Node dar. Die komplette Sektion wird in Intervallen automatisch re-populiert, wobei diese Änderungen nur im Speicher und nicht persistent auf Disk gehalten werden. Daher sollte der Admin in jedem Fall von manuellen Modifikationen der Sektion Abstand nehmen, oder wir sind u. U. wieder schneller bei der blöden »*Bad-things-will-happen*«-Geschichte, als uns lieb ist.

Die *Konfigurations*-Sektion (`<configuration>` im XML-Layout) enthält die »typischen« Informationen über unseren Cluster: eingestellte Optionen, seine Ressourcen und Angaben über ihre Platzierung und Startreihenfolge. Dies wird auch der Part sein, um den sich alle folgenden Betrachtungen drehen. Die Konfigurations-Sektion ist dabei wiederum in vier Sub-Sektionen aufgeteilt:

- Konfigurations-Optionen (Sektion `<crm_config>` im XML-Layout)
- Nodes (Sektion `<nodes>`)
- Ressourcen (Sektion `<resources>`)
- Beziehungen der Ressourcen untereinander (Sektion `<constraints>`)

Betrachten wir das XML-Layout entsprechend der vorgenannten Hierarchie als »nacktes« Gerüst, stellt sich der Aufbau wie folgt dar:

```
<cib>
    <configuration/>
        <crm_config/>
        <nodes/>
        <resources/>
        <constraints/>
    </configuration>
    <status/>
</cib>
```

3.6.3 Die CIB-Files

Es sind zwar nicht Scullys und Mulders X-Files, aber für sie gelten ebensolche Vorsichtsmaßnahmen. Warum das so ist: Eine Kopie der aktuellen, im Speicher befindlichen CIB findet sich auf jedem Node in der Datei *cib.xml*. Sie wird benötigt, um den aktuellen Stand des Clusters über Reboots hinweg persistent zu halten. Die *cib.xml* befindet sich – zusammen mit ihren Vorgängerversionen (cib-<Nummer>-raw*), die bei Konfigurationsänderungen archiviert werden – bei SUSE z. B. unter */var/lib/heartbeat/crm/*, ebenso wie die zugehörigen Signaturdateien (*.sig). Eine manuelle Manipulation dieser cib.xml hat in jedem Fall fatale Folgen: eine inkonsistente CIB.

Für die Datei *cib.xml* gelten 3 einfache Regeln, die eigentlich absolut einprägsam sein sollten:

Regel 1: Niemals die Datei *cib.xml* manuell editieren!

Regel 2: Niemals die Datei *cib.xml* manuell editieren!

Regel 3: Wenn Du Regel 1 und 2 ignorierst, werden unerfreuliche Dinge passieren!

Okay, ich weiß. Erinnert ein wenig an *Fight Club*, und dort wie hier gibt es mit Sicherheit den einen oder anderen, der die Regeln dennoch ignoriert. Ist das Gleiche wie mit der heißen Herdplatte, aber das traurige Ende vom Lied wird in jedem Fall eine inkonsistente CIB sein. Punkt.

Nachdem wir nun wissen, wie wir die Konfiguration unseres Clusters *keinesfalls* ändern sollten, schauen wir uns an, *wie* wir es machen sollten.

3.6.4 Die crm-Shell

Beginnen wir mit dem Tool, mit dem wir im Folgenden hauptsächlich agieren werden, der intuitiven *crm-Shell*, die üblicherweise unter */usr/sbin/* zu finden ist und zum Umfang des Pacemaker-Pakets gehört. Über sie werden wir zunächst einige globale Settings in unserem Cluster einstellen und ein paar simple Ressourcen implantieren, anschließend schauen wir uns dann an, wie sich das Ergebnis im eigentlichen XML-Format der CIB darstellt. Denn nur wenn wir begreifen, wie die Kommandozeilentools arbeiten und wie die Ressourcen und Constraints aufgebaut sind, können wir verstehen, was im Hintergrund abläuft, wenn wir mit grafischen Administrationstools per Mausklick oder per crm-Shell Aktionen triggern und komplexere Ressourcen und Bedingungen einbinden.

Die crm-Shell stellt das primäre Administrationstool zur Verwaltung unseres Clusters dar, unabhängig von jedweder X11-GUI und fehlerträchtiger händischer XML-Bearbeitung. Die ersten Versionen der crm-Shell waren funktionstechnisch noch etwas eingeschränkt, mittlerweile ist die crm-Shell erwachsen und zu einem mächtigen Werkzeug geworden, das der Administrator eines Clusters nicht mehr missen möchte. Logischer Aufbau, Kommandozeilen-Vervollständigung, History – die crm-Shell bietet vieles, was der Admin aus seiner täglichen Praxis im Umgang mit der »normalen« Shell kennt, und genau das vereinfacht den Umgang mit ihr umso mehr. Hinzu kommen viele andere nützliche Details, die wir uns im Laufe der folgenden Beispiele in diesem Abschnitt anschauen werden.

Zunächst – die crm-Shell bzw. der crm-Befehl kennt 2 Modi: Den sogenannten Single-Shot, bei welchem der Befehl direkt auf der Kommandozeile abgeschickt wird, z. B.

```
#> crm configure property stonith-enabled=false
```

oder die interaktive Variante, bei der die crm-Shell ohne weitere Parameter einfach per

```
#> crm
```

aufgerufen wird. Die interaktive Session und die Sektion, in der wir uns befinden, erkennen wir immer am »live«-Prompt, hier z. B. die *configure*-Subsektion:

```
crm(live)configure# property stonith-enabled=false
```

Ebenso ist es möglich, direkt in eine der verfügbaren Sub-Sektionen der crm-Shell einzusteigen, z. B. per `crm configure`. Sobald wir uns in einer interaktiven crm-Sitzung und -Sektion befinden, ist die automatische Vervollständigung aktiv.

Werfen wir also zunächst einen Blick auf die verschiedenen Subsektionen, die uns innerhalb der crm-Shell zur Verfügung stehen. Um uns die verfügbaren Sektionen anzeigen zu lassen, reicht entweder ein klassischer »Doppel-Tab« oder die Eingabe des Befehls `help`. Die Sektionen werden in den folgenden Abschnitten noch ausführlich anhand von konkreten praktischen Beispielen erläutert, daher werfen wir an dieser Stelle nur einen kurzen Blick auf die Übersicht.

Zu den Top-Level-Sektionen:

`cib` – diese Subsektion stellt Funktionen zur Verfügung, mit denen wir Konfigurationen in Testumgebungen, sogenannten Shadow-CIBs (Sandbox-Prinzip) ausprobieren können, bevor wir sie final in unsere »reale« live-CIB implantieren. Siehe hierzu auch `ptest` in Abschnitt 3.7.5. Die *cib*-Sektion steht dabei sowohl als Top-Level-Sektion zur Verfügung als auch als Sektion unterhalb von `configure` (s. u.). Als direktes Kommandozeilen-Pendant für diese Funktionalität steht uns auch `crm_shadow(8)` zur Verfügung. Die Shadow-Funktionalität schauen wir uns in Abschnitt 3.7.5, »Schattenspielchen«, genauer an.

`resource` – über diese Subsektion werden die Ressourcen unseres Clusters gemanaged: Wir können Ressourcen starten, stoppen, restarten, verschieben bzw. auf einen anderen Node migrieren, den Status anzeigen lassen und vieles andere mehr. Als Kommandozeilen-Pendant steht uns `crm_resource(8)` zur Verfügung.

`node` – über die Node-Subsektion können wir direkt die Nodes unseres Clusters managen, d. h. vorhandene Nodes listen, fencen, in Standby versetzen und noch einiges mehr. Als Kommandozeilenbefehl steht uns analog dazu auch `crm_node(8)` zur Verfügung.

`configure` – die wohl umfangreichste Subsektion dient unter anderem dazu, Ressourcen anzulegen, zu löschen, sie zu testen (siehe auch crm cib/crm_shadow), bearbeiten oder zu erweitern und nicht zuletzt auch dazu, Bedingungen wie (Co-)Locations und Orderings (siehe nächster Abschnitt) für die vorhandenen Ressourcen festzulegen. Im `edit`-Mode lässt sich sogar eine »OP am offenen Herzen« der CIB durchführen, entweder komplett oder selektiv, z. B. für einzelne Ressourcen oder Nodes.

`ra` – die Sektion für unsere Ressource-Agents. Mit ihrer Hilfe können wir uns einen Überblick verschaffen, welche RAs von welcher Kategorie auf unserem System vorhanden sind (z. B. `crm(live)ra# list ocf`) und welche Parameter und Optionen von den jeweiligen RAs unterstützt werden.

`status` – gibt uns den aktuellen Status des Clusters aus, in etwa vergleichbar mit *crm_mon* ohne zusätzliche Parameter.

`options` – diese Sektion bietet uns die Möglichkeit, benutzerspezifische Anpassungen zu treffen. Hier können wir u. a. den Skill-Level einstellen, den präferierten Editor für die direkte Bearbeitung von Ressourcen und vieles andere mehr. Per `crm(live)options# show` können wir uns z. B. die aktuellen Settings anzeigen lassen. Per `crm(live)options# save` werden getroffene Einstellungen in der Datei *.crm.rc* im Home-Ordner des jeweiligen Users abgespeichert.

Per `quit|bye|exit` können wird die crm-Shell in jedem Level direkt verlassen, über die Befehle `end|cd|up` verlassen wir nur die jeweils aktuelle Subsektion.

Der Befehl `help` steht in jeder Subsektion zur Verfügung und listet die verfügbaren Befehle der jeweiligen Subsektion auf, per `<befehl> help` erfahren wir mehr über die jeweilige Syntax des Befehls.

Die Beispieldateien zu diesem Abschnitt, mit denen Cluster-Einstellungen getroffen und Ressourcen implantiert werden, sind natürlich durchweg Shellscript-Files, die logischerweise crm-Anweisungen im Single-Shot-Modus verwenden. In den folgenden Beispielen benutzen wir zum besseren Verständnis beide Varianten.

Globale Settings unseres Clusters

Bevor wir Ressourcen in unseren Cluster einpflegen, sollten wir uns zunächst um ein paar wichtige globale Einstellungen kümmern, die Grundvoraussetzung für eine korrekte Arbeitsweise unseres Clusters sind. Wenn wir per `crm configure` einen interaktiven Blick auf die aktive Cluster-Konfiguration werfen, sollten wir in etwa folgende (in der Shell entsprechend den `crm options` kolorierte) Ausgabe erhalten:

```
crm(live)configure# show
```

```
node jake
node elwood
property $id="cib-bootstrap-options" \
        dc-version="1.1.2-8b9ec9ccc5060457ac761dce1de719af86895b10" \
        cluster-infrastructure="openais" \
        expected-quorum-votes="2"
```

Der letzte Eintrag, `expected-quorum-votes`, stößt uns auch gleich auf eine wichtige Einstellung. Das typische und bereits erläuterte »Problem« eines 2-Node-Clusters ist, dass er anzahlbedingt logischerweise keinen Quorumsentscheid treffen kann. Damit keine Probleme auftreten, wenn ein Node ausfällt und der 2-Node-Cluster damit nicht mehr Voting-fähig ist, sollten wir das Quorum als Cluster-Eigenschaft *(property)* per `ignore` deaktivieren, um diesen Zustand zu ignorieren. Dazu rufen wir die crm-Shell interaktiv im *configure*-Mode auf. Die Befehlszeilenvervollständigung funktioniert auch bei den Subdirektiven; ein `no- <Tab>` reicht in diesem Fall zur automatischen Ergänzung des erforderlichen Parameters aus:

```
crm(live)configure# property no-quorum-policy=ignore
crm(live)configure# commit
```

Im Gegensatz zum Single-Shot-Mode der crm-Shell muss im interaktiven Modus zunächst die Validierung und der Import jeder Änderung per **commit** angestoßen werden. Die kompletten Alternativen für die `no-quorum-policy` wären `stop` (Default, alle Ressourcen, die in dem Teil-Cluster laufen, der kein Quorum besitzt, werden gestoppt), `ignore` (s. o.), `freeze` (Ressourcen, die sich beim Verlust des Quorums nicht im Teil-Cluster befunden haben, werden nicht neu gestartet, können jedoch auf einen anderen Node des Teil-Clusters verschoben werden) und `suicide`: Der Teil-Cluster ohne Quorum entfernt sich selbst aus dem Clusterverbund.

Die erste, schnelle Prüfung der Validität unserer CIB auf der Kommandozeile per *crm_verify(8)* (Erläuterungen siehe Abschnitt 3.6.5, 3.7.8) stupst uns allerdings mit der Nase gleich auf das erste Problem:

```
#> crm_verify -LV
```

```
crm_verify[8815]: ERROR: unpack_resources: Resource start-
up disabled since no STONITH resources have been defined
crm_verify[8815]: ERROR: unpack_
resources: Either configure some or disable STONITH with the stonith-enabled option
crm_verify[8815]: ERROR: unpack_
resources: NOTE: Clusters with shared data need STONITH to ensure data integrity
Errors found during check: config not valid
```

Achtung

Da wir auf unserem Test-System derzeit noch keine Stonith-Ressourcen haben, würde Pacemaker in der globalen Standard-Einstellung (`stonith-enabled=true`) den Startup von Ressourcen verweigern, um potenzielle Split-Brain-Situationen zu vermeiden. Innerhalb einer reinen Testumgebung können wir jedoch durch Deaktivierung des Stonith diese Problematik umgehen. Wie bereits erwähnt, sollte dies jedoch nur in reinen Testumgebungen zur Anwendung kommen, Produktivsysteme sollten in jedem Fall mit einem entsprechenden Stonith-Device ausgestattet sein.

```
crm(live)configure# property stonith-enabled=false
crm(live)configure# commit
```

Des Weiteren sollten wir für zukünftige »Soft-«Stonith-Tests in jedem Fall vorab die *stonith-action* auf *poweroff* setzen, um etwaige Stonith-Deathmatches (siehe Abschnitt 3.1.7) zu verhindern.

```
crm(live)configure# property stonith-action=poweroff
crm(live)configure# commit
```

Ein weiteres `crm_verify -LV` nach dem Verlassen der crm-Shell per `exit` sollte uns nun keine Rückgabe mehr auswerfen – in diesem Fall ein gutes Zeichen.

Weitere wichtige globale Settings (Sektion `<cluster_property_set>` innerhalb der Sektion `<crm_config>` im XML-Layout), die das gesamte Verhalten des Clusters steuern bzw. beschreiben, schauen wir uns nun an. Die globalen Settings sind dabei grob in 2 Gruppen unterteilt, die CRM-spezifischen, die sich primär auf Timeouts beschränken, und die Policy-Engine-spezifischen:

Globale Policy-Engine-Settings

`batch-limit` – die Anzahl der Jobs, die die TE *(Transition Engine)* parallel verarbeiten darf. Der echte Wert hängt von den realen Gegebenheiten des Netzes und der System-Performance der Nodes ab (Default: 30).

`default-resource-stickiness` – (siehe Abschnitt 3.6.1, Default: 0) legt die Stickiness für Ressourcen fest, die dem Cluster neu hinzugefügt werden. Werte > 0 sorgen dafür, dass die Ressourcen die Tendenz haben, auf dem Node zu verbleiben, auf dem sie gestartet wurden.

`symmetric-cluster` – legt per Boolean-Wert fest, ob alle Ressourcen auf allen Nodes laufen dürfen (Default: *true*).

`no-quorum-policy` – s. o.

`stonith-enabled` – s. o.

`stonith-action` – s. o.

`stonith-timeout` – legt fest, wie lange der Cluster in Sekunden auf die Rückmeldung einer Stonith-Aktion warten soll (Default: 60 s)

`stop-orphan-resources` – legt per Boolean-Wert fest was der Cluster tun soll, wenn er verwaiste (*orphaned*) Ressourcen findet, zu denen kein Bezug mehr existiert. Achtung: Diese Waisenknaben können z. B. dann entstehen, wenn eine Ressource gelöscht wurde (z. B. »mal eben« per GUI), ohne sie zuvor zu stoppen! (Default: *true*, die Ressource wird gestoppt).

`stop-orphan-actions` – legt per Boolean-Wert fest was der Cluster tun soll, wenn er eine verwaiste Aktion findet, die zu keiner Ressource mehr einen Bezug hat (Default: *true*, die Aktion wird gestoppt).

`start-failure-is-fatal` – gibt an, ob ein Fehler beim Start einer Ressource vom Cluster als fataler Fehler interpretiert werden soll oder ob der *Failcount* der einzelnen Ressource Vorrang hat (Default: *true*, die Interpretation des Clusters hat Vorrang vor dem Failcount der einzelnen Ressource).

`pe-error-series-max` – die Anzahl der fehlerhaften Inputs der Policy Engine, die maximal gespeichert wird (Default: –1, bedeutet keine Einschränkung).

`pe-input-series-max` – die Anzahl der Inputs der Policy Engine, die maximal gespeichert wird (Default: –1, bedeutet keine Einschränkung).

`pe-warn-series-max` – die Anzahl der Inputs der Policy Engine mit Warnung, die maximal gespeichert wird (Default: –1, bedeutet keine Einschränkung).

`remove-after-stop` – gibt an, ob der *lrmd* die Ressource auf dem lokalen Node entfernen soll, nachdem sie gestoppt wurde. Vorgabe ist *false*, welche aus Konsistenzgründen so belassen werden sollte.

`stop-all-resources` – stoppt sofort alle Ressourcen, Default: *false*

`startup-fencing` – legt fest, ob der Cluster *jeden* Node, den er nicht kennt, ausgrenzen soll *(true* und Default-Wert) oder ob er dies nur bei Nodes tun soll, die bereits einmal Mitglied des Clusters waren und erst danach aus dem Cluster »gefenced« wurden.

`cluster-delay` – gibt die Signallaufzeit bzw. den Round-Trip-Delay im Netz an. Default-Wert sind 60 Sekunden (die Ausführung von Aktionen nicht eingeschlossen). Der tatsächliche Wert sollte entsprechend angepasst werden, er hängt von den realen Gegebenheiten des Netzes und der Last auf den Nodes ab.

`maintenance-mode` – wird dieses Flag auf *true* gesetzt, fühlt sich unser Cluster für gar nüscht mehr zuständig, d. h. im Klartext: die Ressourcen werden nicht mehr durch ihn gesteuert. Dies kann auch pro Ressource selektiv geschaltet werden, z. B. per **`crm resource unmanage <ressource>`**, um einzelne Ressourcen für Wartungsarbeiten stillzulegen.

Exkurs: Systemgesundheit

Zu den globalen PE-Settings gehören ebenfalls einige relativ neue Parameter (vorhanden seit Pacemaker 1.0.4), die das Verhalten des Clusters bei schlechtem »Gesundheitszustand« eines Nodes definieren. Auf Basis dieser Informationen kann der Cluster bestimmte Aktionen – wie z. B. das Verschieben einer Ressource oder Gruppe auf einen Node mit einer besseren Gesundheits-Farbe (`green|yellow|red`) – triggern.

Die Systemgesundheit *(System Health)* ist über zwei Teilsysteme implementiert. Der erste Teil wird über neue Einstellungsmöglichkeiten der PE festgelegt, die im Folgenden beschrieben werden, der zweite Part sind die sogenannten Health-Agenten selbst, die den Gesundheitszustand von Subsystemen abfragen und daraus entsprechende Scores bzw. Farben (s. o.) für die Nodes berechnen und in der

CIB hinterlegen. Beispiel hierfür wären die RAs `HealthCPU` (orientiert sich an der CPU-Auslastung, niedrige Idle-Time = schlechterer Health-Wert, Farbe `yellow` oder `red`) und `HealthSMART`, der sich an den Temparaturwerten der Platte(n) orientiert (hohe Temperatur = `yellow` oder `red`). Infos zu den jeweiligen RAs und ihren Farb-Grenzwerten liefert z. B. folgender Befehl:

```
crm(live)ra# info HealthSMART
```

Die Auswertung der Farben erfolgt nun über die Direktive

`node-health-strategy`

die die folgenden Einstellungen kennt, welche relativ selbsterklärend sind:

`none` – der Default-Wert. Health-Farben werden nicht in die Kalkulation zur Verschiebung einer Ressource auf einen anderen Node mit einbezogen.

`migrate-on-red|only-green|progressive` – jeder dieser drei Werte sorgt dafür, dass die Health-Farbe in die Kalkulation mit einbezogen wird. Jede im Cluster definierte Ressource wird dann nach Attributen durchsucht, die mit `#health` beginnen, z. B. `#health`, `#health-ipmi` (s. u.), `#health-foo-bar` usw. Die Ressource bzw. der Service schreibt seinen tatsächlichen Gesundheitszustand nun mithilfe der möglichen Werte *(red, yellow, green* oder einem Integer-Wert) in das entsprechende Attribut, das wiederum vom CRM ausgewertet wird und letztlich darüber mit entscheidet, auf welchem Node welche Ressource läuft. Die eigentlichen Verhaltensmaßregeln werden über die folgenden Settings vorgegeben:

`migrate-on-red` – die Farbe *red* entspricht in diesem Fall einem Score von –INFINITY, yellow und green einem Score von 0. Konkret bedeutet das: Wenn auch nur ein Health-Attribut *red* ist, werden alle Ressourcen auf einen anderen Node migriert.

`only-green` – *red* und *yellow* haben in diesem Fall einen Score von –INFINITY, *green* hat einen Wert von 0, bedeutet: Migration, falls ein Health-Attribut *red* oder *yellow* ist. Die Ressourcen dürfen nur auf einem Node laufen, auf dem wortwörtlich alles im grünen Bereich ist.

`progressive` – *red, yellow* und *green* holen sich ihre Werte direkt von den korrespondierenden PE-Settings: `node-health-red` (Default: –INFINITY), `node-health-yellow` (Default: 0) und `node-health-green` (Default: 0).

`custom` – in dieser Einstellung erwartet Pacemaker, dass sich der Cluster-Admin selbst um die Festlegung von Rules mit entsprechenden Health-Attributen kümmert.

Exkurs: Health Daemons und attrd_updater

Ein Health-Daemon stellt nichts anderes als ein Programm dar, das in periodischen Abständen Abfragen startet oder auf Events lauscht, die die System-Gesundheit betreffen. Sobald es eine Änderung innerhalb dieser Parameter entdeckt, benachrichtigt es Pacemaker via *attrd_updater* (Tool, mit dem Cluster-Node-Attribute aktualisiert werden); siehe hierzu auch das Stichwort IPMI *(Intelligent Platform Management Interface):*

http://www.intel.com/design/servers/ipmi/ipmi.htm

Via *attrd_updater* könnten wir so z. B. eine Test-Health-Ressource in *attrd* (der tonangebenden Instanz für Node-Attribute) anlegen (mit Syntax: `#health<name>`, hier auf Node *jake)* und ihr einen entsprechenden Wert bzw. eine Farbe zuweisen:

```
#> attrd_updater -n "#health_test " -v red
```

Achtung

Der Befehl hat immer nur Einfluss auf die Status-Sektion des jeweiligen Nodes, auf dem er abgesetzt wurde.

Dieser neue Wert präsentiert sich nun in der Status-Sektion der CIB wie folgt (Auszug):

```
</status>
...
..<transient_attributes id="jake">
   <instance_attributes id="status-jake">
     <nvpair id="status-jake-#health_test" name="# health_test" value="red"/>
   </instance_attributes>
..</transient_attributes>
 </node_state>
</status>
</cib>
```

und kann so über die entsprechenden Auswertungen und Einstellungen der `node-health-strategy` in die Kalkulation des Clusters zur optimalen Platzierung einer Ressource mit einbezogen werden. Zur Löschung via *attrd_updater* muss anstelle des Values (`-v >Value>`) der Schalter `-D` gesetzt werden.

Globale CRM-Settings

`cluster-recheck-interval` – Der Pacemaker Cluster ist ein Event-gesteuertes System. Daher würde er üblicherweise erst dann die Location oder ein zeitgesteuertes Ereignis (z. B.: Aktiviere Ressource XYZ von 9 bis 17 Uhr) für eine Ressource re-kalkulieren, wenn ein tatsächliches Ereignis im Cluster stattfindet (wie die Änderung einer Ressource oder eines Constraints). Über die `cluster-recheck-interval` -Direktive werden Intervalle angegeben, in denen der Cluster »ausserplanmäßig« nach Events sucht, die beispielsweise zeitabhängig arbeiten

`crmd-finalization-timeout` – Zeit, die dem CRMD maximal zugestanden wird, um alle Operationen abzuschließen und die CIB in einen konsistenten Zustand zu bringen (Default: 30 Minuten, sollte nicht geändert werden).

`crmd-integration-timeout` – Zeit, die dem CRMD maximal zugestanden wird, um eine Operation (Integration einer Ressource in die CIB) zu triggern (Default: 3 Minuten, sollte nicht geändert werden!).

`dc-deadtime` – wie lange soll auf die Antwort eines entfernten Nodes gewartet werden, bevor dieser für »tot« erklärt wird? Dieser Parameter muss gegebenenfalls auf die tatsächlich vorhandenen Netz- und Lastbedingungen angepasst werden (Default: 60 Sekunden).

`election-timeout` – maximale Zeitspanne (nachdem alle Nodes gejoint sind), bis ein DC gewählt wird (Default: 2 Minuten, sollte nicht verändert werden).

`expexted-quorum-votes` – Default: Anzahl der tatsächlich vorhandenen Nodes, sollte nicht verändert werden.

`shutdown-escalation` – maximaler Timeout, den der Cluster verstreichen lässt, bis er Dienste, die sich partout nicht beenden wollen, hart herunterfährt (Default: 20 Minuten, kann je nach Anforderung herabgesetzt werden).

3.6.5 cibadmin und crm_*-Tools

Da sowohl *cibadmin(8)* als auch die crm_*-Tools im Zuge der schnellen Entwicklung von Pacemaker etlichen evolutionären Änderungen unterworfen sind, schauen wir uns an dieser Stelle nur die wichtigsten Optionen der Kommandozeilentools an und werden die Tools später in konkreten, praxisbezogenen Beispielszenarien anwenden. Die jeweils komplette Auflistung aller verfügbaren Optionen und Parameter sollte *immer* versionsbezogen in den Manpages des jeweiligen Tools nachgeschlagen werden, dort finden sich üblicherweise auch umfangreiche Syntax-Beispiele.

cibadmin

Die crm-Shell als intelligentes Interface zu unserem Cluster bzw. dem CRM haben wir bereits in Grundzügen kennengelernt. Schauen wir uns nun an, wie sich die kleinen Modifikationen, die wir an unserer Cluster-Konfiguration bereits durchgeführt haben, im XML-Layout der CIB präsentieren. Das perfekte Werkzeug für diese Art der Interaktion stellt das Tool *cibadmin* dar, das üblicherweise unter */usr/sbin/* zu finden ist. Mit ihm können wir die CIB komplett (z. B. als Backup) oder in Teilen auslesen und auch wieder rekonstruieren, ebenso ist es möglich, z. B. selektiv Ressourcen zu modifizieren.

Per

```
#> cibadmin -Q | less
```

können wir einen Blick auf die komplette CIB werfen und sie natürlich per Umleitung in eine Datei auch direkt sichern. Das `-Q` (oder `--query`) steht dabei immer für eine Abfrage. Mit

```
#> cibadmin -Q --scope crm_config
```

lesen wir selektiv nur die CIB-Sektion `<crm_config>`, die wir modifiziert haben, aus (Zeilen im folgenden Listing sind umbrochen):

```
<crm_config>
  <cluster_property_set id="cib-bootstrap-options">
    <nvpair id="cib-bootstrap-options-dc-version" name="dc-version" value="1.1.2-
8b9ec9ccc5060457ac761dce1de719af86895b10"/>
    <nvpair id="cib-bootstrap-options-cluster-infrastructure" name="cluster-
infrastructure" value="openais"/>
    <nvpair id="cib-bootstrap-options-expected-quorum-votes" name="expected-quorum-
votes" value="2"/>
    <nvpair id="cib-bootstrap-options-no-quorum-policy" name="no-quorum-
policy" value="ignore"/>
    <nvpair id="cib-bootstrap-options-stonith-enabled" name="stonith-
enabled" value="false"/>
    <nvpair id="cib-bootstrap-options-stonith-action" name="stonith-
action" value="poweroff"/>
  </cluster_property_set>
</crm_config>
```

Wie wir unschwer erkennen können, liegen die Settings als `nvpair`-Einträge (steht für Name/Value-Paar) vor. Diese und alle anderen Elemente der CIB benötigen zur internen Identifikation immer eine eindeutige ID (`id="123"`). Diese IDs werden z. B. im Fall der globalen Konfigurationsdirektiven automatisch generiert, sie können aber – z. B. für Ressourcen und/oder Constraints – auch manuell festgelegt werden. Zu der ID gehört in der Regel auch ein möglichst eindeutiger und aussagekräftiger Name (`name="res-stick"`) sowie ein Attributwert (`value="1000"`).

cibadmin(8) kennt diverse »Haupt-Modi«, als da u. a. wären: **`-Q`** (**`--cib_query`**: komplette oder selektive Abfrage der CIB), **`-E`** (**`--cib_erase`**: lösche die gesamte CIB; Achtung: benötigt **`--force`**), **`-C`** (**`--cib_create`**: erzeuge komplett oder partiell neue CIB aus XML-File), **`-R`** (**`--cib_replace`**: ersetze rekursiv vorhandene Teile der CIB), **`-M`** (**`--cib_modify`**: modifiziere die Attribute eines Objekts in der

CIB), `-D` (`--cib_delete`: lösche das erste Objekt, das den angegebenen Suchkriterien entspricht), `-U` (`--cib_update`: aktualisiere das Objekt bzw. seine spezifizierten Attribute in der CIB rekursiv, die übrigen Attribute werden nicht berührt).

Die Option `-m` (`--cib_ismaster`) gibt an, ob die lokale Instanz der CIB die Master-Instanz ist oder nicht, `-S` (`--cib_sync`) sorgt dafür, dass alle Slave-Copies der CIB umgehend mit der Master-Replik gesynct werden.

Die Suboption `-x <Datei>` wird unter anderem für die Hauptoption `-C` und `-M` benötigt, hinter ihr folgt der Pfad zu der XML-Datei, die in die CIB importiert werden soll.

Über die Suboption `-o <Sektion>` können wir gezielt bestimmte Subsektionen der CIB ansprechen, z. B. *resources* oder *constraints*.

Wollen wir z. B. eine Ressource als XML-Snippet in die CIB implantieren, könnten wir dies wie folgt tun:

```
#> cibadmin -o resources -C -x <XML-Resource-File>
```

Die meisten Parameter werden wir in den folgenden Abschnitten noch in der konkreten, praktischen Anwendung sehen, daher ersparen wir uns das sture Herunterbeten von zusammenhangslosen Beispielen an dieser Stelle. Weitere Infos zu den Kapabilitäten der eingesetzten *cibadmin(8)*-Version (als Bestandteil des Pacemaker-Pakets) liefert natürlich die Manpage.

crm_*-Tools

Neben *cibadmin* existieren noch weitere »Single-Shot«-Tools, die meistens mit dem Präfix *crm_** ausgestattet sind, wie z. B. *crm_resource*, *crm_shadow* usw., und in der Regel den bereits in Abschnitt »crm-Shell« vorgestellten Funktionen entsprechen. Funktionsbeispiele werden wir an dieser Stelle nicht erörtern, sondern tun dies ebenfalls in den später folgenden Beispiel-Setups, um so stets einen konkreten Praxisbezug zu haben.

Die vom Pacemaker-Paket mitgebrachten Helfer wären z. B.:

`crm_attribute` – direkte Modifikation von Attributwerten in der kompletten CIB. Das Tool sollte nur von erfahrenen Anwendern und mit Bedacht eingesetzt werden, im Zweifelsfall sollte zur Manipulation von Objekten in der CIB besser *cibadmin* oder die crm-Shell (z. B. via Sub-Kontext *configure)* verwendet werden. Manpage: *crm_attribute(8)*.

`crm_diff` – mit diesem Tool können die Unterschiede zwischen verschiedenen Versions-(/Backup-)Ständen der CIB einfach verglichen und z. B. als Patches abgespeichert werden. Manpage: *crm_diff(8)*.

`crm_node` – dient zur Anzeige von Node-Informationen, entspricht dabei funktionell in etwa dem Subkontext »*node*« der crm-Shell.

`crm_resource` – Management von Ressourcen, entspricht dabei funktionell in etwa dem Subkontext »*resource*« der crm-Shell. Manpage: *crm_resource(8)*.

`crm_shadow` – der »Sandkasten«, erzeugt eine Kopie der aktuellen CIB in einer Sandbox, die zu Testzwecken verwendet und später mit der Original-CIB gemerged werden kann. Siehe hierzu auch `ptest` in Abschnitt 3.7.5. Entspricht funktionell in etwa einigen Direktiven der Subsektion *cib* der crm-Shell. Manpage: *crm_shadow(8)*.

`crm_uuid` – mit diesem Tool können Node-IDs in der Form von UUIDs (OSF DCE 1.1 konform, siehe *uuidgen(1)*) geschrieben oder ausgelesen werden. Das Tool sollte normalerweise nicht benötigt werden, da sich der Cluster selbst um die Zuteilung der entsprechenden UUIDs für jeden Node kümmert. Manpage: *crm_uuid(8)*.

`crm_verify` – ein sehr wichtiges Tool, um die Konsistenz der gesamten CIB zu überprüfen. Eine selektive Prüfung von Teilbereichen (z. B. resources/constraints) ist nicht möglich. Manpage: *crm_verify(8)*.

`crm_failcount` – eigentlich »nur« ein Wrapper, um per *crm_attribute* den Fail-Counter von Ressourcen explizit anzuzeigen, zu setzen und zu resetten (entspricht der crm-Subsektion *resource* -> failcount). Manpage: *crm_failcount(8)*.

`crm_master` – das Tool sollte nicht manuell aufgerufen werden. Es wird von Multi-State-RAs benutzt (wie z. B. der DRBD-RA in der klassischen Master/Slave-Variante), um festzulegen, welche Instanz der Ressource auf welchem Node zum Master promoted werden soll. Manpage: *crm_master(8)*.

`crm_standby` – stellt ebenfalls »nur« einen Wrapper von *crm_attribute* dar, um den Standby-Zustand des angegebenen Nodes über das Status-Attribut »standby« (Boolean) auszulesen oder zu setzen. Im Standby-Mode ist der Cluster per Messaging-Layer noch erreichbar, kann jedoch keine Ressourcen betreiben oder übernehmen (entspricht der crm-Subsektion *node* -> standby|online <Node>). Manpage: *crm_standby(8)*.

`crmadmin` – mit diesem Tool können sowohl Node-spezifische Eigenschaften ausgelesen und verwaltet werden (wie z. B. Status, Debug-Level, crmd-Shutdown) als auch Settings, die den Cluster als Ganzes betreffen (DC lokalisieren, DC-Election »anstoßen«). Das Tool wird zukünftig durch `crm_node` ersetzt. Manpage: *crmadmin (8)*.

`attrd_updater` – mithilfe dieses Tools können neue Node-Attribute der Status-Sektion der CIB hinzugefügt oder vorhandene modifiziert werden. Es bezieht sich dabei immer nur auf den Node, auf dem es ausgeführt wird.

`ptest` – ein sehr nützliches Tool, um den aktuellen Zustand des Clusters und seiner Ressourcen (z. B. die Scores) auszulesen und um vergangene und anstehende Änderungen zu simulieren und zu visualisieren. Dieses Tool schauen wir uns im nächsten Abschnitt kurz an.

Weitere wichtige Dateien und Ordner (Auszüge)

*/var/lib/(heartbeat)/pengine/pe-(input|warn)-**

Hier werden die Outputs (Änderungen und Warnungen) der Policy-Engine als XML-Files mit hochlaufender Seriennummer gespeichert. Bei jeder Modifikation und zugehöriger Rückmeldung wird um eins hoch gezählt.

*/var/lib/heartbeat/cores/**

Für Debug-Infos/Core-dumps im Crash-/Fehlerfall. Unterordner *root, nobody, hacluster*.

*/var/lib/heartbeat/crm/cib**

cib.xml – enthält die aktuelle CIB – NIEMALS MANUELL ÄNDERN!

cib.xml.sig – enthält die eindeutige, zur jeweiligen CIB gehörige Signatur.

**.last* – enthält die letzte gültige Version der CIB mit zugehöriger Signatur.

3.6.6 Die Pacemaker-GUI

Nun zum Dritten im Bunde, dem grafischen Cluster-Administrationstool crm_gui bzw. hb_gui. Für den Einsteiger stellt es ein relativ einfach zu handhabendes Tool dar, um sich einen sicheren (da die Kommunikation zwischen *mgmtd* und der GUI verschlüsselt abläuft) Überblick über den Cluster, seine globalen Settings und Ressourcen/Constraints zu verschaffen. Mithilfe der GUI lassen sich Ressourcen einfach zusammenstellen, starten und verwalten, und auch das Erzeugen von Constraints wird deutlich erleichtert, da die Beziehungen und Bedingungen je nach gewählten Einstellungen sofort aktualisiert werden (z. B.: »Starte Ressource ›Dateisystem‹ nur wenn Ressource ›DRBD‹ auf dem gleichen Node bereits zum Master promoted wurde.«). Über die GUI können ebenfalls Shadow-Copies der CIB zu Testzwecken erzeugt werden, mehr hierzu in Abschnitt 3.7.5. Zudem bietet sie – je nach Erfahrung des Admins – über »Menü -> View« verschiedene Betriebsmodi, die je nach Stufe (Simple-/Expert-/Hack-Mode) wenig bis tief greifenden Zugriff auf die sensiblen Innereien unseres Clusters-Brains zulassen. Daher Achtung: Eine Lobotomie ist manchmal schnell zusammengeklickt.

Hinweis

Zudem können wir per »Tools -> Cluster Report« eine umfassende Analyse des Ist-Standes unseres Clusters erzeugen – ebenso hilfreich zu Diagnose-Zwecken wie auch als Backup bzw. Snapshot: Neben vielem anderen werden nicht nur die komplette Konfiguration der CIB und ihr Status zum Zeitpunkt des Reports, sondern z. B. auch die des Messaging-Layers und eines gegebenenfalls vorhandenen DRBDs archiviert. Das gepackte Report-Archiv wird default unter */root/cluster-report-<Random-String>.tar.bz2* abgelegt.

Die GUI in älteren standalone Pacemaker-Versionen (<1.x) und Heartbeat-Komplettpaketen (2.x) war extrem fehlerbehaftet und konnte die komplette CIB ruinieren, sodass selbst Andrew Beekhof vom Einsatz abriet. Zudem konnten nicht alle Funktionalitäten über die GUI erschlagen werden.

Die aktuelle Variante ist stabil, deckt nahezu den kompletten Funktionsumfang ab und ist immer noch intuitiv zu bedienen. Allerdings sei an dieser Stelle noch einmal darauf hingewiesen, dass die GUI funktionell derzeit nicht weiterentwickelt wird, sondern aus Zeit- und Prioritätsgründen seitens der Entwickler nur Fehlerbereinigungen einfließen.

Die benötigen Pakete zu diesem Abschnitt finden sich im Anhang.

Um mit der GUI kommunizieren zu können, benötigen wir zunächst einen entsprechenden User-Account auf allen Nodes, in diesem Fall *hacluster*, den wir in den vergangenen Abschnitten bereits mit einem Passwort versehen haben. Zum anderen muss der *mgmtd* gestartet (bei SUSE z. B. unter */usr/lib/heartbeat/* zu finden) sein, was durch die Corosync/OpenAIS-Konfigurationsdirektive `use_mgmtd: yes` innerhalb der Service-Sektion der Konfigurationsdatei *corosync.conf* | *openais.conf* getriggert wird. Heartbeat benötigt, wie ebenfalls bereits beschrieben, hierzu die Direktive `crm respawn` in seiner *ha.cf.*

Über die Prozessliste können wir sehr schnell prüfen, ob der *mgmtd* aktiv ist:

```
#> ps aux | grep mgmtd | grep -v grep
root 2524  0.0  0.7   9356  3688 ?    S  11:50  0:06 /usr/lib/heartbeat/mgmtd
```

In der Regel werden wir unsere Cluster-Nodes jedoch kaum in einen Runlevel mit X11 booten, geschweige denn wird der Administrator den Serverraum zu seinem Arbeitsplatz machen (okay, lassen wir die Klimaanlage und heiße Sommertage mal außen vor). Möglichkeiten, mit denen wir uns die GUI-Remote auf den Schirm unserer Arbeitstation holen, existieren zur Genüge. Arbeiten wir mit einem Linux-Desktop, können wir die X-Session per *ssh* bequem zu unserem Arbeitsplatz umleiten (*ssh*-Schalter: -X, also z. B. `ssh -X root@jake`). Voraussetzung ist natürlich aktiviertes X11-Forwarding in der ssh-Server-Konfiguration des Nodes (Direktive `X11Forwarding yes` in *sshd_config(5)*). Nachdem wir uns Remote per ssh auf einem der Nodes unseres Clusters angemeldet haben, rufen wir je nach Distribution und Version einfach das Kommando `crm_gui` (oder `hb_gui`) auf. In beiden Fällen handelt es sich um einen Softlink auf das eigentliche Python-Script `haclient.py`, das bei SUSE z. B. unter */usr/share/heartbeat-gui/* abgelegt ist.

Wollen wir unsere Nodes von unserem Windows-Arbeitsplatz aus administrieren, stehen uns verschiedene Varianten zur Verfügung. Zum einen können wir auf der Windows-Arbeitsstation einen freien X11-Server (z. B. *Cygwin: http://www.cygwin.com/*) installieren, und damit die Ausgabeumleitung unseres Nodes »entgegennehmen«. Cygwin z. B. arbeitet mit allen aktuellen Windows-Versionen inklusive Windows 7. Bei der Installations-Auswahl müssen in jedem Fall die Laufzeit-Module für OpenSSH, OpenSSL und X11-Server installiert werden. Nach dem Start der XWin.exe kann die entfernte X11-Applikation per ssh (z. B. *putty* mit aktiviertem X11-Forwarding) auf den XWin-Desktop der Windows-Station geholt werden.

Eine andere, einfachere Variante wäre der Start des *vncserver*-Dienstes (Xvnc) auf dem Node, mit dem wir uns konnektieren wollen. Auf der Windows-Seite kann die X11-Oberfläche anschließend mit jedem VNC-komaptiblen Client aufgerufen werden. Natürlich darf nicht vergessen werden, dass durch den Start des X-Systems weitere Ports auf dem Node geöffnet sind, die potenzielle Angriffsziele sein können. Zudem muss sichergestellt sein, dass die Daten-Übertragung verschlüsselt abläuft; dies lässt sich über einfaches Port-Forwarding erreichen. Z. B. in Verbindung mit putty als SSH-Client kann unter der Option *Connection -> SSH -> Tunnels* der VNC-Port 5901 lokal auf <IP des Nodes>:5901 gemappt werden. Die Ports, die der VNC-Server auf unserem Node tatsächlich anbietet, können wir z. B. per

```
#> netstat -pan | grep -i vnc
```

ermitteln. Anschließend sollten wir natürlich per *tcpdump(8)* verifizieren, dass die Kommunikation tatsächlich verschlüsselt abläuft, z. B.:

```
#> tcpdump -xX -i <Interface> -s 10000 dst port <port>
```

Die eigentliche Authentifikation an der GUI erfolgt via User-Account *hacluster* und der (Loopback-)IP des Nodes. Da wir die Pacemaker-GUI im Folgenden noch ein paar Mal sehen werden, soll an dieser Stelle das Login-Fenster ausreichend sein.

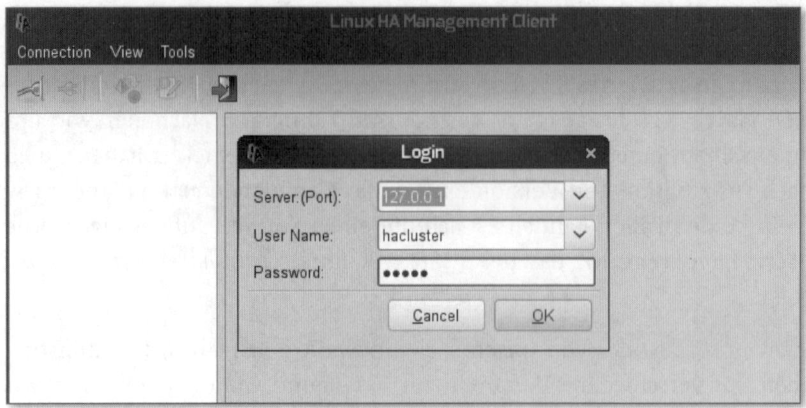

Abbildung 3.2 crm_gui-login

3.6.7 HAWK

Nein, es geht weder um die Abkürzung des typischen Admin-Spruchs »Harte Arbeit, wenig Kohle« noch um Vogelkunde oder um das betagte Flugabwehrraketen-Modell, das sein Geburtsjahr zusammen mit dem Autor feiern durfte, der kaum ahnen konnte, dass er nur 23 Jahre später immer noch Wehrdienst an dem Ding schieben durfte. Egal – hier geht es um eine andere Abkürzung, denn HAWK steht für *HA Web Konsole*. Ein recht neues Projekt aus der Clusterlabs-Küche und auch noch nicht die eierlegende Wollmilchsau, die sich viele für das komplette Cluster-Management wünschen, aber durchaus eine Alternative, die im Auge zu behalten ist.

Durch das Web-Interface ist eines der größten Mankos – die gegebenenfalls umständliche Einrichtung der crm_gui auf Win-Clients – vom Tisch, Gleiches gilt natürlich für die Java-basierte DRBD MC im nächsten Abschnitt.

Für RPM-basierte Distributionen finden sich entsprechende Pakete im openSUSE-Build-Service:

http://download.opensuse.org/repositories/network:/ha-clustering/

Wer geneigt ist, sich seine Pakete selber zu bauen, wird derzeit hier fündig:

http://hg.clusterlabs.org/pacemaker/hawk

Achtung: Neben dem eigentlichen Paket wird der *lighttpd*-Webserver benötigt, den fast alle Distributionen von Haus aus mitbringen.

Schauen wir uns kurz das Setup und die Fähigkeiten des neuen Mitstreiters an. Nach der Installation der Pakete und dem Start des Services per

```
#> /etc/init.d/hawk start
```

können wir mittels Web-Browser per *https://<IP des HAWK-Hosts>:7630* die Startseite aufrufen. Nach Bestätigung des Zertifikats können wir uns als User *hacluster* mit dem gewählten Kennwort (bei uns »linux«) anmelden. Derzeit stehen noch nicht allzu viele Funktionen zur Verfügung; die Oberfläche stellt sich in der getesteten Version wie folgt dar (Nodes und Ressourcen sind eingeschränkt managebar):

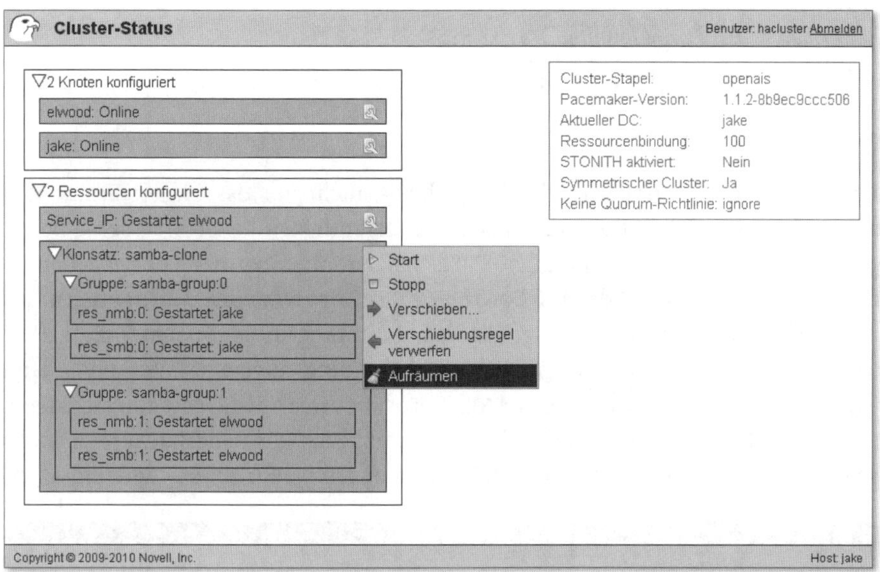

Abbildung 3.3 HAWK-Management-Oberfläche

Weiter Infos hierzu finden sich unter *http://www.clusterlabs.org/wiki/Hawk*

Na gut, Hawkie – wir behalten Dich im Auge...

3.6.8 DRBD MC

Klingt im ersten Moment wie der Motorrad-Club der *Deppendorf-Rödelheimer Biker im Delirium* (etwaige Ähnlichkeiten wären ungewollt und seien mir verziehen) – ist es aber nicht, sondern schlichtweg ein weiteres Management-Tool, dieses Mal von Linbit, dem Haus der DRBD-Macher: die *DRBD Management Console*. Als GUI ein möglicher Ersatz bzw. eine Ergänzung zu der uns bereits bekannten crm_gui. Die DRBD MC (in der zum Zeitpunkt der Erstellung des Buches aktuellen Version 0.7.9 beta) basiert auf Java (und benötigt somit eine adäquate JRE/Java Runtime Umgebung) und bietet – u. a. auf der Basis von Wizards – die Möglichkeit zur Administration und Konfiguration eines Pacemaker-Clusters mit OpenAIS|Corosync- oder Heartbeat-Messaging Infrastruktur.

Was die reine Usability angeht, ist das Produkt (trotz mächtig viel bis zuviel Eye-Candy) recht übersichtlich, die Bedienung ebenfalls relativ intuitiv. Die Verbindung zu den Cluster-Nodes erfolgt per ssh, und die Verwaltungstools erlauben es, alle Ressourcen des Clusters – natürlich insbesondere die DRBD-Ressourcen – zu managen. Bei der vorliegenden Version trat zeitweise eine recht hohe CPU-Auslastung auf. Weiterführende Informationen, Dokumentationen sowie die DRBD-MC als Source und Test-fertige Java-Applikation finden sich unter:

http://www.drbd.org/download/drbd-mc/

Nach dem Download erfolgt der Start der Java-Applikation z. B. per

```
#> java -jar DMC-{Version}.jar
```

Interessant an dieser GUI ist die Möglichkeit, nicht nur das Cluster-Brain, sondern neben den DRBD-Ressourcen auch das eigentliche Cluster-Messaging konfigurieren zu können. Auf aktuellen SUSE-Installationen hat das Tool gegebenenfalls seine liebe Mühe, da das Corosync-Startscript von den Nürnbergern aus welchen wirren Kompatibilitätsgründen auch immer unter »openais« läuft. Hier wäre also gegebenenfalls manuelle Nachbesserung angesagt. Wer will, kann jedoch auch per »Skip« den (OpenAIS/Corosync-/Heartbeat-)Test überspringen. Nachdem alles komplett eingerichtet ist, stellt sich die Oberfläche – je nach gewähltem Punkt auf der linken Seite der baumartigen Struktur – wie folgt dar:

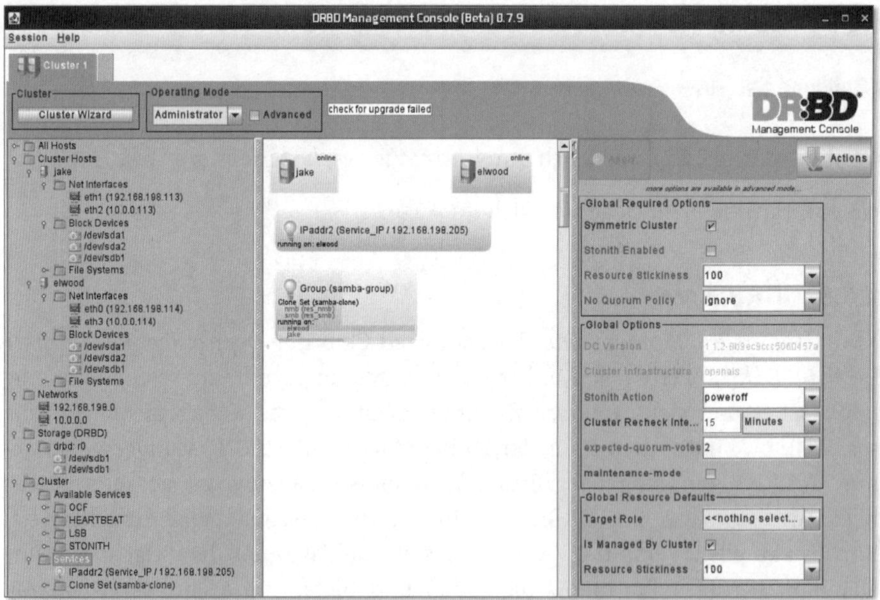

Abbildung 3.4 DRBD MC

Fazit – über Muscheln, Markups, Motorrad-Clubs und museumsreife Raketen

Fassen wir die Betrachtung unserer Cluster-Management-Werkzeuge an dieser Stelle noch einmal kurz in einigen Punkten zusammen:

Punkt 1: Der versierte Umgang mit der *crm*-Shell und den korrespondierenden Tools, sowie das entsprechende, tief greifende Know-how über die XML-Notationen unserer CIB sind unabdingbare Voraussetzungen für eine effektive Administration unseres Clusters; ebenso das Verständnis der Funktionsweise von Ressourcen, Constraints, Rules und dem Score-/Stickiness-Prinzip. Daher muss sich jeder Admin früher oder später mit diesen Punkten ausgiebig beschäftigen. Und nur so kann er wirklich verstehen und einschätzen, welchen Aktionen über GUI-Werkzeuge getriggert werden. Nichtsdestotrotz ist sind die crm-Shell und *crm_**-Tools dem »blanken« Handling von XML-Snippets (Ausnahme: Backup der CIB) per *cibadmin* in jedem Fall vorzuziehen, um mögliche Fehler zu minimieren.

Punkt 2: GUI-Werkzeuge, egal in welcher Form, stellen immer und zu jeder Zeit nur eine weitere Abstraktionsebene dar, über die wiederum potenzielle Fehler bei der Implementation/Modifikation von Ressourcen und Constraints in unserer CIB entstehen können. Auch wenn die Klicki-Bunti-Tools durchaus ihren Reiz und ihre Berechtigung (gerade für Einsteiger) haben – das Risiko, sich unbedacht Konfigurationen zu zerschießen, ist potenziell nicht zu unterschätzen.

Punkt 3: Wer unseren Cluster partout via GUI administrieren will, sollte sich die vorgestellten GUIs genau anschauen und die jeweiligen Vor- und Nachteile für sich evaluieren:

- Die Pacemaker-GUI/crm_gui hat sicherlich die längste Vorgeschichte und hat sich zu einem recht stabilen und funktionell gut ausgestatten Tool entwickelt. Wenn sie zukünftig durch entsprechende Maintainer wieder auf den funktionell neuesten Stand gehievt wird, steht ihrem Einsatz – abgesehen von der relativ leicht zu umschiffenden Plattformbindung – auch längerfristig nichts im Wege.
- Die DRBD MC stellt den Ansatz zu einer eierlegenden Wollmilchsau dar, sie punktet insbesondere durch Funktionsvielfalt und Integration des DRBD-Managements sowie des Cluster-Messaging-Layers. Ihre Bewährungsprobe steht noch aus, und auch einige Kinderkrankheiten sind noch auszubügeln, insgesamt jedoch ein interessanter Ansatz, bei dem es sich lohnt, ihn weiter zu beobachten.
- Unser kleiner Hawkie steckt wortwörtlich noch in den Kinderschuhen. Durch den Web-basierten Ansatz ist die Plattform-Unabhängigkeit natürlich ebenso gegeben wie die Java-basierte der *DRBD Management-Console*. Für einen Einsatz in echten Produktivumgebungen fehlen dem Tool jedoch schlichtweg

derzeit noch etliche Funktionen – also lassen wir den Vogel noch ein wenig im Nest bzw. auf dem Launcher und schauen, wie er sich entwickelt.

3.7 Management von Cluster-Ressourcen

»Wenn ich den luxemburgischen Staatshaushalt an die Wand fahre, verliere ich die Wahlen. Wäre ich Manager, würde ich wohl 80 Millionen Euro dafür kriegen.«
– Jean-Claude Juncker

Fern der Realität? Wohl kaum? Allerhöchstens untertrieben, es wären wahrscheinlich mehr als 200 Millionen. Aber Gott sei Dank arbeitet unser Manager völlig anders als viel zu viele seiner Gegenparts in der realen Welt: Denn er kümmert sich weniger um sich selbst (und die Füllung seiner Konten auf den Caymans), sondern tatsächlich um die Pflege der ihm anvertrauten Ressourcen.

Nachdem wir in den vorangegangenen Abschnitten die Tools zum Management unseres Cluster-Brains und ihre grundlegende Funktionsweise kennengelernt haben, schauen wir uns nun an, wie wir ein paar einfache Ressourcen in die CIB implantieren. Eine der wichtigsten ist dabei – vor allem für typische Active/Passive-Failover-Szenarien – die Service IP, denn schließlich wird über sie der komplette Datenverkehr zu unserem Cluster abgewickelt. Und sie muss dabei vor allem eines beherrschen: einen nahezu unterbrechungsfreien Failover.

3.7.1 At your Service – gestatten: Ihre Service-IP

Bevor wir einen Blick auf die RAs werfen (ja, es gibt gleich mehrere für den Job), die sich um diese Aufgabe kümmern können, wollen wir kurz grundsätzlich betrachten, nach welchen Strategien der Zugriff für die Clients (IP-bezogen) auf den Cluster überhaupt sichergestellt werden könnte? Als da wären:

Dynamic DNS Reconfiguration: Der DNS-Eintrag würde (semi-)automatisch aktualisiert, sodass er mit der IP des ausgefallenen Nodes nun auf den aktiven zeigt. Prinzipiell machbar, aber in der Praxis unbrauchbar, da keine zeitkritischen Failover-Szenarien möglich sind. Zudem ist der lokale DNS-Cache des Clients nicht mit einbezogen.

IP address takeover: Hier würde »nur« die IP-Adresse übernommen (nicht die Mac). Die Probleme sind offensichtlich – da die gleiche IP auf dem neuen Node nun eine andere MAC-Adresse hat, was bedeuten würde, dass alle OSI-Layer-2-Komponenten ihren ARP-Cache aktualisieren müssten. Diese Variante schließt einen zeitnahen, unterbrechungfreien Failover ebenfalls aus.

MAC address takeover: IP und MAC werden vom neuen Node gleichzeitig per ARP-Spoofing übernommen. Die schnellste und beste Variante, die nahezu unterbrechungsfrei arbeitet. Auf der Clientseite sind keine Aktionen erforderlich, da für sie das Interface des Clusters gleich geblieben ist.

Im Folgenden werden wir unseren ersten kleinen Mini-Cluster in Betrieb nehmen, der über eine Service-IP-Ressource einen unterbrechungsfreien Zugriff auf den Cluster ermöglichen soll. Los geht's.

Zunächst: Uns stehen zwei OCF-RAs für diese Aufgabe zur Verfügung, *IPaddr* und *IPaddr2*. Der Unterschied liegt hierbei im Detail – der RA *IPaddr*, der intern via *ifconfig(8)* arbeitet, erzeugt ein zusätzliches, virtuelles Interface auf einem vorhandenen (z. B. eth0:1) mit der Service-IP. Das virtuelle Device wird beim Listing der Netzdevices per *ifconfig(8)* angezeigt und ist durch seinen Device-Bezeichner auch eindeutig als virtuelles Interface erkennbar. Bei einem Failover sendet die *IPaddr*-Ressource eine Anzahl von *gratuitous arps*, die dafür sorgen, dass alle über das entsprechende Netz erreichbaren Clients ihre ARP-Caches updaten.

Sein neuerer und als IP-Ressource der Wahl empfohlener Bruder *IPaddr2*, der intern via *ip(8)*-Kommando arbeitet, fügt dem Netzwerkinterface nur eine weitere IP-Adresse hinzu. Im Gegensatz zu *IPaddr* wird eine per *IPaddr2* implantierte Ressource beim Listing der Netzdevices per *ifconfig(8)* nicht angezeigt, sondern nur per *ip*-Kommando. *IPaddr2* kann zudem in einer Cloneset-Konfiguration unter bestimmten Voraussetzungen als »Cluster-IP« betrieben werden, um rudimentäre Loadbalancer-Funktionalitäten zu implementieren. Aber Vorsicht – ein Cluster dient üblicherweise primär der Ausfallsicherheit und nicht der Lastverteilung. Wer seinen Cluster gleichzeitig als Loadbalancer in Betrieb nehmen will, sollte sein Design lieber überdenken. Um ein konkretes Beispiel zu nennen: Es macht in der Praxis sicher mehr Sinn, den eigentlichen Apache-Loadbalancer redundant und mit genügender Bandbreite auszustatten und die eigentliche Last auf die Worker zu verteilen.

3.7.2 Integration von Ressourcen

Achtung

Vor Änderungen an der CIB sollte – in Produktivumgebungen zwingend! – immer ein Backup (z. B.: `cibadmin -Q > backup_-$(date +%F-%H-%M).xml`) erstellt werden, um den letzten konsistenten Zustand der CIB jederzeit schnell und einfach wiederherstellen zu können. In virtuellen Testumgebungen – oder entsprechend konfigurierten realen Systemen (siehe Abschnitt 2.4.6, »Bitte Lächeln – Snapshots« -> Überschrift »Völlige Verschmelzung – Snapshot-Merging statt Restore«) – kann vor der Implementierung von Ressourcen alternativ auch ein Snapshot erstellt werden, um bei eventuellen Fehlern einen Rollback durchführen zu können. Ein Sandbox-Test per crm_shadow (siehe Abschnitt 3.7.5) kann manchmal ebenfalls sehr erhellend wirken.

Zudem ist es wichtig, z. B. nach der Integration von Ressourcen oder der Modifikation von Constraints die Ruhe zu bewahren. Unser Cluster reagiert in der Regel zwar sehr schnell auf etwaige Fehlersituationen, aber je nach eingestellten Start-Verzögerungen und/oder Querverbindungen zu anderen Ressourcen kann es manchmal etwas dauern, bis wir eine positive Rückmeldung erhalten. Daher noch einmal: *Immer die Ruhe bewahren*. Wildes Herumgeklicke in der GUI bringt rein gar nichts, sondern kann u. U. eher das Gegenteil bewirken. Und wenn das nichts mehr nützt, werfen wir einen Blick in Abschnitt 3.11 über das Debugging im Cluster.

Um nun die Service-IP unserem Cluster als Ressource hinzuzufügen, öffnen wir auf einem der Nodes die crm-Shell und wechseln in die *configure*-Subsektion. Dort geben wir die wichtigsten Eckdaten der neuen Ressource mit der ID *Service_IP* ein (Datei: *res-simple-ip.sh)*.

```
crm(live)configure# primitive Service_IP ocf:heartbeat:IPaddr2 \
        op monitor interval=10s timeout=20s \
        params ip=192.168.198.205 \
        meta target-role=started
crm(live)configure# commit
```

Zu den Details:

Per `primitive` definieren wir eine einfache Ressource namens *Service_IP*. Definitionen für andere Ressourcen-Typen wären z. B. `group`, `clone` oder `master`, zu denen wir in den folgenden Beispielen noch kommen werden. Per `ocf:heartbeat:IPaddr2` wird der eigentliche RA definiert, der hinter der Ressource steckt: `ocf` spezifiziert die Klasse (in diesem Fall also ein Agent gemäß *Open Cluster Framework* -Spezifikation (eine andere Variante wäre z. B. `lsb::<scriptname>`), `heartbeat` legt fest, dass der Agent aus der Subsektion der Heartbeat-Agenten (bei SUSE z. B. unter */usr/lib/ocf/resource.d/heartbeat/** zu finden) stammt, und `IPaddr2` gibt schließlich den zu verwendenden Agenten an.

Die Subsektion `op` (als Kürzel für *Operations)* definiert in diesem Fall eine *Monitor*-Operation, die die Ressource im `interval` von 10 Sekunden überprüft, und einen maximalen `timeout` von 20 Sekunden, in dem die Ressource nicht erreichbar ist, zulässt.

Über die Subsektion `params` muss zumindest eine `ip`-Adresse festgelegt werden. Weitere, optionale Parameter wären `cidr_netmask` zur Festlegung der Netzmaske im CIDR-Format (z. B. 24 für 255.255.255.0), andernfalls versucht der Agent die Netzmaske für das Interface (optionaler Parameter: `nic`) aus der Routing-Tabelle auszulesen.

Als meta-Attribut weisen wir der Ressource die target-role started zu, wodurch sie direkt nach ihrer Implementierung zu starten versucht. Für bestimmte Ressourcen, die z. B. von anderen, noch nicht implementierten Ressourcen abhängig sind, kann daher zunächst ein explizites stop als target-role durchaus Sinn machen.

Die ip sollte natürlich auf das tatsächlich verwendete Netz angepasst werden. Infos zu allen verfügbaren Parametern des *IPaddr/IPaddr2*-RAs liefert *man 7 ocf_heartbeat_IPaddr/2* oder **crm ra info IPaddr/2**.

Nach der Integration sollte sich unser Cluster mitsamt der neuen Ressource per **crm_mon -n** wie folgt präsentieren:

```
...
2 Nodes configured, 2 expected votes
1 Resources configured.
============
Node elwood: online
        Service_IP      (ocf::heartbeat:Ipaddr2) Started
Node jake: online
```

Ressource gestartet (falls nicht: passt die vorhandene bzw. gesetzte IP zum verwendeten Netz?) – und weiter geht's.

3.7.3 Örtlichkeiten – Setzen von Location-Constraints

Wie wir unschwer erkennen können, ist unsere frisch erzeugte Ressource *Service_IP* auf Node *elwood* aktiv. Wollen wir, dass eine Ressource auf einem bestimmten Node gestartet wird oder eine bereits gestartete Ressource dorthin wechselt, können wir das über ein *Location*-Constraint mit einem entsprechenden Score erreichen, hier z. B. per Single-Shot mit einem INFINITY-Score *(inf)*:

```
#> crm configure location loc_service_ip Service_IP inf: jake
```

Die Syntax ist relativ selbsterklärend: location definiert zunächst die Art des Constraints (andere Varianten, die jeweils spezifische Sub-Parameter benötigen, wären colocation bzw. ordering). Der frei gewählte String loc_service_ip legt die ID des Constraints in der CIB fest und sollte daher aussagekräftig gewählt werden. Nach der ID wird die Ressource definiert, für die das Constraint gelten soll, sowie der Score, gefolgt vom Node. Wollen wir uns den Constraint in der CIB anschauen, können wir das per *cibadmin* erledigen:

```
#> cibadmin -Q -o constraints
```

```
<constraints>
  <rsc_location id="loc_service_ip" node="jake" rsc="Service_IP" score="INFINITY"/>
</constraints>
```

Wollen wir zwei Ressourcen so miteinander »verheiraten«, dass sie Transitionen immer nur händchenhaltend, sprich: gemeinsam, durchführen und wenn möglich immer auf dem gleichen Node aktiv sind, können wir entweder ein entsprechendes Co-Location-Constraint setzen oder die vakanten Ressourcen gruppieren. Wie das im Detail funktioniert, können wir uns natürlich erst konkret anschauen, wenn wir ein paar zusätzliche Ressourcen in unseren Cluster implantiert haben. Mehr dazu also in Abschnitt 3.7.9.

3.7.4 Failover-Simulation und Klebrigkeiten

Soweit, so gut. Nun zur Failover-Simulation, die wir im einfachsten Fall dadurch simulieren können, dass wir den Node in Standby versetzen, auf dem die Ressource derzeit aktiv ist, in unserem Fall also *elwood*:

```
#> crm_standby -U elwood -v true
```

Damit wir uns in etwa eine Vorstellung davon machen können, wie schnell die Ressource wirklich auf den neuen Node schwenkt, können wir auf einer weiteren Konsole einen *ping* mit hoher Frequenz (hier: 0.1 Sekunde) auf die Service-IP abschicken und diesen während des Failovers betrachten, z. B.:

```
#> ping 192.168.198.205 -i 0.1 | tee failover.log
```

In unserem Testszenario sollten keine erkennbaren Unterbrechungen auftreten, jedoch dürfen wird dabei nicht vergessen, dass selbst eine Unterbrechung im Hundertstel-Sekunden-Bereich bei bestimmten *(Statefull-)*Services ausreichen kann, um eine Unterbrechung der Session hervorzurufen.

Schalten wir nun unseren guten alten *elwood* wieder per

```
#> crm_standby -U elwood -v false
```

online, schwenkt unsere Service_IP zurück auf ihren ursprünglichen Node. Ein Verhalten, das wir in einem typischen Active/Passive-Cluster nicht gebrauchen können, denn: Jede Transition birgt potenziell immer das Risiko von Fehlern und erneuten Verbindungsabbrüchen!

Wir müssen unserem Cluster also mitteilen, dass er seine Ressourcen nach einem Schwenk nicht erneut zurück auf den Ursprungs-Node zurückschwenken soll, sobald dieser wieder online ist. In älteren Heartbeat-Versionen legte die Direktive `auto_failback` das Verhalten des Clusters in dieser Beziehung fest; in aktuellen Cluster-Stacks kümmert sich Pacemaker um den Job, und zwar über die bereits vorgestellte `resource-stickiness`.

Wie fest unsere Ressourcen an ihren Nodes kleben sollen, können wir sowohl als globale Option als auch als `resource-default` festlegen. Die Funktionsweise unterscheidet sich jedoch: Per `resource-default` kann nur neu angelegten Ressourcen eine entsprechende Stickiness zugewiesen werden. Die `default-resource-stickiness` wirkt sich hingegen sofort auf alle vorhandenen und neu angelegten Ressourcen aus. Zudem kann das *resource-default*-Setting je nach verwendeter Pacemaker-Version gegebenenfalls nicht direkt innerhalb der crm-Shell gesetzt oder dargestellt werden.

Würden wir die Stickiness als Ressource-Default setzen wollen, müssten wir daher das folgende XML-Snippet per cibadmin in die CIB implantieren:

```
<meta_attributes id="rsc_defaults-options"> \
  <nvpair id="nvpair-res-def" name="res-stick" value="1000"/> \
</meta_attributes>
```

```
#> cibadmin -C -x res-default.xml
```

Auch in der crm-Shell wird nicht der übliche, normalisierte Eintrag angezeigt, sondern nur das »echte« XML-Snippet.

Die einfachere und bessere Variante stellt das Setting der `default-resource-stickiness` via crm-Shell dar:

```
#> crm configure property default-resource-stickiness=100
```

Erfolgt nun im F-Fall ein Schwenk der Ressource auf den verbliebenen Node, ist sichergestellt, dass sie auch dort verbleibt, wenn der ausgefallene Node dem Cluster wieder beitritt. Per Location-Constraint gesetzte Präferenzen von Ressourcen zu einem bestimmten Node werden dadurch nicht tangiert.

3.7.5 Schattenspielchen im Sandkasten – Testsimulation mit crm_shadow

»Wer weiß, welches Böse in den Herzen der Menschen lauert? Der Schatten weiß es!« Ja nee, is klar. Und der gute alte Radio-Hörspiel-Superhero »The Shadow« wusste eben schon in den frühen 30er-Jahren des letzten Jahrhunderts immer und jederzeit, was die bösen Buben vorhaben.

Und damit wir ebenfalls wissen, was Ressourcen – die wir potenziell noch nicht richtig kennen – Böses mit unserem Cluster anstellen könnten, schicken wir sie ebenfalls erst einmal zum Schattenmann: In unserem Fall per crm_shadow in die Test-Sandbox unserer CIB, einer Schattenkopie oder auch *Shadow-Copy*.

Was steckt nun genau dahinter?

Nun, eigentlich nichts anderes als ein Sandkasten-Spielplatz (eben eine gekapselte Sandbox), um in einer Kopie unserer CIB (oder einer leeren, jungfräulichen

CIB) das Verhalten von Ressourcen vor ihrer endgültigen Implantierung zu evaluieren.

Und wie funktioniert's?

Gute Frage: Im Prinzip erstellt die CIB mittels crm_shadow (oder interaktiv per *crm -> cib -> new)* eine Kopie der aktiven (live)-CIB, die wir ja schon am Prompt der interaktiven crm-Shell, z. B.: *crm(live)configure #,* erkennen: »(live)«. Die Shadow-Copy kann nun wie eine »normale« CIB behandelt werden, d. h. wir können testen, ohne dass die Änderungen einen Effekt auf unsere realen Cluster-Ressourcen haben. Nachdem wir das gewünschte Layout und Verhalten der Ressourcen in unserem Sandkasten erzielt haben, können wir sie ganz oder in Teilen in unsere »echte« (live)-CIB übernehmen.

Schauen wir uns also die möglichen Vorgehensweisen an:

Shadow-Copy per crm -> cib

Wir erkennen die Shadow-Copy bereits direkt nach der Erstellung an ihrem eindeutigen Prompt (hier: *shadow):*

```
crm(live)cib# new shadow
```

```
INFO: 'shadow' shadow CIB created
```

```
crm(shadow)cib#
```

Haben wir bereits eine Shadow-CIB, können wir sie per *»use«* aktivieren:

```
crm(live)cib# use shadow
crm(shadow)cib#
```

Nun erzeugen wir in der Sandbox – genau so wie in der (live)-CIB – eine Ressource, commiten und validieren sie, bevor wir sie endgültig in unsere (live)-CIB implantieren:

```
crm(shadow)configure# primitive Service_IP2 \
    ocf:heartbeat:IPaddr2 op monitor interval=3s timeout=5s \
    params ip=10.0.0.205
crm(shadow)configure# show
crm(shadow)configure# commit
crm(shadow)configure# verify
crm(shadow)# cib commit shadow
```

```
INFO: commited 'shadow' shadow CIB to the cluster
```

Shadow Copy per crm_shadow

Die andere Variante, per *crm_shadow*, verlangt ebenfalls minimal den Namen der neuen Shadow-CIB, landet jedoch direkt in einem anderen Prompt bzw. Shell-Befehlsfenster:

```
#> crm_shadow -c shadow
```

```
Setting up shadow instance
Type Ctrl-D to exit the crm_shadow shell
```

```
shadow[shadow] #
```

Existiert die Shadow-Copy bereits, nehmen wir den Schalter `-s`, um sie zu öffnen. Verlassen können wir unsere Shadow-Copy per `exit`, und löschen per `-D <Shadow-Copy> --force`. Anders als in der CIB-Variante arbeiten wir hier in einer »normalen« Shell-Umgebung, d. h. wir müssen hier auf die crm_*-Tools zurückgreifen. Nehmen wir das gleiche Beispiel der Service_IP2 wie eben, müssen wir sie als XML-Snippet (in der Shadow-Shell) per

```
shadow[shadow] # cibadmin -o resources -C -x <XML-Datei>
```

importieren. Hierzu können wir die Beispieldatei *ip2.xml* aus den Daten zu diesem Abschnitt nehmen. Wollen wir die Inhalte »mergen«, müssen wir etwas »forcieren«:

```
shadow[shadow] # crm_shadow --commit shadow --force
```

```
Now type Ctrl-D to exit the crm_shadow shell
shadow[shadow] # logout
```

Shadow Copy per GUI

Die GUI bietet uns ebenfalls die Möglichkeit, eine Shadow-Copy unserer CIB zu kreieren: Über das Menü *Shadow -> New -> Shadow-Name* erzeugen wir die Schattenkopie mit dem Namen unserer Wahl, entweder als Kopie unserer CIB oder als völlig neue, frische und leere Cluster-Konfiguration. Existiert bereits eine Shadow-Copy, können wir switchen (Menü *Shadow -> Switch*).

Nach einer Neu-Erstellung der Shadow-Copy (als Kopie unserer CIB) und der bejahten Frage, ob wir zu der Copy switchen wollen, können wir z. B. die im letzten Beispiel implantierte IP-Adresse (Service_IP2) aus der Shadow-Copy löschen. Über das Menü *Shadow -> Diff* können wir uns die durchgeführten Änderungen im »diff«-Style anzeigen lassen; per »Reset« alle Änderungen verwerfen – die CIB wird aus der (live)-CIB neu erstellt – oder die Shadow-Copy auch komplett löschen (»delete«). Wollen wir unsere Änderungen »commiten« und bestätigen dies, wird der Inhalt der Shadow-Copy mit unserer (live)-CIB gemerged. Danach fragt uns die GUI, ob wir zur (live)-CIB switchen wollen – *Job accomplished*.

Exkurs: Schön bunt – Cluster-Aktionen visualisieren mit ptest und dotty

Wie passend: Wird *crm configure* – egal ob es sich um eine (live)- oder Shadow-CIB-Sitzung handelt – auf einem X11-Terminal ausgeführt, können vor dem Commiten des configure-Requests in die CIB per *ptest* die anstehenden Operationen zuvor simuliert und anschließend grafisch ausgegeben werden, hier nach dem Hinzufügen der zweiten Service IP (Service_IP2: 10.0.0.205) aus den letzten Beispielen über eine crm-Live-Session:

```
crm(live)configure# primitive Service_IP2 ocf:heartbeat:IPaddr2 \
        op monitor interval=3s timeout=5s params ip=10.0.0.205 \
        meta target-role=started
crm(live)configure# ptest
```

Die Ausgabe sollte sich in etwa wie folgt darstellen (siehe Abbildung 3.5).

Bei komplexeren Konfiguration, bzw. Änderungen daran, kann sich das Diagramm natürlich wesentlich verschachtelter gestalten. Dennoch bietet es eine überschaubare Ansicht der Abläufe und ihrer Querverbindungen/Abhängigkeiten (Constraints). Eine wesentliche Erleichterung hierbei ist die Möglichkeit, die Transitionen auch direkt über die GUI aufzurufen: Menü *Tools -> Transition Information*.

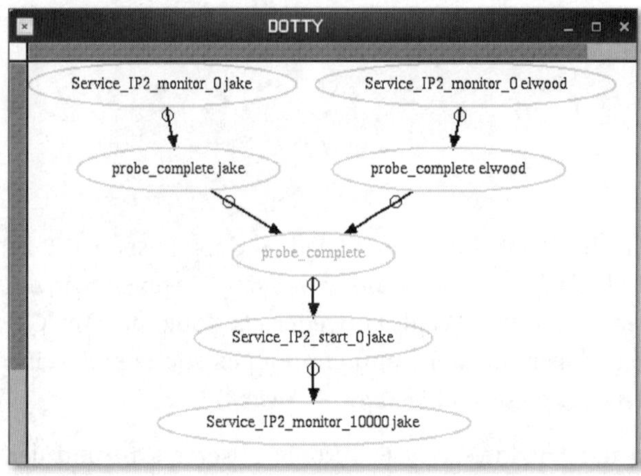

Abbildung 3.5 Simulation der Integration einer zweiten Service-IP vor dem Commiten per ptest

Hinweis

Dort können auch zurückliegende TE-Informationen angezeigt werden, die Infos hierzu holt sich das Frontend aus den History-Daten der PE unter /var/lib/pengine/*. Um diese älteren Events abzurufen (textuell oder grafisch) muss einfach die entsprechende Eventnummer ausgewählt und der Refresh-Button betätigt werden.

ptest-Legende (Auszug):

- durchgezogene Pfeile: direkte (tatsächliche) Abhängigkeit
- gestrichelte Pfeile: errechnete Abhängigkeit
- grüner Rand: Aktionen, die aus der PE errechnet wurden
- roter Rand: vom Cluster undurchführbare Aktionen
- blauer Rand: Aktionen, die vom Cluster nicht zwingend durchgeführt werden müssen
- Text orange: Statusmeldungen von ptest
- Text schwarz: Aktionen, die an den LRM durchgereicht werden

Zusätzlich sind in der GUI unter *Tools -> Transition Information* die Reiter *Detail* und *Scores* verfügbar; *Detail* liefert je nach Debug-Level einstellbaren Log-Output von *ptest*, *Scores* liefert die aktuellen – oder zu einem früheren Zeitpunkt vorhandenen – Punktestände der Ressourcen.

3.7.6 CIB-Templating

Bevor wir uns nun an das Ressourcen-Management machen, wollen wir der Vollständigkeit halber noch einen kurzen Blick auf das Templating-System werfen, das uns die crm-Shell netterweise zur Verfügung stellt. Wie der Name schon sagt, handelt es sich um Vorlagen (Templates) für Ressourcen, auf deren Basis wir unsere Ressourcen generieren können. Zunächst switchen wir in die passende Sub-Sektion und listen uns die derzeit noch recht überschaubaren Vorlagen:

```
crm(live)configure template# list templates
gfs2-base  filesystem  virtual-ip  ocfs2 sbd clvm  gfs2  apache
```

Per »*new*« erstellen wir dann auf Basis des *virtual-ip*-Templates eine neue Ressource:

```
crm(live)configure template# new Service_IP2 virtual-ip
INFO: pulling in template virtual-ip
crm(live)configure template# list
Service_IP2
crm(live)configure template# show
ERROR: 23: required parameter ip not set
```

Nun passen wir das Template nur noch unseren Anforderungen – und den Minimalanforderungen der Ressource – an und setzen die erforderlichen Werte hinter die %%-Zeilen (Ausgabe gekürzt, *IPaddr*-Zeile wurde absichtlich hinter der »*Don't edit anything beyond this line*«-Zeile von IPaddr auf *IPaddr2* geändert ...).

```
crm(live)configure template# edit Service_IP2
%name virtual-ip
# Virtual IP address
# ... generates a single primitive resource of type IPaddr
%pfx virtual-ip
%required
...
%% ip 10.0.0.205
%optional
...
# Don't edit anything below this line.
%generate
primitive virtual-ip ocf:heartbeat:IPaddr2
        params ip=%virtual-ip:ip
        opt cidr_netmask=%virtual-ip:netmask
        opt lvs_support=%virtual-ip:lvs_support
```

Danach lassen wir uns per *show* die aktuellen Settings anzeigen:

```
crm(live)configure template# show
```

```
crm(live)configure template# show
primitive virtual-ip ocf:heartbeat:IPaddr2 \
        params ip="10.0.0.205"
```

Danach wenden wir die Änderungen an

```
crm(live)configure template# apply
```

und commiten die Änderungen in unsere Live-CIB.

```
crm(live)configure# commit
```

Gefällt uns der gewählte Name nicht (hier: *virtual-ip),* können wir die Ressource auch noch im Nachhinein umbenennen:

```
crm(live)configure# rename virtual-ip Service_IP2
crm(live)configure# show
```

Okay – wer's denn mag ... Für meinen Geschmack insgesamt etwas zuviel des Aufwands für einen Vorgang, der sich anders (z. B. per crm-Shell) einfach nativer, besser und auch wesentlich schneller erschlagen lässt. Wer hier konzeptionell etwaige Parallelen zum hochinnovativen IPad sieht ... nun ja.

3.7.7 Ressourcen verwalten

Unsere Service_IP-Ressource haben wir erfolgreich in den Cluster implantiert, der Failover funktioniert, die Default-Stickiness verhindert unnötige Rück-Transitionen in unserem Active/Passive-Cluster, und nun kümmern wir uns um das eigentliche Handling der Ressourcen, zunächst natürlich am Beispiel unserer Service-IP.

Auch für diesen Bereich, das Management, stehen uns – wie bereits vorgestellt – verschiedene Tools zur Auswahl: die crm-Shell, die crm_*-Tools und, last but not least, die GUI. Um jedoch genau diese GUI, bzw. die Aktionen, die über sie getriggert werden können, zu verstehen, müssen wir uns wieder mit den üblichen Verdächtigen, unseren Kommandozeilen-Tools für diese Aufgabe auseinandersetzen.

Hier stehen uns, wie bei fast allen Kommandozeilen-Werkzeugen des Clusters, drei Varianten zur Verfügung: crm-Shell interaktiv, Single-Shot per `crm ressource` oder per *crm_resource*-Befehl.

Testen wir zunächst den Halt unserer IP-Ressource interaktiv per crm-Shell:

```
crm(live)resource# stop Service_IP
```

Per Auto-Completion (Doppel-Tab) innerhalb der crm-Shell erhalten wir an dieser Stelle automatisch eine Auflistung aller verfügbaren Ressourcen, was insbesondere bei komplexeren Ressourcen-Konfigurationen hilfreich ist. Die Syntax des o. g. Befehls sollte selbsterklärend sein. Per

```
#> crm resource start Service_IP
```

lässt sich der Vorgang im Single-Shot-Mode revertieren. Natürlich funktioniert die Vervollständigung in diesem Modus nicht.

Aber das ist natürlich längst nicht das Ende der Fahnenstange – wir können ebenso einfach eine Ressource z. B. zu Wartungszwecken von einem Node auf einen anderen migrieren. Nehmen wir an, unsere Service_IP ist auf Node *jake* aktiv. Wollen wir sie nun manuell auf *elwood* moven, können wir dies ebenfalls wieder auf 3 Arten bewerkstelligen: per crm-Shell, per *crm_resource*-Kommando und per crm_gui. Letzteres ist mehr als trivial (Rechtsklick auf die Ressource -> *Migrate Ressource)*, das crm_resource-Kommando könnten wir wie folgt abfeuern:

```
#> crm_resource -r Service_IP -M -N elwood
```

Der Schalter `-r` gibt die Ressource an, `-M` sorgt für das eigentliche *M*oving (bzw. *M*igrate), und `-N` spezifiziert den gewünschten Zielnode.

Achtung

Nach einem manuell getriggerten Move bzw. einer Migration werden automatisch Location-Constraints für die Ressource bezogen auf den Zielnode in der CIB gesetzt, die wir nicht unbeachtet lassen dürfen. Per

```
#> cibadmin -Q -o constraints
```

können wir sie uns fix auf den Schirm holen (Zeilen umbrochen):

```
<constraints>
  <rsc_location id="cli-prefer-Service_IP" rsc="Service_IP">
    <rule id="cli-prefer-rule-Service_IP" score="INFINITY"
      boolean-op="and">
      <expression id="cli-prefer-expr-Service_IP"
       attribute="#uname" operation="eq"
       value="elwood" type="string"/>
    </rule>
  </rsc_location>
</constraints>
```

Sollen sich unsere Ressourcen nach der Migration wieder »normal« verhalten bzw. »normal« reagieren, müssen diese Constraints aus der CIB entfernt werden, im konkreten Fall z. B. per crm-Shell mit dem folgenden Kommando:

```
crm(live)configure# delete cli-prefer-Service_IP
crm(live)configure# commit
```

Eine andere, etwas transparentere und auch schnellere Variante ist beispielsweise der Single-Shot per

```
#> crm_resource -U -r Service_IP
```

der alle Constraints bezogen auf die Ressource aufräumt, die durch die manuelle Migration erzeugt wurden.

Moven bzw. migrieren wir eine Ressource, die Co-Location-Constraints zu anderen Ressourcen besitzt, behalten diese natürlich ihre Gültigkeit, und die verknüpften Ressourcen werden ebenfalls auf den neuen Zielnode migriert, damit die Constraints nicht aufgebrochen werden. Allerdings gilt auch in diesem Fall, dass durch die manuell getriggerte Migration erzeugte Location-Constraints danach wieder gelöscht werden sollten.

Apropos Löschung von Ressourcen und Constraints...

3.7.8 Ressourcen und Constraints löschen, Integritätsprüfung der CIB

Nun zum nächsten wichtigen Punkt: der Löschung von Ressourcen und ihren Constraints. Klingt im ersten Moment trivial, doch der Teufel steckt einmal mehr im Detail. Denn leider neigen Ressourcen, die unsauber entfernt bzw. gelöscht wurden, dazu, ihre verwaisten (engl.: *orphaned)* Überbleibsel in der CIB zu hinterlassen. Dies kann z. B. passieren, wenn eine Ressource in der GUI gelöscht wird, während sie noch aktiv ist.

Die Löschung der Ressource selbst können wir wiederum auf mehrere Arten angehen:

Per crm-Shell, Sub-Sektion »configure«, per **`crm configure delete`**-Single-Shot und natürlich per crm_gui, Reiter *»Resources«*.

Bevor wir jedoch unsere Ressource *Service_IP* löschen können, müssen wir zwei Dinge beachten. Zum einen sollte die Ressource gestoppt sein (s. o.), um einen sauberen Shutdown des Services zu gewährleisten und um die Entstehung der bereits benannten *orphaned Resources* zu vermeiden. Die crm-Shell z. B. lässt sowohl interaktiv als auch im Single-Shot-Modus die Löschung einer aktiven Ressource gar nicht erst zu: *»WARNING: resource <Ressource> is running, can't delete it«*, die crm_gui leider sehr wohl. Löschen wir die zuvor gestoppte Ressource z. B. per Single-Shot, sollten wir in etwa folgende Rückmeldung erhalten:

```
#> crm configure delete Service_IP

INFO: hanging location:loc_service_ip deleted
```

Sie setzt uns darüber in Kenntnis, dass sich die crm-Shell vollautomatisch um die notwendigen Abhängigkeiten gekümmert hat – in diesem Fall nämlich um die Löschung des zur Service_IP gehörigen Location Constraints (`loc_service_ip`). Würden wir die Ressource z. B. per *crm_gui* löschen, müssten wir zuvor erst explizit auch all ihre Constraints entfernen.

Im Anschluss an die Löschung – und damit an eine Modifikation der CIB – sollten wir ihre Integrität stets per **`crm_verify`** verifizieren:

```
#> crm_verify -LV
```

crm_verify führt dabei eine Live-Integritätsprüfung (Parameter **`-L`**) der aktuellen CIB auf Syntax und konzeptionelle Fehler durch und ist dabei möglichst laut (**`V`** = Verbose). Ebenso ist z. B. per **`-x`** die Offline-Integritätsprüfung einer gegebenen CIB-Datei im XML-Format möglich, per **`-X`** kann ein übergebener XML-String validiert werden. Die Fehlermeldungen – sofern sie vorhanden sein sollten – teilen sich in zwei Kategorien auf: *Warnings* und *Errors*. Erstere beeinträchtigen die Funktionalität unseres Cluster-Brains nicht unbedingt, letztere hingegen in jedem Fall. Leider lassen sich per *crm_verify* nicht einzelne Sektionen der CIB, wie z. B. nur die Ressourcen, live auf ihre Konsistenz prüfen.

Eine typische *crm_verify*-Fehlerrückmeldung könnte beispielsweise so aussehen:

```
crm_verify[24105]: WARN: unpack_rsc_op: Processing failed op drbd_r0:0_demote_
0 on jake: unknown exec error (-2)
```

Aber selbst Error-Meldungen der CIB brauchen uns nicht über Gebühr zu beunruhigen, denn mit einem sauberen Cleanup lassen sich die fehlgeleiteten CIB-Schnipsel schnell und einfach entfernen.

Nehmen wir an, nach der Löschung unserer Service_IP würde ihr verwaistes Abbild noch in unserer CIB herumgeistern, könnten wir mit dem folgenden Kommando für Ordnung sorgen, das den LRM wieder säubert:

```
#> crm_resource -C -r Service_IP -H <nodename>
```

Der Parameter `-C` steht für Clean, `-r` für die Ressource und per `-H` wird optional der Node angegeben. Falls `-H` weggelassen wird, wird der Cleanup der Ressource auf allen dem Cluster bekannten Nodes durchgeführt. Die *crm_gui* präsentiert uns analog hierzu den Button mit dem freundlichen Besen, der das Cleanup, sofern gewünscht, ebenfalls direkt auf allen Nodes durchführt.

Bis zu diesem Punkt alles noch recht trivial, sicher. Aber auf Basis einer einfachen Ressource wie unserer Service-IP konnten wir so schon einmal die wichtigsten Mechanismen und Funktionen unseres Clusters testen, die wir in den nun folgenden, komplexeren Beispielen sicher beherrschen sollten. Geht sofort los, denn wir legen nach einem kleinen Ausflug ins Indianerland einen kleinen Samba aufs Cluster-Parkett ...

3.7.9 Einfache Ressourcen-Integration am Beispiel von Apache

Wie in Abschnitt 3.2 bereits erläutert, stehen uns für einige Services sowohl LSB- als auch OCF-Agenten zur Verfügung. Ein typisches Beispiel hierfür ist Apache, der als Cluster-Ressource sowohl über sein Init-Script eingebunden werden kann als auch per OCF-RA. Die Einbindung des LSB-RAs ist trivial, schauen wir sie uns dennoch kurz an. Der Name des LSB-Agenten ergibt sich hierbei schlichtweg aus dem Scriptnamen (z. B. *apache2* für SUSE) unter /etc/init.d:

```
#> crm configure primitive myapache2 lsb:apache2 \
        op monitor interval="10" timeout="15" start-delay="0"
```

Die Monitor-Operation wird bei einem LSB-Agenten automatisch in eine Status-Abfrage umgewandelt. Weitere Parameter sind nicht nötig, da alle Informationen (Binary, Config-File etc.) im distributionsspezifischen Script hinterlegt sind.

Betrachten wir nun die Einbindung seines komplexeren OCF-Pendants, ebenfalls per Single-Shot, hier für eine Standard-Apache-Installation auf Basis einer OSS 11.3 (Datei: *res-apache-simple.sh*, enthält LSB- und OCF-RA):

```
#> crm configure primitive myapache2 ocf:heartbeat:apache \
      op monitor interval="10" timeout="20" \
```

```
params configfile="/etc/apache2/httpd.conf" \
httpd="/usr/sbin/httpd2-prefork" \
testregex="body" statusurl="http://localhost/server-status"
```

Der Apache OCF-RA benötigt gegebenenfalls eine Anpassung der Direktive *configfile*, falls diese nicht unter */etc/apache2/httpd.conf* zu finden ist, Gleiches gilt für die eigentliche httpd-Binary. Die o. a. optionalen Werte für `testregex` und `statusurl` entsprechen den Defaults.

Achtung

Die Timeouts (o. a. Werte entsprechen den Defaults) sollten nicht zu niedrig gewählt werden, da ansonsten der Restart des Services bei einem Fehler u. U. fehlschlagen kann. Zudem muss bei Verwendung des Apache-OCF-RAs auf allen Nodes, die den Service anbieten/übernehmen können, zwingend das Modul *mod_status* in der Apache-Konfiguration aktiviert und konfiguriert werden (gegebenenfalls vorab Apache auf beiden Nodes einmal manuell starten und wieder stoppen). Andernfalls quittiert der *lrmd* den Start des Apache mit einer Fehlermeldung, die so oder ähnlich lauten könnte:

```
lrmd: [3926]: info: RA output: (myapache2:start:stderr) ERROR: command failed: sh
-c wget -O- -q -L --bind-address=127.0.0.1 http://localhost:80/server-status | tr '\
012' ' ' | grep -Ei "< / *body *>[[:space:]]*</ *html *>" >/dev/null
```

Für den Apache-OCF-RA muss gegebenenfalls auch geprüft werden, welches MPM (Prefork/Worker) aktiv ist, und die Ressource entsprechend angepasst werden.

Fassen wir kurz zusammen: Unsere Service-IP und Apache (als OCF-RA) haben wir erfolgreich als Cluster-Ressourcen integriert, jedoch bleiben mehrere Probleme, die zum Teil schon nach einem schnellen Blick auf den Zustand unseres Clusters ersichtlich werden (hier per *crm_mon* im Single-Shot-Modus):

```
#> crm_mon -n1
```

```
Node jake: online
        Service_IP        (ocf::heartbeat:IPaddr2) Started
Node elwood: online
        myapache2         (ocf::heartbeat:apache) Started
```

- Beide Ressourcen sind nicht miteinander verknüpft, und laufen daher gegebenenfalls nicht simultan auf dem gleichen Node.
- Es ist keine Startreihenfolge definiert.
- Im Falle eines Schwenks muss der Apache-Service auf dem 2. Node erst gestartet werden, was eine deutliche Verzögerung in die Transition bringt.

Analysieren wir der Reihe nach die Lösungsmöglichkeiten:

Was die Verknüpfung der beiden Ressourcen angeht, können wir uns für ein *Co-Location-Constraint* oder eine Gruppe *(Group)* entscheiden. Was wann besser geeignet ist, erörtern wir sofort. Die Startreihenfolge können wir per *Ordering* erschlagen, und dem Timeout beim Schwenk können wir einen Klonkrieger entgegenstellen. Aber wie bereits gesagt – der Reihe nach...

Exkurs: Co-Location oder Gruppe?

Eine unscheinbare Frage, hinter der jedoch weitaus mehr steckt, als wir zunächst vielleicht annehmen würden. Wie bereits erwähnt, können wir unsere Ressourcen entweder per Co-Location-(oder auch: Colocation-)Constraint aneinanderbinden, oder sie schlicht zu einer Gruppe zusammenfassen, damit sie bei einem Failover gemeinsam auf einen anderen Node wandern. In dem aktuellen, noch recht simplen Beispiel tun sich beide Varianten nicht viel, da wir lediglich zwei Ressourcen haben (IP-Adresse und Apache), die aneinandergebunden werden sollen und im F-Fall zusammen die Reise zum nächsten Node antreten. Wählen wir ein Colocation-Constraint, müssen wir jedoch berücksichtigen, dass für jede weitere Ressource, die wir später hinzufügen (und die mitgeschwenkt werden soll) ein weiteres Colocation-Constraint erforderlich wird. Bei steigender Anzahl von Ressourcen (im Fall von Samba 3 im nächsten Beispiel z. B. *nmbd*, *smbd* und optional ein zusätzlicher *winbind*-Daemon) können wir uns so schnell einen recht unübersichtlichen Wust von Abhängigkeiten erschaffen. Im Folgenden schauen wir uns dennoch beiden Varianten an, um die Funktionsweisen zu verstehen.

Colocation-Constraints

Zunächst die Verknüpfung per Colocation-Constraint im interaktiven Modus der crm-Shell:

```
crm(live)configure# colocation coloc_apache_ip +inf: \
    Service_IP myapache2
crm(live)configure# commit
```

Die Syntax ist schnell erklärt: nach Art des Constraints *(colocation)* folgt der frei wählbare und möglichst eindeutige Bezeichner (hier: *coloc_apache_ip*, wie üblich ohne Leer- und/oder Sonderzeichen und Umlaute), sowie der Score (hier: plus Infinity), mit dem die beiden darauffolgend angegebenen Ressourcen verknüpfelt werden. In der XML-Notation unserer CIB stellt sich das Constraint, das wir einfach per

```
#> cibadmin -Q -o constraints
```

auslesen können, wie folgt dar:

```
<rsc_colocation id="coloc_apache_ip" rsc="Service_IP"
   score="+INFINITY" with-rsc="myapache2"/>
```

Weitere optionale Parameter eines Colocation-Constraints wären z. B. die Rolle *(Role)* der Ressourcen (Started/Stopped/Master/Slave), die insbesondere dann wichtig wird, wenn mit Multi-State-Ressourcen, einer besonderen Art der Clonesets, gearbeitet wird.

Exkurs: Immer schön der Reihe nach – Orderings

Um unseren beiden verknüpften Ressourcen noch den letzten Schliff zu verpassen, legen wir im nächsten Schritt eine Startreihenfolge, ein *Ordering*, für unsere Ressourcen fest. In der Regel macht es Sinn, z. B. eine Service-IP erst dann zu starten, wenn die Ressourcen, die über sie zugänglich gemacht werden, bereits erfolgreich gestartet sind:

```
crm(live)configure# order ord_apache_ip : myapache2  Service_IP
crm(live)configure# commit
```

Die crm-Shell-Syntax sollte selbsterklärend sein, nach dem Typ des Constraints (hier: `order` = *Ordering*) folgt der eindeutige Bezeichner und die Ressourcen in der Reihenfolge ihrer Start-Ordnung. Die XML-Syntax zum frisch erstellten Ordering liest sich wie folgt und zeigt die Reihenfolge durch die Keys *first* und *then* noch etwas deutlicher:

```
<rsc_order first="myapache2" id="ord_apache_ip" then="Service_IP"/>
```

Für das Ordering spielt es keine Rolle, ob die Ressourcen per Colocation-Constraint oder Gruppe (s. u.) miteinander verknüpft sind. Weitere Parameter, die wir im Rahmen eines Orderings setzen können, wären z. B. der Boolean-Wert `Symmetrical`, der festlegt, ob die Ressourcen beim Shutdown in der umgekehrten Reihenfolge heruntergefahren werden sollen (Default: *true)*. Ebenso können wir zudem per *First/Then-Action* weitere Aktionen definieren, wie z. B. das Promoten oder Demoten *(promote/demote)* einer Multistate-Ressource. Dies werden wir uns im Rahmen des DRBD-Setups als Cluster-Ressource noch genauer anschauen.

Aber nun wird es Zeit für eine kleine…

Gruppentherapie

Die Verknüpfung unserer beiden Ressourcen per Gruppe gestaltet sich auch syntaktisch noch weitaus simpler und folgt – bis auf den fehlenden Score – ähnlichen Syntax-Regeln in der crm-Shell wie der eben vorgestellte Constraint:

```
crm(live)configure# group apache_group Service_IP myapache2
crm(live)configure# commit
```

Schauen wir uns hierzu ebenfalls kurz die entsprechende XML-Syntax an. Da es sich bei der Gruppe um eine Zusammenfassung der Ressourcen – und nicht um ein Constraint(!) – handelt, umfasst die `group`-Notation tatsächlich den kompletten Ressourcen-Block der von ihr inkludierten *Primitives* (Listing gekürzt, Zeilen z. T. umbrochen):

```
<resources>
  <group id="apache_group">
    <primitive class="ocf" id="myapache2" provider="heartbeat"
     type="apache">
    ...
    </primitive>
    <primitive class="ocf" id="Service_IP"
     provider="heartbeat" type="IPaddr2">
    ...
    </primitive>
  </group>
</resources>
```

Werfen wir nun einen Blick auf die Erreichbarkeit unserer Apache-Ressource – d.h. wir loten anhand eines einfachen Tests aus, wie unterbrechungsfrei die Transition der Ressourcen im F-Fall wirklich erfolgt.

Dazu stellen wir die ACL der *mod_status*-Konfiguration unseres Apache so ein, dass wir von der IP unseres Clients aus die Server-Status-Page (http://<Hostname oder IP>/server-status) aufrufen dürfen. (Bei SUSE z. B. über die Datei */etc/apache2/mod_status.conf*, hier für das gesamte Netz 192.168.198):

```
<IfModule mod_status.c>
    <Location /server-status>
        SetHandler server-status
        Order deny,allow
        Deny from all
        Allow from localhost 127.0.0.1 192.168.198.0/24
    </Location>
</IfModule>
```

Nun rufen wir per Browser die Status-URL unseres Apache via Service-IP auf und ergänzen sie um einen Auto-Refresh von 1 Sekunde:

```
http://<Service-IP>/server-status?refresh=1
```

Nun versetzen wir unsere Nodes abwechselnd in Standby und beobachten die Status-Page. Im Schnitt dürften sich dabei Timeouts von 2-3 Sekunden während einer Transition ergeben, die teilweise auch zu Verbindungsabbrüchen führen können. Wir sehen also: Der Schwenk funktioniert tadellos, jedoch kann der – wenn auch minimale – Timeout für eine Unterbrechung des Client-Requests sorgen. Aber keine Bange, das bekommen wir auch in den Griff, und zur Seite steht uns dabei ein wackerer Klon-Krieger...

3.7.10 The Clone Wars – Hot-Standby mit Clonesets

Kommen wir nun zu den bereits in Abschnitt 3.2 kurz vorgestellten Clonesets – der effizientesten Variante, um Ressourcen praktisch ohne Downtime von einem Node zum anderen zu migrieren. So einsatzbereit, dass selbst George Lucas' Jedi-Guru Obi Wan auf diesen Klonkrieger mächtig stolz wäre. Und genau betrachtet, liegt in diesem Fall nicht einmal eine echte Migration vor, denn dank des Clonesets sind unsere Ressourcen (üblicherweise mit identischer Konfiguration) bereits auf beiden Nodes aktiv. Im Gegensatz zu einer konventionellen Migration, bei der z. B. die Ressource (manuell oder durch Fehler) auf Node 1 gestoppt wird und auf Node 2 erst gestartet werden muss (was je nach Applikation durchaus zeitaufwändig sein kann), befindet sich Node 2 mitsamt seiner Clone-Ressource bereits in vollständiger Betriebsbereitschaft. Lediglich die Service-IP muss noch geschwenkt werden, und wie schnell das vonstattengeht, wissen wir bereits.

Das Cloneset selbst beinhaltet natürlich auch eine Primitive, über die die eigentliche Ressource definiert wird. Handelt es sich um einen Standalone-Service, wie z. B. Apache oder OpenLDAP, kommen wir mit einem Cloneset aus, das eine einfache *primitive* (den RA des Services) beinhaltet.

Betrachten wir die Funktionalität etwas genauer: Clonesets werden dazu eingesetzt, um identische Ressourcen gleichzeitig (!) auf verschiedenen Nodes auszuführen. Prinzipiell können wir alle RAs als Clonesets einsetzen, im Detail muss jedoch untersucht werden, ob der ausgewählte RA diese Funktionalität unterstützt: Unsere bereits wohlbekannte OCF-Ressource *IPaddr2* kann z. B. nur unter bestimmten Voraussetzungen (Pacemaker > 1.0.4, iptables/ipt_CLUSTERIP kernelseitig aktiviert etc.) als Cloneset betrieben werden.

Es existieren 3 Arten von Clonesets:

- *Anonyme Klone:* Alle Ressourcen verhalten sich identisch (Parameter: *globally unique = false)*.
- *Eindeutige Klone:* (Parameter: *globally unique = true)* -> Unterschiedliche Instanzen der gleichen Ressource (mit unterschiedlichen Merkmalen) werden auf verschiedenen Nodes betrieben. Auch mehrere Instanzen derselben Ressource (mit unterschiedlichen Merkmalen) auf dem gleichen Node sind möglich.
- *Statusbezogene Klone:* Hierbei handelt es sich eigentlich um eine Sonderform der Klone, um sogenannte *Master/Slave-* oder auch *Multistate*-Ressourcen, die unterschiedliche Zustände annehmen können. Diese werden wir im DRBD-Abschnitt noch genau unter die Lupe nehmen.

Achtung

Clonesets verwenden – falls nicht anders vorgegeben – immer eine `resource-stickiness` von 1 (anstatt 0), damit sie auf ihrem jeweiligen Node verbleiben.

Zunächst sollten wir bis auf unsere Service-IP und die Apache-*primitive* alle etwaigen Ressourcen, Constraints und/oder Gruppierungen löschen.

Die Cloneset-Ressource selbst, die unsere bestehende Apache-*primitive* dupliziert, lässt sich wie üblich einfach über die crm-Shell erzeugen:

```
crm(live)configure# clone apache_clone myapache2 \
    meta clone-max="2" clone-node-max="1" globally-unique=true
crm(live)configure# commit
```

Das Meta-Attribut `clone-max` legt die maximale Anzahl der Instanzen dieses Clonesets im Cluster fest (üblicherweise = Anzahl der Nodes), `clone-node-max` definiert, wie viele Instanzen des Clonesets pro Node aktiv sein dürfen.

Das wichtigste Meta-Attribut in diesem Fall ist jedoch `globally-unique=true`. Wird der Default-Wert *false* verwendet, kann es bei einem echten Failure des Services auf einem Node dazu kommen, dass alle Instanzen des Clonesets gestoppt werden. Des Weiteren müssen wir noch ein Colocation-Constraint definieren, damit unsere Service_IP immer auf einem Node aktiv ist, der eine aktive Instanz des Clonesets betreibt:

```
crm(live)configure# colocation coloc_ip_apacheclone +inf: \
   Service_IP apache_clone
```

Werfen wir per **`cibadmin -Q -o resources`** einen Blick in die CIB, können wir gut erkennen, wie unser frisch erzeugtes Cloneset das eigentliche *primitive* inkludiert (Ausgabe teilweise gekürzt und umbrochen):

```
<clone id="clone_apache">

   <primitive class="ocf" id="myapache2" provider="heartbeat"
     type="apache">

     ...

   </primitive>
   <meta_attributes id="clone_apache-meta_attributes">
     <nvpair id="nvpair-..." name="clone-max" value="2"/>
     <nvpair id="nvpair-..." name="clone-node-max" value="1"/>
   </meta_attributes>
</clone>
```

Unser frisch geklonter Apache sollte nun auf beiden Nodes aktiv sein und sich in der crm_gui gemäß der üblichen Clone-Notation (<Ressource>:<Instanz>), die auch bei Multi-State-Ressourcen Anwendung findet, wie folgt präsentieren:

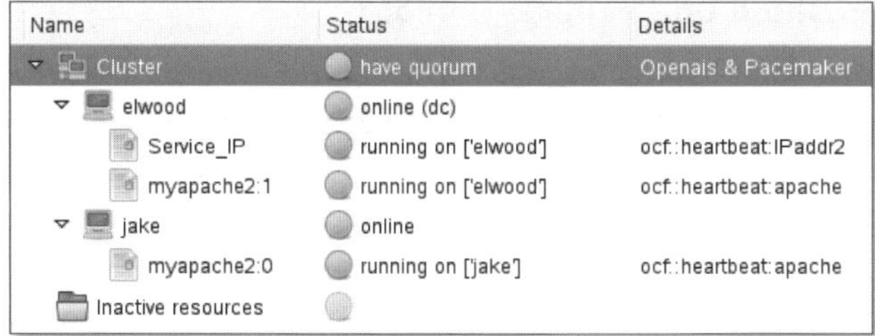

Abbildung 3.6 Apache-OCF-RA-Cloneset in der crm_gui, Ansicht pro Node

Triggern wir nun einen Schwenk, wird lediglich die Service_IP auf den anderen Node geswitcht; das jeweilige Leg des Apache-Clonesets ist dort bereits aktiv und kann sofort alle Client-Requests entgegennehmen.

Erfolgt nun ein Clusterschwenk oder eine Transition, ist der Apache – auf dem verbliebenen, aktiven Node – sofort für die Clients erreichbar, da er nicht erst abgefeuert werden muss, sondern längst aktiv ist. Lediglich die Service-IP wird innerhalb von Millisekunden vom verbleibenden Node übernommen.

Failure-Simulation

Versuchen wir nun, ein etwas »echteres« Failure-Szenario zu simulieren. Auf dem Node, auf dem die Service_IP-Instanz läuft (im oberen Beispiel: *elwood)*, wird der Apache-Service manuell gestoppt. Durch ein vorheriges Verschieben der *httpd.conf* nach */root/* wird ein automatischer Restart durch den RA verhindert, was automatisch einen Score von -INFINITY für diesen Teil des Clonesets bedeutet (siehe auch nächster Abschnitt über *migration-threshold)*. Das 2. Leg des Clonesets sollte brav weiterarbeiten.

Wichtig

Prinzipiell gilt für alle Hochverfügbarkeits-Setups: Testen, noch einmal testen und dann noch einmal testen. Und dabei sollte kein (im ersten Moment) noch so absurd wirkendes Failure-Szenario ausgenommen werden. Nur wenn wir alle Varianten, die uns und unseren kreativen Admin-Kollegen einfallen, auch möglichst realitätsnah simulieren (okay, in Flammen stehende Gebäude oder EMPs durch Nukleardetonationen seien an dieser Stelle von unserer To-Do-Liste mal ausgenommen), können wir davon ausgehen, dass unser System einigermaßen ausfallsicher arbeitet. Denn erfahrungsgemäß tauchen im echten Betrieb noch weitaus merkwürdigere Probleme auf, mit denen wir in diesem Raum-Zeit-Kontinuum niemals gerechnet hätten...

Und um unser hochverfügbares Gesamtkonstrukt auf eine weitere Eventualität vorzubereiten, werfen wir nun einen genauen Blick auf bedingungsabhängige Migrationen. Wer 2 mal patzt, fliegt raus. Wetten...?

3.7.11 Migration-Threshold und Failure-Timeout

Durch diese beiden zusätzlichen Parameter, die wir unseren Ressourcen zuweisen können, lassen sich explizite Fehlergrenzwerte festlegen, bei deren Erreichen eine Ressource automatisch von dem betroffenen Node auf einen anderen migriert wird (migration-treshold=<integer value>) und ihr – je nach gesetzten Constraints und Stickiness – erlaubt wird, nach einem vorgegebenen Zeitraum (failure-timeout=<sekunden>) wieder zu ihrem Urspungsnode zurückzukehren und ihr Glück erneut zu versuchen.

Das Konzept des migration-treshold fokussiert sich auf 3 Vorgänge: Wenn die Ressource entweder nicht startet, nicht stoppt, oder nach einem Fehler temporär wieder gestartet werden kann.

Im ersten Fall (die Ressource startet nicht) wird der Failcount der Ressource auf INFINITY gesetzt und die Ressource sofort migriert, da der maximal mögliche migration-treshold sofort erreicht wird. Diese Variante haben wir eben bereits mithilfe der Verschiebung der *httpd.conf*, welche einen Auto-Restart des Apache auf dem entsprechenden Node unmöglich machte, betrachtet.

Im zweiten Fall (stoppt nicht) hängt es davon ab, ob STONITH aktiviert ist. Falls ja, wird der Node ausgegrenzt (Node-Fencing), damit die Ressource umgehend auf einem anderen Node gestartet werden kann. Ohne aktiviertes STONITH versucht der Cluster logischerweise nicht, die Ressource auf einem anderen Node zu starten, da sich sonst ein Split-Brain ergeben könnte. Stattdessen versucht er, nach Ablauf des failure-timeout die defekte Ressource erneut zu stoppen.

Die dritte Variante bezieht sich auf einen Fehler in der Ressource, durch den die Ressource temporär stoppt, aber durch eine automatische on-fail=restart-Aktion auf dem gleichen Node wieder online gebracht werden kann. In diesem Fall greift – sofern gesetzt – der migration-treshold exakt gemäß dem gesetzten Wert bzw. Counter. Und genau diese Variante werden wir nun betrachten.

Hierzu verwenden wir das in Abschnitt 3.7.9 erläuterte Apache-»Standalone«-Setup (OCF-Version) mit Service_IP und Colocation-Constraint. In der crm-Shell erweitern wir unsere Ressource *myapache2* nun um die notwendigen Parameter on-fail und migration-treshold (im Listing fett markiert):

```
#> crm configure edit myapache2
```

```
primitive myapache2 ocf:heartbeat:apache \
        op monitor interval="10" timeout="20" on-fail="restart" \
        meta migration-threshold="2" \
        params configfile="/etc/apache2/httpd.conf" \
        httpd="/usr/sbin/httpd2-prefork"
```

Dann triggern wir den Fehler bzw. die Migration, indem wir die Ressource direkt über ihr zugehöriges Init-Script stoppen. Nach dem ersten manuellen Stopp (und automatischen Restart) können wir den frisch erzeugten Failcount-Value von »1« in der CIB gut beobachten:

```
#> watch "cibadmin -Q | grep status-node | grep fail-count"
```

```
<nvpair id="status-node1-fail-count-myapache2" name="fail-count-myapache2" value="1"/>
```

Wiederholen wir den Vorgang ein zweites Mal, erreicht der Wert des Failcounters das von uns gesetzte Limit, und unsere Ressource wird auf den anderen Node migriert. In den Logs lässt sich das Ereignis ebenfalls gut verfolgen:

```
node1 pengine: [4058]: info: get_failcount: myapache2 has failed 2 times on node1
node1 pengine: [4058]: WARN: common_apply_stickiness: Forcing
myapache2 away from jake after 2 failures (max=2)
```

Bevor wir nun den `failure-timeout` testen, müssen wir die `default-resource-stickiness` auf den neutralen Wert »0« setzen und den Failcounter unserer Apache-Ressource resetten. Auslesen lässt sich dieser ganz einfach z. B. per:

```
#> crm resource failcount myapache2 show <nodename>
```

```
scopte=status name=fail-count-myapache2 value=2
```

Der Reset kann entweder über einen normalen Cleanup der Ressource erfolgen

```
#> crm_resource -C -r myapache2  (optional: -h <nodename>)
```

oder über ein explizites Setzen des Attributes:

```
#> crm resource failcount myapache2 set <nodename>  0
```

```
0 Trying fail-count-myapache2=0 update via attrd
```

Allerdings sollten wir bedenken, dass ein automatisierter Rückschwenk zwei gravierende Nachteile mit sich bringt. Zum einen die Transition selbst, die je nach Service und Persistenz der Client-Verbindungen wieder zu Unterbrechungen führen kann, zum anderen kann die Ursache, die zur Migration der Ressource geführt hat, nach wie vor vorhanden sein, sodass wir durch erneute Failcounts nur ein nettes Ressourcen-Ping-Pong zwischen den Nodes erleben.

Eine weitere Maßnahme, um die Zuverlässigkeit unserer HA-Umgebung zu erhöhen, liegt in der Prüfung der Konnektivität zwischen den Nodes. Warum nun diese Prüfung? Schließlich kümmert sich doch schon der Cluster-Messaging-Layer (sprich OpenAIS/Corosync) um exakt diese Aufgabe. Sicher, aber der Layer kann nur die ihm bekannten Member des Clusters auf ihre Konnektivität prüfen, und das kann eben in manchen Situationen nicht ausreichend sein...

3.7.12 Voll vernetzt – die ping-/pingd-Ressource

Der Sinn hinter der *ping(d)*-Ressource liegt, wie gerade erwähnt, in einer erweiterten Konnektivitätsprüfung. Typischerweise kümmert sich der Cluster auf der Messaging-Ebene (Heartbeat/OpenAIS/Corosync) natürlich darum, die Konnektivität zu überwachen, jedoch mit einer großen Einschränkung:

Selbst in einem Cluster, in dem alle Nodes über mindestens 2 NICs miteinander konnektiert sind, wird die Verbindung zu einem Node erst dann – und genau dann – getrennt, wenn *alle* NICs defekt sind. Dann ist es jedoch zu spät, um eine Ressource noch von dem betroffenen Node auf einen anderen zu migrieren.

Der Ansatz von *ping(d)* ist daher folgender: *ping(d)* überwacht als Cloneset auf jedem der Nodes die Konnektivität für einzelne NICs und vor allem: beliebige Hosts aus dem jeweils zugehörigen Netz. Und über genau diese Anzahl, die intern per Counter mit optionalem Score-Multiplikator ausgewertet wird, kann unser Cluster exakt bestimmen, wie gut oder schlecht die Erreichbarkeit bzw. Anbindung des jeweiligen Nodes an den (oder die) anderen Node(s) und an den Rest des Netzes ist. Das Prinzip lässt sich, stark vereinfacht, wie folgt beschreiben: Wenn Node A von 3 möglichen *ping(d)*-Zielhosts nur 2 erreichen kann, Node B jedoch alle 3, kann der Cluster prophylaktisch bzw. präventiv eine, mehrere oder alle Ressourcen auf den Node mit der besseren Erreichbarkeit migrieren.

Zu den Ressourcen selbst: Die eigenständige *pingd*-Ressource (sowohl die Heartbeat- als auch die Pacemaker-Ressource) gelten mittlerweile als veraltet, die neuere *ping*-Variante nutzt das systeminterne *ping*-Tool. Wenn dennoch *pingd* eingesetzt werden soll, ist in jedem Fall die aktuellere Pacemaker-Ressource zu wählen.

Betrachten wir nun die Einbindung der Ressource.

Achtung

Vor diesem Test unbedingt den Migration-Treshold aus dem vorangegangenen Apache-Beispiel entfernen und den Failcounter gegebenenfalls resetten. Ebenfalls darauf achten, die `default-resource-stickiness` auf 100 zu setzen, damit sie geringer als der Score-Multiplikator ist. Ebenso sollten die ping-Intervalle nicht kleiner als 5 Sekunden gesetzt werden.

Als Ausgangsbasis dient unser einfaches Apache-Setup aus Abschnitt 3.7.9, heißt: Apache als OCF-RA (primitive) per Colocation-Constraint mit einer Service_IP verknüpft. Dann fügen wir die ping-Clone-Ressource hinzu (Datei: *res-ping-clone.sh*), die IP-Adressen sind natürlich auf die jeweiligen Gegebenheiten anzupassen:

```
crm(live)configure# primitive pingnet1 ocf:pacemaker:ping \
 params dampen="5s" multiplier="1000"  \
 host_list="\"192.168.198.203 192.168.198.204 192.168.198.35\"" \
 op monitor interval="60s"
crm(live)configure# clone pingnet_clone pingnet1
crm(live)configure# commit
```

Nach dem Abfeuern etwas warten, der RA benötigt gegebenenfalls etwas länger zum Starten. Der Parameter `dampen` legt einen Timeout fest, nach dessen Ablauf der per `multiplier` berechnete Erreichbarkeitswert in die CIB geschrieben wird. Der Timeout sorgt dafür, dass unsere *ping*-Ressource bei einem kleineren Netz-Schluckauf nicht gleich eine unnötige Migration triggert. Der Multiplier dient dazu, die Anzahl der erreichbaren Knoten mit dem angegebenen Wert zu multiplizieren und in das Attribut »pingd« zu schreiben. Dieses »Scoring« per Multiplikator dient unserem Cluster – in Verbindung mit einer entsprechenden `default-stickiness` – dazu, notwendige Migration von kleineren Schwankungen besser unterscheiden zu können. Die `host_list` gibt die Pingnodes vor, in unserem Beispiel die beiden 192er Adressen der Nodes *jake* und *elwood* sowie eine dritte, externe Adresse.

Durch die Cloneset-Konfiguration versucht nun jeder der Nodes, die angegebenen IPs zu pingen. Die dritte IP (.35) ist nicht Bestandteil des Clusters, sie soll eine Gateway-IP bzw. beliebige IP einer nicht zum Cluster gehörenden Maschine darstellen, die von den Nodes ebenfalls erreicht werden muss. Zum Testen innerhalb einer VM-Umgebung könnte z. B. als Gateway-IP auch einfach die IP des Hosts angegeben werden, auf dem die VMs laufen.

Nach der Implementierung der Ressource und einer kurzen Wartezeit sollten wir per

```
#> watch "cibadmin -Q | \
      grep \"status-[jake|elwood]\" | grep \"pingd\""
```

bei voller Erreichbarkeit aller Pingnodes (Anzahl: 3 * Multiplier) die folgende Ausgabe erhalten:

```
<nvpair id="status-jake-pingd" name="pingd" value="3000"/>
<nvpair id="status-elwood-pingd" name="pingd" value="3000"/>
```

Nun fehlt nur noch die Bedingung, sprich *Rule*, die unserem Cluster sagt, ab wann das Pflaster auf dem Node mit der verringerten Konnektivität zu heiß wird (genau dann, wenn der *pingd*-Attributwert kleiner oder gleich (*less than or equal*) 1000 ist oder pingd nicht definiert ist) und er sich für die benannte Ressource *myapache2* eine andere Location suchen soll (Datei: *loc-pingnet-rule.sh):*

```
crm(live)configure# location apache-on-pingnet1 \
   myapache2 rule -inf: not_defined pingd or pingd lte 1000
```

Achtung: Das Constraint muss sich auf das Attribut »pingd« beziehen!

In der GUI stellt sich unser Konstrukt nun etwa wie folgt dar:

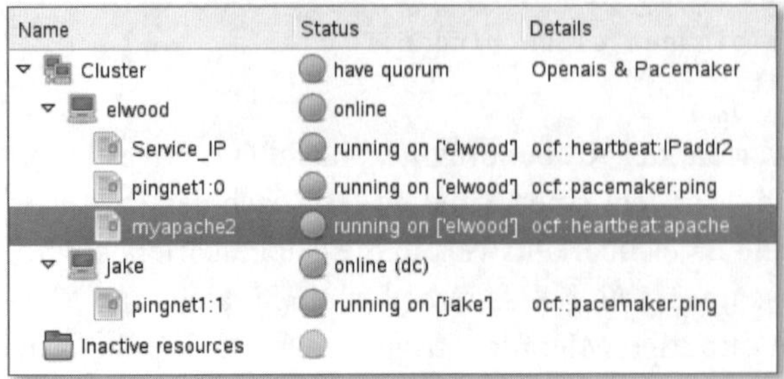

Abbildung 3.7 pingnet-Ressource

Diskonnektieren wir nun die Netzwerkkarte des 192.er-Netzes auf dem Node, der die Apache- und Service-IP-Ressource hält (dies lässt sich in virtuellen Umgebungen einfach durch temporäre Diskonnektierung der virtuellen NIC erreichen) und warten etwas ab, sollte sich mit dem o. a. **`watch "cibadmin..."`**-Befehl bald folgender Zustand zeigen:

```
<nvpair id="status-jake-pingd" name="pingd" value="2000"/>
<nvpair id="status-elwood-pingd" name="pingd" value="1000"/>
```

der wiederum die Migration der Ressourcen auf den besser erreichbaren Node, in diesem Fall *jake*, anstößt – hier in der Übersicht per **`crm_mon -n`**:

```
Node elwood: online
        pingnet1:0          (ocf::pacemaker:ping) Started
Node jake: online
        Service_IP          (ocf::heartbeat:IPaddr2) Started
        pingnet1:1          (ocf::pacemaker:ping) Started
        myapache2           (ocf::heartbeat:apache) Started
```

Soweit, so gut. Stellt sich nun noch die Frage, was passiert, wenn das Gateway bzw. der dritte Node nicht erreichbar bzw. heruntergefahren ist. Ganz einfach: Der *pingd*-Attributwert verringert sich auf den beiden Cluster-Nodes um den gleichen Wert, in diesem Fall 1000. Um etwas Luft nach oben zu haben, sollten wir uns daher gegebenenfalls überlegen, weitere Pingnodes unserer Konfiguration hinzuzufügen. Natürlich können wir das ganze Konstrukt auch noch durch ein zweites, zusätzliches Ping-Cloneset für das 10er-Netz unterstützen.

Achtung

Wenn alle restlichen Nodes über das jeweilige pingnet* keinen Kontakt mehr haben, kann die Ressource (und ihre co-locierten Ressourcen) auf keinem der Nodes gestartet werden!

Zudem muss der Netzkonfiguration besonderes Augenmerk geschenkt werden, wenn auf dem jeweiligen Node – z. B. auf einem Xen-Host – eine Bridging-Konfiguration aktiv ist. Außerdem kann es bei (den default gebridgten) virtuellen Netzwerkadaptern, die temporär deaktiviert werden, u. U. zu Problemen in der CIB bei der Wiederaufnahme der Konnektivität kommen.

Nachdem wir uns nun intensiv um eine effektive Kommunikationsüberwachung der Nodes gekümmert haben, schauen wir uns nun an, wie wir komplexere Ressourcen einbinden und verwalten.

3.7.13 Failover einer Samba-3-Ressource

Um unsere Service-IP nun mit multiplen Ressourcen zu hinterlegen, implantieren wir eine Samba-3-Ressource – oder genauer gesagt zwei, denn der (gute) alte Samba 3 benötigt im Gegensatz zu seinem neueren und weitaus leistungsfähigeren und ADS-kompatiblen Nachfahren mit der Nummer vier noch mindestens zwei separate Daemons: *nmbd* für den NetBIOS-Datenverkehr, *smbd* für das eigentliche smb/cifs-Messaging – und wenn z. B. eine halbwegs vernünftige OpenLDAP-Anbindung per *ldapsam:editposix* erfolgen soll, auch noch *winbind* für das idmap-*backend. Im einfachsten Fall können wir die vorhandenen LSB-Scripte als Agenten einbinden, alternativ kann natürlich auch ein entsprechender OCF-Agent von einem bestehenden Template erstellt werden.

In unserem Beispiel verwenden wir die LSB-Scripte unter /etc/init.d/ als RAs. Die Einbindung erfolgt in der bereits vorgestellten Weise per crm-Shell, das entsprechende Script mit `crm configure` Single-Shot Befehlen findet sich in den Beispieldaten zu diesem Kapitel. Im Folgenden verwenden wir die crm-Shell im interaktiven Modus, um die Ressourcen und ihre Constraints anzulegen.

Zurück zu unserem eigentlichen Setup: Zunächst stellen wir sicher, dass alle erforderlichen Samba-Pakete der Distribution auf beiden Nodes installiert sind (siehe Anhang). Am einfachsten erfolgt dies über den Paketmanager der jeweiligen Distribution, bei SUSE z. B. per

```
#> zypper install samba samba-client
```

und bei Ubuntu z. B. per

```
#> aptitude install samba samba-common
```

(Bei letzteren bitte sicherstellen, dass die Dienste nmb und smb nach der Installation gestoppt sind, und dafür sorgen, dass sie *nicht* über das Runlevel/Upstart-System gestartet werden!)

Exkurs: Samba 4

Die von Ubuntu ebenfalls als Paket mitgelieferte Samba-4-Version kann gegebenenfalls auch als Cluster-Ressource implantiert werden, in diesem Fall muss das entsprechende LSB-Startscript *(/etc/init.d/samba4)* als RA gewählt werden. Allerdings eignet sich diese sehr frühe Alpha 8 nicht für das redundante Samba-OpenLDAP-Cloneset, das wir im späteren Verlauf noch in Betrieb nehmen werden, da die Einrichtung von OpenLDAP (2.4) als Multimaster-LDAP-Backend für Samba 4 in dieser frühen Version zum einen noch viel zu aufwändig und extrem fehleranfällig ist, zum anderen beherrscht S4 (Samba 4) in dieser Version noch keine eigenständige DRSUAPI-Replikation ihres internen LDAP-Backends, was sie wiederum für die Synchronisation der Nodes untereinander disqualifiziert. Wer sich an das Setup der aktuellen S4 Alpha 13 heranwagen will – was unseren Rahmen leider komplett sprengen würde – kann durch die dort bereits implementierte und relativ stabile Replikation der internen LDAP-DB per DRSUAPI relativ einfach ein redundantes Hot-Failover-S4-Cloneset bauen. Ein Quick-How-to hierzu finden Sie in den Beispieldaten.

Weiter im Text:

Nun sorgen wir noch dafür, dass auf beiden Nodes eine (fast) identische, minimale Samba-Konfiguration vorliegt. Dazu erstellen wir ein Backup der vorhandenen Datei */etc/samba/smb.conf* (in den Beispieldaten zu diesem Kapitel) und modifizieren das Original anschließend wie folgt:

```
[global]
        workgroup = CLUSTER
        netbios aliases = server1
        # ACHTUNG: Die Share auf dem Win-Client nur ueber diesen
        # NetBIOS-Alias bzw. die Service_IP oeffnen!
[daten]
        path = /daten
        read only = no
        comment = Default-Datenshare auf <Hostname des Nodes>
        # auf jedem Node den comment entsprechend des echten
        #  Hostnamens aendern!
```

Die simple Konfiguration reicht für unsere Zwecke zunächst völlig aus, für alle nicht angegebenen Settings verwendet Samba seine Default-Einstellungen. Wer sich anschauen möchte, mit welchen aktuellen Einstellungen unser Samba gerade wirklich werkelt, kann dies per *testparm* herausfinden:

```
#> testparm -v | less
```

(1 x Enter nach dem Syntax-Check erforderlich.) Weitere Infos zur *smb.conf* und ihrer kompletten Syntax sowie allen Konfigurations-Direktiven liefert natür-

lich *smb.conf (5)*. Damit der Zugriff auf die Share funktioniert, muss auf beiden Nodes der Ordner */daten* angelegt und per `chmod` auf 777 geflaggt werden. Zudem müssen wir uns in diesem simplen Setup ohne OpenLDAP – ebenfalls auf beiden Nodes – einen Samba-Testuser anlegen. Das erledigen wir ganz einfach z. B. per:

```
#> useradd -m snoopy && smbpasswd -a snoopy
```

Als Passwort verwenden wir der Einfachheit halber »linux«. Im nächsten Schritt erzeugen wir per crm-Shell die notwendigen Primitives. Die *Service_IP* und ihre Parameter kennen wir bereits (Operations sind hier nicht angegeben, es werden die Default-Settings verwendet), zu ihr gesellen sich nun noch die beiden Samba-Daemons plus die notwendigen Constraints, die dafür sorgen, dass nmbd und smbd immer auf dem gleichen Nodes aktiv sind, ebenso Service_IP (Adresse anpassen!) und smb (Zeilen im folgenden Listing z. T. umbrochen, Datei: *res-nmb_smb-constaint.sh):*

```
crm(live)configure# primitive Service_IP ocf:heartbeat:IPaddr2 \
    params ip=192.168.198.205
crm(live)configure# primitive samba_nmbd lsb:nmb \
    op monitor interval="10" timeout="15"
crm(live)configure# primitive samba_smbd lsb:smb \
    op monitor interval="10" timeout="15"
crm(live)configure# colocation coloc_nmb_smb +inf: samba_nmbd \
    samba_smbd
crm(live)configure# colocation coloc_smb_ip +inf: Service_IP \
    samba_smbd
crm(live)configure# commit
```

Die Monitor-Operation im Intervall wird bei einem »dummen« LSB-RA automatisch in eine Status-Operation verwandelt, sodass der Service auch ohne höhere OCF-RA-Funktionalitäten zumindest grundlegend überwacht werden kann.

Wie uns der kurze Wechsel in die Statussektion der crm-Shell bzw. ein Blick auf die crm_gui zeigen sollte, ist alles nach Plan verlaufen, und alle Ressourcen befinden sich nun auf ein und demselben Node, hier ist es der gute alte *Elwood:*

```
crm(live)# status
```

```
...
Online: [ elwood jake ]
Service_IP      (ocf::heartbeat:IPaddr2):       Started elwood
 samba_nmbd      (lsb:nmb):      Started elwood
 samba_smbd      (lsb:smb):      Started elwood
```

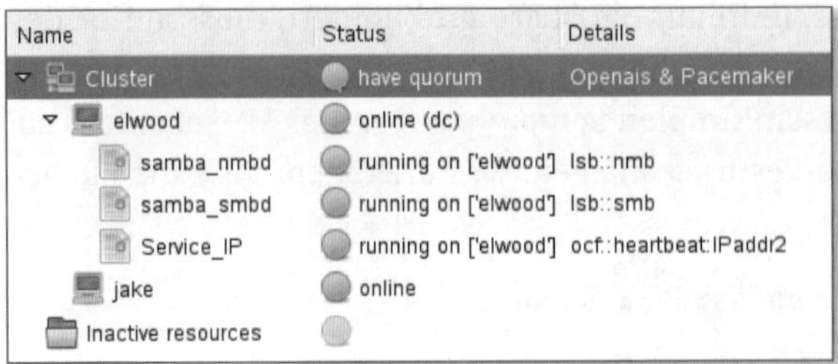

Abbildung 3.8 Per Constraints verknüpfte Ressourcen in der crm_gui

So weit, so gut – oder schlecht: denn wie wir unschwer erkennen konnten, benötigten wir allein 2 Colocations, um *nmb*, *smb* und unsere *Service_IP* miteinander zu verknüpfen. Eine wesentlich elegantere und vor allem übersichtlichere Methode bietet die Gruppierung der Ressourcen, sodass wir uns nur noch um ihre Startreihenfolge Gedanken machen müssen, die wir im oberen Beispiel noch gar nicht berücksichtigt hatten.

Werden wir also konkret und betrachten das Setup der gleichen Ressourcen mit einer Gruppe. Die Ressourcen selbst werden genau so erzeugt wie im letzten Beispiel bzw. bleiben unverändert, allerdings löschen wir zunächst die vorhandenen Constraints bzw. legen sie gar nicht erst an. Stattdessen erzeugen wir eine Gruppe, in der wir unsere Samba-Ressourcen zusammenfügen (die Zeile ist umbrochen):

```
crm(live)configure# group samba_group Service_IP samba_nmbd \
    samba_smbd
crm(live)configure# commit
```

Wie wir unschwer erkennen können, ist der Overhead weitaus geringer und die Übersichtlichkeit bleibt auch beim Hinzufügen neuer Ressourcen gegeben.

In der crm_gui stellen sich unserer Ressourcen (Management -> Rechtsklick auf Cluster -> *Group by Node* deaktiviert) nun fein säuberlich gruppiert dar:

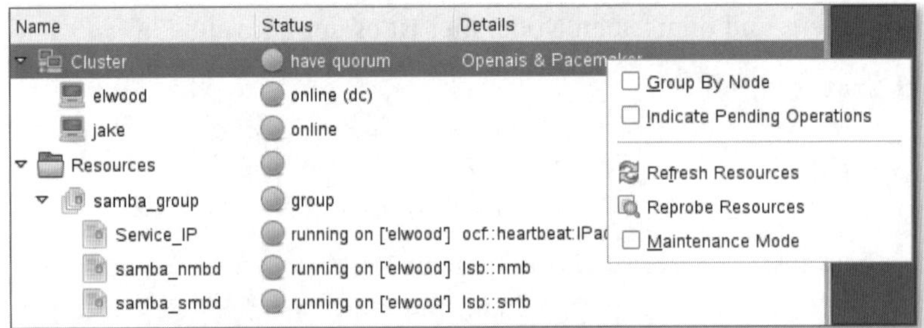

Abbildung 3.9 Gruppierte Ressourcen in der crm_gui

Eine weitere Variante der Gruppierung wäre z. B., die beiden Samba-Ressourcen in einer Gruppe zusammenzufassen und die Service_IP als Standalone-Ressource zu betreiben, die über 1 Constraint mit der Samba-Gruppe verknüpft ist. So bleibt die Anzahl der Constraints immer noch im Rahmen, und der Gruppe können zudem sehr leicht neue Ressourcen hinzugefügt werden (zweite Zeile umbrochen):

```
crm(live)configure# group samba_group samba_nmbd samba_smbd
crm(live)configure# colocation coloc_ip_sambagroup +inf:  \
    Service_IP samba_group
```

Im nächsten Schritt können wir optional noch eine Startreihenfolge, ein *Ordering*, für unsere Ressourcen erzeugen. Wie bereits erwähnt – in der Regel macht es Sinn, z. B. eine Service-IP erst dann zu starten, wenn die Ressourcen, die über sie zugänglich gemacht werden, bereits erfolgreich gestartet sind. Dies lässt sich besser implementieren, wenn wir die Splittung in Samba-Gruppe und Standalone-IP-Ressource aus dem letzten Beispiel verwenden, andernfalls könnten wir uns immer nur auf eine der beiden Samba-Ressourcen (nmbd oder smbd) beziehen. Erstellen wir also nun das Ordering:

```
crm(live)configure# order ord_ip_sambagroup : samba_group \
    Service_IP
```

In dieser Konfiguration muss zunächst die Samba-Gruppe erfolgreich gestartet sein, bevor die Service_IP gestartet wird, das Gleiche gilt umgekehrt beim Shutdown der Ressourcen (erst IP, dann Samba). Falls die Samba Gruppe nicht gestartet werden kann, bleibt unsere Service_IP ebenfalls untätig.

Um unser Setup nach dem erfolgreichen Start zu testen, initiieren wir von einem Win-Client aus eine Verbindung über den NetBIOS-Alias *(\\server1)*. Nach Eingabe von Username und Passwort (snoopy/linux) sollten wir auf die Share zugreifen können, die uns je nachdem, auf welchem Node die Samba-Ressourcen aktiv sind, den entsprechenden Share-Kommentar (z. B. »Node Jake«/»Node Elwood«) im Windows Explorer präsentiert, was wir per Failover (aktiven Node auf Standby setzen) einfach testen können.

Was unsere Samba-Ressourcen bzw. Services angeht, sind wir nun schon recht ausfallsicher, aber ein mächtig großes Problem haben wir bis zu diesem Zeitpunkt noch nicht betrachtet: die Synchronität unserer Daten, denn jeder der Nodes hält nur seinen eigenen Datenbestand unterhalb der Share.

Prinzipiell stehen uns mehrere Möglichkeiten zur Verfügung, um unsere Datenbestände auf den Nodes synchron zu halten. Im einfachsten Fall könnten geänderte Daten beispielsweise per *rsync* von einem Node zum anderen transferiert werden, dies ist jedoch in der Regel nur in zeit-unkritischen Umgebungen möglich. Ein simples Beispiel hierfür wären statische Webpages eines Active/Active-Apache-Clusters oder Loadbalancers. Für Fileserver-Umgebungen, in denen sich die Daten typischerweise in ständiger Veränderung/Bearbeitung befinden, ist diese Methode kaum praktikabel. Eines der bewährtesten Tools für diesen Zweck stellt DRBD *(Distributed Replicated Blockdevice)* der Firma Linbit dar, das sich wie ein Raid 1 im Netz verhält – jeder Node hält eine Seite des Spiegels, alle Daten sind im ständigen Sync.

Und das komplette DRBD-Cluster-Setup in allen Varianten werden wir im gleich folgenden Abschnitt 3.8, »Ausfallsichere Shared-Nothing-Cluster mit DRBD«, sehr genau unter die Lupe nehmen.

Fazit

Womit wir unsere Cluster zukünftig auch managen werden: Die dann verwendeten Tools zum Management unserer Cluster-Ressourcen müssen einen vollen Werkzeugkoffer mitbringen, der zudem vom verwendeten Cluster-Brain voll und ganz unterstützt werden muss.

Neben intelligenten RAs (die die echte Verfügbarkeit eines Dienstes in möglichst allen möglichen und unmöglichen Situationen erfassen und sicherstellen sollen) für alle benötigten Ressourcen und einer effizienten Überwachung der Systemgesundheit sind Werkzeuge zur möglichst realen Simulation (siehe Shadow-Copy) von geplanten Szenarien absolut zwingend notwendig.

Die Cluster-Management-Werkzeuge selbst müssen intuitiv sein – die crm-Shell und ihre bereits jetzt sehr intuitive Bedienung zeigen den richtigen Weg auf. Eine weitere Optimierung der Auto-Vervollständigung, als Hilfestellung bei der Erzeugung, dem Management und der Überwachung von Ressourcen, ist abseits der Klicki-Bunti-Administration sicher die richtige und direkteste Lösung. Jede GUI sollte auch immer unter dem Aspekt ihrer Nähe zur eigentlichen Cluster-Applikation bewertet werden, wie z. B. die CRM in Verbindung mit der Pacemaker-GUI. Ein Drittanbieter kann wesentlich schneller die Lust daran verlieren, eine GUI weiterzuentwickeln, insbesondere wenn sich z. B. durch Übernahmen, Fusionen, Entwicklerabwanderungen etc. wirtschaftliche Notwendigkeiten und/oder andere Interessen/Einnahmequellen ergeben.

Zudem kommen weitere Faktoren hinzu, die sowohl die Management-Tools selbst als auch die Cluster-Software und ihre RAs betreffen, wie z. B. die Möglichkeiten eines möglichst reibungslosen Upgrades, optimalerweise mit Rollback-Funktionalitäten.

3.8 Ausfallsichere Shared-Nothing-Cluster mit DRBD

»Replicants are like any other machine, they're either a benefit or a hazard ... If they're a benefit, it's not my problem.«
– Blade Runner, USA 1982

Yessir! – Es geht um Replikation. Und was schon der gute alte Rick Deckard pragmatisch schlussfolgerte, gilt auch für uns: Und wenn unsere DRBD-Replicas als *Shared-Nothing*-Verbund auch anstandslos funktionieren, haben wir kein Problem.

Aber – *Shared Nothing?* Klingt ja erst einmal nach herzlich wenig bis gar nichts, und »gar nichts« kann für uns im HA-Bereich (und auch darüber hinaus) wohl kaum hilfreich sein, oder? Falsch gedacht, zumindest in diesem Fall.

Denn: Irgendein schlaues Köpfchen hat mal – wie wir schon wissen – ein einzelnes SAN *(Storage Area Network,* ein sogenanntes »Shared-All«-System) als »*Very Expensive Single Point of Failure*« bezeichnet. Dem ist eigentlich auch nichts hinzuzufügen, denn jeder, der sich mit einem einzigen »Standalone«-SAN – auch wenn es intern mit redundanten Raid-Leveln ausgestattet und mit 2 HBAs *(Host Bus Adapters)* via Multipathing an den Host angebunden ist – in Sicherheit wiegt, unterliegt einem mächtig großen Irrtum.

Denn auch auf dieser Ebene gilt – echte Ausfallsicherheit erreichen wir nur durch mindestens zwei physikalisch voneinander unabhängige Storage-Einheiten. Aber wie bereits eingangs erläutert: Wir werden hier keine speziellen, teueren Hardwarelösungen betrachten, sondern eine optimale Storage-Verfügbarkeit mit Open-Source-Tools und normalen Plattensubsystemen erreichen.

Bevor wir loslegen, analysieren wir zunächst, was wir bereits haben und wohin wir möchten.

In unserem Einkaufswagen befinden sich bereits lokal redundante Raid-Systeme, die wir hervorragend mit LVM um größtmögliche Flexibilität erweitern können. Fragt sich nun, wie wir zwei physikalisch voneinander getrennte Storage-Einheiten dazu bringen können, sich wie ein lokaler Raid-1-Mirror zu verhalten.

Die Antwort auf diese Frage ist DRBD, das sogenannte *Distributed Replicated Blockdevice*. Wie bereits vorab kurz erläutert, verhält sich ein DRBD wie ein Raid-1-Mirror, nur dass die Replikation der Daten in diesem Fall nicht lokal über den Device-Mapper erfolgt (und es logischerweise auch nicht kann), sondern protokollbasiert über das Netz.

Das grundlegende Konzept ist vergleichbar mit einem üblichen Raid 1, nur dass hierbei jeder Teil des Mirrors auf einem eigenständigen Server im Netz liegt. Jede DRBD-Komponente kann – je nach Setup-Typ – den Status *Primär (Primary)* oder *Sekundär (Secondary)* annehmen, wobei auf eine primäre Komponente schreibend zugegriffen werden kann, auf eine sekundäre nur readonly. In älteren DRBD-Versionen (>= 0.7x) war nur ein Master/Slave- bzw. Primary/Secondary-Setup möglich, bei dem – im Fehlerfall auf dem Primary – der Secondary zum neuen Primary promoted wurde, auf den dann schreibend zugegriffen werden kann. Seit DRBD 8.x (kein Tippfehler, der etwas krude Versionssprung wurde tatsächlich so durchgeführt) sind auch Dual-Primary-Setups möglich, wodurch auf beide Nodes gleichzeitig schreibend zugegriffen werden kann. Zwingende Voraussetzung für ein derartiges Setup ist natürlich ein clusterfähiges Dateisystem, wie z. B. OCFS2 oder GFS2, mit einem sogenannten *Distributed Lock Manager* (DLM), bzw. ein Dateisystem, das entsprechende, systemübergreifende Locking-Mechanismem kennt. Eine weitere Neuerung, die in Version 8.3 hinzugekommen ist, ist das sogenannte »stacked«-Device: vereinfacht ausgedrückt, ein drittes DRBD-Device, das dem normalen 2-Node-DRBD als »Offline-Backup« zur weiteren Erhöhung der Verfügbarkeit hinzugefügt werden kann. Keine Angst, alle vorgenannten Setup-Typen werden wir natürlich ausgiebig unter die Lupe nehmen.

DRBD funktioniert zwar auch standalone, aber die entsprechenden automatischen Failover-Mechanismen können nur in Verbindung mit einem Cluster (sinn)voll zum Einsatz gebracht werden.

Funktionell betrachtet, kümmert sich auf Kernel-Ebene das DRBD-Modul darum, dass alle Zugriffe, die auf das virtuelle DRBD-Device (z. B. */dev/drbd0)* erfolgen, auf das darunterliegende »echte« Blockdevice gemappt werden – egal ob es sich dabei um ein (Soft-)Raid und/oder Logical Volume handelt. Genauso gut kann das DRBD-Device natürlich auch als Unterlage für ein LV verwendet werden. Ab Kernel 2.6.33 wurde DRBD in die Kernel-Mainline aufgenommen, d. h. DRBD steht seitdem als Modul out-of-the-Box auf Systemen ab dieser Kernelversion zur Verfügung. Bei älteren Versionen muss gegebenenfalls das jeweils architekturspezifische (i*86/x86_64) DRBD-Modul zum passenden Kernel (z. B. default/pae/xen) installiert und geladen werden. Die Liste der benötigten Pakete zu diesem Abschnitt findet sich wie üblich im Anhang.

Die zur Verwaltung des DRBDs erforderlichen Tools sind als Userspace-Werkzeuge implementiert, die alle gängigen Distributionen mitbringen. Die Sourcen finden sich unter *www.drbd.org*

Bevor wir uns die DRBD-Funktionalität genauer anschauen und zu den Setups kommen, werfen wir noch einen kurzen, auszugsweisen Blick auf die wichtigsten Features:

- Unterstützung von verschiedenen Replikationsprotokollvarianten mit verschiedenen Geschwindigkeits- und Sicherheitsstufen: *Fully Synchronous (C), Memory Synchronous (B) oder Asynchronous Mode (A)*

- einstellbare Bandbreite für die (Re-)Synchronisation
- Auto-Recover nach Node-, Netzwerk- oder Disk-Fehlern
- geringe Deltas im Fall eines Resync, es werden nur die während der Ausfallzeit geänderten Blöcke übertragen
- automatische Split-Brain-Handler
- herstellereigener OCF-RA zu Cluster-Integration
- *Dual Primary Support* in Verbindung mit GFS2/OCFS2
- *Online Data Verification*
- kann auf ein bestehendes LV aufgesetzt werden, ebenso auch kann DRBD auch als PV für ein LV fungieren
- Scripte für LVM, um automatisch einen Snapshot zu erstellen, bevor der betreffende Node das Ziel einer Resync-Operation wird
- seit Version 8.3 dritter Offline-Node als zusätzliches Backup konfigurierbar
- seit Version 8.3.2 Unterstützung von Resource-Level-Fencing-Scripten auf der Basis von Pacemaker-Constraints.
- Datentransfer zwischen den Nodes kann mithilfe von Standard-Mechanismen wie IPSec oder OpenVPN verschlüsselt werden
- DRBD-Devices können über die Standard-Verschlüsselungstools des OS für Blockdevices verschlüsselt werden

3.8.1 Wozu – und wozu nicht: Einsatzmöglichkeiten von DRBD

Wozu:

Eines der häufigsten DRBD-Einsatz-Szenarien sind Fileserver, auf denen viele Daten redundant gehostet werden sollen, wie z. B. Samba-Shares. Für Fileservices unter Samba bietet sich beispielsweise auch das Active/Active-Setup im Dual-Primary-Mode an. In Verbindung mit CTDB (siehe hierzu auch *http://ctdb.samba.org/*) kann Samba ab Version 3.3 so z. B. auch als geclusterter Fileserver arbeiten: Es bietet sich dabei ein verteiltes Dateisystem über mehrere (Samba-technisch identisch konfigurierte) Cluster-Nodes nach außen wie ein einziger SMB/CIFS-Server an. Stark vereinfacht zusammengefasst kann man das CTDB-Konzept wie einen Loadbalancing-(Active/Active-)Cluster mit HA-Funktionalität betrachten. Allerdings ist in Verbindung mit Samba 3 zu beachten, dass die verwendete OCFS2-Version extended Posix-ACLs unterstützt, andernfalls können die Benutzerrechte auf Dateien und Ordner nicht Windows-konform umgesetzt werden. »Relativ« statischer Content – wie z. B. der von Webservern – kann im Rahmen eines Loadbalancer-Setups (Apache mit mod_proxy(_balancer)) ebenfalls recht einfach konsistent gehalten werden. Für derartige, in der Regel relativ zeitunkritische Änderungen auf den Websites können unter entsprechenden Voraussetzungen jedoch auch konventionelle Sync-Maßnahmen, wie z. B. rsync, verwendet werden.

Wozu nicht:

Wenn sehr schnelle Failover-Zeiten gefragt sind, z. B. bei Datenbanken oder Verzeichnisdiensten. Zudem kümmern sich Services, wie z. B. MySQL oder OpenLDAP, ohnehin eigenständig um die Replikation ihrer Daten, wie auch Informix per HDR (HA-Data Replication)/ER (Enterprise Replication).

Achtung

In diesen Fällen – und auch in allen anderen, bei denen sich Dienste um die eigenständige Replikation ihrer Daten kümmern – sollte IMMER den Built-In-Funktionalitäten der jeweiligen Services/Applikationen zur Daten-Synchronisation der Vorzug gegenüber DRBD gegeben werden, denn nur sie sind komplett in der Lage, alle notwendigen Lockings zu berücksichtigen und entsprechende Transaktions-Sicherheit zu bieten.

3.8.2 Die DRBD-Funktionalität im Detail

Auf den beteiligten Systemen bzw. Nodes erzeugt DRBD bei einem »konventionellen« Setup zunächst eine Verbindung von dem lokalen Blockdevice (Single Disk/Partition, Raid und/oder LVM) zu einem virtuellen DRBD-Blockdevice */dev/drbd<Zahl>*. Die Kommunikation zwischen den Cluster-Nodes zur Synchronisation der lokalen DRBD-Devices erfolgt natürlich protokollbasiert.

In einem typischen Primary/Secondary-Setup werden Schreibzugriffe auf den Primary-DRBD-Node sowohl an das unterliegende Blockdevice als auch an den Secondary-DRBD-Node propagiert. Alle Lesezugriffe werden stets lokal (auf dem primären System) durchgeführt. Fällt das primäre System aus, versetzt der entsprechende RA das ehemals sekundäre System in den primären Systemzustand. Zusätzlich regeln entsprechende `handlers`-Direktiven innerhalb der DRBD-Konfiguration die Prozeduren / Verfahrensweisen bei bestimmten Fehlersituationen (I/O-Error, Split-Brain usw.).

Das DRBD-Modul arbeitet innerhalb des Linux-Kernels auf Blockebene und ist damit für alle darauf aufsetzenden Schichten transparent. DRBD kann somit als Grundlage verwendet werden für:

- konventionelle, lokale Dateisysteme, wie z. B. ext2/3/4
- gemeinsam genutzte Cluster-Dateisysteme, wie z. B. GFS oder OCFS2
- ein weiteres logisches Blockdevice, wie z. B. LVM*
- jede Applikation, die den direkten Zugriff auf ein Blockdevice unterstützt

Achtung

Wenn DRBD mit unterliegendem LV eingesetzt wird, muss der LVM so eingerichtet werden, dass die /dev/drbd*-Devices von LVM während der Bootphase gegebenenfalls mit gescannt und eingebunden werden.

3.8.3 Rollenspielchen – DRBD-Modi

Single-Primary-Mode

Im »klassischen« Single-Primary- bzw. Primary/Secondary-Mode kann immer nur genau ein Leg des DRBDs den primären, schreibbaren Status auf genau einem Cluster-Node haben. Der sekundäre Node kann den Datenbestand nicht mounten, nicht einmal readonly. Da in dieser Konfiguration garantiert ist, dass immer nur ein Node die Daten manipuliert, kann der Single-Primary-Mode mit jedem konventionellen (nicht clusterfähigen) FS verwendet werden, wie z. B. ext3/4 oder XFS. Das typische Einsatzgebiet für diesen Mode wären u. a. Aktiv/Passiv(Failover-/Hot-Standby)-Cluster.

Dual-Primary-Mode (ab DRBD 8.x)

Im Dual-Primary-Mode kann jede DRBD-Ressource zu jeder Zeit den Primary-Mode auf BEIDEN Cluster-Nodes annehmen. Da hierdurch ein zeitgleicher, schreibender Zugriff auf Daten möglich ist, muss zwingend ein Cluster-Filesystem mit entsprechenden Locking-Mechanismen eingesetzt werden, wie z. B. GFS2 oder OCFS2.

DRBD im *Dual Primary Mode* ist default deaktiviert und muss erst separat in der DRBD-Konfiguration aktiviert werden.

3.8.4 Replikations-Varianten

DRBD unterstützt drei verschiedene Replikations-Verfahren, die hinsichtlich Transaktionsicherheit und Geschwindigkeit stark differieren. Wir betrachten sie im Folgenden am Beispiel eines typischen Primary/Secondary-Setups – natürlich gelten die Vor- und Nachteile der jeweiligen Protokollvariante auch im Rahmen eines Dual-Primary-Setups, nur läuft hier die Synchro eben in beide Richtungen.

Protocol A – Asynchronous replication protocol

Lokale Schreiboperationen auf dem Primary-Node gelten genau dann als abgeschlossen, wenn die eigentliche Schreiboperation auf der Disk abgeschlossen ist und das Replikations-Datenpaket im lokalen TCP-Sendbuffer dieses Nodes platziert ist *(noch nicht gesendet!)*. Im Fehlerfall (Failover) können daraus logischerweise Dateninkonsistenzen resultieren, denn: Die Daten auf dem Secondary-Node sind in der Regel zwar für sich allein genommen konsistent, aber im Gegensatz zu denen auf dem Primary-Node gegebenenfalls veraltet! Protokoll-Variante (A) bietet logischerweise den höchsten Speed, aber auch das größte Potenzial an Daten-Inkonsistenzen. Sie könnte z. B. in einem 3-Node-DRBD für den dritten »Offline«-Node verwendet werden, der als Backup dient. Dieses Setup schauen wir uns später noch genauer an.

Protocol B – Memory synchronous (semi-synchronous) replication protocol

Lokale Schreiboperationen auf dem Primary-Node gelten dann als abgeschlossen, wenn die eigentliche Schreiboperation auf der Disk abgeschlossen ist, und das Replikations-Datenpaket den anderen Node *erreicht* hat. Diese Protokoll-Variante (B) ist etwas langsamer als Protokollvariante A, dafür entsteht im Fall eines Failovers in der Regel kein Datenverlust. Die einzige Möglichkeit wäre dann gegeben, wenn beide Nodes auf einmal ausfallen und die Daten auf der Partition des Primar-Nodes geschreddert sind. Aber selbst dann würden auf dem Secondary nur die allerletzten Schreiboperationen des Primary fehlen; die Inkonsistenz im Vergleich zum Primary-Node wäre relativ gering.

Protocol C – Synchronous replication protocol

Safety First: Lokale Schreiboperationen auf dem Primary-Node gelten genau dann als abgeschlossen, wenn die eigentliche Schreiboperation auf der lokalen Disk *UND* – nach erfolgtem Transfer – auf der Remote Disk ebenfalls abgeschlossen *und bestätigt* ist. Diese Variante bietet die höchste Ausfallsicherheit, die ohne Inkonsistenzen und bei voller Datenintegrität jederzeit den Verlust eines Nodes verkraften kann. Natürlich sind die Latenzzeiten in dieser Variante etwas größer als in A und B; aufgrund der weitaus höheren Datensicherheit sollte im Praxisbetrieb jedoch immer dieser Protokoll-Variante (C), dem synchronen Replikationsprotokoll, der Vorzug gegeben werden.

(Re-)Synchronisation der Nodes

Nicht nur im F-Fall: Die Synchro ist gegebenenfalls auch dann erforderlich, wenn ein Node längere Zeit z. B. zu Wartungszwecken offline war, und nun – wie ein konventionelles Raid – seine Daten wieder mit dem intakten bzw. aktiven Node abgleichen muss. Während dieser Phase finden natürlich jede Menge Leseoperationen auf dem Primary-Node statt, was die Performance für die anderen, darauf zugreifenden Applikationen herunterbremst. Der Secondary-Node befindet sich bis zum vollständigen Abgleich mit dem Primary in einem inkonsistenten Zustand.

Um das Netz und den Primary-Node während dieser Phase nicht zu sehr zu belasten, kann die DRBD-Synchronsationsrate über die Konfiguration angepasst werden. Eine Änderung der Resync-Rate kann auch im laufenden Betrieb durch Neu-Einlesen der Konfiguration per `drbdadm adjust <Ressource>` erfolgen.

Ein weiterer Punkt, den wir berücksichtigen sollten, ist der initiale Datenabgleich: Sollen unsere Storages ein recht beachtliches Datenvolumen beherbergen, könnte die normale Initial-Synchro unser DRBD – je nach Anbindung und Bandbreite – recht lange ausbremsen. Eine Möglichkeit wäre in diesem Fall der kalte Offline-Sync, heißt: Wir befüllen beide Storages auf den Nodes mit einem identischen Datenbestand und nehmen unser DRBD erst anschließend in Betrieb. Dabei muss natürlich sichergestellt sein, dass während dieser Zeit kein Zugriff auf den/die DRBD-Nodes erfolgen kann und dass der übliche Initial-Sync des DRBDs übersprungen wird (`drbdsetup --assume-clean`).

3.8.5 DRBD-Standalone-Setup

Um die Funktionsweise des DRBDs zu verstehen, müssen wir uns zunächst anschauen, wie unser *Distributed Replicated Blockdevice* standalone seinen Dienst auf weiter Server-Flur verrichtet, heißt also: ohne Cluster-Einbindung. Nachdem wir verstanden haben, wie der manuelle Failover funktioniert, können wir auch detailliert nachvollziehen, was der OCF-RA im später folgenden DRBD-Cluster-Setup für uns vollautomatisiert bewerkstelligt.

Im folgenden Setup verwenden wir das zum Zeitpunkt der Erstellung des Buches aktuelle DRBD 8.3.7, sowohl für das korrespondierende Kernelmodul (seit 2.6.33 in der Kernel-Mainline vorhanden) als auch für die Userspace-Tools. Ältere Versionen besitzen zum Teil nur eine eingeschränkte Funktionalität, insbesondere was die Cluster-Integration eines Dual-Primary-DRBDs per OCF-RA angeht.

Die aktuellen Sourcen können z. B. über

http://www.drbd.org/download/mainline/

heruntergeladen werden. Dort finden sich auch Verweise auf distributionsspezifische Paketierungen. Alle im Folgenden verwendeten Pakete sind im Anhang gelistet.

Zunächst müssen wir sicherstellen, dasss das DRBD-Modul geladen ist. Die permanente Einbindung kann unter Ubuntu z. B. via */etc/modules* erfolgen, bei SUSE *über /etc/sysconfig/kernel* und den dort zu setzenden Parameter `MODULES_LOADED_ON_BOOT`. Ein schnelles `lsmod | grep drbd` sollte uns zeigen, ob das Modul geladen ist, falls dies noch nicht geschehen ist, hilft ein schnelles `modprobe drbd`; per `modinfo` können wir einen Blick auf seine Version werfen.

drbd.conf – die Schaltzentrale

Dreh- und Angelpunkt der DRBD-Konfiguration ist die Datei *drbd.conf(5)*, die auf beiden Nodes existieren und vor allem identisch sein muss, denn das Userspace-Tool `drbdadm`, mit dem wir unser DRBD verwalten, holt sich dort alle relevanten Informationen. In der *drbd.conf* existieren verschiedene Haupt-Sektionen, die wir im Folgenden der Reihe nach durchgehen und genau auf unsere Bedürfnisse anpassen werden. Die Dateien finden sich natürlich wie üblich in den Beispieldaten zu diesem Abschnitt:

`global`

Wie das Keyword unschwer vermuten lässt: *globale* Konfigurationsdirektiven. Die globale Sektion kann nur einmal gesetzt werden, und dies sollte direkt am Begin der *drbd.conf* geschehen. Über `global` wird z. B. der `minor-count` (Anzahl der managebaren Ressourcen, ohne das Modul neu laden zu müssen – Default: definierte Ressourcen + 11, maximal 32), `dialog-refresh` (user-Dialog-Refresh-Time in Sekunden, Default: 1) und `disable-ip-verification` (Überprüfung der Peer-IP per ip/ifconfig) gesetzt. Wer keine Lust auf Linbits etwas nervige Phone-Home-Aktivitäten bei der Initialisierung eines DRBD-Devices hat, sollte dies per `usage-count no;` abschalten.

`common`

Alle definierten Ressourcen erben die in dieser Sektion getroffenen Einstellungen. *Common* ist nicht zwingend vorgeschrieben, jedoch wird das Setup –insbesondere bei der Verwaltung multipler DRBD-Ressourcen – erheblich übersichtlicher. Unter *common* können Settings für die `startup`, `syncer`, `net` und `disk`-Sektion getroffen werden, betrachten wir daher die Common-Subsektionen:

`startup`

In dieser Subsektion findet das »Feintuning« der DRBD-Settings statt. So können hier unter anderem Timeouts für verschiedene Situation festgelegt werden, z. B. `wfc-timeout` (wfc = *wait for connection:* gilt, wenn der Peer-Node noch online und konsistent war, bevor der aktuelle Node rebootet wurde), `degr-wfc-timeout` (wenn der Peer-Node beim Reboot des aktuellen bereits offline war), `outdated-wfc-timeout` (s. o., jedoch mit einen Peer, der »outdated« war) und wie groß der maximale Timeout nach einer Split-Brain-Situation sein darf (`wait-after-sb`). Default ist für alle Direktiven kein Zeitlimit gesetzt: warten bis zum Jüngsten Tag ist also die Vorgabe. In der `startup`-Sektion wird ebenso festgelegt, welche Nodes beim Startup Primary werden dürfen (`become-primary-on`). Weitere detaillierte Infos zu den o. a. Subdirektiven liefert *drbdsetup(8)*.

```
syncer
```

Über diese Subsektion können unter anderem die Parameter für die Synchronisation definiert werden. Wichtige Parameter an dieser Stelle wären z. B. `rate <Speed>`, denn hierüber wird festgelegt, welche maximale Bandbreite (Default: 250 KB/sec) DRBD auf der zugewiesenen Verbindung nutzen darf. Dies spielt insbesondere dann eine wichtige Rolle, wenn über die – der vakanten IP zugeordneten – Leitung andere Prozesse ebenfalls Daten austauschen, damit diese nicht völlig ausgebremst werden. Mit `after <minor>` kann festgelegt werden, dass ein Resync auf diesem Device z. B. erst dann initiiert wird, wenn sich die betreffende Minor-Ressource bereits in einem *connected*-State befindet. Andernfalls wartet das Device im Status *SyncPause*. Per `cpu-mask` kann in hexadezimaler Notation festgelegt werden, ob die DRBD-Kernel-Threads über alle CPUs (default 0, wird auf alle verteilt) verteilt wird.

```
net
```

Ebenfalls eine Subsektion zum Feintuning der Netzwerk-spezifischen Parameter. Hierüber können z. B. Buffer(-Size)-spezifische Einstellungen festgelegt werden (`sndbuf-size`, `rcvbuf-size`, `max-buffers`), verschlüsselungsspezifische Settings (`cram-hmac-alg`, `shared-secret`) sowie der Startup von 2 Primarys (`allow-two-primaries`) erlaubt werden. Daneben können u. a. Policies für das Split-Brain-Handling festgelegt werden (`after-sb-0pri`, `after-sb-1pri`, `after-sb-2pri`), die wir uns im Rahmen eines konkreten Dual-Primary-Setups noch genau anschauen werden.

```
handlers
```

Über die *handlers*-Subsektion können sogenannte »Handler« definiert werden, die im Fall eines bestimmten Ereignisses – wie der Name schon vermuten lässt – eventbasiert getriggert werden. Typische Handler sind z. B. Prozeduren, die auf Split-Brain-Events (`pri-lost-after-sb`) oder inkonsistente (`pri-on-incon-degr`) DRBD-Nodes reagieren können.

```
resource <name>
```

Die *resource*-Sektion legt die Eigenschaften einer namentlich explizit definierten DRBD-Ressource fest. Wie bereits erwähnt, können hier ebenfalls alle Ressourcen-spezifischen Einstellungen getroffen werden, die unter `common` möglich sind. Werden hier keine Einstellungen zu `handlers`, `disk`, `syncer`, `net` und `startup` getroffen, gelten – insofern vorhanden – die Einstellungen der `common`-Sektion.

Zwingend notwendig sind hier in jedem Fall die Spezifikation des Übertragungs-Protokolls (A, B oder C) sowie die Einrichtung von zwei sogenannten Host-Sektionen (`on <hostname>`). Sie legen die eigentlichen DRBD-Legs unseres Replicated Blockdevices fest. Minimal erforderlich sind dort der jeweilige Hostname des Nodes, der Bezeichner des Blockdevices (z.B. `device /dev/drbd0`) auf dem jeweiligen Node, sowie das dem DRBD-Device unterliegende Blockdevice (für eine Single Disk Partition z.B. `device /dev/sdb1`, für Softraids z.B. `device /dev/md0` oder für LVs, z.B. `device /dev/VG1/LV1`). Der Parameter `meta-disk internal` legt fest, wie, bzw. genauer, wo die Meta-Daten (die unser DRBD definieren/beschreiben) gespeichert werden. Im o.a. Beispiel also direkt auf unserem DRBD-Device. Die folgende Tabelle 3.2 zeigt den Speicherbedarf der Meta-Daten in Abhängigkeit der Storage-Größe:

Blockdevice-Größe	Größe DRBD-Meta-Daten
1 GB	2 MB
100 GB	5 MB
1 TB	33 MB
4 TB	128 MB

Tabelle 3.2 Größentabelle DRBD-Metadaten

Weitere Infos zu allen vorgenannten und weiteren Konfigurationsoptionen liefert natürlich *drbd.conf(5)* sowie *drbdsetup(8)*. Schauen wir uns nun eine sehr einfache Master/Slave- bzw. Primary/Secondary-Konfiguration für die Ressource `r0` an, die konkret auf unsere Belange angepasst ist:

```
global {
   dialog-refresh       1;
   minor-count  5;
   usage-count no;
}
common {
}
resource r0 {
   protocol     C;
   disk {
      on-io-error       pass_on;
   }
   syncer {
        rate 100M;
   }
   net {
```

```
    }
    startup {
    }
    on jake {
       device    /dev/drbd0;
       address   10.0.0.203:7788;
       meta-disk internal;
       disk      /dev/sdb1;
    }
    on elwood {
       device    /dev/drbd0;
       address   10.0.0.204:7788;
       meta-disk internal;
       disk      /dev/sdb1;
    }
}
```

Wie wir unschwer erkennen können, liegt unserem DRDB auf jedem Leg die jeweils lokale Partition */dev/sdb1* zugrunde. Die Kommunikation bzw. Synchro der beiden DRBD-Devices läuft über unser (optimalerweise gebündeltes) 10er-Netz via Port 7788.

Die DRBD-Userspace-Tools

Werfen wir an dieser Stelle einen kurzen Blick auf die DRBD-Tools, die uns zur Administration unserer DRBD-Devices zur Verfügung stehen – *drbdadm* und *drbdsetup*. Wie die namentliche Kennzeichnung schon vermuten lässt, dient das Tool drbdadm(8) primär zur Administration des bereits eingerichteten DRBDs, sein Kollege drbdsetup(8) zur Einrichtung und Änderung von Konfigurationsparametern desselben. Dabei stellt *drbdadm* das High-Level-Tool dar, *drbdsetup* sein Low-Level-Pendant: *drbdadm* liest die Konfigurationsdatei aus und führt die notwendigen Operationen aus, indem es *drbdsetup* und/oder *drbdmeta* aufruft – aus diesem Grund existieren auch viele ähnliche Optionen in beiden Tools, wie z. B.:

```
#> drbdsetup /dev/drbd0 role
#> drbdadm role r0
```

Betrachten wir kurz einige der wichtigsten Befehlsparameter anhand von *drbdadm*, mit dem wir sowohl eine gezielte Ressource (in unserem Fall `r0`) als auch alle definierten Ressourcen ansprechen können:

```
#> drbdadm < befehl >  < lokale drbd-resource(n) | all >
```

Die wichtigsten drbdadm-Befehle schlüsseln sich dabei wie folgt auf:

`attach` – das unterliegende Blockdevice mit DRBD-Device verbinden

`detach` – das unterliegende Blockdevice trennen

`connect` – zwei konfigurierte DRBD-Nodes verbinden

`disconnect` – die DRBD-Nodes voneinander trennen

`up` – Kurzform für `attach` und `connect`

`down` – Kurzform für `disconnect` und `detach`

`primary` – den aktuellen Node in primären Zustand versetzen

`secondary` – den aktuellen Node in sekundären Zustand versetzen

`invalidate(_remote)` – Resync auf aktuellen oder entfernten Node erzwingen

`syncer` – Resynchronisations-Parameter neu laden

`resize` – Größe der DRBD-Ressource anpassen, wenn das unterliegende Device (z. B. ein Logical Volume) verändert (größer/kleiner gemacht) wurde

Ausführlichere Infos zu *drbdsetup* und *drbdadm* liefern die jeweiligen Manpages – aber darauf ruhen wir uns natürlich nicht aus, sondern arbeiten mit den Tools im Folgenden an konkreten Setup-Szenarien.

Setup der DRBD-Devices

Im ersten Schritt kümmern wir uns logischerweise um die Einrichtung der lokalen Disks. Wie bereits erwähnt: Wir können nicht nur normale Disks verwenden, sondern auch die lokale Redundanz und Flexibilität erhöhen, indem wir das jeweils lokale DRBD-Device als Softraid abbilden und es wahlweise mit einem LV unter – oder auf – dem DRBD kombinieren. In den folgenden Abschnitten werden wir auch diese beiden Varianten mit ihren Vor- und Nachteilen erörtern.

Für dieses erste, einfache Setup wählen wir jedoch eine normale Disk, die nur aus einer Partition besteht (ID 0x83 Linux). Stellt sich an dieser Stelle natürlich die Frage: Funktioniert auch ein partitionierbares DRBD? Klare Antwort: Jein! Daher:

Exkurs: To part or not or part... partitionierbare DRBDs?

Zunächst sollten wir uns – wie bei allen Problematiken – immer zuerst damit beschäftigen, was uns ein bestimmtes Setup und/oder ein Feature konkret an Nutzen im Verhältnis zum Aufwand und unserem immer präsenten *KIS*-Motto bringt.

Fahren wir vorab also im ersten Schritt eine kurze Machbarkeits-/Aufwands-/Nutzen-Studie.

Zunächst die Machbarkeit: Ja, es geht. Mit geringem Aufwand zu realisieren? Eher weniger. Was würde uns das partitionierbare DRBD bringen? Prinzipiell wenig, denn ein LV on top of DRBD bringt uns wesentlich mehr Vorteile mit geringerem Aufwand. Wer sich dennoch daran versuchen will: Im DRBD-Setup komplette Disks verwenden (z. B. */dev/sdb),* nach dem Initial-Sync des DRBDs das Device /dev/drbd0 per fdisk »normal« partitionieren. Danach per

```
#> kpartx -a -v /dev/drbd0
```

das Drive-Mapping konfigurieren. Die Partitionen können bei korrekt initialisiertem DRDB (Primary/Secondary) nur auf dem aktiven, bzw. bei einem Dual-Primary-Setup auf beiden per */dev/mapper/drbd0p1|2|3* usw. angesprochen werden. Natürlich dürfen bei dieser Art des Setups entsprechende Prozeduren nicht vergessen werden, die sich um die Reboot-Persistenz von den per *kpartx* generierten Subdevices kümmern.

Weiter im Text:

Beginnen wir nun mit dem eigentlichen DRBD-Setup. Hierbei werden die DRBD-Legs auf unseren beiden Nodes entsprechend der in der *drbd.conf* hinterlegten Konfigurationsparameter einmalig initialisiert. Im ersten Schritt erzeugen wir per drbdadm(8) unsere eigentliche DRBD-Resource »r0«, und zwar auf beiden Legs:

```
#> drbdadm create-md r0

...
Writing meta data...
initialising activity log
NOT initialized bitmap
New drbd meta data block sucessfully created.
```

Falls es bei diesem Schritt zu Problemen mit »alten/störrischen« Metadaten kommen sollte (z. B. durch alte (c)LVM- und/oder Raid-Metadaten oder eine vormalige DRBD-Konfiguration), können wir uns dieser lästigen Überbleibsel z. B. per *drbdmeta*(8), dem DRBD-Tool zum Management der DRBD-Metadaten, entledigen:

```
#> drbdmeta 0 v08 /dev/sdb1 internal wipe-md  --force
```

Hat bis zu diesem Punkt alles geklappt, sollte dem manuellen Start unseres DRBDs nichts mehrt im Wege stehen. Falls ein entsprechendes Runlevel-Script existiert, können wir per

```
#> /etc/init.d/drbd start
```

den DRBD-Service auf jedem Node abfeuern. Alternativ können wir das DRBD – pro Leg! – auch direkt per

```
#> drbdadm up r0
```

dazu nötigen, sich mit seinem jeweiligen Peer zu syncen und konnektieren. Der Befehl beinhaltet insgesamt 3 Subkommandos (**drbdadm [attach|syncer|connect] r0**). Nach erfolgreichem Connect sollte uns der DRBD-Status unter */proc/drbd* folgenden Output zeigen:

```
#> cat /proc/drbd
```

```
version: 8.3.7 (api:88/proto:86-91)
GIT-hash: ea9e28dbff98e331a62bcbcc63a6135808fe2917 build by phil@fat-tyre, 2010-01-
13 17:17:27
 0: cs:Connected ro:Secondary/Secondary ds:Inconsistent/Inconsistent C r----
    ns:0 nr:0 dw:0 dr:0 al:0 bm:0 lo:0 pe:0 ua:0 ap:0 ep:1 wo:b oos:8385604
```

Die beiden Paare des Outputs, die für uns zunächst am wichtigsten sind, springen uns direkt ins Auge – `ro:Secondary/Secondary` und `ds:Inconsistent/Inconsistent`. Was bedeutet das en détail? Ganz einfach: `ro` steht für die *Role* des jeweiligen Legs (das links stehende ist dabei immer das Leg, auf dem der Befehl ausgeführt wurde), in unserem konkreten Fall *Secondary/Secondary*. Na prima – hatten wir nicht ein Master/Slave- bzw. Primary/Secondary-Setup auf unserer Wunschliste? Sicher, aber die beiden Schlüsselwörter *Inconsistent/Inconsistent*, die den Sync-Status unseres DRBDs anzeigen, sprechen ebenfalls eine klare Sprache. Der Grund dafür liegt auf der Hand: Wir haben unser DRBD initial bzw. frisch erstellt – was ihm fehlt, ist unser Kommando, das ihm sagt, wer der Boss im nagelneuen DRBD-Stall ist. Die Ausgangssituation ist in diesem Fall noch undefiniert, und in dem von uns gewählten Setup-Typ kann es schließlich nur einen Master geben. Also tun wir ihm den Gefallen und ernennen das DRBD-Leg von Node *jake* per drbdsetup-Kommando zum primären DRBD:

```
jake:~# drbdsetup /dev/drbd0 primary --overwrite-data-of-peer
```

Wie wir unschwer erkennen können, werden die Daten auf dem DRBD-Device des Peers *(elwood)* mit denen des Nodes, auf dem das Kommando abgesetzt wurde, überschrieben. Per **(watch) cat /proc/drbd** können wir den Sync-Vorgang gut beobachten (zweite Zeile umbrochen):

```
0: cs:SyncSource ro:Primary/Secondary ds:UpToDate/Inconsistent C r----
    ns:523584 nr:0 dw:0 dr:524120 al:0 bm:31 lo:149 pe:143 ua:148 ap:0 ep:1 wo:b oos:7866596
        [>...................] sync'ed:  6.3% (7680/8188)M
        finish: 0:03:12 speed: 40,776 (37,072) K/sec
```

Node *jake* fungiert nun dank unserer manuellen Promotion als Primary, ist *UpToDate* und *SyncSource* für *elwoods* DRBD-Leg. Ist die Sync-Rate sehr niedrig und haben wir auf unseren Netzdevices noch bandbreitenmäßig Luft nach oben, können wir die syncer-Rate in der *drbd.conf* auf beiden Nodes innerhalb eines zulässigen uns sinnvollen Rahmens nach oben schrauben und unser DRBD mithilfe eines

```
#> drbdadm adjust r0
```

auf beiden Nodes umgehend über die persistenten Änderungen in Kenntnis setzen. Ebenfalls möglich wäre dies per

```
#> drbdadm syncer r0
```

wodurch nur die syncer-Sektion neu eingelesen wird. Wollen wir den Syncspeed nur temporär ändern, ist dies ebenfalls möglich:

```
#> drbdsetup /dev/drbd0 syncer --rate=200M
```

Über:

```
#> drbdsetup /dev/drbd0 show | grep rate
```

können wir uns den Erfolg der Aktion sofort anzeigen lassen. Der *show*-Parameter liefert uns – bei gestartetem DRBD – einen Überblick über die aktuell gesetzten Einstellungen, inklusive der nicht von uns explizit definierten Werte mit ihren Default-Einstellungen.

Nach abgeschlossenem Sync sollten sich unsere DRBD-Legs in */proc/drbd* wie im nun folgenden Exkurs präsentieren:

3.8.6 Exkurs: drbd-overview und /proc/drbd

Ein nützliches Tool, mit dem wir uns schnell einen Überblick über den DRBD-Status verschaffen können ist *drbd-overview* (auch kein Voodoo-Tool – es bereitet lediglich Informationen aus */proc/drbd* etwas übersichtlicher auf). Hier die Status-Ausgabe:

```
#> drbd-overview

  0:r0  Connected Primary/Secondary UpToDate/UpToDate C r----
```

Die ausführlichere Variante liefert uns nach wie vor */proc/drbd*

```
#> cat /proc/drbd

0: cs:Connected ro:Primary/Secondary ds:UpToDate/UpToDate C r----
    ns:4 nr:0 dw:0 dr:532 al:0 bm:1 lo:0 pe:0 ua:0 ap:0 ep:1 wo:b oos:0
```

Werfen wir nun einen kurzen Blick auf die wichtigsten Felder von */proc/drbd*, alle Informationen hierzu liefert u. a.:

http://www.drbd.org/users-guide/ch-admin.html#s-proc-drbd

Legende (Auszüge):

`cs:`

liefert den *Connection-State*. Dieser kann ebenfalls per **`drbdadm cstate <Ressource>`** für den jeweiligen Node abgefragt werden.

Mögliche Werte für `cs`:

- `StandAlone` – keine Netzverbindung zwischen den beiden DRBD-Legs; entweder durch Verbindungsabbruch, administrativen Disconnect (`drbdadm disconnect <resource>`), Split-Brain oder fehlerhafte Authentifizierung
- `Disconnecting` – nur während der Diskonnektierungsphase, danach sofort: `StandAlone`
- `Unconnected` – wird gegebenenfalls vor der Verbindungsaufnahme temporär kurz angezeigt; danach meistens: `WFConnection / WFReportParams`
- `Timeout` – wird während eines Timeouts temporär angezeigt; danach folgt i. d. R: `Unconnected`
- `BrokenPipe | NetworkFailure | ProtocolError` – temporäre Anzeige, nachdem die Verbindung zum Peer unterbrochen ist; danach folgt i. d. R. ebenfalls: `Unconnected`
- `TearDown` – temporäre Anzeige, während der Peer die Verbindung unterbricht; danach ebenfalls: `Unconnected`
- `WFConnection` – Wait for Connection (bis der Peer im Netz sichtbar ist)
- `WFReportParams` – TCP-Connection etabliert, der Node wartet auf das erste Paket vom Peer
- `Connected` – Normalzustand: Verbindung etabliert, Spiegelung aktiv
- `StartingSyncS/StartingSyncT` – Full Sync, vom Admin initiiert, wird gestartet (S = Source, T = Target); danach folgt i. d. R.: `SyncSource/PausedSyncS/PausedSyncT`
- `WFBitMapS/WFBitMapT` – partieller Sync startet gerade (S = Source, T = Target); danach: `SyncSource/PausedSyncS/PausedSyncT`
- `WFSyncUUID` – auf Syncbeginn warten; danach folgt i. d. R.: `SyncTarget`
- `SyncSource` – Sync läuft, der lokale Node ist die Quelle
- `SyncTarget` – Sync läuft, der lokale Node ist das Ziel
- `PausedSyncS` – der lokale Node ist die Quelle des laufenden Sync, die jedoch gerade pausiert (was z. B. durch die Wartestellung hinter einer anderen laufenden Sync liegen kann, oder an der manuellen Initiierung durch das Kommando **`drbdadm pause-sync <resource>`**)
- `PausedSyncT` – s. o., lokaler Node ist jedoch das Ziel

- `VerifyS` – die *Online Device Verification* läuft gerade, lokaler Node ist die Verifikations-Quelle
- `VerifyT` – s. o., lokaler Node ist das Verifikations-Ziel

`ro:`

liefert die *Roles* (Rollen) der korrespondierenden Devices. Diese können ebenfalls per `drbdadm role <Ressource>` abgefragt werden.

Hinweis

An dieser Stelle noch einmal der Hinweis: Die *lokale* Ressource wird immer als Erstes angezeigt, als Zweites die Remote-Ressource des Peers.

Mögliche Werte für `ro`:

- `Primary` – die Ressource befindet sich im Read/Write-Mode. Kann nur im Dual-Primary-Mode auf beiden Nodes gleichzeitig aktiv sein.
- `Secondary` – die Ressource befindet sich im Readonly-Mode. Kann je nach Zustand des DRBDs auf beiden Nodes gleichzeitig vorliegen.
- `Disconnecting` – nur während der Diskonnektierungsphase, danach folgt i. d. R. sofort: `StandAlone`.
- `Unconnected` – wird gegebenenfalls vor der Verbindungsaufnahme temporär kurz angezeigt. Danach folgt meistens: `WFConnection / WFReportParams`.
- `Timeout` – wird während eines Timeouts temporär angezeigt. Danach: `Unconnected`.

`ds:`

liefert die *Disk-States*. Kann ebenfalls per `drbdadm dstate <Ressource>` abgefragt werden.

- `Diskless` – dem DRBD Modul wurde aktuell kein lokales Blockdevice zugewiesen (Grund: Ressource noch nie »attached«, manuell erfolgter »Detach« oder Auto-Detach durch I/O-Error)
- `Attaching` – Übergangstatus, während die Meta-Daten gelesen werden
- `Failed` – Übergangsphase nach einem I/O-Error des lokalen Blockdevices; nächster Status: `Diskless`
- `Negotiating` – Übergangsphase während der Verbindung
- `Inconsistent` – inkonsistente Daten: Gründe z. B.: neue Ressource auf beiden Nodes vor einem Full Sync. Entspricht ebenfalls der Anzeige während des Sync-Vorgangs
- `Outdated` – Daten konsistent, aber nicht mehr aktuell

- `DUnknown` – Status des Peers unbekannt (z. B. duch Netzwerkfehler)
- `Consistent` – konsistente Daten auf dem DRBD-Node, jedoch ohne Connection zum Peer. Sobald die Connection etabliert ist, erfolgt die Rückmeldung, ob die Daten *UpToDate* oder *OutDated* sind.
- `UpToDate` – konsistent, alle Daten sind Up-To-Date: der normale Status, der auf beiden Nodes vorliegen sollte

Die Bedeutung der restlichen Felder:

`ns` *(network send)* – Menge der Daten in Kilobytes, die bisher über das Netz zum Peer gesendet wurden

`nr` *(network receive)* – Menge der Daten in Kilobytes, die bisher über das Netz vom Peer empfangen wurden

`dw` *(disk write)* – über das Netz empfangene Daten in Kilobyte, die auf die lokale Disk geschrieben wurden

`dr` *(disk read)* – über das Netz gesendete Daten in Kilobyte, die von der lokalen Disk gelesen wurden

`al` *(activity log)* – Anzahl der Updates des Aktivitätslogs im Meta-Datenbereich

`bm` *(bit map)* – Anzahl der Updates der Bitmap-Area des Meta-Datenbreiches

`lo` *(local count)* – Anzahl der offenen Requests zum lokalen I/O-Subsystem, die durch DRBD initiiert wurden

`pe` *(pending)* – Anzahl der zum Peer verschickten Requests, die bisher nicht beantwortet wurden (ausstehende Empfangsbestätigung)

`ua` *(unacknowledged)* – Anzahl der Requests, die der Peer über das Netz empfangen, jedoch noch nicht bestätigt/beantwortet hat

`ap` *(application pending)* – Anzahl der Block-I/O-Requests, die zum DRBD gesendet, jedoch noch nicht beantwortet wurden

`ep` *(epochs)* – Anzahl der *epoch*-Objekte (Seit DRBD 8.2.7) – üblicherweise nur 1 (eines) –, kann bei I/O-Last u. U. höher liegen, wenn entweder `barrier` oder `none write ordering` aktiv sind (siehe nächster Punkt)

`wo` *(write order)* – die aktuell eingesetzte *write ordering method*: b *(barrier)*, f *(flush)*, d *(drain)* or n *(none)* (seit DRBD 8.2.7)

`oos` *(out of sync)* – Speichermenge auf dem Storage, die zum Zeitpunkt der Abfrage Out of Sync ist (seit DRBD 8.2.6)

Weitere Details siehe:

http://www.drbd.org/users-guide/ch-admin.html#s-proc-drbd

3.8.7 Manueller DRBD-Funktionstest (Master/Slave)

Um unser DRBD vor der Integration als Cluster-Ressource zu testen und vor allem um seine Funktionsweise zu verstehen, werden wir nun einen manuellen Failover simulieren.

Nachdem wir sichergestellt haben, dass unser DRBD aktiv ist und sich im korrekten Zustand befindet *(Primary/Secondary* und *UpToDate/UpToDate)*, legen wir auf beiden Nodes den Mountpunkt */daten* an.

Auf dem Node, der den DRBD-Primary hält, erzeugen wir ein Dateisystem (z. B.: `mkfs.ext4 /dev/drbd0`) und hängen das DRBD-Leg anschließend unter */daten* ein.

Nun erzeugen wir eine Datei unter */daten*, z. B. *test.txt*, und befüllen sie optional mit etwas Inhalt. Anschließend hängen wir den Mountpunkt */daten* auf dem Primary wieder aus, und nun kommt der entscheidende Part: die Demotion (Herabstufung) des Primary zum Secondary – auf dem Primary:

```
#> drbdadm secondary r0
```

Anschließend sollte *drbdadm* die folgende Rollenverteilung ausspucken:

```
#> drbdadm role r0

Secondary/Secondary
```

Im Systemlog *(/var/log/messages)* lässt sich das Switching der Rollen ebenfalls gut beobachten:

```
jake kernel: block drbd0: role( Primary -> Secondary )
jake kernel: block drbd0: peer( Secondary -> Primary )
```

Analog zur gerade geschilderten Vorgehensweise stufen (promoten) wir nun – auf dem ursprünglichen Secondary – den Secondary zum Primary auf:

```
#> drbdadm primary r0
```

Auf die gleiche Art wie oben beschrieben prüfen wir die aktuelle Rollenverteilung, die nun (auf dem ehemaligen Secondary) wie folgt aussehen sollte:

```
#> drbdadm role r0

Primary/Secondary
```

Nun müssen wir nur noch auf dem aktuellen Primary das DRBD-Device einhängen und können unsere Datei fleißig weiterbearbeiten.

Der entscheidende Part bei unserer Vorbetrachtung: Die Cluster-Ressource bzw. der Linbit-OCF-RA erledigt im Prinzip (bei einem typischen Primary/Secondary-Setup) exakt den gleichen Job, den wir gerade manuell exerziert haben. Natürlich kommt dann noch die vollautomatische Überwachung der Ressource ins Spiel.

Fassen wir kurz noch einmal die wichtigsten Voraussetzungen für unser DRBD-Setup zusammen:

- Wie bei einem (nicht partitionierbaren) Raid 1 sollten die Partitionen auf den unterliegenden Blockdevices auf jedem Node die gleiche Größe haben.
- Die Datenübertragung zwischen den DRBD-Devices/Nodes sollte immer über ein dediziertes (Bonding-)Interface mit ausreichender Bandbreite abgewickelt werden.
- Die DRBD-Replikation sollte crossover und nicht über Router/Switches erfolgen.
- Kommt eine Firewall bzw. ein Paketfilter zum Einsatz, müssen die entsprechenden Ports (default: ab 7788 aufwärts) zwischen den Nodes freigeschaltet werden. Es werden immer 2 TCP-Connections benötigt.
- Für die DRBD-Mountpunkte darf auf keinem der Nodes ein Eintrag in der */etc/fstab* vorhanden sein, damit das System das DRBD nicht automatisch mountet. Dies darf nur über den Cluster-Service bzw. den OCF-RA erfolgen. Wird dennoch ein Mountpunkt-Eintrag gewünscht, sollte unbedingt die `noauto`-Option gesetzt sein.
- In einem Primary/Secondary-(Master/Slave-)Setup kann das sekundäre Leg *nicht* – auch nicht readonly – eingehängt werden.

3.8.8 Konfiguration der DRBD-Master/Slave-Ressource im Cluster

Wie wir bereits wissen, existieren neben den uns bereits bekannten Clonesets auch leicht abgewandelte Vertreter der gleichen Gattung – sogenannte *Multi-State-Ressourcen*, die wir bereits in den Abschnitten 3.6 und 3.7 kurz erwähnt hatten. Im Unterschied zu Clonesets besitzen sie zusätzliche Attribute, die ihr Rollenverhalten festlegen bzw. beschreiben. Das DRBD in seiner klassischen Setup-Form, dem Primary/Secondary bzw. Master/Slave, fällt dabei in genau diese Kategorie. Der RA kontrolliert dabei, ob sich immer genau 1 Leg des DRBDs in der Rolle »Master« befindet. Fällt dieses Leg aus, wird der verbleibende Slave automatisch durch den RA zum Master promoted und dort das FS gemountet.

Im Dual-Primary-Mode gestattet der RA unserem DRBD auf beiden Nodes den Zustand »Master« und natürlich in logischer Konsequenz ein gemountetes (Cluster-)FS.

Achtung

Es sollte in jedem Fall immer die aktuellste Version des DRBD-OCF-RA von Linbit eingesetzt werden. Ältere DRBD-RAs, die z. B. als Teil der jeweiligen Cluster-Pakete mitgeliefert werden, unterstützen gegebenenfalls nicht alle Features, insbesondere im Dual-Primary-Mode, und können zu Problemen führen. Der Linbit OCF-RA findet sich bei SUSE z. B. unter */usr/lib/ocf/resource.d/linbit/drbd*, die ältere und nicht präferierte Variante unter */usr/lib/ocf/resource.d/heartbeat/drbd*.

Werden wir nun also praktisch und implantieren die entsprechende Ressource des OCF-RA von Linbit via crm-Shell:

Zunächst erzeugen wir die primitive `drbd_r0`, die auf die von uns per *drbd.conf* vorkonfigurierte DRBD-Ressource `r0` zeigt:

```
crm(live)configure# primitive drbd_r0 ocf:linbit:drbd params \
    drbd_resource="r0"  op monitor interval="15"
```

Anschließend erzeugen wir wie bei einem Cloneset die eigentliche Multi-State-Ressource (Schlüsselwort: `ms`, hier gewählter Bezeichner: `ms_drbd_r0`) mithilfe der zuvor generierten *primitive* `drbd_r0`:

```
crm(live)configure# ms ms_drbd_r0 drbd_r0 meta master-max="1" \
    master-node-max="1" clone-max="2" clone-node-max="1" \
    notify="true"
```

Wichtig hierbei ist insbesondere das `master-max`-Meta-Attribut, das in unserem Primary/Secondary- bzw. Master/Slave-Setup natürlich nur maximal 1 Master erlaubt.

Nun kümmern wir uns um die Mountpunkt-Ressource (`fs_r0`) für unsere DRBD-Ressource `r0`,

```
crm(live)configure# primitive fs_r0 ocf:heartbeat:Filesystem \
    params device="/dev/drbd0" directory="/daten" fstype="ext4"
```

die mit den üblichen Mount-Parametern aufwartet (lokales Blockdevice, Mountpunkt und FS-Typ). Anschließend erzeugen wir die Service-IP (`ip_r0`):

```
crm(live)configure# primitive ip_r0 ocf:heartbeat:IPaddr2 \
    params ip="192.168.198.205"
```

Danach fassen wir Service-IP und FS-Ressource zu einer Gruppe (`fs-ip`) zusammen und sorgen per Co-Location dafür, dass sich die Gruppe `fs-ip` immer auf dem Node befindet, auf dem der DRBD-Master bzw. -Primary aktiv ist. Zudem darf die Gruppe `fs-ip` per Ordering erst dann gestartet werden, wenn der entsprechende DRBD-Node zum Master promoted wurde.

```
crm(live)configure# group fs-ip fs_r0 ip_r0
crm(live)configure# colocation fs-ip_on_drbd\
   inf: fs-ip ms_drbd_r0:Master
crm(live)configure# order fs-ip_after_drbd \
   inf: ms_drbd_r0:promote fs-ip:start
crm(live)configure# commit
crm(live)configure# exit
```

In der GUI sollten sich unsere Ressourcen nun wie folgt präsentieren:

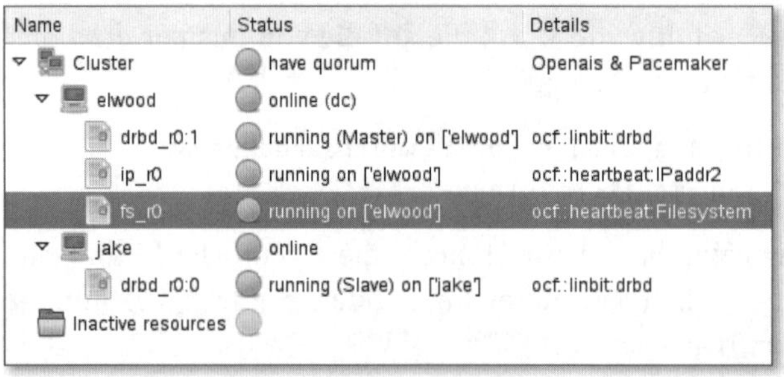

Name	Status	Details
Cluster	have quorum	Openais & Pacemaker
elwood	online (dc)	
drbd_r0:1	running (Master) on ['elwood']	ocf::linbit:drbd
ip_r0	running on ['elwood']	ocf::heartbeat:IPaddr2
fs_r0	running on ['elwood']	ocf::heartbeat:Filesystem
jake	online	
drbd_r0:0	running (Slave) on ['jake']	ocf::linbit:drbd
Inactive resources		

Abbildung 3.10 DRBD-Master/Slave-Ressource mit FS- und IP-Ressource in der crm_gui

Initiieren wir nun manuell einen Failover, indem wir den DRBD-Master-Node (im oberen Beispiel *elwood)* auf Standby setzen, sollte Node *jake* umgehend zum neuen Master promoted werden und die Ressourcen-Gruppe auf den neuen DRBD-Master schwenken. Der *mount*-Befehl sollte uns auf dem aktiven Master die gemountete DRBD-Ressource präsentieren:

```
#> mount | grep drbd

/dev/drbd0 on /daten type ext3 (rw)
```

Natürlich ist die reine Promotion/Demotion- und Mountpunkt-Betrachtung an dieser Stelle immer noch recht akademisch, also kombinieren wir, nachdem wir den Standby-Node wieder aktiviert haben, unsere DRBD-Master/Slave-Ressource nun mit der Samba-3-Ressource aus Abschnitt 3.7.13, denn so können wir am konkreten Beispiel ein »echtes« Fileserver-Failover-Szenario testen. Ans Werk ...

Im folgenden Beispiel verwenden wir die bereits bekannten Samba-LSB-RAs und fügen sie interaktiv der bereits vorhandenen Gruppe `fs-ip` hinzu (Datei: *res-*

samba-simple.sh, Gruppe fs-ip manuell in der crm editieren bzw. ergänzen, siehe die fett markierten Einträge in der unten angegebenen Zeile, die mit »group« beginnt).

```
crm(live)configure# primitive samba_nmbd lsb:nmb \
    op monitor interval="10" timeout="15"
crm(live)configure# primitive samba_smbd lsb:smb \
    op monitor interval="10" timeout="15"
crm(live)configure# edit fs-ip
group fs-ip fs_r0 ip_r0 samba_nmbd samba_smbd
crm(live)configure# commit
```

Anschließend sollten sich unsere Ressourcen in der crm_gui wie folgt präsentieren:

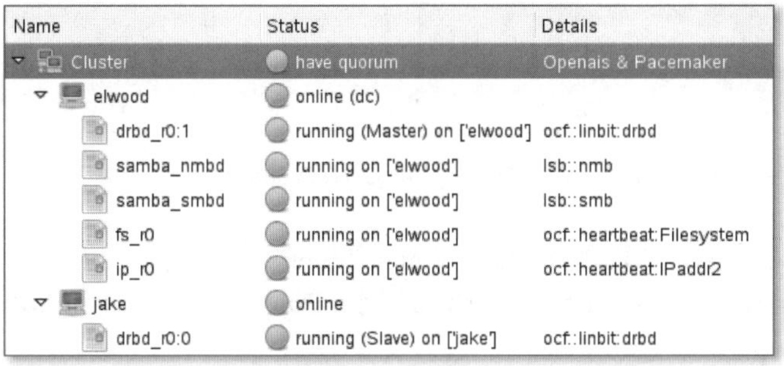

Name	Status	Details
Cluster	have quorum	Openais & Pacemaker
elwood	online (dc)	
drbd_r0:1	running (Master) on ['elwood']	ocf::linbit:drbd
samba_nmbd	running on ['elwood']	lsb::nmb
samba_smbd	running on ['elwood']	lsb::smb
fs_r0	running on ['elwood']	ocf::heartbeat:Filesystem
ip_r0	running on ['elwood']	ocf::heartbeat:IPaddr2
jake	online	
drbd_r0:0	running (Slave) on ['jake']	ocf::linbit:drbd

Abbildung 3.11 Ausfallsicherer Samba-Server mit Master/Slave-DRBD

Testen wir nun den – hoffentlich – möglichst unterbrechungsfreien Zugriff auf die Samba-Share, im folgenden Beispiel mit einem Win-7-Professional-Client. Die Voraussetzungen entsprechen denen aus Abschnitt 3.7.13, im Detail: Der Ordner bzw. Mountpunkt */daten* muss auf beiden Nodes schreibbar für den Samba-User sein, dieser wiederum muss auf beiden Nodes entsprechend vorhanden sein. Ein Domänen-Setup findet in diesem noch recht simplen Beispiel keine Anwendung, ein komplexeres Setup für echte Produktivumgebungen (Samba 3 mit OpenLDAP-Backend als redundante Cluster-Ressourcen und DRBD im Dual-Primary-Mode) folgt im nächsten Abschnitt.

Auf der Win-7-Seite sollte die Service-IP mit dem NetBIOS-Alias in der entsprechenden hosts-Datei oder per Nameserver hinterlegt sein. Über den NetBIOS-Alias *\\server1* greifen wir nun auf die Datenfreigabe »*daten*« zu (im folgenden Bild auf Node *elwood* aktiv) und erzeugen und editieren dort eine Datei:

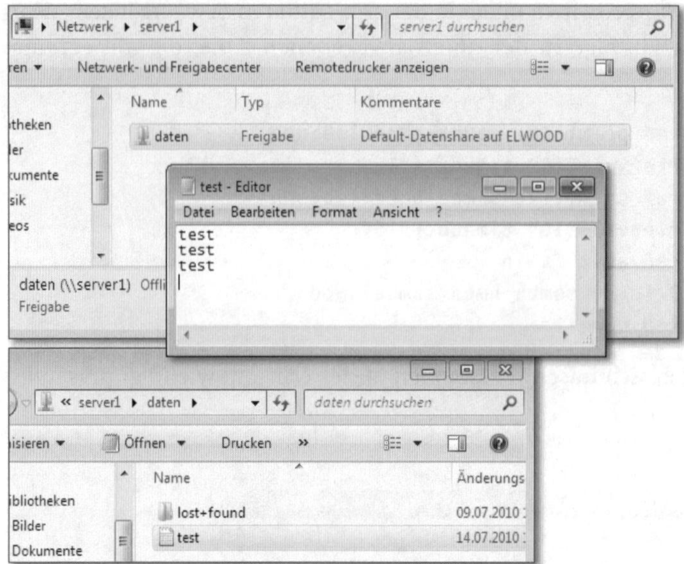

Abbildung 3.12 DRBD-gestützte Daten-Share »daten« auf Node elwood

Führen wir nun bei geöffneter Datei (test.txt) einen Schwenk auf *jake* durch, sollten wir nach ein paar Sekunden wieder Zugriff auf die Datei haben und sie mit dem aktuellen Inhalt speichern können:

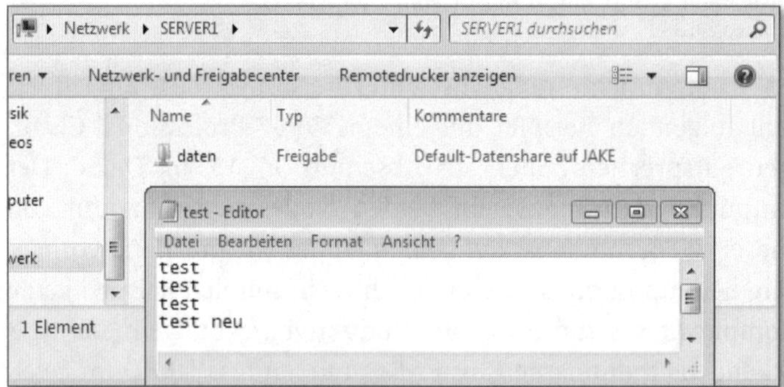

Abbildung 3.13 Zugriff auf die Datei *test.txt* in der Share »daten« nach erfolgtem Schwenk auf Node jake

Betrachten wir unser Konstrukt bis zu diesem Punkt: Die grundlegende Verfügbarkeit ist sichergestellt, jedoch dauert der Schwenk durch das Promoten/Demoten und das Starten der Filesystem- und der beiden Samba-Ressourcen auf dem neuen DRBD-Master einige Sekunden. Erschwerend kommt in Produktivumgebungen hinzu, dass die Samba-Benutzer auf beiden Nodes separat gepflegt werden müssten, um z. B. stets einen identischen User-Datenbestand mit identischen UIDs zu gewährleisten.

Hier würde sich z. B. ein Samba-PDC-Konstrukt im Hot-Standby (als Cloneset) anbieten, das auf beiden Nodes mit einem OpenLDAP im Hot-Standby (ebenfalls als Cloneset) als redundante Userdatenbank hinterlegt ist. Und genau dieses Szenario werden wir in Verbindung mit einem DRBD-Dual-Primary mit Cluster-Dateisystem komplett abbilden, und zwar in Abschnitt 3.8.15.

Hinweis

Ein wichtiger Punkt, den wir im Rahmen dieses Setups jedoch noch nicht angesprochen haben, ist das Backup, dem wir uns in Kapitel 5 sehr ausführlich widmen werden. Natürlich existieren unzählige Varianten, die zudem je nach Art der zu sichernden Daten (z. B. geöffnete DB-Dateien mit speziellen File-Lockings) variieren. Dennoch können wir eine große Anzahl von Anwendungsfällen, gerade im klassischen Fileserver-Einsatz, per LVM-Snapshot erschlagen. Und da sich das Ganze hervorragend mit DRBD kombinieren lässt, schauen wir uns an dieser Stelle zwei der möglichen Spielarten einmal genauer an.

3.8.9 Exkurs: DRBD on top of LVM – Backup des Secondary per Snapshot

Wenn alle Nodes/Legs des DRBD als Logical Volume konfiguriert werden, können vom jeweiligen Secondary oder dem (dritten) »Offline-Node« jederzeit bequem konsistente Backups gezogen werden, ohne Einfluss auf die Performance des Read/Write-gemounteten Primary. Zudem können wir das DRBD auf diese Art relativ problemlos resizen, was sonst nur mit erheblichem Aufwand möglich wäre.

Wie bereits bekannt, lassen sich per LVM-Snapshot relativ einfach konsistente Backups auf Basis des *CoW*-Mechanismus erstellen. Nur in wenigen Fällen (wie den eben benannten DB-Applikationen mit speziellen File-Lockings) müssen gegebenenfalls vorab separate Maßnahmen getroffen werden, um diese Lockings zu handeln (Backup über interne, applikationseigene Mechanismen), bzw. geöffnete DB-Dateien für die Dauer der Snapshot-Erstellung kurz zu schließen.

In diesem Setup werden die unserem DRBD *unterliegenden* Disks/Partitionen per pvcreate als PVs (Partitions-ID: 8e) eingerichtet, die dann die Basis für je eine VG (VG1) pro DRBD-Node bilden. Auf jeder VG wird ein LV (hier: LV1) eingerichtet, das jedoch nicht die maximale Kapazität der unterliegenden VG nutzt, um noch etwas Platz für den Snapshot-Puffer zu haben.

Nach der Erstellung der LVs auf beiden DRBD-Nodes werden diese über die *drbd.conf* anstelle einer normalen Partition eingebunden:

```
disk /dev/VG1/LV1
# z.B. anstelle von:    disk /dev/sdb1
```

Was die Auswahl des Secondary als Snapshot-Target angeht: Natürlich wäre auch ein Snapshot auf dem Primary möglich; die Integrität des Backups wäre auch hier gewährleistet. Nachteil wäre jedoch in jedem Fall eine schlechtere Performance während der Dauer des Snapshots, da der Primary gleichzeitig alle schreibenden Anfragen beantworten muss. Schauen wir uns kurz die vereinfachte, funktionelle Darstellung an:

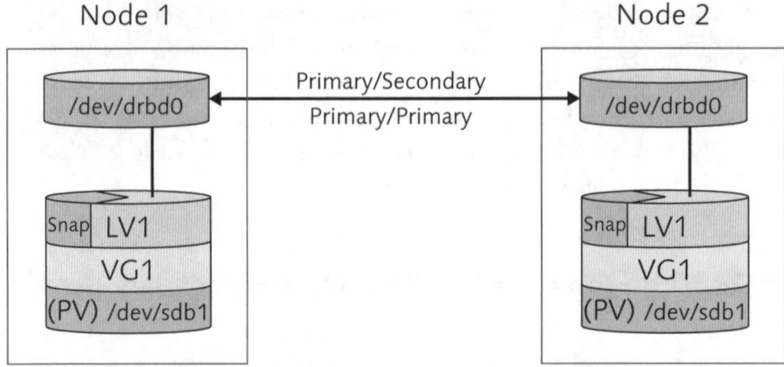

Abbildung 3.14 Mögliches Snapshot-Szenario mit DRBD on top of LV

In dieser Variante kann von *jedem* Node ein Snapshot erstellt werden, in der Variante *LV on top of DRBD* immer nur auf dem primären Node, was die Performance während der Snapshot-Dauer deutlich reduziert. Allerdings ist das Setup einfacher und transparenter. Dazu mehr im nächsten Abschnitt. Schauen wir uns nun das konkrete Setup für die mit LVs unterlegte DRBD-Variante an:

Nachdem wir alle Ressourcen unseres Clusters gestoppt haben, bereiten wir die DRBD-Legs auf ihr neues Setup vor. In diesem sehr stark vereinfachten Modell nehmen wir eine einzelne Disk bzw. Partition als Unterlage für unsere VG. Es versteht sich von selbst, dass diese in Produktivumgebungen redundant (z. B. per Raid 1) unterlegt sein sollte.

Zunächst toggeln wir per *fdisk* auf beiden Nodes die Partitionen */dev/sdb1* mit der Partitions-ID für LVM (8e) und sorgen dafür, dass der LVM-Service automatisch startet.

Danach richten wir in der bekannte Weise das PV, dann die VG und schließlich das LV – auf beiden Nodes bzw. DRBD-Legs! – ein, natürlich mit identischen Einstellungen. Wichtig dabei ist vor allem, bei der Erstellung des LVs auf beiden Nodes genügend Platz für das Snapshot-LV bzw. den Delta-Puffer frei zu lassen. Im unten angegebenen Beispiel verwenden wir eine 8 GB große, virtuelle Disk und belassen 2 GB für den Delta-Puffer.

```
#> pvcreate /dev/sdb1
#> vgcreate VG1 /dev/sdb1
#> lvcreate -L 6GB -n LV1 VG1
#> lvs
```

```
LV   VG   Attr   LSize Origin Snap%  Move Log Copy%  Convert
LV1  VG1  -wi-a- 6.00g
```

Im nächsten Schritt passen wir die *drbd.conf* auf allen Nodes für unser *DRBD-on-Top-of-LV*-Setup an, indem wir natürlich auf das frisch erzeugte LV anstelle der normalen Partition verweisen:

```
device      /dev/drbd0;
disk        /dev/VG1/LV1;
address     <IP>:7788;
meta-disk   internal;
```

Nachdem wir die *drbd.conf* auf den anderen Node kopiert haben, kümmern wir uns um das eigentliche Setup des DRBD – ebenfalls auf beiden Nodes! –:

```
#> drbdadm create-md r0
#> drbdadm adjust r0
#> drbdadm up r0
```

Auf dem Node, der Primary werden soll:

```
#> drbdadm primary r0
```

Oder:

```
#> drbdadm -- --overwrite-data-of-peer primary r0
```

Achtung

Wir warten mit der Erstellung des Snapshots natürlich, bis der Sync-Vorgang abgeschlossen ist – andernfalls läuft der Snapshot-Puffer während des Sync-Vorgangs sofort voll!

Nachdem der Sync-Vorgang komplett abgeschlossen ist, formatieren wir das DRBD auf dem Primary als ext4 und binden es, wie im letzten Abschnitt beschrieben, als Cluster-Ressource ein. Die Einbindung der Samba-Ressourcen ist in diesem Fall optional, einen reinen Snapshot-/Backup-Funktionstest können wir auch auf Linux-Dateisystem-Ebene fahren. Natürlich verifizieren wir vorab, dass sich unser DRBD in einem konsistenten Zustand befindet. Danach erstellen wir den Snapshot auf dem Secondary und sichern die Daten wie bereits in Abschnitt 2.4.6 beschrieben.

Exkurs: Online-Resizing eines DRBD mit unterlegtem LV

Ein wichtiges Kriterium – denn so erhalten wir uns die Flexibilität, unser DRBD auch nachträglich auf wachsende Storage-Anforderungen relativ einfach anpassen zu können. Wichtige Voraussetzung – neben dem nachstehend aufgeführten LVM-Setup – ist, dass sich unsere DRBD-Ressource im *Connected State* befindet.

Zunächst müssen wir das LV auf beiden Nodes – mit den bereits aus Abschnitt 2.4 bekannten Prozeduren – per lvextend identisch vergrößern, z. B.:

```
#> lvextend -v -L+1GB VG1/LV1
```

Anschließend führen wir den eigentlichen Resize-Vorgang durch, der hier auf dem primären Node angestoßen wird:

```
#> drbdadm resize r0
```

Anschließend warten wir, bis der durch den Resize getriggerte Resync-Vorgang beendet ist. Nun müssen wir noch das Dateisystem resizen:

```
#> resize2fs -f /dev/drbd0

resize2fs 1.41.11 (14-Mar-2010)
Filesystem at /dev/drbd0 is mounted on /daten; on-line resizing required
old desc_blocks = 1, new_desc_blocks = 1
Performing an on-line resize of /dev/drbd0 to 1834943 (4k) blocks.
The filesystem on /dev/drbd0 is now 1834943 blocks long.
```

Achtung

Final darf natürlich nicht vergessen werden, den LVM-Service auf allen (DRBD-) Nodes permanent zu aktivieren: entweder per init-/Upstart-System oder optimalerweise über die Cluster-Ressource LVM2.

3.8.10 Exkurs: LVM on Top of DRBD (Master/Slave)

Bei diesem Setup wird einfach auf das DRBD im Master/Slave-Mode ein LV aufgesetzt. Die LVM-Services werden auf beiden Nodes aktiviert und permanent eingebunden. Der grundsätzliche Vorteil dieses Setup-Typs liegt natürlich im einfacheren LVM-Handling – auf die genauen Vor- und Nachteile von beiden Setup-Typen (und anderen) werden wir gleich noch eingehen.

Das DRBD-Setup entspricht dem bereits vorgestellten Master/Slave-Setup, ebenso die Multistate-Ressource. Der DRBD-Unterbau auf jedem Node ist */dev/sdb1*.

Achtung

Zuvor alle gegebenenfalls noch existierenden VGs und LVs löschen und per pvremove unbedingt sicherstellen, dass /dev/sdb1 keine LVM-ID bzw. keine LVM-Metadaten mehr enthält!

Als eigentliches Physical Volume dient in dieser Setup-Variante */dev/drbd0*, das wiederum auf jedem Node mit */dev/sdb1* unterlegt ist. Je nach gesetzten Filtern in der *lvm.conf(5)* muss gegebenenfalls sichergestellt werden, dass die DRBD-Devices vom LVM sauber erkannt werden, z. B. wenn alle PVs nur aus DRBD-Devices bestehen, per:

```
filter = [ "a|drbd.*|", "r|.*|" ]
```

Zunächst prüfen wir jedoch, ob sich unser DRBD nach der initialen Einrichtung in einem konsistenten Master/Slave-Zustand befindet. Anschließend bereiten wir das DRBD-Device per *pvcreate* vor, dann erzeugen wir die VG und das eigentliche LV. Die folgenden Aktionen führen wir auf dem DRBD-Primary durch:

```
#> pvcreate /dev/drbd0
#> vgcreate VG1 /dev/drbd0
#> lvcreate -L+1GB -n LV1 VG1
#> mkfs.ext4 /dev/mapper/VG1-LV1
```

Falls der Device-Mapper nicht aktiv ist (Device */dev/VG1/LV1* bzw. */dev/mapper/VG1-LV1* nicht vorhanden), den LVM-Service (re-)starten und permanent einbinden. Diese Einbindung kann später auch durch den LVM-LSB-RA (z. B. in einem Cloneset) übernommen werden.

Nun starten wir die DRBD-Multistate-Ressource. Anschließend müssen wir noch die Filesystem-Ressource entsprechend anpassen, denn wir müssen ja nun */dev/VG1/LV1* anstelle von */dev/drbd0* mounten (Datei: *res-lv-on-top-of-drbd-master-slave.sh*, hier nur der Auszug der FS-Ressource):

```
crm configure primitive fs_r0 ocf:heartbeat:Filesystem \
    params device="/dev/VG1/LV1" directory="/daten" fstype="ext4"
```

Die Ausgabe des Mount-Befehls sollte uns nach Implementierung der Ressourcen folgenden Output wie bei einem konventionellen LV liefern:

```
/dev/mapper/VG1-LV1 on /daten type ext4 (rw)
```

Achtung

Falls die LVM-Tools in diesem Setup ein Problem haben sollten, die unterliegenden Devices *(/dev/sdb1)* des DRBD als PV zu ignorieren (was sie müssen), auf die entsprechenden Exkludierungen (`filter =...`) in der *lvm.conf(5)* achten.

DRBD/LVM – Fazit

Hier eine kleine Übersicht über einige prinzipielle Setup-Szenarien in Verbindung mit LVM und DRBD, jeweils angefangen von links bei der niedrigsten Abstrahierungsebene, üblicherweise den eigentlichen Disks/Partitionen. Anstelle der unten angegebenen Disks/Part(itionen) können – und sollten! – zur optimalen Verfügbarkeit in Produktivumgebungen natürlich Raid-1-Konstrukte verwendet werden:

Disks/Part → LV → DRBD

Vorteile: flexibles Speicherplatzmanagement, Redundanz, einfache und konsistente Snapshots auf Master *und* Slave möglich

Nachteile: Resizing etwas umständlicher als bei nachstehender Variante

Disks/Part → DRBD → LV

Vorteile: flexibles Speicherplatzmanagement, Redundanz, einfaches LV-Resizing, Snapshots

Nachteile: eventuell Probleme bei der PV-Einbindung. Snapshot kann nur auf aktivem (Primary-)Node erstellt werden, dadurch gegebenenfalls schlechtere Performance

Unter dem Strich haben beide Konstrukte ihre Vor- und Nachteile; in der Praxis mag für den einen das einfache Resizing der wichtigere Aspekt sein, für den anderen die Fähigkeit, über den sekundären Node Snapshots mit optimaler Performance zu ziehen. Wer mehr Wert auf Ersteres legt, sollte LV on top of DRBD nehmen, sonst die Variante DRBD on top of LV.

Denkbar sind sogar »nested« Konstrukte, bei denen das DRBD auf jedem Node mit einem LV unterlegt ist und auf dem DRBD selbst noch ein LV angelegt wird. Prinzipiell sicher machbar, aber auch hier gilt wieder unser KIS-Prinzip, denn durch jede Abstraktionsebene fügen wir ein neues Glied in unsere Verfügbarkeitskette ein und erhöhen somit das potenzielle Risiko eines Ausfalls.

3.8.11 DRBD-Dual-Primary-Mode

Wat is enne Dual Primary? Genau das, was uns der Name verheißt: Zwei gleichberechtigte Primary, die den gleichen Content hosten bzw. spiegeln und zudem beide schreibbar sind. Im Klartext: Für die Clients ist in diesem Fall schreibender Zugriff auf beide DRBD-Nodes möglich, die Replikation der Daten findet in beide Richtungen statt. Daher ist der Einsatz eines Cluster-FS, wie z. B. *GFS2 (Redhats Global Filesystem)* oder *OCFS2 (Oracles Cluster Filesystem)*, mit einem *DLM (Distributed Lock Manager)* zwingend erforderlich. Denn Letzterer, unser DLM, läuft im Cloneset auf jedem Node und teilt dem jeweils anderen Node mit, welche Dateien sich bei ihm gerade in Benutzung befinden, und sperrt diese bei konkurrierendem Zugriff. Würden wir ein konventionelles FS, wie z. B. ext3/4, verwenden, hätten wir binnen kürzester Zeit unsere Daten geschreddert, da dem »lokalen« FS – stark vereinfacht ausgedrückt – einfach nicht bewusst ist, ob gerade ein anderer Node über das Netz auf »seine« Daten zugreift.

Einsatzzwecke

Aber wo genau finden sich nun die Einsatzzwecke für diesen speziellen Setup-Typ? Nun, jedes Feature einer Software entspringt natürlich (oder sollte es zumindest außerhalb von Redmond) einer Anforderung, die sich aus realen Einsatzszenarien ergibt. Im Fall von DRBD kann uns ein Dual-Primary in mehreren Situationen bzw. Szenarien sehr hilfreich sein, als da unter anderem wären:

- Dual Primary für Hot-Failover eines (Samba-)Fileservers
- DRBD als Shared Storage
- DRBD als iSCSI-Target
- Live-Migration von virtuellen Maschinen (VMs)

Natürlich sind noch andere Szenarien denkbar, deren Behandlung jedoch den Rahmen des Buches sprengen würde.

Im Folgenden werfen wir der Reihe nach einen Blick auf die gerade vorgestellten Beispiele, wobei wir allerdings das letzte, die Live-Migration von VMs, noch etwas nach hinten schieben müssen, bis wir uns in Kapitel 4 zumindest grundlegend mit der Einrichtung und Administration von VMs vertraut gemacht haben.

Aber auch der Einsatz eines Dual-Primary bedeutet nicht immer nur eitel Sonnenschein, wie der eine oder andere leidgeplagte Admin nur zu gut weiß. Und daher werfen wir vorab einen kurzen Blick auf...

3.8.12 Exkurs: DRBD-Split-Brain-Recovery

Wie wir bereits aus unseren Cluster-Vorbetrachtungen in Abschnitt 3.1.7 wissen, gehört eine Split-Brain(SB)-Situation immer in die Kategorie von Events (»*Bad things will happen*«), auf die wir Admins jederzeit gern verzichten würden, es aber oft genug in der Praxis leider nicht können.

Dort wie hier, in unserer DRBD-Betrachtung, geht es um eine (temporär) unterbrochene Netzwerkkommunikation zwischen den Nodes, die einen undefinierten Zustand – zwischen den beiden Nodes – hinterlässt. Keiner der beiden hat Kenntnis über den Status des anderen, und im schlimmsten Fall hatten verschiedene Clients während des Split-Brains schreibenden Zugriff auf den Datenbestand der jeweiligen DRBD-Nodes. Wir kennen das Resultat: inkonsistente Daten, und diese können in den wenigsten Fällen »mal eben« wieder trivial miteinander ge-merged werden, um den Pseudo-Anglizismus an dieser Stelle mal wieder zu verwenden.

DRBD bemerkt eine Split-Brain-Situation, sobald die Konnektivität zwischen den beiden Nodes wieder hergestellt und der initiale DRBD-Protokoll-Handshake erfolgt ist. Sollte DRBD feststellen, dass eine SB-Situation vorlag, unterbricht es sofort die Replikationsverbindung zwischen den Nodes, und wir erhalten über das Systemlog in etwa folgenden Output:

```
Split-Brain detected, dropping connection!
```

Nachdem ein Split-Brain von unserem DRBD erkannt wurde, befindet sich mindestens einer der Nodes (oder beide, falls beide den SB zur gleichen Zeit »erkannt« haben) üblicherweise im Connection-State *StandAlone* oder *WFConnection* (falls der Peer-Node die Verbindung auf Basis des SB-Status getrennt hatte, bevor der andere Node überhaupt die Chance hatte, das SB zu erkennen).

DRBD kannte bereits seit Version 0.7 automatisierte Mechanismen, um Split-Brain-Situationen bei einer Fehlschaltung unseres »Storage-Brains« behandeln zu können, dort allerdings nur in sehr rudimentärer und nicht adjustierbarer Form (»*verwirf die Änderungen des jüngeren Primary*«). Seit Release 8.0 kennt DRBD weitere und damit auch selektiv konfigurierbare Prozeduren, um Split-Brain-Situationen automatisiert behandeln zu können. Allerdings sind die Automatismen seit Version 8.0 default deaktiviert, und das hat gute Gründe.

Grundsätzlich gilt: Split-Brain-Problematiken sollten in den meisten Anwendungsfällen manuell bearbeitet werden, um sicherzustellen, dass wirklich alle Daten auf beiden Nodes sauber zusammengeführt werden. Ein Automatismus, egal wie komplex er auch implementiert sein mag, wird bis auf Weiteres nur in den wenigsten Fällen wirklich intelligent genug sein, um alle möglichen Varianten und Konstellationen eines Split-Brains sauber und korrekt auflösen zu können.

Insofern ist die automatisierte Split-Brain-Notification (seit DRBD 8.2.1) mit Sicherheit eine der wichtigsten Funktionen für den Admin, damit er im Zweifelsfall selbst einschreiten und bestimmen kann, welche Daten von welchem Node wohin gehören bzw. migriert werden müssen. Eine sehr einfache Variante der Notification könnte beispielsweise auch per Script und *cron*

```
#> cat /proc/drbd | egrep -i "unknown|standalone|wfconnection" \
   >/dev/null 2>&1 && cat /proc/drbd | \
   mail -s "DRBD-Fehler" <user@host>
```

realisiert werden.

Bevor wir uns den manuellen Split-Brain-Recover anschauen, werfen wir einen kurzen Blick auf die zur Verfügung stehenden Prozeduren, die wir zur Behandlung von Split-Brain-Situationen in die *drbd.conf* einbinden können. Im Folgenden ist Split-Brain auch oft nur kurz als »SB« bezeichnet:

Ein typischer Split-Brain des DRBD könnte z. B. bei folgendem */proc/drbd*-Auszug vorliegen:

```
0:r0   StandAlone  Primary/Unknown  UpToDate/DUnknown
```

Das Reconnect-Verhalten unserer DRBD-Nodes bzw. die Reaktion auf den Split-Brain-Fall können wir nun über die Sub-Direktiven der `net`-Sektion explizit steuern. Global werden die Sektionen wie folgt in der *drbd.conf* definiert:

```
after-sb-<Nummer>pri  <Prozedur>;
```

Die `Nummer` gibt dabei immer die Anzahl der Nodes an, die gerade Primary sind:

`after-sb-0pri` heißt: 0 *(null/kein)* Node ist Primary

`after-sb-1pri` heißt: 1 *(ein)* Node ist Primary

`after-sb-2pri` heißt: 2 *(zwei)* Nodes sind Primary

gefolgt von der zu initiierenden Prozedur.

Jede `after-sb-<Nummer>pri`-Direktive besitzt entsprechend ihrer Nummer (0, 1, 2) z. T. verschiedene SB-Behandlungs-Prozeduren, die wir uns nun anschauen:

after-sb-0pri (kein Primary)

`disconnect` – keine automatische Resynchronisation. Auf beiden DRBD-Nodes die Verbindung zum DRBD-Blockdevice lösen und auf manuelle Intervention warten

`discard-<younger|older>-primary` – primär für Master-Slave

`younger` – von dem Node syncen, der vor dem SB Primary war

`older` – von dem Node syncen, der erst während des SBs Primary wurde

`discard-least-changes` – von dem primären Node syncen, auf dem mehr Änderungen durchgeführt wurden.

`discard-zero-changes` – wenn einer der Nodes – seit dem Split-Brain (!) – keine Änderungen aufweist: den Stand des anderen (auf dem Änderungen durchgeführt wurden) auf den unveränderten transferieren. Wenn beide nichts geschrieben haben, erfolgt ein Resync mit 0 Bit, wenn beide etwas geschrieben haben -> `disconnect`.

`discard-node-<nodename>` – den benannten Node syncen (dieser ist das Sync-Target).

after-sb-1pri (ein Primary)
`disconnect` – siehe *after-sb-0pri:* kein Resync, trennen

`consensus` – verwende die gleichen Recovery-Policies wie in *after-sb-0pri* spezifiziert. Wenn nach Anwendung dieser Policies der »Opfer«-Node (der mit inkonsistenten Daten) des Split-Brains eindeutig erkannt werden kann, löse automatisch auf. Falls nicht, führe *disconnect* aus.

`call-pri-lost-after-sb` – verwende die gleichen Recovery-Policies wie in *after-sb-0pri* spezifiziert. Wenn nach Anwendung der Policies der inkonsistente Node des Split-Brains erkannt werden kann, starte den *pri-lost-after-sb*-Handler auf diesem Node. Dieser Handler sorgt dafür, dass der inkonsistente Node in jedem Fall vom Cluster diskonnektiert wird.

`discard-secondary` – erkläre den Node mit der aktuellen Secondary-Role zum inkonsistenten Node.

`violently-as0p` – verwende in jedem Fall den *after-sb-0pri*-Algorithmus und die dort definierten Policies, auch wenn dies zu einem inkorrekten (!) Datentransfer (z. B. überschreibe aktuellere Änderungen mit älteren) führen würde. Achtung: Nur mit Bedacht einsetzen!

after-sb-2pri (zwei Primaries)
Diese Option verwendet die gleichen Direktiven wie *after-sb-1pri* – ausgenommen *discard-secondary* und *consensus*.

Ergänzend können viele weitere Optionen in der *drbd.conf* gesetzt werden, die das weitere Split-Brain-Verhalten steuern, wie z. B. *rr-conflict <policy>* und *always-aspb*. Weiter Infos hierzu siehe *man 5 drbd.conf* und

http://www.drbd.org/users-guide/re-drbdconf.html

3.8.13 Exkurs: Manuelles DRBD-Split-Brain-Recover

Aus den bereits in den letzten Abschnitten erläuterten, guten Gründen ist ein automatisches *Split-Brain-Recovery* seit DRBD Version 8 deaktiviert. Dennoch kann man – unter genauer Berücksichtigung der Randbedingungen – den Prozess gemäß der vorgestellten Direktiven teilautomatisieren.

Achtung

Wer sich nicht völlig sicher darüber ist, was im Fall eines SBs zu tun ist, sollte *auf keinen Fall* eine automatisierte Recover-Prozedur für die Daten aktivieren, sondern immer nur dafür sorgen, dass die DRBD-Devices voneinander diskonnektiert werden, um anschließend manuell intervenieren zu können!

Und genau dieses Prozedere schauen wir uns nun an. Die Schritte in Kurzform:

Wurden auf beiden Nodes nach einem SB Daten addiert, die sich gegenseitig nicht überschneiden, sollte gegebenenfalls vorab versucht werden, die Daten des Nodes (Split-Brain-Victim, das »Opfer«), der im Folgenden als »ungültig« erklärt und damit gegen den Primary resynchronisiert wird, zu sichern.

Dazu müssen wir auf dem »ungültigen« Node folgende Kommandos absetzen:

```
#> drbdadm secondary r0
#> drbdadm -- --discard-my-data connect r0
```

Damit die Demotion und das Diskonnektieren funktioniert, sollten alle gegebenenfalls noch aktiven Ressourcen, die Zugriff auf die DRBD-Ressource haben (wie z. B. Filesystem-Ressourcen), gestoppt werden. Andernfalls erhalten wir z. B. die folgende Fehlermeldung:

```
State change failed: (-12) Device is held open by someone
```

Der »ungültige« Node wird beim Synchronisieren den Status des *SyncTargets* annehmen, d. h. die auf ihm befindlichen Daten werden geschreddert. Falls sich der andere Node (der sogenannten *Split-Brain-Survivor),* nicht im Zustand *WFConnection* befindet, sondern *StandAlone*, müssen wir den Reconnect per

```
#> drbdadm connect r0
```

anstoßen.

Falls die durch das SB betroffene Ressource eine »gestackte« DRBD-Ressource ist (mehr dazu in Abschnitt 3.8.18), muss `drbdadm` mit dem Zusatzparameter `--stacked` aufgerufen werden.

Der Connection-Status sollte nach dem Anstoßen der Operation auf dem »Opfer«-Node den Status *SyncTarget* anzeigen. Dabei muss beachtet werden, dass keine vollständige Device-Resynchronisation angestoßen wird, sondern nur die lokalen Modifikationen des Opfer-Nodes seit dem SB revertiert werden und alle Modifikation – die seit dem SB auf dem SB-»Survivor« getätigt wurden – auf den Opfer-Node propagiert werden.

Nach erfolgter Re-Synchronisation können die Daten, die zuvor gegebenenfalls vom »ungültigen« Node gesichert wurden, wieder eingebracht werden, und unser DRBD-Device sollte sich wieder in einem konsistenten und redundanten Zustand befinden.

Soviel zum Split-Brain-Behaviour, den involvierten Automatismen und manuellen Interventionsmöglichkeiten.

Bevor wir uns nun an das Dual-Primary-Setup und seine praktischen Umsetzungen wagen, müssen wir uns noch mit dem nächsten wichtigen Baustein befassen, der Bestandteil eines jeden Dual-Primary-Setups ist: das passende Cluster-Dateisystem.

3.8.14 Cluster-Dateisysteme

Wie bereits zu Beginn des Abschnitts 3.8.12 erläutert, benötigt jedes Dual-Primary-Setup ein passendes Cluster-Dateisystem, um konkurrierende Zugriffe erkennen und unterbinden zu können. Gleiches gilt natürlich nicht nur für physikalische Shared-Nothing-Storage-Systeme wie DRBD im Dual-Primary-Mode (die wiederum auch als Shared Storage per iSCSITarget exportiert werden können), sondern auch für den typischen Shared Storage, der z. B. als SAN implementiert sein kann.

Alle im Cluster befindlichen Rechner können dabei – und das ist der wichtige Part bei einem Cluster-FS – ohne explizite Vermittlung eines Servers auf das Cluster-Dateisystem zugreifen. Zu diesem Zweck muss sich das Cluster-Dateisystem auf einem Speichermedium befinden, das von allen Rechnern direkt erreichbar ist. Als typischer Seiteneffekt ergibt sich (durch den direkten Zugriff) bei der Nutzung eines »echten« Cluster-FS in der Regel eine z. T. deutlich bessere I/O-Performance als bei der Verwendung eines Netzwerk-Dateisystems à la CIFS oder NFS.

Das größte Problem bei der Verwendung eines Cluster-FS ist es, den konkurrierenden, schreibenden Zugriff von zwei oder mehr Clients auf ein und dieselbe Datei zu unterbinden, damit keine Daten-Inkonsistenzen entstehen können.

Achtung

Auch wenn in vielen HA-Howtos z. B. NFS-Shares »mal eben« als einfache Netzwerkfreigabe im Cluster präferiert werden (Vorteil: Standard-Netzwerk-FS, Cross-Platform, einfaches Setup), gibt es einige entscheidende Punkte zu beachten, die im professionellen HA-Umfeld gegen den Einsatz sprechen: eine deutlich schlechtere Performance als ein echtes Cluster-FS und zudem – durch den nicht redundant ausgelegten Locking-Manager – auch ein SPoF (Single Point of Failure), selbst im HA-Einsatz.

Jedes Speichermedium innerhalb des Clusters, auf das von mehreren Nodes aus gleichzeitig schreibend zugegriffen werden kann, benötigt daher einen speziellen Locking-Mechanismus, der stets sicherstellt, dass jeder Cluster-Node gerade weiß, welche Datei auf dem gemeinsam genutzten Speicher geöffnet ist. Im Fall von OCFS2 und GFS2 übernimmt der *DLM (Distributed Lock Manager)* diesen Job. In einem typischen Shared-Storage-Setup läuft daher auf jedem Node, der auf den Shared Storage zugreift, eine Klon-Instanz des DLM. Der DLM stellt dabei (stark abstrahiert) den »Unterbau« des eigentlichen Cluster-FS dar, auf dem die Daten im Netz abgelegt werden. Da der DLM den Unterbau sowohl für das Cluster-FS OCFS2 als auch für GFS2 darstellt, werfen wir kurz einen genaueren Blick auf seine Funktionalität.

Exkurs: DLM – der Distributed Lock Manager

DLM, der *Distributed Lock Manager*, nutzt – vereinfacht ausgedrückt – ein generalisiertes Konzept einer Ressourcendefinition, das in etwa folgendem Regelwerk folgt: Der Zugriff einer beliebigen Entität (z. B. eines Clients) auf eine Ressource, die anderen Clients ebenfalls zur Verfügung steht, muss kontrolliert und gegebenenfalls ge-lockt werden. Der Begriff »Zugriff« kann sich dabei nicht nur auf eine Datei, sondern auch übergreifend auf einen beliebigen Eintrag (z. B. einer Datenbank), einen Bereich innerhalb eines shared Memory oder jeden beliebigen anderen Objektes beziehen, auf das multiple (Client-)Instanzen zugreifen. Innerhalb dieser Ressourcen kann wiederum eine Hierarchie bzw. ein Regelwerk definiert werden, das die Zugriffe auf diese Ressource regelt. Innerhalb des Regelwerks können so verschiedene Lock-Level definiert werden, hier z. B. für eine hypothetische Datenbank:

```
Database
Table
Record
Field
```

Ein beliebiger Prozess kann nun die *Database* zunächst als Ganzes »locken« d. h. sperren und anschließend einen weiteren Lock auf bestimmte Teil der DB legen, z. B. eine Tabelle. Dabei folgt die Systematik immer dem gleichen Regelwerk: Der gelockte Zugriff auf die übergeordnete Ressource (hier: die DB als Ganzes) muss erfolgt sein, bevor der Lock auf eine untergeordnete Ressource (hier: eine Tabelle oder einen Eintrag) gesetzt werden kann. Tauschen wir nun die beliebige, hypothetische DB gegen unser Cluster-FS und betrachten die Systematik anhand verschiedener Locking-Mechanismen erneut.

Die nachstehende Tabelle 3.3 zeigt die Kompatibilität konkurrierender DLM-Lock-Modi:

Übersicht konkurrierender DLM-Locks						
	Bestehender Lock					
Angefragter Lock	NL	CR	CW	PR	PW	EX
NL	Ja	Ja	Ja	Ja	Ja	Ja
CR	Ja	Ja	Ja	Ja	Ja	Nein
CW	Ja	Ja	Ja	Nein	Nein	Nein
PR	Ja	Ja	Nein	Ja	Nein	Nein
PW	Ja	Ja	Nein	Nein	Nein	Nein
EX	Ja	Nein	Nein	Nein	Nein	Nein

Tabelle 3.3 DLM-Locks

OCFS2 unterstützt als Cluster-FS im Gegensatz zu GFS2 nur den *Exclusive Lock* (EX), den *Protected Read Lock* (PR) und den *No Lock* (NL). GFS2 unterstützt zusätzlich den *Concurrent Write Lock* (CW), *Concurrent Read Lock* (CR) und *Protected Write Lock* (PW). Letzterer (PW) bildet das klassische Single-Write-Multiple-Read-Szenario ab. Ein *Concurrent Read* (CR) erlaubt gleichzeitigen, lesenden Zugriff ohne Warn-/Fehlermeldung auf jedem weiteren Node, der *Concurrent Write lock* analog dazu schreibenden Zugriff, was natürlich normalerweise ein nicht zu unterschätzendes Risikopotenzial birgt. Um dieses einzuschränken, sind bei bestehendem CW-Lock gleichzeitig weitere Locks möglich und vor allem nötig und sinnvoll: NL, CR und CW. Während sich der NL mit jedem anderen Lock verträgt, da er keinen Lock anfordert, duldet der EX-Lock keinen weiteren Lock neben sich, er ist eben *EX*klusiv. Siehe hierzu auch:

http://www.patentstorm.us/patents/7484048/description.html

GFS2 und OCFS2

GFS(2)

Das an der University of Minnesota entwickelte Cluster-Dateisystem *Global Filesystem (GFS)* entstand Mitte der 90er-Jahre und hat damit ungefähr 10 Jahre mehr auf dem Buckel als Oracles Cluster-Dateisystem. Später wurde die Entwicklung in der eigens dafür gegründeten Firma *Sistina* fortgeführt, die – wie wir längst wissen – auch die Entwicklung des LVM kräftig vorangetrieben hat. GFS stand ursprünglich unter der GNU Public License (GPL), allerdings änderte Sistina 2001 die Lizenz – als Red Hat Sistina wieder »assimilierte«, stand GFS wieder unter der GPL. GFS2 nennt sich die von Red Hat getragene Weiterentwicklung von GFS, die seit Kernelversion 2.6.19 offizieller Bestandteil des Linux-Kernels ist. GFS2 unterstützt Posix ACLs und Quotas und kann in Verbindung mit dem *nolock*-Lock-Manager auch als lokales Dateisystem eingesetzt werden. Sowohl GFS als auch sein Nachfolger sind Journaling-FS, wobei GFS2 ein ähnliches Set an Journaling-Modes unterstützt wie z. B. ext3 (`data=writeback|ordered|inherit-journal`). Aus Performance-Gründen verwaltet jeder GFS2-Node sein eigenes Journal in regulären Dateien. Im direkten Vergleich zeigt GFS2 jedoch Schwächen beim Zugriff auf kleine Dateien in unterschiedlichen Sub-Directories auf verschiedenen Cluster-Nodes gegenüber OCFS2, das hier performancemäßig vorn liegt.

OCFS(2)

Oracle entwickelte ihr Cluster-Dateisystem OCFS zunächst unter der Prämisse, Datenbank-Dateien und Datenbank-Konfiguration innerhalb eines Clusters möglichst einfach verwalten zu können. Der Nachfolger der zweiten Generation OCFS2 ließ diese Beschränkung hinter sich zurück und versteht sich als vollwertiges POSIX-kompatibles Dateisystem. Vollwertig? Nun – nicht ganz. Denn es dauerte leider ein paar entscheidende Releases zu lang, bis sich die Oracle-Entwickler endlich dazu durchringen konnten, *extended Posix ACLs* als Zugriffskontrollmechanismen z. B. für die Verwendung mit Samba3 in OCFS2 zu integrieren. Das 2005 vorgestellte OCFS2 ist seit Version 2.6.16 experimenteller Bestandteil des offiziellen Kernels, seit 2.6.19 stable. In der Kernel-Mainline-Release 2.6.29 kam neben den oben benannten Posix-ACLs auch endlich Quota-Unterstützung hinzu. OCFS2 unterstützt die Journaling-Modes *writeback* und *ordered* und multiple Blockgrößen bis zu 4 KB bei einer maximalen Volumengröße von 16 TB (32 Bit) bzw. 8 EB (64 Bit) bei einer maximalen Cluster-Größe von 255 Nodes.

Soviel zum passenden Cluster-FS. Werden wir nun wieder praktisch.

3.8.15 DRBD Dual Primary mit OCFS2

Betrachten wir zunächst noch einmal unser Beispiel aus Abschnitt 3.7.13 – der Failover der Samba-3-Ressourcen. Wir hatten dort ein konventionelles DRBD-Master/Slave- bzw. -Primary/Secondary-Setup. Im F-Fall müssen allerdings nicht nur die (gruppierten) Samba-Ressourcen geschwenkt, sondern auch die DRBD-Ressource auf dem ehemaligen Secondary erst zum neuen Master promoted werden, bevor das FS gemountet werden kann und die Clients wieder schreibenden Zugriff auf die Share haben. *Okay*, sagen wir, *geht doch...* – ist aber im Hinblick auf die Schwenkzeit nicht wirklich das, was wir als echtes HA bezeichnen würden. Das können wir noch besser.

Betrachten wir daher das Ganze im Zusammenspiel mit einem Dual-Primary-Setup mit einem Cluster-FS: Beide DRBD-Nodes sind schreibbar *und* bereits gemountet. Koppeln wir das Ganze nun noch mit einer geklonten Samba-Ressourcengruppe, die ebenfalls bereits auf beiden Nodes aktiv ist, muss im F-Fall nur noch die Service-IP geschwenkt werden, und wir sind ohne nennenswerte Timeouts sofort wieder am Ball. Zudem kann das Konstrukt als Ausgangsbasis für ein Active/Active-CTDB-Setup dienen. Detaillierte Infos hierzu finden sich u.a. unter *http://ctdb.samba.org/documentation.html*.

Sicher – man könnte nun sagen: *Wozu den Aufwand mit einem Cluster-FS betreiben? Schließlich ist doch eh immer nur 1 Node im Zugriff.* Klar. Solange kein freundliches Split-Brain eintritt oder sonstige Umstände, die wie üblich immer zu denen gehören, die wir im Vorfeld gerade nicht bedacht haben, einen gleichzeitigen, schreibenden Zugriff auf beide DRBD-Master ermöglichen und unsere Daten mit Lichtgeschwindigkeit geschreddert sind. Wer sein Leben also unbedingt spannender machen will, darf sich das Cluster-FS-Setup an dieser Stelle sparen ...

Schauen wir uns zunächst das konkrete Setup einer Dual-Primary-Konfiguration in der */etc/drbd.conf* an, wobei wir nur die vakanten Direktiven betrachten. Die komplette Datei findet sich in den Beispieldaten zu diesem Kapitel, so wie die benötigten Pakete:

```
resource r0 {
...
startup {
    become-primary-on both;
    ### nur fuer dual primary
  }
handlers {
    split-brain "/usr/lib/drbd/notify-split-brain.sh root";
    ### fuer split-brain-notification
    ...
  }
net {
    ### fuer dual primary
    allow-two-primaries;
    ### default policys fuer SB-recover im dual-primary
    after-sb-0pri discard-zero-changes;
    after-sb-1pri discard-secondary;
    after-sb-2pri disconnect;
  }
```

Bevor wir mit unserem Dual-Primary-Setup beginnen, stoppen wir natürlich alle gegebenenfalls noch aktiven Cluster-Ressourcen inklusive der DRBD-Ressource, bevor wir sie komplett aus der CIB löschen. Ein **crm_verify -LV** zur Überprüfung der »Sauberkeit« unserer CIB kann an dieser Stelle auch nicht schaden.

Achtung

Die *drbd.conf* für unser Dual-Primary-Setup müssen wir natürlich auch auf den zweiten Node kopieren! Nicht vergessen, die Hostnamen gegebenenfalls entsprechend anzupassen. Falls die DRBD-Devices auf den Nodes noch nicht eingerichtet wurden, muss dies gemäß Abschnitt 3.8.5 (und folgende) durchgeführt werden, wobei in diesem Fall jeder Node die *Primary*-Role erhält.

Nachdem wir sichergestellt haben, dass die DRBD-Konfiguration *(drbd.conf)* entsprechend erstellt bzw. angepasst wurde und auf beiden Nodes identisch ist, implantieren wir die DRBD-Ressource mit 2 Mastern (`master-max="2"`) via crm-Shell in unsere CIB (Datei: *res-drbd-dual-pri.sh):*

```
crm configure(live)# primitive drbd_r0 ocf:linbit:drbd params \
    drbd_resource="r0" \
    op monitor interval="20" role="Master" timeout="20" \
    op monitor interval="30" role="Slave" timeout="20"
crm configure(live)# ms ms_drbd_r0 drbd_r0 meta \
    resource-stickiness="100" master-max="2" notify="true" \
    interleave="true"
crm configure(live)# commit
```

Achtung

Absolut wichtig an dieser Stelle sind zwei Punkte: Zum einen der Einsatz des Linbit OCF-RAs für DRBD, da der veraltete Heartbeat-OCF-RA die neuen Features in großen Teilen nicht korrekt unterstützt! Zum anderen ist die Angabe der 2 unterschiedlichen *monitor*-Operations der drbd_r0-Primitive für Master und Slave *nicht optional* sondern extrem wichtig – andernfalls wird nach einem Failover der verbliebene Node gegebenenfalls nicht promoted!

Der **crm_mon -n**-Output sollte uns kurz darauf die beiden aktiven DRBD-Master zeigen:

```
Node jake: online
        drbd_r0:0       (ocf::linbit:drbd) Master
Node elwood: online
        drbd_r0:1       (ocf::linbit:drbd) Master
```

Und der DRBD-Status sollte uns ebenfalls beide Nodes im Primary-Mode präsentieren:

```
0: cs:Connected ro:Primary/Primary ds:UpToDate/UpToDate C r----
```

Soweit, so gut. Nun zum nächsten Schritt, der die grundlegende Voraussetzung für die Implementierung unseres Cluster-FS ist: Der DLM-Klonkrieger *controld* (Datei: *res-dlm-dual-pri.sh):*

```
crm(live)configure# primitive dlm ocf:pacemaker:controld  \
    op monitor interval=120s
crm(live)configure# clone dlm-clone dlm \
    meta globally-unique=false interleave=true
crm(live)configure# colocation col_dlm_drbd inf: dlm-clone \
    ms_drbd_r0:Master
crm(live)configure# order ord_drbd_dlm 0: ms_drbd_r0:promote \
    dlm-clone
crm(live)configure# commit
```

Hinweis

Je nach eingesetzter Version der Pakete/Distribution kann es (wie z. B. beim SLES 11 SP0) dazu kommen, dass durch den DLM ein benötigter Parameter im sysfs nicht korrekt gesetzt wird. Es handelt sich dabei um die Datei */sys/kernel/config/dlm/cluster/protocol*, welche auf allen Nodes den Wert »1« beinhalten muss. Als temporärer Workaround kann in diesem Fall der Wert nach dem Setup der DLM-Cloneset-Ressource per

```
#> echo 1 > /sys/kernel/config/dlm/cluster/protocol
```

gesetzt werden oder permanent durch eine entsprechende Änderung im OCF-RA (bei SUSE z. B. */usr/lib/ocf/resource.d/pacemaker/controld*).

Über die Colocation `col_dlm_drbd` wird dafür gesorgt, dass eine Instanz des DLM-Clonesets immer auf einem Node aktiv ist, auf dem auch ein DRBD-Master ist. Das Ordering `ord_drbd_dlm` stellt sicher, dass der DLM immer erst abgefeuert wird, *nachdem* die DRBD-Ressource des jeweiligen Legs zum Master promoted wurde.

Nachdem wir per GUI oder *crm_mon* sichergestellt haben, dass die DLM-Clone-Ressource sauber auf beiden Nodes gestartet ist, können wir an den nächsten Schritt gehen: die Implementierung des eigentlichen Cluster-FS. In diesem Beispiel wählen wir OCFS2, das wir ebenfalls als Cloneset auf allen Nodes implantieren. Frühere OCFS2-Versionen basierten auf einem eigenständigen Clusterstack (alt: *o2cb*, aktuell: *pcmk* [= Pacemaker]), welcher separat über eine eigenständige Cluster-Konfiguration aufgesetzt und aktiviert werden musste. Im Folgenden richten wir nun das OCFS2-Cloneset sowie die korrespondierenden Constraints und Orderings ein (Datei: *res-o2cb-dual-pri.sh*):

```
crm(live)configure# primitive o2cb ocf:ocfs2:o2cb op monitor \
    interval=120s
crm(live)configure# clone o2cb_clone o2cb
crm(live)configure# colocation col_o2cb_dlm inf: \
    o2cb-clone dlm-clone
crm(live)configure# order ord_o2cb_after_dlm 0: \
```

```
    dlm-clone o2cb-clone
crm(live)configure# commit
```

Die Colocation `col_o2cb_dlm` sorgt dafür das die *o2cb*-Ressource immer nur auf einem Node abgefeuert wird, auf dem ebenfalls eine DLM-Ressource vorhanden ist, das Ordering `ord_o2cb_after_dlm` kümmert sich, wie der Name unschwer erkennen lässt, darum, dass die *o2cb*-Ressource zwingendermaßen immer erst *nach* der *DLM*-Ressource gestartet wird. In der GUI sollten sich unsere Ressourcen nun wie folgt präsentieren:

Name	Status	Details
Cluster	have quorum	Openais & Pacemaker
jake	online	
o2cb:0	running on ['jake']	ocf::ocfs2:o2cb
dlm:0	running on ['jake']	ocf::pacemaker:controld
drbd_r0:0	running (Master) on ['jake']	ocf::linbit:drbd
elwood	online (dc)	
o2cb:1	running on ['elwood']	ocf::ocfs2:o2cb
dlm:1	running on ['elwood']	ocf::pacemaker:controld
drbd_r0:1	running (Master) on ['elwood']	ocf::linbit:drbd
Inactive resources		

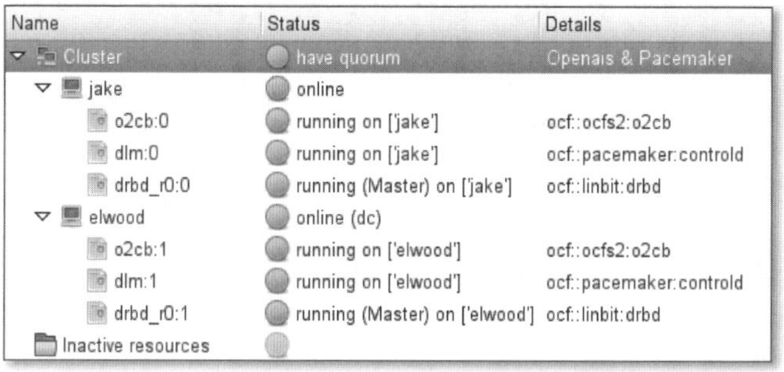

Abbildung 3.15 DLM- und O2CB-Cloneset-Ressourcen im DRBD-Dual-Primary-Setup

Bevor wir unseren Shared-Nothing-Storage mit OCFS2 formatieren und die Filesystem-Cloneset-Ressource final addieren, vergewissern wir uns noch einmal kurz per */proc/drbd*, dass beide DRBD-Nodes im *Primary*-Status und natürlich *UpToDate* sind. Dann erzeugen wir das Cluster-FS per *mkfs.ocfs2*. Auf welchem Node wir das erledigen, spielt keine Rolle – denn schließlich sind beide Nodes Master und repliziert wird fleißig in beide Richtungen:

```
#> mkfs.ocfs2 -N 2 /dev/drbd0
```

Die Rückmeldung des Befehls sollte sich uns (von den Größen-spezifischen Parametern einmal abgesehen) in etwa wie folgt präsentieren:

```
mkfs.ocfs2 1.4.3
Cluster stack: pcmk
Cluster name: pacemaker
NOTE: Selecting extended slot map for userspace cluster stack
Label:
Features: sparse backup-super unwritten inline-data strict-journal-
super metaecc xattr indexed-dirs
Block size: 4096 (12 bits)
Cluster size: 4096 (12 bits)
Volume size: 8586858496 (2096401 clusters) (2096401 blocks)
Cluster groups: 65 (tail covers 32017 clusters, rest cover 32256 clusters)
Extent allocator size: 8388608 (2 groups)
Journal size: 67108864
Node slots: 2
```

```
Creating bitmaps: done
Initializing superblock: done
Writing system files: done
Writing superblock: done
Writing backup superblock: 2 block(s)
Formatting Journals: done
Growing extent allocator: done
Formatting slot map: done
Formatting quota files: done
Writing lost+found: done
mkfs.ocfs2 successful
```

Der Parameter `-N` gibt die Anzahl der Nodes vor, die gleichzeitig auf den Datenbestand zugreifen können (max: 255). Über weitere optionale Parameter können *mkfs.ocfs2* zusätzliche Spezifikationen mit auf den Weg gegeben werden, z. B.: `-C` (Cluster-Size: entspricht, stark vereinfacht, der Cluster-spezifischen Blockgröße), `-L` (Label), `-M` (Mount-Type: local/cluster). Weitere Informationen liefert *mkfs.ocfs2(8)*.

Besondere Beachtung verdient an dieser Stelle noch einmal die Ausgabe des korrekten Cluster-Stacks *pcmk*:

```
Cluster stack: pcmk
```

Falls hier statt *pcmk* der Begriff *o2cb* auftaucht, versucht OCFS2 den alten, eigenständigen Oracle-Cluster-Stack bzw. die Cluster-DB zu nutzen und nicht den korrekten Pacemaker-Stack. In diesem Fall muss das Setup noch einmal grundlegend geprüft und gegebenenfalls wiederholt werden.

Nun sind wir soweit, um die letzte Storage-spezifische Ressource für dieses Beispiel-Setup zu implementieren, die FS(Filesystem)-Ressource. Sie wird in diesem Fall logischerweise ebenfalls als Cloneset eingebracht, da beide Nodes die DRBD-Master-Ressourcen gleichzeitig gemountet haben.

Achtung: Vor dem Einfügen der Ressource müssen wir sicherstellen, dass der Mountpunkt */daten* auf beiden Nodes vorhanden ist. Gegebenenfalls können wir auch vorab per

```
#> mount /dev/drbd0 /daten -t ocfs2
```

auf beiden Nodes einen manuellen Test-mount/-umount durchführen, um etwaige Fehlerquellen im Vorfeld zu lokalisieren. Sollte dabei z. B. folgender oder ähnlicher Fehler (per *dmesg)* auftauchen,

```
dlm: TCP protocol can't handle multi-homed hosts, try SCTP
```

kann die Ursache in dem bereits erwähnten, falsch bzw. nicht gesetzten Wert unter */sys/kernel/config/dlm/cluster/protocol* liegen.

Nun zur FS-Ressource:

```
crm(live)configure# primitive fs ocf:heartbeat:Filesystem \
    params device="/dev/drbd0" directory="/daten" \
    fstype="ocfs2" interval="120s"
crm(live)configure# clone fs-clone fs meta interleave="true" \
    ordered="true"
crm(live)configure# colocation col_fs_o2cb inf: fs-clone \
    o2cb-clone
crm(live)configure# order ord_o2cb_fs 0: o2cb-clone fs-clone
crm(live)configure# commit
```

Die FS-Ressource mountet als Cloneset beide DRBD-Master auf jedem Node mit FS-Type *ocfs2* auf den Mountpunkt */daten*. Die Colocation `col_fs_o2cb` stellt sicher, dass das FS immer nur auf einem Node gemountet wird, auf dem ein Leg des *o2cb*-Clonesets aktiv ist; das Ordering kümmert sich darum, dass die FS-Ressource immer erst nach dem Start der *o2cb*-Ressource aktiviert wird.

Der Unterbau unseres Fileserver-Konstrukts ist hiermit komplett. Die GUI sollte uns nun folgenden Output präsentieren:

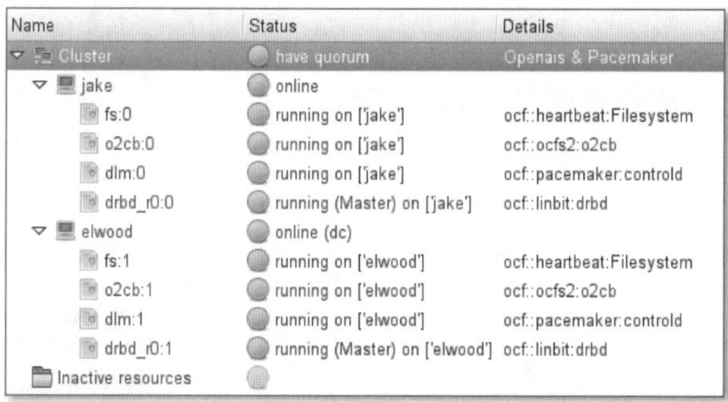

Abbildung 3.16 DRBD-Dual-Primary -Setup mit komplettem Cluster-FS, DLM und FS-Ressource

Auf unseren beiden »Blues Brothers« sollten wir den Mountpunkt */daten* mit den folgenden Mountoptionen sehen können (Ausgabe umbrochen):

```
#> cat /proc/mounts | grep drbd
```

```
/dev/drbd0 /daten ocfs2 rw,relatime,heartbeat=none,data=ordered, errors=remount-
ro,cluster_stack=pcmk,user_xattr,acl 0 0
```

Was die Funktionalität unseres Cluster-FS und des Lock-Managers angeht: Unter *http://wiki.samba.org/index.php/Ping_pong* findet sich ein Tool, mit dem verschiedene Aspekte des Cluster-FS untersucht werden können, u.a. ob und wie effektiv der Locking Mechanismus bzw. unser DLM arbeitet. Achtung: Der Test kann unter Umständen zu einem Crash oder Lockup des FS führen!

Nun sind wir fast am Ziel; wir müssen lediglich noch unsere Samba-3-Ressourcen implementieren. Nachdem wir auf beiden Nodes eine – bis auf den Node-spezifischen *comment* – identische *smb.conf* gemäß Abschnitt 3.7.13 erzeugt haben, erledigen wir dies (mit Ausnahme der Service-IP) ebenfalls per Cloneset, das zuvor (ebenfalls wie in Abschnitt 3.7.13 mit nmbd- und smbd-LSB-RAs beschrieben) gruppiert wurde (Datei: *res-samba_clone_and_ip.sh):*

```
crm(live)configure# primitive samba_nmbd lsb:nmb
crm(live)configure# primitive samba_smbd lsb:smb
crm(live)configure# group samba_group samba_nmbd samba_smbd
crm(live)configure# clone samba_clone samba_group
crm(live)configure# primitive Service_IP ocf:heartbeat:IPaddr2 \
    params ip=192.168.198.205
crm(live)configure# colocation col_samba_ip inf: Service_IP \
    samba_clone
crm(live)configure# commit
```

Let's take a look – unsere nun vollständigen Ressourcen für diesen kleinen Test sollten sich in der GUI nun wie folgt präsentieren:

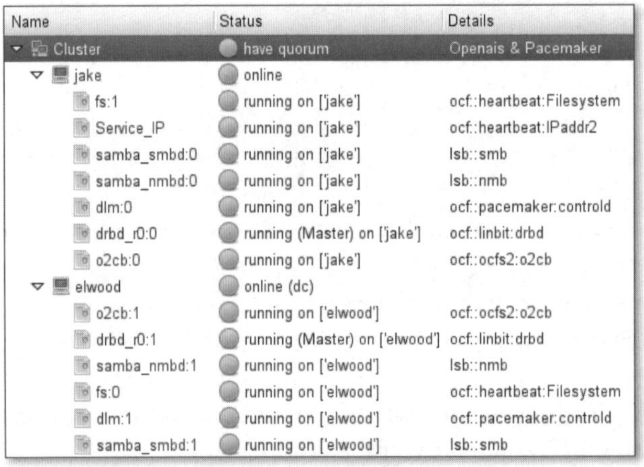

Name	Status	Details
Cluster	have quorum	Openais & Pacemaker
jake	online	
fs:1	running on ['jake']	ocf::heartbeat:Filesystem
Service_IP	running on ['jake']	ocf::heartbeat:IPaddr2
samba_smbd:0	running on ['jake']	lsb::smb
samba_nmbd:0	running on ['jake']	lsb::nmb
dlm:0	running on ['jake']	ocf::pacemaker:controld
drbd_r0:0	running (Master) on ['jake']	ocf::linbit:drbd
o2cb:0	running on ['jake']	ocf::ocfs2:o2cb
elwood	online (dc)	
o2cb:1	running on ['elwood']	ocf::ocfs2:o2cb
drbd_r0:1	running (Master) on ['elwood']	ocf::linbit:drbd
samba_nmbd:1	running on ['elwood']	lsb::nmb
fs:0	running on ['elwood']	ocf::heartbeat:Filesystem
dlm:1	running on ['elwood']	ocf::pacemaker:controld
samba_smbd:1	running on ['elwood']	lsb::smb

Abbildung 3.17 Komplettes Setup einer DRBD-Dual-Primary-Konfiguration mit OCFS2, Service-IP und Samba-3-Cloneset (nmb/smb) im Hot-Standby

Testen wir nun den konkreten Failover-Fall mit einem Windows-7-Client, der auf die Share (zunächst auf Node *jake*, er hat im oberen Beispiel die Service_IP) zugreift. Initiieren wir nun einen Failover, dauert der Schwenk nicht länger als der Switch der Service-IP, der, wie wir längst wissen, in wenigen Sekundenbruchteilen über die Bühne geht.

Und jetzt können wir von einer echten Hochverfügbarkeit unseres Fileservers sprechen.

Kombinieren wir das vorliegende Samba-Setup nun noch mit einem OpenLDAP im redundanten Standby-(Multi-)Master-Mode zur einheitlichen und netzwerkweiten Verwaltung der User- und Maschinen-Accounts (siehe Beispieldaten zu diesem Kapitel), können wir uns relativ beruhigt zurücklehnen.

Um nun niemanden an dieser Stelle im Regen stehen zu lassen, folgt das komplette Setup in kurzer und sehr stark vereinfachter Form. Da wir uns im vorliegenden HA-Buch nicht mit den Feinheiten eines OpenLDAP- oder Samba-Servers befassen können, ohne den Rahmen komplett zu sprengen, empfehle ich eindringlich – zur Erläuterung der in den jeweiligen Konfigurationsdateien verwendeten Direktiven und Parameter – das Studium der korrespondierenden Manpages sowie die entsprechenden Admin-Guides (*www.openldap.org*, *www.samba.org*) und/oder natürlich die entsprechende Fachliteratur.

Setup des OpenLDAP-Servers (als Samba-Account-Datenbank) im Hot-Standby

Minimalvoraussetzung hierzu ist ein aktueller OpenLDAP der Version 2.4. Natürlich dürfen wir dabei nicht vergessen, dass sich der OpenLDAP-Daemon selbst um die Replikation seiner Daten kümmert; sein DB-Verzeichnis (bei SUSE z. B. */var/lib/ldap*) sollte daher *keinesfalls* auf dem DRBD gehostet werden!

Zunächst müssen wir – nach der Installation der erforderlichen Pakete, Liste siehe Anhang – die entsprechenden OpenLDAP-Konfigurationsdateien (*ldap.conf* [Client], *slapd.conf* [Server]) aus den Beispieldaten zu diesem Kapitel gegebenenfalls entsprechend anpassen (z. B. *slapd.conf:* die Hostnamen in den URLs, Direktiven: `ServerID` und `provider`, *ldap.conf:* `URI`-Direktive). Anschließend kopieren wir die Dateien an den korrekten Ort (bei SUSE z. B. */etc/openldap/*, bei Ubuntu */etc/ldap/*), und zwar auf beiden Nodes. Die Inhalte der Dateien sind dabei auf beiden Nodes völlig identisch. Zwingende Voraussetzung für das folgende Setup ist OpenLDAP 2.4.* in einer möglichst aktuellen Version, mit allen erforderlichen Schemata (insbesondere *samba3.schema*), welche sich üblicherweise im Unterordner */etc/(open)ldap/schema/** finden.

Für dieses Beispiel-Setup findet die statische Konfiguration des OpenLDAP-Servers per *slapd.conf* Verwendung.

Exkurs: Alles online oder was? OpenLDAP-Online-Konfiguration

Die dynamische OpenLDAP-Online-Konfiguration ist gerade im Rahmen eines Hot-Failover-Cluster-Setups essenziell, da auch sämtliche Änderungen an der eigentlichen OpenLDAP-Konfiguration umgehend auf alle Nodes propagiert werden. Wer in den Genuss dieser Vorteile (u. a. Replikation der ACLs, Schematas und der zentralen OpenLDAP- und Datenbank- Konfiguration) kommen möchte, sollte hierzu die entsprechende Sektion des Admin Guides studieren:

http://www.openldap.org/doc/admin24/slapdconf2.html

Die Konvertierung selbst erfolgt über die dort in Sektion 5.4 beschriebene Vorgehensweise. Achtung: OpenLDAP weist in der Version 2.4.21 gegebenenfalls einen Bug auf, der eine saubere Konvertierung verhindert. In diesem Fall sollten die entsprechenden Pakete entweder über die Distributionsspezifischen Repos oder die Sourcen auf eine neuere Version aktualisiert werden.

Der Unterordner */etc/(open)ldap/slapd.d/* muss hierzu vorhanden sein, zudem muss nach der Konvertierung gegebenenfalls der Eigentümer und die Gruppe aller erzeugten LDIF-Dateien (dieses eigentlich für Import-/Export-Zwecke gedachte Format wird in diesem speziellen Fall als Konfigurationsdatenbank mit dem LDAP-Kontext *cn=config* verwendet) unterhalb von *../slapd.d/* auf den tatsächlich verwendeten Eigentümer und die Gruppe (bei SUSE z. B. ldap.ldap) rekursiv angepasst werden.

Der eigentliche OpenLDAP-Daemon *(slapd)* muss bei Verwendung dieser sogenannten »Online«-Konfiguration explizit per

```
#> /usr/lib/openldap/slapd  -u ldap -g ldap \
    -F /etc/openldap/slapd.d/
```

abgefeuert werden (Zeile umbrochen, User, Gruppe und Pfad sind hier bezogen auf eine SUSE-Installation). Der manuelle Start unter Ubuntu würde wie folgt aussehen:

```
#> /usr/sbin/slapd -g openldap -u openldap \
    -F /etc/ldap/slapd.d/
```

Ubuntu startet den OpenLDAP-Service default in der Online-Variante, ebenso SUSE und SLES 11 (bei letzteren aber nur falls, der Service per YaST eingerichtet wurde). Wie der LDAP-Dienst default gestartet werden soll (statische oder Online-Konfiguration), kann bei SUSE zudem über die Konfigurationsdatei */etc/sysconfig/openldap* und die darin hinterlegte Direktive: `OPENLDAP_CONFIG_BACKEND="file|ldap"` gesteuert werden.

Weiter im Text:

Für unsere folgenden Betrachtungen verwenden wir jedoch die einfache, statische Konfiguration *»from the scratch«* (Achtung: Die Replikation zwischen den beiden LDAP-Server erfolgt in diesem einfachen Beispiel unverschlüsselt!), die für diesen Testzweck völlig ausreicht. Der manuelle Start des *slapd* mit statischer Konfiguration erfolgt unter Ubuntu wie nachstehend beschrieben:

```
#> /usr/sbin/slapd -g openldap -u openldap \
    -f /etc/ldap/slapd.conf
```

SUSE benötigt die folgende Syntax:

```
#> /usr/lib/openldap/slapd -g ldap -u ldap \
     -f /etc/openldap/slapd.conf
```

Setup des Samba-Servers

Unsere Samba-Konfiguration muss auf unseren beiden Blues-Brüdern natürlich ebenfalls noch angepasst werden, damit die LDAP-Datenbank als Userdatenbank verwendet werden kann. In diesem sehr einfachen Beispiel-Setup findet das *ldapsam:editposix*-Modul (verfügbar seit Samba 3.0.25) mit einem einfachen *idmap_rid*-Backend Anwendung. *ldapsam:editposix* macht den Einsatz der stets etwas hakelig zu konfigurierenden und mittlerweile veralteten *smbldap-tools* obsolet und kümmert sich neben Aufgaben – wie dem automatischen Erstellen von Maschinen-Accounts beim Domain-Join eines Win-Clients – zudem darum, dass Samba 3 mit den (zugegebenermaßen extrem veralteten) NT-Server-Tools verwaltet werden kann. Da Samba 3 jedoch nie etwas anderes war als ein *In-etwa-so-funktionierendes*-Substitut für NT4-Domänen (und niemals ein Ersatz für ADS, wie etliche Pamphlete und Schulungsanbieter auch heute immer noch fälschlicherweise Glauben machen wollen), ist das Admintool immer noch adäquat.

Das Samba-Setup (hierzu die Datei *smb.conf* aus den Beispieldaten zu diesem Kapitel auf beiden Nodes nach */etc/samba/smb.conf* kopieren) erfolgt wie nachstehend erläutert. Ebenso muss der Hostname

```
ldapmirror.local.site  <Service - IP>
```

auf beiden Nodes in der Datei */etc/hosts* mit der Service_IP hinterlegt werden.

Nun muss auf beiden Nodes zunächst der LDAP-Daemon gestartet werden:

`#> /etc/init.d/ldap start` (SUSE)
`#> /etc/init.d/slapd start` (Ubuntu)

Nachdem wir sichergestellt haben, dass auf beiden Nodes Port 389 zur Verfügung steht (z. B. per `nmap localhost` oder `netstat -pan |grep slapd`) können wir loslegen. Ein kurzer Blick in */var/log/messages*, um eventuelle Fehlermeldungen des OpenLDAP-Daemons *slapd* aufzuspüren, kann auch nicht schaden.

Inbetriebnahme des Hot-Standby-Samba/OpenLDAP-Fileservers

Zunächst müssen wir die Shared Secrets *auf beiden Nodes* erstellen. Dies dient dazu, dass Samba – sehr stark vereinfacht ausgedrückt – in die LDAP-Datenbank schreiben darf (z. B. um Attribute von Samba-Usern erstellen oder modifizieren zu können oder um (automatisiert) Maschinen-Accounts anlegen zu können):

```
#> smbpasswd -w "linux"
```

```
Setting stored password for "cn=ldapadmin,dc=local,dc=site" in secrets.tdb
```

Anschließend müssen wir den *winbind*-Daemon auf beiden Nodes starten (er dient in Verbindung mit dem *idmap*-Backend dazu, das Mapping der Windows SIDs auf Linux UIDs und GIDs – und anders herum – zu erschlagen). Dies erledigen wir in diesem Test-Setup manuell. In Produktivumgebungen sollte der *winbind*-Daemon später der Samba-Ressourcengruppe unseres Clusters hinzugefügt werden, die sich als Cloneset auf beiden Nodes sowohl um den *ldap*-Service als auch um *nmb* und *smb* kümmert (Datei: *res-samba-ldap-clonegroup.sh*).

Achtung: der *nscd (Name Service Caching Daemon)* kann in bestimmten Fällen zu Problemen in Verbindung mit *winbind* führen, die sich insofern äußern, dass z. B. bereits existierende User nicht erkannt/gemappt werden können. Um auf Nummer sicher zu gehen, kann der *nscd* während des Setups abgeschaltet werden. Er sollte jedoch später wieder mit den entsprechenden Settings aktiviert werden, da ansonsten die Performance beim Zugriff auf Dateien in die Knie gehen kann.

Zunächst müssen wir eine LDAP-Basis-Struktur mit einer Basis-DN (DN = Distinguished Name, hier:) `"dc=local,dc=site"` und den entsprechenden OUs (Organizational Units), einpflegen, um die NT-artige Domänenstruktur abbilden zu können. Dies erledigen wir über die Datei *samba-base.ldif* aus den Beispieldaten zu diesem Kapitel, auf welchem der beiden Nodes wir sie importieren, spielt keine Rolle:

```
#> ldapadd -xWD cn=ldapadmin,dc=local,dc=site -f samba-base.ldif
```

Das Kennwort des LDAP-Administrators, das zur Bestätigung eingegeben werden muss, ist in diesem Test-Setup auf »*linux*« gesetzt. Die Ausgabe sollte in etwa wie folgt aussehen:

```
adding new entry "dc=local,dc=site"
adding new entry "cn=ldapadmin,dc=local,dc=site"
adding new entry "ou=users,dc=local,dc=site"
adding new entry "ou=groups,dc=local,dc=site"
adding new entry "ou=idmap,dc=local,dc=site"
adding new entry "ou=computers,dc=local,dc=site"
adding new entry "cn=replicator,dc=local,dc=site"
```

Der letzte Eintrag ist nur eine sogenannte *organizational Role*, also eine Rolle, die mit bestimmten Rechten ausgestattet ist und in diesem Fall für die Replikation der LDAP-Server untereinander verwendet wird. Vor dem nächsten Schritt muss sichergestellt sein, dass die PAM/NSS-Konfiguration korrekt eingestellt ist (Beispieldatei: *pam_nss_ldap.conf*). Diese ist je nach Distribution in einer Datei (*/etc/ldap.conf*, SUSE und Ubuntu) zusammengefasst. Der Inhalt sollte auf beiden Nodes identisch und in etwa so aussehen:

```
host    ldapmirror.local.site
base    dc=local,dc=site
bind_policy     soft
pam_lookup_policy       yes
pam_password    exop
nss_initgroups_ignoreusers      root,ldap
nss_schema      nis
nss_map_attribute       uniqueMember member
ssl     no
ldap_version    3
pam_filter      objectClass=posixAccount
```

Des Weiteren muss die Datei */etc/nsswitch.conf* minimal angepasst werden:

```
passwd: files ldap
shadow: files ldap
group:  files ldap
```

Zudem sollten die entsprechenden pam_ldap.so-Einträge in den korrespondierenden Dateien des PAM-Frameworks (typischerweise unter /etc/pam.d/common-*) ergänzt werden, hier z. B. für die Datei *common-auth:*

```
auth    required        pam_ldap.so     use_first_pass
```

Im nächsten Schritt führen wir das Basis-*Provisioning* durch; es sollte die Gruppen *domadmins, domguests* und *domusers* unterhalb der Unit *groups* anlegen, sowie die beiden User *nobody* und *Administrator* unterhalb der Unit *users*:

```
#> net sam provision
```

```
Checking for Domain Users group.
Adding the Domain Users group.
Checking for Domain Admins group.
...
Adding the Domain Guests group.
```

Falls hier Fehler auftreten, sollten alle zuvor beschriebenen Prozeduren noch einmal validiert werden. Eine komplette Übersicht der zur Verfügung stehenden *net sam* -Subkommandos liefert uns *net(8).*

Hat alles reibungslos geklappt, werden die erzeugten Objekte sofort auf den zweiten LDAP-Server repliziert. Anschließend setzen wir das Passwort im LDAP für den Samba-Administrator-Account per *smbpasswd*-Kommando, das dank unserer Einstellungen in der *smb.conf* direkt mit unserem LDAP parliert:

```
#> smbpasswd Administrator
```

Nachdem wir anschließend die beiden Samba-Daemons *nmbd* und *smbd* per

```
#> /etc/init.d/nmb(d) start && /etc/init.d/smb(d) start
```

gestartet haben (später sollten beide Samba-Daemons per Cloneset-Gruppe zusammen mit *ldap* und *winbind* in den Cluster integriert werden, s. o.), müssen wir den Administrator-Account gegebenenfalls noch mit den entsprechenden Privilegien ausstatten, die ihn dazu befähigen, User- und Maschinenaccounts im DIT zu verwalten (hierzu muss das folgenden Setting in der *smb.conf* aktiviert sein: `enable privileges = Yes`. Dies entspricht dem Default-Wert, der per: **`testparm -v | grep privileg`** schnell und einfach gesucht werden kann:

```
#> net rpc rights grant Administrator SeAddUsersPrivilege \
   -U Administrator
#> net rpc rights grant Administrator SeMachineAccountPrivilege \
   -U Administrator
```

In beiden Fällen sollten wir nach der Passworteingabe die Rückmeldung

```
Successfully granted rights.
```

erhalten. Nach dem erfolgten Domain Join eines virtuellen Win-Clients (hier eine Win-7-Ultimate-VM mit dem NetBIOS-Maschinennamen *ITC02)* sollte sich die redundante Baumstruktur wie folgt präsentieren (hier im LDAP-Browser Apache Directory Studio (*http://directory.apache.org/studio*):

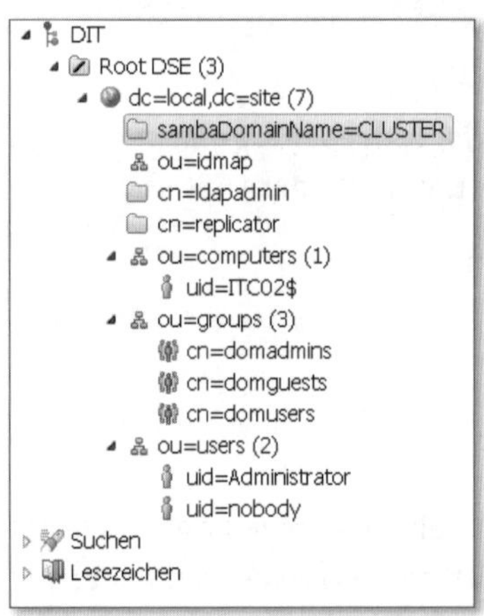

Abbildung 3.18 Baumstruktur des redundanten Samba/OpenLDAP-FileServers

Samba unterstützt Windows 7 in Verbindung mit Samba-Domain-Controllern ab Version 3.3./3.4. Für das erfolgreiche Domain-Logon bzw. den Domain-Join benötigt Windows 7 gegebenenfalls einige zusätzliche Registry-Settings:

```
\HOT_KEY_LOCAL_MACHINE\System\CurrentControlset\Services\
LanmanWorkstation\Parameters:
DWORD  DomainCompatibilityMode = 1
DWORD  DNSNameResolutionRequired = 0
```

Die eventuell nach dem erfolgreichen Join auftauchende, DNS-bezogene Fehlermeldung kann ignoriert werden. Weitere Infos hierzu liefert u. a.:

http://wiki.samba.org/index.php/Windows7

Zum guten Schluss müssen wir nur noch die bis zu diesem Punkt manuell verwalteten Samba- und LDAP-Ressourcen (winbind, ldap/slapd) in unseren Cluster integrieren. Das erledigen wir wie folgt (Datei: *res-samba-ldap-clonegroup.sh),* wobei wir davon ausgehen, dass nmb und smb bereits als Cloneset-Gruppe aktiv sind. Daher müssen wir nur noch die Ressourcen *winbind* und *ldap* der Clone-Gruppe hinzufügen:

```
crm(live)configure# primitive ldap lsb:ldap op monitor \
    interval="15" timeout="15" start-delay="5"
```

(Achtung: Ubuntu verwendet im Gegensatz zu SUSE ein Startscript namens slapd; die Syntax wäre dort also `lsb:slapd`.)

```
crm(live)configure# primitive winbind lsb:winbind op monitor \
   interval="15" timeout="15" start-delay="15"
crm(live)configure# commit
```

Im nächsten Schritt müssen wir nur noch die beiden neuen *(winbind, ldap)* in die Samba-Gruppe integrieren:

```
crm(live)configure# edit samba_group
    group samba_group samba_nmbd samba_smbd winbind ldap
```

Anschließend, falls erforderlich, noch ein kleiner Ressourcen-Refresh, und wir sind am Ziel (siehe Abbildung 3.19).

Redundanzbetrachtungen

Was haben wir gebaut? Durch die Crossover-Ausfallsicherheit unserer Samba- und LDAP-Konfiguration haben wir optimale Redundanz. Der Zugriff auf den Verzeichnisdienst erfolgt redundant über *ldapmirror.local.site* – sowohl für die LDAP-Clients als auch für die Samba-Daemons auf beiden Nodes.

Die Ressourcen *(nmb, smb winbind* und *ldap/slapd)* sind als Cloneset-Gruppe in den Cluster implementiert und können bei Bedarf um eventuell benötigte Constraints bzw. Orderings ergänzt werden. Leider verwendet unser Cluster Stack out-of-the-Box derzeit für Samba 3 und OpenLDAP nur LSB-RAs; sobald sich die Zeit findet, erstelle ich für letzteren ein entsprechendes OCF-Pendant, das über die Website des Buches heruntergeladen werden kann.

Obwohl immer nur ein Samba mit der dahinter liegenden Share auf unserem DRBD im Zugriff ist, würde unser Shared Storage dank dem Dual-Primary-Mode und dem Cluster-FS im F-Fall sogar simultanen Zugriff ermöglichen – durch die

Service_IP ist jedoch im störungsfreien Normalbetrieb »nur« Hot-Failover angesagt. Aber die Sicherheit beruhigt.

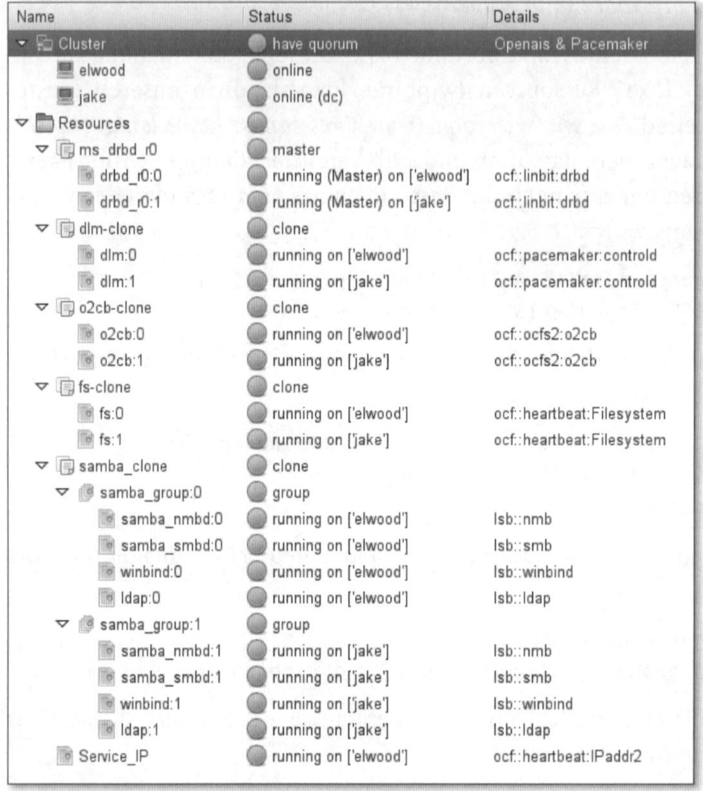

Name	Status	Details
Cluster	have quorum	Openais & Pacemaker
elwood	online	
jake	online (dc)	
Resources		
ms_drbd_r0	master	
drbd_r0:0	running (Master) on ['elwood']	ocf::linbit:drbd
drbd_r0:1	running (Master) on ['jake']	ocf::linbit:drbd
dlm-clone	clone	
dlm:0	running on ['elwood']	ocf::pacemaker:controld
dlm:1	running on ['jake']	ocf::pacemaker:controld
o2cb-clone	clone	
o2cb:0	running on ['elwood']	ocf::ocfs2:o2cb
o2cb:1	running on ['jake']	ocf::ocfs2:o2cb
fs-clone	clone	
fs:0	running on ['elwood']	ocf::heartbeat:Filesystem
fs:1	running on ['jake']	ocf::heartbeat:Filesystem
samba_clone	clone	
samba_group:0	group	
samba_nmbd:0	running on ['elwood']	lsb::nmb
samba_smbd:0	running on ['elwood']	lsb::smb
winbind:0	running on ['elwood']	lsb::winbind
ldap:0	running on ['elwood']	lsb::ldap
samba_group:1	group	
samba_nmbd:1	running on ['jake']	lsb::nmb
samba_smbd:1	running on ['jake']	lsb::smb
winbind:1	running on ['jake']	lsb::winbind
ldap:1	running on ['jake']	lsb::ldap
Service_IP	running on ['elwood']	ocf::heartbeat:IPaddr2

Abbildung 3.19 Hochverfügbarer OpenLDAP/Samba-Server im Hot-Standby, Anzeige nach Ressourcen gruppiert

Nun besitzen wir ein hochfunktionelles und zudem redundantes Hot-Failover-Fileserver-Konstrukt mit integriertem und ebenfalls redundantem Verzeichnisdienst, der zudem Ausgangspunkt für einen SPoA (Singe Point of Administration) darstellen und zuverlässig und effizient weitere Serverdienste (wie z. B. Apache, Squid, Postfix etc.) als Authentifizierungs-Backend bedienen kann.

3.8.16 DRBD Dual Primary mit GFS2

Das Setup von DRBD im Dual-Primary-Mode mit einem GFS2-Cluster-Filesystem exerzieren wir an dieser Stelle am Beispiel einer Ubuntu 10.04 LTS durch. Die verwendeten Pakete (siehe Anhang) stammen z. T. aus folgendem Repository; es muss in der */etc/apt/sources.list* ergänzt werden (Zeile umbrochen):

```
deb http://ppa.launchpad.net/ubuntu-ha/lucid-cluster/
ubuntu lucid main
```

Anschließend nicht vergessen, ein **aptitude update** auszuführen.

Zunächst implementieren wird die gleiche DRBD-Cluster-Ressource wie im letzten Abschnitt, die *drbd.conf* ist ebenfalls identisch zum letzten Beispiel. Anschließend implementieren wir die bereits hinlänglich bekannte DLM-Ressource, hierzu wird in jedem Fall das Paket *libdlm3-pacemaker* benötigt. Anschließend folgt die Integration der eigentlichen GFS2-Ressource, hierzu benötigen wir das Paket *gfs2-pacemaker*. Anschließend müssen wir `/etc/init.d/udev restart`(en), da eine neue *udev*-Rule geladen werden muss.

Die GFS2-Ressource (Datei: *res-gfs2.sh):*

```
crm configure primitive gfs ocf:pacemaker:controld params \
    daemon="gfs_controld.pcmk" args="" op monitor interval="120s"
crm configure clone gfs-clone gfs meta globally-unique="false" \
    interleave="true" target-role="Started"
crm configure colocation col_gfs_dlm inf: gfs-clone dlm-clone
```

Sollte beim Import der Ressource die Fehlermeldung

```
gfs-control: parameter daemon does not exist
```

auftauchen, müssen wir den vorhandenen *controld*-RA gegebenenfalls mit einer aktuelleren Version ersetzen, z. B. dieser hier:

http://hg.clusterlabs.org/pacemaker/stable-1.0/raw-file/tip/extra/resources/controld

Danach nicht vergessen, *corosync* zu restarten. Nun müssen wir nur noch per mkfs.gfs2 das eigentliche Cluster-Dateisystem auf unserem DRBD-Dual-Primary erzeugen:

```
#> mkfs.gfs2 -p lock_dlm -j2 -t pcmk:pcmk /dev/drbd0
```

```
This will destroy any data on /dev/drbd0.
It appears to contain: data
Are you sure you want to proceed? [y/n] y
Device:                    /dev/drbd0
Blocksize:                 4096
Device Size                8,00 GB (2096401 blocks)
Filesystem Size:           8,00 GB (2096398 blocks)
Journals:                  2
Resource Groups:           32
Locking Protocol:          "lock_dlm"
Lock Table:                "pcmk:pcmk"
UUID:                      EDC89DDD-40B5-59ED-2138-2E1FF2F4081E
```

Nun noch die Filesystem-Ressource, die keiner weiteren Erklärung bedürfen sollte, und wir sind komplett. Zuvor nicht vergessen, den Mountpunkt */daten* auf beiden Nodes anzulegen (Datei: *res-fs_and_colocations-dual-pri-gfs2.sh)*:

```
crm configure primitive fs ocf:heartbeat:Filesystem params \
    device="/dev/drbd0" directory="/daten" fstype="gfs2" \
    op monitor interval="120s"
crm configure clone fs-clone fs meta interleave="true" \
    ordered="true"
crm configure colocation col_fs_gfs inf: fs-clone gfs-clone
crm configure order ord_gfs_fs 0: gfs-clone fs-clone
```

Anschließend sollte uns die Ausgabe von `crm_mon -n` folgendes Bild zeigen:

```
Node jake: online
        drbd_r0:0        (ocf::linbit:drbd) Master
        dlm:1   (ocf::pacemaker:controld) Started
        gfs:0   (ocf::pacemaker:controld) Started
        fs:0    (ocf::heartbeat:Filesystem) Started
Node elwood: online
        drbd_r0:1        (ocf::linbit:drbd) Master
        dlm:0   (ocf::pacemaker:controld) Started
        gfs:1   (ocf::pacemaker:controld) Started
        fs:1    (ocf::heartbeat:Filesystem) Started
```

und der Output des Mount-Befehls sollte sich auf beiden Nodes wie folgt präsentieren:

```
#> mount | grep gfs2
```

```
/dev/drbd0 on /daten type gfs2 (rw,relatime,hostdata=jid=0)
```

3.8.17 DRBD Dual Primary mit OCFS2 und CLVM

Nun zur nächsten Ausbaustufe unseres Fileserver-Konstrukts – denn was uns immer noch fehlt, ist ein flexibles Storage-Management. Flexibel? Sicher, da haben wir was in petto. Aber der »normale« Logical Volume Manager, den wir uns bereits in Abschnitt 2.4 tief greifend angeschaut haben, kann nicht ohne Weiteres in einem Cluster eingesetzt werden, denn ihm fehlt ein entscheidendes Feature: Die clusterweite Propagierung der Metadaten des LVs.

Und hier kommt der relativ neue *CLVM*, der *Clustered Logical Volume Manager* ins Spiel.

Der *CLVM* stellt eine zusätzliche Komponente des Logical Volume Managers (LVM2) für den Einsatz von LVM in geclusterten Umgebungen dar. CLVM stützt sich dabei wie das Dateisystem OCFS2 auf den Einsatz des Distributed Lock Managers (DLM), der den Zugriff auf die – auf dem LV gehosteten – Daten überwacht.

Der eigentliche CLVM-Daemon *(clvmd)* kümmert sich dabei lediglich um die clusterweite Propagierung der Metadaten der/des VG/LVs (entspricht in etwa: `lvchange --refresh` über das Netzwerk), so dass alle Nodes eine vereinheitlichte Sicht auf die konfigurierten VGs/LVs erhalten.

CLVM: Exkurs zu den wichtigsten Komponenten

- *Device Mapper* (Kernelspace) – er erzeugt virtuelle Blockdevices. Jeder Zugriff auf diese virtuellen Devices – wie z. B. ein Logical Volume – wird auf ein unterliegendes, reales Device gemappt.
- *LVM* (überwiegend Userspace) – verwendet den *Device Mapper,* wie oben beschrieben, um LVs zu erzeugen/verwalten. Im Detail verwaltet er die Metadaten des LVs und der unterliegen VGs und Blockdevices (PVs) und aktualisiert bei Änderungen die entsprechenden Mappings im Kernel. Solange LVM standalone (auf einem Node) betrieben wird, können Änderungen online vorgenommen werden, weil der Device-Mapper eine dazu notwendige »Suspend«(»Pausen«)-Operation beherrscht, die, sehr stark vereinfacht, dieser Sequenz folgt: *Ändere Metadaten, suspend LV, aktualisiere Mapping Tables im Kernel, un-suspend LV.* Da diese Änderungen aber lokal auf den Node begrenzt sind, können LV-Änderungen/-Snapshots eines normalen LVMs in geclusterten Umgebungen fatale Folgen haben.
- *CLVM* (Userspace) – ist lediglich eine kleine LVM-Erweiterung, die einen zusätzlichen Daemon *(clvmd)* verwendet. Er kümmert sich darum, dass vor einer Änderungen an PV/VG oder LV innerhalb des Clusters zunächst ein dedizierter Lock eingerichtet wird, der den clvmd's auf den anderen Nodes mitteilt, sofort in den Suspend-Mode zu wechseln. Während dieser Locking-Phase kann so auch kein anderer Cluster-Node Änderungen an der Konfiguration von PV/VG/LV vornehmen. Ist die erfolgreiche *suspend*-Rückmeldung von allen anderen Nodes eingetroffen, werden die Änderungen der Metadaten vorgenommen und die anderen Nodes darüber benachrichtigt. Diese führen einen Reload ihrer veralteten Mapping-Tables mit den neuen Metadaten durch, und der temporäre Suspend wird aufgehoben.

Stark vereinfacht ausgedrückt, kümmert sich unser CLVM also »nur« – wie bereits erwähnt – um die Propagierung der Metadaten sowie den Locking-Mechanismus während einer Änderung der Metadaten des LVMs.

Das CLVM hat jedoch *rein gar nichts* mit den Locking-Kapabilitäten des Filesystems zu tun. Wer auf einem CLVM-LV ein nicht clusterfähiges FS wie ext3 einsetzt und über multiple Nodes gleichzeitig auf den Datenbestand zugreift, ruiniert seine Daten fraglos. Daher:

Achtung

Auch der Einsatz von CLVM macht es NICHT obsolet, ein geeignetes Cluster-FS wie OCFS2 oder GFS2 auf den beteiligten Nodes einzusetzen.

CLVM Setup im Detail

Im Folgenden schauen wir uns detailliert das Setup einer VG (LVM-Volume-Group) in unserem Cluster an. Alle im Folgenden benötigten Pakete finden sich im Anhang.

Zunächst löschen wir ALLE vorhandenen Ressourcen und Contraints – bis auf die DRBD-Dual-Primary-Ressource – aus unserer CIB.

Achtung: Falls sich die clvm-Ressource bzw. der *clvmd* aus distributionsspezifischen Paketen (Paketstand SUSE z. B.: 2.02.67) nicht sauber einbinden lässt (z. B. Probleme beim Start der Ressource), sollte die aktuellste LVM-Version aus den Sourcen kompiliert werden (Link siehe Abschnitt 2.4.6). Der entsprechende `./configure`-Schalter ist `--with-clvmd=openais,corosync` (oder `all` für *autodetect*). Zudem werden die Developer-Bibliotheken für *Openais* und/oder *Corosync* benötigt, bei SUSE z. B. libcorosync-devel bzw. libopenais-devel sowie das Paket libdlm-devel. Einige neuere *clvmd*-Versionen (2.02.73) bereiten jedoch gegebenenfalls Probleme bei der Initialisierung eines lokalen Sockets, als Workaround kann hier eine etwas ältere Version genommen werden (z. B. 2.02.71, die auf einer SUSE 11.3 problemlos ihren Dienst verrichtet).

Im nächsten Schritt müssen wir in der Konfiguration des LVMs *(/etc/lvm/lvm.conf) auf allen Nodes* folgendes Setting ändern:

```
locking_type = 3
```

Der Wert »3« steht dabei für *cluster-wide-locking*, der Default-Wert ist »1« (stark vereinfacht ausgedrückt: Lokales Locking).

Achtung

Vor den nun folgenden Schritten müssen wir zunächst in jedem Fall die *fs-clone*-Ressource aus dem letzten Beispiel stoppen!

Erzeugung der DLM-CLVM-Cloneset-Gruppe

Im Folgenden erzeugen wir in der bereits hinlänglich bekannten Weise eine Cloneset-Gruppe, in der DLM und CLVM zusammengefasst sind (Datei: *res-dlm-clvm-clone-group.sh):*

```
crm(live)configure# primitive dlm ocf:pacemaker:controld
crm(live)configure# primitive clvm ocf:lvm2:clvmd \
    params daemon_timeout="30"
crm(live)configure# group dlm-clvm dlm clvm
crm(live)configure# clone dlm-clvm-clone dlm-clvm \
    meta interleave="true" ordered="true"
crm(live)configure# commit
```

Nach der Implementierung müssen wir gegebenenfalls etwas warten, bis die Rückmeldung des Clusters über die gestarteten Services auf beiden Nodes erfolgt ist. Sicherheitshalber können wir auch per `ps aux | grep clvmd` kontrollieren, ob der *clvmd* wirklich auf beiden Nodes gestartet ist. Ist das der Fall, können wir das eigentliche PV initialisieren, in unserem Setup ist es natürlich das DRBD-Device */dev/drbd0*. In der Praxis können natürlich auch *n* DRBD-Devices die PVs der geclusterten VG bilden.

```
#> pvcreate /dev/drbd0
```

```
Physical volume "/dev/drbd0" successfully created
```

Achtung: Falls hier die Meldung kommt

```
connect() failed on local socket: Connection refused
WARNING: Falling back to local file-based locking.
Volume Groups with the clustered attribute will be inaccessible.
```

läuft der *clvmd* (Cluster-LVM-Daemon) wahrscheinlich auf einem oder beiden Nodes nicht. Das Problem lässt sich in der Regel recht einfach per Ressourcen-Refresh auf dem/den betroffenen Node(s) lösen, z. B.:

```
#> crm_resource -C -r dlm-clvm-clone
```

Falls dies keinen Erfolgt bringt, kann der *clvmd* zu Debug-Zwecken manuell abgefeuert werden. Ein Blick in die Logs bzw. dmesg kann ebenfalls mögliche Ursachen für einen eventuellen Fehlstart ans Tageslicht bringen:

```
#> /usr/sbin/clvmd -d <debug level:0,1,2>
```

Läuft alles wie gewünscht, können die geclusterte Volume Group sowie das eigentliche LV erzeugt werden:

```
#> vgcreate --clustered y VG1 /dev/drbd0
```

```
Clustered volume group "VG1" successfully created
```

```
#> lvcreate -L 5GB -n LV1 VG1
```

```
Logical volume "LV1" created
```

Falls hier ein ähnlicher Fehler

```
Error locking on node 123456xyz: Volume group for uuid not found:
< weird string ... <snip> nlZkrYaleVYr2pUMHXZOUFMAhNvfsjL3tj2sm >
Aborting. Failed to activate new LV to wipe the start of it.
```

auftaucht, muss gegebenenfalls das DRBD auf beiden Nodes reinitialisiert werden. Im nächsten Schritt erzeugen wir die LVM-Cloneset-Resource *vg1* für die Volume Group VG1 (Datei: *res-vg-cloneset.sh)*. Dieser Schritt ist erforderlich, um die Volumengruppe(n) clusterweit auf allen Nodes (bzw. die Sicht auf sie) einheitlich zu aktivieren.

```
crm(live)configure# primitive vg1 ocf:heartbeat:LVM \
    params volgrpname="VG1"
crm(live)configure# clone vg1-clone vg1 meta \
    interleave="true" ordered="true"
crm(live)configure# colocation col_vg1_clvm-dlm-clone inf: \
    vg1-clone dlm-clvm-clone
crm(live)configure# order ord_vg1_after_clvm-dlm-clone inf: \
    dlm-clvm-clone vg1-clone
crm(live)configure# commit
```

Nun können wir das ocfs2-Cloneset mitsamt Orderings und Colocations implantieren (Datei: *res-o2cb-dual-pri-clvm.sh):*

```
crm(live)configure# primitive o2cb ocf:ocfs2:o2cb \
    op monitor interval=120s
crm(live)configure# clone o2cb-clone o2cb \
    meta globally-unique="false" interleave="true" ordered="true"
crm(live)configure# colocation col_o2cb_dlm-clvm inf: \
    o2cb-clone dlm-clvm-clone
crm(live)configure# order ord_o2cb_after_dlm-clvm 0: \
    dlm-clvm-clone o2cb-clone
crm(live)configure# commit
```

Wurden alle Ressourcen bis zu diesem Zeitpunkt von unserem Cluster anstandslos adoptiert, ist es an der Zeit, das LV *(/dev/VG1/LV1* oder */dev/dm-0)* auf einem der Nodes mit OCFS2 zu formatieren. Falls dabei folgende Rückmeldung kommt,

```
mkfs.ocfs2: Could not open device /dev/VG1/LV: No such file or directory
```

müssen wir gegebenenfalls die vg1-Cloneset-Ressource refreshen bzw. cleanen.

Nun können wir die FS-Ressource in die CIB importieren. Achtung: Da wir nun nicht mehr unser DRBD-Device direkt einbinden, sondern das LV, müssen wir unsere *fs*-Cloneset-Ressource entsprechend anpassen, bevor wir sie implantieren, hier im Single-Shot-Mode (Datei: *res-fs_and_colocations-dual-pri-clvm.sh):*

```
crm configure primitive fs ocf:heartbeat:Filesystem \
    params device="/dev/dm-0" directory="/daten" \
    fstype="ocfs2" op monitor interval="120s"
crm configure clone fs-clone fs meta interleave="true"  \
    ordered="true"
crm configure colocation col_fs_o2cb inf: fs-clone o2cb-clone
crm configure order ord_o2cb_fs mandatory: o2cb-clone fs-clone
```

Auf beiden Nodes sollte uns der Mount-Befehl nun folgenden Output liefern:

```
#> mount | grep ocfs2
```

```
/dev/dm-0 on /daten type ocfs2 (rw,_netdev,cluster_stack=pcmk)
```

Falls die FS-Ressource nicht startet, einen Cleanup/Refresh durchführen.

```
#> crm_resource -C -r fs
```

Der Befehl `lvs` sollte uns nun auf beiden Nodes einen identischen Output bringen:

```
LV   VG   Attr   LSize   Origin Snap%  Move Log Copy%  Convert
LV1  VG1  -wi-a- 5.00g
```

Die Ressourcen sollten sich in unserer GUI aktuell wie folgt präsentieren:

Name	Status	Details
Cluster	have quorum	Openais & Pacemaker
jake	online (dc)	
clvm:0	running on ['jake']	ocf::lvm2:clvmd
vg1:0	running on ['jake']	ocf::heartbeat:LVM
dlm:0	running on ['jake']	ocf::pacemaker:controld
drbd_r0:0	running (Master) on ['jake']	ocf::linbit:drbd
fs:0	running on ['jake']	ocf::heartbeat:Filesystem
o2cb:0	running on ['jake']	ocf::ocfs2:o2cb
elwood	online	
clvm:1	running on ['elwood']	ocf::lvm2:clvmd
dlm:1	running on ['elwood']	ocf::pacemaker:controld
vg1:1	running on ['elwood']	ocf::heartbeat:LVM
drbd_r0:1	running (Master) on ['elwood']	ocf::linbit:drbd
o2cb:1	running on ['elwood']	ocf::ocfs2:o2cb
fs:1	running on ['elwood']	ocf::heartbeat:Filesystem
Inactive resources		

Abbildung 3.20 DRBD-Dual-Primary mit clvmd und OCFS2, nach der Implementierung der Filesystem-Ressource

Testen wir nun eine Race-Condition, indem wir unserem (virtuellen) Blues-Bruder *elwood* den Stecker ziehen:

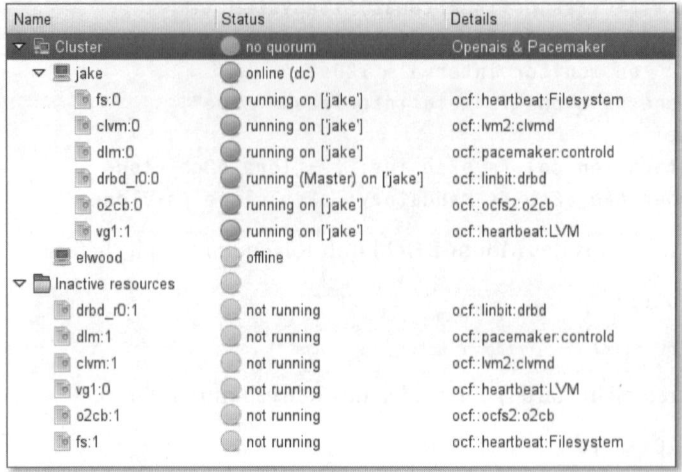

Abbildung 3.21 Cluster nach hartem Shutdown von Node »elwood«

Exkurs: Red Snapper, oder: das Snapshot-Dilemma der roten Hüte

Ja, die roten Hüte. Teils innovativ, teils wegweisend, stets kommerziell und bisweilen erschreckend inkonsequent. Oder wie soll die seltsame Ignoranz der Red-Hat-LVM-Entwicklertruppe sonst gedeutet werden, wenn man dort bis heute ein CLVM-Snapshot-Feature als eher nachrangig bezeichnet? Nun denn, was soll's – das Gute liegt auch so recht nah, denn wie wir bereits aus Abschnitt 3.8.9 wissen, müssen wir nur einen unserer DRBD-Nodes mit einem konventionellen LV unterlegen, und schon sind wir Snapshot- und Backup-technisch wieder am Ball. Gut, die zusätzliche Abstraktionsebene wäre nicht unbedingt nötig, aber wer weiß – vielleicht erleben wir ja noch einen Sinneswandel der Developer-Truppe, bevor *btrfs* clusterfähig wird ...

Aber – es gibt auch hier und da einen kleinen Silberstreif am Horizont: Denn seit Version 2.02.71 unterstützt der *clvmd* nun auch endlich das (Online-)Resizing des clusterweit aktivierten LVs und damit ein für Clusterumgebungen im Enterprise-Segment unerlässliches Feature.

Exkurs: CLVM-Resizing

Das Resizing des LVs im Cluster können wir idealerweise exakt so angehen wie das eines regulären LVs. Im Folgenden schauen wir uns ein Szenario an, das auf dem Setup des letzten Abschnitts basiert, en détail: DRBD im Dual-Primary-Mode, DLM und CLVM gruppiert im Cloneset aktiv, ebenso die O2CB und File-system-Ressourcen. Unser aktuelles, mit OCFS2 formatiertes LV hat derzeit eine Größe von 5 GB.

```
#> lvs
```

```
LV   VG   Attr   LSize Origin Snap%  Move Log Copy%  Convert
LV1  VG1  -wi-ao 5.00g
```

Um uns etwas mehr Luft zu verschaffen, wollen wir das LV nun auf 8 GB aufblasen.

Zunächst würden wir unsere VG optional mit zusätzlichen PVs (DRBD-Devices) per **vgextend** vergrößern, falls sie nicht genügend Platz hergibt. Anschließend vergrößern wir das auf */daten* gemountete LV1 per:

```
#> lvextend -v -L+3GB VG1/LV1
```

```
Rounding up size to full physical extent 3.00 GiB
Extending logical volume LV1 to 8.00 GiB
Logical volume LV1 successfully resized
```

Der Befehl `lvs` sollte uns nun auf allen Cluster-Nodes eine identische LV-Größe von 8.00 GB anzeigen. Natürlich müssen wir im nächsten Schritt noch das Dateisystem online (ohne umount) per **tunefs.ocfs2 -S** `<Device>` auf einem der Nodes auf die neue Größe anpassen:

```
#> tunefs.ocfs2 -S /dev/dm-0
#> df -h | grep dm-0
```

```
/dev/dm-0              8.0G  279M  7.7G   4% /daten
```

Et voilà, das Resizing unseres OCFS2-formatierten LVs im Cluster ist damit schon erledigt. Und damit sind wir auch endlich soweit komplett: Wir haben alle Voraussetzungen für einen hochverfügbaren Fileserver mit extrem niedriger Schwenkzeit geschaffen, der zudem Snapshot-Kapabilitäten und ein flexibles Storage-Management per CLVM bieten kann. So – what's next?

Als vorerst letzten Punkt auf unserer DRBD-Storage-Agenda schauen wir uns nun das Setup eines 3-Node-DRBDs an, wobei der dritte Node als »Offline«-Backup-Node fungiert, der uns im *Disaster-Recovery*-Fall recht hilfreich sein kann. Ans Werk...

3.8.18 Three-Node-DRBD für Disaster Recovery

DRBD mit drei Nodes? Warum? Ganz einfach – damit wir die Redundanz und die Verfügbarkeit unseres Storages auf der Prozent-Skala weiter nach oben schrauben. Der dritte Node fungiert dabei als sogenannte »ge-stack-te« (um einen weiteren mittelmäßig fürchterlichen Pseudo-Anglizismus einzubringen) Ressource, also als gestapeltes DRBD-Device. Betrachten wir den theoretischen Fall, dass nach einem Crash (oder einem laufenden Resync) das verbliebene Leg des eigentlichen DRBD ebenfalls crasht, so besitzen wir immer noch die vollständigen Daten auf dem dritten Node, mit denen wir unser DRBD sofort wiederherstellen können.

Achtung

Wir dürfen den dritten, zusätzlichen Backup-Node NICHT mit einer echten Datensicherung verwechseln! Hier gelten die gleichen Prinzipien wie für ein Raid 1: Wenn die Daten auf dem Spiegel durch Unachtsamkeit des Anwenders, Viren oder sonstige Interventionen geschreddert sind, sind sie es auch auf allen anderen Teilen des Spiegels – und somit auch auf dem dritten Backup-Node. Der Backup-Node hilft uns nur dann, wenn das DRBD auf den beiden »eigentlichen« Legs außer Funktion bzw. ausgefallen ist, die Daten auf dem dritten Node an sich aber intakt sind.

Weiter im Text:

Vom schematischen Aufbau her wird das eigentliche DRBD-Device (z. B. */dev/drbd0)* als eine Seite (1 Mirror-Leg) eines übergeordneten (gestapelten) DRBD-Devices (z. B. */dev/drbd1)* angenommen. So besteht das übergeordnete Device */dev/drbd1* z. B. aus dem untergeordneten */dev/drbd0* (das z. B. wiederum aus seinen beiden Legs */dev/sdb1* auf beiden »Produktiv«-Nodes besteht), sowie */dev/sdb1* auf dem dritten Node, der in der folgenden Abbildung mit »Backup« bezeichnet ist. Hier die stark vereinfachte, schematische Darstellung:

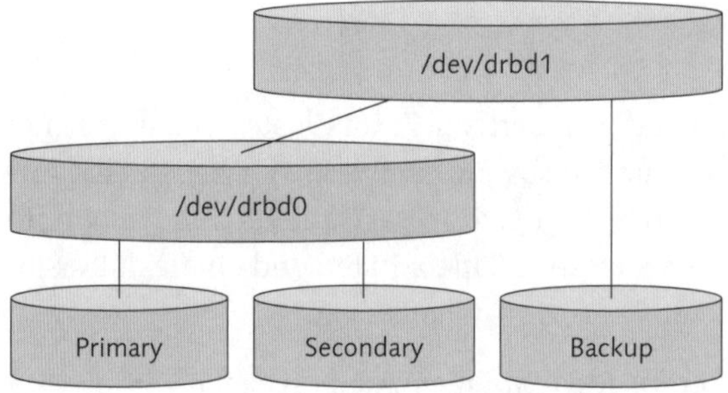

Abbildung 3.22 Schematische Funktionsweise des DRBD-3-Node-Setups

Achtung

DRBD im 3-Node-Setup arbeitet regulär nur im Master/Slave- bzw. Primary/Secondary-Mode auf dem ersten bzw. ursprünglichen DRBD (r0 bzw. /dev/drbd0); ein Dual-Primary-Setup auf r0 in Kombination mit einem dritten Backup-Node ist theoretisch auch möglich und wird im Folgenden noch kurz erörtert. Der dritte Node (r0-U bzw. /dev/drbd1) synct sich mit beliebiger Protokollversion (A, B oder C) gegen den »Ur«-Node (r0 bzw. /dev/drbd0).

Für unser Setup benötigen wir folgende Anpassungen: Nachdem wir unseren beiden Blues-Brüdern einen weiteren Node hinzugefügt haben (der für eine reine Backup-Funktionalität nicht zwingend Mitglied des Clusters sein muss), müssen wir, kurz und knapp beschrieben, wie folgt vorgehen:

- DRBD-Ressourcen und anhängige (ms_drbd_r0, o2cb, vg1, clvmd, dlm etc.) im aktuellen Cluster-Setup stoppen und löschen, sodass unsere Pacemaker-Datenbank wieder komplett leer ist, Validierung per crm_verify.
- Alle LVs, VGs und PVs auf den Nodes *jake* und *elwood* entfernen.
- Partition /dev/sdb1 (ID 83) auf allen Nodes einrichten.
- Netzwerkkonfiguration auf Node 3 *(cab)* einrichten, */etc/hosts* anpassen und auf alle Nodes verteilen.
- Die */etc/drbd.conf* (zu finden in den Beispieldaten zu diesem Abschnitt) für alle Nodes auf ein 3-Node-Setup anpassen (s. u.) und identisch auf alle Nodes verteilen.
- Openais/Corosync auf Node 3 (*cab*, dem »Offline-«/Backup-Node) zunächst deaktivieren.

Achtung

Der DRBD-OCF-RA (in DRBD-Versionen <= 8.3.4) gibt gegebenenfalls *not configured* zurück, wenn das *notify*-Meta-Attribut auf *false* oder gar nicht gesetzt ist. Zudem existiert in der DRBD-Version 8.3.2 ein kleiner Bug, der eine Master/Slave-Multistate-Ressource nicht mit nur 1 Clone pro Node zulässt. Der RA liefert in diesem Fall ebenfalls »unconfigured« zurück. Der Fehler ist in Versionen > 8.3.4 behoben. Als kleiner Workaround in den betroffenen Versionen kann gegebenenfalls die Multistate-Ressource für *drbd_r0-U* (die »stacked« DRBD-Ressource) einfach auf eine »normale« Clone-Anzahl von 2 gesetzt werden. Alternativ sollte jedoch immer der Einsatz der aktuellsten DRBD-Version angestrebt werden.

Die exakte DRBD-Topologie wird sich nach unserem 3-Node-Setup wie folgt darstellen, die IPs variieren natürlich. Node 1 und 2 sind unsere Blues Brüder *jake* und *elwood*, Backup-Node 3 wird der gute, alte *cab:*

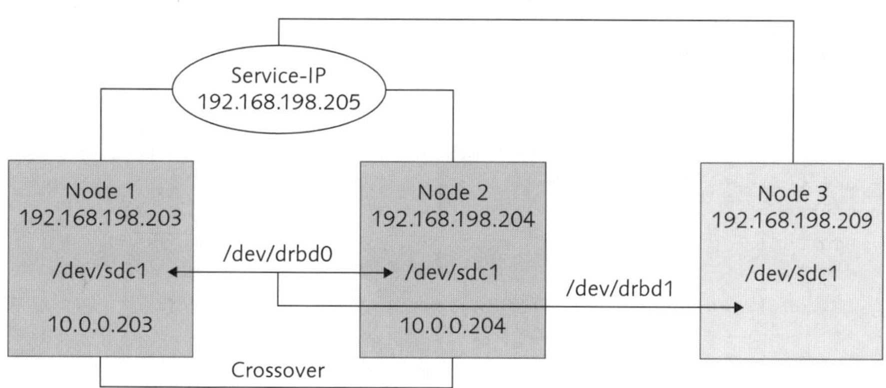

Abbildung 3.23 DRBD-3-Node-Topologie

Zunächst verteilen wir die angepasste */etc/drbd.conf* auf alle 3 Nodes:

```
global {
   dialog-refresh      1;
   minor-count  5;
   usage-count no;
}
common {
}
resource r0 {
   protocol     C;
   handlers {
  }
   disk {
      on-io-error        pass_on;
   }
   syncer {
       rate 100M;
   }
   net {
       timeout           100;
   }
   startup {
   }
   # das "normale" drbd (r0)
   on jake {
      device    /dev/drbd0;
      address   10.0.0.113:7788;
      meta-disk internal;
      disk      /dev/sdb1;
   }
   on elwood {
      device    /dev/drbd0;
      address   10.0.0.114:7788;
      meta-disk internal;
      disk      /dev/sdb1;
   }
}
# das gestapelte drbd (1)
resource r0-U {
  protocol C;
  disk {
      on-io-error        pass_on;
   }
  syncer {
        rate 100M;
   }
```

```
  stacked-on-top-of r0 {
    device     /dev/drbd1;
    address    192.168.198.205:7788;
    # Service-IP !
  }
  on cab {
    device     /dev/drbd1;
    disk       /dev/sdb1;
    address    192.168.198.115:7788;
    meta-disk  internal;
    # gleiches Netz wie Service-IP !
  }
}
```

Nun muss noch das DRBD korrekt initialisiert werden. Hierzu müssen wir zunächst noch einmal sicherstellen, dass alle DRBD-Ressourcen gestoppt sind. Zuvor ebenfalls noch einmal in jedem Fall sicherstellen, dass sich keine alten Signaturen bzw. Metadaten (z. B. LVM2) auf den DRBD-Legs (*/dev/sdb1*) befinden. Dann müssen wir noch sicherstellen, dass auf allen 3 Nodes die DRBD-Module geladen sind.

Erzeugung der Lower-Level-DRBD-Ressource (r0, /dev/drbd0)

Die Lower-Level-DRBD-Ressource »r0« (das »Haupt-«DRBD) wird auf Node *jake* und *elwood* eingerichtet, initialisiert, und auf Node *jake* zum Primary promoted. Auf beiden Nodes muss zunächst das DRBD erzeugt,

```
#> drbdadm create-md r0
```

und anschließend initialisiert werden:

```
#> drbdadm up r0
```

Dann triggern wir auf Node *jake* die Promotion zum Primary:

```
#> drbdadm primary r0
```

Falls hierbei der Fehler »*need at least one UpToDate Disk*« kommt, müssen wir auf Node *jake* wie üblich den Chef raushängen lassen,

```
#> drbdadm -- --overwrite-data-of-peer primary r0
```

und warten, bis der Sync abgeschlossen ist.

Achtung

Das Filesystem wird im 3-Node-Setup immer erst auf dem primären Node des »obersten« Devices (bei uns: */dev/drbd1* auf *jake)* erzeugt. Dies ist auch das Device, das als einziges eingebunden wird.

Erzeugung der »stacked« Ressource (r0-U)

Zuvor müssen wir in jedem Fall sicherstellen, dass sich keine alten Signaturen bzw. Metadaten (z. B. LVM2) auf dem DRBD-Leg (*/dev/sdb1*) von Node *cab* befinden.

Dann müssen – genauso wie für eine normale DRBD-Ressource – die entsprechenden Meta-Daten der Stacked-Ressource auf den zugehörigen Devices der jeweiligen Nodes generiert werden, also */dev/drbd0* (r0) auf Node *jake* und */dev/sdb1* (r0-U) auf Node *cab*.

Dazu führen wir zunächst auf Node *jake* (dem Lower-Stack) den folgenden Befehl aus:

```
#> drbdadm --stacked create-md r0-U
```

Dann auf Node *cab* (dem Upper-Stack):

```
#> drbdadm create-md r0-U
```

Nun muss die gestackte DRBD-Ressource aktiviert werden, und Node *jake* muss ebenfalls zum Primary des Upper-Stacks (r0-U) gemacht werden. Dazu müssen wir zunächst auf Node *jake* oder *elwood* die Service_IP-Ressource generieren, über die der Stacked-Node (r0-U) mit seinem untergeordneten Leg (*/dev/drbd0*, r0) kommunizieren kann, hier im Single-Shot:

```
#> crm configure primitive Service_IP ocf:heartbeat:IPaddr2 \
   params ip=192.168.198.205
```

Nun führen wir auf Node *jake* den folgenden Befehl aus, um die gestackte Ressource dort zu initialisieren:

```
#> drbdadm --stacked adjust r0-U
```

Dann konnektieren wir unseren dritten Node *cab*:

```
#> drbdadm adjust r0-U
```

Auf Node *jake* sollte sich uns der Status aller DRBD-Ressourcen nun wie folgt präsentieren: (0: = drbd0 (r0), 1: = drbd1 (r0-U)):

```
0: cs:Connected ro:Primary/Secondary ds:UpToDate/UpToDate C r----
   ns:8385609 nr:0 dw:297 dr:8386195 al:1 bm:512 lo:0 pe:0 ua:0 ap:0 ep:1 wo:b oos:0
1: cs:Connected ro:Secondary/Secondary ds:Inconsistent/Inconsistent C r----
   ns:0 nr:0 dw:0 dr:0 al:0 bm:0 lo:0 pe:0 ua:0 ap:0 ep:1 wo:b oos:8385312
```

Nun kann der gestackte Node *cab* von Node *jake* (als seinem Primary) gesynct werden. Dazu setzen wir auf Node *jake* den folgenden Befehl ab:

```
#> drbdadm --stacked primary r0-U
```

Falls sich der Upper Node (*cab* mit Ressource r0-U, der »Backup«-Node) weigert zu gehorchen, erzwingen wir von Node *jake* aus den Resync der Daten und die primäre Rolle (für *jake* bezogen auf */dev/drbd1):*

```
#> drbdadm --stacked -- --overwrite-data-of-peer primary r0-U
```

Nach dem Sync sollte der korrekte DRBD-Output auf Node *jake* in etwa so aussehen:

```
0: cs:Connected ro:Primary/Secondary ds:UpToDate/UpToDate C r----
    ns:4 nr:0 dw:6 dr:598 al:1 bm:2 lo:0 pe:0 ua:0 ap:0 ep:1 wo:b oos:0
 1: cs:Connected ro:Primary/Secondary ds:UpToDate/UpToDate C r----
    ns:0 nr:0 dw:0 dr:208 al:0 bm:0 lo:0 pe:0 ua:0 ap:0 ep:1 wo:b oos:0
```

Hinweis

Node *jake* (der das untere Stack ›r0‹ hostet) muss auch für das externe, obere (›Upper‹) Stack (r0-U) die primäre (!) Rolle innehaben, also an erster Stelle gelistet sein!

Was sonst noch zu beachten ist:

- Das obere Stack-Device (hier: */dev/drbd1*) mit der Primary-Rolle auf dem DRBD-Master-Node im Cluster ist immer das aktive. In unserem Fall ist */dev/drbd0* das untere Stack-Device, das als 1 Leg für das obere Stack-Device (in unserem Fall */dev/drbd1)* dient. Daher ist */dev/drbd1* das einzig aktive Device, welches Read/Write gemountet wird.
- Die DRBD-Metadaten werden doppelt gespeichert: sowohl auf dem unteren *(drbd0)* als auch auf dem oberen *(drbd1)* Stack-Device. Auf dem oberen *(drbd1)* muss zwingend das interne Metadatenformat verwendet werden, was den reinen Speicherplatz zu einem DRBD-Device mit externen Metadaten etwas verringert. Da in unserem Setup beide DRBD-Devices interne Metadaten verwenden, passen die beiden Mirrorhälften (drbd0|1) ohne Probleme zueinander.
- Die Reihenfolge (!), in der die gestackten DRBD-Devices herauf- und heruntergefahren werden, ist extrem wichtig (hier für das Hochfahren, bezogen auf unsere Nodenamen): drbd0 -> Node jake: primary, Node elwood: secondary. drbd1: Node jake: primary --stacked, Node cab: secondary.
- Damit das obere Stack-Device *(drbd1)* aktiviert und syncronisiert werden kann, muss das untergeordnete in der Primary/Secondary-Role sein. Andernfalls erhalten wir eine Fehlermeldung bei der Initialisierung auf Node *jake* (wenn das DRBD dort im Secondary/Secondary-Mode ist):

```
#> drbdadm --stacked up r0-U
```

```
Can not open device '/dev/drbd0': Read-only file system
```

Das 3-Node-DRBD-Setup ist hiermit grundsätzlich abgeschlossen, was das reine DRBD-Setup angeht.

Hinweis

Natürlich kann diese Konfiguration – ebenso wie bereits im Abschnitt 3.8.9, »Exkurs: DRBD on top of LVM« erläutert – auf LVM-Basis aufgesetzt werden. So könnten sowohl vom Secondary als auch vom dritten Node jederzeit konsistente Backups per Snapshot erstellt werden.

Nun müssen wir die DRBD-Ressourcen noch in unseren Cluster-Stack integrieren:

Management der ge-»stackten« DRBD-Ressourcen im Pacemaker-Cluster

Zunächst erzeugen wir die beiden DRBD-Ressourcen in bekannter Weise als Multi-State-Ressourcen (Datei: *res-drbd-3-node.sh):*

```
crm configure primitive Service_IP ocf:heartbeat:IPaddr2 \
    params ip="192.168.198.205"
crm configure primitive drbd_r0 ocf:linbit:drbd \
    params drbd_resource="r0" op monitor interval="15"
crm configure primitive drbd_r0-U ocf:linbit:drbd \
    params drbd_resource="r0-U" op monitor interval="15"
crm configure ms ms_drbd_r0 drbd_r0 \
    meta master-max="1" master-node-max="1" clone-max="2"
crm configure clone-node-max="1" globally-unique="false" \
    notify="true" target-role="Started"
crm configure ms ms_drbd_r0-U drbd_r0-U \
    meta master-max="1" clone-max="1" clone-node-max="1" \
    master-node-max="1" globally-unique="false" notify="true"
crm configure colocation col_drbd_r0-U_on_drbd_r0 +inf: \
    ms_drbd_r0-U ms_drbd_r0:Master
crm configure colocation col_drbd_r0-U_on_ip +inf: \
    ms_drbd_r0-U Service_IP
crm configure colocation col_ip_on_r0_master +inf: \
    Service_IP ms_drbd_r0:Master
crm configure order ord_drbd_r0_before_r0-U +inf: \
    ms_drbd_r0:promote ms_drbd_r0-U:start
crm configure order ord_ip_before_r0-U +inf: \
    Service_IP ms_drbd_r0-U:start
```

Die Erläuterungen zu den Ressourcen und Constraints in Kurzform:

- r0 wird als Multistate-Ressource (`clone-max=2`) auf den beiden Nodes *jake* und *elwood* gestartet und promoted einen der beiden zum Master (*Primary*).

- Danach wird die Service_IP-Ressource auf dem DRBD-Master gestartet. Über sie erfolgt die Replikation zum dritten Node *(cab)*.
- Auf dem DRBD-Master (DRBD-Ressource r0) wird die Upper-Stack-Ressource r0-U *(drbd1)* gestartet, die sich mit Node *cab* konnektiert.
- Danach wird die Ressource r0-U *(drbd1)* auf dem DRBD-Master *(drbd0)* des Clusters ebenfalls zum Master promoted. Über r0-U auf dem Master des Clusters erfolgen nun alle Zugriffe.

Zu den Constraints:

- Die Upper-Stack-Ressource r0-U ist immer auf dem Node, auf dem r0 Master ist.
- Die Service-IP ist immer dort, wo die Upper-Stack-Ressource r0-U und die Lower-Stack-Ressource r0 Master sind.
- Starte zunächst r0 und promote r0 zum Master, bevor r0-U gestartet wird.
- Die Service-IP erst starten, nachdem Upper Stack Ressource r0-U gestartet wurde.

In der GUI sollte sich unser ge-stack-tes DRBD nun wie folgt präsentieren:

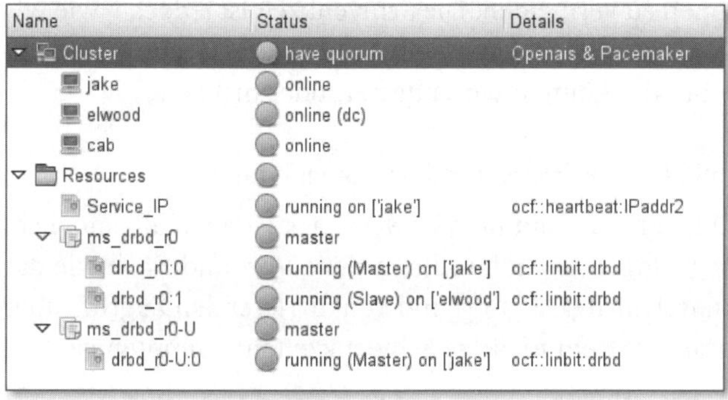

Name	Status	Details
Cluster	have quorum	Openais & Pacemaker
jake	online	
elwood	online (dc)	
cab	online	
Resources		
Service_IP	running on ['jake']	ocf::heartbeat:IPaddr2
ms_drbd_r0	master	
drbd_r0:0	running (Master) on ['jake']	ocf::linbit:drbd
drbd_r0:1	running (Slave) on ['elwood']	ocf::linbit:drbd
ms_drbd_r0-U	master	
drbd_r0-U:0	running (Master) on ['jake']	ocf::linbit:drbd

Abbildung 3.24 DRBD-3-Node-Stack mit Backup-Node im Cluster

Nun muss lediglich noch das Filesystem auf dem Primary des Upper-Stacks (in unserem Fall */dev/drbd0* auf Node *jake)* erzeugt und (über die entsprechende Cluster-Ressource) gemountet werden.

Nun führen wir einen Test durch und simulieren den Ausfall von Node *jake* (der beide Primarys hält). Vor dem Ausfall:

```
jake #> cat /proc/drbd
```

```
0: cs:Connected ro:Primary/Secondary ds:UpToDate/UpToDate C r----
    ns:4 nr:0 dw:6 dr:598 al:1 bm:2 lo:0 pe:0 ua:0 ap:0 ep:1 wo:b oos:0
```

```
 1: cs:Connected ro:Primary/Secondary ds:UpToDate/UpToDate C r----
    ns:0 nr:0 dw:0 dr:208 al:0 bm:0 lo:0 pe:0 ua:0 ap:0 ep:1 wo:b oos:0
```

cab #> cat /proc/drbd

```
1: cs:Connected ro:Secondary/Primary ds:UpToDate/UpToDate C r----
    ns:0 nr:528968 dw:528968 dr:0 al:0 bm:0 lo:0 pe:0 ua:0 ap:0 ep:1 wo:b oos:0
```

Nach dem Ausfall von Jake:

elwood #> cat /proc/drbd

```
0: cs:WFConnection ro:Primary/Unknown ds:UpToDate/DUnknown C r----
    ns:0 nr:5 dw:6 dr:594 al:1 bm:1 lo:0 pe:0 ua:0 ap:0 ep:1 wo:b oos:4
 1: cs:Connected ro:Primary/Secondary ds:UpToDate/UpToDate C r----
    ns:0 nr:0 dw:0 dr:208 al:0 bm:0 lo:0 pe:0 ua:0 ap:0 ep:1 wo:b oos:0
```

cab #> cat /proc/drbd

```
1: cs:Connected ro:Secondary/Primary ds:UpToDate/UpToDate C r----
    ns:0 nr:528968 dw:528968 dr:0 al:0 bm:0 lo:0 pe:0 ua:0 ap:0 ep:1 wo:b oos:0
```

jake #> cat /proc/drbd

```
0: cs:Unconfigured
 1: cs:Unconfigured
```

Nach der Reaktivierung von Node *jake* hält *elwood* nun die beiden Master-Ressourcen, um Re-Transitionen zu vermeiden. Die Schwenkzeit ist jedoch – wie wir längst wissen – bei einem Master/Slave-Setup, selbst mit einem Backup-Node, leider nicht allzu niedrig. Aber das können wir ja besser, oder nicht...?

Exkurs: DRBD-3-Node mit Dual-Primary auf dem Lower-Stack

Ein DRBD-3-Node mit Dual-Primary auf dem Lower-Stack ist ebenfalls möglich, wobei natürlich genau abgewogen werden sollte, welche Vor- und Nachteile das Setup bietet, bzw. ob es tatsächlich (z. B. aufgrund konkurrierenden Zugriffs über beide Nodes auf den Storage, extrem niedrige Schwenkzeiten) vonnöten ist.

Zur Aktivierung des DRBD-Dual-Primary (alle auf dem DRBD befindlichen Daten müssen natürlich vorab gesichert werden, sofern es sich nicht um eine reine Testumgebung ohne Nutzdaten handelt) müssen nur die »üblichen Verdächtigen« (die Direktiven) aus Abschnitt 3.8.15 in die *drbd.conf* (Sektion: `resource r0`, das Lower-Stack-Device) auf allen Nodes eingebunden werden, z. B. hier als Auszug:

```
resource r0 {
    protocol     C;
    startup {
        become-primary-on both;
    }
```

```
net {
    allow-two-primaries;
    after-sb-0pri discard-zero-changes;
    after-sb-1pri discard-secondary;
    after-sb-2pri disconnect;
}
on jake {
    device     /dev/drbd0;
    ...
}
on elwood {
...
```

Nach einem freundlichen **`drbdadm adjust r0`** auf allen Nodes und einem kleinen, chirurgischen Eingriff in unser Cluster-Brain (nur Auszug):

```
#> crm configure edit ms_drbd_r0
```

```
ms ms_drbd_r0 drbd_r0 meta master-max="2" master-node-max="1"   ...
```

mit dem wir die Anzahl der Master für Ressource *r0* auf 2 erhöhen, sowie einem gegebenenfalls erforderlichen Refresh der Ressource, besitzen wir ein Dual-Primary-DRBD für unsere Lower-Stack-Ressource *r0*, die uns per **`crm_mon`** jede Menge Master im Cluster präsentiert. Voilà.

```
Node jake: online
        drbd_r0:0        (ocf::linbit:drbd) Master
Node elwood: online
        Service_IP       (ocf::heartbeat:IPaddr2) Started
        drbd_r0-U:0      (ocf::linbit:drbd) Master
        drbd_r0:1        (ocf::linbit:drbd) Master
Node cab: online
```

Zum guten Schluss das entsprechende Cluster-FS mit DLM sowie die zugehörigen Ressourcen nicht vergessen. Und am Ende unseres DRBD-Abschnitts noch ein kurzer (Aus-)Blick auf ein etwas komplexeres Szenario:

DRBD – 4-Node-Setup mit 2 Clustern

Bei diesem Setup handelt es sich, auch wenn es auf den ersten Blick nicht so aussieht, effektiv »nur« um ein DRBD-3-Node-Setup: Ausgehend von zwei 2-Node-Clustern mit jeweils einem DRBD-Master/Slave-Setup wird hier ebenfalls auf dem ersten Node (»local«) das primäre, gestackte Device aufgesetzt.

Nur wird hier nicht auf eine einzelne »Offline«-/Backup-Disk synchronisiert, sondern der Storage auf Node 3 (*cab* aus dem letzten Beispiel) ist hier eine komplette DRBD-Master/Slave-Ressource und damit ebenfalls redundant.

Vorsicht

Durch Limitierungen in Pacemaker <= 1.0.5 ist es gegebenenfalls nicht möglich, das Setup der Ressourcen durchzuführen, ohne die CIB-Validierung abzuschalten – ein Setting, das in Produktivumgebungen keinesfalls vorgenommen werden sollte, da sonst die Integrität der CIB und damit die Stabilität des gesamten Clusters auf dem Spiel steht.

Siehe hierzu auch:

http://www.drbd.org/users-guide/s-pacemaker-stacked-resources.html

3.8.19 DRBD-Online-Device-Verification

Das Feature der Online-Device-Verification ist seit DRBD 8.2.5 verfügbar und kann blockweise die Datenintegrität beider Nodes überprüfen. Das Verfahren funktioniert, sehr stark vereinfacht beschrieben, wie folgt: Auf dem Source-Node, der als »Prüfer« fungiert, wird pro Block eine Digest-Checksumme erstellt, die mit dem jeweiligen Block auf dem zu verifizierenden Node geprüft bzw. verglichen wird.

Achtung

Auch wenn das Verfahren relativ Bandbreiten-effizient gestaltet wurde, stellt es immer noch eine deutliche Belastung für das Netz dar. Typische Anwendung wäre also eher ein nächtlicher Cron (kein 24/7-Voll-Last-Betrieb vorausgesetzt!).

Setup in der drbd.conf:

```
syncer {
  verify-alg <algorithm>;
  ...
 }
```

Dabei kann `<algorithm>` z. B. `sha1`, `md5` und `crc32c` sein.

Nachdem die Anpassung wie üblich auf BEIDEN Nodes erfolgt ist und per **`drbdadm adjust r0`** in die laufende Konfiguration eingelesen wurde, können wir die Verifikation per

```
#> drbdadm verify r0
```

starten (und später per *cron* einbinden!). Den neuen Verify-Status können wir in der */proc/drbd*-Ausgabe einfach erkennen (je nach Node: `cs:VerifyT` -> VerifyTarget / `cs:VerifyS` -> VerifySource):

```
0: cs:VerifyT ro:Primary/Primary ds:UpToDate/UpToDate C r----
   ns:2 nr:0 dw:2 dr:32730 al:1 bm:0 lo:1 pe:5904 ua:2048 ap:0 ep:1 wo:b oos:0
        0%      0/2096401
```

Wenn Out-of-Sync-Blöcke während der Prüfung entdeckt werden, erfolgt ein Log-Output. Um eine Re-Synchronisation zwischen den Nodes zu initiieren, reicht eine Rekonnektierung der Ressource völlig aus:

```
#> drbdadm disconnect r0
#> drbdadm connect r0
```

Auch wenn eine Prüfung der replizierten Datenpakete seit DRBD 8.2.0 (s. u.) aktiviert ist, ist die Online-Verifikation keinesfalls mehr als flüssig: Sollte die Übertragung des Datenpaketes in Ordnung gewesen, der zweite Node jedoch durch andere Einflüsse aus dem Takt gekommen sein (I/O-Errors, Block-Fehler usw.), wird so noch einmal zusätzlich sichergestellt, dass alle Daten auf dem zweiten Node konsistent sind.

Und mal ehrlich – da wir doch alle ständig die Datenkonsistenz unserer Backups prüfen, benötigen wir dieses Feature ja eigentlich auch gar nicht, oder? Ja nee, is klar ...

3.8.20 DRBD Replication Traffic Integrity Checking

Seit DRBD 8.2.0 wird die Integrität der replizierten Datenpakete automatisch nach dem gleichen Verfahren überprüft, wie im letzten Punkt (Online-Verification) beschrieben. Dadurch wird bereits während der Replikation sichergestellt, dass die transmittierten Datenpakete (nicht die bereits geschriebenen, s. o.) von ihrer Checksumme her in Ordnung sind.

Im Detail:

DRBD generiert bei diesem aktivierten Feature einen Digest zu jedem Datenblock, den es zum Peer repliziert. Der Peer nutzt den übermittelten Digest seinerseits, um die Integrität des replizierten Daten-Paketes zu verifizieren. Ist die Verifikation erfolglos, verlangt der Peer eine Re-Transmission des Paketes, damit überhaupt keine potenzielle Datenkorruption während der Replikation entstehen kann, wie z. B. durch folgende Umstände:

Sogenannte *bitwise errors (»bit flips«)* können bei einer Datenübertragung zwischen Hauptspeicher und dem Netzwerk-Interface auf dem sendenden Node (und umgekehrt auf dem empfangenden Node) entstehen. Dieser Fehler würde z. B. durch die TCP-Checksummen-Prüfung nicht erkannt und daher direkt durch das Netzwerkinterface durchgereicht. Insofern bietet das *Replication traffic integrity checking-* (das default nicht aktiviert ist) eine wichtige Prüfinstanz für die Integrität der Daten.

Um es zu aktivieren, müssen die folgenden Direktiven in der `net`-Sektion der Ressourcen-Definition der *drbd.conf* aktiviert werden (Parameter für `algorithm` entsprechen denen aus dem letzten Abschnitt: `sha1`, `md5` und `crc32c`):

```
resource r0
  net {
    data-integrity-alg <algorithm>;
  }
  ...
}
```

Damit die Einstellungen bei bereits aktiviertem DRBD greifen, das **`drbdadm adjust <Ressource>`** auf beiden Nodes nicht vergessen.

Hinweis

Die `data-integrity-alg`-Direktive kann bei schwachbrüstigen CPUs bzw. Systemen deutlich auf die Performance drücken. In diesen Fällen sollte die eben beschriebene *Online Verification* während niedriger Lastphasen (z. B. nachts bei Nicht-24/7-Umgebungen) vorgezogen werden.

Fazit

Auch wenn wir im nächsten Abschnitt über iSCSI noch einmal kurz auf unser DRBD zurückgreifen, können wir an dieser Stelle aufgrund der durchgeführten Storage-Betrachtungen bereits ein Resümee ziehen.

Einer der wichtigsten Punkte bei der Konzeption unseres Clusters stellt sicherlich der Storage dar. Auf ihm wird letztlich alles gehostet – von den einfachen Dateiablagen des Sekretariats und dem damit verbundenen, »normalen« Schriftverkehr und Tabellen über Datenbank-Applikationen, virtuelle Maschinen und vieles andere mehr. Insofern ist der Storage im Cluster nicht nur wörtlich einer der zentralen Dreh- und Angelpunkte unserer hochverfügbaren Daten.

Und aus diesem Grund liegt eine der wichtigsten Aufgaben für den Admin und seine Mitarbeiter in einer äußerst sorgfältigen und bedachten Konzeptionierung des Storages und seiner Anbindung an den Cluster. Und hier steht uns, wie wir nun wissen, einiges an Möglichkeiten zur Verfügung.

Die grundsätzlichen Fragen, die wir uns im Rahmen unserer Vorbetrachtungen stellen sollten, beginnen natürlich einmal mehr bei einer sorgfältigen Analyse des Ist-Standes und der anschließenden *Wo-gehts-hin*-Frage. Und dafür sind – ebenfalls einmal mehr – ein Stapel Papier, Stifte und jede Menge Brainstorming und Gehirnschmalz weitaus effizienter als alles andere. Und im Rahmen dieser Vorbetrachtungen stellen wir uns die entsprechenden Fragen, z. B.:

Welche Daten hosten wir? Wie neuralgisch sind sie? Welche Art der Verfügbarkeit passt für unsere Umgebung am besten? Und lässt sich diese Verfügbarkeit sowohl kostenmäßig als auch technisch effizient implementieren, und welche Datensicherungsstrategie harmoniert am besten mit unserem Konzept? Und natürlich, last but not least: Mit welchem Aufwand lassen sich unsere Daten nach einem F-Fall schnellstmöglich wiederherstellen? Wer zu diesem Thema einige Anregungen sucht, wird in Kapitel 5 fündig.

Um nun jedoch schon vorab ein paar einfache Kategorien aufzustellen:

Benötigen wir nur eine grundsätzliche Verfügbarkeit und kein echtes Hot-Failover, so dürfte in den meisten Fällen ein konventionelles DRBD-Master/Slave-Setup für unseren Shared-Nothing-Storage ausreichen. In diesem Fall benötigen wir auch kein Cluster-Dateisystem – da der Zugriff immer nur über einen Node erfolgt –, sondern können auf normale Dateisysteme zurückgreifen. Aber auch hier muss vorab im Rahmen von Testumgebungen sorgfältig verifiziert werden, wie sich die Client-Applikationen beim Failover verhalten: Kommt es zu Verbindungsabbrüchen? Verkraften die Client-Applikationen die temporären Abbrüche ohne größere Probleme? Gibt es bestimmte Applikationen, die einen echten Hot-Failover benötigen?

Und genau der letzte Punkt bringt uns zum nächsten, denn für andere Anwendungsfälle kann gegebenenfalls die »normale« Verfügbarkeit unseres Storages und der darauf laufenden Applikationen nicht ausreichen. Sind sehr kurze Schwenkzeiten gefragt, müssen wir diese gegebenenfalls – wie in den letzten Abschnitten demonstriert – über Clonesets und DRBD-Dual-Primarys realisieren, gekoppelt mit einem entsprechenden Cluster-Dateisystem, das alle notwendigen Kapabilitäten mitbringt, um den vorliegenden Anforderungen gerecht zu werden (Stichwort: extended Posix ACLs -> Samba 3).

Ebenso wichtig ist auch die Frage des Backups, das sich nahtlos in unser Konzept integrieren sollte. Hier stehen uns z. B. auf LVM-Basis einige Varianten zur Verfügung, bei denen wir unser DRBD mit einem LV unterlegen oder es darauf aufsetzen können. Letztlich bestimmt immer der konkrete und exakt analysierte Anwendungsfall die einzusetzende Variante. Was unseren CLVM angeht, bleibt für zukünftige Releases weiterhin zu hoffen, dass endlich ein clusterweites Snapshotting implementiert wird.

DRBD – The road ahead ...

Nun, DRBD und seine »Road ahead« wurde durch die Aufnahme in den Mainline-Kernel natürlich stark beeinflusst. Durch diese Integration dürfte DRBD auch für zukünftige Generationen eine auf Low-Cost-Basis zu realisierende, hocheffiziente und vor allem dank Shared-Nothing-Konzept hochredundante Datenhaltung sicherstellen. Für zukünftige Versionen stehen unter anderem effizientere Mechanismen auf der Roadmap, um noch besser mit temporären Netzwerkfehlern umgehen zu können, (64-Bit-)Support für Devices > 16 TB und n-Node-DRBDs, die nicht gestackt, sondern auf einer Ebene miteinander agieren können (wie ein Raid 1 mit Spare), was die Komplexität und Transparenz des aktuellen und recht umständlichen 3-Node-Setups natürlich gewaltig optimieren würde. Wir dürfen also gespannt sein.

3.9 iSCSI im Cluster

Eine letzte, alternative Variante unseres Storages schauen wir uns nun noch kurz an: iSCSI. Und auch hier spielt DRBD eine im wahrsten Sinne des Wortes tragende Rolle. Los geht's...

3.9.1 iSCSI-Basics

Unter *iSCSI (Internet Small Computer System Interface)* verstehen wir ein Verfahren, das die Nutzung des SCSI-Protokolls via TCP ermöglicht. Wie beim normalen SCSI existiert ein Controller (hier: *Initiator)*, der die eigentliche Kommunikation steuert. Die Speichergeräte bzw. -medien, die für die iSCSI-Clients (iSCSI-Initiatoren) exportiert werden, nennt man in der iSCSI-Terminologie *Target*. Hier können alle bekannten Blockdevices unter Linux eingesetzt werden, also auch Softraids (lokale Hochverfügbarkeit) und/oder LVM via Device-Mapper. Um das räumlich »einzelne« Blockdevice hochverfügbar zu machen, kann iSCSI auch auf Softraid-unterlegten DRBD-Devices aufgesetzt werden – das wird im Folgenden unser Job sein.

iSCSI spezifiziert die Übertragung und den Betrieb direkter Speicherprotokolle nativ über TCP. Bei diesem Verfahren werden SCSI-Daten vom Initiator in TCP/IP-Pakete verpackt und über IP-Netze transportiert. Die verpackten SCSI-Kommandos gelangen so zu einem SCSI-Router, der auf Basis vorhandener Mapping-Tabellen das entsprechende Zielsystem (Target) zur Kommunikation mit der SCSI-Datenquelle auswählt.

Ein Nachteil der iSCSI-Technologie liegt u. a. konzeptbedingt in einer erhöhten CPU-Belastung. Es existieren aber auch Hardwarelösungen, die das TCP/IP-Overhead-Problem der CPU durch ausgelagerte *Processing Units* vermindern. Der Nachteil einer geringeren Grundgeschwindigkeit (iSCSI mit 1 Gbit/s im Vergleich zu Fibre Channel mit 8 Gbit/s) ist mit der Einführung von 10-Gigabit/s-Ethernet und den damit erreichbaren Durchsätzen von mehr als 800 MBit/s kaum mehr gegeben.

Zudem ist der Einsatz eines echten Cluster-FS erforderlich, da üblicherweise von mehreren Nodes gleichzeitig auf 1 gemeinsamen Storage (das *iSCSI-Target)* zugegriffen werden kann. Die Überwachung und Steuerung der korrespondieren Cluster-FS-Services (o2cb/dlm/clvmd usw.) sowie des iSCSI-Targets erfolgt in unserem Fall natürlich über den OpenAIS/Corosync-/Pacemaker-Clusterstack.

Wer braucht's?

Nun denn, berechtigte Frage: iSCSI kann über TCP eine virtuelle Punkt-zu-Punkt-Verbindung den Zugriff auf den entfernten Storage (das Target) herstellen, ohne dass eigene lokale Speichergeräte aufgestellt werden müssen. Dadurch kann die vorhandene Netzwerk-Infrastruktur genutzt werden, da keine neue oder spezielle Hardware für die Knotenverbindungen nötig ist, wie zum Beispiel bei *Fibre Channel*. Der Zugriff über iSCSI ist darüber hinaus völlig transparent, erscheint auf Anwendungsebene also als Zugriff auf eine »lokale« Festplatte (vergl. NFS, CIFS). Der Zugriff auf die Festplatten des Targets erfolgt blockbasiert und ist damit auch für Datenbank-Anwendungen geeignet.

Im nächsten Setup erzeugen wir daher ein redundantes SAN-Setup, welches – dank unterlegtem DRBD als Shared-Nothing-Storage – die nötige Redundanz mitbringt, und exportieren es anschließend als iSCSI-Target.

Betrachten wir den Aufbau im Detail: Als SAN-»Ersatz« fungieren in unserem Test-Setup die beiden Disks */dev/sdb1* auf unseren Blues Brothers *jake* und *elwood*, die sich als DRBD-Device */dev/drbd0* im Primary/Secondary-Mode synchronisieren. Das DRBD-Device wird als iSCSI-Target exportiert und im Fehlerfall zusammen mit den benötigten Services auf den intakten Node geschwenkt.

Diese Lösung bringt im Gegensatz zum klassischen iSCSI-Target, das mit einem einzelnen SAN hinterlegt ist, mehrere Vorteile mit sich, denn: Ein SAN, bei dem es sich konzeptionell nur um eine einzige, räumlich gebündelte Storage-Einheit handelt – auch wenn sie über redundante USV und HBAs (Host Bus Adapter) angeschlossen ist – stellt in jedem Fall den typischen und bereits erwähnten *AveSPoF* (»A very expensive Single Point of Failure«) dar. Auch ein zweites – idealerweise räumlich getrenntes – Failover-SAN, das z. B. über proprietäre Software gesynct wird, benötigt im Downtime-Fall ggf. noch zuviel Zeit, bis ein Failover-Switch komplettiert wird. Durch den permanenten DRBD-Sync wird die potenzielle Downtime im Fehlerfall sehr niedrig gehalten.

3.9.2 Setup der iSCSI-Ressourcen (DRBD im Primary/Secondary)

Zunächst benötigen wir die entsprechenden Pakete zu diesem Abschnitt, die im Anhang gelistet sind. In diesem Setup fungieren *jake* und *elwood* als redundantes iSCSI-Target, unser ehemals dritter DRBD-Backup-Node *cab* könnte z. B. als iSCSI-Initiator (die Client-Komponente) verwendet werden. Für das folgende Test-Setup richten wir der Einfachheit halber den iSCSI-Initiator auf dem DRBD-Secondary ein; was in realen Produktivumgebungen jedoch eher weniger empfehlenswert wäre bzw. wenig Sinn machen würde.

Zum Setup-Szenario:

Zunächst richten wir das DRBD-Device im Primary/Secondary-Mode in bekannter Weise ein, hier im Single-Shot (Datei: *res-drbd-master-slave.sh):*

```
crm configure primitive drbd_r0 ocf:linbit:drbd params \
    drbd_resource="r0" op monitor interval="15s"
crm configure ms ms_drbd_r0 drbd_r0 meta master-max="1" \
    master-node-max="1" clone-max="2" clone-node-max="1" \
    notify="true"
```

Danach kümmern wir uns um das Setup des iSCSI-Targets sowie der zugehörigen *iSCSILogicalUnit*-Ressourcen:

Der alte LSB-Agent (bei SUSE z. B. *iscsitarget)* wurde in aktuellen Pacemaker-Versionen durch die OCF-RAs *iSCSITarget* und *iSCSILogicalUnit* ergänzt. Der Vorteil der neuen OCF-RAs – gegenüber der alten LSB-Variante – liegt vor allem darin, dass die iSCSI-Konfiguration direkt in den Cluster-Ressourcen gespeichert und verwaltet wird und nicht mehr über die statischen Files (*/etc/ietd.conf*) auf jedem Node, wodurch der administrative Aufwand minimiert wird. Die beiden gerade vorgestellten OCF-RAs *iSCSITarget* und *iSCSILogicalUnit* dienen zum einen zur Spezifikation des eigentlichen Targets und – im Fall von *iSCSILogicalUnit* – zur Spezifikation einer oder mehrerer LUNs (LUN = *Logical Unit Number)* für das zuvor definierte Target.

Achtung

Damit unsere Konfiguration korrekt arbeitet, müssen wir das iscsi-Target Modul (iscsi_trgt) beim Systemstart laden, ebenso muss der ietd-Daemon aktiv sein (wodurch auch das Modul iscsi_trgt geladen wird). Bei Ubuntu muss zudem vor dem Start des Dienstes in der Datei */etc/default/iscsitarget* das Setting ISCSITARGET_ENABLE auf »true« gesetzt werden.

Die iscsitarget (ietd-) LSB-Ressource kann theoretisch über einen einzelnen LSB-RA gestartet werden, der der iSCSI-Gruppe (zu der auch iSCSITarget, iSCSILogicalUnit und Service_IP gehören) angehört – dies bringt jedoch in der Praxis oft genug Probleme beim Cluster-Schwenk. Auch das effektivere iscsitarget-Cloneset des LSB-Agenten kann in der Praxis gegebenenfalls Probleme bereiten, wenn die *monitor*-Operations nicht oder falsch gesetzt sind. Wer es ganz einfach halten will, kann alternativ an dieser Stelle auch auf die manuelle Diensteinbindung und Aktivierung des ietd/iscsitarget-Dienstes auf beiden Nodes zurückgreifen.

Das Cloneset für den ietd (Datei: *res-ietd-cloneset.sh)* erzeugen wir wie folgt:

```
crm configure primitive ietd lsb:iscsitarget \
    op monitor interval="15" enabled="true" start-delay="0" \
    role="Started" timeout="15" on-fail="restart"
crm configure clone ietd_clone ietd
```

Nun erzeugen wir die benötigten iSCSI-Ressourcen und Constraints (Datei: *res-iscsi-target_and_lun.sh):*

```
crm configure primitive Service_IP ocf:heartbeat:IPaddr2 \
    params ip="192.168.198.205"
crm configure primitive itarget ocf:heartbeat:iSCSITarget \
    params iqn="iqn.2010-08.site.local:dev.drbd0"
crm configure primitive ilun ocf:heartbeat:iSCSILogicalUnit \
    op monitor interval="15" enabled="true" start-delay="2" \
    role="Started" timeout="10" on-fail="restart" \
    params target_iqn="iqn.2010-08.site.local:dev.drbd0" \
    lun="0" path="/dev/drbd0"
crm configure group iscsi_group itarget ilun Service_IP
crm configure colocation col_iscsi_drbd inf: \
    iscsi-group:Started  ms_drbd_r0:Master
crm configure colocation col_ip_itarget inf: \
    Service_IP iscsi_clone
crm configure order ord_ietd_iscsigroup : ietd_clone iscsi_group
crm configure order ord_iscsi_drbd inf: ms_drbd_r0:promote \
    iscsi_group:start
```

Die Erläuterung der Ressourcen und Constraints:

Die Service_IP sollte keiner weiteren Erklärung bedürfen; über sie wird/werden der/die iSCSI-Initiatoren die Verbindung zum iSCSI-Target herstellen. Die iSCSI-Target-Ressource (OCF) benötigt zwingend als Parameter den sogenannten *iqn (iSCSI qualified name),* den eindeutigen iSCSI-Namen nach vorgegebener Konvention, über den das Target angesprochen werden kann. Die Syntax des *iqn* ist per RFC eindeutig festgelegt:

```
iqn.yyyy-mm.<reversed.domain.name>:<identifier>
```

Über die OCF-Ressource *iSCSILogicalUnit* wird neben dem Target-iqn der Pfad zum hinterlegten Blockdevice angegeben, ebenso die LUN (0) selbst. Über diese Ressource können bei Bedarf multiple LUNs pro Target definiert werden, insofern das Target diese zur Verfügung stellt. Die Ressourcen *iTarget, iLun* und *Service_IP* werden gruppiert, zudem wird per Colocation festgelegt, dass die *iscsi_group* immer nur auf dem Node aktiv sein darf, der gerade DRBD-Master bzw. -Primary ist. Die Orderings sorgen dafür, dass der *ietd*-Service auf jedem

Node immer vor der *iscsi_group* gestartet wird und letztere immer erst dann, wenn der jeweilige Node zum Master promoted wurde.

In unserer GUI sollten sich die Ressourcen nun wie folgt präsentieren:

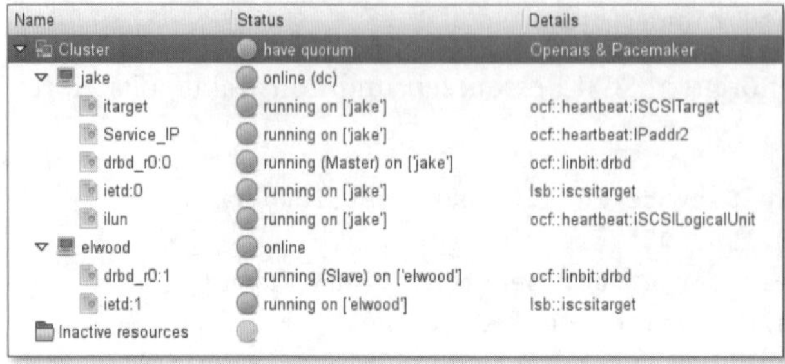

Abbildung 3.25 iSCSI-Setup mit DRBD im Master/Slave Modus

Achtung

Wie bereits im Abschnitt über die iSCSI-Basics erläutert, ermöglicht das iSCSI-Target konzeptbedingt den Zugriff multipler Initiatoren zur gleichen Zeit. Wer also seine Daten nicht unbedingt schreddern möchte, sollte keinesfalls vergessen, das exportierte Target mit einem entsprechenden Cluster-FS und dem zugehörigen Locking-Mechanismus auszustatten. Die einzige andere Alternative in Verbindung mit einem nicht-clusterfähigen FS besteht darin, den Zugriff auf genau *einen* (Zahl: 1) Initiator zu limitieren.

3.9.3 Einrichtung des iSCSI-Initiators

Um nun vor der Integration der Targets in unseren Cluster die reine iSCSI-Client/Server- bzw. Initiator/Target-Funktionalität manuell testen zu können, starten wir der Einfachheit halber den iSCSI-Client-Dienst manuell (SUSE: **`/etc/init.d/open-iscsi start`**) auf dem Secondary-DRBD-Node und lesen die Target-Syntax über die Service-IP per *iscsiadm(8)* aus:

```
#> iscsiadm -m discovery --type=st --portal=192.168.198.205:3260
```

```
192.168.198.205:3260,1 iqn.2010-08.site.local:dev.drbd0
10.0.0.113:3260,1 iqn.2010-08.site.local:dev.drbd0
192.168.198.113:3260,1 iqn.2010-08.site.local:dev.drbd0
```

Der manuelle Connect vom Initiator zum Target erfolgt analog zur bereits gezeigten Discovery:

```
#> iscsiadm -m node node --targetname \
    iqn.2010-08.site.local:dev.drbd0 \
    --portal 192.168.198.205 --login
```

```
Logging in to [iface: default, target: iqn.2010-
08.site.local:dev.drbd0, portal: 192.168.198.205,3260]
Login to [iface: default, target: iqn.2010-
08.site.local:dev.drbd0, portal: 192.168.198.205,3260]: successful
```

Danach sollten die neue iSCSI-Disk */dev/sdc* (unser */dev/drbd0* auf dem DRBD-Master) im `lsscsi`-Listing des Initiators auftauchen

```
#> lsscsi | grep IET
[3:0:0:0]    disk    IET      VIRTUAL-DISK    0      /dev/sdc
```

und kann nun wie eine reguläre Disk gemountet werden. Im `dmesg`-Log auf dem Initiator-Node sollten folgende oder ähnliche Meldungen erscheinen:

```
scsi3 : iSCSI Initiator over TCP/IP
scsi 3:0:0:0: Direct-Access    IET     VIRTUAL-DISK   0    PQ: 0 ANSI: 4
sd 3:0:0:0: Attached scsi generic sg3 type 0
sd 3:0:0:0: [sdc] 16771797 512-byte logical blocks: (8.58 GB/7.99 GiB)
sd 3:0:0:0: [sdc] Write Protect is off
sd 3:0:0:0: [sdc] Mode Sense: 77 00 00 08
sd 3:0:0:0: [sdc] Write cache: disabled, read cache: enabled, doesn't support DPO or FUA
sd 3:0:0:0: [sdc] Attached SCSI disk
```

Nachdem wir nun sichergestellt haben, dass die manuelle Konnektierung zwischen Target und Initiator reibungslos über die Bühne geht, kümmern wir uns nun um die Integration der iSCSI-Initiator-Ressourcen in unseren Cluster.

Achtung

Auch wenn in diesem Fall der iSCSI-Client nur auf einem Node aktiv ist, sei noch einmal darauf hingewiesen: Durch die Natur des iSCSITargets kann es wie bereits erwähnt von jedem beliebigen Client mit der entsprechenden iSCSI-Client-Software als Target eingebunden werden. Daher sollte das neue iSCSI-Device (hier: */dev/sdc1)* nach der Partitionierung auf der Initiator-Seite zwingend mit einem Cluster-FS wie OCFS2 formatiert werden. Die Integration der Cluster-FS-Ressourcen (z. B. ocfs2, dlm usw.) kann – wie bereits beschrieben – als Cloneset erfolgen.

Der Einfachheit halber wird im folgenden Test-Beispiel – da wir nur von einem Client aus zugreifen – ext4 verwendet.

Nun kann die iSCSI-Initiator-Ressource entsprechend aufgesetzt werden, sinnigerweise mit einem FileSystem-RA als Gruppe zusammengefasst. Da der iSCSI-Client das Target über die Service-IP anspricht, spielt es keine Rolle, auf welchem Node der iSCSI-Initiator aktiv ist. Wichtig ist jedoch die Startreihenfolge: Natürlich zuerst der Initiator, dann das FS.

Falls die *open-iscsi*-Ressource auf einem oder beiden Nodes nicht ordnungsgemäß arbeitet (das Target wird unter der Service-IP nicht gefunden), den Initiator für beide Nodes manuell eindeutig in der Datei */etc/iscsi/initiatorname.iscsi* setzen, z. B.:

```
iqn.2010-08.site.local:initiator
```

Der Service *open-iscsi* muss für einen Failover gegebenenfalls permanent auf beiden Nodes in die Runlevel eingebunden werden, damit die Initiatorkennung gesendet und die erforderlichen Module *(iscsi_tcp* und Dependencies) geladen werden. Nachstehend die crm-Ressourcen (mit optionaler Einbindung der open-iscsi-Cloneset-Ressource) unseres iSCSI-Initiators (Datei: *res-iscsi_client-master-slave.sh*):

```
# optional: open-iscsi-cloneset erzeugen, sonst manuell starten
# crm configure primitive openiscsi lsb:open-iscsi \
#    op monitor interval="15" enabled="true" start-delay="0" \
#    role="Started" timeout="15" on-fail="restart"
# crm configure clone openiscsi_clone openiscsi
crm configure primitive iscsi_client ocf:heartbeat:iscsi \
    op monitor interval="120" timeout="30" start-delay="0" \
    params portal="192.168.198.205:3260" \
    target="iqn.2010-08.site.local:dev.drbd0" \
    discovery_type="sendtargets" meta target-role="started"
crm configure primitive fs ocf:heartbeat:Filesystem \
    op monitor interval="20" timeout="40" start-delay="0" \
    params device="/dev/sdc1" directory="/daten" fstype="ext4"
crm configure group iscsi_client_group iscsi_client fs \
    meta target-role="Started"
crm configure order ord_fs_after_iscsiclient : iscsi_client fs
```

Nach der Implementierung der iSCSI-Initiator Ressourcen (hier auf Node *elwood* gestartet) sollte sich das Ressourcen-Layout unseres Clusters wie folgt präsentieren:

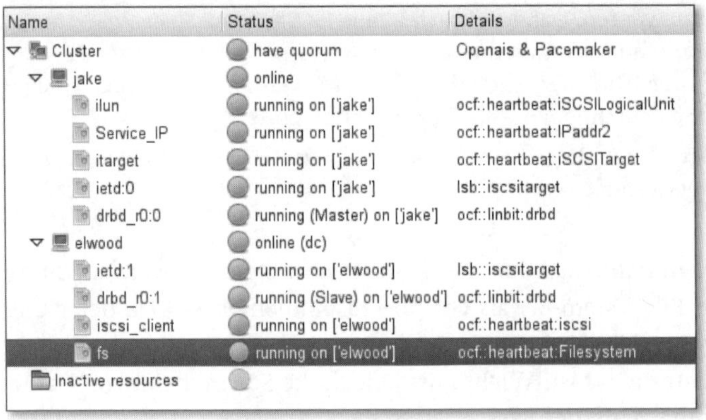

Name	Status	Details
Cluster	have quorum	Openais & Pacemaker
jake	online	
ilun	running on ['jake']	ocf::heartbeat:iSCSILogicalUnit
Service_IP	running on ['jake']	ocf::heartbeat:IPaddr2
itarget	running on ['jake']	ocf::heartbeat:iSCSITarget
ietd:0	running on ['jake']	lsb::iscsitarget
drbd_r0:0	running (Master) on ['jake']	ocf::linbit:drbd
elwood	online (dc)	
ietd:1	running on ['elwood']	lsb::iscsitarget
drbd_r0:1	running (Slave) on ['elwood']	ocf::linbit:drbd
iscsi_client	running on ['elwood']	ocf::heartbeat:iscsi
fs	running on ['elwood']	ocf::heartbeat:Filesystem
Inactive resources		

Abbildung 3.26 iSCSI (DRBD-Master/Slave) mit iSCSI-Initiator-Ressourcen

Auf dem Node mit der Initiator-Ressource liegt nun natürlich auch der Mountpunkt unserer Filesystem-Ressource:

```
#> mount | grep sdc
/dev/sdc1 on /daten type ext4 (rw)
```

Zur Validierung unseres Setups können wir nun verschiedene Failover-Szenarien simulieren, z. B. die manuelle Migration der Initiator-Ressourcen oder den Schwenk des aktiven Targets. An dieser Stelle sei nochmals erwähnt, dass der Initiator in der Regel nicht auf den Nodes aktiv ist, auf denen auch die Target-Ressourcen werkeln.

In der nächsten Ausbaustufe kümmern wir uns gleich um zwei Punkte, die uns einen ruhigeren Schlaf verschaffen, und die wir idealerweise zusammen erschlagen können: Um nun voll auf der sicheren Seite zu sein, was den Zugriff multipler Initiatoren angeht, und gleichzeitig echtes Hot-Failover für unser Target zu ermöglichen, kann uns einmal mehr das dynamische DRBD-Duo helfen. Ans Werk...

3.9.4 Setup der iSCSI-Ressourcen (Hot Failover mit DRBD im Dual-Primary)

Das größte Problem bleibt aber auch im zuvor beschriebenen Setup – einmal mehr – die Schwenkzeit. Wer die Downtime so niedrig wie möglich halten will, kann das DRBD-Setup durch ein Dual-Primary ersetzen und die iSCSI-Gruppe als Cloneset anlegen (zuvor die Service_IP-Ressource exkludieren bzw. als separate Primitive anlegen!). Ein weiterer Vorteil liegt in der Verwendung des Cluster-FS, sodass multiple Initiatoren das Target nutzen können. Die *ietd*-Ressource existiert bereits als Cloneset, sodass nur noch die entsprechenden DLM- und Cluster-FS-Ressourcen implementiert werden müssen. Die entsprechenden Beispieldateien finden sich in den Daten zu diesem Abschnitt. In der GUI würde sich das Setup (hier mit OCFS2 als Cluster-FS) wie folgt präsentieren:

Name	Status	Details
Cluster	have quorum	Openais & Pacemaker
jake	online (dc)	
dlm:0	running on ['jake']	ocf::pacemaker:controld
o2cb:0	running on ['jake']	ocf::ocfs2:o2cb
drbd_r0:0	running (Master) on ['jake']	ocf::linbit:drbd
ietd:1	running on ['jake']	lsb::iscsitarget
itarget:0	running on ['jake']	ocf::heartbeat:iSCSITarget
ilun:0	running on ['jake']	ocf::heartbeat:iSCSILogicalUnit
elwood	online	
Service_IP	running on ['elwood']	ocf::heartbeat:IPaddr2
o2cb:1	running on ['elwood']	ocf::ocfs2:o2cb
ilun:1	running on ['elwood']	ocf::heartbeat:iSCSILogicalUnit
ietd:0	running on ['elwood']	lsb::iscsitarget
itarget:1	running on ['elwood']	ocf::heartbeat:iSCSITarget
drbd_r0:1	running (Master) on ['elwood']	ocf::linbit:drbd
dlm:1	running on ['elwood']	ocf::pacemaker:controld
Inactive resources		

Abbildung 3.27 iSCSI-Targets im Hot-Failover mit DRB-Dual-Primary

Im F-Fall eines Nodes oder Services ist der 2. Node mit der gleichen (geklonten) Target-iqn und dem 2. primären DRBD sofort aktiv – ohne Downtime.

Sollte die *iscsi_clone*-Ressource nicht ad hoc durchstarten, hilft ein kleiner manueller Refresh per `crm_resource -C -r iscsi_clone`.

Nach dem Start der Initiator-Services auf beiden Nodes (manuell oder per Ressource) sollten wir bei einer *iscsiadm*-Discovery auf beiden Nodes eine absolut identische Rückmeldung erhalten, nämlich die des Targets, auf dem sich unsere Service_IP-Ressource befindet:

```
elwood:~ # iscsiadm -m discovery --type=st \
    --portal=192.168.198.205:3260

192.168.198.205:3260,1 iqn.2010-08.site.local:dev.drbd0
10.0.0.113:3260,1 iqn.2010-08.site.local:dev.drbd0
192.168.198.113:3260,1 iqn.2010-08.site.local:dev.drbd0

jake:~ # iscsiadm -m discovery --type=st \
    --portal=192.168.198.205:3260

192.168.198.205:3260,1 iqn.2010-08.site.local:dev.drbd0
10.0.0.113:3260,1 iqn.2010-08.site.local:dev.drbd0
192.168.198.113:3260,1 iqn.2010-08.site.local:dev.drbd0
```

Nachdem wir das Target, wie im letzten Abschnitt beschrieben, manuell eingebunden, partitioniert (*/dev/sdc1)*, mit OCFS2 formatiert und auf */daten* gemountet haben, können wir einen manuellen Failover-Test durchführen. Nehmen wir hierzu an, Node *jake* würde aktuell die Service_IP und somit das Target hosten, und der Initiator-Service wäre auf Node *elwood* aktiv.

Im konkreten Fall erzeugen wir einen kontinuierlichen Datenstrom, indem wir per `dd if=/dev/zero of=/daten/testfile bs=1024 count=500000` eine ca. 500 MB große Datei erzeugen. Mitten während der Erzeugung ziehen wir den Stecker aus Node *jake* (dem aktiven Target), während wir auf *elwood* per `watch ls- la /daten` die fleißig weiter wachsende Datei unter Mountpunkt beobachten. Et voilà – unser Hot-Failover-iSCSI-Target mit Cluster-FS ist perfekt.

Wollen wir den Initiator ebenfalls per Cluster-Ressource verwalten, muss im Gegensatz zum letzten Beispiel natürlich die Filesystem-Ressource entsprechend auf OCFS2 angepasst werden. Hier nur der entsprechende Auszug (Datei: *res-iscsi_client-dual-pri.sh):*

```
#> crm configure primitive fs ocf:heartbeat:Filesystem op monitor \
   interval="20" timeout="40" start-delay="0" params \
   device="/dev/sdc1" directory="/daten" fstype="ocfs2
```

Und damit sind wir – fast – bereit für die nächste große Runde, denn dort werden wir virtuell, und unsere fleißigen, virtuellen Server-Komparsen müssen dann und wann von einem Node zum anderen verschoben werden. Manchmal geplant, manchmal im Notfall, aber immer möglichst ohne Unterbrechung oder Shutdown. Aber bevor es losgeht, stattet uns der freundliche Killer von nebenan noch mal einen kurzen Besuch ab...

3.10 Exkurs: Node-Fencing mit STONITH und/oder Watchdog

> *»There's a killer on the road ...«*
> *– The Doors, »Riders on the Storm«, 1970/71*

Die bereits angesprochene Verwendung eines STONITH *(Shoot The Other Node In The Head)*-Devices spielt für Konsistenz-Sicherheit eine nicht zu unterschätzende Rolle. Die Ausgangssituation ist mittlerweile hinreichend bekannt: Ein Node ist nicht mehr erreichbar und ein anderer übernimmt seine Aufgabe. Der scheinbar defekte Node war jedoch aufgrund einer Fehlfunktion nur temporär »down« und will nun wieder mitmischen, was üblicherweise zu Inkonsistenzen führen muss. Das Stonith-Device, üblicherweise als Power-Switch implementiert, killt den nur vermeintlich konsistenten Node und sorgt für Ruhe im Karton – und was viel wichtiger ist, für Konsistenz im Cluster. Denn hier geht es schlicht und einfach um folgende Regel:

»Wenn der Node irgendwie tot aussieht – lass uns lieber sichergehen, dass der Knabe auch wirklich tot ist.«

Die gewaltsame und erforderliche Ausgrenzung (das Fencing) erfolgt also nun durch unseren Profi-Killer. Unterschieden wird hier noch zwischen Ressource- und Node-Fencing, wobei Letzteres immer die sicherere Alternative darstellt. Wie wir aus Abschnitt 3.1.7 bereits wissen, gibt es verschiedene Stonith-Devices, die sich grob in fünf Sub-Kategorien einteilen lassen:

- *UPS (Uninterruptible Power Supply)*
- *PDU (Power Distribution Unit)*
- *Blade Power Control Devices*
- *Lights-Out Devices*
- *Testing Devices*

Die Wahl des entsprechenden Stonith-Devices wird natürlich in Produktivumfeldern immer durch die vorliegende Hardware bestimmt. Würden wir unseren

Cluster z. B. auf einem oder mehreren Blade-Centern betreiben, so würde logischerweise das *Power Control Device* des Blade-Centers das Stonith-Device unserer Wahl sein. Voraussetzung (und die Regel) in diesem Fall wäre natürlich, dass das Device in der Lage ist, einzelne Blades selektiv abzuschalten und damit zu »fencen«.

Die typischen Gute-Nacht-/Licht-aus-Devices (HP iLO, IBM RSA, Dell DRAC etc.) werden zunehmend populärer, jedoch sind USV-basierte Stonith-Devices den vorgenannten Kollegen immer vorzuziehen. Der Grund: Die Light-Outs hängen von der Stromversorgung des Hosts bzw. Nodes ab. Hat der Node keinen Saft, ist das Device absolut nutzlos. So klar dieser Sachverhalt für uns ist: Unser CRM ist sich dessen nicht bewusst und wird daher bis in alle Ewigkeit versuchen, den Node zu fencen – alle anderen davon abhängigen Operationen würden u. U. – je nach Bedingung – auf die Beendigung dieser Operation warten.

Damit wir die reine Stonith-Funktionalität testen können, werfen wir – wie zu Beginn unseres Cluster-Abschnitts versprochen – einen konkreten Blick auf das *external/ssh*-Stonith-Device, damit wir uns zumindest eine grobe Vorstellung über die Funktionalität machen können.

Achtung

An dieser Stelle sei nochmals dringend darauf hingewiesen, dass diese Art von Stonith eine funktionierende Netzwerkkommunikation zwischen den Nodes voraussetzt – und leider genau diese fehlt im Split-Brain-Fall nur allzu oft. Daher sollten dieser und ähnliche arbeitende Stonith-Agenten immer nur zu Testzwecken verwendet werden, niemals jedoch in Produktivumgebungen. Dort sollten stets nur echte, separate Hardware-Stonith-Lösungen verbaut werden, die unabhängig von der internen Netzwerkkommunikation zwischen den Cluster-Nodes sind.

3.10.1 Stonith-Setup

Zunächst können wir uns mit dem folgenden Befehl eine Liste (gekürzt) der installierten Stonith-Plugins holen:

```
#> stonith -L
```

```
apcmaster
apcmastersnmp
...
external/ssh
external/vmware
external/xen0
external/xen0-ha
ibmhmc
ipmilan
meatware
...
```

Hilfe/Kurzerläuterung zu den verfügbaren Stonith-Devices erhalten wir z. B. per:

```
#> stonith -t external/ssh -h
```

Und die konfigurierbaren Parameter des Stonith-Plugins können wir uns per

```
#> stonith -t external/ssh -n
hostlist
```

anzeigen lassen. Im Folgenden werden wir die Stonith-Funktionalität mithilfe des *external/ssh*-Stonith-Agenten testen.

Achtung

Bei SUSE wurden die »nicht produktiven« STONITH-RAs `ssh`, `external/ssh`, und `null` in das Paket `libglue-devel` verschoben, d. h. dies muss bei Bedarf gegebenenfalls nachinstalliert werden, sonst stehen diese STONITH-RAs nicht zur Verfügung. Für die korrekte Funktionalität des external/ssh-Plugins muss passwortloses (!) root-Login auf den beteiligten Nodes möglich sein!

3.10.2 Exkurs: Passwortlose ssh-Key-Autorisierung

Nach der Generierung eines privaten und öffentlichen Keys (Letzterer wird auf dem Zielrechner hinterlegt), ist ein Remote-Login ohne Passworteingabe auf dem Zielrechner möglich. Das Erzeugen der Schlüssel (Protokollversion 2 (t = Typ, hier: rsa)) geschieht im einfachsten Fall userbezogen, d. h. mit der angemeldeten Identität (hier: *root*). Die per *ssh-keygen* erzeugten Dateien werden im jeweiligen Home-Unterordner (~/.ssh/) abgelegt:

```
#> ssh-keygen -t rsa

Generating public/private rsa key pair.
Enter file in which to save the key (/root/.ssh/id_rsa):
Enter passphrase (empty for no passphrase):
Enter same passphrase again:
Your identification has been saved in /root/.ssh/id_rsa.
Your public key has been saved in /root/.ssh/id_rsa.pub.
The key fingerprint is:
51:58:02:41:a7:af:1c:00:89:fe:41:a9:42:a6:bc:62 root@jake
The key's randomart image is:
+--[ RSA 2048]----+
| .....+oooo      |
...
+-----------------+
```

Es wird *kein* Passwort eingegeben. Die Schlüssel *(id_rsa* (privat), *id_rsa.pub*(lic) (öffentlich)) liegen anschließend unter *~/.ssh/.* Alles Nachfolgende bezieht sich auf diese Pfade: Wir kopieren jetzt vom Quellrechner per *ssh* den öffentlichen Schlüssel auf den Zielrechner in die Datei *.ssh/authorized_keys:*

```
#> cat .ssh/id_rsa.pub | ssh <zielrechner> \
   "cat >> .ssh/authorized_keys"
```

Durch die Anführungszeichen wird der zweite Befehl (*cat* >> ..) nicht auf dem lokalen Rechner, sondern in einer Shell auf dem Zielrechner ausgeführt. Der Befehl schreibt den Inhalt des zuvor über *cat* und pipe gesendeten Files in die Zieldatei (*.ssh/authorized_keys* oder *.ssh/authorized.keys*). Den korrekten Namen der Zieldatei können wir in der Datei *sshd_config(5)* finden bzw. ihn dort entsprechend anpassen. Nicht vergessen, das Prozedere auf beiden Nodes durchzuführen!

Der Nachteil des Verfahrens: Jeder, der in den Besitz des privaten Schlüssels (*id_rsa*) kommt, kann sich auf einem Zielrechner mit dem öffentlichen Part des Keys anmelden. Hätten wir direkt ein Passwort eingegeben, wäre das vermieden worden, denn so wird beim Verbindungsaufbau das Passwort des *Private Key* abgefragt, allerdings wieder auf Kosten der Bequemlichkeit, und, in diesem speziellen Fall, der Funktionalität.

Wollen wir nun das eigentliche Stonith-System testen, müssen ein paar Voraussetzungen erfüllt sein: Zum einen muss der Stonith-Daemon *stonithd* laufen, was wir schnell per

```
#> ps aux | grep stonith
```

```
root  3008 0.0  0.2  12992  2412 ?  S  12:25 0:02 /usr/lib/heartbeat/stonithd
```

abklären können. Anschließend können wir per

```
#> /usr/lib/heartbeat/stonith-test -V
```

die Erreichbarkeit bzw. Konnektivität des Stonith-Systems testen und sollten u. a. folgende Ausgabe erhalten:

```
stonith-test[29489]: info: crm_log_init: Changed active directory to /var/lib/heartbeat/
cores/root
stonith-test[29489]: debug: main: Create
stonith-test[29489 debug: init_client_ipc_comms_nodispatch: Attempting to talk on: /var/
run/crm/st_command
stonith-test[29489]: debug: get_stonith_token: Obtained registration token: 3c9a3145-5960-
4154-b1ca-14e504318e72
stonith-test[29489]: debug: init_client_ipc_comms_nodispatch: Attempting to talk on: /var/
run/crm/st_callback
stonith-test[29489]: debug: get_stonith_token: Obtained registration token: 11bae47b-46fd-
4230-b89f-0edaf245d142
stonith-test[29489]: debug: stonith_api_signon: Connection to STONITH successful
stonith-test[29489]: debug: main: Connect: 0
```

Nun führen wir einen Trocken-Test unseres Stonith-Devices durch:

```
#> stonith -t external/ssh hostlist="jake elwood" -S
```

```
stonith: external/ssh device OK.
```

Der von uns zu Testzwecken verwendete Stonith-Agent *external/ssh* benötigt den *at*-Daemon. Daher müssen wir in jedem Fall zuvor prüfen, ob dieser installiert und aktiviert ist. Falls der *atd* schon installiert ist, sollten wir sicherheitshalber auch per `atq` prüfen, ob alte (Stonith-)Jobs in der Queue sind, und diese gegebenenfalls löschen.

Achtung

Bevor wir resetten – NOCH EINMAL ACHTUNG: Der Stonith des Nodes bedeutet einen völligen Abschuss der Maschine! Die Aktion entspricht dem Ziehen des Netzsteckers/Drücken des Reset-Knopfes bzw. dem harten Soft-Reset per *sysrq-trigger* im /proc-Dateisystem!

Sind wir soweit, triggern wir die Aktion per:

```
#> stonith -t ssh -p jake,elwood -T reset elwood
```

Optional können wir zusätzlich den Parameter `-d` für einen höheren Debug-Output ergänzen. Hier einige Auszüge nach erfolgtem Stonith von Node *elwood*:

```
** (process:31014): DEBUG: NewPILPluginUniv(0x804e170)
** (process:31014): DEBUG: PILS: Plugin path = /usr/lib/stonith/plugins:/usr/lib/
heartbeat/plugins
...
** (process:31014): DEBUG: PILS: Looking for stonith2/ssh => [/usr/lib/stonith/plugins/
stonith2/ssh.so]
** (process:31014): DEBUG: Plugin path for stonith2/ssh => [/usr/lib/stonith/plugins/
stonith2/ssh.so]
...
** (process:31014): DEBUG: Plugin stonith2/ssh loaded and constructed.
** (process:31014): DEBUG: Calling init function in plugin stonith2/ssh.
...
** INFO: Initiating ssh-reset on host: elwood
** (process:31014): DEBUG: checking whether elwood stonith'd
** (process:31014): DEBUG: unable to ping elwood after 4 tries, stonith did work
...
```

3.10.3 Integration der external/ssh-Stonith-Ressourcen in unseren Cluster

Nachdem wir unseren Kopfschuss-Trockentest erfolgreich absolviert haben, können wir uns daran begeben, die entsprechenden Stonith-Ressourcen in unseren Cluster zu implementieren, und zwar als Cloneset (Datei: *res-stonith-external-ssh.sh):*

```
#> crm configure primitive stonith stonith:external/ssh \
    op monitor interval="15" timeout="15" start-delay="15" \
    params hostlist="\"jake elwood\""
#> crm configure clone stonith_clone stonith \
```

```
  meta clone-max="2" target-role="Started"
#> crm configure property stonith-enabled=true stonith-timeout="30s"
```

3.10.4 Watchdog

Ist kein separates (Hardware-)Stonith-Device oder passendes Stonith-Plugin vorhanden, kann auch per Watchdog der Reboot des defekten Nodes abgesichert werden. Der Watchdog ist ein Device *(/dev/watchdog)*, das unter Linux über das Modul *softdog* erzeugt und in regelmäßigen Abständen (1 Minute) beschrieben wird. Ist das Device nicht beschreibbar bzw. erreichbar (hohe Systemlast o. Ä.) wird versucht, einen Reboot zu initiieren. Allerdings dürfen wir hierbei nicht vergessen, dass sich der Watchdog-Node selbst überwacht und ausschaltet – die Stonith Lösung ist hier effizienter, da der defekte Node über ein externes – und damit »objektives« – Device ausgeschaltet wird.

Achtung

Diese Art von »Soft«-Reboot entspricht ebenfalls dem Drücken des Reset-Knopfes, also dem sofortigen, unverzögerten Abschuss des Systems, und sollte daher keinesfalls für File- oder Datenbankserver o. ä. verwendet werden, auf denen sich die Ressourcen in ständigem Zugriff befinden, ohne dass zuvor sichergestellt wurde, dass ein anderer Node die Funktion übernommen hat. Das gilt insbesondere für Fileservices mit DRBD!

Zunächst muss das Modul *softdog* geladen werden:

```
#> modprobe softdog && lsmod | grep soft && depmod
```

Die spätere, permanente Integration kann über die entsprechende */etc/modules* bzw. */etc/modprobe**-Konfiguration erfolgen:

```
options softdog nowayout=0
```

Wurde das Modul erfolgreich geladen, sollte das Device */dev/watchdog* vorhanden sein. Nun können wir einen einfachen Trocken-Test ausführen, indem wir per

```
#> cat > /dev/watchdog
```

den Zugriff des Systems auf das Device blockieren. Nach einer Minute (Default) sollte der Reboot erfolgen...

3.10.5 SBD – Stonith per Split-Brain-Detector

Eine weitere Stonith-Variante – in Verbindung mit Shared Storage und dem gerade vorgestellten Watchdog – wäre auch per SBD *(Split Brain Detector)* denkbar. Voraussetzung hierfür sind die gerade beschriebene Aktivierung des Watchdogs sowie eine kleine Partition auf dem Shared Storage, die von beiden Nodes beschrieben werden kann. Der Vorteil dieser Variante liegt darin, dass keine externen, per Stonith-Plugin steuerbaren Power-Switches benötigt werden, jedoch darf dabei auch nicht vergessen werden, dass so das SBD-Device schnell zum SPoF werden kann.

Die Funktionsweise ist schnell erklärt: Der zum Paket *cluster-glue* gehörende *sbd*-Daemon (in Kombination mit dem external/sbd-Stonith-Plugin) läuft auf jedem Node des Clusters, der Zugriff auf die speziell zu diesem Zweck eingerichtete SBD-Partition hat, und greift in Intervallen auf diesen Shared Storage zu. Der sbd-Daemon verwaltet dabei u. a. auch sogenannte *Slots*, in der eingehende Fencing-Requests gespeichert werden können. Tritt nur der Fall ein, dass ein Node keinen Zugriff mehr auf das SBD-Device hat oder ein Fencing-Request eines anderen Nodes vorliegt, fenct sich der betroffene Node umgehend selbst.

Bezogen auf einen konventionellen Shared Storage (*stonith-sbd* mag nicht wirklich mit (Soft)Raids und/oder DRBDs) würden wir beispielsweise die Partition */dev/sdc1* – welche nur ein paar MB groß, und für beide Nodes schreibbar eingehängt sein muss- als SBD-Device verwenden. Vor der Einrichtung müssen wir ebenfalls sichergehen, dass unser Watchdog, wie im letzten Abschnitt beschrieben, auf beiden Nodes eingerichtet ist. Das SBD-Device können wir auf beiden Nodes per

```
#> /usr/sbin/sbd -d /dev/sdc1 create
```

einrichten. Die Einstellungen können wir uns per

```
#> /usr/sbin/sbd -d /dev/sdc1 dump
```

anzeigen lassen. Nachdem wir nun auf beiden Nodes zu Testzwecken *sbd* manuell im Daemon-Mode (-D) gestartet haben, der unseren Watchdog (-W) als »Suicide-Pill« verwendet,

```
#> /usr/sbin/sbd -W -D -d /dev/sdc1 watch
```

sollte uns

```
#> /usr/sbin/sbd -d /dev/sdc1 list
```

folgenden Output zeigen, nämlich beide SBD-Nodes:

```
0       jake      clear
0       elwood    clear
```

Um nun einen einfachen Funktionstest durchzuführen und sicherzustellen, dass die Kommunikation ordnungsgemäß funktioniert, können wir eine Message von einem Node zum anderen senden. Auf Node *elwood* initiieren wir das folgende Kommando:

```
#> /usr/sbin/sbd -d /dev/sdc1 message jake test
```

In den Systemlogs von *jake* sollten wir nun folgende Ausgabe erhalten:

```
jake sbd: [6987]: info: Received command test from elwood
```

Nun können wir die entsprechende Ressource in unsere CIB implantieren (Datei: *res-stonith-sbd.sh*):

```
crm configure primitive sbd_stonith stonith:external/sbd \
    op monitor interval="15" timeout="15" start-delay="15" \
    params sbd_device="/dev/sdc1"
crm configure clone sdb_stonith_clone sbd_stonith \
     meta clone-max="2" target-role="Started"
```

Das hier beschriebene, gemeinsam verwendete Speichermedium */dev/sdc1* muss selbstverständlich vorhanden sein bzw. entsprechend der o. a. Einschränkungen angelegt werden. In den Properties unseres CRM muss natürlich – wie im letzten Beispiel – der Parameter `"stonith-enabled='true'"` gesetzt sein. Nach erfolgreicher Integration und Aktivierung des Stonith sollten wir folgende Rückmeldung in */var/log/messages* auf beiden Nodes erhalten:

```
<nodename> stonith: external/sbd device OK.
```

Sollte nun die Kommunikation eines Nodes zum SBD unterbrochen sein oder der Dienst selbst nicht mehr reagieren (da der Node fehlerhaft arbeitet), erfolgt das Node-Fencing nach dem festgelegten Timeout, hier sichtbar in den Auszügen des Systemlogs von Node *jake*, nachdem *elwood* gefenced wurde:

```
jake pengine: [3285]: WARN: pe_fence_node: Node elwood will be fenced because it is un-
expectedly down
jake crmd: [3286]: info: te_fence_
node: Executing poweroff fencing operation (45) on elwood (timeout=30000)
...
jake stonith-ng: [3281]: info: can_fence_host_with_device: Refreshing port list for sbd_
stonith:0
jake stonith-ng: [3281]: info: can_fence_host_with_device: sbd_
stonith:0 can fence elwood: dynamic-list
jake stonith-ng: [3281]: info: log_data_element: stonith_fence: Exec <stonith_
command t="stonith-ng" st_async_id="2642a771-7b8d-4c7e-a119-481261dc7846" st_op="st_
fence" st_callid="0" st_callopt="0" st_remote_op="2642a771-7b8d-4c7e-a119-
481261dc7846" st_target="elwood" st_device_action="poweroff" src="jake" seq="15" />
jake stonith-ng: [3281]: info: can_fence_host_with_device: sbd_
stonith:0 can fence elwood: dynamic-list
...
```

Achtung

Der *sbd*-Daemon ist dabei immer die zentrale und kritische Komponente. Er muss in jedem Fall aktiv sein – selbst dann, wenn der Cluster-Stack gegebenenfalls gecrasht sein sollte.

3.11 Debugging im Cluster

*»To err is human, but to really fu** things up, it requires 'root'!«*
– Alte Unix-Weisheit

Wie wahr. Fakt ist, dass wir uns an dieser Stelle noch einmal zusammenfassend anschauen, welche Maßnahmen wir ergreifen können, wenn etwas mit unseren Cluster-Ressourcen nicht so läuft, wie wir uns das vorstellen, und es ans Debugging geht.

Die Fehler häufen sich in der Praxis bekanntermaßen, wenn wir nacheinander viele verschiedene Setups durchtesten; ganz einfach deswegen, weil sich oft noch Leichen von zuvor verwendeten Konfiguration irgendwo tummeln – was unsere Ressourcen angeht, natürlich in der CIB. Wer viele verschiedene Setups durchtesten möchte, ist mit einer VM-Umgebung, die Snapshots erstellen und revertieren kann, mit Sicherheit nicht falsch beraten. So kann jedes neue Setup ausgehend von einem Status Quo initiiert werden.

Das Gleiche gilt für unsere realen Produktivsysteme: Ein möglichst identisches Cluster-Test-Setup in einer virtuellen Umgebung ist äußerst hilfreich, um vor der Implementierung von Ressourcen und Constraints genau zu testen, ob diese sich nahtlos und vor allem verhaltenstechnisch perfekt in unseren Cluster integrieren, sowohl im Normalbetrieb als auch in verschiedenen Failover-Szenarien. So kann z. B. auch vorab validiert werden, ob ein RA u. U. fehlerhaft programmiert wurde und der durch ihn gesteuerte Service daher nicht korrekt arbeitet. Sicher ebenfalls hilfreich ist die uns bekannte Shadow-Copy-Kapabilität der CIB, um in einer Sandbox anstehende Modifikationen vorab zu validieren.

Geht es z. B. um die reine Analyse des Cluster-Messaging-Layers, so kann uns im Fall von corosync auch das bereits vorgestellte Tool *corosync-cfgtool* hilfreich zur Seite stehen.

Tools zur Überwachung unserer Ressourcen besitzen wir genug, neben der crm-Shell und crm_mon geben uns oft auch die Logs eindeutige Rückmeldungen über nicht ordnungsgemäße Situationen innerhalb unseres Clusters. Ein passendes `tail -f /var/log/messages | grep <Suchbegriff>` an der richtigen Stelle, das den Output auf den für uns interessanten Part reduziert, ist ebenfalls immer recht hilfreich.

Der Aufruf von `crm_verify -LV` zeigt uns in der Regel, welche Altlasten noch durch das Gehirn unseres Clusters geistern – Aufräumen können wir sie dann meist recht einfach per `crm_resource -C -r <resource>`, wie bereits erläutert.

Oft ist es auch hilfreich, eine Ressource manuell zu starten, um etwaigen Fehlern auf die Schliche zu kommen. Ein kleines Beispiel: Die Filesystem-Ressource will partout nicht starten, und nachdem wir einen identischen, manuellen Mount-Befehl abgesetzt haben, wird uns auch schnell klar, warum: Der Mountpunkt existiert nicht. Der Fehler kann natürlich auch in der Ressource selbst liegen, z. B. durch falsch gesetzte Parameter, Meta-Anweisungen oder andere Attributwerte. Hier wäre dann eine genaue (Nach-)Kontrolle der vakanten Ressource angesagt, z. B. per OCF-Tester. Und auch falls ein Bug in einem OCF-RA vorliegen sollte, kann uns der *OCF-Tester* auf die richtige Fährte bringen, denn mit seiner Hilfe können wir einzelne RAs auf ihre Funktionalität und ihre Kapabilitäten testen. Ein Beispiel mit dem hinlänglich bekannten Apache-OCF-RA:

```
#> ocf-tester -n apache_test \
   -o configfile="/etc/apache2/httpd.conf" \
   -o httpd="/usr/sbin/httpd2-prefork" \
   /usr/lib/ocf/resource.d/heartbeat/apache -v
```

```
Beginning tests for /usr/lib/ocf/resource.d/heartbeat/apache...
* Your agent does not support the notify action (optional)
* Your agent does not support the demote action (optional)
* Your agent does not support the promote action (optional)
* Your agent does not support master/slave (optional)
* Your agent does not support the reload action (optional)
/usr/lib/ocf/resource.d/heartbeat/apache passed all tests
```

Der Name (`-n`) der Ressource kann fiktiv sein und wird nur für den Test verwendet. Mit `-o` werden die mindestens erforderlichen Optionen (die `params`-Sektion der Ressource) angegeben.

Indirekte Probleme können neben Altlasten oder Orphans auch ungünstige oder fehlerhaft gesetzte Constraints bereiten – wenn eine Bedingung für Ressource A nicht erfüllt werden und sie somit nicht starten kann, steht auch Ressource B, die A zu einem erfolgreichen Start benötigt, auf dem Schlauch.

In jedem Fall hilft immer ein detaillierter Blick in die Logs und eine genaue Analyse des Outputs der CIB-Verifikation. Ebenso hilfreich kann ein aktueller Cluster-Report sein, der sich am einfachsten per GUI erstellen lässt (siehe Abschnitt 3.6.6). Natürlich ist auch diese Funktion mit einem entsprechenden Kommandozeilen-Tool hinterlegt, nämlich *hb_report(8)*. Mit seiner Hilfe können wir eine umfangreiche Analyse des Zustands unseres Clusters fahren: Von den installierten Paketen über Debug-Ausgaben bis hin zur aktuellen CIB im Klartetxt-crm-Shell- und XML-Format findet sich dort so ziemlich alles, was mit unserem Cluster zu tun hat. Wollen wir z. B. einen Report über ein bestimmtes Zeitfenster fahren, könnten wir dies auf der Kommandozeile wie folgt tun:

```
jake:~ # hb_report -A -f 7:25pm -t 7:30pm -S /root/my_report
```

```
jake: INFO: found log /var/log/messages
The report is saved in /root/my_report.tar.bz2
Thank you for taking time to create this report.
```

Der Schalter `-A` gibt in diesem Fall an, dass wir einen *OpenAIS*-Cluster verwenden, per `-S` wird nur der lokale Node in den Bericht mit aufgenommen. Wollen wir alle Nodes mit einbeziehen, können wir stattdessen den Schalter `-u <user>` verwenden, mit dem wir uns per SSH auf den anderen Nodes anmelden. Üblicherweise sollte *root* verwendet werden, da einige der Report-bezogenen Befehle von unprivilegierten Usern nicht ausgeführt werden können.

Ebenfalls aussagekräftig sind natürlich der Failcounter und *Operations*-Status unserer Ressourcen. Ersteren holen wir uns per **`crm_mon -f`** auf den Schirm, letzteren per **`crm_mon -o`**. So können wir schnell evaluieren, ob eine Start- oder Monitor-Operation nicht zum gewünschten Ergebnis geführt hat und wie sich der Failcount-Score unserer Ressourcen aktuell darstellt. Die GUI liefert uns zudem mit dem Menü *»Tools -> Transition Information -> Scores«* u. a. die Scores der Ressourcen, die wir uns ebenfalls für alte Stände (»History«) hervorholen können.

Wenn gar nichts anderes mehr geht, ist eine frühere Sicherung der CIB natürlich immer hilfreich, um vom letzten intakten »Wiederherstellungspunkt« zu beginnen. Falls auch das nicht zum gewünschten Erfolg führt und wir bis auf den Vorschlaghammer bereits alles andere probiert haben, kann u. U. eine neue, »harte« Initialbefüllung unseres Clusters die letzte Maßnahme sein – im Klartext: Stopp des Clusters auf allen Nodes, auf allen Nodes Löschen aller CIB- und PEngine/TEngine-Dateien (oder alternativ, falls der Cluster noch läuft: **`cibadmin -e --force`**), danach Neustart und vorn vorne beginnen.

Achtung

Einer der allerwichtigsten Punkte ist jedoch nach wie vor: *Ruhe bewahren!* Das gilt sowohl für uns als auch für die von uns getriggerten Aktionen.

Aber »Ruhe«? Wie kann das sein? Ganz einfach: Ruhe ist oberstes Gebot. Wie bereits in Abschnitt 3.7 erläutert: Auch wenn unser Cluster schnell auf bestimmte Ereignisse reagiert, kann es in bestimmten Situationen etwas dauern, bis Konfigurationsänderungen in der *CIB* übernommen und auf alle Nodes propagiert werden. Eine Blick in die Logs hilft immer.

Soviel zum Debugging in unserem Cluster. An dieser Stelle noch ein kleines, abschließendes...

Fazit

Was die Zukunft für uns Cluster-technisch bringen wird, steht wie immer auf einem unbeschriebenen Blatt. Absehbar sind wahrscheinlich intelligentere OCF-Agenten, die Portierung etlicher, derzeit nur als LSB-Script verfügbarer RAs auf OCF-RAs, eine weitere Verfeinerung der proaktiven und präventiven Überwachung bzw. des Gesundheitsstatus der Nodes und Ressourcen, um die Ausfallsicherheit weiter zu erhöhen, und etliches andere mehr.

Grobe Ideen für Neuerungen, ebenso wie Planungen für Features, die in die nächste Stable-Release aufgenommen werden sollen, stehen für Pacemaker auf dem Plan. Beispiel hierfür wären z. B. gefilterte CIB-Benachrichtigungen, kaskadierende bzw. eskalierende Stonith-Prozeduren (»*wenn Variante 1 fehlschlägt, kill ihn mit Variante 2*«), ein sogenannter *Container-Support*, mit dem Ressourcen innerhalb von virtuellen Maschinen, die ebenfalls als Cluster-Ressourcen vorliegen, überwacht werden können, oder auch adaptives Service- bzw. Ressourcen-Placement (die Ressource kann in Abhängigkeit der von ihr benötigten Server-Ressourcen (CPU, RAM usw.) dem jeweils am besten für diesen Job geeigneten Node zugeteilt werden – dieses Feature ist z. B. für Release 1.2 geplant).

Auch wenn Pacemaker derzeit der Platzhirsch im Cluster-Brain-Segment ist (und es aller Voraussicht nach auch noch einige Zeit bleiben wird), können in Zukunft weitere Mitstreiter den Markt durchaus beleben. Und wie wir wissen, muss das nicht immer ein schlechtes Omen sein. Hauptsache, die Jungs halten sich an Standards und erfinden das Rad nicht neu. Okay, kritisch würde es wohl erst dann wirklich werden, wenn die Jungs und Mädels aus Redmond auf irgendeine Art involviert wären...

Und nun wird es Zeit für ein weiteres, wichtiges Kapitel im Rahmen unserer Hochverfügbarkeitsbetrachtungen: Der Virtualisierung im Cluster...

»Do you pine for the days when men were men and wrote their own device drivers?«
– Linus Torvalds, 2001

4 Virtualisierung im Cluster

Nicht wirklich, Linus – und ich hab gerade diese Treibergeschichte eigentlich nie vermisst. Und die guten alten Tage, in denen man ein Stück funktionierender und effizient geschriebener Software noch in einen 640 k großen Block quetschen musste, gehören für uns alle nun mal der Vergangenheit an – auch wenn einige Programmierer gut daran tun würden, sich ab und zu mal daran zu erinnern, wie es früher, lange vor inflationären Speichergrößen und einer Installer-Datei von 300 MB für einen effektiven Code von 20 Zeilen ablief. Nun denn...

Fakt ist: die Zeiten haben sich geändert, und bei den heutigen Rechenleistungen und -techniken dürfte wohl jedem von uns klar sein, dass fast alle Rechner der neueren Generationen die meiste Zeit mit Däumchen-Drehen beschäftigt sind, von wenigen Applikations- oder Numbercruncher-spezifischen Einsatzszenarien mal abgesehen. Was also tun, um die Jungs auf Trab zu bringen und ihre vorhandenen, aber in der Regel kaum genutzten Hardware-Ressourcen richtig zu nutzen?

Die Lösung zum Problem der meist faulenzenden CPUs und einer effektiven Nutzung der Ressourcen liegt in der Virtualisierung. Es existieren verschiedene Ansätze, um ein Gast-Betriebsystemsystem, das zusätzlich auf der Maschine läuft, einzusetzen. *Wer* dabei *wen wie* virtualisieren kann, hängt sowohl von der Hardware – und dort natürlich der CPU – als auch dem jeweiligen OS-Kernel und seinen vorhandenen oder eben nicht vorhandenen (Para-)Virtualisierungs-Kapabilitäten ab.

Dreh und Angelpunkt unserer folgenden Betrachtungen sind jedoch beleibe nicht das Thema Virtualisierung und die zugehörigen Softwarelösungen en détail – dazu existieren bereits etliche und gute Nachschlagewerke – sondern uns geht es um etwas anderes:

Was hat Virtualisierung in direkter Linie mit der HA unserer Systeme zu tun? Nun, die Antwort ist so einfach wie einleuchtend, denn heutzutage werden bereits in fast allen Unternehmensgrößen virtuelle Server eingesetzt, um die vorhandenen Ressourcen optimal auszunutzen. Stellen wir uns nun vor, unsere Cluster-Nodes hosten virtuelle Gastsysteme, auf denen bestimmte Applikationen wie Mail- oder Webservices laufen. Wäre es nicht optimal, wenn diese virtuelle Maschinen (*Virtual Machines* oder auch kurz VMs) im F-Fall so einfach wie eine Applikation vom defekten Node auf den neuen Zielnode geschwenkt werden könnten? Und nicht nur in diesem – hoffentlich so selten wie möglich eintretenden Szenario – hilft uns das Konzept der Live-Migration unserer VMs. Das gleiche Verfahren können wir manuell triggern, falls einer unserer Nodes zu Wartungsarbeiten herunter gefahren werden muss und wir die VMs auf diese Art und Weise ganz einfach auf einen neuen Host transferieren können – ohne irgendeine Unterbrechung für die VMs, die darauf laufenden Applikationen, und somit auch für die Client-Requests, die sie bedienen.

Eine der wichtigsten Grundlagen für die Live-Migration – neben den entsprechenden VMs und ihren zugehörigen Cluster-Ressourcen – ist natürlich der Shared Storage. Ohne ihn ist keine Live-Migration denkbar, geschweige denn möglich. Der Grund dafür sollte auf der Hand liegen: Jede VM ist in der Regel mehrere GB groß – selbst bei maximal möglichen Übertragungsraten ist ein Transfer vom Storage eines Nodes auf einen anderen wohl kaum denkbar, noch dazu in einem entsprechenden kleinen Zeitfenster, das unterbrechungsfreien Zugriff während des Schwenks garantiert.

4.1 Virtualisierungskonzepte – oder: Die wundersame Welt der Zwiebel

Nein, es geht nicht um unseren grünen Daumen, wohl aber darum, zu verstehen, wie die verschiedenen Virtualisierungs-Modelle arbeiten. Daher müssen wir zumindest einen kurzen Blick auf die zugrunde liegenden Konzepte werfen.

Mit dem *Ring*, auch Domain genannt, wird z. B. im Umfeld der x86-Betriebssystem-Programmierung und des Multitaskings – stark vereinfacht – eine Privilegierungs- bzw. Sicherheitsstufe eines Prozesses bezeichnet. Diese Sicherheitsstufe sorgt dafür, dass der jeweilige Prozess in dem auf der CPU nutzbaren Befehlssatz und Speicherbereich eingeschränkt wird. Durch das Konzept und die Nutzung dieser Privilegierungsebenen kann die eigentliche, unterliegende Hardware abstrahiert werden, zudem lassen sich Prozesse auf diese Art effizient voneinander abschotten.

Das System verfügt dabei über verschiedene, sogenannte *Domains* (kurz: *Dom)*. Vereinfacht und abstrahiert, können wir uns diese Domains wie die Schalen einer Zwiebel vorstellen, die die CPU »umhüllen«. Jede dieser Schalen besitzt eine bestimmte Sicherheitsstufe, in der Prozesse laufen, denen wiederum nur ganz bestimmte Zugriffe auf die darunter liegende Hardware erlaubt sind. Vereinfacht sieht das Ganze so aus:

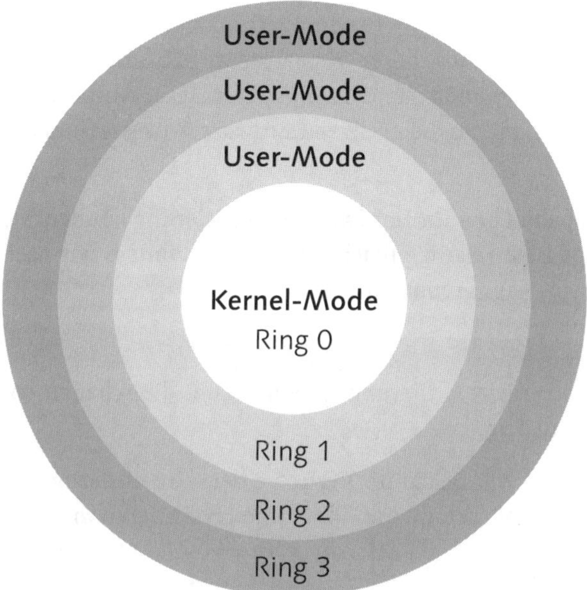

Abbildung 4.1 Domains (Ringe) einer CPU in stark vereinfachter, schematischer Darstellung

Von diesen Schalen oder Ringen existieren üblicherweise derer 4, wobei der innere Ring (0) über die meisten Privilegien verfügt – er darf uneingeschränkt auf alle Ressourcen der CPU zugreifen und wird daher auch in der Regel als *Supervisor Mode* bezeichnet.

Die Rechte der weiteren Schalen/Ringe nehmen umso mehr ab, je weiter sie außen liegen. Wie bereits erwähnt, liegt ein weiterer Vorteil dieser Schalentechnik darin, dass eine klare Trennung verschiedener Prozesse voneinander vollzogen werden kann – sie können sich (zumindest theoretisch) gegenseitig nicht ins Gehege kommen, ob nun gewollt/gehackt oder zufällig.

Im x86-Protection-Schema laufen Anwender- oder auch Userspace-Programme üblicherweise in Ring 3, Virtualisierungstechniken wie *Paravirtualisierung* nutzen über den sogenannten *Hypervisor* direkt Ring 0. Was dahinter steckt, erfahren wir gleich. Wir unterscheiden bei der Virtualisierung u. a. zwischen zwei verschiedenen Ansätzen: Voll- bzw. Hardware-Virtualisierung und Paravirtualisierung.

Von einer Voll-/Hardware-Virtualisierung sprechen wir, wenn ein Gastsystem ohne Anpassung des Betriebssystem-Kernels in einer virtuellen Umgebung laufen kann. Dabei mussten vor der Entwicklung der Prozessor-Generationen, die virtualisierungstechnisch wichtige Funktionen direkt unterstützen (Intel VT/ AMD Pacifia), bestimmte CPU-Instruktionen zur Laufzeit durch eine Technik namens *Binary Translation* ersetzt werden – für die Performance also eine eher ungünstige Variante. Typische Vertreter dieser Virtualisierungslösungen waren *VMWare Server/Workstation*, *VirtualBox* und *Parallels* für Mac. Mittlerweile unterstützen auch VMWare und andere die neueren Hardware-Prozessorfunktionalitäten.

Einen Test der Hardware-Kapabilitäten für Hardware-Virtualisierung können wir auf unserem Virtualisierungs-Host relativ einfach durchführen, indem wir nach den entsprechenden Prozessor-Flags greppen:

```
#> egrep "(vmx|svm)" /proc/cpuinfo
```

Was die Funktionsweise der Paravirtualisierung angeht – nun, die schauen wir uns im nächsten Abschnitt genau an.

Im Folgenden werden wir uns zwei bekannte Vertreter der Virtualisierung im Open-Source-Bereich zur Brust nehmen und an ihnen die Live-Migration innerhalb unseres Clusters exerzieren: *Xen* und *KVM*, die *Kernel Virtual Machine*.

Zudem schauen wir uns an, was *Xen4* an interessanten Neuerungen zu bieten hat, die die HA unserer Systeme in Zukunft noch etwas steigern können. Schon interessant, dass Totgesagte in der Regel doch länger leben ...

4.2 XEN

»Es handelt sich um einen Xenomorph, und ...«
»Einen was?«
»Einen Xenomorph.«
»Shit, ich wusste doch, das wird 'ne Wanzenjagd ...«
– Aliens – die Rückkehr, USA 1982

Nun ja – ganz so schlimm wie bei der armen, gebeutelten Ellen Ripley und ihrer Truppe Space Marines wird es hier nicht werden, denn unser Xenomorph leitet sich im wahrsten Sinne des Wortes Xeno aus dem Griechischen ab – *das Fremde*. Und damit ist nur der freundliche, kleine Xen-Gast auf unserem Xen-Host gemeint. Aber dazu gleich mehr.

Xen entstand aus dem *Xenoserver*-Projekt der Universität Cambridge; mittlerweile existieren neben der Open-Source-Variante Ableger wie Xensource, die mittlerweile von Citrix geschluckt wurde. Xen kann paravirtualisiert als Hypervisor arbeiten und neben einer privilegierten Dom0 (Domain »0«, die privilegierte Domain – sprich, das Hostsystem) mehrere DomUs (User-Domains – virtuelle Gäste) hosten. Dazu muss der Kernel der DomU dies allerdings ebenfalls unterstützen – unter Linux natürlich in der Regel kein großes Problem. Daneben kann Xen auch in Verbindung mit Prozessoren, die Hardware-Virtualisierung unterstützen (Intel VT, AMD Pacifia), unmodifizierte OS wie Windows als DomUs hosten.

Seit Version 2.6.21 unterstützt der Linux-Kernel den Betrieb auf einem beliebigen Hypervisor in Form von sogenannten *paravirt ops*; ab Version 2.6.23 wurde eine eingeschränkte Unterstützung für den Betrieb unter Xen integriert.

Xen <= 3.x ist z. B. für den Betrieb als Dom0 nur mit dem »offiziellen« Xen-Kernel-Quellcode patchbar; dieser liegt jedoch nur in der hoffnungslos veralteten Version 2.6.18.8 vor und lässt sich ohne erheblichen Aufwand kaum auf aktuelle Kernel-Versionen anpassen.

Xen 4 unterstützt nun default auch die Standard-Kernel-Option *paravirt_ops* (oder auch *pv-ops*). Dabei handelt es sich – stark vereinfacht ausgedrückt – um einen Teil der Linux-Kernel-Infrastruktur, über den der Kernel paravirtualisiert auf einem Hypervisor laufen kann. Derzeit unterstützt *pv-ops* unter anderem VMWare und Xen; die pv-ops-Unterstützung für Xen Gäste ist seit Mainline-Kernelversion 2.6.23 vorhanden. Neben dem veralteten Xen-Kernel 2.6.18 unterstützt Xen 4 nun auch die Kernel 2.6.31 und den LTS-Kernel 2.6.32. Einige Distributoren, wie z. B. SUSE, haben auch die zum Zeitpunkt der Erstellung des Buches aktuellen Kernel (z. B. 2.6.34) entsprechend gepatcht. Referenzkernel für die Xen-Sourcen bleibt leider dennoch Kernel 2.6.18.

Die Arbeitsweise von Xen-Systemen lässt sich z. B. grob mit der von proprietären VMWare-ESX-Systemen vergleichen: Vor dem Laden des eigentlichen Kernels wird der sogenannte Hypervisor geladen. Über ihn erfolgen alle Zugriffe der Xen-Domains auf die Hardware. Der Hypervisor wiederum lädt anschließend den modifizierten Host-Kernel der privilegierten Dom0 sowie die zugehörige *Initial Ramdisk*, falls vorhanden. Im späteren Verlauf der Runlevel-/Upstart-Abarbeitung wird dann noch *xend* – der Xen-Daemon – geladen, der die Verwaltung der Xen-Domains übernimmt. Der Service *xendomains* kümmert sich beispielsweise darum, VMs automatisch zu starten und zu stoppen, wenn das Xen-Host-System (Dom0) gestartet bzw. heruntergefahren wird.

Schematisch betrachtet stellt sich der Aufbau eines Xen-Systems mit Hypervisor, stark vereinfacht, wie folgt dar:

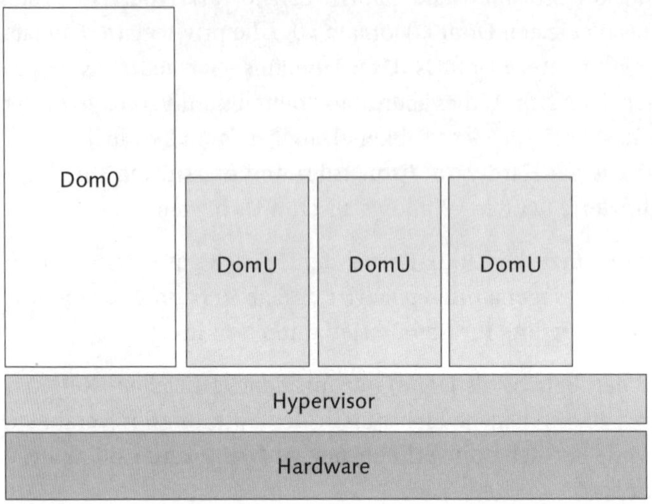

Abbildung 4.2 Vereinfachter, schematischer Aufbau eines Xen-Systems mit Hypervisor

Hinweis

Bei der Paravirtualisierung findet *keine* Hardware-Emulation oder Hardware-Virtualisierung statt. Die Gastsysteme greifen in diesem Fall über eine abstrakte Verwaltungsschicht (den Hypervisor) auf gemeinsame Ressourcen (CPU, Netzanbindung, Festplattenspeicher usw.) des Hosts zu. Stark vereinfacht ausgedrückt: Die echte Hardware wird (in Teilen) durch den Hypervisor an den Gast durchgereicht. Dazu müssen allerdings *beide Kernel*, der des Hosts und des Gastes, modifiziert werden. Die Performance bei einer paravirtualisierten Lösung kommt – eben weil der Gast über den *Hypervisor* auf Teile der echten Hardware zugreifen kann, anstatt sie zu emulieren – dem recht nahe, was auf einer regulären Hardware erreicht werden kann.

Ein Nachteil, der sich aus dem Konzept der Paravirtualisierung ergibt, liegt also in der üblicherweise im Vorfeld zu erfolgenden Anpassung des Gast- *und* Host-Kernels auf die Belange des Hypervisors. Denn – wie wir nun wissen – wird der Hypervisor noch *vor* dem eigentlichen Betriebssystemkern geladen, um so möglichst hardwarenah agieren zu können. Zwar stellt dies bei Open-Source-Systemen wie Linux (Kernel Patch) und *BSD kein größeres Problem dar, doch bei anderen Systemen wird's eher schwierig, denn wer wird dazu wohl nein sagen? Nein, wir schauen nicht schon wieder nach Redmond...

Nun denn, mittels der neuen CPU-Virtualisierungs-Technologien von Intel und AMD spielt dies jedoch auch keine allzu große Rolle mehr.

Die aktuelle Xen-Version 4 kam mit einer größeren Überraschung auf den Markt, als viele erwarteten: Denn das neue Xen bringt eine eigene HA-Lösung mit, die die Verfügbarkeit der virtuellen Xen-Gäste um ein gutes Stück steigert: *Remus*, hier mal ohne seinen geschichtlich verbuchten Bruder Romulus. Remus kümmert sich vereinfacht ausgedrückt um eine stets (fast) aktuelle Kopie der aktiven virtuellen Maschine, die auf einem zweiten Host als Shadow-Copy gespeichert wird. Im F-Fall kann die Shadow-Copy ohne Verzögerung online gehen. Hierzu in Abschnitt 4.2.7 noch etwas mehr. Denn nun widmen wir uns ausführlich der Erzeugung, Verwaltung und Live-Migration einer Xen-DomU. Vorab jedoch noch ein paar kurze Worte zur...

4.2.1 Xen-Terminologie

Ein Xen-basiertes System hat, wie wir nun wissen, mehrere Ebenen bzw. Domains. Die erste Domain, Domain-0 oder auch *Dom0* (unser Hostsystem) wird automatisch mit dem Systemstart initialisiert, ausgeführt und verfügt über spezielle Verwaltungsprivilegien. Dom0 ist die einzige privilegierte Domain.

Die Domain *Dom0* erstellt und verwaltet andere (unprivilegierte) Domains *(DomU*, kann man sich einfach mit »U« wie »User« merken) und deren virtuelle Devices. Des Weiteren führt sie auch administrative Arbeiten wie z. B. das Einfrieren, Wiederbeleben und Migrieren von virtuellen Maschinen aus.

In unserer Dom0 läuft auch der Prozess *xend*, der eigentliche Xen-Management-Daemon, der für die Verwaltung der virtuellen Maschinen zuständig ist. *xend* nimmt dabei die Kommandos der verschiedenen Frontends entgegen, z. B. via Konsole *(xm(1)*, *virsh(1)* etc.) oder Web-Interface.

Weitere Infos zu Xen finden sich u. a. unter *http://www.xen.org/*.

4.2.2 Xen-Setup

Zunächst muss auf dem Host (Dom0) ein Hypervisor mit dem entsprechend angepasstem Xen-Kernel zur Verfügung stehen. SUSE z. B. liefert seit etlichen Generationen alle OSS- und SLES-Versionen mit entsprechenden Kerneln aus, wer Ubuntu ebenfalls Xen-isieren bzw. als »klassischen« Xen-Host verwenden will, muss einige Hürden überwinden:

Zum einen ist zu berücksichtigen, das z. B. Ubuntu Lucid out-of-the-Box nur den Xen-Hypervisor und die entsprechenden Userland-Tools in Version 3.3 mitbringt, zudem muss auf einen entsprechenden Debian-Kernel für Dom0 zurückgegriffen werden. Siehe hierzu auch: *http://wiki.debian.org/Xen*

Hinweis

Noch eine wichtige Anmerkung: Die folgenden Setups beschreiben rein funktionelle Szenarien – es geht hier nicht um Performance-Aspekte. Wer die optimale Leistung aus seinen virtuellen Gästen herausholen möchte, dem sei das intensive Studium der jeweiligen Dokumentationen und/oder der Fachliteratur zu den entsprechenden Virtualisierungslösungen empfohlen. Das Gleiche gilt für alle sicherheitstechnischen Aspekte.

Netzwerk-Setup

xend (Konfigurationsdatei: */etc/xen/xend-config.sxp(5)*) generiert die Netzwerkinterfaces auf der Dom0-Seite, mit denen dann die Interfaces der DomUs kommunizieren.

Achtung

Um Probleme beim Netzwerksetup und der späteren Live-Migration zu vermeiden, bitte sicherstellen, dass unsere Netzwerkkarten auf den Nodes die jeweils gleichen Bezeichner haben (z. B. eth0 (192.*Netz), eth1 (10.* Netz)).

Seit Xen 3.0.x entfällt auch – dank der Netzwerk-Start-Skripte (zu finden unter */etc/xen/scripts/network-** und *vif-**) – das teilweise höchst umständliche Erstellen der Netzwerk-Konfiguration. Nach dem Reboot des Xen-Kernels sollten uns – je nach Setup-Typ – folgende Interfaces zur Verfügung stehen (hier am Beispiel eines ge-»bridgten« Setups mit einer gestarteten DomU):

```
#> ifconfig | grep  -vA2 "^\ "

eth0      Link encap:Ethernet  HWaddr 00:0C:29:E1:55:F8
          inet addr:192.168.198.4  Bcast:192.168.198.255  Mask:255? bla
lo        Link encap:Local Loopback
          inet addr:127.0.0.1  Mask:255.0.0.0
peth0     Link encap:Ethernet  HWaddr 00:0C:29:E1:55:F8
          UP BROADCAST RUNNING MULTICAST  MTU:1500  Metric:1
vif1.0    Link encap:Ethernet  HWaddr FE:FF:FF:FF:FF:FF
          UP BROADCAST RUNNING MULTICAST  MTU:1500  Metric:1
```

Wichtig sind natürlich die letzteren beiden; sie stellen die Kommunikation zwischen Host und Gast her.

Was passiert also – stark vereinfacht – beim Netzwerksetup:

- Es wird eine Bridge, z. B. mit dem Namen (xen)br0 erzeugt.
- Die »echte« Netzwerkkarte eth0 wird heruntergefahren.
- Die IP- und MAC-Adresse von eth0 wird auf die virtuelle Netzwerkkarte veth0 kopiert.

- Aus der »echten« eth0 wird nun peth0.
- veth0 wird nun in eth0 umbenannt.
- peth0 und die virtuelle vif0.0 wandern nun in die Bridge (xen)br0.
- Die Bridge, peth0, eth0 und vif0.0 werden hochgefahren.

Im »normalen« Bridging-Setup benötigt der Gast eine IP, die innerhalb des Subnetzes des Hosts liegt.

Zu jeder Netzwerkkarte (eth0) des Gastes existiert ein Virtuelles Interface-Gegenstück (*vif:**) auf dem Host in der DomU. Die jeweiligen Interfaces sind Point-to-Point mit einander verbunden – quasi über ein virtuelles Crossover-Kabel.

Die Nummerierung der vif-Interfaces hängt immer mit ihrem Gegenpart in der jeweiligen DomU zusammen: *vif1.0* ist die erste Netzwerkkarte (eth0) in der ersten DomU.

Um also den Kontakt mit der Außenwelt für unsere DomUs per Bridge (wie ein interner Switch) herzustellen (die `netdev`-Angabe ist optional, default wird im o. a. Beispiel *eth0* verwendet), benutzt *xend* die korrespondierenden Settings aus *xend-config.sxp*, z. B.:

```
#(network-script 'network-bridge netdev=eth0')
```

Intern sind zwei Scripte für das Setup des ge-»bridgten« Xen-Netzwerks zuständig: *network-bridge* (siehe oben) und *vif-bridge*.

network-bridge erzeugt die eigentliche Bridge, sorgt dafür, dass eth0 korrekt mit der Bridge konnektiert und korrekt aufgesetzt wird. *vif-bridge* konnektiert die vif-Interfaces mit der Bridge.

Wenn andere Setups benötigt werden (z. B. NAT oder Routing) können die Scripte *vif|network-nat|route* verwendet werden.

Achtung – wenn ein Routing-Setup verwendet wird, ist darauf zu achten, dass die Default-Route in DomU auf eth0 zeigen muss, sonst können gegebenenfalls keine Pakete von den Gästen nach außen geroutet werden.

Zum Aktivieren der Bridge stellen wir sicher, dass die folgenden 2 Zeilen in der *xend-config.sxp* vorhanden sind:

```
(network-script network-bridge)
(vif-script vif-bridge)
```

Optionale Formate für die Zeile (»network-script ...«) wären:

```
# anderes Netzdevice angeben, hier z.B. für Bonding-Device
# (network-script 'network-bridge netdev=bond0')
```

```
# Bridge verwendet default d.Namen des ethX-Device. Renaming per:
# (network-script 'network-bridge bridge=<name>')
```

Anschließender Test per Bridge-Control:

```
#> brctl show

bridge name     bridge id               STP enabled     interfaces
eth0            8000.000c29ed81d1       no              peth0
                                                        vif1.0
```

Achtung

Alternativ kann das gebridgte Netzwerk-Setup auch manuell durch den Administrator erfolgen. In diesem Fall reichen – insofern die Bridge bereits eingerichtet bzw. das entsprechende Netzwerk-Setup korrekt durchgeführt wurde – die folgenden beiden Zeilen in der *xend-config.sxp* zur Aktivierung des Xen-spezifischen Netzwerks (hier für Bridging):

```
(network-script network-bridge)
(network-script)
```

Im von Xen standardmäßig verwendeten *Bridged*-Setup würde jeder virtuelle Gast eine eigene MAC-Adresse erhalten, und die physikalische Netzwerkkarte des Xen-Hosts würde im Promiscious-Mode für alle Xen-Domänen (inklusive der »eigenen« Dom0) Pakete verarbeiten.

In jedem Fall müssen wir vor dem Setup der VMs bzw. Gäste prüfen, ob das Device *br<X>* sauber hochgefahren ist, sonst ist gegebenenfalls keine Kommunikation zwischen den DomUs und der Dom0 (und damit »dem Rest der Welt«) möglich.

Exkurs: Routed-Setup

Viele Provider erlauben auf ihren root-Servern das in Xen standardmäßig verwendete Bridged-Setup aus Sicherheitsgründen nicht. Die in dem Fall favorisierte Methode ist das Routed-Setup, bei dem Dom0 als Router fungiert und die Pakete der DomUs routet. Diese Variante wird im Folgenden nicht weiter behandelt, Infos zu diesem Setup-Typ finden sich unter anderem hier: *http://wiki.xensource.com/xenwiki/XenNetworking*

xend-config.sxp

Bevor wir mit der Erstellung und Administration der DomUs beginnen, müssen noch einige Settings des *xend* etwas angepasst werden. Dazu treffen/aktivieren wir einige Einstellungen in der Datei */etc/xen/xend-config.sxp*. Siehe hierzu auch unbedingt *man 5 xend-config.sxp*. Die Beispieldatei findet sich in den Daten zu diesem Abschnitt. Hier nur die wichtigsten Erläuterungen in Kurzform:

VNC-Zugriff auf die DomUs einrichten:

```
#(vnc-listen '127.0.0.1') # default, zum Testen besser 0.0.0.0
#(vncpasswd 'geheim') # login nur mit Passwort, auch virt-man!
(vnc-listen '0.0.0.0') # Zugriff per VNC auf alle domUs
(vncpasswd '') # login ohne Passwort
```

Die VNC-Anmeldung am Gast für <ip>:590<X> kann auch direkt via <ip>:<X> erfolgen. Die Konnektierung per VNC sollte jedoch im Produktivumfeld nur in Verbindung mit den entsprechenden TLS-Settings eingesetzt werden. Nach dem *xend*-restart sollte der Default-VNC-Port 5900 zur Verfügung stehen.

```
5900/tcp open  vnc
```

Weitere Infos zur xend-Konfiguration, den verfügbaren Direktiven und Parametern liefert uns *xend-config.sxp(5)*.

4.2.3 Installieren einer Xen-DomU

Auf dem Xen-Host (Dom0) sollte in jedem Fall genügend RAM zur Verfügung stehen, damit sowohl Host als auch Gast nicht gezwungen sind zu pagen. Auf einem System mit Hypervisor und Xen-Kernel werden automatisch ein paar Prozent des RAM an den Hypervisor zugeteilt, den Rest erhält Dom0. Minimal sollten 512 MB für Dom0 angesetzt werden. Die Speichersettings können über die Xen-Bootloader-Einstellungen manuell und ergänzend per *xend-config.sxp* angepasst werden.

Hinsichtlich des Setups stehen mehrere Möglichkeiten zur Auswahl, u. a.:

Das »normale« Installationsprogramm durchlaufen zu lassen, ein Disk-Image verwenden oder auf eine physikalische Disk zugreifen, die die erforderlichen Dateien des OS enthält.

XEN-DomU's manuell erzeugen

Im Folgenden schauen wir uns an, wie wir unsere Xen-Gäste per GUI (über *virt-manager*, dem Virtual Machine Manager) und/oder auf der Kommandozeile erzeugen können. Apropos Kommandozeile:

> **Tipp**
>
> Per *vm-install(8)*, dem konsolenbasierten Gegenstück zum *virt-manager(8)*, lassen sich die nachfolgend aufgeführten Schritte ebenfalls auf der Kommandozeile durchführen.

Die Eingabe von `virt-manager &` auf einer grafischen X11-Konsole startet den VMM *(Virtual Machine Manager/virt-manager)* von Red Hat, siehe hierzu auch *http://virt-manager.et.redhat.com/*. Er bietet über seine GUI u. a. folgende Möglichkeiten:

- die Dom0 und DomUs grafisch zu überwachen und zu adminstrieren
- neue DomUs zu erzeugen
- Remote-Verbindungen zu anderen Xen-Servern herzustellen (z. B. per SSL/SSH) und diese und ihre DomUs ebenfalls zu administrieren und zu migrieren
- neue Hardware zu addieren (auch im laufenden Betrieb der DomU)

Über das Kontextmenü *Details* können aktuelle Auslastungsdaten abgerufen werden, ebenso können Hardware-Details der jeweiligen DomU modifiziert werden – sogar die Speicherzuteilung kann im laufenden Betrieb verändert werden. Wird der Speicher verringert, erfolgt dabei eine schrittweise Reallocierung, der Vorgang dauert also je nach Änderung etwas, wobei natürlich physikalische Grenzen und minimale Anforderungen nicht unterschritten werden sollten.

Über einen Rechtsklick auf *localhost* können per »Neu« neue VM-Instanzen erstellt werden. Im folgenden Dialog können verschiedene Optionen ausgewählt werden, u. a. welches OS installiert werden soll, ob die DomU voll- oder paravirtualisiert werden soll usw. usw. Weiter werden der Speicherort der Dateien, die für die virtuellen Disks der DomU erforderlich sind, bzw. ein Laufwerk, das bereits ein Betriebssystem-Image enthält, das für die neue DomU einfach übernommen werden kann, festgelegt.

Als Speicherort für unsere neue DomU (in diesem Beispiel eine OSS 11.3) wählen wir unseren mit OCFS2 formatierten DRBD-Shared-Storage im Dual-Primary-Mode aus Abschnitt 3.8.15, der auf beiden Nodes unter */daten* gemountet ist. Die neue VM wird mit folgenden Einstellungen erzeugt (siehe Abbildung 4.3).

Noch einmal der Hinweis

Vor der Installation der VM unbedingt sicherstellen, dass genügend RAM des Hostsystems für den Gast zu Verfügung steht, andernfalls schlägt die Installation (und später auch der Start der VM) möglicherweise fehl.

Wollen wir die DomU per Kommandozeile erzeugen, können wir dies auch per Qemu erledigen; hier die Kurzfassung. Zunächst wird das Disk-Image erzeugt:

```
#> qemu-img create -f raw /daten/xen/oss113xen/oss113xen.img 4G

Formatting '/daten/oss113xen.img', fmt=raw size=4294967296
```

und dann (z. B. in einem X11-Terminal) das OS installiert:

```
#> qemu -hda /daten/xen/oss113xen/oss113xen.img \
    -cdrom /dev/sr0 -boot d -m 256
```

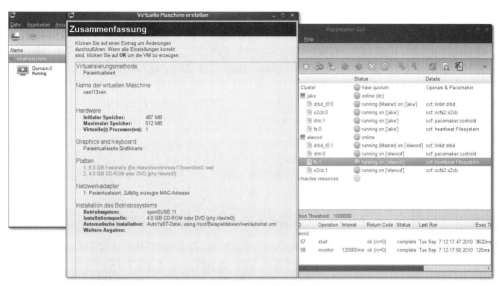

Abbildung 4.3 Installation einer Xen-DomU unter openSUSE 11.3 per virt-manager (GUI-Mode) auf OCFS2-formatiertem DRBD-Shared-Storage im Dual-Primary-Mode

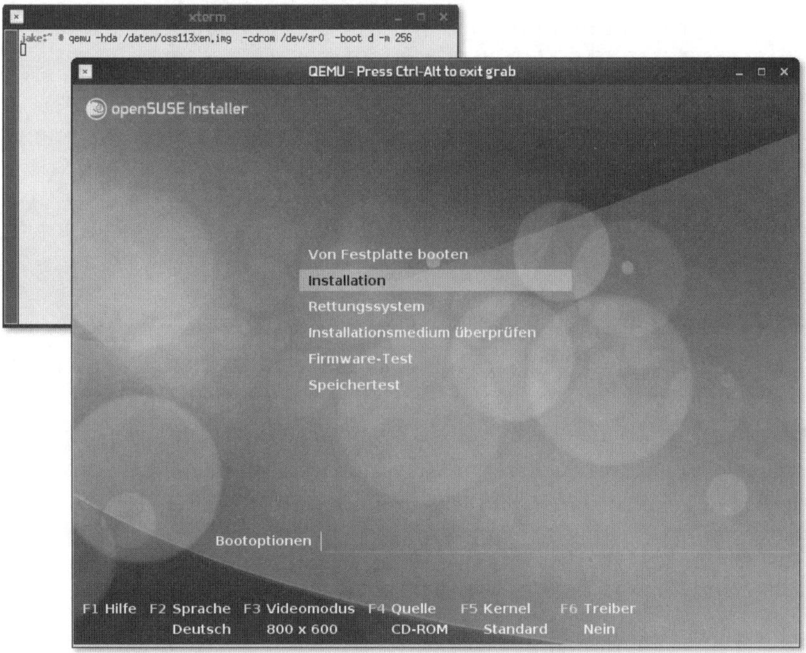

Abbildung 4.4 Installation einer Xen-DomU per qemu

Zusätzlich wird später noch eine entsprechende Konfigurationsdatei benötigt, z. B. in der Form, wie sie sich nach erfolgreicher Installation der DomU per virt-manager unter */etc/xen/vm/<hostname>(.xml)* findet (hier für unsere Beispielmaschine *oss113xen*, die Kommentare sind nicht Bestandteil der Datei):

```
name="oss113xen"
# Name zur eindeutigen Identifizierung durch die Management-Tools
uuid="a77c45b5-d7a5-bcc5-7333-8be1f52994a7"
memory=512 # Hauptspeichergroesse
maxmem=512 # Maximale Speichergroesse
vcpus=1 # Anzahl der virtuellen CPUs: <= Anzahl Dom0-CPUs
on_poweroff="destroy"  # was tun beim Abschalten der VM
on_reboot="destroy"    # was tun beim Reboot der VM
on_crash="destroy"     # was tun beim Crash der VM
localtime=0
keymap="de"
builder="linux"
bootloader="/usr/bin/pygrub"
bootargs=""
extra="init 3" # Übergabe zusätzl. Boot-Parameter (Runlevel)
disk=[ 'file:/daten/xen/vm/oss113xen/xvda,xvda,w',
    'phy:/dev/sr0,xvdb:cdrom,r', ] # Pfad zu den virtuellen
# Platten (meißt als Sparse-Datei) und CD's/DVD's der VM.
# Alternativ zum physikalischen CD/DVD-LW -> ISO-File einbinden:
# disk=[...,'file:/isos/OSS/SUSE-11.3-DVD-i586.iso,xvdb:cdrom,r', ]
vif=[ 'mac=00:16:3e:57:5b:ee,bridge=eth0', ]
# MAC Adresse des Virtuellen Interfaces sowie Angabe der Bridge
vfb=['type=vnc,vncunused=1']
# Remote Access per VNC
```

Xen-DomU's durch Konvertierung erzeugen

Eine weitere Variante zur Erzeugung von DomUs bietet das Tool *virt-convert(1)* aus dem *virt-manager*-Paket. Per *virt-convert* können wir z. B. auf relativ einfache Weise bestehende VMWare-Gäste in DomUs konvertieren. Nachfolgend ein paar kurze Beispiele; zunächst erstellen wir eine paravirtualisierte DomU aus einem bereits vorhandenen VMWare-Gast (Zeile umbrochen):

```
#> virt-convert --arch=i686 --paravirt \
   /daten/oss113/oss113.vmx  /vm-convert

Generating output in 'virt-image' format to /vm-convert//
Converting disk 'sles11sp1-cl1.vmdk' to type raw...
Converting disk 'sles11sp1-0-cl1.vmdk' to type raw...
Done.
```

Nach der Konvertierung muss gegebenenfalls noch die entsprechende VM-Konfigurationsdatei erzeugt/angepasst werden. Details zur Syntax und weitere Infos liefert *man virt-convert*. Um einen vollvirtualisierten Gast zu konvertieren, könnte der Aufruf wie folgt aussehen:

```
#> virt-convert --arch=x86_64 vmx-appliance/ hvm-appliance/
```

Verwaltung der DomUs

Zur Verwaltung und Steuerung der Xen-Gäste stehen uns sowohl der bereits vorgestellte *virt-manager* als GUI sowie auch die *xm(1)*- und *virsh(1)*-Kommandozeilentools zur Verfügung. So können wir uns z. B. per

```
#> xm list
```

```
Name                                    ID   Mem VCPUs      State   Time(s)
Domain-0                                 0   849     2     r-----   1376.1
oss113xen                                2   512     1     r-----    314.8
```

die aktuellen Xen-Domains anzeigen lassen. Alternativ könnten wir z. B. auch **virsh list** absetzen. Die Spalten sind relativ selbsterklärend; die Spalte »State« kennt folgende Zustände: `r` = *running* (Gast ist aktiv), `b` = *blocked* (nicht aktiv/idle/auf I/O-Operationen wartend), `p` = *paused* (xm pause -> der Gast verbraucht weiter RAM-Ressourcen, erhält aber vom Hypervisor keine CPU-Zyklen mehr), `s` = *shutdown* (nur während des Shutdowns), `c` = *crashed* (nur zu sehen, wenn der Gast gecrasht und nicht für automatischen Restart konfiguriert ist).

Wollen wir bestehende DomUs in unsere Xen-Domain-Verwaltung aufnehmen, müssen wir die entsprechende Konfigurationsdatei unter */etc/xen/vm/<VM-Konfigurationsfile>* ablegen und können sie anschließend per **xm new <VM-Name>** und **xm create <VM-Name>** hinzuaddieren. Betrachten wir das Prozedere kurz anhand unserer eben erzeugten DomU *oss113xen*, indem wir sie zunächst aus der Xen-Domain-Verwaltung wieder löschen (Achtung: zuvor sicherheitshalber ein Backup der VM-Konfigurationsdateien erstellen):

```
#> xm shutdown oss113xen
#> xm delete oss113xen
#> xm new oss113xen
```

```
Using config file "/etc/xen/vm/vm1".
```

```
#> xm create oss113xen
```

```
Using config file "/etc/xen/vm/oss113xen".
Started domain oss113xen (id=3)
```

Eine komplette Übersicht aller Sub-Befehle und Direktiven liefert der Befehl selbst (*xm* ohne weitere Parameter) sowie *xm(1)*.

Um einen automatischen Start der DomU nach einem Reboot des Hosts zu erreichen, können wir hierzu entweder *xendomains* verwenden oder einen symbolischen Link unterhalb des Verzeichnisses */etc/xen/auto* erstellen, der auf die Konfigurationsdatei der jeweiligen DomU verweist.

4.2.4 Manuelle Live-Migration von Xen-DomUs

Bevor wir unseren frischen Xen-Gast manuell von einem Node zum anderen migrieren – und dies zunächst ohne Cluster-Integration –, müssen wir uns sehr genau anschauen, welche Voraussetzungen erfüllt sein müssen, um diese Funktionalität ohne Probleme nutzen zu können. Wie bereits erwähnt, kann uns das Feature der Live-Migration bei einigen Szenarien mehr als hilfreich sein, z. B. bei:

- Wartungs-/Upgradearbeiten an einem der Xen-Hosts (temporärer Shutdown der Dom0)
- Migration (Umzug auf neue Hardware)
- Hot-Failover im F-Fall

Kommen wir nun zu den Voraussetzungen:

- Auf beiden Nodes (Xen-Hosts bzw. Dom0) muss ein Xen -Dom0-Kernel und -Hypervisor installiert sein, idealerweise in der gleichen Version.
- Beide Nodes befinden sich im selben Netz.
- Beide Xen-Hosts müssen genügend freie Speicher-Ressourcen besitzen, um die DomU(s) bedienen zu können.
- Beide Cluster-Nodes (Xen-Hosts) sind mit dem gleichen Shared Storage (z. B. SAN/NAS, iSCSI und/oder DRBD) konnektiert, auf dem die Disks der DomU(s) gehostet sind. In unserem Fall DRBD im Dual-Primary mit OCFS2, auf beiden Nodes auf */daten* gemountet. Die Größe des Shared Storage muss auf jeden Fall ausreichend dimensioniert sein, um das Image und gegebenenfalls auch noch Snapshots aufnehmen zu können.
- Die Konfigurationsdatei(en) der DomU(s) liegen auf beiden Nodes vor und sind identisch. Die Konfigurationsdatei sollte daher optimalerweise auf dem gleichen Shared Storage liegen, auf den beide Dom0 zugreifen. Anschließend muss auf beiden Nodes nur noch ein Softlink von der Konfigurationsdatei auf dem Shared Storage in die lokalen Konfigurationsordner *(/etc/xen/vm/oss13xen/)* erstellt werden.
- Falls eine DVD oder ein ISO-File in der zu migrierenden VM als »file« eingehängt ist, muss der Pfad auf dem Ziel-Xen-Host ebenfalls vorhanden sein, sonst schlägt die Live-Migration fehl.

- Die entsprechenden *Relocation-Settings* in der *xend-config.sxp* müssen auf beiden Xen-Hosts gesetzt sein, diese werden im Folgenden noch genau erläutert.

Das Funktionsprinzip

Die Disk unserer DomU liegt auf einem Shared Storage (andernfalls ist nur eine »Cold Migration« – inklusive erheblicher Downtime – durch Kopieren der DomU-Disk auf den Storage des neuen Xen-Hosts möglich). Wird eine Migration getriggert, initiiert und regelt der Xen-Relocation-Server die Kommunikation zwischen der sendenden und empfangenden Dom0. Über den `xend-relocation port` wird – entweder unverschlüsselt (8002) oder per SSL verschlüsselt (8003) – der RAM-Inhalt der laufenden DomU auf den neuen Zielhost transferiert.

Der Migrations-Ablauf im Detail

- Xen-Host A schickt eine Relocation-Anfrage an Xen-Host B (erforderliche Ressourcen (z. B. genügend RAM) da?). Bei Fehler bricht die Migration automatisch ab.
- Der komplette Hauptspeicher der vakanten DomU wird von Xen-Host A nach Xen-Host B transferiert. Finden in der Zwischenzeit Änderungen statt, werden die geänderten RAM-Bereiche inkrementell nachkopiert.
- DomU auf Xen-Host A wird gestoppt (nicht beendet -> nur **`xm pause <DomU>`**!).
- Netzwerktraffic wird auf DomU auf Xen-Host B umgeleitet.
- Xen-Host B meldet erfolgreiche Migration an Xen-Host A.
- Xen-Host A beendet seine Instanz der DomU (**`xm destroy <DomU>`**).
- Xen-Host B aktiviert seine Instanz der DomU (**`xm unpause <DomU>`**).

Der Migrationsvorgang dauert – abhängig vom Hauptspeicher, den Netzwerkkomponenten und natürlich auch der Größe der Deltas bzw. Änderungen, die während der letzten beiden Punkte der o. g. Liste anfallen – in der Regel zwischen 50 und 300 Millisekunden, sodass diese minimale Downtime in der Regel für die Applikationen auf dem migrierten Xen-Gast und die anliegenden Client-Requests transparent bleibt, d. h. der User bemerkt den Migrationsvorgang normalerweise nicht.

Einrichtung des Relocation-Servers

Betrachten wir die minimal erforderlichen Settings in */etc/xen/xend-config.sxp* für die Live-Migration auf unseren beiden Xen-Hosts *jake* und *elwood* (3. Zeile umbrochen):

```
(xend-relocation-server yes)
(xend-relocation-port 8002)
```

```
(xend-relocation-hosts-allow '^localhost$
    ^localhost\\.localdomain$ jake elwood')
(xend-relocation-address '')
```

Für eine Verschlüsselung müssen wir zusätzlich folgende Settings aktivieren (Achtung: Entsprechende Zertifikate müssen natürlich zuvor angelegt/erzeugt werden):

```
(xend-relocation-ssl-server yes)
(xend-relocation-ssl-port 8003)
(xend-relocation-server-ssl-key-file  /etc/xen/xmlrpc.key)
(xend-relocation-server-ssl-cert-file  /etc/xen/xmlrpc.crt)
(xend-relocation-ssl yes)
```

Test der manuellen Live-Migration (ohne Cluster-Integration)

Gehen wir nun ans Eingemachte: Die entsprechenden (Relocation-)Settings in den xend-config.sxp sind auf beiden Nodes gesetzt, der Xen-Gast (in unserem Fall *oss113xen)* liegt auf dem Shared Storage und ist auf Node *jake* gestartet. Auf dem Zielnode *elwood* ist genügend freier RAM vorhanden (`free -m`), um die migrierte VM übernehmen zu können.

Tipp

Falls trotz ausreichendem Hauptspeicher nicht mehr genügend RAM vorhanden sein sollte, können wir mit dem Befehl

```
#> echo 1 > /proc/sys/vm/drop_caches
```

– sehr stark vereinfacht ausgedrückt – den Pre-Cached-Memory re-allocieren und damit wieder nutzbar machen.

Falls die DomU noch zu einem ISO-File bzw. einer CD/DVD konnektiert sein sollte, muss dieser Pfad auf dem Zielhost (in unserem Beispiel *elwood)* ebenfalls konnektiert sein. In der Praxis ist es jedoch ratsamer, diese Konnektierung vorher zu unterbrechen bzw. das CD/DVD-Laufwerk vor der Migration zu diskonnektieren.

Nun beobachten wir auf beiden Nodes per

```
#> watch xm list
```

die aktiven Xen-Domains, bevor wir auf einer weiteren Konsole per

```
#> xm migrate --live oss113xen elwood
```

die Live-Migration manuell anstoßen. Der erste Parameter gibt die DomU an, der zweite den Zielnode. Beobachten wir per *xm list* die Migration, sehen wir auf dem Quellnode *(jake)* den aktiven Migrationsvorgang:

```
Name                                  ID   Mem VCPUs      State   Time(s)
Domain-0                               0   846     2     r-----     351.1
migrating-oss113xen                    1   512     1     -b----      30.5
```

während die migrierte Domain bereits auf Zielnode *elwood* auftaucht. Kurz darauf sollte der Vorgang ohne nennenswerte Timeouts der permanent aktiven DomU abgeschlossen sein. Nach der Migration sollte uns `xm list` auf den Xen-Hosts folgendes Bild zeigen:

```
jake #> xm list
```

```
Name                                  ID   Mem VCPUs      State   Time(s)
Domain-0                               0   846     2     r-----     564.9
oss113xen                                  512     1                 18.6
```

```
elwood #> xm list
```

```
Name                                  ID   Mem VCPUs      State   Time(s)
Domain-0                               0   846     2     r-----     564.9
oss113xen                                  512     1     -b----      24.6
```

Wie wir sehen, wird die neue Xen-DomU nun auf Zielnode *elwood* gehostet; sie ist zwar ebenfalls noch im Xen-Domain-Management auf Node *jake* vorhanden, jedoch nicht mehr aktiv.

Die eigentlichen Konfigurations-Dateien der VM bzw. des Xen-Gastes *(/etc/xen/vm/oss113xen*)* verbleiben nach der Migration auf dem ursprünglichen Quellrechner (Xen-Host *jake*). Das ist das normale Verhalten; sie sollten bei einer permanenten Re-Location ebenfalls auf den neuen Zielhost (Xen-Host *elwood*) kopiert werden, damit wir die VM in das Xen-Domain-Management übernehmen können.

Live-Migration von Xen-Ressourcen im Cluster

Grundvoraussetzung für die nun folgende Implementierung der Xen-Cluster-Ressource ist, dass das zuvor erläuterte Setup – die manuelle Live-Migration einer DomU von einem Xen-Host auf den anderen – bereits reibungslos funktioniert. Falls das bis zu diesem Zeitpunkt nicht der Fall sein sollte, muss der letzte Abschnitt noch einmal durchexerziert werden, da sich sonst später etwaige Fehler nur schwer aufspüren/lokalisieren lassen.

Wir gehen nun von unserem letzten Setup aus, dessen Ressourcen sich per *crm_mon* (-n) wie folgt darstellen:

```
Current DC: elwood - partition with quorum
Version: 1.1.2-8b9ec9ccc5060457ac761dce1de719af86895b10
2 Nodes configured, 2 expected votes
4 Resources configured.
============
Node jake: online
```

```
        fs:0    (ocf::heartbeat:Filesystem) Started
        drbd_r0:0       (ocf::linbit:drbd) Master
        dlm:1   (ocf::pacemaker:controld) Started
        o2cb:1  (ocf::ocfs2:o2cb) Started
Node elwood: online
        dlm:0   (ocf::pacemaker:controld) Started
        o2cb:0  (ocf::ocfs2:o2cb) Started
        drbd_r0:1       (ocf::linbit:drbd) Master
        fs:1    (ocf::heartbeat:Filesystem) Started
```

Ebenfalls möglich wäre das bereits erläutertete DRBD-Dual-Primary-Setup als iSCSI-Target (Shared Storage) mit DLM und OCFS2, siehe hierzu u. a. Abschnitt 3.9 über iSCSI im Cluster.

Hinweis

Die Konfigurationsdatei der DomU muss auf beiden Nodes *(/etc/xen/vm/<DomU>)* vorhanden bzw. vom Shared Storage dorthin verlinkt sein, und die DomU wurde lokal in das xend-Domain-Management des jeweiligen Xen-Hosts eingepflegt (`xm new ...`). Zudem müssen auf beiden Xen-Hosts identische Netzwerk-Konfigurationen vorliegen, d. h. gleiche Interface-Bezeichner! Dabei unbedingt darauf achten, dass die gewählten Netzwerk-/Bridge-Devices auf beiden Cluster-Nodes das gleiche Netz bedienen.

Nun integrieren wir die Xen-Ressource unserer DomU als »Frontend« für die *xm*-Kommandos (start/create/shutdown/migrate etc.)

```
#> crm configure primitive oss113xen ocf:heartbeat:Xen \
    meta target-role="started" allow-migrate="true" \
    op monitor interval="10" \
    op start interval="0" timeout="45" \
    op stop interval="0" timeout="300" \
    op migrate_from interval="0" timeout="240" \
    op migrate_to interval="0" timeout="240" \
    params xmfile="/etc/xen/vm/oss113xen" name="oss113xen"
```

Achtung

Das meta-Attribut muss `allow-migrate` heißen, NICHT `allow_migrate` (diese Direktive wird leider durch die GUI in einigen älteren Pacemaker-Versionen falsch erzeugt.), andernfalls werden die VMs/DomUs bei der Migration gegebenenfalls rebootet! Zudem müssen die `migrate_from|to`-Attribute in jedem Fall gesetzt sein, andernfalls kommt es mit ziemlicher Sicherheit zu Fehlern bei der Migration.

Nach der Integration der Xen-Ressource sollten sich die Ressourcen in unserem Cluster aktuell wie folgt darstellen:

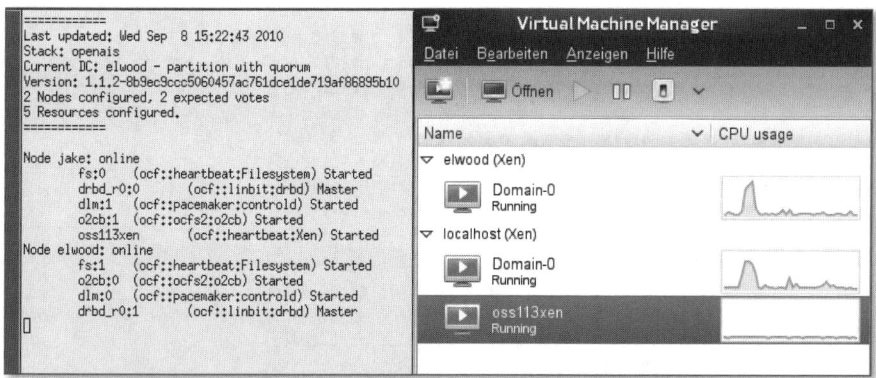

Abbildung 4.5 Xen-DomU-Ressource im Cluster und im virt-manager

Test der Live-Migration einer Xen-DomU im Cluster

Nun leiten wir den manuellen Migrationsvorgang der Xen-DomU-Ressource *oss113xen* ein, hier von Quellnode *jake* auf Zielnode *elwood*:

```
#> crm_resource -M -r oss113xen -H elwood -f
```

Danach müssen unbedingt die Migrations-Constraints der Ressource gelöscht werden, andernfalls kommt es zu Fehlern bei einer Re-Migration zum ursprünglichen Quellnode.

```
#> crm_resource -U -r oss113xen
```

Wird der Node mit der oder den DomU(s) im F-Fall heruntergefahren, erfolgt sofort die Live-Migration der VMs auf den verbliebenen Node.

> **Achtung**
>
> Um es an dieser Stelle noch einmal zu verdeutlichen: Absolut elementar für die Live-Migrations-Funktionalität sind die `allow-migrate|migrate_from|to`-Settings in den *meta*-Attributen und *operations*. Ohne sie wird die DomU während der Migration rebootet.

Für unseren Hot-Failover-Test pingen wir unsere DomU *oss113xen* in 0.1 Sekunden-Intervallen an. Betrachten wir den vakanten Abschnitt während der Migration.

```
64 bytes from 192.168.198.115: icmp_seq=625 ttl=64 time=0.745 ms
64 bytes from 192.168.198.115: icmp_seq=626 ttl=64 time=0.458 ms
64 bytes from 192.168.198.115: icmp_seq=627 ttl=64 time=0.814 ms
...
64 bytes from 192.168.198.115: icmp_seq=782 ttl=64 time=86.6 ms
64 bytes from 192.168.198.115: icmp_seq=783 ttl=64 time=112 ms
```

```
64 bytes from 192.168.198.115: icmp_seq=784 ttl=64 time=365 ms
64 bytes from 192.168.198.115: icmp_seq=785 ttl=64 time=268 ms
64 bytes from 192.168.198.115: icmp_seq=786 ttl=64 time=292 ms
64 bytes from 192.168.198.115: icmp_seq=787 ttl=64 time=311 ms
...
64 bytes from 192.168.198.115: icmp_seq=813 ttl=64 time=674 ms
64 bytes from 192.168.198.115: icmp_seq=814 ttl=64 time=312 ms
64 bytes from 192.168.198.115: icmp_seq=815 ttl=64 time=362 ms
64 bytes from 192.168.198.115: icmp_seq=816 ttl=64 time=673 ms
64 bytes from 192.168.198.115: icmp_seq=817 ttl=64 time=572 ms
64 bytes from 192.168.198.115: icmp_seq=818 ttl=64 time=211 ms
64 bytes from 192.168.198.115: icmp_seq=819 ttl=64 time=0.745 ms
64 bytes from 192.168.198.115: icmp_seq=820 ttl=64 time=0.344 ms
64 bytes from 192.168.198.115: icmp_seq=821 ttl=64 time=0.224 ms
64 bytes from 192.168.198.115: icmp_seq=822 ttl=64 time=0.145 ms
```

Debugging-Ansätze

Falls die Live-Migration (mit und ohne Cluster-Ressourcen) nicht funktioniert, folgende Punkte prüfen:

- Beide Rechner netzwerktechnisch erreichbar?
- Setup des Shared Storages okay? Größe ausreichend?
- Systemzeit synchron?
- Bei DRBD: beide Legs oben und im korrekten State (Master)?
- Genug freier Speicher (RAM) auf dem Zielnode (free -m)?
- DomU-Konfigurationen auf beiden Nodes identisch und auch xend auf beiden Nodes bekannt bzw. dort aktuell?
- Fehler in einer der Konfigurationsdateien? Relocation-Settings korrekt?
- Manueller Start der DomU okay? (Vorher Xen-DomU-Ressource im Cluster »un-managen«.)
- Falls eine DVD/ISO eingebunden war (gegebenenfalls per Mountpunkt): Existiert der Mountpunkt bzw. das ISO, sonst die Konfiguration der DomU entsprechend bearbeiten und das Device gegebenenfalls entfernen. Taucht die Meldung auf: *»XENBUS – waiting for Devices to initialise«* (zählt nach unten), liegt dies meist an einem nicht angeschlossenen DVD-Laufwerk bzw. dort nicht eingehängtem ISO-File.
- Kommt bei einem iSCSI-Shared-Storage beim Start der DomU die Meldung: *»Error: Disk ›/path.to.-disk-on-iscsitarget>‹ isn't accessible«*, liegt der Fehler möglicherweise in einer Umbenennung der iSCSI-Disk auf der Client-Seite (z. B. nach einem Reboot des Nodes, check per `fdisk -l`). Hierzu existieren einige scriptbasierte Workarounds, jedoch bietet ein Mount per Label *(e2label* für ext* und *tunefs.ocfs2* für OCFS2) hier die bessere Lösung, entweder in */etc/fstab* oder der entsprechenden Cluster-Ressource.

4.2.5 Exkurs: Snapshots/Backups für Xen-DomUs und Blockdevice-Formate

Für die Verfügbarkeit ist die schnelle Wiederherstellung von unseren virtuellen Maschinen ebenso wichtig wie bei realen Servern. Hierzu stehen uns verschiedene Varianten zur Verfügung, sowohl auf Basis von Snapshots auf Ebene der DomUs als auch auf Basis von Snapshots auf LVM-Ebene, z. B. auf dem (Shared)-Storage, das die VMs hostet.

Default verwenden die meisten VM-Installationsroutinen (z. B. *vm-install*) für Xen-DomUs RAW-Dateien im Spare-Format (Vergrößerung der Datei bei Bedarf), die über interne Loopback-Mechanismen des Kernels eingebunden werden. Dieses Format unterstützt jedoch keine fortgeschrittenen Operationen wie interne Snapshots auf VM-Basis (RAW unterstützt »nur« externe Snapshots (`xm save`), bei denen der Snapshot-Stand in einer externen Snapshot-Datei abgelegt wird und per `xm restore` auf eine – zuvor heruntergefahrene – VM bzw. DomU angewendet werden kann.

Seit XEN 3.0.3 ist mit dem `tap:<blockdevice-format>` ein neues Format hinzugekommen, das VM-eigene Snapshot-Mechanismen unterstützt, so auch das Format *qcow(2)*. Voraussetzung sind die (xen)blk(tap)-Module. Infos zur Konvertierung werden im Folgenden erläutert.

Achtung

Bei den folgenden Betrachtungen ist stets zu bedenken, dass ein VM-spezifischer Snapshot KEIN Backup im konventionellen Sinn darstellt! Es handelt sich hier lediglich – stark vereinfacht ausgedrückt – um einen Wiederherstellungspunkt. Ist die VM(-Datei) selbst beschädigt, nützt in der Regel auch der Wiederherstellungspunkt nichts mehr. Ein »echtes«, vollständiges Backup einer VM kann daher entweder nur im Offline-Modus gezogen werden, oder, was weitaus eleganter ist, dank *Copy-On-Write*-Verfahren per LVM-Snapshot.

tap:qcow2

Um ein bestehendes Xen-(raw)-Diskimage zu konvertieren, wird *qemu* benötigt, hier am Beispiel unserer DomU:

```
#> qemu-img convert -O qcow2 /daten/xen/oss113xen/xvda.raw \
   /daten/xen/oss113xen/xvda.qcow2
```

Im *qcow2* Format werden die Disk-internen Deltas bei einem Snapshot in sogenannten *Overlays* abgespeichert. Intern wird – wie beim LVM – das bereits aus unseren Betrachtungen bekannte *Copy-On-Write*-Verfahren benutzt, das das Delta *Read/Write* »einhängt«, und das »Original«-Image *readonly* setzt. Anschließend muss noch die DomU-Konfigurationsdatei auf das neue Image-Format angepasst werden, z. B.:

```
...
disk = [ 'tap:qcow2:/daten/xen/oss113xen/xvda.qcow2,xvda,w' .... ]
...
```

Anschließend per **xm new** (*xm new* nur, wenn die VM zuvor noch nicht Bestandteil der xend-Domain war) **<DomU> && xm start <DomU>** die VM abfeuern. Nun kann jederzeit per

```
#> xm snapshot-create <DomU> snapshot1
```

ein interner Snapshot der DomU mit Xen-Bordmitteln erstellt werden.

Achtung

Nach einer Umstellung auf ein anderes Blockdevice-Format der DomUs kann es in bestimmten Konstellationen/Versionen u. U. zu Fehlern beim Zugriff auf das virtuelle Device innerhalb der *blktapctrl.c*-Library kommen.

Per **xm snapshot-list <DomU>** können die vorhandenen Snapshots der jeweiligen DomU angezeigt werden, und nach einem **xm shutdown <DomU>** kann ein alter Snapshot-Stand per **xm snapshot-apply <snapshot-Name> <DomU>** wieder geladen werden (leider nicht online/im laufenden Zustand möglich). Falls der Snapshot bei laufender DomU erstellt wurde, läuft die DomU natürlich ebenfalls sofort wieder nach Anwendung des Snapshot-Standes. Der Snapshot selbst wird in diesem Fall im *qcow2*-Image als Wiederherstellungspunkt gespeichert. Snapshots im *raw*-Format können »nur« als externe Dateien abgespeichert werden, funktionieren jedoch genau so gut (s. u.).

tap:aio

Mit *tap:aio* existiert ein weiterer Zugriffsmechanismus für »normale« RAW-Imagedateien, der eine etwas bessere I/O-Performance bietet als *file:*. Hierzu muss die entsprechende Direktive in der DomU-Konfigurationsdatei angepasst werden:

```
# disk=[ 'file:/daten/xen/oss113xen/xvda,sda2,w', ]
disk=[ 'tap:aio:/daten/xen/oss113xen/xvda,sda2,w', ]
```

Danach sollte die alte Konfiguration der DomU per **xm delete <DomU>** aus dem xend-Domain-Management entfernt werden und per **xm new** und **xm create** neu eingelesen werden. Leider ist die *tap:aio*-Implementierung in einigen älteren Xen-Releases (u. a. 3.4.0) z. T. fehlerhaft, sodass die virtuelle Disk gegebenenfalls nicht korrekt angesprochen werden kann.

Externe Snapshot-Sicherungsdatei (file/tap:aio)

Schauen wir uns an dieser Stelle kurz beispielhaft an, wie wir einen externen Snapshot einer DomU erstellen können, die ein *file-* oder *tap:aio-* Blockdevice verwenden. Der zusätzliche Größenbedarf des Snapshots entspricht in der Regel ca. 10 % der virtuellen Disk-Größe.

Um den Snapshot zu erstellen, führen wir folgenden Befehl aus:

```
#> xm save oss113xen -c /daten/xen/oss113xen/snapfile1
#> l /daten/xen/oss113xen/
```

```
total 2800852
drwxr-xr-x 2 root root       4096 Sep 16 21:39 ./
drwxr-xr-x 3 root root       4096 Sep 16 21:15 ../
-rwxr-xr-x 1 root root  244865772 Sep 16 21:39 snapfile1*
-rwxr--r-- 1 root root 2652241920 Sep 16 21:39 xvda.qcow2*
```

Wollen wir zum Snapshot revertieren, setzen wir die folgenden Kommandos ab:

```
#> xm shutdown oss113xen
#> xm restore /daten/xen/oss113xen/snapfile1
```

4.2.6 Monitoring von Xen-DomUs im Cluster

Die Überwachung einer kompletten, virtuellen Maschine stellt den Administrator bzw. den Cluster, den er betreut, noch vor weitaus komplexere Anforderungen als die bisher beschriebenen Überwachungsszenarien durch OCF-RAs – schließlich handelt es sich nicht um eine einzelne (wenn auch komplexe Applikation), sondern um ein komplettes – wenn auch »nur« virtualisiertes – System, das überwacht werden muss.

Ein typisches Beispiel stellt in diesem Kontext schon das Load-Monitoring der DomUs dar – brisant wird dieser Punkt allein schon unter dem Aspekt, dass eine wildgewordene DomU schnell alle weiteren, auf dem selben Host aktiven DomUs negativ beeinflussen kann. Pro-aktives bzw. präventives Monitoring, um herannahende Engpässe bereits frühzeitig erkennen zu können, stellt natürlich auch in diesem Fall eine optimale Überwachungslösung dar.

Im konkreten Bezug stellen sich für uns daher unter anderem die folgenden Fragen:

- Wie sieht die Auslastung der Systeme über einen längeren Zeitraum aus?
- Werden zu bestimmten Zeiten Lastspitzen erreicht, die das Gesamtsystem (vorübergehend) stark ausbremsen?
- Wenn ja – welche DomU bzw. Applikation auf ihr sorgt für diese Engpässe?

- Hat der Xen-Host ausreichende Kapazitäten für die vorhandenen VMs bzw. reichen seine Kapazitäten auch bei maximaler Last aus, um weitere VMs zu hosten?
- Welche Tools stehen uns zur Verfügung, um die o. g. Problematiken analysieren zu können?

Befassen wir uns mit der letzten Frage, denn sie ist auch der Schlüssel zu den anderen. Das erste Tool kennen wir bereits, es ist schlicht und einfach das `xm`-Tool, nur mit anderen Direktiven. Hilfreich aus der Sicht der reinen DomU-Überwachung sind u. a. seine Sub-Direktiven `list`, `uptime` und `top` (`xentop`), ebenso wie `info`. Weitere Infos liefern uns das Python-Script `xenmon.py`, `xentrace` (Events im Hypervisor tracen und protokollieren).

Neben den Xen-eigenen Tools müssen wir auf einem Xen-Host bzw. einem beliebigen VM-Host im Cluster natürlich auch die üblichen Verdächtigen heranziehen, wenn es um die Überwachung des eigentlichen Hosts geht: Angefangen bei Klassikern wie *df*, *ps*, *uptime* über die z. T. bereits vorgestellten, komplexeren Tools wie *monit* usw. bis hin zu den überwachungstechnisch eierlegenden Wollmilchsäuen wie *Nagios*.

4.2.7 Remus

Wie versprochen, hier noch ein kurzer Ausblick auf *Remus*, die Xen-eigene HA-Applikation. Remus steht in einer Reihe von fehlertoleranten, jedoch proprietären Applikationen wie *Second Site* oder *Kemari*.

Remus funktioniert dabei, stark vereinfacht ausgedrückt, wie folgt: Im Takt von 200 Millisekunden werden Migrationen der aktiven DomU auf einen zweiten Xen-Host getriggert, wodurch auf dem 2. Node eine Shadow-Copy der DomU aktuell gehalten wird (nach dem Initial Sync der DomU werden natürlich – wie bei jeder ökonomisch arbeitenden Synchronisation – nur noch die Deltas übertragen, alle zwischen den Intervallen eingehenden Pakete werden gepuffert). Im Gegensatz zu der in Abschnitt 4.2.4 vorexerzierten, »echten« Live-Migration wird die ursprüngliche DomU auf dem Quellnode jedoch nicht zerstört, sondern bleibt weiterhin die aktive DomU. Fällt die aktive DomU aus, wird die Shadow-Copy sofort aktiv.

Bei allen supermegaunglaublichtoll klingenden Features bleibt jedoch noch im Hinblick auf eine echte und vor allem lückenlose Cluster-Integration einiges zu tun: Das `remus`-Kommando muss in das *xm*-Frontend integriert werden, zudem ist im Bereich *libvirt*-Unterstützung noch Arbeit vonnöten. Die Performance der DomUs liegt durch die ständige Synchronisation natürlich (je nach Größe der

Deltas) hinter der einer »standalone« arbeitenden DomU. Außerdem verwendet Remus einen eigenen Kommunikationsmechanismus zwischen den Remus-Nodes – hier ist dringend angeraten, das Rad nicht neu zu erfinden, sondern eine Integration in bestehende und mächtigere Cluster-Kommunikations-Pakete wie Corosync/Pacemaker anzustreben, was zudem die Cluster-Integration der Remus-Ressourcen erheblich vereinfachen dürfte. Aufgrund dieser und anderer Punkte sind die *remus*-Erweiterungen auch zum aktuellen Stand noch nicht in die Xen-4-Pakete der meisten Distributionen eingeflossen.

Wer weiterführende Informationen zu diesem Thema sucht, wird u. a. hier fündig:

http://nss.cs.ubc.ca/remus/

4.3 KVM/qemu

KVM (Kernel Virtual Machine) – im Oktober 2006 veröffentlicht und im Linux-Kernel ab Version 2.6.20 enthalten – ist ursprünglich vom israelischen Unternehmen Qumranet entwicklet worden, das Ende 2008 wiederum von Red Hat geschluckt wurde. Der noch »relativ« neue Kontrahent von Xen ist als Fork von Qemu (Vollvirtualisierer mit HW-Emulation, *wiki.qemu.org)* entstanden. Seine Arbeitsweise ist jedoch eine völlig andere als die von Xen.

Wie wir aus dem Abschnitt über Xen bereits wissen, arbeitet dort der eigentliche Hypervisor als unterste Ebene, oberhalb der Hardware und unterhalb des Xen-»isierten« Host- bzw. Dom0-Kernels. KVM geht hier einen anderen Weg: Es wird modular in den (im Gegensatz zu Xen) unmodifizierten Kernel geladen und erweitert ihn – sehr stark vereinfacht ausgedrückt – um die virtualisierungsspezifischen Funktionalitäten.

KVM nutzt exzessiv die Hardware-Virtualisierungslösungen Intel-VT und AMD-V (`egrep "(vmx|svm)" /proc/cpuinfo`) und wird wie ein reguläres Kernel-Modul während der Bootphase geladen.

KVM besteht aus den Kernel-Modulen *kvm.ko* und den beiden hardwarespezifischen Modulen *kvm-intel.ko/kvm-amd.ko*. KVM kümmert sich nicht um die eigentliche Emulation, sondern stellt nur die Infrastruktur dazu bereit, um die Emulation kümmert sich ein etwas modifiziertes *Qemu*. Nach dem Laden des Moduls arbeitet der Linux-Kernel selbst als Hypervisor für die virtuellen Maschinen. Als Gäste unterstützt KVM unter anderem Linux, Windows, Solaris und diverse BSD-Derivate; die Unterstützung für Paravirtualisierung ist mittlerweile ebenfalls in KVM vorhanden.

Weitere Infos zu dem Thema finden sich auch unter *http://www.linux-kvm.org*

4.3.1 KVM-Setup

Damit wir KVM nutzen können, müssen wir auf dem Hostsystem logischerweise die entsprechenden Module laden. Bei den meisten Distributionen geschieht dies in der Regel nach der Installation der Pakete automatisch, andernfalls helfen wir per *modprobe* nach. Die Module haben dabei folgende Aufgabenteilung: Das Modul *kvm* erweitert den vorhandenen Kernel um die eigentlichen Virtualisierungs-Funktionen; die Module *kvm-amd* und *kvm-intel* stellen die jeweils architekturspezifische Erweiterung dar. Auf Systemen ohne Hardware-Unterstützung muss KVM die CPU-Emulation verwenden (`-no-kvm`).

KVM lässt sich ebenfalls über die bereits vorgestellte *libvirt*-Schnittstelle managen, d. h. wir können z. B. mit dem bereits bekannten Tool *virt-manager* auf einfache Art und Weise virtuelle Gäste erstellen und administrieren.

Die zentrale Konfiguration des libvirt-Daemons z. B. erfolgt über die Datei */etc/libvirtd.conf*.

4.3.2 KVM-Netzwerksetup

Das Netzwerksetup erfolgt, ähnlich wie bereits im Xen-Setup erläutert, default per Bridge. Andere Setups sind ebenfalls möglich, hierzu sollte die entsprechende Dokumentation zu Rate gezogen werden.

Die Schnittstelle *virbr0* wird z. B. beim Einsatz von *libvirt* über die Konfiguration in */etc/libvirt/qemu/networks/default.xml* definiert; über einen symbolischen Link dieser Datei nach */etc/libvirt/qemu/networks/autostart/** wird die Bridge beim Start des *libvirtd*-Daemons mit hochgezogen. Alternativ können wir natürlich auch über die Netzwerkkonfiguration unserer präferierten Distribution manuell eine entsprechende Bridge konfigurieren.

4.3.3 KVM-Gast manuell erzeugen

Die Erzeugung der VM auf unserem per DRBD-Dual-Primary gehosteten Shared Storage kann per GUI (*virt-manager*) erfolgen, das Verfahren bzw. die notwendigen Schritte in der GUI sind selbsterklärend. Natürlich muss die eigentliche Disk unseres KVM-Gastes auf dem Shared Storage liegen, andernfalls müssen wir auf Live-Migrations-Kapabilitäten verzichten. Die Konfiguration der VM erfolgt in wenigen Klicks. Nach Angabe des Namens der VM und des gewünschten Installationsmediums (siehe Abbildung) werden noch RAM-Größe, Anzahl der CPUs, Speicherort und -größe der VM (Disk) sowie Netzwerkparameter festgelegt, anschließend wird die Erzeugung der VM gestartet.

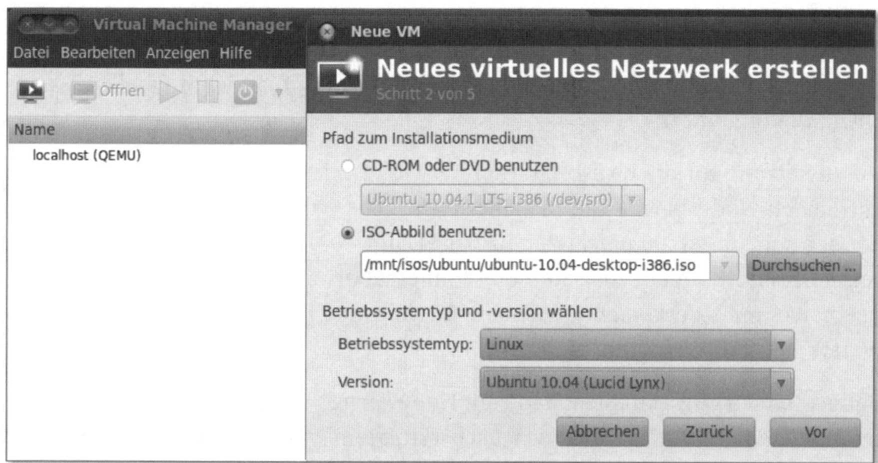

Abbildung 4.6 Teilschritt 2 bei der Erzeugung eines KVM-Gastes per virt-manager unter Ubuntu 10.04 LTS

Wer keine Lust auf Klicki-Bunti GUIs hat und alles in einem Kommando auf der Shell absetzen möchte, kann per *virt-install*-Kommando schnell und schmerzlos wie folgt vorgehen:

```
#> virt-install --connect qemu:///system -n lucidkvm -r 512 \
   -f /daten/kvm/lucidkvm/lucidkvm.qcow2 -s 4 \
   -c /mnt/isos/ubuntu/ubuntu-10.04-desktop-i386.iso \
   --os-type linux --network=bridge:virbr0  --hvm --vnc
```

```
Starting install...
Creating storage file luc 100% |=========================| 4.0 GB    00:00
Creating domain...                                                 0 B 00:00
```

Die meisten Optionen sollten selbsterklärend sein; die Direktive `-n` legt den Namen der VM fest, `-r (--ram)` legt die RAM-Speichergröße der VM fest, `-s` die Disksize in GB. Über `--hvm` wird die Verwendung der bereits erläuterten Voll-/Hardware-Virtualisierung festgelegt; `--vnc` erzeugt eine virtuelle Konsole im Gast und exportiert sie als VNC-Server auf den Host.

Die Konfiguration der erzeugten VM wird unter */etc/libvirt/qemu/<Name der VM.xml>* gespeichert. Weitere Infos zum Format des XML-Files liefert auch *virt-image(5)*.

4.3.4 KVM-Live-Migration

Die Live-Migration kann ohne Cluster-Integration auch direkt per *libvirt/virt-manager*-GUI getriggert werden. Hierzu muss eine Verbindung zum Zielnode erstellt werden, entweder per SSH-Tunnel oder über SSL-Zertifikate. Im Folgenden schauen wir uns die einfachere Variante per SSH-Tunnel an, Verfahren zur Zertifikatserstellung sind unter *www.openssl.org* und in anderen Quellen hinreichend dokumentiert.

Voraussetzung für die Live-Migration per GUI ist der aktivierte *libvirtd*-Daemon auf beiden Nodes sowie die installierten Pakete *ssh-askpass*. Die Verbindung können wir im *virt-manager*-Menu per »Datei -> Neue Verbindung« erzeugen. Anschließend wählen wir »Remote-Tunnel über ssh« und den Zielnode aus, bevor wir mit »*Verbinden*« (nach Bestätigung des Keys und Eingabe des Passworts) die Verbindung herstellen.

Betrachten wir den aktuellen Stand auf Node *karmicmaster* mit dem eben erzeugten, aktivem KVM-Gast *lucidkvm* nach erfolgtem Verbindungsaufbau zu Node *karmicslave* während der Live-Migration (siehe Abbildung 4.7).

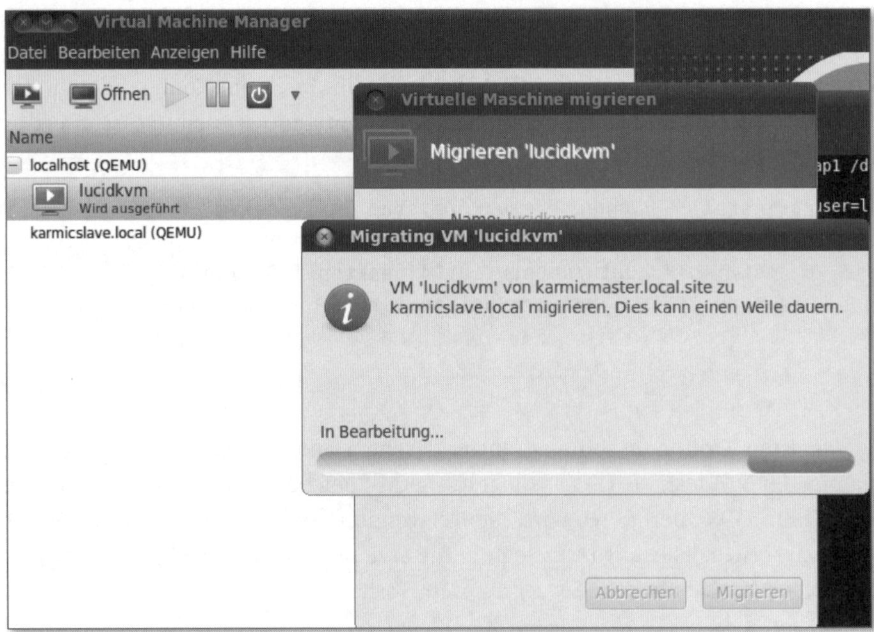

Abbildung 4.7 Live-Migration der VM unter Ubuntu per Virtual Machine Manager

Wollen wir die Migration auf der Kommandozeile anstoßen, ist das auch kein Problem. Betrachten wir an dieser Stelle kurz die manuelle Triggerung der Migration per *virsh(1):*

```
root@karmicmaster:~# virsh migrate --live lucidkvm \
   qemu+ssh://karmicslave.local.site/system
```

```
The authenticity of host 'karmicslave.local.site (192.168.198.104)' can't be established.
RSA key fingerprint is 30:17:8c:d9:fc:1b:83:1f:84:c7:db:cc:ab:e7:c0:01.
Are you sure you want to continue connecting (yes/no)? yes
root@karmicslave.local.site's password:
```

Nach erfolgter SSH-Authentifizierung wird die VM zwischen den Nodes migriert.

Um die VM-Ressource über unseren Cluster managen zu können, müssen wir sie nur noch mit dem entsprechenden OCF-RA *(VirtualDomain)* in unsere CIB integrieren (Beispieldatei: *res-kvm-vm.sh):*

```
#> crm configure primitive lucidkvm ocf:heartbeat:VirtualDomain \
   params config="/etc/libvirt/qemu/lucidkvm.xml" \
   hypervisor="qemu:///system" migration_transport="ssh" \
   force_stop="0" op start interval="0" timeout="90" \
   op stop interval="0" timeout="300" op monitor interval="10" \
   timeout="30" depth="0" op migrate_from interval="0" \
   timeout="240" op migrate_to interval="0" timeout="240" \
   meta allow-migrate="true"
```

Wie bereits bei der manuellen Migration verwenden wir in diesem Beispiel einen Migrations-Transport via *SSH* (`migration_transport="ssh"`). Dazu müssen wir, wie bereits in Abschnitt 3.10.2 beschrieben, sicherstellen, dass das Login auf der Remotemaschine per SSH-Key ohne Kennwort möglich ist. Eine andere Variante für den Parameter wäre z. B. *tcp*.

Die Live-Migration können wir nun analog zum Abschnitt 4.2.4 triggern:

```
#> crm_resource -M -r lucidkvm -H karmicslave -f
```

Achtung

Die xml-Konfigurationsdatei der VM muss auf beiden Nodes vorhanden sein! Nach erfolgter Migration nicht vergessen, die Migrations-Constraints (`crm_resource -U -r lucidkvm`) zu bereinigen.

Der *VirtualDomain*-RA kann bei entsprechender Konfiguration ebenfalls als Alternative für den Xen-RA verwendet werden; entscheidend wäre in dem Fall insbesondere der geänderte Hypervisor, z. B.:

```
#> crm configure primitive xenvm ocf:heartbeat:VirtualDomain \
   params config="/etc/libvirt/xen/xenvm.xml" \
   hypervisor="xen:///" meta allow-migrate="true" \
   op start timeout="120s" op stop timeout="120s" \
   op monitor depth="0" timeout="30" interval="10"
```

4.3.5 Backup/Snapshots von KVM-Gästen

Als Backup-Möglichkeiten für unsere KVM-Gäste stehen uns – wie für die Xen-DomUs bereits beschrieben – neben der Host-basierten LVM-Snapshot-Methode ebenfalls verschiedene VM-spezifische Backup-Möglichkeiten zur Auswahl, um die Verfügbarkeit unserer VMs zu erhöhen. Eine der möglichen Varianten wäre z. B. die Snapshot-Erstellung per *qemu*:

```
#> qemu-img snapshot -c snap1 /daten/kvm/lucidkvm/lucidkvm.qcow2
```

Soviel an dieser Stelle zum Thema Virtualisierung im Cluster – und wieder Zeit für ein kurzes...

Fazit

Virtualisierung ist bei heutigen Rechenleistungen ein nicht mehr wegzudenkendes Thema, insbesondere unter dem Aspekt der effizienten Ausnutzung von Hardware-Ressourcen.

KVM hat zu seinem Konkurrenten Xen sicher ein ganzes Stück aufgeholt, dennoch hat Xen – zumindest derzeit noch – in etlichen Umgebungen die virtuelle Nase vorn. Was uns die virtuelle Zukunft bringen wird, lässt sich natürlich auch hier nur schwerlich orakeln. Was wir jedoch tun können, ist ein Blick auf die aktuelle Situation zu werfen und für uns ein paar Kriterien zusammenzustellen – Kriterien, mit deren Hilfe wir die Nutzbarkeit und Effizienz zukünftiger Virtualisierungslösungen im Hinblick auf die HA unserer Systeme besser beurteilen können. Dabei sollte es sich mittlerweile von selbst verstehen, dass uns virtualisierte Gäste auf ein und demselben Host ausfalltechnisch rein gar nichts bringen – existiert kein zweites, räumlich getrenntes Hostsystem, haben wir wiederum nur einen nett zu betrachtenden *AveSpoF*...

Das Für und Wider bzw. die Vor- und Nachteile der jeweiligen Virtualisierungslösungen hatten wir in den letzten Abschnitten schon grob angerissen. Für zukünftige Betrachtungen sind – neben der Richtung, in die die Weiterentwicklung der von uns präferierten Lösung geht (z. B. problem- und nahtlose Integration in den Linux-Kernel, langfristige und sorgfältige Weiterenwicklung des Produkts) – natürlich auch noch andere Punkte zu berücksichtigen. Hier einige Beispiele:

- Unterstützt die Lösung nativ die Virtualisierung proprietärer Gastsysteme?
- Lässt sich das Hostsystem durch den Einsatz der Virtualisierungslösung leichter kompromittieren?
- Lassen sich die Gäste sicherheitstechnisch komplett voneinander trennen?
- Können die Gäste effizient und einfach überwacht werden?

- Können die Gäste in allen Situation problemlos und vor allem ohne Service-Unterbrechung migriert werden?
- Bringt die Virtualisierungslösung eigene Backup-/Hot-Failover-Mechanismen mit, und lassen sich diese nahtlos in die von uns verwendete HA-Lösung integrieren? (... KIS)
- Lässt sich die Lösung entsprechend unserer konkreten Anforderungen skalieren?
- Existieren komfortable und ständig weiterentwickelte Management-Lösungen?
- Lässt sich die Performance der Gäste effizient priorisieren?
- Unterstützt die Lösung Snapshots und das unkomplizierte Klonen von Gästen?

Natürlich kann auch dieser kleine Exkurs über Virtualisierung im Cluster nur einen Teilbereich des gewaltigen Themas anreissen, und wir dürfen dabei ebenfalls nicht vergessen, was auch hier für uns das oberste Gebot vor und während dem Einsatz von virtuellen Maschinen in unserem Cluster ist: Testen, Testen und nach dem Testen noch einmal Testen – und dokumentieren.

Nun wird es Zeit, dass wir uns dem letzten Kapitel widmen, dessen zweiten Part – *Disaster Recovery* – wir hoffentlich so selten wie möglich anwenden müssen, wenngleich wir so optimal wie möglich darauf vorbereitet sein sollten...

»Wenn es mehrere Möglichkeiten gibt, eine Aufgabe zu erledigen, und eine davon in einer Katastrophe endet oder sonstwie unerwünschte Konsequenzen nach sich zieht, dann wird es jemand genau so machen.« (»If there's more than one possible outcome of a job or task, and one of those outcomes will result in disaster or an undesirable consequence, then somebody will do it that way.«)
– Ing. Edward A. Murphy Jr.

5 Backup und Disaster Recovery

Okay, die Formulierung, die ursprünglich John W.Campbell Jr. tätigte und später als Murphys Gesetz bekannt wurde, kennen wir wohl alle, aber im Kern bedeutet die Nummer nichts anderes als: *Hinter jeder großen Katastrophe verbergen sich viele kleine Fehler.*

Warum? Nun, unser guter alter Captain Murphy war 1949 als Ingenieur an einem Raketenschlitten-Testprogramm der U. S. Air Force in der kalifornischen Wüste beteiligt. Wie immer, wenn viele Eierköpfe in Weißkitteln zusammengesteckt werden, kommen die merkwürdigsten Ideen zustande. Hier sollte herausgefunden werden, welche Beschleunigungen der menschliche Körper aushalten kann. Dazu wurden an der Testperson etliche Mess-Sensoren angebracht, die auf zwei Arten befestigt werden konnten: auf die richtige – und die falsche. Das Experiment schlug glorios fehl, weil jemand methodisch und sinnfrei sämtliche Sensoren falsch angeschlossen hatte. Und genau diese Erfahrung ließ den guten alten Murphy kopfschüttelnd zurück:

»Alles, was schiefgehen kann, wird auch schiefgehen.« (»Whatever can go wrong, will go wrong.«)

Mit Sicherheit. Denn auch wir kennen alle das unbestimmte Gefühl, das die Nackenhaare heraufkriecht, wenn die Kuh ins Eis gebrochen, der Drops gelutscht, das Kind in den Brunnen und uns der Himmel auf den Kopf gefallen ist. Für diejenigen, die das Gefühl nicht kennen und bisher noch nicht vermisst haben, wollen wir in diesem Abschnitt dafür sorgen, dass es auch zukünftig so bleibt. Selbst wenn das Chaos über uns hereinbricht und nach Murphys Gesetz eben alles schief geht, was nur schief gehen kann...

5.1 Analyse

Jill: »Nein, du wirst den Geschirrspüler nicht aufmotzen und kaputt machen, so wie du es mit dem Mixer getan hast.«
Tim: »Was hast du für ein Problem mit dem Mixer? Das ist doch der einzige Mixer hier im Viertel, der einen Mauerstein püriert.«
– Tool Time, USA 1990–99

Ja, der gute alte Tim Taylor hatte schon immer ein spezielles Händchen dafür, bestimmte Dinge zu lösen – oder auch nicht. Denn üblicherweise geht es zunächst darum, die Ist-Situation sehr sorgfältig und vor allem vernünftig zu analysieren, und dann zu eruieren, mit welchen Prozeduren das angestrebte Ziel erreicht werden kann...

Für uns gilt es also, zunächst die reale Ist-Situation sehr sorgfältig zu analysieren. Und das bedeutet – bezogen auf unseren konkreten Fall: *welche* Daten *wann wie womit wohin* gesichert werden. Klingt im ersten Moment trivial, ist es aber nicht. Denn im F-Fall ist die Integrität und Aktualität der Backups und Images unsere Lebensversicherung. (Und wer jetzt wieder an den wütenden Lynchmob vor der Tür unseres Admin-Offices denkt, liegt ab und zu auch nicht ganz daneben.) Daher sollten wir – neben der Gewährleistung der Hochverfügbarkeit unserer Systeme – immer ein ganz besonderes Augenmerk auf den allzeit möglichen F-Fall richten, denn der Tag X kommt – in jedem Fall. Und da wir zumindest in diesem Raum-Zeit-Kontinuum in der Regel nicht wissen *wann*, müssen wir auf den Fall der Fälle so optimal wie möglich vorbereitet sein.

Und nicht nur der reine Datenverlust kann uns den Tag vermiesen – auch der Gesetzgeber hat ein Wörtchen mitzureden, denn unsere Pflicht zur Datensicherung im nicht-privaten Umfeld ergibt sich unter anderem aus den gesetzlichen Vorschriften über eine nachvollziehbare, revisionssichere und ordnungsgemäße Buchführung gemäß Handelsgesetzbuch. Unterschieden wird zwischen der kurzzeitigen Aufbewahrung (von einem Tag bis hin zu drei oder auch sechs Monaten) und der längerfristigen Datenarchivierung, die unterschiedlichen Gesetzmäßigkeiten unterliegen. Die Richtlinien zur Archivierung und Nachprüfbarkeit digitaler Datenbestände für Unternehmen sind in Good old Germany verbindlich in den Grundsätzen zum Datenzugriff und der Prüfbarkeit digitaler Unterlagen *(GDPdU)* zusammengefasst, herausgegeben vom Bundesfinanzministerium. Von wem auch sonst – schließlich könnte unserem Fiskus ja neben der unglaublichen Sorge um unsere Daten auch die eine oder andere Eurone durch einen unschönen Crash unseres Unternehmens verloren gehen.

Und nicht nur das – auch Versicherungen können sich je nach Verklausulierung bei nachlässig gehandhabter Datensicherung gegen potentielle Entschädigungszahlungen sperren. Und die können sehr schnell entstehen – nicht nur durch den eigenen Schaden, sondern auch durch die Unternehmen, die direkt mit unserem Unternehmen zusammenarbeiten, und denen durch den Ausfall entsprechende Folgekosten entstehen. Wir sehen also – eine beileibe nicht triviale Verkettung von Wenns und Abers, um die wir uns jedoch keine allzu großen Sorgen machen müssen, wenn wir uns sorgsam mit dem Thema Datensicherung und *Disaster Recovery* auseinandersetzen. Und das werden wir nun tun.

5.2 Umsetzung

Im Detail geht es für uns um 3 Hauptkategorien, die wir analysieren und für die wir effiziente Recovery-Prozeduren erstellen, welche wir testen, testen und noch einmal testen – und logischerweise auch exakt dokumentieren müssen. Ans Werk.

Betrachten wir zunächst die Kategorien selbst – die Problemstellungen und ihre Lösungen ergeben sich dann in logischer Konsequenz.

5.2.1 Kategorie 1: Backup und Recover des reinen Datenspeichers

Natürlich, der Klassiker, aber auch bei diesem Punkt gibt es einige Details zu beachten. Jedes Unternehmen, das halbwegs verantwortungsvoll mit seinen Daten umgeht, erstellt ein Backup seiner »Nutzdaten«, die üblicherweise auf einem separaten Storage liegen und optimalerweise mit redundanter Hardware unterlegt sind. Doch damit allein ist es nicht getan, denn es kommen weitere Punkte hinzu, ohne deren Beachtung wir trotz vermeintlichem Bremsfallschirm mit Murphys Raketenschlitten ungebremst auf den Betonklotz am Ende der Piste zurauschen.

Wie

... wird das Backup erstellt? Komplett, differentiell oder inkrementell? Denn das differentielle Backup, bei dem immer nur die Deltas zur letzten Vollsicherung gespeichert werden, ist zwar in der Regel relativ schnell erstellt, benötigt jedoch immer das Medium, auf dem die gewünschte, komplette Sicherung liegt, ohne die die Deltas nicht viel Wert sind. Die inkrementelle Variante ist aufgrund der geringeren Deltas noch schneller, benötigt jedoch konzeptbedingt alle Zwischenspeicherungen *und* die letzte Vollsicherung. Bezogen auf unsere am Anfang des Buches erläuterte serielle Kette von Bausteinen zweifelsohne eine äußerst ungünstige Lösung. Eine weitere Variante kann auch die Datensynchronisation darstellen, z. B. via *rsync*. Denkbar sind hier verschiedene Modelle – z. B. ein automatisiertes Backup, bei dem die Daten für jeden Werktag in unterschiedlichen

Ordnern von Montag–Freitag abgelegt und jede Woche auf den aktuellen Stand gebracht werden. Der Admin kann dabei ein 1:1-Kopie erstellen, indem per `-delete`-Option alle Daten auf der Backup-Seite gelöscht werden, die auf der Quelle nicht mehr vorhanden sind. Zudem ist das Verfahren, insofern der Schalter `-u` gesetzt wurde, nach der ersten Rotation zeitlich sehr effizient, da nur die Deltas synchronisiert werden, die sich seit dem letzten Backup geändert haben. Eine sehr einfache, aber dennoch recht effiziente Single-Shot-Variante, die per *cron* eingebunden werden kann, findet sich in den Beispieldaten zu diesem Kapitel.

Das Ganze muss natürlich um entsprechende Wochen- und Monatssicherungen erweitert werden, die in erforderlichen Intervallen auf zusätzlichen, separaten Backup-Medien archiviert und natürlich Recover-technisch validiert werden. Zudem ist es ebenfalls denkbar, die gesicherten Daten – sofern sie auf den Disks eines Backup-Servers liegen – z. B. über Samba-Readonly-Shares zu exportieren, sodass die User je nach Berechtigung ihre Daten selbst recovern können. Apropos Samba – und ganz nebenbei als kleines Schmankerl angemerkt – das Samba *VFS-Recycle*-Modul (der »Share-Papierkorb«) kann hier und da auch recht hilfreich sein und das Admin-Telefon schweigen lassen, falls User versehentlich Files auf der Share gelöscht haben.

Also: Wer ganz auf Nummer sicher gehen will, sollte einer kompletten Backup-Variante stets den Vorzug geben. Natürlich ist das komplette Backup je nach Größe der zu sichernden Daten und dem Medium, auf das gesichert wird, ein zeitintensiver Prozess, der bei sehr kleinen Zeitfenstern oder gar einem 24/7-Betrieb nicht ohne ein paar Kniffe zu realisieren ist. Eine mögliche Alternative kann in diesem Fall unser alter Bekannter LVM (oder auch zukünftig *btrfs)* sein, über dessen Snapshot-Mechanismen wir auch im laufenden Betrieb konsistente Backups unserer Datenbestände erstellen können – zumindest in der Regel. Denn wie bereits angemerkt, benötigen insbesondere Datenbanken unsere ganz spezielle Aufmerksamkeit, denn sie können – je nach Art – intern bestimmte Locking-Mechanismen verwenden, die vom *CoW*-Mechanismus nicht sauber verarbeitet bzw. erkannt werden können. Für Datenbanken, die in diese Kategorie fallen, empfehlen sich immer die – falls vorhanden – internen Backup- bzw. DB-Dump-Mechanismen, denn nur sie können alle DB-internen Lockings sauber erkennen und behandeln. Natürlich kann auch – wenn keine andere Möglichkeit besteht und das Zeitfenster es erlaubt – die DB heruntergefahren und ein kaltes »Offline«-Backup der Datenbank erstellt werden.

Wer beispielsweise die Datenbank des bekanntesten Open-Source-Verzeichnisdienstes OpenLDAP per Hot-Backup, also im laufenden Betrieb, sichern will, dem stehen verschiedene Varianten zur Verfügung: So kann der Administrator bei der Verwendung der sogenannten Online-Konfiguration die Datenbank des verwalteten Kontextes mit einem einfachen (Boolean-)Switch in den Readonly-Modus versetzen. Auf diese Weise kann ein konsistentes Backup zur Laufzeit erstellt werden, während weiterhin z. B. alle authentifizierungstechnischen Vorgänge und Leseoperationen durchgeführt werden können. Falls eine Full-Replica des Masters (als Slave oder Multi-/Hot-Standby-Master) vorhanden ist, kann diese – für die Dauer des Backups auf der nun »isolierten« Maschine – temporär vom Master getrennt werden.

Andere Systeme wie z. B. MySQL beherrschen ähnliche Varianten: Sie können meist entweder über bordinterne Tools gedumpt werden, bei vorhandenen Replicas kann, wie weiter oben beschrieben, ebenfalls ein konsistentes Backup erstellt werden. Durch die vorhandenen Transaktionsmechanismen der Datenbank (bei OpenLDAP z. B. in der unterliegenden *Oracle-Berkeley-DB* implementiert) ist sichergestellt, dass die Datenbank der diskonnektierten Replica in jedem Fall konsistent ist.

Wann

... wir unser Backup erstellen, hängt logischerweise auch von der Arbeitsweise unseres Unternehmens ab: In einem typischen Office mit regulären Bürozeiten und arbeitsfreiem Wochenende bieten die Nächte und das Wochenende in der Regel immer hinreichend große Zeitfenster für ein Backup. Wie bereits eben erläutert: 24/7-Betriebe müssen an dieser Stelle – neben den ebenfalls weiter oben schon benannten Aspekten hinsichtlich der Art und Durchführung des Backups – analysieren, welches Zeitfenster sich am ehesten für ein Backup eignet – beim Einsatz von Snapshot-Mechanismen mit Sicherheit in der Phase des Tage, in der am wenigsten Deltas gepuffert werden müssen.

CDP: Continuous Data Protection

Jedoch stellt sich auch für das *wann* bzw. *wie oft* die Frage, in welcher Relation die (je nach Aktualität) veralteten Daten des Backups zu den Folgekosten stehen. Ein einfaches Beispiel: Unser Unternehmen fertigt Steuerungsmodule für transportable Fusionsreaktoren auf Quantentechnologie-Basis zum Einsatz in Antigravitationsantrieben. Sicher, jede Menge anderer Unternehmen werkeln auch in dem Bereich, aber wir stellen uns weiter vor, dass wir jeden Tag so gewaltige Fortschritte in der Weiterentwicklung unserer Technologie machen, dass wir kurz davor stehen, Marktführer zu werden. Stellen wir uns nun ebenfalls vor, dass unser Chefentwickler kurz vor Feierabend seine Dateien mit allen Platinenlayouts, die er heute um vierhundert Prozent effizienter gestaltet hat, aus Versehen völlig geschreddert hat. Die Testabteilung trommelt zusammen mit dem Mastermind mit Fäusten und spitzen Gegenständen gegen unsere Tür, und wir, der leidgeprüfte Admin, können den Jungs und Mädels nichts anderes anbieten als die – in diesem Fall – hoffnungslos veraltete Sicherung der letzten Nacht. Und wieder sind wir bei: *Bad things will happen...*

Ein Ausweg aus dieser Situation kann das Konzept der sogenannten *Continuous Data Protection* bieten, bei der die Daten in – je nach Anforderung – relativ kurzen Intervallen über multiple Snapshots (oder DB-Dumps oder adäquate Szenarien) auf externen Disk-Backupmedien gespeichert werden, und zwar so (z. B. via Readonly-Share), dass sie gegebenenfalls vom User selbst sehr kurzfristig wiederhergestellt werden können. Die Recoverzeiten sind minimal; durch die relativ aktuellen Sicherungen geht kaum Information verloren – aber der Speicherverbrauch auf dem externen Backup-Storage kann in gewaltige Dimensionen wachsen. Daher ist auch an dieser Stelle ein intelligentes und vor allem selektives Konzept der Sicherung unserer sensitiven Datenbestände gefragt.

Was

... wird den überhaupt gesichert? Klar – hier erst einmal unsere Nutzdaten. Aber sind denn alle Nutzdaten wirklich Nutzdaten, oder verballern wir endlos Zeit und Speicherplatz, um Tag für Tag Dateien und/oder Datenbanken zu sichern, die sich eh nur einmal alle Jubeljahre ändern? An dieser Stelle sind ebenfalls intelligente Lösungen gefragt, ob nun selbsterstellte Scripting-Tools oder kommerzielle Varianten, die eine Gewichtung der zu sichernden Daten ermöglichen. Ein Beispiel: Nehmen wir an, wir hätten neben den Daten auf unserem Storage, die sich jeden Tag mit hoher Frequenz ändern (siehe CDP), auch andere Daten, die eher statischer Natur sind, wie z. B. Dokumente mit Dienstanweisungen und eine alte Datenbank, die zwar noch lesend benutzt werden muss, aber deren Datenstand sich nicht mehr ändert. Um effizient zu sichern, sowohl was den (kostspieligen) Speicherplatz auf dem Backup-Medium als auch die aufgewendete Zeit angeht, müssen wir selektiv vorgehen: z. B. indem wir diese Daten aus der regulären, täglichen Sicherung der »normalen« Daten ausklammern und sie auf einem günstigeren und gegebenenfalls auch langsameren Storage lagern und mit deutlich niedrigerer Frequenz sichern.

Zum anderen müssen wir auch an Applikationen denken, die bestimmten Hardware und/oder OS erfordern, also ein Archiv im Sinne einer Way-Back-Machine, damit wir alte Datenstände nicht nur parat haben, sondern sie auch lesen können. Was das OS angeht, stellt das auf Basis virtueller Maschinen in der Regel kein größeres Problem dar – eine bestimmte Hardware-Konfiguration unter Umständen schon.

Wohin

... das ist immer eine gute Frage. Egal ob der Taxifahrer uns nach dem einen oder anderen Bier zurück ins heimische Domizil verfrachten soll, dessen Lokation uns just aufgrund der zuvor erwähnten, im Blut gespeicherten Narkotika entfallen ist. Das *Wohin* im konkreten Bezug auf unsere Backup-Situation bezieht sich im realen Sinne auch auf ein Speichermedium und, nicht zu vergessen, seinen physikalischen Ort. Jeder halbwegs mit Verstand gesegnete Admin sollte sich darüber im Klaren sein, dass die Aufbewahrung der gesicherten Daten am gleichen Ort, an dem sich auch Server und Storage befinden, nicht unbedingt unter die Kategorie »geniale Eingebungen« fällt. Und hierbei denken wir nicht nur an Feuer-, Wasser-, Erdbeben- oder sonstige Schäden, die in direkter oder indirekter Linie mit Naturgewalten zu tun haben. Nein, auch die Panzerknacker-Fraktion kann uns in dem Fall mit einem Schlag aus dem süßen Traum der vermeintlichen Sicherheit reißen.

Wir sehen also, der Aufbewahrungsort, an dem die Daten gesichert werden, sollte in jedem Fall ein paar Hausnummern neben dem unserer Server liegen. In der Praxis nicht immer einfach umzusetzen, insbesondere bei kleineren Firmen, aber alles andere wäre grob fahrlässig. Zudem: Wem die Zeit, die Kapazitäten und eine weitere Ablagemöglichkeit zur Verfügung stehen – ein zweites Backup kann ebenfalls nie schaden...

Das im privaten Segment immer populärer werdende Online-Backup erfüllt zwar sicher das Kriterium der räumlichen Trennung, dem stehen jedoch andere Punkte entgegen, die der Admin in die Waagschale werfen muss. Zum einen liegt wahrscheinlich in den wenigsten Fällen eine entsprechende Bandbreiten-Anbindung vor, um wirklich große Datenmengen in einer adäquaten Zeiteinheit über das Netzwerk zu schaufeln, und das bringt uns direkt zum zweiten Punkt – denn wir würden unsere mit Sicherheit sensitiven Daten über ein potenziell unsicheres, äußeres Netz jagen, das die Konsistenz unserer Daten zudem durch eventuelle Übertragungsfehler zunichte machen kann. Dazu kommt noch die Sicherheit unserer Daten auf dem eigentlichen Storage des Backup-Providers, sowohl technisch (Stehen die Server als High-Tech-Blades in klimatisierten Serverräumen eines bzw. mehrerer Rechenzentren und verfügen über wirklich redundanten Storage und ein weiteres Backup-System, oder ist es doch eher ein wackeliger, selbst gestrickter Supermarkt-Rechner(cluster) in irgendeiner Mietskaserne mit fast durchgerosteten Wasserrohren? Und hat unser vertrauensvoller Provider ein Backup unseres Backups?) als auch »philosophisch« (Hat der Online-Backup-Provider vielleicht ein paar roten Zahlen zuviel auf dem Konto, die der freundliche Typ der *Datensammelkrake AG Incorporated* gern gegen ein paar Infos zu unseren und anderen vertraulichen Daten begleichen würde?)...

Fakt ist: Hier geht es nicht um übertriebene Paranoia, sondern schlicht und einfach um bares Geld, den Schutz des geistigen Eigentums und im schlimmsten Fall das Überleben des Unternehmens: Wer seine sensitiven Daten also unbedingt auf einem Online-Storage ablegen will oder muss, sollte daher in jedem Fall entsprechende und grundlegende Vorsichtsmaßnahmen treffen, wie z. B. eine sehr sorgfältige Auswahl des Providers, eine effiziente Verschlüsselung unseres kompletten Backups nebst einer regelmäßigen Verifikation desselben. Zudem sollten immer aktuelle Tests der einschlägigen Fachpresse zu Rate gezogen werden. Als mögliches Tool für unseren verschlüsselungstechnischen Bedarf bei Online-Backups sei an dieser Stelle z. B. *Duplicity (http://duplicity.nongnu.org/)* genannt.

Welches

... Medium? Auch immer eine gute Frage, auf die es je nach Anforderung natürlich auch eine – oder mehrere – passende Antworten gibt. Die Zeiten, in denen Datenbestände noch im überschaubaren GB-Bereich lagen, gehören für viele Unternehmen längst der Geschichte an. Und damit auch viele Techniken aus dieser Zeit, wie beispielsweise einige Bandlaufwerke, deren Geschwindigkeit und Kapazität schlichtweg nicht mehr ausreichen, um – zum einen – die Datenmenge und – zum anderen – die betreffende Datenmenge innerhalb eines adäquaten und erforderlichen Zeitfensters zu sichern.

Bei den permanent sinkenden Storage-Preisen lassen sich schon seit Langem festplattenbasierte Backup-Systeme ohne Probleme verwenden und erweitern. Ein weiterer Vorteil dieser Art von Backup gegenüber klassischen Backup-Verfahren via Streamer/Bandlaufwerk – wie z. B. *DLT (Digital Linear Tape)* oder *LTO (Linear Tape Open)* – oder optischen Speichersystemen liegt in der unübertroffenen Geschwindigkeit, vorausgesetzt, die Anbindung des Harddisk-Backup-Storages besitzt ebenfalls genug Bandbreite. Nichtsdestotrotz muss z. B. auch von einem rotierenden Backup auf einem Harddisk-Storage in regelmäßigen Intervallen ein weiteres Backup (z. B. auf Band) erstellt werden, das ordnungsgemäß archiviert wird.

Und egal welches Medium wir verwenden – die regelmäßige Validierung der gesicherten Daten ist die zwar oft nervige, aber unabdingbare Voraussetzung, damit wir den F-Fall so entspannt wie möglich angehen können – es sei denn, wir haben unser One-Way-Ticket nach Maui oder Pago-Pago schon in der Tasche ...

Und nicht nur das: Wir müssen dabei auch berücksichtigen, dass alte Daten aus dem verstaubten Archiv – wie bereits erwähnt – auch gegebenenfalls alte Hardware (bestimmte Streamer etc.) benötigen, damit wir sie lesen und bei Bedarf auf aktuellere Backup-Medien transferieren können. Besondere Aufmerksamkeit gilt auch für rein optische Speichermedien, die – im Fall von gebrannten CDs/DVDs

– je nach Lagerung nur eine relative kurze Halbwertzeit haben können, sofern die chemischen Bestandteile beschädigt werden: Durch Licht, Hitze, Luftfeuchtigkeit und Fingerabdrücke kann sich die Lebenszeit in ungünstigen Fällen auf wenige Jahre reduzieren.

Wer

... ist denn überhaupt zuständig? Und auch mit den entsprechenden Fähigkeiten gesegnet? Auch mal ein paar gute Fragen, die sich unter anderem mithilfe der hoffentlich sorgfältig erstellten und detaillierten Dokumentation aufdröseln lassen – und genau das bringt uns zu einem der wichtigsten Punkte, der ...

Dokumentation

... denn sie ist der Dreh- und Angelpunkt und Indikator für Erfolg oder Misserfolg unserer Backup- und Restore-Tätigkeiten. Daher ist die sorgfältig erstellte, gepflegte und durch – in regelmäßigen Intervallen durchgeführte – Tests validierte Dokumentation in diesem Bereich absolut unersetzlich. Unsere Dokumentation sollte unter anderem die folgenden, wichtigen Punkte abdecken:

- den Ablauf der eigentlichen Datensicherung (was wird wann wohin gesichert und wie wird das Backup validiert?)
- den Aufbau der Archivierung (Ablageorte des Backups, Nomenklatur, Hierarchie usw.)
- den exakten Ablauf der Schritte, die im Desaster-Fall – je nach Crash-Szenario – selektiv einzuleiten sind.
- die Prioritäten für die Wiederherstellung der Systeme und Applikationen (z. B. zunächst Clusternode 1, dann Clusternode 2, dann DB-Server, dann Storage usw.)
- die zuständigen Mitarbeiter (Telefonnummern beruflich/privat, Adressen etc.) und ihre jeweiligen Kompetenzen

Zudem sollte unsere Doku sowohl sprachlich als auch von der reinen Übersichtlichkeit so aufgebaut sein, das gegebenenfalls auch ein nicht in der Materie beflissener Mitarbeiter zur Not grundlegende Prozeduren einleiten kann, um weitere Schäden an den Systemen zu verhindern.

5.2.2 Kategorie 2: Backup und Recover des Systems

Ein Cold-Backup und -Recover – klingt im ersten Moment cool, ist aber eher erhitzend, denn der Aufwand, um das Cold-Backup bzw. Image eines Systems zu recovern, kann durchaus größer sein als das konventionelle Recover unserer

Nutzdaten. Nichtsdestotrotz ist das Cold-Backup in bestimmten Situationen unumgänglich:

Jeder verantwortungsbewusste Admin erstellt in regelmäßigen Abständen ein Image des Systems – sprich: des eigentlichen Servers bzw. der Cluster-Nodes. Der Sinn hinter der Übung sollte klar sein. Unsere Nutzdaten liegen auf einem zentralen, redundant gehaltenen Medium und sind im Zweifelsfall je nach Konzept schnell recover-bar. Was aber ist mit dem eigentlichen OS unseres Servers?

Ein simples Beispiel aus der Praxis, das versionstechnisch nicht einmal sehr lange zurückliegt und beileibe kein Einzelfall ist: Es ist Patchday angesagt, und wir vertrauen unserem immer toll am Markt präsenten Linux-Distributor ob der Qualität seiner – natürlich gegen gutes Geld – zur Verfügung gestellten Patches. Unser Cluster wird gepatcht – Node 1, Node 2 und fix ein neuer Xen-Kernel mit DRBD und Cluster-FS-Modulen installiert. Nach dem Reboot von Node 1 die erste böse Überraschung, denn das Cluster-FS-Modul will in Verbindung mit dem Kernel nicht mehr. Uns schwant bereits Übles, und wir müssen Node 2 nicht auch noch rebooten, um uns der traurigen Wahrheit gewahr zu werden – die Patches könnten teurer werden, als wir gedacht haben.

Werden sie aber nicht, da wir schlau waren, und das ganze Szenario zunächst auf einem virtuellen Cluster getestet haben, bevor wir es auf unsere Produktivserver – und gegebenenfalls die unserer Kunden – loslassen. Aber das Fatale daran: Der beschriebene Vorfall ist real und, wie bereits gesagt, kein Einzelfall. Unserer Backup- und Disaster-Recovery-Agenda fügt er daher ein paar wichtige Punkte hinzu:

Erstens: Niemals ein vollautomatisiertes Online-Update auf produktive Systeme loslassen. Immer nur manuell patchen, und das auch erst, nachdem wir die folgenden Punkte aufmerksam durchgelesen haben.

Zweitens: Vor jedem Patchday, an dem vitale Komponenten des Systems (z. B. der Kernel selbst und/oder Filesystem-/Hardware-Module) modifiziert werden, sollte ein Image des Systems im aktuellen und vor allem funktional validierten Zustand durchgeführt werden. Wie das funktioniert, schauen wir uns gleich an. Eine weitere Alternative wäre ein Snapshot unseres aktiven OS *vor* der Applikation der Patches, insofern Filesystem-/LVM-Tools und Bootloader das Verfahren sicher und geprüft unterstützen (siehe Abschnitt 2.4.10).

Drittens: Wenn möglich, die Patches vorab auf einer (para-)virtualisierten Testumgebung testen. Hier können problemlos zuvor auf LVM- oder VM-Ebene Snapshots erstellt und bei Bedarf revertiert werden. Allerdings müssen wir auch bedenken, dass wir bestimmte, von realen Hardware-Komponenten abhängige Patches in einer virtuellen Umgebung in der Regel nicht wirklich testen können.

Bilderbuch

Jepp, es geht um Bilder – im genauen Sinn des Wortes, aber eher Momentaufnahmen unseres Systems. Wie bereits oben erläutert, ist die Erstellung von Images für uns unabdingbar, um eine 1:1-Kopie unserer Server im F-Fall so schnell und aktuell wie möglich wiederherstellen zu können. Wie aber können wir die eigentlichen Images am effektivsten erstellen? Nun, wie üblich gilt auch hier mal wieder: Viele Wege führen nach Rom, und etliche davon beziehen sich auf spezielle Vorgaben, sei es durch das OS, die Hardware und/oder andere Faktoren, die sich im Rahmen unserer Betrachtungen kaum erschlagen lassen. Welche Methode für uns die effizienteste ist, müssen wir entsprechend der real vorliegenden Gegebenheiten evaluieren – eine allgemeingültige Lösung für jeden Fall ist wohl schwerlich zu finden. Dennoch existieren ein paar Vorgehensweisen, die sich in der Praxis für die meisten Anwendungsfälle bewährt haben. Schauen wir uns ein paar klassische Prozeduren an, die mit Linux-Bordmitteln arbeiten und sehr einfach, aber effizient zu handhaben sind.

Cold Backup des Systems mit dd, sfdisk und partimage/fsarchiver

Die Vorgehensweise ist relativ einfach und bewährt. Zunächst benötigen wir im Vorfeld eine Live-CD/-DVD, die mit den entsprechenden o. g. Tools ausgestattet ist, die Hardware unseres Servers erkennt und die entsprechenden Utilities besitzt, um z. B. entfernte Samba- oder NFS-Laufwerke in unserem Netz mounten zu können, auf denen wir das Image bzw. die Images der Partitionen ablegen können (die so auch sehr einfach backup-technisch mit erfasst werden können). Hier können wir entweder auf die üblichen Verdächtigen wie *Knoppix* oder ähnliche Gesellen zurückgreifen, der erfahrene Admin kann sich natürlich auch seine eigene bootbare und mit allen Tools ausgestattete Rescue-Disk erstellen.

Wer keinen 24/7-Betrieb aufrechterhalten muss, kann seine Server abends oder am Wochenende herunterfahren und die Images erstellen. Ist ein kompletter Shutdown nicht möglich, führt der Weg kaum an einer Clusterlösung mit zumindest 2 Nodes vorbei. Nur so kann im laufenden Betrieb jeweils einer der Nodes für die Dauer des Image-Vorgangs heruntergefahren werden, während sein Hot-Failover-Partner den Job übernimmt. Dabei müssen wir im Hinterkopf behalten, dass unser Cluster – falls es sich »nur« um einen 2-Node-Cluster handelt – für die Dauer dieser Prozedur keine Redundanz im F-Fall mehr bietet.

Nachdem wir unseren Server von der Live-CD oder -DVD gebootet und uns mit einem Netzlaufwerk konnektiert haben, das hinreichend Speicherplatz zur Aufnahme der Images bietet, geht es ans Werk. Da wir auf einem Live-System arbeiten und sich dadurch unsere »echten« Partitionen nicht in Benutzung befinden, können wir ohne Probleme auf alle Daten des Systems ohne etwaige Sperrmechanismen zugreifen. Im ersten Schritt erstellen wir ein Backup des MBR, des *Master Boot Records*, z. B.:

```
#> dd if=/dev/sda of=/backup/mbr.srv1.sda.08-2010 bs=512 count=1
```

Anschließend die Partitionstabelle in rücklesbarer Form per *sfdisk(8)* sichern:

```
#> sfdisk -d /dev/sda > /backup/partitions.srv1.sda.08-2010
```

Nun müssen noch die Images von den Partitionen unseres Servers erstellt werden. Dazu können wir z. B. *fsarchiver (www.fsarchiver.org)* verwenden, das dem ebenfalls in der Vergangenheit recht populären *partimage (www.partimage.org)* einige Features voraus hat, wie u. a. die Unterstützung von ext4 und btrfs. Auf den Homepages finden sich weitere umfangreiche Informationen zu den Imaging-Tools und ihrer Anwendung.

Jedoch bezieht sich das vorgenannte Beispiel auf ein Single-Disk-System – bzw. mit gegebenenfalls abweichendem Device-Bezeichner auf ein Hardware-Raid-System – wie wir unschwer feststellen können. Für ein bootredundantes Softraid 1 spielen jedoch weitere Punkte, wie unter anderem z. B. Bootloader-Typ und -Konfiguration, eine Rolle. Die Varianten sind dabei zu vielfältig, als dass wir sie hier noch konkret für alle Eventualitäten durchspielen könnten. Das soll aber nicht heißen, dass wir an dieser Stelle die Flügel streichen – no way. Denn wir haben noch einen kleinen Trick in der Reserve, den uns das Softraid 1 selbst liefert.

Cold Backup und Rollback des Systems via Raid 1

Das Prinzip, das hinter unserem Ansatz steckt, ist recht einfach und in der Praxis erprobt: Wir haben ein Softraid 1 in unserem Server, also 2 identische Spiegelhälften, und damit alles, was wir brauchen. Wir müssen nun nur noch unseren Server, der sich in perfektem Zustand befindet, herunterfahren, eine der Spiegelhälften un-pluggen und sie ins Archiv verfrachten. Dann fahren wir unseren Server mit der verbliebenen Disk im Degraded-Mode wieder hoch, stöpseln anschließend eine neuen Spare-Disk ein, starten die Re-Synchronisation, unser System ist wieder aktiv und wir haben mit minimaler Downtime ein validiertes und funktionsfähiges Image unseres Systems im Panzerschrank liegen.

Sollte es nun erforderlich sein, das komplette System wiederherstellen zu müssen, holen wir die Disk aus dem Archiv, starten das System allein mit dieser Disk – wiederum im Degraded-Mode – und stöpseln, nachdem das System hochgefahren ist, eine neue, zweite Disk hinzu. Dann der Resync, und alles ist wieder gut.

Daneben bietet dieses Konzept noch einen weiteren Vorteil: wir können auf diese Art sehr einfach ein Rollback nach einem missglückten Patchday initiieren. Im einfachsten Fall lassen wir die kompletten Patches auf das Degraded-Raid los und stöpseln anschließend – falls alles okay ist – die zweite Disk wieder hinzu und starten den Resync der aktuellen Daten auf die neue Disk. Bereiten die neuen Patches Probleme, gehen wir wie weiter oben beschrieben vor, stöpseln die alte Disk mit dem Pre-Patch-Stand wieder ein und verwenden sie als Sync-Source.

An dieser Stelle noch eine sehr kurze, auszugsweise Auflistung von einigen Backup-/Recovery- und Disaster Recovery-Tools aus dem Open Source Umfeld. Welches Tool sich für welchen Einsatzzweck am Besten eignet, muss der Admin natürlich nach einer Gegenüberstellung der jeweiligen Features für sich und die Umgebung, die er betreut, genau evaluieren. Die Reihenfolge ist willkürlich und hat nichts mit einer Gewichtung/Präferierung des jeweiligen Tools zu tun. Auf den angegbenen Webseiten finden sich in der Regel neben den Sourcen/Paketen ausführliche Dokumentationen, Howtos und Demo-Videos.

Relax & Recover (*http://rear.sourceforge.net*)

Mondo Rescue (*http://www.mondorescue.org/*)

Bacula (*http://www.bacula.org/en/*)

rsnapshot (*http://www.rsnapshot.org*)

5.2.3 Kategorie 3: Backup und Recover von virtuellen Maschinen

Auf den ersten Blick die scheinbar einfachste Kategorie, doch auch hier gibt es einige Punkte, die beachtet werden müssen: Welches Backup-/Snapshot-Verfahren soll angewendet werden? Prinzipiell gelten hier die gleichen Aspekte wie beim Backup bzw. der Image-Erstellung aus dem letzten Abschnitt. Die einfachste und sicherste Variante liegt natürlich auch hier darin, die VM, deren funktionell optimaler Zustand zuvor validiert wurde, herunterzufahren und komplett wegzusichern.

Ist kein Shutdown möglich, bleiben u. a. die bereits bekannten und benannten Snapshot-Prozeduren: Entweder können wir je nach verwendeten virtuellen Blockdevices verschiedene, interne oder externe Snapshots der VMs mithilfe der jeweiligen Virtualisierungs-Tools erzeugen, oder wir greifen auf die Snapshot-Kapabilitäten unseres altbekannten LVM zurück. Welches Verfahren sich am besten eignet, muss gegebenenfalls natürlich von Fall zu Fall evaluiert werden.

Zum guten Schluss ...

Damit bin ich mit meinen Ausführungen zum Thema *Hochverfügbarkeit unter Linux* auch schon wieder am Ende angelangt. Ich hoffe, ich konnte sowohl einen guten Einstieg in die Materie als auch passende Lösungsansätze für speziellere Konfigurationen in der Praxis liefern, und Ihnen, dem/der Leser(in), die Tipps, Denkanstöße und Prozeduren an die Hand geben, die Ihren täglichen Job erleichtern.

Letztlich wird es immer schwierig sein, wirklich jeden Wunsch zufriedenzustellen, genauso wie es nahezu unmöglich ist, jede nur erdenkliche Konfiguration zu berücksichtigen, denn dazu ist dieses Themengebiet einfach zu umfassend und vielfältig. Und natürlich lassen sich in diesem relativ kleinen Rahmen daher kaum alle Aspekte der Hochverfügbarkeit abklopfen. Ich hoffe jedenfalls, dass Ihnen das vermittelte Know-how dabei nützlich ist, die Verfügbarkeit der Systeme, die Sie betreuen, zu optimieren – und auch, dass die Lektüre nicht allzu trocken war.

In jedem Fall bedanke ich mich einmal mehr bei Ihnen, dem/der Leser(in). Denn ohne Sie ist der Autor immer nur ein Motor – ohne Treibstoff.

A Anhang

A.1 Beispieldateien

Alle Beispieldaten zu den Kapiteln und Abschnitten finden sich auf der Verlagsseite zum Download: *http://www.galileocomputing.de/1999*.

A.2 Paketlisten

Nachstehend sind die verwendeten Pakete der jeweiligen Distributionen mit den zugehörigen Versionsständen aufgelistet, die im Rahmen der Setups verwendet wurden. Dabei muss natürlich immer berücksichtigt werden, dass je nach Distribution und/oder tatsächlich verwendeter Paket-Version und/oder Konfiguration spezifische Problematiken auftreten können, die sich unmöglich berücksichtigen lassen.

Für die Setups wurden in der Regel 32-Bit-Versionen der Pakete verwendet. Beim Einsatz auf einem 64-Bit-System sind natürlich ihre entsprechenden Pendants zu wählen.

Noch eine kurze Anmerkung zum nachfolgenden Listing: Pakete, die in einer Sektion bereits gelistet wurden, werden in nachfolgenden Sektionen in der Regel nicht mehr explizit gelistet.

Abschnitt 2.1.3: cpusets

Distributionsspezifisch:

Ubuntu	SUSE
cpuset 1.5.3 (Source) libcpuset1 1.0-1 cgroup-bin 0.34-0ubuntu2	cpuset-1.5.4-1.2.i586 libcpuset1-1.0-12.1.i586 libcgroup1-0.36.2-1.3.i586

Sources:

Software	Quelle
cpuset	*http://code.google.com/p/cpuset/*

Abschnitt 2.1.4: monit

Distributionsspezifisch:

Ubuntu	SUSE
monit 1:5.0.3-3 libpam-modules 1.1.1-2ubuntu5	monit-4.10.1-74.1.i586 pam-1.1.1.90-1.6.i586 ulimit-1.2-7.1.noarch

Sources:

Software	Quelle
monit	*http://mmonit.com/monit/*

Abschnitt 2.1.5: Bonding

Distributionsspezifisch:

Ubuntu	SUSE
ethtool 6+20091202-1 ifenslave-2.6 1.1.0-14ubuntu2.1	ethtool-6-85.1.1.i586 iputils-ss021109-300.1.1.i586

Abschnitt 2.2.2: Smart

Distributionsspezifisch:

Ubuntu	SUSE
smartmontools 5.38-3ubuntu3 libatasmart4 0.17+git20100219-1git2	smartmontools-5.39.1-3.1.i586 libatasmart4-0.17-4.2.i586

Sources:

Software	Quelle
smartmontools	http://smartmontools.sourceforge.net

Abschnitt 2.3.4: Softraid

Distributionsspezifisch:

Ubuntu	SUSE
mdadm 2.6.7.1-1ubuntu15 dmraid 1.0.0.rc16-3ubuntu2 libdmraid 1.0.0.rc16-3ubuntu2	mdadm-3.0.3-9.1.i586 dmraid-1.0.0.rc16-4.3.i586

Sources:

Software	Quelle
mdadm	*http://www.kernel.org/pub/linux/utils/raid/mdadm*

Abschnitt 2.3.8: Filesysteme

Distributionsspezifisch:

Ubuntu	SUSE
e2fslibs 1.41.11-1ubuntu2 e2fsprogs 1.41.11-1ubuntu2 ext3grep 0.10.1-3 btrfs-tools 0.19-8 xfsdump 3.0.4 xfsprogs 3.1.0ubuntu1	libext2fs2-1.41.11-1.11.i586 e2fsprogs-1.41.11-1.11.i586 (OSS Build Service: *ext3grep-0.10.2-1.2.i586.rpm*) btrfsprogs-0.19-13.1.i58 xfsdump-3.0.1-6.1.i586 xfsprogs-3.0.1-6.1.i586

Sources:

Software	Quelle
ext2/3/4 xfs btrfs	https://ext4.wiki.kernel.org/index.php/Main_Page http://xfs.org/index.php/Getting_the_latest_source_code https://btrfs.wiki.kernel.org/index.php/Btrfs_source_repositories

Abschnitt 2.3.9: Softraid 1

Distributionsspezifisch:

Ubuntu	SUSE
lsscsi 0.21-2build1 scsiadd 1.96-1.1 parted 2.2-5ubuntu5.1	lsscsi-0.23-3.1.i586 parted-2.2-3.3.i586

Sources:

Software	Quelle
lsscsi parted	*http://www.sfr-fresh.com/linux/misc/* *http://www.gnu.org/software/parted/index.shtml*

Abschnitt 2.3.15: Bootredundantes Softraid1

Distributionsspezifisch:

Ubuntu	SUSE
mbr 1.1.10-2 lilo 1:22.8-8ubuntu1 grub-common 1.98-1ubuntu7 grub-pc 1.98-1ubuntu7 grub 0.97-29ubuntu60 initramfs-tools 0.92bubuntu78 initramfs-tools-bin 0.92bubuntu78	lilo-22.8-47.3.i586 (OSS Build Service: *grub2-1.98-3.1.i586.rpm*) grub-0.97-171.1.i586 mkinitrd-2.6.0-2.3.i586

Sources:

Software	Quelle
GRUB	*http://www.gnu.org/software/grub/*
LILO	*http://freshmeat.net/projects/lilo,* *http://ibiblio.org/pub/Linux/system/boot/lilo/ /*

Abschnitt 2.4: LVM

Distributionsspezifisch:

Ubuntu	SUSE
dmsetup 2:1.02.39-1ubuntu4ppa1 libdevmapper1.02.1 2:1.02.39-1ubuntu4ppa1 lvm2 2.02.54-1ubuntu4ppa1	device-mapper-1.02.49-4.1.1.i586 lvm2-2.02.67-4.1.1.i586

Sources:

Software	Quelle
Device-Mapper	http://sources.redhat.com/dm/
LVM2	ftp://sources.redhat.com/pub/lvm2/
Kernel	*http://download.opensuse.org/repositories/Kernel:/(HEAD)* *http://kernel.ubuntu.com/~kernel-ppa/mainline/* *http://www.kernel.org/pub/linux/kernel/v2.6/*

Abschnitt 3.3.1: Heartbeat

Distributionsspezifisch:

Ubuntu	SUSE
heartbeat 1:3.0.3-1ubuntu1 libheartbeat2 1:3.0.3-1ubuntu1 cluster-agents 1:1.0.3-2ubuntu1 cluster-glue 1.0.5-1 libcluster-glue 1.0.5-1	heartbeat-2.99.3-18.2.i586 cluster-glue-1.0.5-1.4.i586 resource-agents-1.0.3-1.4.i586

Sources:

Software	Quelle
Heartbeat	*www.linux-ha.org*

Abschnitt 3.3.2: OpenAIS/Corosync

Distributionsspezifisch:

Ubuntu	SUSE
corosync 1.2.0-0ubuntu1 libcorosync4 1.2.0-0ubuntu1 openais 1.1.2-0ubuntu1 libopenais3 1.1.2-0ubuntu1 cluster-agents 1:1.0.3-2ubuntu1 cluster-glue 1.0.5-1 libcluster-glue 1.0.5-1	corosync-1.2.1-1.2.i586 libcorosync4-1.2.1-1.2.i586 openais-1.1.2-2.1.1.i586 libopenais3-1.1.2-2.1.1.i586 resource-agents-1.0.3-1.4.i586 cluster-glue-1.0.5-1.4.i586 libglue2-1.0.5-1.4.i586

Sources:

Software	Quelle
Corosync OpenAIS	http://www.corosync.org http://www.openais.org

Abschnitt 3.3.3: Pacemaker

Distributionsspezifisch:

Ubuntu	SUSE
pacemaker 1.0.8+hg15494-2ubuntu2 GUI (Source): http://hg.cluster-labs.org/pacemaker/ pygui/archive/tip.tar.bz2	pacemaker-1.1.2.1-2.1.1.i586 pacemaker-mgmt-2.0.0-1.3.i586 pacemaker-mgmt-client-2.0.0-1.3.i586 libpacemaker3-1.1.2.1-2.1.1.i586

Sources:

Software	Quelle
Pacemaker	http://www.clusterlabs.org/

Abschnitt 3.4: NTP

Distributionsspezifisch:

Ubuntu	SUSE
ntp 1:4.2.4p8+dfsg-1ubuntu2 ntp-doc 1:4.2.4p8+dfsg-1ubuntu2	ntp-4.2.4p8-7.2.i586 ntp-doc-4.2.4p8-7.2.i586

Sources:

Software	Quelle
NTP	http://www.ntp.org/

Abschnitt 3.6.7/8: Management – GUIs

Distributionsspezifisch:

Ubuntu	SUSE
lighttpd 1.4.26-1.1ubuntu3 openjdk-6-jre 6b18-1.8.1-0ubuntu1	lighttpd-1.4.26-2.34.i586.rpm java-1_6_0-openjdk-1.6.0.0_b18-1.1.5.i586

Sources:

Software	Quelle
HAWK	*http://download.opensuse.org/repositories/network:/ha-clustering/* *http://hg.clusterlabs.org/pacemaker/hawk*
DRBD MC	*http://www.drbd.org/download/drbd-mc/*

Abschnitt 3.7.9: Ressourcen Integration am Beispiel von Apache

Distributionsspezifisch:

Ubuntu	SUSE
apache2 2.2.14-5ubuntu8.2 apache2-mpm-prefork 2.2.14-5ubuntu8.2 apache2-utils 2.2.14-5ubuntu8.2 apache2.2-bin 2.2.14-5ubuntu8.2 apache2.2-common 2.2.14-5ubuntu8.2 libapr1 1.3.8-1build1 libaprutil1 1.3.9+dfsg-3build1	apache2-mod_php5-5.3.2-1.31.i586 apache2-mod_dnssd-0.6-7.1.i586 apache2-2.2.15-3.7.i586 apache2-doc-2.2.15-3.7.noarch apache2-utils-2.2.15-3.7.i586 apache2-example-pages-2.2.15-3.7.i586 apache2-prefork-2.2.15-3.7.i586 libapr-util1-1.3.9-6.2.i586 libapr1-1.3.8-7.2.i586

Sources:

Software	Quelle
Apache	*http://www.apache.org*

Abschnitt 3.7.13: Samba 3 Failover

Distributionsspezifisch:

Ubuntu	SUSE
samba 2:3.4.7~dfsg-1ubuntu3.2 samba-common 2:3.4.7~dfsg-1ubuntu3.2 samba-common-bin 2:3.4.7~dfsg-1ubuntu3.1 libwbclient0 2:3.4.7~dfsg-1ubuntu3.2 smbclient 2:3.4.7~dfsg-1ubuntu3.2	samba-client-3.5.4-4.1.i586 samba-3.5.4-4.1.i586 samba-winbind-3.5.4-4.1.i586 libsmbclient0-3.5.4-4.1.i586

Sources:

Software	Quelle
Samba	*http://www.samba.org*

Abschnitt 3.8: DRBD

Distributionsspezifisch:

Ubuntu	SUSE
drbd8-utils 2:8.3.7-1ubuntu2.1 (+ ggf. DRBD-Kernelmodul für Kernel < 2.6.33)	drbd-8.3.7-2.5.i586 (+ ggf. DRBD-Kernelmodul für Kernel < 2.6.33)

Sources:

Software	Quelle
DRBD	*http://www.drbd.org, http://www.linbit.com*

Abschnitt 3.8.14: Cluster-FS

Distributionsspezifisch:

Ubuntu	SUSE
ocfs2-tools 1.4.3-1ubuntu0ppa4 gfs2-tools 3.0.7-0ubuntu0ppa2.2 gfs2-pacemaker 3.0.7-0ubuntu0ppa2.2 libdlm3 3.0.7-0ubuntu0ppa2.2 libdlm3-pacemaker 3.0.7-0ubuntu0ppa2.2 libdlmcontrol3 3.0.7-0ubuntu0ppa2.2 + Kernel-Module	ocfs2-tools-o2cb-1.4.3-1.4.i586 ocfs2-tools-1.4.3-1.4.i586 libdlm-3.00.01-1.4.i586 libdlm3-3.00.01-1.4.i586 GFS2 (Source, s. u.) + Kernel-Module

Sources:

Software	Quelle
GFS2 OCFS2	*http://sources.redhat.com/cluster/wiki/* *http://oss.oracle.com/projects/ocfs2/*

Abschnitt 3.8.15: Dual-Primary mit OCFS2 (Hot-Standby OpenLDAP/Samba)

Distributionsspezifisch:

Ubuntu	SUSE
libldap-2.4-2 2.4.21-0ubuntu5.3 ldap-utils 2.4.21-0ubuntu5.3 libnss-ldap 264-2ubuntu2 libpam-ldap 184-8.2ubuntu1	openldap2-2.4.21-9.1.i586 nss_ldap-265-4.2.i586 openldap2-client-2.4.21-9.1.i586 libldap-2_4-2-2.4.21-9.1.i586

Ubuntu	SUSE
slapd 2.4.21-0ubuntu5.3 libdb4.7 4.7.25-9	pam_ldap-185-4.2.i586 libdb-4_5-4.5.20-99.13.i586 db-utils-4.5.20-99.13.i586

Sources:

Software	Quelle
OpenLDAP	*http://www.openldap.org*

Abschnitt 3.8.16: Dual-Primary mit OCFS2 und cLVM

Distributionsspezifisch:

Ubuntu	SUSE
cLVM-Sources, s.u., für Kompilation: libopenais-dev 1.1.2-0ubuntu1 libcorosync-dev 1.2.0-0ubuntu1 libdlm-dev 3.0.7-0ubuntu0ppa2.2	lvm2-clvm-2.02.67-51.1.i586.rpm (Factory-Repo), oder bei Kompilation: libopenais-devel-1.1.2-2.1.1.i586 libcorosync-devel-1.2.1-1.2.i586 libdlm-devel-3.00.01-1.4.i586

Sources:

Software	Quelle
cLVM	*ftp://sources.redhat.com/pub/lvm2/*

Abschnitt 3.9.2: iSCSI

Distributionsspezifisch:

Ubuntu	SUSE
open-iscsi 2.0.871-0ubuntu4 open-iscsi-utils 2.0.871-0ubuntu4 iscsitarget 1.4.19+svn275-ubuntu2	open-iscsi-2.0.870-32.1.i586 iscsitarget-1.4.19-4.1.1.i586 iscsitarget-kmp-<Kernel>-<Version>

Sources:

Software	Quelle
Open-iSCSI iSCSI Target	*http://www.open-iscsi.org/* *http://iscsitarget.sourceforge.net/*

Abschnitt 3.10: Stonith

Distributionsspezifisch:

Ubuntu	SUSE
external/ssh: in Paket »cluster-glue« enthalten at 3.1.11-1ubuntu5	external/ssh: libglue-devel-1.0.5-1.4 at-3.1.8-1081.1.i586

Abschnitt 4.2: Xen

Distributionsspezifisch:

Ubuntu	SUSE
Xen-Kernel: Debian libxen3 3.3.0-1ubuntu11 xen-hypervisor-3.3 3.3.0-1ubuntu11 xen-utils-3.3 3.3.0-1ubuntu11 qemu 0.12.3+noroms-0ubuntu9.2 qemu-common 0.12.3+noroms-0ubuntu9.2 qemu-kvm 0.12.3+noroms-0ubuntu9.2 vgabios 0.6c-2ubuntu1 libvirt-bin 0.7.5-5ubuntu27.2 libvirt0 0.7.5-5ubuntu27.2 python-libvirt 0.7.5-5ubuntu27.2 python-virtinst0.500.1-2ubuntu6 virt-manager 0.8.2-2ubuntu8 virt-viewer 0.0.3-6ubuntu7.xul191.1 virtinst 0.500.1-2ubuntu6	xen-libs-4.0.0_21091_05-6.6.i586 xen-4.0.0_21091_05-6.6.i586 xen-tools-4.0.0_21091_05-6.6.i586 kernel-xen-2.6.34-12.3.i586 kernel-xen-devel-2.6.34-12.3.i586 qemu-0.12.4-1.6.i586 virt-viewer-0.2.1-1.8.i586 virt-utils-1.1.2-1.7.i586 virt-manager-0.8.4-4.3.i586 libvirt-client-0.8.1-3.7.i586 libvirt-python-0.8.1-3.7.i586 libvirt-0.8.1-3.7.i586 vm-install-0.4.25-4.4.i586

Sources:

Software	Quelle
Xen	*http://xen.org*
Qemu	*http://wiki.qemu.org/Main_Page/*
Libvirt	*http://libvirt.org/*
Remus	*http://nss.cs.ubc.ca/remus/*

Abschnitt 4.3: KVM

Distributionsspezifisch:

Ubuntu	SUSE
kvm 1:84+dfsg-0ubuntu16+0.12.3+noroms+0ubuntu9.2 qemu-kvm 0.12.3+noroms-0ubuntu9.2 ssh-askpass 1:1.2.4.1-9 ssh-askpass-gnome 1:5.3p1-3ubuntu4	kvm-0.12.3-2.9.i586 vm-install-0.4.25-4.4.i586 openssh-askpass-5.4p1-8.2.i586 openssh-askpass-gnome-5.4p1-8.2

Sources:

Software	Quelle
KVM	*http://www.linux-kvm.org*

A.3 Manpages

Nachstehend sind die wichtigsten Manpages aufgelistet, unterteilt nach Sektionen bzw. Applikationen. Es sollten auch immer die Querverweise am Ende der jeweiligen Manpage berücksichtigt werden (Abschnitt: »SEE ALSO«), die auf korrespondierende Manpages verweisen. Die Namen der Tools können von Distribution zu Distribution ggf. etwas variieren. Ein zusätzliches Hilfsmittel kann in dem Fall der *apropos* Befehl sein.

Achtung: Je nach Distribution / Version sind u. U. nicht alle gelisteten Manpages verfügbar, bzw. können auch andere, themenbezogene Manpages existieren, die hier nicht gelistet sind.

A.3.1 Smart, Cpusets, Monit, ulimit, Bonding

Smart

smartctl (8)	Control and Monitor Utility for SMART Disks
smartd (8)	SMART Disk Monitoring Daemon
smartd.conf (5)	SMART Disk Monitoring Daemon Configuration File

Monit

monit (1)	utility for monitoring services on a Unix system

Cpusets

cpuset (7)	confine processes to processor and memory node subsets
cset (1)	manage cpusets functions in the Linux kernel
cset-proc (1)	manage processes running in cpusets
cset-set (1)	manage sets of cpus
cset-shield (1)	cpuset supercommand which implements cpu shielding

Ulimit

ulimit (1p)	set or report file size limit
ulimit (3)	get and set user limits
ulimit (3p)	get and set process limits
pam_limits (8)	PAM module to limit resources
limits.conf (5)	configuration file for the pam_limits module

Bonding

ifcfg (5)	common elements of network interface configuration
ifcfg-bonding (5)	interface bonding configuration

A.3.2 Softraid, Bootloader, Filesysteme

Softraid

dmraid (8)	discover, configure and activate software (ATA)RAID
md (4)	Multiple Device driver aka Linux Software RAID
mdadm (8)	manage MD devices aka Linux Software RAID
mdadm.conf (5)	configuration of Software RAID with mdadm
hdparm (8)	get/set SATA/IDE device parameters
modprobe (8)	add and remove modules from the Linux Kernel
modprobe.conf (5)	Configuration directory/file for modprobe
modprobe.d (5)	Configuration directory/file for modprobe
lsscsi (8)	list SCSI devices (or hosts) and their attributes
scsiinfo (8)	query information from a scsi device
scsiadd (8)	Add and remove SCSI devices
mkswap (8)	set up a Linux swap area
swapoff (8)	enable/disable devices and files for paging and swapping
swapon (8)	enable/disable devices and files for paging and swapping

Bootloader

grub (8)	the grub shell
grub-install (8)	install GRUB on your drive
grub-mkconfig (8)	Generate a grub config file
grub-mkdevicemap (8)	Generate a device map file automatically
grub-probe (8)	Probe device information for a given path
grub-setup (8)	Set up images to boot from DEVICE
update-grub (8)	stub for grub-mkconfig
update-grub2 (8)	stub for update-grub
lilo (8)	install boot loader
lilo.conf (5)	configuration file for lilo
initramfs-tools (8)	an introduction to writing scripts for mkinitramfs
initramfs.conf (5)	configuration file for mkinitramfs
initrd (4)	boot loader initialized RAM disk
mkinitramfs (8)	low-level tool for generating an initramfs image
mkinitramfs-kpkg (8)	generates an initramfs image for kernel-package
update-initramfs (8)	generate an initramfs image
update-initramfs.conf (5)	configuration file for update-initramfs
lsinitrd (8)	lists contents of an initrd disk image
mkinitrd (5)	description of modular scripts layout
mkinitrd (8)	create initrd disk image

Filesystems

filesystems (5)	Linux file-system types: minix, ext, ext2, ext3, ext4,...
fs (5)	Linux file-system types: minix, ext, ext2, ext3, ext4,...
btrfs-image (8)	create/restore an image of the filesystem
btrfs-show (8)	scan the /dev directory for btrfs partitions and print results.
btrfsck (8)	check a btrfs filesystem
btrfsctl (8)	control a btrfs filesystem
mkfs.btrfs (8)	create an btrfs Filesystem
e2freefrag (8)	report free space fragmentation information
e2fsck (8)	check a Linux ext2/ext3/ext4 file system
e2fsck.conf (5)	Configuration file for e2fsck
e2image (8)	Save critical ext2/ext3/ext4 filesystem metadata to a file
e2label (8)	Change the label on an ext2/ext3/ext4 filesystem

e2undo (8)	Replay an undo log for an ext2/ext3/ext4 filesystem
mke2fs (8)	create an ext2/ext3/ext4 filesystem
mke2fs.conf (5)	Configuration file for mke2fs
resize2fs (8)	ext2/ext3/ext4 file system resizer
tune2fs (8)	adjust tunable filesystem params on ext* filesystems
dumpe2fs (8)	dump ext2/ext3/ext4 filesystem information
debugfs (8)	ext2/ext3/ext4 file system debugger
attr (1)	extended attributes on XFS filesystem objects
fsck.xfs (8)	do nothing, successfully
mkfs.xfs (8)	construct an XFS filesystem
xfs (1)	X font server
xfs (5)	layout of the XFS filesystem
xfs_admin (8)	change parameters of an XFS filesystem
xfs_bmap (8)	print block mapping for an XFS file
xfs_check (8)	check XFS filesystem consistency
xfs_copy (8)	copy the contents of an XFS filesystem
xfs_db (8)	debug an XFS filesystem
xfs_estimate (8)	estimate the space that an XFS filesystem will take
xfs_freeze (8)	suspend access to an XFS filesystem
xfs_fsr (8)	filesystem reorganizer for XFS
xfs_growfs (8)	expand an XFS filesystem
xfs_info (8)	expand an XFS filesystem
xfs_io (8)	debug the I/O path of an XFS filesystem
xfs_logprint (8)	print the log of an XFS filesystem
xfs_mdrestore (8)	restores an XFS metadump image to a filesystem image
xfs_metadump (8)	copy XFS filesystem metadata to a file
xfs_mkfile (8)	create an XFS file
xfs_ncheck (8)	generate pathnames from i-numbers for XFS
xfs_quota (8)	manage use of quota on XFS filesystems
xfs_repair (8)	repair an XFS filesystem
xfs_rtcp (8)	XFS realtime copy command
xfsdump (8)	XFS filesystem incremental dump utility
xfsinvutil (8)	xfsdump inventory database checking and pruning utility
xfsrestore (8)	XFS filesystem incremental restore utility

A.3.3 LVM

Global

lvm (8)	LVM2 tools
lvm.conf (5)	Configuration file for LVM2
lvmchange (8)	change attributes of the logical volume manager
lvmdiskscan (8)	scan for all devices visible to LVM2
lvmdump (8)	create lvm2 information dumps for diagnostic purposes

PVs

pvchange (8)	change attributes of a physical volume
pvck (8)	check physical volume metadata
pvcreate (8)	initialize a disk or partition for use by LVM
pvdisplay (8)	display attributes of a physical volume
pvmove (8)	move physical extents
pvremove (8)	remove a physical volume
pvresize (8)	resize a disk or partition in use by LVM2
pvs (8)	report information about physical volumes
pvscan (8)	scan all disks for physical volumes

VGs

vgcfgbackup (8)	backup volume group descriptor area
vgcfgrestore (8)	restore volume group descriptor area
vgchange (8)	change attributes of a volume group
vgck (8)	check volume group metadata
vgconvert (8)	convert volume group metadata format
vgcreate (8)	create a volume group
vgdisplay (8)	display attributes of volume groups
vgexport (8)	make volume groups unknown to the system
vgextend (8)	add physical volumes to a volume group
vgimport (8)	make exported volume groups known to the system
vgimportclone (8)	import and rename duplicated volume group
vgmerge (8)	merge two volume groups
vgmknodes (8)	recreate volume group directory and logical vol. special files
vgreduce (8)	reduce a volume group
vgremove (8)	remove a volume group

vgrename (8)	rename a volume group
vgs (8)	report information about volume groups
vgscan (8)	scan all disks for volume groups and rebuild caches
vgsplit (8)	split a volume group into two

LVs

lvchange (8)	change attributes of a logical volume
lvconvert (8)	convert a logical volume from linear to mirror or snapshot
lvcreate (8)	create a logical volume in an existing volume group
lvdisplay (8)	display attributes of a logical volume
lvextend (8)	extend the size of a logical volume
lvreduce (8)	reduce the size of a logical volume
lvremove (8)	remove a logical volume
lvrename (8)	rename a logical volume
lvresize (8)	resize a logical volume
lvs (8)	report information about logical volumes
lvscan (8)	scan (all disks) for logical volumes

A.3.4 HA – Heartbeat, Openais | Corosync / Pacemaker und Applikationen im Cluster

OpenAIS / Corosync

amf.conf (5)	corosync AMF configuration file
coroipc_overview (8)	Overview of coroipc libraries
corosync-objctl (8)	Configure objects in the Object Database
corosync.conf (5)	corosync executive configuration file
corosync_overview (8)	Corosync overview
openais.conf (5)	openais executive configuration file

Heartbeat

apphbd (8)	Application Heartbeat Monitor for High-Availability Linux
authkeys (5)	Authentication file for the Heartbeat cluster messaging layer
ha.cf (5)	Configuration file for the Heartbeat cluster messaging layer
hb_addnode (1)	send message to a Heartbeat cluster to add new nodes
hb_delnode (1)	send message to a Heartbeat cluster to remove nodes
heartbeat (8)	Heartbeat subsystem for High-Availability Linux

Pacemaker

cibadmin (8)	read, modify, or administer Heartbeat Cluster Information Base
crm_attribute (8)	manipulate attributes in the CIB
crm_diff (8)	identify changes to the cluster config and apply patches
crm_failcount (8)	manipulate the failcount attribute on a given resource
crm_master (8)	determine which resource instance to promote to master
crm_mon (8)	monitor the cluster's status
crm_resource (8)	interact with the Cluster Resource Manager
crm_shadow (8)	Perform Configuration Changes in a Sandbox
crm_standby (8)	manipulate a node's standby attribute
crm_uuid (8)	get a node's UUID
crm_verify (8)	check the CIB for consistency
crmadmin (8)	control the Cluster Resource Manager
crmd (8)	CRM Daemon Options
hb_report (8)	create report for CRM based clusters (Pacemaker)
dotty (1)	A Customizable Graph Editor

RA's

ocf_heartbeat_* (7)	OCF-RA-Manpages
ocf_pacemaker_* (7)	OCF-RA-Manpages

NTP

ntp.conf (5)	NTP server configuration file
ntpd (8)	Network Time Protocol (NTP) daemon
ntpq (1)	standard NTP query program

Apache

ab2 (8)	Apache HTTP server benchmarking tool
apachectl2 (8)	Apache HTTP Server Control Interface
apache2 / httpd2 (8)	Apache Hypertext Transfer Protocol Server
apxs2 (8)	APache eXtenSion tool
rotatelogs2 (8)	Piped logging program to rotate Apache logs
logresolve2 (8)	Resolve IP-addresses to hostnames in Apache log files
htpasswd2 (1)	Manage user files for basic authentication
htdigest (1)	manage user files for digest authentication

Samba

smbd (8)	server to provide SMB/CIFS services to clients
nmbd (8)	NetBIOS name server
testparm (1)	check an smb.conf configuration file for internal correctness
smb.conf (5)	The configuration file for the Samba suite
idmap_ad (8)	Samba's idmap_ad Backend for Winbind
idmap_ldap (8)	Samba's idmap_ldap Backend for Winbind
idmap_nss (8)	Samba's idmap_nss Backend for Winbind
idmap_rid (8)	Samba's idmap_rid Backend for Winbind
idmap_tdb (8)	Samba's idmap_tdb Backend for Winbind
lmhosts (5)	The Samba NetBIOS hosts file
net (8)	Tool for administration of Samba and remote CIFS servers.
pdbedit (8)	manage the SAM database (Database of Samba Users)
samba (7)	A Windows SMB/CIFS fileserver for UNIX
smbpasswd (5)	The Samba encrypted password file
smbpasswd (8)	change a user's SMB password
smbstatus (1)	report on current Samba connections
nmbstatus (1)	Lists NMB node status of a UDP network
smbclient (1)	ftp-like client to access SMB/CIFS resources on servers
smbcontrol (1)	send messages to smbd, nmbd or winbindd processes
nmblookup (1)	NetBIOS over TCP/IP client
vfs_recycle (8)	Samba VFS recycle bin

OpenLDAP

slapd (8)	Stand-alone LDAP Daemon
slapd.conf (5)	configuration file for slapd
slapd-config (5)	configuration backend to slapd
slapd.access (5)	access configuration for slapd
slapd.plugin (5)	plugin configuration for slapd
ldif (5)	LDAP Data Interchange Format
ldap.conf (5)	ldap Client configuration file
slapd-hdb (5)	Berkeley DB backends to slapd
slapo-*	overlays to slapd
ldapadd (1)	LDAP modify entry and LDAP add entry tools
ldapcompare (1)	LDAP compare tool

ldapdelete (1)	LDAP delete entry tool
ldapmodify (1)	LDAP modify entry and LDAP add entry tools
ldapmodrdn (1)	LDAP rename entry tool
ldappasswd (1)	change the password of an LDAP entry
ldapsearch (1)	LDAP search tool
ldapwhoami (1)	LDAP who am i? tool
slapadd (8)	Add entries to a SLAPD database
slapauth (8)	Check a list of string-represented IDs for LDAP authc/authz.
slapcat (8)	SLAPD database to LDIF utility
slapindex (8)	Reindex entries in a SLAPD database
slappasswd (8)	OpenLDAP password utility
slaptest (8)	Check the suitability of the OpenLDAP slapd.conf file

OpenSSL

openssl (1ssl)	OpenSSL command line tool
s_server (1ssl)	SSL/TLS server program
s_client (1ssl)	SSL/TLS client program
crypto (3ssl)	OpenSSL cryptographic library
config (5ssl)	OpenSSL CONF library configuration files
version (1ssl)	print OpenSSL version information
ssl (3ssl)	OpenSSL SSL/TLS library

A.3.5 DRBD, Cluster-FS, cLVM, iSCSI, Stonith

DRBD

drbd (8)	The start and stop script for DRBD
drbd.conf (5)	Configuration file for DRBD's devices
drbdadm (8)	Administration tool for DRBD
drbddisk (8)	Script to mark devices as primary and mount file systems
drbdmeta (8)	DRBD's meta data management tool
drbdsetup (8)	Setup tool for DRBD

GFS2

fsck.gfs2 (8)	Offline GFS2 file system checker
gfs2 (8)	GFS2 reference guide

gfs2_convert (8)	Convert a GFS1 filesystem to GFS2
gfs2_edit (8)	Display, print or edit GFS2 or GFS internal structures.
gfs2_grow (8)	Expand a GFS2 filesystem
gfs2_jadd (8)	Add journals to a GFS2 filesystem
gfs2_quota (8)	Manipulate GFS2 disk quotas
gfs2_tool (8)	interface to gfs2 ioctl/sysfs calls
gfs_controld (8)	daemon to manage (un-)mounting, recovery and posix locks
groupd (8)	the group manager for fenced, dlm_controld and gfs_controld
mkfs.gfs2 (8)	Make a GFS2 filesystem
mount.gfs2 (8)	GFS2 mount options

OCFS2

debugfs.ocfs2 (8)	OCFS2 file system debugger.
fsck.ocfs2 (8)	Check an OCFS2 file system.
fsck.ocfs2.checks (8)	Consistency checks that fsck.ocfs2(8) performs
mkfs.ocfs2 (8)	Creates an OCFS2 file system.
mount.ocfs2 (8)	mount an OCFS2 filesystem
mounted.ocfs2 (8)	Detects all OCFS2 volumes on a system.
o2cb (7)	Default cluster stack for the OCFS2 file system.
o2image (8)	Copy or restore OCFS2 file system meta-data
tunefs.ocfs2 (8)	Change OCFS2 file system parameters.

DLM

dlm_controld (8)	daemon that configures dlm according to cluster events
dlm_tool (8)	a utility for the dlm and dlm_controld daemon
libdlm (3)	dlm_get_fd, dlm_dispatch, dlm_pthread_init, ...

cLVM

clvmd (8)	cluster LVM daemon

iSCSI

ietd (8)	iSCSI Enterprise Target Daemon
ietadm (8)	iSCSI Enterprise Target Administration Utility.
ietd.conf (5)	configuration for iSCSI Enterprise Target Daemon

iscsi_discovery (8)	discover iSCSI targets
iscsiadm (8)	open-iscsi administration utility
iscsid (8)	Open-iSCSI daemon
iscsi-iname (8)	iSCSI node name generation utility
iscsi_discovery (8)	discover iSCSI targets
iscsistart (8)	iSCSI boot utility

Stonith

stonith (8)	extensible interface for remotely powering down a node

A.3.6 Xen, KVM, Qemu, libvirt

Xen

xend-config.sxp (5)	Xen daemon configuration file
xentop (1)	displays real-time information about a Xen system and domains
xentrace (8)	capture Xen trace buffer data
xentrace_format (1)	pretty-print Xen trace data
xm (1)	Xen management user interface
virsh (1)	management user interface
vm-disks (8)	manage virtual machines' disks
vm-install (8)	define a virtual machine and install its operating system

KVM

kvm (1)	QEMU Emulator User Documentation
kvm-img (1)	QEMU disk image utility
kvm-nbd (8)	QEMU Disk Network Block Device Server
kvm-ok (1)	check if this system is capable of running hardware acceleration
qemu-kvm (1)	QEMU Emulator User Documentation
vm-disks (8)	manage virtual machines' disks
vm-install (8)	define a virtual machine and install its operating system

QEMU

qemu (1)	QEMU Emulator User Documentation
qemu-system-i386 (1)	QEMU Emulator User Documentation

qemu-system-x86_64 (1)	QEMU Emulator User Documentation
qemu-i386 (1)	QEMU User Emulator
qemu-img (1)	QEMU disk image utility
qemu-nbd (8)	QEMU Disk Network Block Device Server
qemu-user (1)	QEMU User Emulator
qemu-x86_64 (1)	QEMU User Emulator

libvirt

virt-convert (1)	convert virtual machines between formats
virt-image (1)	create virtual machines from an image descriptor
virt-image (5)	Format of the virtual image XML descriptor
virt-install (1)	provision new virtual machines
virt-manager (1)	display the virtual machine desktop management tool
virt-viewer (1)	display the graphical console for a virtual machine

Index

D

E

I

J

K

L

M

Q

R

S

T

U

V

W

X

Y

Z

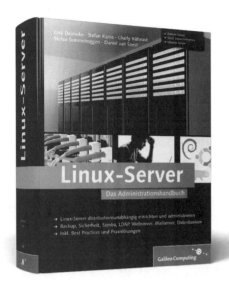